Praxishandbuch Forschungsdatenmanagement

Praxishandbuch Forschungsdatenmanagement

Herausgegeben von
Markus Putnings, Heike Neuroth und Janna Neumann

DE GRUYTER
SAUR

Open Access finanziell gefördert vom: Universitätsbund Erlangen-Nürnberg e. V.

ISBN 978-3-11-108921-8
e-ISBN (PDF) 978-3-11-065780-7
e-ISBN (EPUB) 978-3-11-065375-5
https://doi.org/10.1515/9783110657807

Dieses Werk ist lizenziert unter der Creative Commons Attribution 4.0 Lizenz.
Weitere Informationen finden Sie unter http://creativecommons.org/licenses/by/4.0/.

Library of Congress Control Number: 2020946346

Bibliografische Information der Deutschen Nationalbibliothek
Die Deutsche Nationalbibliothek verzeichnet diese Publikation in der Deutschen Nationalbibliografie; detaillierte bibliografische Daten sind im Internet über
http://dnb.dnb.de abrufbar.

© 2022 Walter de Gruyter GmbH, Berlin/Boston
Dieser Band ist text- und seitenidentisch mit der 2021 erschienenen gebundenen Ausgabe.
Umschlagabbildung: Yuichiro Chino / Moment / Getty Images
Satz/Datenkonvertierung: bsix information exchange GmbH, Braunschweig
Druck und Bindung: CPI books GmbH, Leck
www.degruyter.com

Inhaltsverzeichnis

Johannes Fournier
Komplexität und Vielfalt gestalten —— 1

Markus Putnings, Heike Neuroth, Janna Neumann
Vorwort der Herausgeberinnen und des Herausgebers —— 5

Markus Putnings
1 **Datenökosystem** —— 7

Peter Wittenburg und Kathrin Beck
1.1 **Gesellschaftliche, technologische und internationale, nationalstaatliche bzw. bundeslandspezifische Treiber** —— 11

Achim Streit und Jos van Wezel
1.2 **Deutschland in der European Open Science Cloud** —— 31

Markus Putnings
1.3 **Förderpolitische Maßgaben** —— 53

Anne Lauber-Rönsberg
1.4 **Rechtliche Aspekte des Forschungsdatenmanagements** —— 89

Hermann Rösch
1.5 **Forschungsethik und Forschungsdaten** —— 115

Markus Putnings
2 **Datenmarkt** —— 141

Gottfried Vossen und Alexander Löser
2.1 **Kommerzielle Datenmärkte** —— 147

Frank Scholze, Robert Ulrich und Hans-Jürgen Goebelbecker
2.2 **Wissenschaftlicher Datenmarkt** —— 165

Ina Schieferdecker
2.3 **Urbane Datenräume und digitale Gemeingüter – Instrumente für Open Government und mehr** —— 175

Janna Neumann
3   Datenkultur —— 197

Simone Fühles-Ubach und Miriam Albers
3.1   Bewusstseinsbildung im Curriculum —— 201

Monika Linne, Ines Drefs, Nora Dörrenbächer, Pascal Siegers, Mathias Bug
3.2   GO FAIR und GO CHANGE: Chancen für das deutsche Wissenschaftssystem —— 215

Kerstin Helbig
3.3   Schulungs- und Beratungskonzepte —— 239

Laura Rothfritz, Vivien Petras, Maxi Kindling und Heike Neuroth
3.4   Aus- und Weiterbildung für das Forschungsdatenmanagement in Deutschland —— 255

Achim Oßwald
3.5   Barrieren, Hemmschwellen und Gatekeeper —— 277

Markus Putnings
4   Datenmanagement —— 297

Jens Dierkes
4.1   Planung, Beschreibung und Dokumentation von Forschungsdaten —— 303

Andreas Weber und Claudia Piesche
4.2. Datenspeicherung, -kuration und Langzeitverfügbarkeit —— 327

Péter Király und Jan Brase
4.3   Qualitätsmanagement —— 357

Dorothea Iglezakis und Sibylle Hermann
4.4   Disziplinspezifische und –konvergente FDM-Projekte —— 381

Janna Neumann
5   Datentransfer und –nachnutzung —— 399

Tanja Friedrich und Jonas Recker
5.1   Auffindbarkeit und Nutzbarkeit von Daten —— 405

Andreas Henrich, Robin Jegan und Tobias Gradl
5.2   **Data Retrieval** —— 427

Claudia Engelhardt und Harald Kusch
5.3   **Kollaboratives Arbeiten mit Daten** —— 451

Kawa Nazemi, Lukas Kaupp, Dirk Burkhardt und Nicola Below
5.4   **Datenvisualisierung** —— 477

Hannes Thiemann, Stephan Kindermann, Michael Lautenschlager
5.5   **Beispiele für Data Sharing am Deutschen Klimarechenzentrum (DKRZ)** —— 503

Heinz Pampel und Kirsten Elger
5.6   **Publikation und Zitierung von digitalen Forschungsdaten** —— 521

Heike Neuroth und Gudrun Oevel
Aktuelle Entwicklung und Herausforderungen im Forschungsdatenmanagement in Deutschland —— 537

Quellenverzeichnis —— 557

Abkürzungsverzeichnis —— 559

Über die Autorinnen und Autoren —— 567

Index —— 583

Johannes Fournier
Komplexität und Vielfalt gestalten

Der digitale Wandel bringt in der Wissenschaft eine erhöhte Aufmerksamkeit für Software und Daten mit sich. Sofern Daten methodisch sauber erhoben, nachvollziehbar dokumentiert und verlässlich archiviert sind, ist ihre Bedeutung kaum zu überschätzen. Was vielen Forschenden, insbesondere allen empirisch arbeitenden Wissenschaftlerinnen und Wissenschaftlern, längst bekannt war, lässt sich inzwischen auch am Gestaltungswillen der Politik ablesen, die das enorme Potenzial einer klugen Datenhaltung erkannt hat. So arbeiten unter anderem die Europäische Kommission und die Regierung der Bundesrepublik Deutschland an umfassenden Datenstrategien,[1] in denen zudem die wechselseitigen Bezüge zwischen unterschiedlichen Sektoren in den Blick geraten: Denn so wie Daten aus Behörden und Wirtschaftsunternehmen von Forschenden untersucht und dadurch zu Forschungsdaten werden, resultieren auch aus der wissenschaftlichen Praxis Daten, die z. B. für die Industrie von hohem Interesse sind. Das intensive Interesse an der Gestaltung des Feldes lässt sich zudem an der Fülle von Regularien zum Umgang mit Forschungsdaten erkennen, deren Spektrum von institutionellen Vorgaben über die Leitlinien von Forschungsförderern bis hin zu gesetzlichen Bestimmungen reicht.[2]

Solche Regelwerke zielen vor allem darauf, die Nachnutzbarkeit von Forschungsdaten inklusive einer Anschlussverwendung von Seiten Dritter zu ermöglichen. Doch verlässlich einzuschätzen, ob und wie Daten auch jenseits ihres eigentlichen Entstehungskontexts genutzt werden können, ist alles andere als trivial. Allein der Blick auf die unterschiedlichen Rechtsregimes – vom Urheberrecht über das Datenbankrecht bis hin zum Arbeits- und Dienstrecht –, die bei einer Weiterverwertung von Forschungsdaten eine Rolle spielen können, lässt erkennen, dass eindeutige Antworten auf die etwas naive Frage „Wem gehören die Daten?" häufig nicht möglich sind – oder nicht weiterhelfen.[3] Gerade deshalb spielen soziale Normen und auf die konkrete Praxis bezogene Verabredungen einer bestimmten Wis-

---

[1] European Commission: Communication from the Commission to the European Parliament, the Council, The European Economic and Social Committee und The Committee of the Regions. 2020. *A European strategy for data*. Brüssel 19.02.2020. COM(2020) 66 final; Eckpunkte der Datenstrategie der Bundesregierung. Nov. 2019, s. https://www.bundesregierung.de/breg-de/themen/digitalisierung/datenstrategie-1693546. Letztes Abrufdatum der Internet-Dokumente ist der 15.11.2020.
[2] Vielzahl und Diversität entsprechender Vorgaben werden anschaulich vermittelt unter: https://www.forschungsdaten.org/index.php/Data_Policies.
[3] Vgl. Lauber-Rönsberg, Anne, Philipp Krahn und Paul Baumann. 2018. *Gutachten zu den rechtlichen Rahmenbedingungen des Forschungsdatenmanagements*. Kurzfassung. TU Dresden, s. https://tu-dresden.de/gsw/jura/igetem/jfbimd13/ressourcen/dateien/dateien/DataJus/DataJus_Zusammenfassung_Gutachten_12-07-18.pdf?lang=de.

Open Access. © 2021 Johannes Fournier, publiziert von De Gruyter. Dieses Werk ist lizenziert unter der Creative Commons Attribution 4.0 Lizenz.
https://doi.org/10.1515/9783110657807-201

senschaftscommunity (oder auch einer bestimmten Arbeitsgruppe) eine so herausragende Rolle im Umgang mit und in der Nachnutzung von Forschungsdaten.

Die besondere Herausforderung für jedwedes effiziente Datenmanagement liegt darin, eine Komplexität zu gestalten, die zunächst einmal aus dem Bedarf und der Praxis der Forschenden selbst resultiert und die sich an der Heterogenität von Datentypen ebenso wie in der Vielfalt von Nutzungsszenarien zeigt. Das Forschungsdatenmanagement einer Doktorandin in der Soziologie wird sich erheblich von demjenigen einer vielköpfigen Arbeitsgruppe in der Astrophysik unterscheiden. Gleichwohl mag sich auch für die Doktorandin die Frage stellen, ob sie ihre Daten auf einem lokalen Rechner vorhält oder ob gutes Datenmanagement eine Speicherung zumindest in einem institutionellen Archiv, wenn nicht gar in einem disziplinspezifischen Repositorium erfordert. Wobei die Antwort auf diese Frage nicht zuletzt davon abhängen mag, ob über die Nachvollziehbarkeit von Forschungsergebnissen hinaus auch eine künftige Anschlussnutzung der für die Dissertation erhobenen Daten ermöglicht werden soll.

Dass Forschende in ihrer wissenschaftlichen Praxis unterschiedlichen und ggf. miteinander konkurrierenden Vorgaben unterliegen, führt zu weiteren Komplexitäten. Wissenschaftlerinnen und Wissenschaftler müssen sich darüber klarwerden, wie sie den Vorgaben ihrer Hochschule oder Forschungseinrichtung ebenso entsprechen können wie den Anforderungen eines Forschungsförderers. Zugleich sollen sie den Normen einer Fachgesellschaft gerecht werden, und in Zukunft dürften auch im Rahmen der Nationalen Forschungsdateninfrastruktur (NFDI) erarbeitete, Community-spezifische Verabredungen zu bedenken sein.

Angesichts der vielen Interdependenzen, die unmittelbare Folge sich überkreuzender Regularien zum Umgang mit Forschungsdaten sind, stellt sich die Frage nach deren sinnvoller Gestaltung. Die Grundlinien für die kluge Gestaltung dieser Interdependenzen können durchaus benannt werden: Zunächst sollten alle Regularien eine sinnvolle Hilfestellung für die Umsetzung der guten wissenschaftlichen Praxis sein.[4] Sodann ist es auf der eher technischen Ebene vordringlich, die Interoperabilität von Forschungsdaten durch konsequente Anwendung der FAIR-Prinzipien abzusichern. Dies setzt nicht zuletzt umfassende Kenntnisse z. B. über Datenstrukturen, Metadaten oder formale Beschreibungssprachen voraus. Auf organisatorischer Ebene ergeben sich Bezüge zwischen einer guten Ausbildung, hervorragenden Qualifikationen und der Notwendigkeit, den Einsatz eben dieser Qualifikationen auf gut bezahlten Stellen gratifiziert zu sehen. Darüber hinaus ist auf sozialer Ebene Austausch, Diskurs und Kommunikation sowohl fachlich als

---

[4] Vgl. die Ausführungen in Kap. 3.3 in Deutsche Forschungsgemeinschaft. 2019. *Leitlinien zur Sicherung guter wissenschaftlicher Praxis*. Bonn. S. https://www.dfg.de/foerderung/grundlagen_rahmenbedingungen/gwp/index.html.

auch fachübergreifend vonnöten, um ein umfassendes Dienste-Angebot zu konzipieren, das klar auf die Bedarfe der Forschenden hin ausgerichtet ist.

Fülle und Vielfalt der Vorgaben zum Umgang mit Daten wecken den verständlichen Wunsch nach einer klaren Orientierung darüber, wie Forschungsdatenmanagement in der Praxis verlässlich gestaltet werden kann. Für die Deutsche Forschungsgemeinschaft (DFG) kann diese Orientierung nur in überzeugenden Antworten auf die Frage bestehen, in welcher Weise das Forschungsdatenmanagement dem Fortschritt der erkenntnisgeleiteten Wissenschaft dient. In diesem Sinne betonen die vom Senat der DFG im Herbst 2015 verabschiedeten Leitlinien: „Die langfristige Sicherung und Bereitstellung der Forschungsdaten leistet einen Beitrag zur Nachvollziehbarkeit und Qualität der wissenschaftlichen Arbeit und eröffnet wichtige Anschlussmöglichkeiten für die weitere Forschung."[5] Und es ist der DFG ein Anliegen, dass die Umsetzung der Leitlinien nicht als administrative Zumutung begriffen, sondern als echte Unterstützung für die Forschenden konzipiert und gelebt wird.

Gutes Forschungsdatenmanagement ist nicht vorstellbar ohne Infrastrukturen, die das Archivieren, Durchsuchen und Bereitstellen der Daten in hoher Funktionalität und auf lange Sicht gewährleisten. Mit dem Förderinstrument „Informationsinfrastrukturen für Forschungsdaten" trägt die DFG bereits seit dem Jahr 2013 dazu bei, dass auf die Bedarfe der Community zugeschnittene Dienste und Repositorien auf- und ausgebaut werden. In gleicher Weise ist die klare Orientierung auf den Bedarf der Forschenden konstitutiv für den Aufbau der NFDI – einem Prozess, der aus der Wissenschaft selbst getrieben wird und im Jahr 2019 mit der ersten Ausschreibungsrunde zur Förderung von Konsortien starten konnte.

Um den Erwartungen gerecht zu werden, die mit der Forderung nach einem klugen Forschungsdatenmanagement einhergehen, sind massive Investitionen vonnöten. Dabei sind unterschiedliche Zuständigkeiten zu berücksichtigen, wenn Forschungseinrichtungen und Forschungsförderer, Bund und Länder oder die Europäische Kommission das Feld bespielen. Dass der Aufbau der European Open Science Cloud oder der NFDI gezielt gefördert wird, ist für die Wissenschaft von großer Bedeutung. Von ebenso großer Bedeutung ist es anzuerkennen, dass – wie die Verwaltungsvereinbarung von Bund und Ländern ausführt – eine föderierte Dateninfrastruktur auf bestehenden Verantwortlichkeiten aufsetzen muss und die zum Aufbau der NFDI bereitgestellten Mittel die schon existierende Finanzierung ergänzen müssen.[6] Ein massives Engagement in institutionen- und länderübergreifende Dateninfrastrukturen darf also nicht zu rückläufigen Investitionen an anderer Stelle

---

5 S. https://www.dfg.de/foerderung/antrag_gutachter_gremien/antragstellende/nachnutzung_forschungsdaten/index.html.
6 S. unter https://www.gwk-bonn.de/fileadmin/Redaktion/Dokumente/Papers/NFDI.pdf, Präambel.

führen. Denn das Engagement einer Vielzahl unterschiedlicher Akteure ist grundlegende Voraussetzung dafür, die hohen Erwartungen an ein gutes Forschungsdatenmanagement künftig einzulösen.

Vorwort der Herausgeberinnen und des Herausgebers

Das Praxishandbuch erscheint zu einem Zeitpunkt, in dem Forschungsdatenmanagement (FDM) an Bedeutung rasant zunimmt. Die internationalen und nationalen Datenökosysteme und –märkte gewinnen an Reife, hierzulande etwa mit den European Open Science Cloud (EOSC) und der Nationalen Forschungsdateninfrastruktur (NFDI) sowie zahlreich geförderten Bundeslandinitiativen zu FDM.

Maßgeblich verantwortlich hierfür sind jedoch nicht nur die entsprechenden Förderstrukturen oder geförderten Konsortien und Projekte, sondern auch „bottom-up" alle engagierten Akteure, die FDM vor Ort vorantreiben, seien es Chief Information Officers (CIOs), Forschungsreferentinnen und -referenten, Kommissionen, Arbeitsgruppen oder das Personal wie z. B. in IT-Abteilungen in Behörden bzw. Unternehmen oder an Wissenschaftseinrichtungen die Bibliotheken, Rechenzentren bzw. Datenzentren – und natürlich die Forschenden selbst.

Die neu entstandene Datenkultur und der Umgang mit digitalen Daten für dieses breit aufgestellte Engagement erhielt Unterstützung aus verschiedenen Richtungen. Extrinsisch sind in der Wissenschaft z. B. die aktualisierten „Leitlinien zur Sicherung guter wissenschaftlicher Praxis. Kodex" der Deutschen Forschungsgemeinschaft (DFG) mit Regularien zum FDM zu nennen, die nun expliziter als früher Hochschulen und außerhochschulische Forschungseinrichtungen auf deren Einhaltung verpflichten, um weiterhin Fördermittel der DFG erhalten zu können. In der Folge stieg das Bewusstsein für einen professionellen Umgang mit Forschungsdaten bei den Verantwortlichen sprunghaft an. Ein weiterer externer Weckruf könnte die COVID-19 Pandemie gewesen sein, die auch die Industrie (z. B. die Pharmaindustrie) und Wissenschaftsverlage dazu brachte, Forschungsdaten und –materialien zugänglich zu machen. Überraschend schnell entstanden parallel dazu COVID-19-Datenportale und neue Lizenzansätze wie die Open COVID license.

Intrinsisch entwickelt sich diese neue Datenkultur unterschiedlich, je nach einfach nutzbaren Tools und dem „Wert", der aus gut dokumentierten und strukturiert vorliegenden Daten gezogen werden kann, sei es in Form von Einsparungseffekten durch eine Nachnutzung von Daten, von einer interdisziplinären datenbasierten Fragestellung, von Zitationszahlen bei Datenpublikationen oder in Form von realen Einkünften auf Datenmarktplätzen.

Der generelle Wert von Forschungsdaten liegt aber weit höher. Mit qualitativ hochwertig dokumentierten sowie z. B. visuell aufbereiteten Daten können Ergebnisse sowie Fehlinterpretationen in der Wissenschaft sowie in der Wirtschaft, Politik etc. transparent und nachvollziehbar kommuniziert werden. Mit Hilfe großer Datenmengen ist es zudem möglich, intellektuell und vor allem auch maschinell (Stichwort Künstliche Intelligenz) komplett neue Wissenszusammenhänge herzustellen und zu erforschen. Arbeitsabläufe beispielsweise in der Forschung, aber auch in Unternehmen können deutlich beschleunigt werden und in bessere, (teil-)automatisierte Lösungen überführt werden. Diese Translation und Anschlussfähigkeit von Daten spielen auch bei (inter-)nationalen und (inter-)disziplinären Kooperationen eine immer größere Rolle.

Mit diesem weltweit frei zugänglichen Praxishandbuch versuchen wir, diese und viele weitere Aspekte der Datenökonomie, der Datenmärkte, der Datenkultur und insbesondere des täglichen Datenmanagements sowie des Datentransfers bzw. der Datennachnutzung praxisnah darzustellen und das derzeitige Momentum beim FDM zu unterstützen.

In einer weiteren Form der Wissenssammlung stehen auf Zotero auch die Literaturreferenzen zum Praxishandbuch, als Momentaufnahme der gängigen Fachliteratur zum Erscheinungszeitpunkt, allen Interessierten zur Verfügung: https://www.zotero.org/groups/2497964/praxishandbuch_forschungsdatenmanagement. Gleiches gilt selbstverständlich für die Forschungsdaten zu diesem Buch, die auf dem Datenrepositorium RADAR „Open Data" unter der doi:10.22000/325 publiziert wurden. Bitte beachten Sie die „Has Part"-Verknüpfungen zu den Kapiteln und Beiträgen. In RADAR sind neben den Forschungsdaten zudem die PDFs der Buchbeiträge für mindestens 25 Jahre langzeitarchiviert.

Gerne nehmen wir und die beitragenden Kolleginnen und Kollegen auch Rückmeldungen entgegen und kommen mit Ihnen ins Gespräch. Im Kapitel „Über die Autorinnen und Autoren" finden Sie entsprechende Kontaktinformationen. Das Buch lebt durch neues Wissen und neue Daten.

Markus Putnings
Heike Neuroth
Janna Neumann

Markus Putnings
1 Datenökosystem

Abstract: Es wird ein eine Definition von Datenökosystem auf Basis der Fachliteratur und ein Kurzüberblick über dessen Determinanten gegeben; der Beitrag leitet damit über zu den gesellschaftlichen, technologischen, internationalen (z. B. EOSC) und nationalen bzw. bundeslandspezifischen Treibern und Rahmenbedingungen, z. B. der internationalen und nationalen Förderpolitik, den Rechtsrahmen auf EU-, Bund- und Landesebene und den informationsethischen Werterahmen. Diese werden in den Unterkapiteln zum Datenökosystem umfassender behandelt.

1 Definition

Die Definitionen von „Datenökosystemen" und deren Terminologien variieren in der Fachliteratur stark.[1] Im Folgenden wird diese genutzt:

Ein Datenökosystem ist das prägende, ganzheitliche Umfeld, in dem verschiedene Akteure zusammenkommen, um Daten zu produzieren, anzubieten, zu finden und zu „konsumieren" (d. h. nachzunutzen, zu verarbeiten, anzureichern, zu archivieren, zu publizieren, Entscheidungen darauf zu fällen etc.). Die Einflüsse des Datenökosystems wirken in alle Phasen der Datenlebenszyklen hinein, es schafft die entsprechenden *Rahmen-, Netzwerk- und regulativen Bedingungen* für die (Zusammen-)Arbeit mit Daten bzw. stellt diese konkret dar.[2]

Das Datenökosystem in einem Land kann wiederum verschiedene Datenökosubsysteme mit unterschiedlichen Charakteristika umfassen, z. B. hinsichtlich Akteuren, (z. B. Plattform-)Technologien und Daten aus dem *Wissenschaftssektor* (Forschungsdaten, auf Englisch „Research Data", sofern frei zugänglich auch „Open Data" oder „Open Research Data"), aus dem *öffentlichen Sektor* (Verwaltungsdaten bzw. urbane Daten, sofern frei zugänglich oftmals unter dem Begriff „Open Government Data"), aus dem *Industrie- und Wirtschaftssektor* (Industriedaten, Wirtschaftsdaten, sofern frei zugänglich oftmals „Open Business Data") und vom *Bürger* selbst (z. B. personenbezogene Daten, aber im Kontext der Bürgerwissenschaft auch

---

[1] Vgl. Oliveira und Lóscio 2019, 590. Diese Studie liefert auch ein theoretisches Klassifikationsschema für Datenökosysteme, s. Oliveira und Lóscio 2019, 596.
[2] Vgl. z. B. European Commission 2014, 6; European Commission 2017, 2; Nwatchock A Koul 2019, 17–18; Oliveira und Lóscio 2018, 1–2; Oliveira und Lóscio 2019, 589–590, 603–604, 614–615; Rantanen, Hyrynsalmi und Hyrynsalmi 2019, 1–2; van Loenen et al. 2018, 4; Virkar und Vignoli 2019, 223–225; oder abgeleitet vom „Open Data Ecosystem" auch Charalabidis et al. 2018, 11; Verma, Gupta und Biswas 2018, 38–39.

„Bürgerdaten", „Citizen Data" bzw. „Open Citizen Data"), s. a. Abb. 1. Die übergeordneten regulativen Rahmenbedingungen können jeweils teilweise oder komplett identisch sein (vor allem, wenn es um Datenschutz geht). Sie sichern das Wohlbefinden aller Akteure im Ökosystem und dessen Funktionalität.³

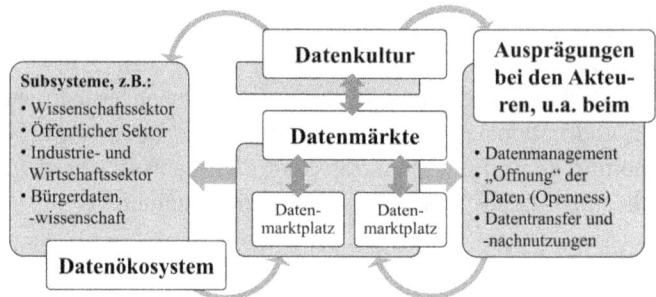

Abb. 1: (Wechselseitiger) Einfluss der Determinanten des (Sub-)Datenökosystems auf die Datenkultur, das entsprechende Handeln der Akteure im System und die Funktionsfähigkeit der Datenmärkte bzw. spezifischer Datenmarktplätze.

2 Determinanten des Datenökosystems

Die Funktionsfähigkeit, d. h. die supportiven Fähigkeiten des Datenökosystems zur Produktion und (Nach-)Nutzung von Daten sowie der potenziellen und konkreten Wertschöpfung daraus⁴ hängt maßgeblich von fünf Determinanten ab:
– Den internationalen, nationalen und bundeslandspezifischen (auch hochschul- bzw. wissenschafts-)politischen und fördertechnischen Maßgaben,⁵ siehe nachfolgender Beitrag von Wittenburg und Beck, Kap. 1.1, eigener Beitrag zu den förderpolitischen Maßgaben in Kap. 1.3 und abschließender Beitrag von Neuroth und Oevel am Ende des Praxishandbuchs,
– dem technologischen Umfeld,⁶ siehe u.a. Beitrag von Streit und van Wezel, Kap. 1.2,

---

3 Vgl. Rantanen, Hyrynsalmi und Hyrynsalmi 2019, 2.
4 S. Kap. 2 Datenmarkt und die entsprechenden zugehörigen Unterkapitel in unserem Praxishandbuch Forschungsdatenmanagement.
5 Bspw. Impulse und Verpflichtungen seitens der Europäischen Union (EU), der Bundes- und Landesregierungen oder der Deutschen Forschungsgemeinschaft (DFG).
6 Bspw. national entwickelte bzw. betriebene Infrastrukturen, Software, Tools und Plattformen wie etwa RADAR (s. https://www.radar-service.eu/de/home), eResearch – Infrastructure and Communication (eRIC, s. https://www.eric-project.org/) oder Generic Research Data Infrastructure (GeRDI, s. https://www.gerdi-project.eu/). Letztes Abrufdatum der Internet-Dokumente ist der 15.11.2020.

- den rechtlichen Rahmenbedingungen, siehe Beitrag von Lauber-Rönsberg, Kap. 1.4,
- dem vorherrschenden ethischen und Wertesystem und daraus resultierende implizite und explizite Vorgaben, siehe Beitrag von Rösch, Kap. 1.5,
- den Akteuren selbst und deren Wertschöpfungsmöglichkeiten bzw. -aktivitäten und Impulsmitnahme aus den vorangegangenen Punkten.

Letzteres führt über zur lokal vorherrschenden Datenkultur,[7] da aus den gesetzten Impulsen Vernetzung, Bewusstsein, Kompetenzbildung und Engagement sowie ein konkretes Handeln, z. B. beim Datenmanagement, bei den Akteuren resultieren kann. Das Engagement kann wiederum das Datenökosystem selbst stark prägen,[8] deshalb sind die Akteure mit als Determinanten genannt (s. a. Abb. 1).

Fazit

Die *Ausgestaltung und weitere Prägung* des Datenökosystems mit den entsprechend benannten Determinanten liegt in Händen dieser, jeweils verantwortlichen Akteure. Sinn und Zweck des Praxishandbuchs Forschungsdatenmanagement ist, diesen eine Handreichung zu einem bewussten und kompetenten Handeln zur Verfügung zu stellen.

Durch die als Open Access frei zugängliche E-Book-Version des De-Gruyter-Buchs soll die möglichst breite Wahrnehmung für alle maßgeblichen Akteure gewährleistet werden, sei es auf Seiten der Praktikerinnen und Praktiker, sei es aber auch auf Seiten der Verantwortlichen für die Politik-, (z.B. NFDI-) Konsortial- und Förderimpulse sowie die Rechtsgebung, die (z. B. Software-)Entwicklerinnen und Entwickler und damit Mitgestaltenden des technologischen Umfelds sowie die Expertinnen und Experten zur Verbesserung der Verinnerlichung eines ethischen Wertesystem in den verschiedenen Ökosubsystemen.

---

[7] S. Kap. 3 Datenkultur und die entsprechenden zugehörigen Unterkapitel in diesem Praxishandbuch.
[8] Bspw. durch datenwissenschaftliche Projektantragsstellungen und -durchführungen, durch die Mitgestaltung von Ethik-Richtlinien von Fachverbänden, durch Stellungnahmen zu öffentlichen Konsultationen zur Umsetzung von EU-Richtlinien etc.

Literatur

Letztes Abrufdatum der Internet-Dokumente ist der 15.11.2020.

Charalabidis, Yannis, Anneke Zuiderwijk, Charalampos Alexopoulos, Marijn Janssen, Thomas Lampoltshammer und Enrico Ferro. 2018. „The Multiple Life Cycles of Open Data Creation and Use." In *The World of Open Data*, hg. v. Charalabidis et al., 11–31. Cham: Springer International Publishing. doi:10.1007/978-3-319-90850-2_2.

European Commission. 2014. „Für eine florierende datengesteuerte Wirtschaft: Mitteilung der Kommission an das Europäische Parlament, den Rat, den Europäischen Wirtschafts- und Sozialausschuss und den Ausschuss der Regionen." https://eur-lex.europa.eu/legal-content/DE/TXT/?uri=COM:2014:0442:FIN (2014) 442 final.

European Commission. 2017. „Aufbau einer europäischen Datenwirtschaft: Mitteilung der Kommission an das Europäische Parlament, den Rat, den Europäischen Wirtschafts- und Sozialausschuss und den Ausschuss der Regionen." https://eur-lex.europa.eu/legal-content/DE/TXT/?uri=COM:2017:9:FIN (2017) 9 final.

Nwatchock A Koul, Aman Sabrina. 2019. „A Framework for Fair and Responsible Data Market Ecosystems." doi:10.13097/archive-ouverte/unige:121388.

Oliveira, Marcelo I. S. , Glória d. F. Barros Lima und Bernadette Farias Lóscio. 2019. „Investigations into Data Ecosystems: a systematic mapping study." *Knowl Inf Syst* 61 (2): 589–630. doi:10.1007/s10115-018-1323-6.

Oliveira, Marcelo I. S. und Bernadette F. Lóscio. 2018. „What is a data ecosystem?". In *dg.o '18: Proceedings of the 19th Annual International Conference on Digital Government Research: Governance in the Data Age*, hg. v. Marijn Janssen, Soon A. Chun und Vishanth Weerakkody, 1–9. New York: ACM Press. doi:10.1145/3209281.3209335.

Rantanen, Minna M., Sami Hyrynsalmi und Sonja M. Hyrynsalmi. 2019. „Towards Ethical Data Ecosystems: A Literature Study." In *2019 IEEE International Conference on Engineering, Technology and Innovation (ICE/ITMC)*, 1–9. IEEE. doi:10.1109/ICE.2019.8792599.

van Loenen, Bastiaan, Glenn Vancauwenberghe, Joep Crompvoets und Lorenzo Dalla Corte. 2018. „Open Data Exposed." In *Open Data Exposed*, hg. v. Bastiaan van Loenen, Glenn Vancauwenberghe und Joep Crompvoets, 1–10. Den Haag: T. M. C. Asser Press. doi:10.1007/978-94-6265-261-3_1.

Verma, Neeta, M. P. Gupta und Shubhadip Biswas. 2018. „Open Data Infrastructure for Research and Development." In *Data Science Landscape*, hg. v. Usha Mujoo Munshi und Neeta Verma, 33–43. Singapur: Springer. doi:10.1007/978-981-10-7515-5_2.

Virkar, Shefali, Gabriela Viale Pereira und Michela Vignoli. 2019. „Investigating the Social, Political, Economic and Cultural Implications of Data Trading." In *Electronic Government*. Bd. 11685, hg. v. Ida Lindgren, Marijn Janssen, Habin Lee, Andrea Polini, Manuel P. Rodríguez Bolívar, Hans J. Scholl und Efthimios Tambouris, 215–229. Lecture Notes in Computer Science. Cham: Springer International Publishing. doi:10.1007/978-3-030-27325-5_17.

Peter Wittenburg und Kathrin Beck

1.1 Gesellschaftliche, technologische und internationale, nationalstaatliche bzw. bundeslandspezifische Treiber

Abstract: Daten werden von Wissenschaft, Industrie, Verwaltungen sowie zunehmend auch von Privatpersonen als Citizen Scientists und Anwender moderner Technologien wie z. B. Smart Watches erzeugt. Um diesen verschiedenen Interessen gerecht zu werden sowie um die Daten besser nutzbar zu machen, fördern die Öffentliche Hand, Forschungsförderorganisationen sowie Industrieverbände Maßnahmen zur Wiederverwendung von Daten und zur Entwicklung von Software und Daten-Infrastrukturen. Dieses Kapitel gibt einen Überblick über die Entwicklung der datenbasierten Forschung von ihren Ursprüngen bis in die heutige Zeit.

Einleitung

Digitale Daten werden in vielen Wissenschaften seit etlichen Jahren erzeugt. Beispielsweise konnte man diverse physikalische Prozesse nur durch den Einsatz von Sensoren untersuchen, die Daten erzeugten, die dann von den seit 1964 verfügbaren und immer leistungsfähiger werdenden Rechnern[1] verarbeitet wurden.

Als eines der frühen Beispiele kann auf Friedrich Hertweck verwiesen werden, der am Max-Planck-Institut für Plasmaphysik arbeitete. Er war einer der Wegbereiter für neue Verfahren im Umgang mit digitalen Daten, als er 1970 mit AMOS (Advanced multi user operating system) ein Software-System vorstellte, das darauf abzielte, die an Plasmareaktoren anfallenden Datenmengen sinnvoll analysieren zu können.[2]

Es ist einerseits die Menge der durch Sensoren, Simulationen und Crowdsourcing erzeugten digitalen Primärdaten in nahezu allen wissenschaftlichen Disziplinen, die eine neue Qualität formen, und es ist andererseits das große Maß an Verwobenheit zwischen diesen Rohdaten und vor allem auch den abgeleiteten Daten und Annotationen, die wir mit dem Begriff der Komplexität umschreiben, der wir uns mit neuen Methoden stellen müssen. Es gibt zudem keinen Grund anzunehmen, dass sich diese Entwicklung verlangsamen würde. Mit dem Begriff „Internet of

---

[1] S. https://de.wikipedia.org/wiki/Computer. Letztes Abrufdatum der Internet-Dokumente ist der 15.11.2020.
[2] Vgl. Max-Planck-Institut für Plasmaphysik 1998.

Open Access. © 2021 Peter Wittenburg und Kathrin Beck, publiziert von De Gruyter. Dieses Werk ist lizenziert unter der Creative Commons Attribution 4.0 Lizenz.
https://doi.org/10.1515/9783110657807-002

Things" wird ein Trend hin zu einer Welt voller kleiner Sensoren in all unseren Lebensbereichen umschrieben. Die Firma Intel prognostiziert, dass wir in 2020 mehr als 200 Mrd. dieser kleinen Erzeuger von kontinuierlichen Strömen hochauflösender Daten haben werden.[3]

Große Fragen drängen sich geradezu auf und sind bisher keineswegs beantwortet. Hier seien nur einige wenige genannt:
- Wem gehören all diese Daten, wer hat Zugriff auf sie und wer darf sie kommerziell nutzen?
- Wie verhindern wir einen Missbrauch, insbesondere von sensiblen und/oder personenbezogenen Daten? Wie können wir ihre Löschung sicherstellen?
- Wie sollen wir mit diesen Daten umgehen, d. h. wie sollen wir sie verwalten? Wie können wir sie für den Menschen sinnvoll zusammenführen und analysieren?
- Werden wir alle zu leichtgläubigen „Dataisten" wie Yuval N. Harari eine Art neue Religion umschreibt?[4]

Es ist keine Frage, dass mit der Verfügbarkeit von immer mehr und detaillierteren Daten große Umbrüche in der Wissenschaft, Gesellschaft und Industrie einhergehen werden. George Strawn vergleicht die Veränderungen, vor denen wir jetzt in der Wissenschaft stehen, mit denen im 17. Jahrhundert, als die britische Royal Society in einem geradezu revolutionären Akt von allen Wissenschaftlerinnen und Wissenschaftlern forderte, dass sie die damals neuen Druckmöglichkeiten nutzen und ihre Erkenntnisse in Form von öffentlichen Publikationen der interessierten Gemeinschaft verfügbar machen sollten.[5] Wir kennen das Ergebnis dieses wegweisenden Beschlusses für die Wissenschaft – es hat uns ein immer noch weitgehend erhaltenes Gebilde von Theorien, experimentellen Nachweisen und Falsifizierungen gebracht. Dieses Gebilde mit all seinen Texten und Verweisen kann auch als wesentlicher Teil unseres wissenschaftlichen „Gedächtnisses" bezeichnet werden, das den Stand des menschlichen Wissens zu einem großen Teil umfasst und ohne das wir heute nicht auskommen könnten. Heute wollen Wissenschaftlerinnen und Wissenschaftler jedoch nicht nur auf die Publikationen der Forschenden zugreifen, sondern wollen angesichts der großen Datenmengen und der computationellen Kapazitäten auf den Daten selbst operieren und dabei eigene Analyseverfahren einsetzen.

Es wäre ein Irrglaube, dass Daten an sich bereits Wahrheiten enthalten und moderne KI-Techniken wie z. B. Maschinelles Lernen automatisch die wahren Interpretationen liefern würden. In diesem Sinne machen Begriffe wie z. B. „Open Science" und „Open Data" die Runde und werden bereits weitgehend akzeptiert. Dabei ist

---
3 Vgl. Intel n.d.
4 Vgl. Harari 2015, 497.
5 Vgl. Strawn 2019.

mit open keineswegs gemeint, dass z. B. auch personenbezogene oder Copyright-geschützte Daten prinzipiell offen und für alle einsehbar zur Verfügung stehen sollen. Wie vor mehreren Jahrhunderten nicht gefordert wurde, dass nun auch der gesamte Austausch zwischen den Wissenschaftlern und Wissenschaftlerinnen publik gemacht werden muss, geht es auch heute nicht um die Offenlegung aller durch Wissenschaftlerinnen und Wissenschaftler erzeugten Daten, sondern um eine dahingehende Änderung der Kultur, dass es eine prinzipielle Bereitschaft gibt, die für die Erkenntnisse relevanten Daten und Methoden, eventuell nach einer Karenzzeit, verfügbar zu machen.

Die Frage, die sich uns stellt, ist dann, ob wir auf diese Herausforderungen vorbereitet sind. Vinton G. Cerf, der gemeinsam mit Bob Kahn das Internet begründet hat, spricht davon, dass wir angesichts unserer Verfahren vor einem „Digital Dark Age" („dunklen Zeitalter der Digitalisierung"[6]) stehen, d. h. er befürchtet, dass wir nicht in der Lage sind, ein „wissenschaftliches Gedächtnis" für das digitale Zeitalter aufzubauen und zu verwalten.[7] Dabei spielt sicherlich eine große Rolle, dass wir noch nicht definiert haben, wer im digitalen Zeitalter die Nachfolger der Bibliotheken und der Verlage sein sollten und dass wir uns an das Internet als Basis des Informationsaustausches gewöhnt haben, dabei aber übersehen, dass es zum Aufbau eines Digitalen Gedächtnisses nicht konzipiert war und aufgrund seiner flüchtigen Natur auch vollkommen ungeeignet ist, um Datenmanagement erfolgreich über Zeitspannen von z. B. 100 Jahren zu betreiben.

Hinzu kommt, dass wir im Bereich des digitalen Datenmanagements seit Jahren eine Welle der „Kreolisierung"[8] in allen Aspekten (Datenformate, Organisationen, Werkzeuge, Dienste) erleben, in der sich viele intelligente Köpfe weltweit immer neue Lösungen für naheliegende Probleme ausdenken und diese auch implementieren, was letztlich zu einer enormen Fragmentierung des Datenraumes führt. Diese Fragmentierung sehen viele immer mehr als ein Hindernis, um Daten und Werkzeuge effizient und effektiv zusammenführen und analysieren zu können.[9] Verschiedene Untersuchungen haben gezeigt, dass etwa 80 Prozent der Zeit von Datenexpertinnen und -experten in Projekten mit Datenaufbereitung („Data Wrangling")[10] verlorengeht,[11] d. h. bevor die eigentliche Analysearbeit beginnen kann, sind bereits etwa 80 Prozent der Projekt-Personalkosten verbraucht. Somit werden viele For-

---

6 S. https://eandt.theiet.org/content/articles/2015/02/digital-data-storage-may-leave-future-in-dark-about-us-warns-cerf/ und https://cltc.berkeley.edu/2016/02/18/video-dr-vinton-cerf-safety-security-and-privacy-in-the-internet/.
7 Vgl. Ghosh 2015.
8 Dieser Begriff wird z. B. in der Linguistik verwendet, um den natürlichen Prozess des Auseinanderdriftens von Sprachen zu beschreiben.
9 Vgl. Wittenburg 2018.
10 S. https://en.wikipedia.org/wiki/Data_wrangling.
11 Vgl. CrowdFlower 2017.

schende von datenintensiver Wissenschaft ausgeschlossen, viele Projekte werden gar nicht erst begonnen und kostbare Ressourcen werden für an sich unnötige Arbeiten verbraucht. So fallen z. B. im US-Gesundheitssystem jährlich 400 Mrd. US-Dollar an unnötigen Kosten an, wobei einer der Hauptfaktoren die Nicht-FAIRness der Daten ist[12] (FAIR: Findable, Accessible, Interoperable, Reusable[13]). Ähnlich dramatisch ist die Situation bezüglich der Reproduzierbarkeit des wissenschaftlichen Erkenntnisgewinns im digitalen Zeitalter. Berichte z. B. aus dem Bereich der biomedizinischen Wissenschaften zeigen, dass sich nur ein kleiner Prozentsatz von Arbeiten reproduzieren lässt,[14] was Tür und Tor für alle möglichen Behauptungen öffnet, deren Substanz nicht überprüft werden kann.

Natürlich dürfen wir die Augen nicht vor grundlegenden Problemen verschließen, die am besten als Daten-Paradoxa umschrieben werden können.

Data, Data Everywhere, Nor Any Drop to Drink.[15]

Das erste Paradoxon geht auf einen Beitrag von Christine Borgman zurück, in dem sie mittels einer Analogie zu einem Ausspruch von Samuel Taylor Coleridge („Water, water everywhere, nor any drop to drink") verdeutlicht, dass wir bereits über viele Daten verfügen, aber offensichtlich nicht in der Lage sind, diesen Reichtum sinnvoll zu verwenden. Wir sehen vor allem zwei Gründe für diese scheinbar größer werdende Lücke:
– Zum einen müssen wir das Argument von Dimitris Koureas berücksichtigen, dass Daten in einem lokalen Kontext von Experten und Expertinnen erzeugt werden, aber global von anderen verwendet werden sollen, die den Detail-Kontext der Datenerzeugung nicht kennen.[16] Diese Lücke lässt sich mit reichhaltigen Metadaten nur näherungsweise schließen. In den weitaus meisten Fällen werden gegenwärtig nicht einmal minimale Metadaten zur Verfügung gestellt.
– Der zweite Aspekt hat damit zu tun, dass man, um mit den Daten von anderen sinnvoll umgehen zu können, entweder selbst ein Mindestmaß an erforderlichen technischen Kenntnissen mitbringen muss, über das viele Forschende nicht verfügen, oder aber Zugriff auf einen teuren Personalstab haben muss, was ebenfalls in vielen Forschungsinstitutionen weit ab von der Realität ist. Mithin verlassen sich viele Forschende eben doch auf die in Publikationen beschriebenen Analyseresultate, für deren Verständnis man zunächst lediglich die Sprache als Basiswerkzeug beherrschen muss.

---

12 Vgl. World Economic Forum n.d.
13 Vgl. FORCE11 2016; Kraft 2017; Beitrag von Linne et al., Kap. 3.2 in diesem Praxishandbuch.
14 S. https://en.wikipedia.org/wiki/Replication_crisis.
15 Borgman 2014, 1–2.
16 Vgl. Koureas 2018.

Ein zweites, verwandtes Paradoxon hat mit der Realität von „Dark Data" zu tun, wie Ryan Heidorn es beschrieben hat.[17] Etwa 80 Prozent der wissenschaftlichen Daten sind demzufolge „Dark Data",[18] also nicht sichtbar und verfügbar, von denen die weitaus meisten in etwa 20 Jahren verloren gegangen sein dürften. Es werden sehr viele Mittel in Dienste investiert, die auf Daten aufbauen sollen, wie z. B. die Verlinkung von Daten mit Publikationen, Erzeugern, Institutionen, Projektförderungen und anderem, aber eigentlich fehlen in großem Maßstab die Daten selbst, die verlinkt werden können. Momentan ist noch nicht geklärt, wie und von wem die Mittel dafür aufgebracht werden können, solche Daten sichtbar und verfügbar zu machen, und wer letztlich die Rolle für die gewaltige Kurationsaufgabe übernehmen soll. Vielen Forschenden fehlt daher auch das Vertrauen, sich auf die Verfügbarkeit der Daten anderer zu verlassen und Zeit in das Erlernen neuer Methoden zu investieren.

Peter Wittenburg und George Strawn sprechen von einer Notwendigkeit der Konvergenz im Bereich der Daten, um die Phase der Kreolisierung zumindest auf einem bestimmten Niveau zu beenden und dadurch Energie zur Lösung der primären wissenschaftlichen Probleme freizusetzen.[19] Sie sehen momentan zwei wesentliche Ansätze:
- Die nach langen Diskussionen erfolgreiche Etablierung der nunmehr weltweit anerkannten FAIR-Prinzipien[20] kann als Maßstab für alle gesehen werden, ihre Daten so zu gestalten, dass das Umgehen mit diesen effizienter wird.
- Die Definition des Konzeptes der FAIR Digital Objects, die auf langjährige Diskussionen in der Research Data Alliance (RDA)[21] über Disziplingrenzen hinweg basieren und auf frühe Publikationen von Robert Kahn zurückgehen,[22] stellt einen Weg dar, um die FAIR-Prinzipien praktisch umzusetzen.

In dieser Verbindung sehen Wittenburg und Strawn die Chance, eine neue Ebene zu definieren, auf die sich alle einigen können und die – ähnlich wie bei der weltweiten Einigung auf TCP/IP als Internet Protokoll – ungeahnte Kräfte freisetzen könnte, um die oben genannten Probleme anzupacken.

---

17 Vgl. Heidorn 2008.
18 S. https://de.wikipedia.org/wiki/Dark_Data. Viele Experten halten die Schätzung von Heidorn noch für weit untertrieben.
19 Vgl. Wittenburg und Strawn 2018.
20 Vgl. Wilkinson 2016.
21 S. https://www.rd-alliance.org.
22 Vgl. Kahn und Wilensky 1995; Kahn und Wilensky 2006.

1 Gesellschaftliche Treiber

Nicht zuletzt die Diskussionen um die „Grand Challenges"[23] und die 17 Ziele für eine nachhaltige Entwicklung der UNO[24] haben uns vor Augen geführt, wie stark die Einflüsse unserer Entscheidungen auf die Gestaltung von Natur und Gesellschaft und wie komplex zugleich die Zusammenhänge sind. Im Allgemeinen haben wir auch verstanden, dass angesichts der Komplexität der Herausforderungen nur multikausale, nationale Grenzen übergreifende Betrachtungen zu Lösungen führen werden. Vor allem der zusätzliche Einsatz von datenbasierten Methoden gepaart mit neuartigen Analysemethoden und Simulationen von Modellen, wie sie von Jim Gray beschrieben wurden,[25] werden neue Einsichten vermitteln. Für den Erfolg dieses Weges lassen sich bereits sehr gute Beispiele auch aus dem deutschen Raum nennen. So ist im Bereich der Umweltwissenschaften das Deutsche Klimarechenzentrum (DKRZ) führend in der Erzeugung der Berichte zur Entwicklung des Klimas an die UNO beteiligt, wobei immer umfangreichere, auf Standards basierende Basisdaten[26] und iterativ ergänzte Modelle die Präzision der Vorhersagen kontinuierlich verbessern. Im Bereich der Materialwissenschaften ist es dem EU-Projekt NOMAD[27] gelungen, Millionen von Simulationsergebnissen von Laboren aus vielen Ländern zusammenzubringen und zu normalisieren, sodass die Wissenschaft nunmehr über einen kohärenten Datenraum verfügt, der geeignet ist, Deskriptoren zu berechnen, mit denen sich verschiedene Kategorien von Verbundmaterialien mit spezifischen Eigenschaften klassifizieren lassen.

Im Bereich der Geisteswissenschaften hat z. B. das von der Volkswagen-Stiftung finanzierte DOBES-Projekt[28] Sprachdaten von bedrohten Sprachen aus aller Welt zusammengetragen, an dem Teams von Forschenden aus vielen Ländern mitgewirkt haben. Diese Daten und diejenigen vergleichbarer Projekte ermöglichen es, z. B. Theorien über die Evolution von Sprachen und Kulturen zu präzisieren oder auch vergleichende Untersuchungen z. B. über die Funktionen der Intonation in verschiedenen Sprachen vorzunehmen.

Wie bereits erwähnt, betreffen die Fragmentierung der Daten und daraus folgend deren ineffiziente Weiterverarbeitung auch andere Gesellschaftsbereiche. Bezüglich der Durchdringung durch die Digitalisierung im öffentlichen Dienst hat Deutschland offensichtlich einen Nachholbedarf, dessen sich die Politik zunehmend bewusst wird.[29] Im kommerziellen Sektor werden große Anstrengungen unter-

---

23 S. https://en.wikipedia.org/wiki/Grand_Challenges.
24 Vgl. United Nations n.d.
25 Vgl. Hey, Tansley und Tolle 2009, xvii-xxxi.
26 Vgl. World Climate Research Programme 2017.
27 S. https://www.nomad-coe.eu.
28 S. https://tla.mpi.nl/project/dobes und http://dobes.mpi.nl.
29 Vgl. Skala 2018.

nommen, dass sich die Vormachtstellung der technologischen Großkonzerne im Bereich der Informationsverwertung nicht auch noch auf den Bereich der Daten ausdehnt. Konsortien wie die von der Fraunhofer Gesellschaft angestoßene International Data Space[30] oder die von der EU finanzierte Big Data Value Association[31] machen deutlich, dass sich die europäische und auch die deutsche Industrie der Herausforderungen annehmen und nach gemeinsamen Lösungen suchen.

Die gesellschaftlichen Treiber für ein verbessertes Datenmanagement lassen sich wie folgt zusammenfassen:

- Die Erkenntnis, dass datenintensive Forschung eine Notwendigkeit ist, um verborgene Muster in komplexen Zusammenhängen zu identifizieren und somit zu neuen Einsichten zu kommen, die uns bei der Bewältigung der „Großen Herausforderungen" helfen können, und um international konkurrenzfähige Forschungsresultate zu liefern.
- Die Erkenntnis, dass Daten ein kostbares Gut sind, um deren Auswertung ein internationaler Wettbewerb entbrannt ist, in dem es letztlich in allen Bereichen darum geht, Zugang zu bekommen bzw. die Hoheit über die Daten nicht zu verlieren.
- Die Erkenntnis, dass drei große Problemstellungen zu bewältigen sind: 1. Wie kann aus Daten Wissen extrahiert werden? 2. Wie kann das Wissen, das in immer mehr Studien gewonnen wird, sinnvoll repräsentiert und auch kombiniert werden, um daraus verwertbare Erkenntnisse abzuleiten? 3. Welche Art von Dateninfrastruktur muss zur Verfügung gestellt werden, um die ersten beiden Problemstellungen nachhaltig und im Sinne hoher Effizienz und Effektivität zu unterstützen?
- Die Erkenntnis, dass Regierungen bezüglich der ersten zwei Punkte dieser Liste nur stimulierend einwirken können, aber bezüglich des dritten Punktes, wie auch bei früheren Infrastrukturen, die Verantwortung übernehmen und entsprechende Mittel bereitstellen müssen, wenn zumindest der Wille vorhanden ist, an dem Reichtum, der den Daten innewohnt, teilhaben zu wollen.

Der Bereich der Wissensextraktion ist gekennzeichnet durch statistische Methoden, die immer weniger Vorannahmen benötigen und auf der Basis von Beispielen lernen, wie z. B. Machine Learning. Die Frage, wie man das aus den Unmengen von Experimenten und Simulationen extrahierte Einzel-Wissen repräsentieren kann, um es in kombinierter Form auswerten zu können, wird weiterhin heftig diskutiert. Nano-Publikationen, die Wissen in Form von erweiterten Resource-Description-Framework-Aussagen[32] (RDF-Aussagen) darstellen, scheinen an Popularität zu ge-

---

[30] S. https://www.fraunhofer.de/de/forschung/fraunhofer-initiativen/international-data-spaces.html und https://www.internationaldataspaces.org.
[31] S. http://www.bdva.eu.
[32] S. https://de.wikipedia.org/wiki/Resource_Description_Framework und https://www.w3.org/RDF/.

winnen, stellen sie doch eine Form dar, Wissen hochkonzentriert und formal derart zu repräsentieren, dass weitergehende Operationen ermöglicht werden.[33]

Bereits im Jahre 2002 wurde der ESFRI-Prozess (European Strategy Forum on Research Infrastructures)[34] gestartet, um die Gestaltung von Forschungsinfrastrukturen in Europa systematischer anzugehen und Absprachen über Standards zu erzielen. Seit 2006 wurden in mehreren Runden ESFRI-Roadmaps für den Aufbau derartiger Forschungsinfrastrukturen in verschiedenen Disziplinen aufgestellt mit der Konsequenz, dass

- in mehr als 50 Bereichen derartige Infrastrukturen durch europäische und nationale Mittel gefördert wurden, die auf breiter Basis ein höheres Bewusstsein für Daten und neue Technologien erzeugten und auch zu einem großen Teil für verbesserte Methoden sorgten;
- einige dieser Infrastrukturen in ERICs (European Research Infrastructure Consortium)[35] mit der Zielsetzung einer verstetigten Förderung umgewandelt wurden;
- mittels des ESFRI-Prozesses traditionelle Vorstellungen von Wissenschaftsinfrastrukturen überwunden und nunmehr auch die virtuelle Zusammenführung verteilter Datenbanken als essentielle Forschungsinfrastrukturen angesehen werden.

Diese Konzepte wurden in vielen Staaten Europas aufgegriffen und parallele Programme gestartet. Hunderte derartiger virtueller Infrastrukturprojekte wurden in Europa finanziert, was bereits in vielen Bereichen zu einem Aufbruch führte und die Kultur des Datenaustausches in den Disziplinen beeinflusste. Diese Förderungen führten einerseits innerhalb enger Disziplingrenzen zu einer Reduzierung der Fragmentierung, aber andererseits auch zu einer Verfestigung von Silo-Lösungen.

Somit können wir die wesentlichen Treiber hin zu besseren FDM-Lösungen benennen:
- Wissenschaftlerinnen und Wissenschaftler sind daran interessiert, an den bestmöglichen Forschungseinrichtungen, die nunmehr auch die datenintensive Forschung unterstützen müssen, zu arbeiten, um sowohl zum Erkenntnisgewinn beizutragen als auch um ihre Karriere im Rahmen des globalen Wettbewerbs absichern zu können.
- Forschungsorganisationen benötigen eine Basis, die es ihnen erlaubt, einerseits relevante Daten unter Wahrung der zugrundeliegenden Rechte sicher und dauerhaft zu speichern und es andererseits ihren Forschenden zu ermöglichen, relevante datenintensive Forschung (DIF) zu betreiben. Dabei müssen in Zukunft die Effizienz und die Effektivität der DIF gesteigert werden, um die momentan

---

33 Vgl. Mons und Velterop 2009.
34 S. https://ec.europa.eu/info/research-and-innovation/strategy/european-research-infrastructures/esfri_en und https://www.esfri.eu.
35 S. https://ec.europa.eu/info/research-and-innovation/strategy/european-research-infrastructures/eric_en.

zu hohen Kosten merkbar zu senken und um die flexible Kombination von Daten verschiedener Herkunft zu vereinfachen.
- Besonders im medizinischen Bereich müssen Wege gefunden werden, um die Verwendung von Daten über das ursprüngliche Forschungsprojekt hinaus zur Erzielung neuer Einsichten über häufigere Krankheiten[36] verwenden zu können, ohne die Persönlichkeitsrechte der Patientinnen und Patienten zu verletzen.
- Die Industrie möchte die Hoheit über die von ihr erzeugten und gesammelten Daten behalten und die möglichen Wertschöpfungsketten in vertragsbasierter Kollaboration mit anderen selbst mitgestalten. Hierbei spielt in Deutschland vor allem die Produktionsindustrie und der Mittelstand eine große Rolle. Sie sind in großem Maße die Datenerzeuger und befürchten, dass andere das Wissen aus diesen Daten extrahieren könnten, ohne dass sie als Erzeuger davon profitieren.
- Die Bürgerinnen und Bürger wollen ebenfalls teilnehmen, wobei sie als Akteurinnen und Akteure mit verschiedenen Rollen auftreten. Sie erzeugen vielfältige Daten und haben ein genuines Interesse, diese auch in Kombination mit anderen Daten zu analysieren, z. B. über Smart Watches oder als Citizen Scientists. Ein demokratisches Verständnis der Gesellschaft legt nahe, dass auch der Bürgerin bzw. dem Bürger, wann immer möglich, Zugang zu Daten und Analysetools gegeben wird, insbesondere zu ihren oder seinen eigenen personenbezogenen Daten. Sie sind jedoch auch daran interessiert, dass ein gewisser Wohlstand und Arbeitsplätze dadurch geschaffen werden, dass die entsprechenden Akteure an den Wertschöpfungsketten bezüglich ihrer Daten teilhaben.
- Die Regierungen müssen sich darum kümmern, dass die gesellschaftlichen Akteure die besten Voraussetzungen haben, um in den beschriebenen Rollen aktiv werden zu können. Dies betrifft dann vor allem den Ausbau einer entsprechenden Dateninfrastruktur, die ein nachhaltiges und effizientes Engagement ermöglicht.

Alle genannten Akteure scheinen sich der enormen Herausforderungen bewusst zu sein und auch in der Bevölkerung ist der Begriff der „Digitalisierung" jetzt derart mental verankert, dass hohe staatliche Ausgaben breit unterstützt werden. Die Industrie versucht, im Bereich der Infrastruktur mit Initiativen wie dem „International Data Space"[37] Felder zu besetzen und die Daten nicht den technologischen Großkonzernen zu überlassen. Die Regierungen in Europa reagieren mit einer zweiten Welle von Initiativen, wobei die Europäische Kommission (European Commission,

---

[36] Ein Beispiel sind Hirnkrankheiten, deren Verständnis z. B. über Korrelationen zwischen Phänomenen und Mustern in umfangreichen Daten verschiedenster Quellen (Hirnscans, Gensequenzen, psychologische Experimente etc.) vertieft werden sollen. Dies sind Methoden, die die Verfügbarkeit umfangreicher Datenbestände aus verschiedenen Laboren und Kliniken erfordern.
[37] S. https://www.internationaldataspaces.org/.

EC) mit der European Open Science Cloud[38] (EOSC) und Deutschland mit der Nationalen Forschungsdateninfrastruktur[39] (NFDI) am weitesten mit ihren Planungen sind. Weitere Staaten und auch Regionen wie z. B. Frankreich, die Niederlande und die nordischen Staaten werden folgen. Dabei sind die Ansätze für die Programme durchaus unterschiedlich.

Laut Thomas P. Hughes besteht die erfolgreiche Umsetzung von großen Infrastrukturprojekten aus einem Zusammenspiel von drei wesentlichen Faktoren:[40]
– technologische Innovation,
– ökonomische/wissenschaftliche Anforderungen und
– geeignete organisatorische und politische Formen.

Das EOSC-Programm der EC hat der Schaffung einer für die Mitgliedstaaten überzeugenden organisatorischen Struktur den Vorrang gegeben und ist nunmehr in der zweiten Projektphase bemüht, den technologischen Kern zu definieren. Der Anspruch ist derartig umfassend, dass viele Expertinnen und Experten ein Scheitern der Pläne befürchten. Die EC setzt jedoch auf verschiedene Arbeitsgruppen, die in Zusammenarbeit mit der neuen Allianz aus RDA, Committee on Data of the International Science Council[41] (CODATA) und GO FAIR[42] konkrete Vorschläge ausarbeiten sollen, die die EOSC als eine FAIR-basierte, distribuierte Infrastruktur-Landschaft entstehen lassen können. Das deutsche NFDI-Programm verfolgt einen anderen Ansatz, indem es zunächst eindeutig den wissenschaftlichen Motivationen und Planungen eine höhere Priorität gibt und die Planung einer konvergenten technologischen Komponente in den Hintergrund stellt. Damit wird im Prinzip der frühere Ansatz des ESFRI-Programms weiterverfolgt, der jedoch in einer Verfestigung der Silo-Mentalität enden könnte. Allein durch EOSC und NFDI werden jährlich ca. 90 Mio. Euro für die Entwicklung eines Daten-Infrastruktur-Ökosystems ausgegeben.

In den USA, wo die Entwicklung bisher durch die großen Informationskonzerne, wie Google, Facebook etc., vorangetrieben wird, verhalten sich die staatlichen Akteure, die ein nationales Programm für eine US-Forschungsdateninfrastruktur einfordern, noch zurückhaltend.[43] Bisherige Programme waren konzipiert, um Pilotprojekte mit dem Ziel zu unterstützen, ein größeres Verständnis darüber zu bekommen, was Infrastrukturen leisten können und wie man sie organisieren kann. Insbesondere kann hier das Programm zu „Research Data Commons" von den National Institutes of Health[44] genannt werden. Bisher gab es in den USA keine einheitliche

---

38 S. https://ec.europa.eu/research/openscience/index.cfm?pg=open-science-cloud; https://eosc-portal.eu; Beitrag von Streit und van Wezel, Kap. 1.2 in diesem Praxishandbuch.
39 S. https://www.dfg.de/foerderung/programme/nfdi/index.html.
40 Vgl. Hughes 1983, 461-465.
41 S. http://www.codata.org.
42 S. https://www.go-fair.org; Beitrag von Linne et al., Kap. 3.2 in diesem Praxishandbuch.
43 Vgl. Wittenburg und Strawn 2019.

Überzeugung, wie man eine umfassende Dateninfrastruktur aufbauen soll. Mit der breiten Akzeptanz der FAIR-Prinzipien und dem Ausformulieren der FAIR Digital Objects[45] scheint sich eine Änderung der Einschätzungen abzuzeichnen.

In China verfolgt man die Diskussionen über die FAIR-Prinzipien und den FAIR Digital Objects engagiert und organisiert entsprechende Konferenzen,[46] um sich gegebenenfalls mit großem Mittelaufwand an den Entwicklungen führend beteiligen zu können.

2 Technologische Treiber

Die technologische Innovation wird immer wieder neue Anziehungspunkte für die Wissenschaft und darüber hinaus definieren, wobei die Wissenschaft oftmals eine Vorreiterrolle einnimmt, ist sie doch prinzipiell zu größeren Risiken bereit. Dabei gilt jedoch, dass Standards gut für die Wissenschaft insgesamt sind, zunächst nicht jedoch für die individuellen Wissenschaftlerinnen und Wissenschaftler, die Produktivitätseinbußen befürchten. Dennoch wollen einige die neuesten technologischen Entwicklungen für ihre Zwecke so früh wie möglich einsetzen, da sie neue Möglichkeiten antizipieren und bereit sind, mit Technologen zusammenzuarbeiten, und sich trauen, in neuen Bereichen zu publizieren. Die wesentlichen gegenwärtigen technologischen Trends, die relevant für den Bereich der datenintensiven Wissenschaft[47] sind, lassen sich in einigen Kernaussagen zusammenfassen:

Tab. 1: Die von G. Strawn übernommene Tabelle über die Entwicklung der IT-Kapazitäten schaut vom Stand 2000 aus 30 Jahre zurück und wagt Prognosen für 30 Jahre in die Zukunft. Es gibt keine Gründe anzunehmen, dass die dynamische Entwicklung mit der Einführung von Post-Chip und anderen innovativen Technologien abnehmen wird.

	1970	2000	2030
Technology	pre-chip	Chip	post-chip
US $	1.000.000	1.000	1
CPU	1 mips	1 gips	1 tips
Disk	$ 1/kB	$ 1/gB	$ 1/pB
Net	10 kbps	10gbps	10pbps

---

44 S. https://commonfund.nih.gov/commons.
45 Vgl. Wittenburg et al 2019; Schultes und Wittenburg 2019 und RDA GEDE group 2019.
46 Vgl. FAIR DO Session 2019.
47 Wie auch bereits Jim Gray bei seiner Einführung des Begriffes der Data-Intensive Science betonte, wird es in der Wissenschaft auch weiterhin traditionelle Methoden geben, deren Bedeutung nicht in Frage gestellt wird.

- Die *Kapazitäten in der IT* (CPU, Speicher, Netzwerk) nehmen weiter zu und neue technologische Ansätze wie z. B. Quantencomputing lassen für die Zukunft enorme Sprünge erwarten wie in Tab. 1 dargestellt wird. Wir kennen die optimalen Einsatzmöglichkeiten dieser neuen Ansätze noch nicht genau, aber es besteht kein Zweifel, dass die Wissenschaft darauf wartet, sie einsetzen zu können.
- Neuartige mathematische Verfahren werden entwickelt, um die riesigen, virtuell integrierten *Datenmengen analysieren* zu können. Hier sei nur auf die Deep-Learning-Ansätze verwiesen, die noch weniger Vorannahmen erfordern als frühere Ansätze und daher noch abhängiger von großen Datenmengen und geeigneten Lernstrategien sind. Wir beschreiben diese Ebene mit dem Begriff der „Extraktion von Wissen aus Daten".
- Angesichts der großen Datenmengen ist der Einsatz *automatischer Verfahren mittels Workflow-Werkzeuge* eine zunehmende Notwendigkeit. Dabei wird zu erwarten sein, dass Wissenschaftlerinnen und Wissenschaftler Daten-Profile definieren und es Crawlern überlassen, geeignete Daten zu finden und das Ausführen der Workflows zu starten.
- Die große Anzahl der aktiven Wissenschaftlerinnen und Wissenschaftler und der Einsatz automatischer Verfahren werden es erforderlich machen, nach *neuen Methoden der Präsentation von Wissen* zusätzlich zu den etablierten wissenschaftlichen Publikationen zu suchen. Vorschläge wie Nano-Publikationen,[48] im Wesentlichen augmentierte RDF-Aussagen über wesentliche Resultate, werden gegenwärtig diskutiert.
- Eine weitere große Herausforderung wird sein, wie wir die zunehmende Zahl wissenschaftlicher Resultate (Detailwissen) zu *Erkenntnissen* zusammenbringen können, die für die Gesellschaft nutzbringend sind. Wenn wir über geeignete formale Verfahren verfügen, um Wissen darzustellen, werden uns intelligente AI-Methoden (Artificial Intelligence) helfen, zu Erkenntnissen zu kommen.
- Die bisher genannten Ebenen werden nur dann erfolgreich und effizient umgesetzt werden können, wenn wir über geeignete *Dateninfrastrukturen* verfügen, die es unter anderem erlauben, inkrementell ein digitales Gedächtnis aufzubauen, sodass eine Abkehr von flüchtigen Methoden z. B. des Internets möglich ist.

Während der in den ersten fünf Punkten beschriebene Fortschritt vom Erkenntnisdrang der Wissenschaft und dem Marktstreben der Industrie vorangetrieben wird und auch bereits ziemlich große Schritte gemacht wurden, folgt der letztgenannte Bereich der Infrastrukturen gänzlich anderen Gesetzen. Das Entwickeln von Infrastrukturen ist wissenschaftlich wenig attraktiv und für die Industrie ambivalent.

---

48 Vgl. Mons und Velterop 2009.

Proprietäre Infrastrukturen können einen Marktvorteil bieten, sind aber für die Allgemeinheit nicht akzeptabel. Offene Infrastrukturen eröffnen für alle, also auch neuen innovativen Firmen, die gleichen Einstiegschancen. Offene Infrastrukturen können mithin auch nur von der Allgemeinheit finanziert werden.

IT-geprägte Infrastrukturen müssen global geplant und umgesetzt werden, da die intensive internationale Vernetzung einheitliche Strukturen verlangt und auf Dauer keine Infrastruktur-Inseln überlebensfähig sind. Auch proprietäre Strukturen, wie sie von großen IT-Konzernen etabliert werden, werden sich gegen allgemeine Trends nicht durchsetzen können, sowie sich eine weitgehende, globale Übereinkunft auf bestimmte Standards abzeichnet. Diese Übereinstimmung zu erzielen, stellt allerdings eine große technologische und vor allem soziologische Herausforderung dar – sie ist ungleich schwerer zu erreichen, als es im Falle des Internets der Fall war, da der Bereich des FDM sehr viel vielschichtiger ist. Die Durchsetzung großer Infrastrukturen in der Vergangenheit basierte jeweils auf sehr einfachen minimalen Spezifikationen (z.B. 50 Hz/220 V, TCP/IP, HTTP), um ein Momentum hin zur Reduktion der Fragmentierung zu erzeugen, ohne Innovationen auf anderen Ebenen zu blockieren.

Eine ganze Reihe von Initiativen hat sich gebildet, um zu Übereinkünften zu kommen, die die Fragmentierung verringern können. Die RDA, die etwa 9 000 Expertinnen und Experten aus derzeit 137 Ländern umfasst, arbeitet aktuell in 86 Gruppen an Spezifikationen von Komponenten sowie an Prozeduren. Bemängelt wird oftmals, dass es der RDA an einem großen übergeordneten Konzept fehlt und somit keine Richtung erkennbar ist. CODATA ist eine internationale Organisation, die vornehmlich an politischen Richtlinien arbeitet und sich mit verschiedenen Netzwerk-Methoden insbesondere auch an Entwicklungsländer richtet. World Data Systems (WDS) hat sich insbesondere der Qualität und Persistenz von Repositorien gewidmet und dann unter dem Dach der RDA zusammen mit der Data-Seal-of-Approval-Initiative den neuen gemeinsamen Standard, CoreTrustSeal, für die Zertifizierung von Repositorien ausgearbeitet. Etwas neueren Datums ist die GO FAIR Initiative,[49] die Impulse setzen will, indem sie über die Spezifikation hinausgeht und Standards implementieren will. Die Formulierung der FAIR-Prinzipien geht auf die Gründer der GO-FAIR-Initiative zurück, die es verstanden, längere Diskussionen zu prägnanten Aussagen zu bündeln. Unter dem Mantel einer RDA-Arbeitsgruppe wird momentan an FAIR-Maturity-Indikatoren[50] gearbeitet, wobei es das vordringliche Ziel ist, auch Software bereitzustellen, die automatische Tests der FAIRness von Datensätzen erlaubt.

Gegenwärtig zeichnet sich eine breite internationale Einigkeit über die FAIR-Prinzipien ab. In der RDA-Maturity-FAIR-Indicator-Gruppe wird intensiv an Regeln

---

49 S. https://www.coretrustseal.org.
50 S. https://www.rd-alliance.org/groups/fair-data-maturity-model-wg.

gearbeitet, um die FAIRness festzustellen, und es soll auch auf nutzbare Software hingewiesen werden. Ebenfalls arbeitet eine breite Gruppe von Expertinnen und Experten an der Umsetzung der FAIR-Prinzipien mittels des Konzepts der FAIR Digital Objects. Eine Reihe von Kernkomponenten, wie z. B. das Handle PID System, das Digital Object Interface Protokoll, die Data Type Registry und die Kernel-Attribute, wurden größtenteils in RDA-Gruppen spezifiziert und anschließend implementiert. Ebenfalls erfolgen in verschiedenen Projekten Implementierungen und Testbett-Entwicklungen.

Von großer Bedeutung für die Wiederverwendung von Daten ist auch das Vorhandensein von „rich" Metadaten, wobei der in FAIR verwendete Begriff „rich" bewusst vage gehalten ist. Letztlich geht es darum, die Wissensdifferenz zwischen den lokal arbeitenden Erzeugerinnen und Erzeugern von Daten und den global arbeitenden Benutzerinnen und Benutzern zu überbrücken. Die Art der benötigten Metadaten hängt allerdings sehr stark vom Verwendungszweck ab. Für allgemeine Suchen reichen typischerweise Attribute wie „Autor, Titel, grobe Disziplinklassifizierung, Institution" u. ä. aus. Für das gezielte wissenschaftliche Suchen zur Auswahl von Daten für spezifische Operationen reicht das nicht aus und disziplinspezifische Attribute sind erforderlich. Ebenso sind für die Orchestrierung automatischer Workflows sehr spezifische Beschreibungen des Datentyps erforderlich. Der Bereich der Metadaten ist bisher keineswegs vernünftig im Sinne von maschinenlesbaren Verfahren gelöst. So fehlen z. B. klare Kategorisierungen von Metadatentypen, auffindbare und harmonisierte Registraturen bzw. aktuell gehaltene Mappings für Schemas und Vokabulare sowie einfache Ontologie-unterstützte Editoren. Große Einigkeit besteht darin, dass Metadaten unabhängig von der Art der internen Handhabung als RDF-Aussagen exportiert werden sollten, um mittels Linked-Data-Methoden Inferenzen und anderes bilden zu können.

Die dargestellten Verfahren basieren allesamt darauf, dass eine funktionierende und ständig erweiterte Basisinfrastruktur vorhanden ist. Netzwerk-, Speicher- und CPU-Kapazitäten müssen ständig erweitert werden, um die höheren Bedarfe abzusichern. Cloud-Systeme stellen dabei einen neuen Ansatz dar, der es erlaubt, schnell mit großen Mengen an Objekten zu arbeiten und auch effizient mit großen Rechnerkapazitäten (Virtual Machines) umzugehen. Insbesondere die großen IT-Firmen bieten verlockende Dienste an, wobei allerdings große Fragen hinsichtlich der Nutzung und Sicherheit der Daten aufgeworfen werden. Die Regeln der europäischen General Data Protection Regulation (GDPR) stellen dabei einen sehr strikten Rahmen für die Verwendung personenbezogener Daten dar.

3 Nationalstaatliche Treiber

Wie bereits dargestellt, muss die Entwicklung neuartiger Dateninfrastrukturen von den Staaten gefördert werden, um ihren verschiedenen Akteurinnen und Akteuren die Mittel zu geben, unnötige Ausgaben zu vermeiden und neue Erkenntnisse zu ermöglichen bzw. neue Wertschöpfungsketten und Jobs zu realisieren. Dies alles erfolgt unter den Rahmenbedingungen eines harten internationalen Konkurrenzwettbewerbs.

Daher haben sich vor allem die nord- und westeuropäischen Staaten frühzeitig finanziell engagiert. Erste große Programme wurden gemeinsam mit der Grid-Initiative[51] gestartet, die jedoch sehr schnell von IT-Aspekten geleitet wurde und trotz eines hohen Wissenszuwachses bei den direkt Beteiligten zu keinen wesentlichen Impulsen führte, sieht man einmal von den positiven Folgen z.B. für die Hochenergiephysik und der Wegbereiter-Funktion für das Cloud-Computing ab. In einer zweiten Welle beteiligten sich im Wesentlichen die meisten europäischen Staaten am ESFRI-Prozess und finanzierten auch selbst umfangreiche Infrastrukturprojekte und Projekte, in denen die Digitalisierung und Aufbereitung von Datensammlungen im Mittelpunkt standen. Dabei wurden verschiedenste Ansätze gefördert mit dem Ergebnis, dass sich in vielen Sektoren und auch Disziplinen ein klareres Bild davon abzeichnete, was denn nun Dateninfrastrukturen ausmacht, was generisch und was sektor- bzw. disziplinspezifisch angegangen werden muss.

Gleichzeitig wurden Initiativen gebildet, um Diskussionsprozesse zu starten, die Beiträge in Richtung einer höheren Kohärenz der Datenlandschaft liefern und Brücken bilden sollen. Im Bereich der Wissenschaft sind in Deutschland vor allem die Allianz-Initiative[52] „Digitale Information", die 2008 von der Allianz der deutschen Wissenschaftsorganisationen gegründet wurde, und der Rat für Informationsinfrastrukturen (RfII)[53] zu nennen. Während Erstere für die Datenpraxis wenig sichtbare Resultate brachte, formulierte Letztere die Rahmenbedingungen für die NFDI, die jetzt mit der Bildung von breiten und vernetzten Konsortien eine konkrete Form angenommen haben.

Deutschland hat mit der NFDI einen umfassenden neuen Anstoß gegeben, der parallel zur europäischen EOSC Beiträge liefern soll, und ist gleichzeitig Vorreiter für weitere nationale und regionale Programme in Europa. Wie bereits angedeutet, setzt die NFDI-Initiative auf ein Primat der wissenschaftsgetriebenen Ansätze. Sogenannte Querschnittsthemen sollen in einem zweiten Ansatz behandelt werden, was das Risiko in sich birgt, dass technologisch innovative Konzepte nicht verfolgt werden und somit anderen das Feld für Innovation überlassen wird.

---

51 S. https://gauss-allianz.de/de/network/NGI-DE.
52 S. https://www.allianzinitiative.de.
53 S. http://www.rfii.de.

Erhebliche nationale (öffentliche und private) Mittel werden in den Ausbau der AI investiert, wobei sich vor allem auch der Bitkom[54] engagiert. Es bedarf der Ergänzung des Methodenkanons, um Wissen zu extrahieren, des Verfügbarmachens dieser Methoden in einfacher Weise und vor allem auch der Ausbildung einer Generation von Expertinnen und Experten, die verstehen, mit diesen Methoden umzugehen. Auch bezüglich der Ausbildung von Datenmanagerinnen und Datenmanagern sowie Data Stewards ist von den Ausbildungseinrichtungen ein dringender Nachholbedarf erkannt worden. An verschiedenen Universitäten und Fachhochschulen werden Curricula entworfen und auch schon angeboten.[55] Dies sind Maßnahmen, die sich in ein paar Jahren auszahlen werden.

4 Bundeslandspezifische Treiber

Viele Bundesländer haben in den letzten Jahren eigene Digitalstrategien entwickelt und in ihren Bildungsministerien oder zentralen Forschungseinrichtungen verankert und kommen somit ihrer Verantwortung für die Weiterentwicklung der Hochschulen nach, die durch die zunehmende Bedeutung der Daten erforderlich ist. Einige Beispiele hierfür sind:

Das Land *Baden-Württemberg* hat ein Fachkonzept von fünf zentralen Handlungsfeldern publiziert: Lizenzierung elektronischer Informationsmedien, Digitalisierung, Open Access, Forschungsdatenmanagement, Virtuelle Forschungsumgebungen[56]. In vier zentralen Forschungsdatenzentren (Science Data Centers, SDC) werden Forschung und Ausbildung bezüglich Datenwissenschaft und -management verschiedener Fachbereiche vorangetrieben.[57] Des Weiteren wurde und wird eine Bandbreite von datenbezogenen Diensten und Projekten zu verschiedensten Bereichen der Lehre und Forschung entwickelt und vom Arbeitskreis der Leiterinnen und Leiter der wissenschaftlichen Rechenzentren in Baden-Württemberg[58] bereitgestellt.

In *Bayern* wird an der Plattform „Forschungsdatenmanagement"[59] gearbeitet, um die bayerischen Akteure und Projekte zu vernetzen.

Im Land *Berlin* wurde 2015 ein Open-Access-Büro[60] gegründet, das die beteiligten Akteure[61] koordiniert. Des Weiteren ist ein regionales Datenzentrum Digital Humanities geplant.

---

54 S. https://www.bitkom.org/Bitkom/Organisation/Gremien/Big-Data-und-Advanced-Analytics.html.
55 Z. B. https://www.ddm-master.de/.
56 Vgl. Ministerium für Wissenschaft, Forschung und Kunst Baden-Württemberg n.d.
57 Vgl. Ministerium für Wissenschaft, Forschung und Kunst Baden-Württemberg 2019.
58 S. https://www.alwr-bw.de/kooperationen.
59 S. https://www.fdm-bayern.org.

In *Brandenburg* wurde im Rahmen eines Forschungsprojekts eine Open-Access-Strategie[62] entwickelt, die 2019 veröffentlicht wurde.

Die *Hamburger* Bildungs- und Wissenschaftseinrichtungen haben sich zu einer hochschulübergreifenden Strategie „Hamburg Open Science"[63] zusammengeschlossen. Darüber hinaus bietet z. B. die Universität Hamburg mit ihrem Zentrum für nachhaltiges Forschungsdatenmanagement[64] Beratungsangebote und ein Repositorium an. Die Stadt Hamburg veröffentlicht im Rahmen eines Open-Data-Aktionsplans ihre Verwaltungsdaten im Transparenzportal Hamburg[65].

In *Hessen* haben sich elf hessische Hochschulen in der Landesinitiative „Hessische Forschungsdateninfrastrukturen" (HeFDI) zusammengeschlossen, um mittels eines Repositoriums, Beratungs- und Service-Leistungen ihr Forschungsdatenmanagement zu verbessern.

In *Niedersachsen* wurde 2017 eine Digitalisierungsoffensive gestartet[66] und das Zentrum für digitale Innovationen Niedersachsen (ZDIN)[67] gegründet.

In *Nordrhein-Westfalen* wurde die zentrale Koordinierungsstelle „fdm.nrw"[68] aufgebaut, das die Hochschul- und Landesaktivitäten koordiniert, auch im Hinblick auf Verknüpfung mit der NFDI und anderen bundesweiten Aktivitäten.

In *Schleswig-Holstein* wurde der Schwerpunkt der Digitalisierung auf Open Access und Open Data gelegt. So hat die Landesregierung eine „Strategie 2020 für Open Access"[69] initiiert, an der die Hochschulen sowie die Wissenschaftlerinnen und Wissenschaftler die Hauptakteurinnen und -akteure sind. Zusätzlich werden Daten der öffentlichen Einrichtungen über Repositorien[70] zugänglich gemacht.

Die *Thüringer* Strategie für die Digitale Gesellschaft[71] umfasst verschiedene Bereiche der Gesellschaft: Wirtschaft 4.0 wurde 2016 gestartet. Danach folgten „Mittelstand 4.0", „Digitale Landesentwicklung für den städtischen und ländlichen

---

60 S. http://www.open-access-berlin.de/strategie.
61 S. http://www.open-access-berlin.de/akteure/index.html.
62 Vgl. Ministerium für Wissenschaft, Forschung und Kultur des Landes Brandenburg n. d. Hier werden die Themenfelder des Ministeriums beschrieben und die Open-Access-Strategie verlinkt.
63 S. https://openscience.hamburg.de/de/ueber-uns/beteiligte-institutionen.
64 S. https://www.fdm.uni-hamburg.de.
65 S. http://transparenz.hamburg.de/open-data.
66 S. https://www.lhk-niedersachsen.de/positionen/digitalisierung und https://www.niedersachsen.de/startseite/themen/digitales_niedersachsen.
67 S. http://www.zdin.de.
68 S. https://www.fdm.nrw.
69 S. https://www.schleswig-holstein.de/DE/Fachinhalte/H/hochschule_allgemein/OpenAccess.html.
70 S. https://www.schleswig-holstein.de/DE/Landesregierung/Themen/Digitalisierung/Transparenzportal/transparenzportal.html.
71 S. https://www.digital-thueringen.de.

Raum", "Bildung und Forschung digital" sowie Querschnittsthemen; 2019 wurde die Digitalstrategie aktualisiert.

Der Schwerpunkt der Landesaktivitäten liegt in der Bereitstellung von Repositorien, der Definition von Rahmenrichtlinien sowie insbesondere auch der Vernetzung der Expertinnen und Experten. Außerdem bieten sie Schulungen des Fachpersonals, um möglichst frühzeitig Trends zu identifizieren und darauf reagieren zu können. Hinzu kommt natürlich, dass es einige Hochschulen Bildungsangebote im Bereich des FDM entwickelt haben.

Fazit

Die Vorstellung der FAIR-Prinzipien hat allen Akteurinnen und Akteuren bis hin zu den Entscheidungstragenden verdeutlicht, dass das FDM bereits jetzt nicht optimal erfolgt und dass die Ineffizienzen und Verluste sich angesichts der zunehmenden Datenvolumina und vor allem der Komplexität noch potenzieren würden, wenn die Wissenschaftsgemeinde nicht entschieden gegensteuern würde. Dabei ist seitens der politischen Ebene erkannt worden, dass große Investitionen erforderlich sein werden, um wirklich eine Open-Science-Landschaft aufzubauen und sich somit auch dem kommerziellen Druck entgegenzustellen.

Auf der Ebene der Expertinnen und Experten sind Europa und insbesondere auch Deutschland gut aufgestellt. Es gibt ein breites Wissen durch den ESFRI-Prozess und viele andere Maßnahmen auch auf nationalem Niveau. Es waren europäische und zum großen Teil deutsche Expertinnen und Experten, die die RDA vorangetrieben haben aus dem Wissen heraus, dass nur globale Standards helfen werden. Es waren vor allem europäische Expertinnen und Experten, die die FAIR-Prinzipien formuliert haben.

Das Beispiel der Diskussion um die FAIR-Digitalen-Objekte zeigt aber auch, dass es in Europa wiederum zu wenig Bereitschaft gibt, neue integrative Technologien auszutesten und damit den konzeptionellen Vorsprung auch in einen Implementationsvorsprung umzusetzen.

Literatur

Letztes Abrufdatum der Internet-Dokumente ist der 15.11.2020.

Borgman, Christine. 2014. „Data, data, everywhere, nor any drop to drink." Amsterdam: 4th RDA Plenary. https://www.slideshare.net/ResearchDataAlliance/christine-borgman-keynote.
CrowdFlower. 2017. „2017 Data Scientist Report." https://visit.crowdflower.com/rs/416-ZBE-142/images/CrowdFlower_DataScienceReport.pdf.

FAIR DO Session at CODATA Conference. 2019. http://codata2019.csp.escience.cn/dct/page/70006.
FORCE11. 2016. „The FAIR Data Principles" https://www.force11.org/group/fairgroup/fairprinciples.
Ghosh, Pallab. 2015. „Google's Vint Cerf warns of ‚digital Dark Age'." *BBC News*. https://www.bbc.com/news/science-environment-31450389.
Harari, Yuval N. 2017. *Homo Deus: Eine Geschichte von Morgen*. München: C. H. Beck.
Heidorn, Bryan. 2008. „Shedding Light on the Dark Data in the Long Tail of Science." https://www.academia.edu/23517673/Shedding_Light_on_the_Dark_Data_in_the_Long_Tail_of_Science.
Hey, Tony, Stewart Tansley und Kristin Tolle, Hg. 2009. „The Fourth Paradigm: Data-Intensive Scientific Discovery." Microsoft Research. https://www.immagic.com/eLibrary/ARCHIVES/EBOOKS/M091000H.pdf.
Hughes, Thomas. 1983. *Networks of Power*. Baltimore: Johns Hopkins University Press.
Intel. n. d. „A Guide to the Internet of Things Infographic." https://www.intel.com/content/www/us/en/internet-of-things/infographics/guide-to-iot.html.
Kahn, Robert und Robert Wilensky. 2006. „A Framework for Distributed Digital Object Services." https://www.doi.org/topics/2006_05_02_Kahn_Framework.pdf.
Kahn, Robert und Robert Wilensky. 1995. „A Framework for Distributed Digital Object Services." https://www.cnri.reston.va.us/home/cstr/arch/k-w.html.
Koureas, Dimitris. 2018. „Digital Objects – The Science Case." https://github.com/GEDE-RDA-Europe/GEDE/blob/master/Digital-Objects/DO-Workshops/workshop-September-18/6-koureas-intro-talk.pdf.
Kraft, Angelina. 2017. „Die FAIR Data Prinzipien für Forschungsdaten." TIB Blog. https://blogs.tib.eu/wp/tib/2017/09/12/die-fair-data-prinzipien-fuer-forschungsdaten/.
Max-Planck-Institut für Plasmaphysik. 1998. „Professor Friedrich Hertweck emeritiert. Wegbereiter des Supercomputing in Deutschland." https://www.ipp.mpg.de/ippcms/de/presse/archiv/10_98_pi.
Ministerium für Wissenschaft, Forschung und Kunst Baden-Württemberg. n. d. „E-Science." https://mwk.baden-wuerttemberg.de/de/forschung/forschungslandschaft/e-science/.
Ministerium für Wissenschaft, Forschung und Kunst Baden-Württemberg. 2019. „Vier Science Data Centers in Baden-Württemberg." https://mwk.baden-wuerttemberg.de/de/service/presse/pressemitteilung/pid/vier-science-data-centers-in-baden-wuerttemberg/.
Ministerium für Wissenschaft, Forschung und Kultur des Landes Brandenburg. n. d. „Digitalisierung." https://mwfk.brandenburg.de/mwfk/de/wissenschaft/digitalisierung/.
Mons, Barend und Jan Velterop. 2009. „Nano-Publication in the e-science era." Semantic Web Applications in Scientific Discourse (SWASD). http://ceur-ws.org/Vol-523/Mons.pdf.
RDA GEDE Group members. 2019. „Moving Forward on Data Infrastructure Technology Convergence." https://github.com/GEDE-RDA-Europe/GEDE/tree/master/FAIR%20Digital%20Objects/Paris-FDO-workshop.
Schultes, Erik und Peter Wittenburg. 2019. „FAIR Principles and Digital Objects: Accelerating Convergence on a Data Infrastructure." doi:10.23728/b2share.166a074bff614a31-b05e9df5bfd9809d.
Skala, Fridolin. 2018. „Darum liegt Deutschland bei der Digitalisierung hinten." faz.net. https://www.faz.net/aktuell/politik/inland/digitalisierung-darum-liegt-deutschland-im-eu-vergleich-hinten-15480625.html.
Strawn, George. 2019. „Open Science, Business Analytics, and FAIR Digital Objects." doi:10.23728/b2share.6ceeed13eb6340fcb132bcb5b5e3d69a.
United Nations. n. d. „Sustainable Development Goals." https://www.un.org/sustainabledevelopment/sustainable-development-goals/.

Wilkinson, Mark et al. 2016. „The FAIR Guiding Principles for scientific data management and stewardship." https://www.nature.com/articles/sdata201618.
Wittenburg, Peter und George Strawn. 2019. „About Building Data Infrastructures." https://b2share.eudat.eu/records/6b596f01bc224ff284f80a057212e07f.
Wittenburg, Peter, George Strawn, Barend Mons, Luiz Boninho und Erik Schultes. 2019. „Digital Objects as Drivers towards Convergence in Data Infrastructures." doi:10.23728/b2share.b605d85809ca45679b110719b6c6cb11.
Wittenburg, Peter und George Strawn. 2018. „Common Patterns in Revolutionary Infrastructures and Data." doi:10.23728/b2share.4e8ac36c0dd343da81fd9e83e72805a0.
World Climate Research Programme. 2017. „CMIP Phase 6 (CMIP6)." https://www.wcrp-climate.org/wgcm-cmip/.
World Economic Forum. n. d. „A Global Roadmap for Health Informatics Standardization. Proposal prepared by the World Economic Forum, in collaboration with Boston Consulting Group." http://www3.weforum.org/docs/WEF_Global_Roadmap_for_Health_Informatics_Standardization.pdf.

Achim Streit und Jos van Wezel

1.2 Deutschland in der European Open Science Cloud

Abstract: Schlagwörter wie Open Access, Open Data und Open Science beschäftigen bereits seit einigen Jahren die Wissenschaftswelt im Zeitalter der Digitalisierung. Forschungsdatenmanagement (FDM) und die European Open Science Cloud (EOSC) sind dabei zuletzt die Hauptstoßrichtungen. In der folgenden Abhandlung wird auf den aktuellen Stand von „Deutschland in der EOSC" zum Zeitpunkt Ende 2019/Anfang 2020 eingegangen; ohne jedoch einen Anspruch auf Vollständigkeit zu stellen. Nach einer Einführung in die Entstehungsgeschichte der EOSC werden die relevanten Initiativen und Projekte beschrieben, in denen Institutionen aus Deutschland beteiligt sind. Alsdann folgen Beschreibungen ausgewählter nationaler Initiativen, die einen Bezug zur EOSC aufweisen, sowie Ausführungen zu technischen Aspekten wie auch zu Beiträgen aus den verschiedenen Wissenschaftsdisziplinen.

Einleitung

In den letzten Jahren artikulierten zahlreiche politische Entscheidungsträger auf der ganzen Welt sehr stark eine klare und konsistente Vision von globaler, offener Wissenschaft (Open Science) als ein Treiber zur Realisierung transparenter, datengetriebener Forschung und schnelleren Innovationen.[1] In Europa wird diese Vision durch ein ambitioniertes Programm mit dem Titel „European Open Science Cloud" (EOSC) realisiert.[2] Zentrales Ziel der EOSC ist nicht weniger als eine globale Führungsrolle der Europäischen Gemeinschaft im Forschungsdatenmanagement sowie dafür zu sorgen, dass europäische Forscherinnen und Forscher alle Vorteile datengetriebener Forschung offenstehen.

> The EOSC will offer 1.7 million European researchers and 70 million professionals in science, technology, the humanities and social sciences a virtual environment with open and seamless services for storage, management, analysis and re-use of research data, across borders and scientific disciplines by federating existing scientific data infrastructures, currently dispersed across disciplines and the EU Member States.[3]

---

1 Vgl. Council of the European Union 2016.
2 S. https://www.eosc-portal.eu/about/eosc sowie Budroni, Burgelman und Schouppe 2019. Letztes Abrufdatum der Internet-Dokumente ist der 15.11.2020.
3 S. https://www.eosc-portal.eu/about/eosc.

∂ Open Access. © 2021 Achim Streit und Jos van Wezel, publiziert von De Gruyter. Dieses Werk ist lizenziert unter der Creative Commons Attribution 4.0 Lizenz.
https://doi.org/10.1515/9783110657807-003

Die EOSC wurde von der Europäischen Kommission im Jahre 2016 als Teil der Europäischen Cloud Initiative zum Aufbau einer kompetitiven Daten- und Wissensökonomie in Europa vorgeschlagen.[4] Bereits früh hatte die Europäische Kommission eine EOSC Expertengruppe gebildet, in der aus Deutschland Klaus Tochtermann vom Leibniz-Informationszentrum Wirtschaft (ZBW) Mitglied war. Der erste Bericht dieser EOSC Expertengruppe mit dem Titel „Realising the European Open Science Cloud" wurden Ende 2016 veröffentlicht und enthielt erste Empfehlungen zur konkreten Realisierung einer EOSC.[5]

In den Jahren 2016 bis 2017 fanden intensive Konsultationen mit den Mitgliedstaaten sowie wissenschaftlichen und institutionellen Interessenvertretern statt. Auf dem ersten EOSC Summit im Juni 2017 in Brüssel wurde dort die „EOSC Declaration"[6] verabschiedet und von mehr als 70 Institutionen in ganz Europa befürwortet.

Als Ergebnis des intensiven Konsultationsprozesses präsentierte die Europäische Kommission im März 2018 ihre „Implementation Roadmap for the European Open Science Cloud".[7] Dieser Implementierungsfahrplan enthielt u. a. ein mögliches EOSC Modell (mit den sechs Aktionslinien Architektur, Daten, Dienste, Zugang und Schnittstellen, Teilnahmeregeln und Governance), Schlüsselaktionen und Meilensteine sowie eine Beschreibung zukünftiger Projektausschreibungen. Der Rat für Informationsinfrastrukturen (RfII) in Deutschland verfasste im April 2018 eine Stellungnahme zu diesen Vorschlägen zur EOSC.[8]

Im November 2018 wurden Berichte von gleich zwei Expertengruppen veröffentlicht. Die bereits existierende EOSC Expertengruppe brachte ihren zweiten und finalen Bericht „Prompting an EOSC in practice"[9] heraus, in dem u. a. auf die Verbindung von Personen, Daten, Diensten, Weiterbildung, Veröffentlichungen, Projekten und Organisationen eingegangen wurde. Eine zweite Expertengruppe der europäischen Kommission zum Thema FAIR Data[10] veröffentlichte nahezu zeitgleich ihren Bericht „Turning FAIR into reality", in dem über den Status quo zum transparenten, reproduzierbaren und interoperablen Umgang mit Daten und digitalen Objekten sowie notwendige Aktionen zur Verstärkung von Open Science und zur Entwicklung der EOSC berichtet wurde.[11] Aus Deutschland war Peter Wittenburg von der Max-Planck-Gesellschaft Mitglied dieser FAIR Data Expertengruppe.

---

4 Vgl. European Commission 2016a.
5 Vgl. European Commission 2016b.
6 S. https://eosc-portal.eu/sites/default/files/eosc_declaration.pdf.
7 Vgl. European Commission 2018a.
8 Vgl. Rat für Informationsinfrastrukturen 2018.
9 Vgl. European Commission 2018b.
10 Die FAIR-Prinzipien zu Data sind: Auffindbarkeit, Zugänglichkeit, Interoperabilität und Wiederverwendbarkeit, s. https://www.go-fair.org/fair-principles/.
11 Vgl. European Commission 2018c.

Am 23. November 2018 fand in Wien im Rahmen des österreichischen Vorsitzes im Rat der Europäischen Union die offizielle Auftaktveranstaltung zum Start der EOSC statt,[12] bei dem eine erste Version des EOSC Portals[13] als Zugangspunkt zur EOSC vorgestellt und demonstriert wurde. Das EOSC Portal dient als erste Kontaktstelle und Informationsquelle rund um die EOSC und bietet neben einer Übersicht über angeschlossene Dienste auch Hinweise und Unterstützung bei der Aufnahme von Diensten, die bereits von Forschungseinrichtungen angeboten werden.[14]

Seitdem gab und gibt es zahlreiche Initiativen und Projekte auf europäischer Ebene, die die Implementierung, Steuerung und Anbindung von wissenschaftlichen Nutzerinnen und Nutzern sowie Forschungsinfrastrukturen adressierten. Eine Auswahl dieser mit einem Fokus auf die deutsche Beteiligung wird im Folgenden beschrieben.

1 Kartierung

Die folgende Liste von Initiativen rund um das EOSC wurde Ende 2019 zusammengestellt. Möglicherweise ist diese Liste nicht vollständig.

1.1 EOSC-Initiativen mit deutscher Beteiligung

Im Folgenden werden EOSC-Initiativen in Europa aufgeführt, in denen Einrichtungen aus Deutschland beteiligt sind. Unter dem EOSC Portal[15] ist eine umfassende Übersicht verfügbar und im CORDIS-System der europäischen Kommission[16] sind darüber hinaus weitere Information abrufbar.

Unterstützung der EOSC Koordinationsstrukturen

Das folgende Projekt ist aus der Ausschreibung *INFRAEOSC-05-2018-2019 (Teil a)*[17] entstanden.
- *EOSCsecretariat.eu:*[18] Koordiniert durch Technopolis Consulting in Belgien bietet das Projekt eine umfangreiche Unterstützung zur Organisation und zum

---

12 S. https://eosc-launch.eu/home.
13 S. https://www.eosc-portal.eu.
14 S. https://www.eosc-portal.eu/for-providers.
15 S. https://www.eosc-portal.eu/about/eosc-projects.
16 S. https://cordis.europa.eu/about/de.
17 S. https://cordis.europa.eu/programme/rcn/703191/en.
18 S. https://www.eoscsecretariat.eu.

Funktionieren der verschiedenen EOSC-Governance-Gremien an. Darüber hinaus gibt es Unterstützungsaktivitäten zur Beantwortung von Fragen zum organisatorischen und rechtlichen Aufbau der EOSC sowie zur Einbindung der gesamten EOSC-Gemeinde. Auch die Koordination der Aktivitäten der EOSC-bezogenen Projekte ist eine Kernaktivität von EOSCsecretariat.eu. Das Projekt hat sich zur Neutralität verpflichtet und stellt sicher, dass der EOSC-Entwicklungsprozess nur von den verschiedenen Boards und Interessenten bestimmt wird.[19] Aus Deutschland beteiligt sind das Karlsruher Institut für Technologie (KIT) zusammen mit dem Forschungszentrum Jülich (FZJ).

Koordination nationaler und thematischer Initiativen

Die folgenden Projekte sind aus der Ausschreibung *INFRAEOSC-05-2018-2019 (Teil b)*[20] entstanden.

- *EOSC-Pillar:*[21] Koordiniert durch Consortium GARR, der Betreiber des Italienischen Forschungsnetz und vergleichbar mit dem Deutschen Forschungsnetz (DFN), adressiert das Projekt die Idee, einen kohärenten Beitrag zur EOSC aus den Ländern Italien, Frankreich, Deutschland, Österreich und Italien zu leisten sowie eine virtuellen Umgebung mit transparentem und einfachen Zugang zu Diensten für die Speicherung, Verwaltung, Analyse und Wiederverwendung von Forschungsdaten über Grenzen und wissenschaftliche Disziplinen hinweg zu etablieren. Aus Deutschland beteiligt sind das Deutsche Klimarechenzentrum (DKRZ), das Fraunhofer-Institut für Werkstoffmechanik, das Geoforschungszentrum Potsdam (GFZ) und das KIT. Das Projekt bringt zudem die Tools und Services aus der Materialwissenschaft und Werkstofftechnik in die EOSC ein.
- *EOSC-Synergy:*[22] Koordiniert durch Consejo Superior de Investigaciones Científicas (CSIC) in Spanien zielt das Projekt auf Kapazitätsaufbau (building capacity), die Entwicklung von Fähigkeiten (developing capability) sowie Software Quality as a Service (SQaaS) ab. Im Vordergrund steht die Föderation existierender nationaler, digitaler E-Infrastrukturen, wissenschaftlicher Daten und thematischer Dienste in den Ländern Spanien, Portugal, Polen, Tschechien, Slowakei, Niederlande, Vereinigtes Königreich, Frankreich und Deutschland sowie deren Öffnung für die EOSC auf Basis eines qualitätsgetriebenen Ansatzes zur Integration von Diensten. Aus Deutschland beteiligt ist das KIT.

---

19 S. Abschnitt 2.1.
20 S. https://cordis.europa.eu/programme/rcn/703191/en.
21 S. https://www.eosc-pillar.eu.
22 S. https://www.eosc-synergy.eu.

- *EOSC-Nordic:*[23] Koordiniert durch NordForsk in Norwegen zielt das Projekt auf die Integration nordeuropäischer und baltischer Staaten in die EOSC ab. Im Fokus steht die Koordination EOSC-relevanter Initiativen in den Ländern Norwegen, Schweden, Finnland, Estland, Litauen, Lettland, Island, Dänemark und den Niederlanden. Ziel ist die Schaffung von Synergien durch eine größere Harmonisierung von Richtlinien sowie der Diensterbringung, um kompatibel mit EOSC-weiten Standards und bewährten Vorgehensweisen zu sein. Aus Deutschland beteiligt ist das DKRZ.
- *ExPaNDS:*[24] Koordiniert durch das Deutsche Elektronen-Synchrotron (DESY) in Hamburg fokussiert das Projekt auf die Photonen-und-Neutronen-Wissenschaft (PaN-Wissenschaft) mit dem Ziel, die EOSC mit Datenmanagement-Diensten zu erweitern, um die Daten der PaN-Infrastrukturen in Europa gemäß den FAIR Prinzipien zu öffnen, die zugehörigen Datenkataloge zu harmonisieren und durch die EOSC verfügbar zu machen. Aus Deutschland beteiligt ist weiterhin noch das Helmholtz-Zentrum Dresden-Rossendorf (HZDR).

Ein weiteres Projekt in dieser Ausschreibung, jedoch ohne deutsche Beteiligung, ist NI4OS-Europe[25] für den südosteuropäischen Raum.

Alle genannten fünf Projekte wurden ins Leben gerufen, um regionale und nationale Dienste für die EOSC durch Integration mit dem etablierten Rahmen von EOSC-hub[26] bereitzustellen und die Entwicklung der EOSC den Forscherinnen und Forschern der beteiligten Länder noch stärker nahezubringen.

Akzeptanz und Einhaltung der FAIR Prinzipien in allen Wissenschaftsgebieten

Das folgende Projekt ist aus der Ausschreibung *INFRAEOSC-05-2018-2019 (Teil a)*[27] entstanden.
- *FAIRsFAIR:*[28] Das von Data Archiving and Networked Services (DANS) in den Niederlanden koordinierte Projekt wird praktikable und nutzbare Lösungen zur Umsetzung der FAIR Prinzipien[29] im gesamten Datenlebenszyklus zur Verfügung stellen. Ein Schwerpunkt liegt auf der Förderung einer FAIRen Datenkultur und in der Verbreitung von erprobten Ansätzen und guter Praxis mit Hilfe einer Plattform zur Nutzung und Umsetzung der FAIR Prinzipien. Aus Deutsch-

---

23 S. https://www.eosc-nordic.eu.
24 S. https://expands.eu.
25 S. https://ni4os.eu.
26 S. Abschnitt 2.2.
27 S. https://cordis.europa.eu/programme/rcn/703191/en.
28 S. https://www.fairsfair.eu.
29 S. https://www.go-fair.org/fair-principles.

land beteiligt sind die Universitäten in Bremen und Göttingen sowie DataCite e. V. mit Sitz in Hannover.

Verbindung von ESFRI (European Strategy Forum on Research Infrastructures)[30] Infrastrukturen mit der EOSC

Die folgenden Projekte sind aus der Ausschreibung *INFRAEOSC-04-2018*[31] entstanden.
- *PaNOSC:*[32] Koordiniert von der European Synchrotron Radiation Facility (ESRF) in Frankreich zielt das Projekt auf die Anwendung der FAIR-Prinzipien auf Daten von sechs europäischen Forschungsinfrastrukturen im Themenfeld der PaN-Wissenschaft ab. Im Vordergrund steht dabei die Etablierung von Verbindungen zwischen EOSC- und PaN-Forschungsinfrastrukturen, Daten aus diesen Forschungsinfrastrukturen FAIR zu machen sowie die Standardisierung von Datenpolicies, Metadaten und Data Stewardship Handlungsweisen in zahlreichen europäischen PaN-Forschungseinrichtungen. Aus Deutschland beteiligt ist die XFEL GmbH in Hamburg.
- *SSHOC:*[33] Ziel des vom Consortium of European Social Science Data Archives (CESSDA ERIC) mit Sitz in Norwegen koordinierten Projektes ist, die Disziplinen der Geistes- und Sozialwissenschaften in der EOSC zu etablieren. Im Vordergrund steht die Einrichtung eines effizienten, skalierbaren Zugangs zu Forschungsdaten und zugehörigen Services im Rahmen der EOSC in diesen Wissenschaftsdisziplinen. Dazu werden Open Science- und FAIR-Prinzipien im Forschungsdatenmanagement angewendet. Das Projekt hat ebenfalls zum Ziel, die existierenden und neuen Forschungsinfrastrukturen in diesen Wissenschaftsdisziplinen zusammenzubringen, um Synergien und neues Forschungspotential zu realisieren. Aus Deutschland beteiligt sind das Deutsche Archäologische Institut in Berlin und das Survey of Health, Ageing and Retirement in Europe (SHARE) ERIC mit Sitz in München.
- *EOSC-Life.*[34] Die Lebenswissenschaften mit 13 biologischen und medizinischen ESFRI Forschungsinfrastrukturen haben sich unter der Leitung des European Molecular Biology Laboratory (EMBL) in Heidelberg zusammengeschlossen, um einen offenen, digitalen und kollaborativen Raum für die biologische und medizinische Forschung zu etablieren. Es werden FAIRe Daten publiziert, sowie ein Katalog an Diensten aufgestellt, der das Management, die Speicherung und

---

30 S. https://www.esfri.eu.
31 S. https://cordis.europa.eu/programme/rcn/703194/en.
32 S. https://www.panosc.eu.
33 S. https://sshopencloud.eu.
34 S. http://www.eosc-life.eu.

Wiederverwendung von Daten unter der EOSC ermöglicht. Aus Deutschland beteiligt sind das EU-OpenScreen ERIC mit Sitz in Berlin, die Charité, das FZJ, die Infrafrontier GmbH in Oberschleißheim, das Helmholtz-Zentrum München – Deutsches Forschungszentrum für Gesundheit und Umwelt (HMGU) und die Universität Freiburg.
- *ESCAPE.*[35] Unter der Leitung des Centre National de la Recherche Scientifique (CNRS) in Frankreich haben sich die ESFRI Infrastrukturen in der Astronomie und Teilchenphysik zusammengeschlossen, um gemeinsam eine funktionierende Verbindung zur EOSC aufzubauen. Alle beteiligten Infrastrukturen stehen vor ähnlichen Herausforderungen in der datenintensiven Forschung, weshalb gemeinsame Lösungen insbesondere in den Themen Open-Data-Management, domänenüberschreitende sowie multidisziplinäre, offene und FAIRe Forschungsumgebungen angestrebt werden. Aus Deutschland beteiligt sind DESY, das Leibniz-Institut für Astrophysik Potsdam (AIP), das GSI Helmholtzzentrum für Schwerionenforschung, die FAIR GmbH, das Leibniz-Institut für Sonnenphysik (KIS) in Freiburg, die Universitäten Erlangen-Nürnberg und Heidelberg, das European Southern Observatory (ESO) in Garching, die Max-Planck-Gesellschaft, die CTA GmbH sowie die HITS gGmbH in Heidelberg.
- *ENVRI-FAIR*[36]: Unter Leitung des FZJ haben sich verschiedene ESFRI-Forschungsinfrastrukturen in der Umweltforschung zusammengefunden um FAIRe Datendienste für diese Forschungsinfrastrukturen zu entwickeln und diese mit der EOSC zu verbinden. Thematisch wird das gesamte Erdsystem in voller Komplexität u. a. mit Atmosphäre, Meere, Erde sowie Biodiversität abgedeckt. Neben der Entwicklung von Datendiensten steht auch die Erarbeitung von standardisierten Vorgehensweisen und Schnittstellen im Fokus der Aktivitäten. Aus Deutschland beteiligt ist weiterhin die Technische Informationsbibliothek (TIB) in Hannover.

Verbesserung des EOSC-Portals und Verbindung von thematischen Clouds (Call INFRAEOSC-06-2019-2020)

Das folgende Projekt ist aus der Ausschreibung *INFRAEOSC-06-2019-2020*[37] entstanden.
- *EOSC Enhance:*[38] Koordiniert durch die Nationale und Kapodistrias-Universität Athen verfolgt das Projekt mehrere Ziele, um die Auffindbarkeit der im EOSC-Katalog registrierten EOSC-Dienste zu verbessern. Dazu wird die Service Provi-

---

35 S. https://projectescape.eu/.
36 S. https://envri.eu/home-envri-fair.
37 S. https://cordis.europa.eu/programme/rcn/703192/en.
38 S. https://www.einfracentral.eu.

der-Schnittstelle Application Programming Interface (API) verbessert und neue Dienste und Ressourcen, insbesondere aus ESFRI-Clustern und thematischen Clouds, in den EOSC-Katalog aufgenommen. Das Projekt wird das Verfahren zur Inanspruchnahme von Diensten beschleunigen und die Nachfrage von Nutzerinnen und Nutzer durch die Weiterentwicklung und Verbesserung von Portalen steigern. Aus Deutschland beteiligt ist das EMBL in Heidelberg. EOSC Enhance ist das Nachfolgeprojekt von eInfraCentral.

1.2 Initiativen in Deutschland mit Bezug zur EOSC

In Deutschland existieren derzeit einige Initiativen bzw. sind im Aufbau begriffen, die einen direkten oder indirekten Bezug zur EOSC besitzen. Im Folgenden wird ein Überblick, ohne Anspruch auf Vollständigkeit, gegeben:
– *Nationale Forschungsdateninfrastruktur (NFDI)*: Die Bundesregierung sowie die Regierungen der Länder haben in gemeinsamer Verantwortung durch die Gemeinsame Wissenschaftskonferenz (GWK) die Förderung der NFDI im November 2018[39] beschlossen. In drei Förderrunden, beginnend mit der ersten Ausschreibung in 2019 zur Realisierung in 2020 und begleitet durch die DFG,[40] soll durch bis zu 30 Konsortien ein Portfolio an FAIRen Datendiensten entwickelt werden, die sich entlang von Wissenschaftsdisziplinen bzw. -gemeinschaften orientieren. Unterstützt durch ein NFDI Direktorat am Standort Karlsruhe zielt die NFDI auch darauf ab, zur Entwicklung der EOSC beizutragen und deutsche Dateninfrastrukturen mit europäischen und internationalen Plattformen zu verbinden. Darüber hinaus gibt es weitere Förderprogramme auf Bundes- und Länderebene z. B. für Big Data Kompetenzzentren[41] und e-Science.[42]
– *Helmholtz Data Federation:*[43] Die Helmholtz Data Federation (HDF) ist eine strategische Initiative und Ausbauinvestition der Helmholtz-Gemeinschaft, die sich einer der großen Herausforderungen des nächsten Jahrzehnts annimmt: Die Bewältigung der Datenflut in der Wissenschaft, insbesondere aus den großen Forschungsinfrastrukturen der Helmholtz-Zentren. Als Ergänzung und unter Einsatz bestehender Methoden und Softwaretools zum verteilten Management von Forschungsdaten bilden multidisziplinäre Rechenzentren an sechs Helmholtz-Zentren (AWI, DESY, DKFZ, FZJ, GSI und KIT) mit einem starken thematischen

---

39 Vgl. Gemeinsame Wissenschaftskonferenz 2018.
40 S. https://www.dfg.de/foerderung/programme/nfdi.
41 S. z. B. https://www.bmbf.de/de/big-data-management-und-analyse-grosser-datenmengen-851.html.
42 S. z. B. https://mwk.baden-wuerttemberg.de/de/forschung/forschungslandschaft/e-science.
43 S. https://www.helmholtz.de/forschung/information-data-science/helmholtz-data-federation-hdf.

Profil den Kern der bundesweiten Forschungsinfrastruktur HDF. Die wissenschaftlichen Anwendungsfelder reichen von der Polar- und Meeresforschung, Klimaforschung, Energieforschung über die Gesundheitsforschung bis hin zur Photonenforschung sowie Kern- und Teilchenphysik.
- *Helmholtz Federated IT Services (HIFIS):*[44] Aus dem Helmholtz-Inkubator Information & Data Science[45] entstanden ist das Ziel von HIFIS, eine nahtlose, leistungsfähige, gemeinschaftsweite IT-Infrastruktur in der Helmholtz zu schaffen. Dazu wird im Cloud Services Bereich eine föderierte Plattform mit Diensten wie z. B. Sync & Share, im Backbone Services Bereich eine leistungsstarke Netzwerkinfrastruktur sowie föderierte Authentifizierung und Authorisierungsinfrastruktur (AAI) und im Software Services Bereich eine Plattform, Training und Support für eine nachhaltige Softwareentwicklung aufgebaut. Beteiligt an HIFIS sind die Helmholtz-Zentren Alfred-Wegener-Institut Helmholtz-Zentrum für Polar- und Meeresforschung (AWI), DESY, Deutsche Zentrum für Luft- und Raumfahrt (DLR), Deutsches Krebsforschungszentrum (DKFZ), FZJ, GFZ, HMGU, Helmholtz Zentrum Berlin für Materialien und Energie (HZB), HZDR, KIT und das Helmholtz-Zentrum für Umweltforschung (UFZ).
- *RDA Deutschland e. V.:*[46] Deutsche Mitgestalter und Vertreter in der internationalen Research Data Alliance (RDA)[47] haben sich als deutsche Community im RDA Deutschland e. V. zusammengeschlossen. Ziel dieses Vereins ist es, den RDA-Ansatz zu fördern, die sozialen und technischen Voraussetzungen für einen vermehrten Austausch von Forschungsdaten zu verstärken, Interessierte dazu aufzufordern an den Spezifikationen in den RDA-Gruppen mitzuwirken, sowie die Resultate der RDA und anderer Initiativen z. B. Open Archive Initiative (OAI) und World Wide Web Consortium (W3C) aktiv zu verbreiten bzw. eine effiziente Wiederverwendung zu gestalten. Mitglied kann jede voll geschäftsfähige natürliche Person werden.
- *GO FAIR Initiative:*[48] Ziel der GO FAIR Initiative ist, die FAIR-Prinzipien über Länder- und Disziplingrenzen hinweg zu verbreiten. In einem offenen und bottom-up-orientierten Ansatz haben sich Deutschland, Frankreich und die Niederlande zusammengefunden, um für die EOSC ein Internet der FAIRen Daten und Dienste zu realisieren. In den genannten Ländern gibt es jeweils ein Unterstützungs- und Koordinierungsbüro. In drei Säulen gliedert sich die GO FAIR Initiative: GO Change[49] zielt auf den kulturellen Wandel ab, GO Train adressiert die

---

44 S. https://www.hifis.net.
45 S. https://www.helmholtz.de/forschung/information_data_science.
46 S. https://www.rda-deutschland.de/verein.
47 S. https://www.rd-alliance.org.
48 S. https://www.go-fair.org.
49 S. a. Beitrag von Linne et al., Kap. 3.2 in diesem Praxishandbuch.

Aus- und Weiterbildung und GO Build baut interoperable und föderierte Dateninfrastrukturen auf. Aus Deutschland beteiligt ist das ZBW in Kiel.
- *GAIA-X*:[50] Das Projekt GAIA-X wurde von den Bundesministerien für Wirtschaft und Energie (BMWi) sowie für Bildung und Forschung (BMBF) mit dem Ziel initiiert, eine vernetzte, leistungsfähige, sichere und vertrauenswürdige Dateninfrastruktur für Europa als Wiege eines vitalen, europäischen Ökosystems insbesondere für die Wirtschaft aufzubauen. Das Projekt sieht die Vernetzung dezentraler Infrastrukturdienste, vor allem Cloud- und Edge-Instanzen, zu einem homogenen, nutzungsfreundlichen System vor. Im Konzeptpapier werden Praxisbeispiele aus der Industrie 4.0, dem Smart Living, dem Finanzsektor, dem Gesundheitssystem, der öffentlichen Verwaltung und dem Quantencomputing dargestellt. Die Deutsche und Französische Gründungsmitglieder unterzeichneten am 15.9 die Gründungsurkunden für die GAIA-X AISBL, einer gemeinnützigen Vereinigung nach belgischem Recht.[51]

2 Umsetzung der EOSC und deutsche Beteiligung

Nach der Skizzierung der Kartierung fokussiert dieses Kapitel auf die Beiträge zur Umsetzung der EOSC. Hierbei werden technische, administrative und wirtschaftliche Aspekte sowie Beiträge verschiedener wissenschaftlicher Disziplinen und Projekte mit deutscher Beteiligung berücksichtigt.

2.1 Entwicklung der Governance der EOSC

Gemäß den Empfehlungen des Projekts EOSCpilot[52] (Hienola et al. 2017) und des finalen Berichts der High Level Expert Group zur EOSC[53] wurden Ende 2018 das Governance Board und das Executive Board eingerichtet. Beide Gremien sollen die Entwicklung der EOSC in enger Zusammenarbeit und mit direkten und nachvollziehbaren Diskussionskanälen zu Interessenvertretern (Stakeholdern) im Stakeholder-Forum und auf der politischen sowie organisatorischen Ebene vorantreiben. Die Governance-Struktur des zukünftigen EOSC (s. Abb. 1) wird auf der Grundlage einer breiten Vertretung auf allen Ebenen, von einzelnen Wissenschaftlern und Wissenschaftlerinnen bis hin zu Förderstellen sowie politischen Entscheidungsträgerinnen und Entscheidungsträgern erstellt. Bis zur endgültigen Einrichtung der EOSC und

---

50 S. https://www.bmwi.de/Redaktion/DE/Publikationen/Digitale-Welt/das-projekt-gaia-x.html.
51 S. https://www.data-infrastructure.eu/GAIAX/Redaktion/EN/Downloads/gaia-press-release-september-15th-de.pdf?__blob=publicationFile&v=2.
52 S. https://eoscpilot.eu.
53 S. https://op.europa.eu/s/nFxZ und Abschnitt 1.

der Bildung einer juristischen Person unterstützt und ermöglicht das Projekt EOSC-secretariat.eu[54] die Zusammenarbeit und den Informationsaustausch aller Interessengruppen in Richtung einer „Minimal Viable EOSC".

Das EOSC *Governance Board* (GB) setzt sich aus Vertretern und Vertreterinnen der Mitgliedstaaten und der Europäischen Kommission zusammen und bemüht sich um eine wirksame Aufsicht der EOSC-Implementierung und Gewährleistung der Koordinierung mit den Initiativen der Mitgliedstaaten und der Kommission. Vorsitzender des GB ist Hans-Josef Linkens vom (BMBF).[55]

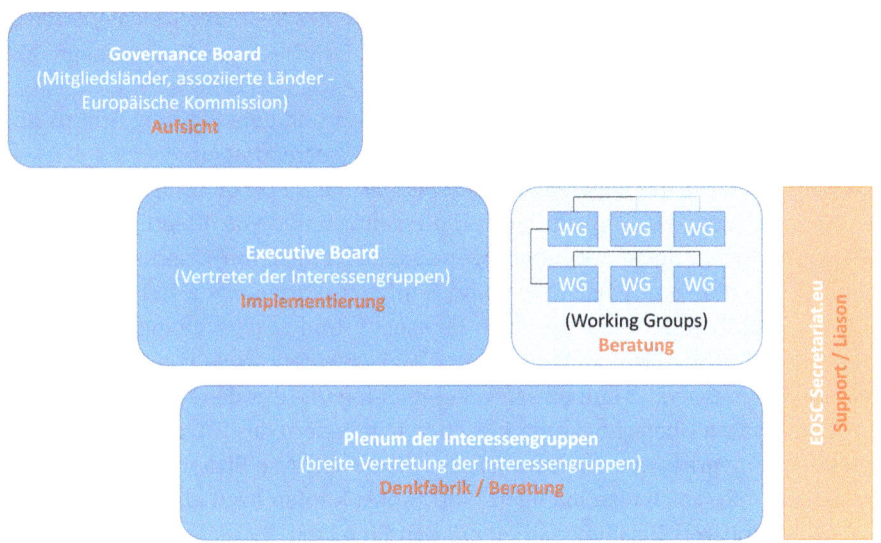

Abb. 1: Governance-Struktur des zukünftigen EOSC.

Im EOSC *Executive Board* (EB),[56] eingerichtet von der Europäische Kommission,[57] tragen Vertreter der EOSC-Stakeholder dazu bei, die ordnungsgemäße Umsetzung und Rechenschaftspflicht der EOSC sicherzustellen. Mitglieder des EB leiten verschiedene themenorientierte „Working Groups".[58] Aus Deutschland sind vom BMBF für die Working Groups benannt:
- *Landscaping* (Erstellung einer Landkarte von Dateninfrastrukturen in Europa) – Achim Streit, KIT

---

54 S. Abschnitt 1.1.
55 S. https://www.eoscsecretariat.eu/eosc-governance/eosc-governance-board.
56 S. https://www.eoscsecretariat.eu/eosc-governance/eosc-executive-board.
57 Vgl. European Commission 2018c.
58 S. https://www.eoscsecretariat.eu/eosc-working-groups.

- *FAIR* (Implementierung der FAIR-Prinzipien[59] für Daten) – Oya Beyan, Fraunhofer-Institut für Angewandte Informationstechnik (FhG FIT)
- *Architecture* (Definition des technischen Rahmens, der erforderlich ist, um einen Verbund von Systemen zu ermöglichen und aufrechtzuerhalten) – Raphael Ritz, Max Planck Computing and Data Facility (MPCDF)
- *Rules of Participation* (Entwicklung der EOSC Teilnahmebedingungen, in denen die Rechte und Pflichten für Transaktionen zwischen Nutzern, Anbietern und Betreibern festgelegt werden.) – Wolfram Horstmann, Niedersächsische Staats- und Universitätsbibliothek Göttingen (SUB)
- *Sustainability* (Empfehlungen zur Umsetzung eines operativen, skalierbaren und nachhaltigen EOSC-Verbandes ab Anfang der EOSC) – Klaus Tochtermann, ZBW.

Weitere Informationen zum EB, seinem Arbeitsplan und dem Working Groups findet man auf den oben genannten Webseiten von EOSCsecretariat.eu.

Schließlich soll das *EOSC Stakeholder-Forum*[60] Beiträge von zahlreichen Akteuren aus der Forschung, von Anbietern von IT-Ressourcen und von öffentlichen Organisationen einbringen. Die Interessengruppen sind dabei nicht nur wissenschaftliche Forschungseinrichtungen, Forschungs- und E-Infrastrukturen wie z. B. EGI,[61] EUDAT,[62] GÉANT[63] und PRACE,[64] sondern auch deutsche[65] und andere nationale Initiativen, Sponsoren, Forschungseinrichtungen und Universitäten sowie vor allem politische Entscheidungsträger der Europäischen Kommission und aus den Mitgliedstaaten.

Eine gewisse Überschneidung zwischen Mitgliedern des GB, EB und dem Stakeholder-Forum verbessert den Informationsaustausch. Alle Stakeholder und Mitglieder des EB treffen sich regelmäßig in Workshops, Konferenzen und dedizierten Treffen zur integrativen Zusammenarbeit mit den Projekten.[66]

2.2 Beiträge zu den Implementierungsprojekten

Vor der Implementierung der EOSC arbeiteten bereits mehrere Projekte mit deutscher Beteiligung an Komponenten eines Rahmenwerkes für (verteilte) IT-Dienste. Aufbauend auf den Entwicklungen im Remote-Computing und Grid-Computing, das insbesondere durch die Teilchenphysik-Experimente am CERN vorangetrieben wur-

---

59 S. https://www.go-fair.org/fair-principles.
60 S. https://www.eoscsecretariat.eu/eosc-governance/eosc-stakeholder-forum.
61 S. https://www.egi.eu.
62 S. https://eudat.eu.
63 S. https://www.geant.org.
64 S. https://prace-ri.eu.
65 S. Abschnitt 1.2.
66 S. Abschnitt 1.1, in diesem Beitrag.

de, konnten Rechen-Dienstleistungen nun überall in beliebigen Rechenzentren nach Wahl erbracht werden. Dieses Prinzip war bald auch als Cloud Computing kommerziell ein großer Erfolg. Das Cloud Computing ermöglicht eine einfache Benutzung von IT-Diensten sowie einen effizienten Einsatz von Ressourcen. Gleichzeitig mit der Entwicklung der Cloud sind Datenspeicherung und Datenverarbeitung aufgrund des technischen Fortschritts erschwinglicher geworden und die Daten, die aus der Forschung hervorgingen, nahmen ebenfalls durch den technischen Fortschritt in der Folge rasch an Volumen zu, wurden länger als je zuvor digital gespeichert und wurden Gegenstand eigener Entdeckungen.[67]

Als direktes Ergebnis lieferte,[68] aber auch[69] die ersten Anforderungen an eine kollaborative Dateninfrastruktur, aus der das Konzept des europäischen EUDAT Projektes hervorging.[70] Nach der Entwicklung einer Reihe allgemeiner standardisierter Daten-Verwaltungstools und unterstützender Software in EUDAT bestand das Ziel des EUDAT2020 Nachfolgeprojekts darin, diese Tools in eine nachhaltige Infrastruktur einzubetten. Zu den langjährigen deutschen Partnern der beiden EUDAT-Projekte, an denen auch viele Wissenschaftscommunities beteiligt waren, gehörten aus Deutschland das FZJ, das KIT, das DKRZ und die MPCDF. Die Bemühungen kulminierten im Jahr 2016 in der Errichtung der EUDAT CDI, einer pan-europäischen E-Infrastruktur zur Unterstützung der Forschung mit integrierten Datendiensten und Ressourcen. Die deutschen Teilnehmer in der EUDAT CDI sind die gleichen wie in den EUDAT-Projekten und inzwischen auch die Gesellschaft für wissenschaftliche Datenverarbeitung mbH Göttingen (GWDG).

Weitere technische Bausteine für die Entwicklung der EOSC sind in den Projekten INDIGO DataCloud,[71] Authentication and Authorisation for Research and Collaboration (AARC) und AARC2[72] sowie DEEP-Hybrid-DataCloud[73] unter Beteiligung deutscher Partner umgesetzt. In dem INDIGO DataCloud Projekt, das sich auf technische Verbesserungen des Cloud-Computing bei der Anwendung in der Forschung konzentrierte sind von DESY die Schnittstellen der dCache Software[74] ergänzt worden und am KIT wurde WaTTS,[75] eine Token Translation Service Software entwickelt. WaTTS ermöglicht damit die Anmeldung an Grid-Diensten durch das Erzeugen von kurzlebigen Nutzerzertifikaten (im X.509-Format) durch Annahme von unterschiedliche Sicherheitssignaturen. Ein authentifizierter Zustand wird von WaTTS

---

67 Vgl. Hey, Tansley and Tolle 2009.
68 Vgl. Koski et al. 2009.
69 Vgl. EU High-Level Group on Scientific Data 2010.
70 Vgl. Lecarpentier et al. 2013.
71 S. https://doi.org/10.1007/s10723-018-9453-3.
72 S. https://aarc-project.eu.
73 S. https://deep-hybrid-datacloud.eu.
74 S. https://www.dcache.org.
75 S. https://github.com/indigo-dc/tts.

sozusagen in einen anderen übersetzt, was die Integration verschiedener Dienste mit unterschiedlicher Authentifizierung ermöglicht.

Eine offene Dateninfrastruktur ermöglicht einen ungehinderten Zugriff auf Dienste und Daten, unabhängig von den verschiedenen verwendeten Authentifizierungssystemen. Insbesondere der Zusammenschluss, die „Föderation", bestehender unabhängiger Authentifizierungsdomänen ist wichtig für den transparenten und grenzüberschreitenden Datenzugriff und -austausch, wie er in der EOSC vorgesehen ist. Die Technologie für diesen transparenten Zugriff wurde in den Projekten AARC und AARC2 (2015–2019) entworfen. Die Entwicklung des Authentifizierungsmanagements, der dazugehörigen Richtlinien, das Security Framework sowie die Integration von Tools für das Gruppenmanagement und die Entwicklung von Authentifizierungs-Proxys wurden vom KIT gemeinsam mit dem FZJ durchgeführt. Eines der wichtigsten Ergebnisse des Projekts war die AARC Blueprint Architecture (BPA),[76] eine Referenzarchitektur samt Software-Bausteinen für den föderierten Zugang zu IT Services. Weitere deutsche Mitwirkende waren das Deutsche Forschungsnetz (DFN), EMBL in Heidelberg und die DAASI international GmbH in Tübingen.

Das DEEP-Hybrid-DataCloud-Projekt bietet eine Plattform für die einfache Entwicklung, Erstellung, gemeinsame Nutzung und Bereitstellung von Softwaremodulen, die in der wissenschaftlichen Forschung auf verteilten E-Infrastrukturen, d. h. „Clouds", verwendet werden. Es werden auch Beispiele für einsatzbereite Module vorgestellt, die in Zusammenarbeit mit und für verschiedene Forschungsbereiche entwickelt wurden. Die Module können lokal oder auf Cloud-Computing-Plattformen ausgeführt werden, deren Integration in EOSC geplant ist. Deutsche Partner sind das KIT und das HMGU.

Ab 2010 drängten Wissenschaftsorganisationen in Deutschland und weltweit,[77] die Europäische Kommission und die in 2013 gegründete internationale RDA verstärkt auf einen offenen Austausch und die Wiederverwendung wissenschaftlicher Daten. Die RDA leistet einen Beitrag zu Vereinbarungen über globale Standards für eine ordnungsgemäße und zuverlässige Datenverwaltung. Ihre Bemühungen sind für die technische Umsetzung der FAIR-Dienste im EOSC von großer Bedeutung. Ebenfalls unterstützt sie die Einrichtung länderspezifischer Initiativen[78] um die Übernahme ihrer Ergebnisse voranzutreiben und weitere Datenproduzenten, -benutzer und -verwalter einzubeziehen. In diesem Zusammenhang ist auch die vom KIT geleitete Helmholtz-Initiative Large Scale Data Management and Analysis (LSD-

---

76 S. https://aarc-project.eu/architecture.
77 Vgl. Wilkinson et al. 2016.
78 S. RDA Deutschland e. V. s. Abschnitt 1.2.

MA) zu nennen,[79] in der bereits ab 2012 die Entwicklung von Technologien zum standardisierten Datenmanagement im wissenschaftlichen Kontext in Zusammenarbeit mit verschiedenen Wissenschaftsdisziplinen vorangetrieben wurde.

Das EOSCpilot-Projekt[80] erhielt den Auftrag, weitere inhaltliche Details eines zukünftigen EOSC zu entwickeln und den technischen Stand der vorhandenen Infrastruktur durch die Implementierung mehrerer realer Fallbeispiele aus der wissenschaftlichen Praxis zu ermitteln. Die Implementierungsbemühungen wurden durch zusätzliche Bereiche ergänzt, die für einen Verbund von Diensten in Europa von Bedeutung sind: Governance, Interoperabilität von Diensten, Dienstarchitekturen und die Verbesserung der Fähigkeiten und Kompetenzen von Forschern bei der Nutzung grenzüberschreitender und gemeinschaftsübergreifender Dienste und Daten. Letzteres konzentrierte sich auf die Bereitstellung von Fachwissen und der Entwicklung von Data-Stewardship Fähigkeiten. Mit FAIR4S[81] erstellte das KIT ein Rahmenwerk für die Entwicklung von FAIR Data-Stewardship für Forschungsdaten und gab Empfehlungen zum FAIR Training.

Alle diese dargestellten Anstrengungen, die sich auf die Interoperabilität, den Zusammenschluss von IT-Infrastrukturen, die Verknüpfung horizontaler und thematischer Datendienste, integrierte wissenschaftliche Arbeitsabläufe und interoperable Datenstandards konzentrierten, ebneten den Weg für die Schaffung einer integrierten europäischen Forschungsdatenlandschaft. Die EOSC sollte somit eine Föderation bestehender und geplanter Forschungsdateninfrastrukturen sein und eine Soft-Overlay-Funktion hinzufügen, um diese als „eine" nahtlose europäische Forschungsdateninfrastruktur zu betreiben. In dieser Konstellation begannen 2018 die im Rahmenprogramm Horizon 2020 geplanten EOSC-orientierten Implementierungsaktivitäten.

Das größte dieser Implementierungsprojekte ist EOSC-hub.[82] Über einen Servicekatalog bietet das EOSC-hub Projekt Zugriff auf das Portfolio an Produkten, Ressourcen und Dienstleistungen, die von (pan-)europäischen und internationalen Einrichtungen, z. B. Universitäten, bereitgestellt werden. Zudem liefert es Komponenten für den funktionalen Kern der EOSC, der die zukünftige Beteiligung von weitere Forschungs- und E-Infrastrukturen ermöglicht. Zu diesem Zweck liefert das EOSC-hub Projekt verschiedene Grundvoraussetzungen. Zwei zentrale dabei sind:
- Ein Web Portal, in Zusammenarbeit mit den eInfraCentral- (Nachfolge ab 1.1.2019: EOSC Enhance) und OpenAIRE-Projekten entwickelt, in dem Forscherinnen und Forscher Informationen finden und Dienste nach ihren Anforderungen und Möglichkeiten auswählen können.

---
[79] Vgl. Jung, Meyer und Streit 2017.
[80] S. https://eoscpilot.eu.
[81] S. https://eosc-fair4s.github.io.
[82] S. https://www.eosc-hub.eu.

- Ein IT-Service Management System (SMS), das unter anderem Verfahren für das Onboarding (die Regulierung der Aufnahme von Diensten in das EOSC Portfolio), die Überprüfung der Funktionalität sowie Rechnungsstellung und die Benutzerunterstützung durch Services und Schulungen festlegt. Das SMS gewährleistet die zuverlässige planbare Erbringung der Leistungen.

Das KIT bringt seine im Steinbuch Centre for Computing (SCC) gesammelten Fachkenntnisse und Expertisen in Bezug auf die Organisation und das Management von IT-Diensten sowie des Portfoliomanagements ein und leistet im Projekt einen wesentlichen Beitrag zum Management von Integrations- und Wartungsabläufe von Verbund- und Kooperationsdiensten. Insbesondere ist das SCC an der Strukturierung und dem Aufbau des EOSC-föderierten IT-Servicemanagements, aufbauend auf den in EUDAT entwickelten Werkzeugen für das Management von föderierten IT-Service-Umgebungen maßgeblich beteiligt.

Der EOSC-hub ist über eine Kooperationsvereinbarung eng mit der OpenAIRE-E-Infrastruktur[83] verbunden und wird zusätzlich das breite Spektrum an wissenschaftlichen Dienstleistungen außerhalb des IT-Bereichs (z. B. Schulung, Datenrepositorien, Umgang und Nutzung von geistigem Eigentum, Lizenzen etc.) einbinden.

2.3 Kommerzielle Aspekte der EOSC

Die Entwicklung und Erforschung von Cloud-Technologien ist auch aus wirtschaftlichen[84] und geopolitischen Gründen von Bedeutung für Europa. Auf der einen Seite treibt Europa Innovationen voran, wie z. B. EOSC oder auch PRACE,[85] auf der anderen Seite besteht der Wunsch nach mehr Souveränität und Unabhängigkeit von Anbietern außerhalb Europas (im Cloud-Bereich die bekannten großen Anbieter wie z. B. Google, Amazon oder Dropbox). Die wirtschaftliche Komponente ist ein konstanter und wichtiger Faktor, der auch das Nachhaltigkeitsmodell des EOSC beeinflusst. Die Einbeziehung von kommerziellen Anbietern für die Erbringung von Dienstleistungen könnte die Benutzerfreundlichkeit von EOSC und seine globale Bedeutung potenziell erweitern.

Ein Hybridmodell, in dem kommerzielle Cloud-Dienstleister und öffentlich finanzierte Forschungseinrichtungen zusammengeschlossen sind, wurde im Rahmen des Projekts Helix Nebula Science Cloud[86] u. a. mit den Partnern DESY und KIT in der Rolle als Service-Consumer erprobt und anschließend in den Projekten OCRE[87]

---

83 S. https://www.openaire.eu.
84 Vgl. European Commission 2015.
85 S. http://www.prace-ri.eu.
86 S. https://www.hnscicloud.eu.
87 S. https://www.ocre-project.eu.

und ARCHIVER[88] weiterentwickelt. OCRE realisiert kommerzielle digitale Dienste im Rahmen von EOSC, während ARCHIVER darauf abzielt, die Lücke zwischen kommerziellen Angeboten und wissenschaftlichen Anforderungen bei der Langzeitdatenspeicherung zu schließen.

Es bleibt abzuwarten, ob die Angebote kommerzieller Dienstleister in der EOSC kompetitiv sowie für die Anbieter lukrativ sind und somit insgesamt eine Rolle spielen werden oder nicht.

2.4 Beiträge aus den Wissenschaftsdisziplinen

Auf Basis der in Kap. 1.1 dargestellten Informationen zu EOSC-Initiativen in Europa mit deutscher Beteiligung wird im Folgenden der Versuch unternommen, die Beiträge aus den Wissenschaftsdisziplinen in die DFG Fachsystematik[89] einzusortieren. Die Einsortierung erfolgt ohne Gewähr; eine tiefere Einsortierung in die Fachkollegien wird bewusst nicht durchgeführt.

Im Wissenschaftsbereich 1, den Geistes- und Sozialwissenschaften, ist die Initiative SSHOC zu nennen.

Im Wissenschaftsbereich 2, den Lebenswissenschaften, ist in der Biologie, und Medizin die Initiative EOSC-Life zu nennen. Jedoch lassen sich auch die Aspekte der Biodiversität in ENVRI-FAIR ebenfalls zu diesem Wissenschaftsbereich zählen.

Im Wissenschaftsbereich 3, den Naturwissenschaften, sind mehrere Initiativen angesiedelt. Der Physik lassen sich die Initiativen ExPaNDS, PaNOSC und ESCAPE zuordnen. Den Geowissenschaften lassen sich EOSC-Pillar und ENVRI-FAIR zuordnen.

Im Wissenschaftsbereich 4, den Ingenieurwissenschaften, ist in der Materialwissenschaft und Werkstofftechnik ebenfalls die EOSC-Pillar Initiative einzusortieren.

Allen Projekten ist gemein, dass in den Themengebieten (Etablierung von FAIR-Prinzipien, Metadaten, Verbreitung von bewährten Vorgehensweisen, Aufbau von Infrastrukturen zum verteilten Datenmanagement sowie Entwicklung von Diensten und Richtlinien) prinzipielle Beiträge aus vielen Fachkollegien erfolgen. Dies gilt für die Informatik und Literaturwissenschaften in Form der beteiligten Rechenzentren und Bibliotheken.

Eine abschließende Gesamtbetrachtung zeigt, dass der Wissenschaftsbereich der Naturwissenschaften sehr stark vertreten ist, darin jedoch die Mathematik und Chemie gänzlich fehlen. Eine Begründung kann darin liegen, dass die Fachgebiete Physik und Geowissenschaften traditionell z. B. im Rahmen europäischer und internationaler Experimente, Initiativen und ESFRI Infrastrukturen über die Grenzen Deutschlands hinaus zusammenarbeiten. Ähnliches gilt auch für die Lebenswissen-

---

[88] S. https://www.archiver-project.eu.
[89] S. https://www.dfg.de/dfg_profil/gremien/fachkollegien/faecher.

schaften, insbesondere Biologie und Medizin; die Agrar- und Forstwissenschaften sowie die Tiermedizin fehlen ebenfalls gänzlich. Auch die Geistes- und Sozialwissenschaften sind durchweg sehr gut vertreten. In den Ingenieurwissenschaften gibt es vereinzelte Teilnahmen aus einigen Fachgebieten, vor allem im Bereich der informatiknahen Themen. Sowohl in der Breite als auch in der Tiefe sind die klassischen Ingenieursdisziplinen wie Maschinenbau, Verfahrenstechnik, Bauwesen und Elektrotechnik größtenteils nur gering vertreten, da hier einerseits keine ESFRI-Infrastrukturen vorhanden sind (gleiches gilt auch für die Mathematik und Chemie) und andererseits sehr viele Industriekooperationen mit zugehörigen Herausforderung zum Thema geistiges Eigentum/IPR existieren.

3 Praxistransfer

Wie zuvor ausgeführt existiert eine Basis, so dass sich alle wissenschaftlichen Disziplinen aktiv in EOSC engagieren und an den neu angebotenen Zugängen zu Daten und Diensten teilnehmen können. Die Teilnahme kann in beide Richtungen erfolgen: Einerseits können angebotene Dienste ausgewählt und dann verwendet werden. Andererseits können eigene Forschungsergebnisse und Dienste für alle Forschenden verfügbar gemacht werden, indem diese in die EOSC eingebracht, bzw. über eine der regionalen oder länderspezifischen Infrastrukturen mit der EOSC verbunden werden.

Angebote wie das EOSC-Portal bieten Kataloge für Dienstleistungen und Schulungen, Kontaktstellen und umfassende Informationen, wie jede bzw. jeder einen Beitrag leisten und die Reichweite der Zusammenarbeit erhöhen kann. Andererseits widmen viele Projekte einen Teil ihrer Arbeit und Projektressourcen der Einarbeitung von Forschenden und ihrem wissenschaftlichen Umfeld in die EOSC und bieten technische und organisatorische Unterstützung für Pilot- und Anwendungsfälle. EOSCsecretariat.eu bietet Möglichkeiten zur Finanzierung von sog. „Co-Creation-Ideen", die die Zusammenarbeit zwischen denen, die die EOSC-Dienste anbieten, und denen, die sie nutzen, stärken oder initiieren. Beispiele für finanzierte Aktivitäten sind Workshops, Veröffentlichungen, Vorträge, Studien und mehr. Informationen und ein Antragsformular sind auf der Website von EOSCsecretariat.eu zu finden.

Darüber hinaus sind auf der Webseite des EOSC-Portals weiterführende Informationen zu finden, z. B. über zukünftige Ausschreibungen,[90] Beteiligungsmöglichkeiten für Ressourcen- und Dienstanbieter[91] sowie Best Practice Beispiele.[92]

---

[90] S. https://www.eosc-portal.eu/about/funding-opportunities.
[91] S. https://www.eosc-portal.eu/for-providers.
[92] S. https://www.eosc-portal.eu/governance/best-practices.

Diese Möglichkeiten können genutzt werden, um den Prozess in Gang zu setzen, Hürden und Anfangsschwierigkeiten abzubauen sowie die technischen Voraussetzungen für den Beitritt zur EOSC-Infrastruktur zu schaffen oder um einen besseren Einblick in die Suche, den Zugriff und die Verwendung von Forschungsprodukten aus Repositorien auf der ganzen Welt zu erhalten. Open Science gedeiht durch Austausch und Zusammenarbeit und durch die Einbeziehung der FAIR-Prinzipien in die Forschung in jeder Hinsicht. Auf diese Weise kann die Vision der EOSC und seiner transparenten Datenkonnektivität Wirklichkeit werden.

Fazit

Der Aufbau und die Etablierung der European Open Science Cloud ist eine der größten Initiativen und zugleich Herausforderung auf Europäischer Ebene hin zu „Open Science – Open Innovation – Open to the world"[93], wie es Ex-Forschungskommissar Carlos Moedas im Rahmen der strategischen Prioritäten seiner politischen Agenda in Juni 2015 bereits gesagt hat. EU Präsidentin Ursula von der Leyen fügte in Davos beim World Economic Forum hinzu dass die Schaffung der European Open Science Cloud im Gange sei und dass dies ein „vertrauenswürdiger Ort für Forscher sein würde, um ihre Daten zu speichern und auf Daten aus anderen Disziplinen zuzugreifen".[94] Entsprechend umfangreich und vielfältig sind die Ausschreibungen und Initiativen, die es rund um die EOSC inzwischen gibt. Im Beitrag wurde der Versuch unternommen, eine möglichst umfassende Sicht auf die Beiträge aus Deutschland zur EOSC zum Zeitpunkt Ende 2019 zu geben – ohne jedoch einen Anspruch auf Vollständigkeit zu stellen. Die Aktivitäten zur Zukunft des High Performance Computing (HPC) in Europa sowie die kommerziellen Aspekte von EOSC- und Cloud-Technologien wurden bewusst kurz dargestellt.

Spannend und herausfordernd zugleich wird es auch mit den anstehenden und geplanten Ausschreibungen zur weiteren Etablierung der EOSC weitergehen. Vor allem zu nennen sind hier die EU-Ausschreibungen INFRAEOSC-03 und INFRAEOSC-07,[95] von denen im September 2020 bekannt wurde, dass die folgenden EOSC-Projekte mit deutscher Beteiligung voraussichtlich ab 2021 anfangen: EOSC-Future (KIT, die Friedrich-Alexander-Universität Erlangen-Nürnberg (FAU), die Georg-August-Universität Göttingen, das EMBL in Heidelberg und DESY), DICE (KIT, FZJ, MP-

---

93 S. https://www.kowi.de/kowi/forschungspolitik/3-Os/open-access-open-innovation-open-science.aspx.
94 https://youtu.be/_A7Q514z_dw?t=649.
95 S. https://ec.europa.eu/info/funding-tenders/opportunities/portal/screen/opportunities/topic-details/infraeosc-03-2020 sowie https://ec.europa.eu/info/funding-tenders/opportunities/portal/screen/opportunities/topic-details/infraeosc-07-2020.

CDF, DKRZ, GWDG). Weitere Informationen waren zum Zeitpunkt des Redaktionsschlusses noch nicht bekannt. Auf deutscher Ebene wird in den nächsten Jahren eine (vielleicht ist sie bisher die größte) Herausforderung darin bestehen, die föderalen und regionalen Infrastrukturen (z. B. NFDI) und Richtlinien mit den europäischen Äquivalenten wie z. B. der EOSC auszurichten.

Die Ergebnisse der EOSC Working Groups[96] und insbesondere die Ergebnisse der Sustainability Working Group werden für die Verwirklichung eines nachhaltigen und langfristig finanzierten EOSC von größter Bedeutung sein. Die Umsetzung länderspezifischer Vorschriften und der Kompromiss zwischen EU-finanzierten und von den Mitgliedstaaten finanzierten Beitragsmodellen der EOSC nach 2020 werden auf diesen basieren. Die Gründung der EOSC als Rechtsperson in Form einer belgischen AISBL erfolgte in September 2020. Bis zur ersten Generalversammlung waren bereits 14 deutsche Organisationen der EOSC Association beigetreten. Eine Task Force der Sustainability Working Group entwirft die Regelungen der vorgesehenen „Strategic Partnership" – in Übereinstimmung mit den Konditionen und Prinzipien im neuen EU-Rahmenprogramm für Forschung und Innovation: „Horizont Europa". Ebenso erarbeitet eine Task Force der Architecture Working Group eine Strategic Research and Innovation Agenda (SRIA) für die EOSC nach 2020.

Weitere größere Herausforderungen bestehen zudem noch in der Entwicklung eines tragfähigen und dauerhaften Finanzierungsmodells sowie in der notwendigen Unterfütterung der EOSC mit den notwendigen Hardware-Ressourcen. Denn auch Dienste in der Cloud benötigen physikalische Hardware, um Funktionalität und Daten Nutzerinnen und Nutzer zur Verfügung zu stellen. Und wie so häufig bei großen und langfristigen Initiativen sollte man bereits am Anfang auch an ein mögliches Ende denken – wie können langfristig die deutschen Mitgliedsbeiträge für eine EOSC-Organisation aufgebracht werden?

Literatur

Letztes Abrufdatum der Internet-Dokumente ist der 15.11.2020.

Budroni, Paolo, Jean-Claude Burgelman und Michel Schouppe. 2019. „Architectures of Knowledge: The European Open Science Cloud." *ABI Technik* 39 (2): 130–141. doi:10.1515/abitech-2019-2006.
Council of the European Union. 2016. *Council conclusions on the transition towards an Open Science system*. Brussels 27 May 2016: General Secretariat of the Council. https://data.consilium.europa.eu/doc/document/ST-9526-2016-INIT/en/pdf.
EU High-Level Group on Scientific Data. 2010. *Riding the wave. How Europe can gain from the rising tide of scientific data*. European Union. https://ec.europa.eu/information_society/newsroom/cf/document.cfm?action=display&doc_id=707.

---

96 S. Abschnitt 2.1.

European Commission. 2015. „A Digital Single Market Strategy for Europe. Communication from the Commission to the European Parliament, the Council, the European Economic and Social Committee and the Committee of the Regions." *COM* (2015) 192 final, Brussels 6.5.2015. https://eur-lex.europa.eu/legal-content/EN/TXT/?uri=COM:2015:192:FIN.

European Commission. 2016a. „European Cloud Initiative – Building a competitive data and knowledge economy in Europe. Communication from the Commission to the European Parliament, the Council, the European Economic and Social Committee of the Committee of the regions." *COM* (2016) 178 final, Brussels 19.4.2016. http://eur-lex.europa.eu/legal-content/EN/TXT/PDF/?uri=CELEX:52016DC0178&from=EN.

European Commission. 2018a. „Implementation roadmap for the European Open Science Cloud." *Commission Staff Working Document*, Brussels 14.3.2018: SWD (2018) 83 final. https://ec.europa.eu/transparency/regdoc/rep/10102/2018/EN/SWD-2018-83-F1-EN-MAIN-PART-1.PDF.

European Commission. 2018b. *Prompting an EOSC in practice: Final report and recommendations of the Commission 2nd High Level Expert Group on the European Open Science Cloud (EOSC)*. Luxembourg: Publications Office of the European Union. https://doi.org/10.2777/112658.

European Commission. 2016b. *Realising the European open science cloud: First report and recommendations of the Commission high level expert group on the European open science cloud. Directorate-General for Research and Innovation*. https://doi.org/10.2777/940154.

European Commission. 2018c. „Setting up the Expert Group – Executive Board of the European Open Science Cloud (EOSC) and laying down rules for its financing." *C* (2018) 5552 final, Brussels 27.8.2018. https://www.eosc-portal.eu/sites/default/files/C20185552-EC-DECISION-EOSC-Excecutive-Board.pdf.

European Commission. 2018d. *Turning FAIR data into reality: Final report and action plan from the European Commission expert group on FAIR data. Luxembourg: Publications Office of the European Union*. https://ec.europa.eu/info/sites/info/files/turning_fair_into_reality_1.pdf.

Gemeinsame Wissenschaftskonferenz. 2018. „Bund-Länder-Vereinbarung zu Aufbau und Förderung einer Nationalen Forschungsdateninfrastruktur (NFDI) vom 26. November 2018." *BAnz AT* 21.12.2018 B10. https://www.gwk-bonn.de/fileadmin/Redaktion/Dokumente/Papers/NFDI.pdf.

Hey, Tony, Stewart Tansley und Kristin Tolle, Hg. 2009. *The Fourth Paradigm: Data-Intensive Scientific Discovery*. Redmond: Microsoft Research. https://www.microsoft.com/en-us/research/publication/fourth-paradigm-data-intensive-scientific-discovery.

Jung, Christopher, Jörg Meyer und Achim Streit, Hg. 2017. *Helmholtz Portfolio Theme Large-Scale Data Management and Analysis (LSDMA)*. Karlsruhe: KIT Scientific Publishing. doi:10.5445/KSP/1000071931.

Koski, Kimmo, Claudio Gheller, Stefan Heinzel, Alison Kennedy, Achim Steit und Peter Wittenburg. 2009. „Strategy for a European data infrastructure." White Paper. https://ec.europa.eu/eurostat/cros/system/files/parade-white-paper.pdf.

Lecarpentier, Damien, Peter Wittenburg, Willem Elbers, Alberto Michelini, Riam Kanso, Peter Coveney und Rob Baxter. 2013. „EUDAT: A New Cross-Disciplinary Data Infrastructure for Science." *International Journal of Digital Curation* 8 (1): 279–287. doi:10.2218/ijdc.v8i1.260.

Rat für Informationsinfrastrukturen. 2018. *Stellungnahme des Rats für Informationsinfrastrukturen (RfII) zu den Vorschlägen für eine European Open Science Cloud (EOSC)*. Göttingen. http://www.rfii.de/?p=2788.

Wilkinson, Mark D., Michel Dumontier, IJsbrand Jan Aalbersberg, Gabrielle Appleton, Myles Axton, Arie Baak, Niklas Blomberg et al. 2016. „The FAIR Guiding Principles for scientific data management and stewardship." *Scientific Data* 3:160018. doi:10.1038/sdata.2016.18.

Markus Putnings
1.3 Förderpolitische Maßgaben

Abstract: Im Beitrag werden die förderpolitischen Maßgaben, insbesondere die verbindlichen Impulse näher beleuchtet. Dies umfasst zunächst eine Darstellung der Bedeutung der Förderer in Deutschland und auf internationaler Ebene; mit entsprechenden, im Beitrag tabellarisch dargestellten Policies und Maßgaben wird ein gewisses Framework für Best Practices und Normbildung im Bereich Forschungsdatenmanagement (FDM) gebildet. Abschließend wird auf aktuelle Probleme und Hindernisse bei der Implementierung der Maßgaben sowie entsprechende Empfehlungen an die Förderer eingegangen.

Einleitung

Aktuell verstärken die Förderer im DACH-Raum[1] die Verbindlichkeit und das Monitoring ihrer Open-Science-Policies und orientieren sich damit an Entwicklungen auf internationaler Ebene. Im Folgenden wird entsprechend zunächst die Bedeutung der Förderer hierzulande beleuchtet und dann der aktuelle Stand der Maßgaben ausgewählter Förderer dargelegt. Letzteres geschieht in Form von strukturierten tabellarischen Darstellungen der jeweiligen Policies. Diese gehen inhaltlich über die Informationen von z.B. Sherpa/Juliet[2] hinaus und werden den Bedeutungen der Maßgaben, v. a. auch für die Antragstellung und für die entsprechend nötige Vorabinformation in der Praxis hoffentlich gerechter.[3]

Mit Förderer sind im nachfolgenden Kontext stets internationale bzw. EU-weite (z. B. European Commission – EC, European Research Council – ERC), zentrale nationale und Selbstverwaltungseinrichtungen (z. B. Deutsche Forschungsgemeinschaft – DFG, Fonds zur Förderung der wissenschaftlichen Forschung – FWF, Schweizerischer Nationalfonds – SNF) sowie private Einrichtungen (z. B. VolkswagenStiftung) zur Förderung der Wissenschaft und Forschung samt entsprechenden Förderprogrammen gemeint; im Gegensatz etwa zu *institutionellen* Maßgaben von

---

[1] Akronym für Deutschland, Österreich und die Schweiz.
[2] S. https://v2.sherpa.ac.uk/juliet/. Letztes Abrufdatum der Internet-Dokumente ist der 15.11.2020.
[3] Der Beitrag und die entsprechenden tabellarischen Darstellungen liegen hier in gekürzter Form vor. Im entsprechenden Datenpaket zum Praxishandbuch Forschungsdatenmanagement auf RADAR ist die erweiterte Fassung u. a. mit der strukturierten Darstellung der Policies auch der VolkswagenStiftung, des National Institutes of Health (NIH), der National Science Foundation (NSF) und des Wellcome Trusts zu finden: doi:10.22000/289.

z. B. Hochschulen aber auch von Zusammenschlüssen von Forschungseinrichtungen und -zentren (z. B. Leibniz-Gemeinschaft) für die jeweiligen Angehörigen.

1 Bedeutung der Förderer

Die Bedeutung im Sinne einer Wirkung der *Maßgaben* der Förderer in Deutschland ist quantitativ schwer zu beziffern. Es mangelt derzeit zum einen an systematischen Messsystemen für die Erfassung der zugänglich gemachten projektbezogenen Forschungsdaten[4] und zum anderen waren die Empfehlungen der deutschen Förderer lange Zeit ohne größere Impulswirkung:

Das Bundesministerium für Bildung und Forschung (BMBF) hat beispielsweise eine Informationsseite über Open Data;[5] jedoch keine zentralen oder harmonisierten Maßgaben (z. B. keine Policy) für seine Förderprogramme und Förderrichtlinien. Von den großen deutschen Stiftungen[6] mit wissenschaftlichen Förderprogrammen formuliert zum Zeitpunkt der Beitragserstellung nur die VolkswagenStiftung Forderungen und Empfehlungen hinsichtlich Open Data.[7]

Die DFG hat zwar bereits 1998 Empfehlungen im Rahmen der Denkschrift „Sicherung guter wissenschaftlicher Praxis" aufgestellt[8] und diese 2009 in den „Empfehlungen zur gesicherten Aufbewahrung und Bereitstellung digitaler Forschungsprimärdaten"[9] sowie 2015 in den „Leitlinien zum Umgang mit Forschungsdaten"[10] konkretisiert, jedoch stets mit unverbindlichem Charakter (d. h. mit „soll"-Formulierungen, so „sollten Forschungsdaten so zeitnah wie möglich verfügbar gemacht werden"[11]). Das hat sich erst mit dem neuen DFG-Kodex „Leitlinien zur Sicherung guter wissenschaftlicher Praxis" geändert, der mit Inkrafttreten zum 01. August 2019 von allen Hochschulen und außerhochschulischen Forschungseinrichtungen rechtsverbindlich umzusetzen ist, um weitere Fördermittel der DFG erhalten zu können.[12]

---

4 Vgl. Kriesberg et al. 2017, 10.
5 Vgl. Bundesministerium für Bildung und Forschung 2018.
6 Gemäß Bundesverband Deutscher Stiftungen 2019, gemessen am Eigenkapital in Mio. Euro. Geprüft wurde über eine Recherche auf den jeweiligen Webseiten der Stiftungen nach „Open Data" und „Forschungsdatenmanagement".
7 Vgl. VolkswagenStiftung 2018.
8 Vgl. Deutsche Forschungsgemeinschaft 2013 für die aktuellste Fassung.
9 Vgl. Deutsche Forschungsgemeinschaft 2009.
10 Vgl. Deutsche Forschungsgemeinschaft 2015.
11 Deutsche Forschungsgemeinschaft 2015, 1.
12 Deutsche Forschungsgemeinschaft 2019, 27. Für Einrichtungen, die bereits die DFG-Regelungen zur „Sicherung guter wissenschaftlicher Praxis" rechtsverbindlich umgesetzt haben, besteht eine zweijährige Übergangsfrist für die Umsetzung der Leitlinien des Kodex, siehe ebd.

Insbesondere solche *verbindliche* Maßgaben der Förderer sind allerdings gemäß der Fachliteratur kritisch bei der Etablierung und Durchsetzung eines im Rahmen der guten wissenschaftlichen Praxis angemessenen Forschungsdatenmanagements (FDM) und der Öffnung der Forschungsdaten für Dritte. Sie bilden ein Framework für Best Practices, Normbildung und schaffen aufgrund des Fachdialogs mit der Forschungscommunity, durch die supportiven Maßnahmen der Förderer und aufgrund eines drohenden Verlusts an Drittmitteln das nötige Bewusstsein. Sie regen damit konsekutiv institutionelle Policies, d. h. Maßgaben und Maßnahmen an.[13] Freiwillige Empfehlungen fruchten dagegen offenbar wenig bzw. gehen mit einer niedrigeren Compliance-Rate zu den Maßgaben der Förderer einher.[14]

Mehrere Quellen heben zudem die Bedeutung eines Monitorings der Förderer anhand der gesetzten Ziele und wirksamer Sanktionen bei Noncompliance zu den Maßgaben hervor, insbesondere um herauszufinden, wie viele derjenigen, die Fördermittel empfangen, die Maßgaben einhalten, wie viele nicht und *weshalb* nicht. Konkret etwa, ob eine bessere oder verständlichere Kommunikation der Maßgaben, der Vorteile (z. B. Datenzitationen, Mittel zur Kostendeckung) oder der Beratungs- und Unterstützungsangebote bzw. deren Ausbau nötig ist bzw. ob strengere Sanktionen oder eine Anpassung der Policy vonnöten wäre. Oder auch, ob die bisherigen Monitoringmaßnahmen schlicht unzulänglich waren und die Entwicklung spezieller Infrastrukturen oder Tools nötig wäre, um die Einhaltung der Maßgaben im gewünschten Maße monitoren zu können.[15]

2 Wechselbeziehungen und Wirkungen der Maßgaben und Policies

Die Policies und Maßgaben der Förderer sind nicht gesondert und statisch zu betrachten, vielmehr gibt es umfangreiche Wechselbeziehungen zwischen den Stakeholdern. In Abb. 1 werden diese vereinfacht dargestellt.

Übergeordnete Maßgaben, wie etwa Gesetze der Bundesregierung und der Länder sowie Vorgaben von Bündnissen (EU, OECD, G7 bzw. vormals G8) wirken zunächst am stärksten.

---

[13] Vgl. z. B. Albornoz et al. 2018, 10; Jones 2012a, 117, 120–121; Lasthiotakis, Kretz, Andrew und Sá 2015, 969, 980, 983; Shearer 2015, 43; Tsoukala et al. 2016, 12.
[14] Vgl. z. B. Larivière und Sugimoto 2018, 485; Kriesberg et al. 2017, 3.
[15] Vgl. Neylon 2017, 18; Shearer 2015, 25, 39; Tananbaum 2016, 5; Tsoukala et al. 2016, 12, 28. Zusätzlich lassen sich die Schlussfolgerungen der folgenden Quellen aus dem Open-Access-Kontext gleichermaßen übertragen bzw. anwenden: Kipphut-Smith et al. 2018, 12; Larivière und Sugimoto 2018, 486; Picarra 2015, 2.

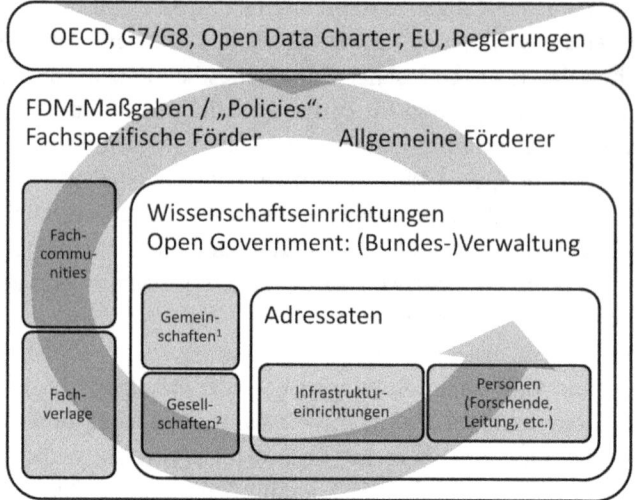

Abb. 1: Vereinfachte Darstellung der Wechselbeziehungen.
[1] Mit Gemeinschaften sind Forschungsgemeinschaften wie z. B. die Helmholtz-Gemeinschaft Deutscher Forschungszentren oder die Leibniz-Gemeinschaft gemeint.
[2] Hier sind äquivalent Forschungsgesellschaften wie die z. B. Fraunhofer-Gesellschaft gemeint.

Die Fachliteratur betont z. B. insbesondere die Maßgaben der OECD Declaration on Access to Research Data from Public Funding[16] und späteren OECD Principles and Guidelines for Access to Research Data from Public Funding,[17] der G8 Open Data Charter[18] und International Open Data Charter[19] sowie des Open Data Research Data Pilots im Horizon 2020 Rahmenprogramm der Europäischen Union (EU) für Forschung und Innovation als impulssetzend für eine *konsekutive* Erstellung oder Harmonisierung von Policies a) bei Förderern und b) in der Folge wiederum bei den von Fördermittel abhängigen Einrichtungen sowie wissenschaftlichen Gemeinschaften und Gesellschaften. Die verschiedenen Policies wirken sich c) wiederum auf deren Angehörige und Infrastruktur- sowie Verwaltungseinrichtungen (z. B. Drittmittelberatung) im Alltag aus; zudem sind d) auch weitere wissenschaftliche Stakeholder wie z. B. Verlage betroffen.[20]

---

16 Vgl. OECD 2004.
17 Vgl. OECD 2007.
18 Vgl. G8-Staaten 2013.
19 Vgl. Open Data Charter 2015.
20 Vgl. Bundesministerium des Innern, für Bau und Heimat 2014, 4–5; Jones 2012a, 114–115, 121–123; Lasthiotakis, Kretz, Andrew und Sá 2015, 969; Pampel und Bertelmann 2011, 50–52, 54–55; Tsoukala et al. 2016, 11.

Wie in Abschnitt 1 erwähnt, können zudem nationale Förderer wie die DFG eine rechtsverbindliche Umsetzung ihrer Maßgaben einfordern, was eine Adaption vieler institutioneller Policies nach sich ziehen wird. Zudem sollten die Policies auch stets in den Fachcommunities Bewusstsein finden und verankert werden.[21]

In umgekehrter Richtung zielen jedoch auch Fachcommunities und fachliche sowie bibliotheks- und informationswissenschaftliche Allianzen und Verbünde auf eine Wirkung bei den Förderern und der Regierung, bspw. hinsichtlich einer besseren Ressourcenausstattung.[22] Gleiches gilt für die Einrichtungen selbst, da die Implementierung bzw. Anpassung institutioneller Policies mit Investments in Infrastruktur, Dienstleistungen und Personal einhergeht.[23]

Auch Verlage und Herausgebervereinigungen[24] versuchen, mit ihren Policy-Frameworks weitere Stakeholder, darunter auch Förderer, zu adressieren und zu beeinflussen; hier ein Beispiel von SpringerNature:

> To potentially enable standardisation and harmonisation of data policy across funders, institutions, repositories, societies and other publishers the [Springer research data] policy framework was made available [...] for reuse by other organisations.[25]

Der Wirkungspfeil in Abb. 1 ist deshalb als beinahe geschlossener Kreis dargestellt. In diesem Kontext seien auch „interagency agreements" empfohlen; einige Förderer (z. B. NIH) haben hierzu entsprechende Empfehlungen, dass z. B. im Antrag auf problematische, widersprüchliche oder abweichende Regelungen verschiedener anderer Stakeholder hingewiesen werden soll.[26]

Nicht inkludiert sind in Abb. 1 die Wechselwirkungen zwischen *weiteren* Policies. So bauen Forschungsdaten-Policies teil auf Policies zur guten wissenschaftlichen Praxis, auf Intellectual Property- oder Open Access-Policies (IP- oder OA-Policies) auf. Auch etwaige Rechtsgrundlagen und -beziehungen, etwa zum Bundesdatenschutzgesetz, Urheberrechtsgesetz, Informationsfreiheitsgesetz und E-Government-Gesetz müssen bei der Erstellung, Änderung bzw. Adaption von Policies berücksichtigt werden.[27]

---

21 Vgl. Jones 2012a, 123–24; Deutsche Forschungsgemeinschaft 2015, 2; Deutsche Forschungsgemeinschaft 2019, 8.
22 Vgl. Deutscher Bibliotheksverband e. V. 2018, 8, 16; Pampel und Bertelmann 2011, 53.
23 Vgl. Jones 2012a, 121–122; Lasthiotakis, Kretz, Andrew und Sá 2015, 969.
24 Vgl. Kiley et al. 2017, 1990.
25 Hrynaszkiewicz et al. 2017, 70.
26 Vgl. Shearer 2015, 27–28.
27 Vgl. Bundesministerium des Innern, für Bau und Heimat 2014, 5; Bundesministerium des Innern, für Bau und Heimat 2018; Jones 2012b, 48, 57–58; Putnings 2017, 34–37; Sa, Kretz, Andrew und Sigurdson 2013, 105–106.

3 Strukturierte Kurzdarstellung der Maßgaben

Im Folgenden werden ausgewählte[28] Maßgaben und Policies von wissenschaftlichen Förderern gelistet und strukturiert beschrieben. Sofern fördererseitig kein spezieller Datenmanagementplan (DMP) oder ein entsprechendes DMP-Tool empfohlen wird, kann man sich an der entsprechenden Sammlung von forschungsdaten.org,[29] von forschungsdaten.info[30] oder den Tipps des FoDaKo-Projekts zur Tool-Auswahl orientieren.[31]

3.1 Förderer des deutschsprachigen Raums

Tab. 1: Deutsche Forschungsgemeinschaft (DFG)

Relevante Policy-Webseiten[32]	„Umgang mit Forschungsdaten. DFG-Leitlinien zum Umgang mit Forschungsdaten" (samt Unterseiten und verlinkten Dokumenten).
	„Gute wissenschaftliche Praxis." (samt Unterseiten und verlinkten Dokumenten).
URLs	https://www.dfg.de/foerderung/antrag_gutachter_gremien/antragstellende/nachnutzung_forschungsdaten/index.html
	https://www.dfg.de/foerderung/grundlagen_rahmenbedingungen/gwp/
Version/Datum	Letzte Aktualisierung: 30.10.2020
	Letzte Aktualisierung: 06.07.2020

---

28 Das BMBF wird hier z. B. *nicht* mit aufgeführt, da es derzeit noch keine zentralen oder harmonisierten Maßgaben auf- und ausweist. Auf Anfrage beim BMBF wurde in diesem Kontext folgendes mitgeteilt bzw. in Aussicht gestellt: „Das BMBF macht als Förderer von Forschungsprojekten in vielen Fachbereichen Vorgaben zum Forschungsdatenmanagement. Dazu zählen insbesondere die [...] Bildungsforschung, die Küsten- und Meeresforschung sowie die physikalische Grundlagenforschung an Großgeräten. Das BMBF ist bestrebt, Vorgaben zum Forschungsdatenmanagement langfristig auf alle Förderbereiche auszuweiten. Wichtig ist dabei jedoch auch, dass Disziplinen spezifische Besonderheiten berücksichtigt werden. Darüber hinaus entwickelt sich dieses Feld dynamisch. Daher bitten wir Sie nochmals vor Erscheinen Ihres Buches zu prüfen, ob sich Neuerungen ergeben haben." Schriftliche E-Mail-Auskunft vom Referat 421 – Forschungsdaten des Bundesministeriums für Bildung und Forschung vom Montag 21.10.2019 09:16 Uhr. Auf erneute Nachfrage wurde am Montag, 20. April 2020 08:30 Uhr mitgeteilt, dass es noch keinen neuen Sachstand gäbe. Kurz vor Erscheinen des Buches wurde jedoch der neue BMBF-Aktionsplan Forschungsdatenmanagement bekannt gegeben, vgl. https://www.bildung-forschung.digital/de/aktionsplan-forschungsdaten-3479.html und https://www.bmbf.de/de/aktionsplan-forschungsdaten-12553.html. Hier sind im Futur grundsätzlicher Maßgaben im Rahmen von Projektförderungen formuliert.
29 S. https://www.forschungsdaten.org/index.php/Kategorie:Data_Management.
30 S. https://www.forschungsdaten.info/praxis-kompakt/tools/.
31 Vgl. Bergische Universität Wuppertal n.d.
32 In den folgenden Tabellen wird in dieser Zeile pauschal von „Policy-Webseiten" gesprochen, auch wenn es sich in einigen Fällen streng genommen nicht um Policy-Dokumente, sondern (z. B. im Falle der EU Grant Agreements) um rechtliche Vor- bzw. Grundlagen für Projektbewilligungen handelt.

Gültigkeit ab/ggf. bis	Die hierunter verlinkten „Leitlinien zum Umgang mit Forschungsdaten"[33] gelten seit Verabschiedung am 30.09.2015 für alle Antragstellenden.	
	Bei der Antragstellung und in den Verwendungsrichtlinien der DFG erfolgt eine Verpflichtung auf den hier verlinkten, am 01.08.2019 in Kraft getretenen Kodex „Leitlinien zur Sicherung guter wissenschaftlicher Praxis" und auch auf die hierin enthaltenen Maßgaben zum Forschungsdatenmanagement. Er ist außerdem auch auf Ebene der Einrichtungen, konkret von allen Hochschulen und außerhochschulischen Forschungseinrichtungen rechtsverbindlich umzusetzen, um weiterhin Fördermittel durch die DFG erhalten zu können. Für die Einrichtungen, die bereits die Regelungen der früheren DFG-Denkschrift „Sicherung guter wissenschaftlicher Praxis" rechtsverbindlich umgesetzt haben, besteht eine zweijährige Übergangsfrist für die Umsetzung der Leitlinien des Kodex. Die Frist beginnt am 01.08.2019 und endet am 31.07.2021.	
Kontakt	Dr. Katja Hartig, katja.hartig(at)dfg.de, +49 228 885 2359 und Dr. Johannes Fournier, johannes.fournier(at)dfg.de, +49 228 885 2418.	
Scope Daten	Kein einheitlich definierter Scope, Forschungsprimärdaten sollten jeweils disziplinspezifisch definiert werden (z. B. Granularität, Aggregation). Die Verarbeitungsstufe (Rohdaten oder bereits weiter strukturierte Daten) sollte jedoch eine sinnvolle Nach- und Weiternutzung durch Dritte ermöglichen.	
Ausnahmen	Sofern nachvollziehbare Gründe dafür existieren, bestimmte Daten nicht bzw. nicht zugänglich aufzubewahren, sind die Wissenschaftlerinnen und Wissenschaftler dazu angehalten, dies darzulegen. Es sind v. a. rechtliche Interessen, der Schutz persönlicher Daten von Probanden, Patienten und anderen von der Datenerhebung betroffenen Personen sowie weitere Verpflichtungen gegenüber Dritten (bspw. Kooperationspartnern) zu beachten.	
Standards	Daten, Metadaten	FAIR-Prinzipien, bei Metadaten minimalst Dublin Core; Einhaltung disziplinspezifischer (s. DMP-Inhalte und -Fachspezifika) und internationaler Standards (insbesondere zur Gewährleistung der Interkompatibilität).
Antragstellung	DMP-Verpflichtung	Nein.[34] Antragstellende sollen jedoch einschlägige Überlegungen (z. B. welche Daten entstehen und für Dritte relevant sein könnten, welche Datentypen, Standards, Qualitätssicherungsmaßnahmen und Infrastrukturen bei der Aufbewahrung, Bereitstellung und langfristigen Sicherung der Daten zu berücksichtigen wären) von Anfang an in jedweder Projektplanung und in der Antragstellung bzw. dem dortigen Arbeitsplan vorsehen und darlegen.

---

[33] Vgl. Deutsche Forschungsgemeinschaft 2015.

DMP-Template oder -Tools	Die DFG sieht kein spezielles DMP-Tool vor.
DMP-Inhalte und -Fachspezifika	Siehe „Leitfaden für die Antragstellung" (DFG-Vordruck 54.01, Punkt 2.4) sowie die jeweiligen *fachlichen* Richtlinien („Umgang mit Forschungsdaten. DFG-Leitlinien zum Umgang mit Forschungsdaten", dortige „Fachspezifische Empfehlungen zum Umgang mit Forschungsdaten") und *programm spezifischen* Hinweise zur Begutachtung von Anträgen (z. B. im Programm Sonderforschungsbereiche).
Kostendeckungsaspekte im DMP	Projektspezifische Kosten für die Aufbereitung von Forschungsdaten für eine Anschlussnutzung bzw. für deren Überführung in existierende (Archivierungs- und Publikations-)Infrastrukturen und für eventuelle Gebühren oder Mitgliedsbeiträge dieser Infrastrukturen[35] können mit dem Antrag bei der DFG eingeworben werden. Dies inkludiert Personalkosten, projektspezifische Hard- und Softwarekosten sowie Nutzungsgebühren.

---

34 Für bestimmte Fächer (z. B. Biodiversitätsforschung, eher empfehlend auch in den Sozial-, Verhaltens- und Wirtschaftswissenschaften) sowie Fachkollegien (z. B. Fachkollegium 106, z. T. auch in Ausschreibungen zum Fachkollegium Erziehungswissenschaft) und Sonderforschungsbereiche (SFB) werden jedoch Erwartungen hinsichtlich dem Forschungsdatenmanagement bzw. Pläne hierzu formuliert sowie präzisiert, s. a. DMP-Inhalte und -Fachspezifika. Die Orientierung daran sei für eine erfolgreiche Antragstellung dringend zu empfehlen.

35 Etwaige *interne* Kosten von bereits lokal vorhandenen, z. B. von der Universitätsbibliothek betriebenen Forschungsdatenrepositorien würden jedoch i. d. R. als Eigenleistung gelten.

	DMP-Review	Die Relevanz für die Begutachtung und Bewertung ist fachspezifisch unterschiedlich stark ausgeprägt. In Fällen, in denen Aussagen zum Forschungsdatenmanagement erwartet werden, werden i. d. R. auch den Gutachtenden fachspezifische Orientierungshilfen geboten. In allen übrigen Fachgebieten wird erwartet, dass sich Antragstellende erkennbar mit der Frage auseinandersetzen, ob im Projekt relevante und nachnutzbare Forschungsdaten entstehen und falls ja, welche fachspezifischen Repositorien für die längerfristige Aufbewahrung dieser Forschungsdaten genutzt werden können.
Projektzeitraum	DMP-Aktualisierung	Eine dynamische, aktualisierbare Datenmanagement-Beschreibung ist im Gegensatz zu den meisten anderen Förderern bei der DFG bis dato augenscheinlich noch nicht vorgesehen.
	Datenablage-Verpflichtung	Ja.
	Datenablage-Fristen	Abhängig vom jeweiligen Fachgebiet, i. d. R. Aufbewahrung für 10 Jahre. In zu begründenden Fällen können verkürzte Aufbewahrungsfristen angemessen sein.
	Daten-Repositorium	Anerkannte Archive oder Repositorien, mit denen den FAIR-Prinzipien gefolgt werden kann. Zur Recherche werden re3data und RIsources benannt[36].
	Datenzugang Verpflichtung	Nein. *Nach Möglichkeit* jedoch und wenn von den Forschenden gewünscht (die Entscheidung sollte laut DFG dabei nicht von Dritten abhängen) frei und überregional.
	Datenzugang Fristen[37]	So zeitnah wie möglich. Die DFG-Empfehlung wäre unmittelbar nach Abschluss der Forschungen oder höchstens nach wenigen Monaten.

---

36 S. https://www.re3data.org/ und https://risources.dfg.de/.
37 Falls in den Tabellen bei „Datenzugang Verpflichtung", wie hier, „nein" eingetragen ist, gelten die Fristen natürlich nur als Empfehlung.

	Datenzugang Lizenzvorgaben	Die rechtsichere Nachnutzung sollte durch die Wahl geeigneter Open Content- Lizenzen gewährleistet werden. Sofern eigens entwickelte Forschungs-*software* für Dritte bereitgestellt werden soll, ist diese ebenfalls mit einer angemessenen Lizenz zu versehen. Vereinbarungen über Nutzungsrechte an aus dem Projekt resultierenden Forschungsdaten und Forschungsergebnissen sollten insbesondere bei Kooperationen frühzeitig getroffen und dokumentiert werden.
	Acknowledgement, Zitierbarkeit	Mit Blick auf die Granularität ist fachspezifisch zu entscheiden, wie viele Daten einen zitierfähigen Datensatz ergeben, der mit einem persistenten Identifikator auszustatten ist. Die Herkunft der im Forschungsprozess verwendeten Daten und Software, aber auch von Organismen und Materialien ist kenntlich zu machen und die Nachnutzung zu belegen; die Originalquellen werden zitiert. Generierte Daten sollten persönlich gekennzeichnet werden, samt Namensangabe (und ggf. entsprechender Rechteverwaltung bei der Speicherung).
Sanktionen	Bei wissenschaftlichem Fehlverhalten sind sowohl administrative (z. B. Ausschluss von Folgeanträgen für definierte Zeiträume) als auch finanzielle Sanktionen (z. B. Rücknahme von Förderentscheidungen) möglich. Das Erfinden, Verfälschen oder Beseitigen von Primärdaten kann sogar strafrechtliche Konsequenzen nach sich ziehen.	
Support	– Neben den Maßgaben zu den einzelnen Projekten fördert die DFG mit dem Programm „Informationsinfrastrukturen für Forschungsdaten" auch den Auf- und Ausbau von Strukturen für einen verbesserten Umgang mit Forschungsdaten und Forschungsdatenrepositorien. – Die DFG appelliert zudem dazu, die unter Einbindung der DFG-Fachkollegien erarbeiteten, fachspezifischen Regularien zu beachten, weitere disziplinspezifische Regularien zu entwickeln und die Leistungen bei der Verfügbarmachung von Forschungsdaten besser anzuerkennen. – Persönliche Ansprechpartner.	

Tab. 2: Fonds zur Förderung der wissenschaftlichen Forschung (FWF)

Relevante Policy-Webseiten[38]	„Open Access für Forschungsdaten"	
	„Forschungsdatenmanagement"	
URLs	https://www.fwf.ac.at/de/forschungsfoerderung/open-access-policy/open-access-fuer-forschungsdaten/	
	https://www.fwf.ac.at/de/forschungsfoerderung/open-access-policy/forschungsdatenmanagement/	
Gültigkeit seit	Für alle Projekte, die nach dem 01.01.2019 nach den o. g. Richtlinien bewilligt werden.	
Kontakt	Katharina Rieck, katharina.rieck(at)fwf.ac.at, +43 1 505 6740 8314.	
Scope Daten	Alle Forschungsdaten und ähnliche Materialien.[39]	
Ausnahmen	Sollte aus rechtlichen, ethischen oder anderen Gründen ein offener Zugang zu Daten nicht oder nur teilweise möglich sein, ist das im DMP zu begründen und zu dokumentieren. Gleiches gilt, wenn *keine* relevanten Daten (s. Scope) generiert oder analysiert werden.	
Standards	Daten, Metadaten	FAIR-Prinzipien,[40] Science Europe's Core Requirements for Data Management Plans.[41]
Antragstellung	DMP-Verpflichtung	Ja.
	DMP-Fristen	Er muss zusammen mit dem FWF-Fördervertrag für ein genehmigtes Projekt eingereicht werden.
	DMP-Sprache	Er muss in der gleichen Sprache wie der Förderantrag verfasst sein.
	DMP-Länge	Max. 10.000 Zeichen (inkl. Leerzeichen).
	DMP-Template oder -Tools	Ja (Word und PDF).
	DMP-Inhalte	Der DMP soll beschreiben, wie Daten für ein bestimmtes Projekt gesammelt, organisiert, gespeichert, gesichert, aufbewahrt, geteilt, archiviert und vernichtet werden, wobei auch die Open-Access-Policy für Forschungsdaten des FWF zu berücksichtigen ist. Der FWF hat ein Mindestset an Fragen definiert, das den DMP umfasst und beim Ausfüllen der DMP-Vorlage behandelt werden muss.

---

[38] Vgl. zudem die jeweiligen FWF-Antragsrichtlinien.
[39] Gem. Rylance et al. 2016.
[40] Gem. Wilkinson et al. 2016.
[41] Vgl. Science Europe 2018a, 7–10.

	Kostendeckungsaspekte im DMP	Im Rahmen des Förderantrags können Kosten für die Aufbereitung, Archivierung, den offenen Zugang und die Nachnutzung von Forschungsdaten in Repositorien beantragt werden.
	DMP-Review	Der DMP ist Voraussetzung für den Projektstart und wird vom FWF auf Vollständigkeit überprüft.
Projektzeitraum	DMP-Aktualisierung	Der DMP kann während der gesamten Projektlaufzeit geändert werden, wobei Änderungen dokumentiert werden sollen. Die endgültige Fassung muss mit dem Endbericht eingereicht werden.
	Datenablage-Verpflichtung	Ja.
	Datenablage-Fristen	Die Speicherungsdauer orientiert sich an den im jeweiligen Forschungsfeld maßgeblichen Fristen, soweit dies zum Zwecke der Nachprüfbarkeit der gewählten Methode und der erzielten Daten erforderlich ist.
	Daten-Repositorium	Die gewählten Repositorien müssen in re3data gelistet sein. Darüber hinaus werden ausdrücklich zertifizierte Repositorien (z. B. CoreTrustSeal) empfohlen und jene, welche die „Criteria for the Selection of Trustworthy Repositories" von Science Europe[42] erfüllen.
	Datenzugang Verpflichtung	Ja. Für Forschungsdaten, die den wissenschaftlichen Publikationen des Projekts zugrunde liegen, ist der offene Zugang verpflichtend. Das sind alle Daten, die zur Reproduktion und Überprüfbarkeit der Ergebnisse der Publikationen erforderlich sind, einschließlich der zugehörigen Metadaten. Sollte aus bestimmten Gründen (s. auf der Vorseite genannte Ausnahmen) ein offener Zugang zu Daten nicht oder nur teilweise möglich sein, ist das im DMP zu begründen.
	Datenzugang Fristen	Die o. g. Daten sollen schnellstmöglich veröffentlicht werden, jedoch spätestens zusammen mit der wissenschaftlichen Publikation.

---

[42] Vgl. Science Europe 2018a, 11–14.

	Optionale Zugänglichmachung weiterer Daten	Der freie Zugang zu allen anderen Forschungsdaten des Projekts steht im Ermessen der Projektleitung. Das umfasst u. a. kuratierte Daten, die nicht direkt einer Veröffentlichung zugeordnet werden können, oder Rohdaten, einschließlich der zugehörigen Metadaten; sie sind im DMP zu beschreiben.
	Datenzugang Lizenzvorgaben	Die Daten müssen so abgelegt werden, dass sie uneingeschränkt wiederverwendet werden können (z. B. CC BY oder ähnliche offene Lizenzen).
	Acknowledgement, Zitierbarkeit	Hinterlegte Datensätze müssen über einen persistenten Identifikator (z. B. DOI) zitierbar sein. Wie bei Publikationen üblich, ist auch für Forschungsdaten (z. B. in den Metadaten) der FWF zu acknowledgen; auf folgende konsistente Nennung muss strikt geachtet werden: *Austrian Science Fund (FWF): Projektnummer*.
Projektende	Berichtspflicht	Die o. g. Aktivitäten und die Erfüllung der Policies müssen im Endbericht an den FWF nachgewiesen werden. Dies erfolgt durch Angabe der persistenten Identifikatoren (z. B. DOI), unter welchen die Forschungsdaten eingesehen und heruntergeladen werden können.
Monitoring	Der FWF führt jährlich ein Monitoring der Erfüllung der Open Access Policy durch und veröffentlicht die Ergebnisse; in der Excelliste wird als Publikationstyp auch „Research Data" abgedeckt.	
Support	– Beispiele für DMPs mittels Link auf die entsprechende Sammlung des Digital Curation Centers (DCC). – Beispiele für disziplinübergreifende Repositorien (konkret Zenodo[43], Dryad[44] oder Open Science Framework).[45] – Literaturverweise, etwa zur Lizenzauswahl und Datenzitierung. – Hinweise zu den FAIR Prinzipien (s. a. Standards), Science Europe's Practical Guide to the International Alignment of Research Data Management, Concordat on Open Research Data, Force 11 „Joint Declaration of data citation principles" und Verweise auf Re3Data sowie das CoreTrustSeal. – Persönliche Ansprechpartnerin.	

---

[43] S. https://zenodo.org.
[44] S. https://datadryad.org.
[45] S. https://osf.io/.

Tab. 3: Schweizerischer Nationalfonds zur Förderung der wissenschaftlichen Forschung (SNF)

Einleitende eigene Hinweise	Die „Open Research Data" Seite ist die übergeordnete Webseite zur u. g. Policy, hier sind Leitlinien und Reglemente, die Grundsatzerklärung des SNF zu Open Research Data, eine Zusammenfassung der FAIR-Daten-Prinzipien (samt weiterführender Literatur und Beispiele für Datenarchive), FAQs, News, Initiativen und Strategien sowie weiterführende Informationen, bspw. mit Links auf DCC Materialien, re3data, CoreTrustSeal usw. zu finden: http://www.snf.ch/de/derSnf/forschungspolitische_positionen/open_research_data/
Relevante Policy-Webseiten	„Beitragsreglement (BR) Artikel 47: Veröffentlichung und Zugänglichmachung der Forschungsresultate"
	„Allgemeines Ausführungsreglement (AR) zum Beitragsreglement Artikel 2.13 Sachkosten: Kosten für die Zugänglichmachung von Forschungsdaten (Open Research Data)"
	„Data Management Plan (DMP) – Leitlinien für Forschende"
URLs	http://www.snf.ch/de/foerderung/dokumente-downloads/Seiten/reglement-beitragsreglement.aspx#br_a_47
	http://www.snf.ch/de/foerderung/dokumente-downloads/Seiten/reglement-ausfuehrungsreglement.aspx#ar_a_2_13
	http://www.snf.ch/de/derSnf/forschungspolitische_positionen/open_research_data/Seiten/data-management-plan-dmp-leitlinien-fuer-forschende.aspx
Version/Datum	27.02.2015
	09.12.2015, geändert mit Beschluss des Forschungsrats vom 21.03.2017, in Kraft ab 01.04.2017
	ohne Datumsangabe
Gültigkeit seit	Für die meisten Förderinstrumente seit Oktober 2017. Es wird dazu aufgefordert, die Webseiten der Förderinstrumente zu konsultieren, ob ein DMP bei der Gesuchseingabe erforderlich ist.
Kontakt	ord(at)snf.ch.
Scope Daten	Der SNF erwartet von allen von ihm unterstützten Forschenden, dass sie zumindest alle mit einer Veröffentlichung zusammenhängenden, zur Reproduzierbarkeit nötigen Daten archivieren und teilen; weitere projektbezogene Daten können nach eigenem Ermessen geteilt werden.
Ausnahmen	Sollte aus rechtlichen, ethischen, urheberrechtlichen oder anderen Gründen (z. B. Vertragsklauseln) eine Teilung der Daten nicht oder nur teilweise möglich sein, ist das im DMP zu begründen und zu dokumentieren; die Angaben werden anschließend von der Geschäftsstelle des SNF geprüft. Der SNF kann die Antragsteller von den Pflichten befreien, wenn der Veröffentlichung rechtliche, ethische oder urheberrechtliche Gründe, Vertraulichkeitsklauseln o. ä. entgegenstehen. Entsprechende Verpflichtungen sind dem SNF vorgängig zur Genehmigung zu unterbreiten.

Standards	Daten, Metadaten	FAIR-Prinzipien[46]
Antragstellung	DMP-Verpflichtung	Ja, in den *meisten* Förderinstrumenten (s. o.).
	DMP-Fristen	Wenn Forschende ihren Antrag auf mySNF einreichen, werden sie aufgefordert, entsprechende Angaben zum Datenmanagement zu machen. In diesem Stadium gilt dieser DMP als Entwurf und wird *nicht* in die Evaluation des Gesuches einbezogen (s. DMP-Review). Ein definitiver DMP muss spätestens beim Abschluss eines Projektes vorliegen (s. Berichtspflicht).
	DMP-Sprache	Der DMP muss in der gleichen Sprache wie der Forschungsplan verfasst werden.
	DMP-Template oder -Tools	Ja (PDF).
	DMP-Inhalte	Der DMP soll der Planung des Lebenszyklus von Forschungsdaten dienen, ist damit langfristig angelegt und legt u. a. dar, wie die Daten produziert, erhoben, dokumentiert, veröffentlicht und archiviert werden sollten. Aufgrund fachspezifisch unterschiedlicher Praktiken und Standards kann er sich in seinem Inhalt unterscheiden. S. a. DMP-Template für relevante Fragenkategorien, Unterfragen und Hilfestellungen.
	DMP-Fachspezifika	Seitens SNF gibt es keine fachspezifischen Vorgaben, er verweist jedoch auf das Science Europe Guidance Document Presenting a Framework for Discipline-specific Research Data Management.[47]

---

46 Gem. Wilkinson et al. 2016.
47 Vgl. Science Europe 2018b.

	Kostendeckungsaspekte im DMP	Kosten für die Aufbereitung, Ablage und Zugänglichmachung von Forschungsdaten, die mit Beiträgen des SNF erhoben, beobachtet oder generiert wurden, sind bis zu max. 10 000 Schweizer Franken anrechnungsfähig, sofern sie in digitalen, wissenschaftlich anerkannten Datenrepositorien abgelegt werden, die die FAIR-Prinzipien erfüllen und nicht kommerziell ausgerichtet sind.
	DMP-Review	Der DMP wird nicht wissenschaftlich evaluiert und hat keinen Einfluss auf die Antragsbewertung. Ein vollständiger und plausibler DMP ist jedoch eine der Voraussetzungen damit ein bewilligtes Projekt gestartet werden kann. Fehlende oder ungenaue Aussagen müssen ggf. nachgereicht oder präzisiert werden.
Projektzeitraum	DMP-Aktualisierung	Der DMP kann während der gesamten Projektlaufdauer bearbeitet und sein Inhalt der Entwicklung des Projekts angepasst werden.
	Datenablage-Verpflichtung	Ja.
	Datenablage-Fristen	Der SNF empfiehlt Forschungsdaten in der Regel für eine Dauer von 10 Jahren zu archivieren.
	Daten-Repositorium	Digitale, wissenschaftlich anerkannte Repositorien, die die FAIR-Prinzipien erfüllen und nicht kommerziell ausgerichtet sind. Daten können *auch* in kommerziellen Datenarchiven abgelegt werden, jedoch sind dann nur Kosten für die Aufbereitung der Daten deckbar.
	Datenzugang Verpflichtung	Ja. *Mindestens* alle einer Veröffentlichung zugrundeliegenden Daten sollten dergestalt frei zugänglich gemacht werden („Open Research Data"), dass die Reproduzierbarkeit der publizierten Resultate gewährleistet sind (wenn für die Weiterverwendung spezifische Tools nötig sind, sollten diese idealerweise mit zur Verfügung gestellt oder zumindest dokumentiert werden).
	Datenzugang Fristen	Schnellstmöglich, spätestens zusammen mit der entsprechenden wissenschaftlichen Veröffentlichung.

	Optionale Ablage und Zugänglichmachung weiterer Daten	Der SNF empfiehlt, dass auch alle anderen Daten, die während der Forschungsarbeiten produziert werden, archiviert und zugänglich gemacht werden.
	Acknowledgement, Zitierbarkeit	Auf die Förderung durch den SNF ist hinzuweisen. Gemäß dem Verweis auf die FAIR-Prinzipien und DataCite sind zudem persistente Identifikatoren zu vergeben.
Projektende	Berichtspflicht	Die Forschenden sind dazu aufgefordert, den DMP bei Abschluss ihrer Forschungsarbeit zu aktualisieren. Diese aktualisierte Version wird zusammen mit dem wissenschaftlichen Schlussbericht geprüft. Die Geschäftsstelle des SNF behält sich hierbei vor, zusätzliche Informationen und/oder Ergänzungen zum Inhalt des DMP zu verlangen. Nach dieser Finalisierung wird der endgültige DMP in der P3-Datenbank des SNF veröffentlicht.
Weitere Vorgaben und Verpflichtungen	Der SNF kann die Beitragsempfängerinnen und -empfänger auch im Lauf der Abwicklung oder nach Beendigung des Forschungsvorhabens dazu verpflichten, erhobene Daten für die Sekundärforschung zur Verfügung zu stellen (vgl. Allgemeines Ausführungsreglement zum Beitragsreglement, Artikel 11.8 Daten für die Sekundärforschung http://www.snf.ch/de/foerderung/dokumente-downloads/Seiten/reglement-ausfuehrungsreglement.aspx#ar_a_11_8).	
Monitoring	Die Erfüllung der Grundsätze, welche im Beitragsreglement und der Open Research Data Policy festgehalten sind, wird vom SNF regelmäßig evaluiert.	
Sanktionen	Der SNF verhängt Sanktionen bei Verstößen gegen das Beitragsreglement (Beitragsreglement Artikel 42, 43).	
Support	– Beispiele für DMPs mittels Link auf die entsprechende Sammlung des Digital Curation Centers (DCC). – Beispiele für disziplinübergreifende Repositorien (konkret Dryad. EUDAT, Havard Dataverse oder Zenodo) und Leitlinien zur Auswahl von Repositorien. – Literaturverweise zu verschiedenen Initiativen, Standards, Studien sowie Anleitungen und Empfehlungen, bspw. Science Europe's Practical Guide to the International Alignment of Research Data Management, Concordat on Open Research Data, etc. – Verweise auf re3data, CoreTrustSeal, DataCite und FORCE11 sowie die dortigen Erläuterungen zu den FAIR-Daten-Prinzipien.	

3.2 EU-Förderer

Tab. 4: European Commission: Horizon 2020 Open Research Data Pilot (ORD Pilot)

Relevante Policy-Webseiten	„H2020 Programme AGA – Annotated Model Grant Agreement Article 29.3 Open access to research data"
	„H2020 Programme – Guidelines to the Rules on Open Access to Scientific Publications and Open Access to Research Data in Horizon 2020"
	„H2020 Programme – Guidelines on FAIR Data Management in Horizon 2020"
URLs	http://ec.europa.eu/research/participants/data/ref/h2020/grants_manual/amga/h2020-amga_en.pdf
	https://ec.europa.eu/research/participants/data/ref/h2020/grants_manual/hi/oa_pilot/h2020-hi-oa-pilot-guide_en.pdf
	https://ec.europa.eu/research/participants/data/ref/h2020/grants_manual/hi/oa_pilot/h2020-hi-oa-data-mgt_en.pdf
Version/Datum	Version 5.2, 26.06.2019
	Version 3.2, 21.03.2017
	Version 3.0, 26.07.2016
Gültigkeit seit	Der Open Research Data (ORD) Pilot wurde im 2014–16er Programm nur auf bestimmte Horizon 2020-Förderbereiche angewandt. In der überarbeiteten Version des Programms 2017 wurde der ORD Pilot auf alle Förderbereiche von Horizont 2020 ausgedehnt und ist nun allgemeiner Standard (mit Möglichkeit des Opt-outs, s. Ausnahmen).
Kontakt	Mehrere mögliche Ansprechpartner auf Seiten der Nationalen Kontaktstellen in Deutschland,[48] u. a. z. B. die Kooperationsstelle EU der Wissenschaftsorganisationen (KoWi)[49] oder das EU-Büro des BMBF.[50]
Scope Daten	Der Fokus liegt auf Forschungsdaten, die in *digitaler* Form vorliegen und die im Projekt entstehen oder nachgenutzt werden. Mit Forschungsdaten sind gesammelte oder generierte Informationen, Fakten bzw. Zahlen zur Prüfung, Validierung und als Grundlage für Überlegungen, Diskussionen oder Berechnungen gemeint (z. B. Statistiken, Ergebnisse von Experimenten, Messungen, Beobachtungen, die aus Feldarbeiten resultieren, Umfrageergebnisse oder Interviewaufzeichnungen). Dies inkludiert auch alle assoziierten und beschreibenden Metadaten.

---

[48] Vgl. European Commission 2019b.
[49] S. https://www.kowi.de.
[50] S. https://www.eubuero.de.

1.3 Förderpolitische Maßgaben

Ausnahmen	Ein Opt-out ist jederzeit möglich, d. h. sowohl in der Antrags- als auch Grant Agreement-Vorbereitungsphase und selbst nach Unterzeichnung des Grant Agreements. Als berechtigter Grund gilt z. B., wenn die Teilnahme mit einer Verpflichtung zum Schutz der Ergebnisse unvereinbar ist (z. B. wirtschaftliche oder industrielle Verwertung), mit Bestimmungen zum Schutz personenbezogener Daten oder sonstigen Erfordernissen der Vertraulichkeit, wenn das Projektziel durch die Teilnahme gefährdet wird oder wenn keine Forschungsdaten gem. o. g. Definition gesammelt bzw. generiert werden. Der ORD Pilot ist Standard für alle Förderbereiche von Horizon 2020, jedoch nicht für alle Instrumente: Ausnahmen sind hier „EJP co-fund actions" und „EJP co-fund prizes", „ERC proof of concept" Grants, „ERA-Net co-fund actions", die keine Daten produzieren und „SME instruments, phase 1".	
Standards	Daten, Metadaten	FAIR-Prinzipien,[51] RDA Metadata Standards Directory[52]
Antragstellung	DMP-Verpflichtung	Ja, bei Teilnahme am ORD Pilot. Bei einem Opt-out ist er nicht Pflicht, wird jedoch trotzdem empfohlen.
	DMP-Fristen	Bei Antragseinreichung ist noch *kein* kompletter DMP nötig, jedoch sollte auf das Datenmanagement kurz eingegangen werden (z. B. genutzte/angedachte Standards, welche Daten zugänglich gemacht werden, welche nicht und weshalb, wie die Daten gesichert und kuratiert werden, welche Kooperationen es beim Datenmanagement gibt) und die spätere DMP-Erstellung im Zeitplan sowie das Datenmanagement in der Budgetierung mitberücksichtigt werden. Bei Förderzusage muss innerhalb der ersten 6 Monate der Projektimplementierung eine erste Version des DMPs eingereicht werden.
	DMP-Sprache	i.d. R. Englisch

---

51 Vgl. FORCE11 2016 und Wilkinson et al. 2016.
52 Vgl. Research Data Alliance 2019.

	DMP-Template oder -Tools	Ja (Annex I von „H2020 Programme – Guidelines on FAIR Data Management in Horizon 2020"). Die EC weist zudem auf das DMP-Online-Tool[53] hin.
	DMP-Inhalte	Der DMP soll das Management von Daten während und nach dem Projekt beschreiben, u. a. welche Daten gesammelt, verarbeitet und/oder generiert werden, welche Methodologien und Standards eingesetzt bzw. beachtet werden, ob Daten FAIR aufbereitet, geteilt bzw. als „Open Data" frei zugänglich gemacht werden und wie die Daten kuratiert und gesichert werden. Hierbei ist das DMP-Template zu beachten.
	Kostendeckungsaspekte im DMP	Anfallende Kosten für den offenen Zugang zu Forschungsdaten sind innerhalb der kompletten Projektlaufzeit gemäß den Grant Agreement Konditionen förderfähig und erstattbar.
	DMP-Review	Die Teilnahme am ODR Pilot ist nicht Teil der Antragsbegutachtung, d. h. ein Opt-out würde nicht „bestraft" werden.
Projektzeitraum	DMP-Aktualisierung	Der DMP muss im Laufe des Projekts aktualisiert werden, sobald sich relevante Änderungen ergeben (z. B. neue Daten, Änderungen im Projektkonsortium, Entscheidung für eine Patentanmeldung o. ä.) sowie bei evtl. vorgesehenen periodischen Zwischenreviews und im finalen Endreview.

---

[53] Vgl. Digital Curation Centre 2020b.

	Datenablage-Verpflichtung	Ja. Es müssen insbesondere die zur Validierung notwendigen Forschungsdaten (inkl. Metadaten) *zu Publikationen* und die optional im DMP festgelegten weiteren Forschungsdaten (inkl. Metadaten) abgelegt und gesichert werden.
	Datenablage-Fristen	Forschungsdaten zu Publikationen so schnell wie möglich, idealerweise zeitgleich mit dem Deposit der jeweiligen Publikation; alle weiteren gem. den im DMP genannten Fristen.
	Daten-Repositorium	Präferiert werden (z. B. CoreTrustSeal[54]) zertifizierte Forschungsdatenrepositorien. Als Listungen bzw. Tools und Informationsquellen werden re3data, Databib,[55] EUDAT Collaborative Data Infrastructure,[56] Zenodo und OpenAIRE[57] genannt.
	Datenzugang Verpflichtung	Ja, bei Teilnahme am ORD Pilot frei zugänglich als „Open Data". Wenn für die Validierung der zugänglichgemachten Ergebnisse spezifische Informationen (z. B. Tools, spezielle Software, Analyseprotokolle) nötig sind, sollten diese idealerweise mit zur Verfügung gestellt oder zumindest dokumentiert werden.
	Datenzugang Fristen	Die Forschungsdaten müssen nicht sofort Open Access gestellt werden, sondern bei Forschungsdaten zu Publikationen so schnell wie möglich, bei allen weiteren Forschungsdaten gem. den im DMP genannten Embargofristen; diese sollten sich an den fachlichen Gewohnheiten orientieren.

---

54 S. https://www.coretrustseal.org.
55 S. http://databib.org.
56 S. https://eudat.eu/eudat-cdi.
57 S. https://www.openaire.eu.

Abweichende Regelungen	Wenn sich Forschungsdaten auf „Public Health Emergencies", also definierte Krisen im Bereich der öffentlichen Gesundheit beziehen (zuletzt z. B. beim Ausbruch von Ebola, Zika-Viren und COVID-19[58]), gibt es spezifische abweichende Regelungen: Der Scope der Daten umfasst dann alle generierten *qualitätskontrollierten* digitalen Forschungsdaten, die im Kontext des Notfalls relevant sind; es muss ein DMP idealerweise noch vor der Grant-Unterzeichnung abgeliefert werden und er muss festlegen, dass relevante Forschungsdaten innerhalb von 30 Tagen nach Generierung Open Access gestellt werden (alle weiteren Forschungsdaten so schnell wie möglich). In Ausnahmefällen, soweit mit der EC vereinbart, ist auch nur ein „restricted access" für spezifizierte Dritte möglich, diese müssen jedoch voll auf die Forschungsdaten zur Bewältigung des Notfalls zugreifen können, dürfen diese jedoch in keinen anderen Kontexten verwenden.
Datenzugang Lizenzvorgaben	Im Projekt müssen so früh wie möglich (lizenz-) rechtliche Abklärungen und Maßnahmen getroffen werden, um es Dritten zu ermöglichen, auf die Forschungsdaten zuzugreifen, diese zu analysieren, zu nutzen, zu reproduzieren und zu verbreiten. Hierzu werden Lizenzen wie CC BY oder CC0 empfohlen oder das EUDAT B2SHARE Tool[59] zur Auswahl entsprechend geeigneter Lizenzen.

---

[58] S. https://ec.europa.eu/info/funding-tenders/opportunities/portal/screen/opportunities/topic-details/sc1-phe-coronavirus-2020, Abschnitt „Topic conditions and documents", Nr. 7.
[59] S. https://b2share.eudat.eu.

	Acknowledgement, Zitierbarkeit	Daten sollten mittels persistenter Identifikatoren eindeutig zuordenbar sein (Verweis auf DataCite bzw. DOIs und ORCID). Ein Acknowledgement und eine Referenz auf das EU-Funding muss bei der Verbreitung aller Projektforschungsergebnisse (auch Datenpublikationen) mit aufgenommen werden.
Projektende	Berichtspflicht	Sofern es keine periodischen Reviews im Projekt gibt, muss der DMP spätestens zum finalen Review aktualisiert und im Report mit abgebildet werden.
Monitoring		Ein Monitoring findet während der gesamten Laufzeit von Horizon 2020 statt, um die Open Science Policy der EC im Bedarfsfall weiterentwickeln zu können.
Sanktionen		Es sind sowohl administrative (z. B. Ausschluss von Folgeanträgen für definierte Zeiträume) als auch finanzielle Sanktionen (z. B. Kürzungen, Rückforderungen) möglich.
Support		– Verweise auf gesammelte Materialien und Standards z. B. von FAIRsharing,[60] vom Digital Curation Centre,[61] der Research Data Alliance[62] und Science Europe.[63] – Für spezifische technische Supportservices wird auf OpenAIRE und EUDAT2020 verwiesen.

Tab. 5: European Research Council (ERC)

Einleitende eigene Hinweise	Die „Open Access"-Seite ist die übergeordnete Webseite zu den u. g. Policies, hier sind u. a. zusätzlich FAQs sowie relevante Verzeichnisse (re3data etc.), Policy-Tools (SHERPA/JULIET, ROARMAP[64] etc.) und Repositorien (z. B. Zenodo, Dryad, Figshare,[65] OpenAIRE) zu finden: https://erc.europa.eu/funding-and-grants/managing-project/open-access. In den fortfolgenden Zeilen werden nur ERC-Spezifika gelistet, für alle Informationen zum Horizon 2020 ORD Pilot siehe dort (vgl. Tab. 4).

---

60 S. https://fairsharing.org.
61 S. https://www.dcc.ac.uk/guidance/standards/metadata.
62 S. http://rd-alliance.github.io/metadata-directory.
63 S. https://www.scienceeurope.org/our-resources/practical-guide-to-the-international-alignment-of-research-data-management/.

Relevante Policy-Webseiten	„European Research Council (ERC) – Multi-Beneficiary Model Grant Agreement Article 29.3 Open access to research data"[66]	
	„Open Research Data and Data Management Plans. Information for ERC grantees by the ERC Scientific Council"	
	„European Research Council (ERC) – Guidelines on Implementation of Open Access to Scientific Publications and Research Data in projects supported by the European Research Council under Horizon 2020"	
URLs	http://ec.europa.eu/research/participants/data/ref/h2020/mga/erc/h2020-mga-erc-multi_en.pdf und http://ec.europa.eu/research/participants/data/ref/h2020/mga/erc/h2020-mga-erc-poc-multi_en.pdf	
	https://erc.europa.eu/sites/default/files/document/file/ERC_info_document-Open_Research_Data_and_Data_Management_Plans.pdf	
	http://ec.europa.eu/research/participants/data/ref/h2020/other/hi/oa-pilot/h2020-hi-erc-oa-guide_en.pdf	
Version/Datum	Version 5.0, 18.10.2017	
	Version 3.1, 03.07.2019	
	Version 1.1, 21.04.2017	
Gültigkeit seit	ERC-Mittelempfängerinnen und -empfänger können auf freiwilliger Basis seit dessen Bestehen dem Horizon 2020 ORD Pilot beitreten (mit Möglichkeit des Opt-outs), s. Tab. 4.	
Kontakt	erc-open-access(at)ec.europa.eu.	
Scope Daten	Der Fokus liegt auf Forschungsdaten, die in *digitaler* Form vorliegen und die im Projekt entstehen oder nachgenutzt werden. Dies inkludiert auch alle assoziierten und beschreibenden Metadaten.	
Ausnahmen	Die Teilnahme am Horizon 2020 ORD Pilot ist freiwillig. Ein Opt-out nach einer Entscheidung zur Teilnahme ist jederzeit möglich; im Gegensatz zu Horizon 2020-Mittelempfängerinnen und -empfängern ist die Nennung eines Opt-out-Grundes seitens ERC-Mittelempfängerinnen und -empfänger freiwillig.	
Standards	Daten, Metadaten	FAIR-Prinzipien,[67] bei Metadaten minimalst Dublin Core; für disziplinspezifische Standards siehe z. B. FAIR-sharing, RDA Metadata Standards Directory[68] und DCC Disciplinary Metadata.[69]

---

64 S. https://roarmap.eprints.org.
65 S. https://figshare.com.
66 Ergänzend sei in diesem Zusammenhang auch auf die Annotationen aus dem H2020 Programme AGA – Annotated Model Grant Agreement verwiesen, vgl. European Commission 2019a, 397.
67 Vgl. FORCE11 2016 und Wilkinson et al. 2016.
68 Vgl. Research Data Alliance 2019.

Antragstellung	DMP-Verpflichtung	Ja, bei Teilnahme am ORD Pilot.
	DMP-Fristen	Bei Antragseinreichung ist noch *kein* kompletter DMP nötig, jedoch sollte auf das Datenmanagement kurz eingegangen werden (z. B. genutzte/angedachte Standards, welche Daten zugänglich gemacht werden, welche nicht und weshalb, wie die Daten gesichert und kuratiert werden, welche Kooperationen es beim Datenmanagement gibt) und die spätere DMP-Erstellung im Zeitplan mitberücksichtigt werden. Bei Förderzusage muss innerhalb den ersten 6 Monaten der Projektimplementierung eine erste Version des DMPs eingereicht werden.
	DMP-Sprache	i. d. R. Englisch
	DMP-Template oder -Tools	Ja (Word und Open Document Format). Der ERC weist zudem auf das DMPonline tool[70] hin.
	DMP-Inhalte	Der DMP sollte Informationen zu den Datensets (z. B. wissenschaftlicher Fokus, technische Ansätze), Metadaten, Standards und Protokolle, persistenten Identifikatoren, die vorgesehene Datenkuratierung und -sicherung (z. B. Integritätssicherung, Zeitdauer der Sicherung etc.) sowie zur Zugänglichkeit der Daten gemäß den FAIR-Prinzipien liefern. Hierbei ist das DMP-Template zu beachten.

---

69 Vgl. Digital Curation Centre 2020a.
70 Vgl. Digital Curation Centre 2020b.

DMP-Fachspezifika		Das Dokument „Open Research Data and Data Management Plans. Information for ERC grantees by the ERC Scientific Council" gibt spezifische Informationen zu den Lebenswissenschaften, Geistes- und Sozialwissenschaften sowie Natur- und Ingenieurwissenschaften (z. B. Metadaten-/Datenstandards, Fachrepositorien, Fachdatenbanken, fachliche Infrastrukturen und Prozesse zur Datenaufbereitung und -speicherung) zur Beachtung im DMP und beim Datenmanagement.
Kostendeckungsaspekte im DMP		Der ERC deckt Aufwände für die Aufbereitung (z. B. Annotation) und das Ablegen von Daten. Dies kann sowohl Personal (z. B. Kosten eines Forschungsassistenten) als auch Kosten (z. B. eines kommerziellen Anbieters) umfassen. Kosten im Zusammenhang mit dem offenen Zugang zu Forschungsdaten („Open Data") sind unabhängig von der Teilnahme am ORD Pilot förderfähig, sofern die entsprechenden Bedingungen im Grant Agreement eingehalten werden; hierfür werden keine *zusätzlichen* Mittel bereitgestellt, sie sind Teil des Grants (die notwendigen Mittel sollten also dort bereits bedacht und mit beantragt werden).
DMP-Review		Die Teilnahme am ODR Pilot ist nicht Teil der Antragsbegutachtung, d. h. eine Nichtteilnahme oder ein Opt-out würde nicht „bestraft" werden.

Projektzeitraum	DMP-Aktualisierung	Der DMP muss im Laufe des Projekts aktualisiert werden, sobald sich relevante Änderungen ergeben (z. B. neue Daten, Änderungen im Projektkonsortium, Entscheidung für eine Patentanmeldung o. ä.) sowie bei evtl. vorgesehenen periodischen Zwischenreviews und im finalen Endreview.
	Datenablage-Verpflichtung	Ja. Es müssen insbesondere die zur Validierung notwendigen Forschungsdaten (inkl. Metadaten) *zu Publikationen* und die optional im DMP festgelegten weiteren Forschungsdaten (inkl. Metadaten und v. a. solche, die die Entwicklung des Projektes beeinflusst haben – auch negative Forschungsergebnisse können von Wert sein, sofern sie einen Erkenntniswert haben) abgelegt und gesichert werden.
	Datenablage-Fristen	Forschungsdaten zu Publikationen so schnell wie möglich, idealerweise zeitgleich mit dem Deposit der jeweiligen Publikation; alle weiteren gem. den im DMP genannten Fristen.
	Daten-Repositorium	Präferiert werden (z. B. CoreTrustSeal, Nestor seal,[71] ISO 16363) zertifizierte und nachhaltige Forschungsdatenrepositorien. Als Empfehlung für allgemeine Repositorien werden Zenodo, Dryad, Figshare, OSF, Havard Dataverse genannt. Für fachspezifische Repositorien werden ebenfalls Empfehlungen genannt (s. DMP-Fachspezifika). Zur Recherche und Auswahl werden darüber hinaus re3data und die EUDAT Collaborative Data Infrastructure empfohlen.

---

[71] S. https://www.langzeitarchivierung.de/Webs/nestor/EN/Zertifizierung/nestor_Siegel/siegel.html.

	Datenzugang Verpflichtung	Ja, bei Teilnahme am ORD Pilot frei zugänglich als „Open Data". Wenn für die Validierung der zugänglichgemachten Ergebnisse spezifische Informationen (z. B. Tools, spezielle Software, Analyseprotokolle) nötig sind, sollten diese idealerweise mit zur Verfügung gestellt oder zumindest dokumentiert werden. Es gilt der Grundsatz „as open as possible, as closed as necessary".
	Datenzugang Fristen	Die Forschungsdaten müssen nicht sofort Open Access gestellt werden, sondern bei Forschungsdaten zu Publikationen so schnell wie möglich, bei allen weiteren Forschungsdaten gem. den im DMP genannten Embargofristen; diese sollten sich an den fachlichen Gewohnheiten orientieren.
	Datenzugang Lizenzvorgaben	Es müssen Abklärungen und Maßnahmen getroffen werden, um es Dritten zu ermöglichen, auf die Forschungsdaten zuzugreifen, diese zu analysieren, zu nutzen, zu reproduzieren und zu verbreiten. Hierzu werden adäquate Lizenzen wie CC BY oder CC0 empfohlen oder das EUDAT B2SHARE Tool zur Auswahl entsprechend geeigneter Lizenzen.
	Acknowledgement, Zitierbarkeit	Daten sollten mittels persistenter Identifikatoren eindeutig zuordenbar sein (z. B. DOI). Ein Acknowledgement, eine Referenz auf das EU-Funding und, wo möglich, das ERC-Logo muss bei der Verbreitung aller Projektforschungsergebnisse (auch Datenpublikationen) mit aufgenommen werden.
Projektende	Berichtspflicht	Der DMP muss im Projektverlauf upgedatet und bis zum komplettiert werden.

Monitoring	Ein Monitoring findet statt. Zusätzlich wurden verschiedene Fallstudien zur Wirkungsanalyse anhand konkreter ERC-Projekte durchgeführt.[72]
Sanktionen	Es sind sowohl administrative (z. B. Ausschluss von Folgeanträgen für definierte Zeiträume) als auch finanzielle Sanktionen (z. B. Streichung nicht beantragbarer Kosten) möglich.
Support	Neben den genannten Verweisen werden auch Policies und Ressourcen anderer Förderer genannt, die bspw. bei der DMP-Formulierung helfen.

4 Hindernisse bei der Implementierung der Maßgaben

Die Fachliteratur[73] nennt primär drei übergeordnete Problematiken und Hindernisse bei der Implementierung der Maßgaben der Förderer, die teils wiederum zueinander in Wechselbeziehungen stehen.

Zum einen fehlt ein supportives Datenökosystem. So mangelt es an Anreizen sowohl bei den Förderern als auch bei den wissenschaftlichen Einrichtungen selbst; beispielsweise wird, wie in Abschnitt 3 zu sehen ist, das Datenmanagement bei der wissenschaftlichen Prüfung eines Projektantrags nur selten wohlwollend mit begutachtet, obgleich es lokale gute wissenschaftliche Praxis demonstriert. Die supportiven Rollen und Verantwortlichkeiten im Datenökosystem sind zudem größtenteils noch ungeklärt, so werden meist nur die Antragstellenden in Policies adressiert, die Aufgaben der wissenschaftlichen Einrichtungen und (z. B. Informations- sowie technischen) Infrastrukturen bleiben jedoch, mit Ausnahme bei der DFG weitgehend undefiniert. Gleichzeitig werden diese Infrastrukturen noch als mangelhaft angesehen, so müsste das praktische Datenmanagement z. B. besser in die täglichen Arbeitsprozesse und in den Forschungszyklus eingebettet werden. Auch im rechtlichen und ethischen Kontext gibt es noch Unsicherheiten und Unklarheiten, wodurch sich die Förderer in ihren Formulierungen teils sehr vorsichtig verhalten. Die Aufbereitung von Daten in qualitativ hochwertige, anonymisierte Datensätze birgt hohe Kosten, sei es in direkten Aufwänden, sei es in indirekten oder vorgelagerten Aufwänden,

---

72 Vgl. European Research Council 2020b.
73 Für die nachfolgend gesammelten Punkte vgl. z. B. Arbeitsgruppe Forschungsdaten 2018a, 5; Carr und Littler 2015, 314; Digital Science et al. 2018, 5; Franke et al. 2015, 2–4; Jones 2012b, 62–63; Lasthiotakis, Kretz, Andrew und Sá 2015, 971; LEARN Project 2017, 12–13; Nicol, Caruso und Archambault 2013 iii, 1, 8; Noorman et al. 2014, 6; Nosek et al. 2015, 1422–1423; Pampel und Bertelmann 2011, 56–57; Shearer 2015, 4, 32–35; Tsoukala et al. 2016, 3–7; Walport und Brest 2011, 537–539; Wykstra 2017, 5; Zuiderwijk und Janssen 2014, 23–28.

z. B. für die Entwicklung der hierfür notwendigen Expertisen. Auch hier sind teils die Rollen noch nicht geklärt, wer diese Ressourcen oder finanzielle Anreize hierfür zur Verfügung zu stellen hat.

Ein zweites großes Hindernis ist die fachliche Heterogenität von Daten, Standards und Best Practices, teils auch wie oben erwähnt von vorhandenen bzw. etablierten Infrastrukturen.

Als drittes Hindernis ist die vorhandene Datenkultur bzw. genauer gesagt im o. g. fachlichen Kontext die Datenkulturen (Plural) zu nennen. Dies betrifft zum einen die jeweiligen Bedenken und Affinitäten zum Datenteilen (z. B. im Gegensatz zu den vorherrschenden eigenen bzw. exklusiven Verwertungsinteressen), auch im Kontext von möglicherweise gängigen Kooperationen mit Wirtschaftspartnern. Und zum anderen natürlich auch, wechselseitig einhergehend mit der Datenkultur, die Erfahrungen und heterogenen, teils auch durchaus mangelnden Kompetenzen beim Datenmanagement. Entsprechend fordern manche Expertinnen und Experten, dass sich Förderer besser als bisher mit dem nötigen Change-Management und Kulturwechsel beschäftigen und dies sowohl fokussieren als auch adressieren sollten.[74] Dies könnte auch eine „Compliance-Kultur" verhindern, in dem Mittelempfänger nur minimal die Maßgaben der Förderer erfüllen, sich aber darüber hinaus (weiterhin) nicht für ein angemessenes Datenmanagement im Sinne einer guten wissenschaftlichen Praxis engagieren; eine mögliche Maßnahme wäre hierbei, den DMP als dynamisches, regelmäßig im Projekt zu aktualisierendes und abschließend begutachtetes und zu veröffentlichendes Dokument zu etablieren und einzufordern.[75]

Aus der Analyse der Maßgaben der Förderer in Abschnitt 3 kann zudem noch konstatiert werden, dass notwendige Informationen teils relativ „verstreut", z. B. in FAQs oder generell gesagt in mehreren Dokumenten zu finden und nicht immer hinreichend trennscharf genug definiert sind (z. B. „datenintensive" oder „alle signifikanten Forschungsergebnisse […] mit klarem Wert für andere"; teils auch, ob Zugänglichkeit bzw. Datenteilung die freie Zugänglichkeit i. S. v. „Open Data" oder ggf. auch „restricted access" umfasst), insbesondere wenn diese Informationen ausschlaggebend für etwaige Verpflichtungen sind.

Unklar bleibt abschließend auch, wie die Umsetzung der Ziele und Motive der Förderer und deren Verpflichtungen und Empfehlungen in der Praxis *konkret* kontrolliert bzw. gemonitort werden[76] und in welchem Umfang bzw. beschriebenen Pro-

---

[74] Vgl. Neylon 2017, 3, 16.
[75] Vgl. Neylon 2017, 1–2, 13; Pampel und Bertelmann 2011, 57; Rylance et al. 2016, 14.
[76] Projektaussagen und Fristen könnten bspw. strukturiert beim Förderer gespeichert und zumindest stichpunktartig bei Fristerreichung kontrolliert werden; dies wäre insbesondere über längere Zeiträume hinweg bedeutsam (z. B. bei einer empfohlenen Datenspeicherung über 10 Jahre), i. S. v. ob Datenarchive, Repositorien und DOI-Registrierungsstellen die Versprechen von Persistenz und Langzeitverfügbarkeit erfüllen und seitens Förderer fortan empfohlen werden können.

zessen bei einer Nichtumsetzung Sanktionen erfolgen oder vorab zunächst Nachbesserungen eingefordert werden oder ähnliches.

Fazit

Die EU setzte mit dem Horizon 2020 Open Research Data Pilot (ORD Pilot) erste *verbindliche* Impulse für Forschungsdatenmanagement in den DACH-Ländern,[77] was Auswirkungen auf die Förderer hierzulande hatte (s. Abschnitt 2).

Die DFG geht derzeit die Herausforderungen im supportiven Datenökosystem und bei der fachlichen Heterogenität auf mehreren Ansatzebenen an, indem Verantwortlichkeiten z. B. nicht nur an die Antragstellenden, sondern auch an deren Einrichtungen und generell an die Fachcommunities adressiert werden. So werden Fächer, Fachgesellschaften und Communities dazu aufgefordert, Regularien unter Einbindung der DFG-Fachkollegien zu erarbeiten.[78] Zu bemängeln ist jedoch die relativ unübersichtliche Ablage einer Vielzahl von Dokumente, Appelle und Empfehlungen, die von Antragstellenden erst langwierig gesichtet und auf verpflichtende sowie empfohlene Maßgaben hin durchgearbeitet werden müssen. Teils merkt man auch eine „additive" Forcierung der Verbindlichkeit mancher Aspekte seitens DFG, was – bei gleichzeitiger Ablage und Präsentation all dieser Dokumente – Verwirrung bei deren Sichtung verursachen könnte.

In der Praxis ist die FWF-Policy in Österreich für die Antragstellenden am einfachsten verständlich und anwendbar. Der FWF schafft es, auf zwei Seiten alles Relevante so knapp und präzise wie möglich zusammenzufassen und abzubilden.

Beim SNF wird das im Forschungsalltag zu verankernde projektbegleitende und -überdauernde Datenmanagement augenscheinlich am besten implementiert, indem z. B. nicht nur wie beim FWF – die DFG verzichtet darauf – ein dynamischer, regelmäßig zu aktualisierender DMP verlangt wird, sondern dieser zum Projektende geprüft und in der Datenbank des SNF veröffentlicht wird. Darüber hinaus kann die bzw. der Antragstellende auch nach Projektende noch dazu verpflichtet werden, erhobene Daten für die Sekundärforschung zur Verfügung zu stellen.

Wie sich abschließend zusammenfassen lässt, sollte fördererseitig möglichst ganzheitlich „berücksichtigt werden, dass die Herausforderung weniger in der Verabschiedung einer Policy als vielmehr in der Umsetzung einer Policy liegt".[79] Soll heißen, wichtig wären deren anwendernahe Formulierung, die fachnahe Umsetz-

---

[77] Förderer in anderen Ländern besitzen jedoch deutlich längere Erfahrungen mit entsprechenden Policies. Von den in Abschnitt 4 untersuchten Förderern haben der Wellcome Trust und NIH als erste Maßgaben postuliert, siehe auch Kriesberg et al. 2017, 3; Wykstra 2017, 4.
[78] Vgl. Deutsche Forschungsgemeinschaft 2020b.
[79] Pampel und Bertelmann 2011, 57.

barkeit und auch die Kontrollierbarkeit, anhand der gesetzten Ziele und Maßgaben und unter Berücksichtigung der landesspezifischen sowie, bei fachlichen Förderern, fachlichen Hindernisse und Herausforderungen (s. Abschnitt 4).

Literatur

Letztes Abrufdatum der Internet-Dokumente ist der 15.11.2020.

Albornoz, Denisse, Maggie Huang, Issra M. Martin, Maria Mateus, Aicha Y. Touré und Leslie Chan. 2018. „Framing Power: Tracing Key Discourses in Open Science Policies." In *22nd International Conference on Electronic Publishing*. Marseille: OpenEdition Press. doi:10.4000/proceedings.elpub.2018.23.

Arbeitsgruppe Forschungsdaten. 2018. „Forschungsdatenmanagement. Eine Handreichung." doi:10.2312/allianzoa.029.

Bergische Universität Wuppertal. n.d. „Tipps zur Tool-Auswahl." https://www.fdm.uni-wuppertal.de/de/datenmanagementplan/tipps-zur-tool-auswahl.html.

Bundesministerium des Innern, für Bau und Heimat. 2014. „Nationaler Aktionsplan der Bundesregierung zur Umsetzung der Open-Data-Charta der G8." https://www.bmi.bund.de/SharedDocs/downloads/DE/publikationen/themen/moderne-verwaltung/aktionsplan-open-data.pdf?__blob=publicationFile&v=3.

Bundesministerium des Innern, für Bau und Heimat. 2018. „Open Data." https://www.bmi.bund.de/DE/themen/moderne-verwaltung/open-government/open-data/open-data-node.html.

Bundesministerium für Bildung und Forschung. 2018. „Open Data." https://www.bmbf.de/de/open-data-6547.html.

Bundesverband Deutscher Stiftungen. 2019. „Liste der größten gemeinwohlorientierten Stiftungen." https://www.stiftungen.org/de/stiftungen/zahlen-und-daten/liste-der-groessten-stiftungen.html.

Carr, David und Katherine Littler. 2015. „Sharing Research Data to Improve Public Health: A Funder Perspective." *Journal of empirical research on human research ethics: JERHRE* 10 (3): 314–316. doi:10.1177/1556264615593485.

Deutsche Forschungsgemeinschaft. 2009. „Empfehlungen zur gesicherten Aufbewahrung und Bereitstellung digitaler Forschungsprimärdaten." https://www.dfg.de/download/pdf/foerderung/programme/lis/ua_inf_empfehlungen_200901.pdf.

Deutsche Forschungsgemeinschaft, Hg. 2013. *Sicherung Guter Wissenschaftlicher Praxis*. Weinheim: Wiley-VCH.

Deutsche Forschungsgemeinschaft. 2015. „Leitlinien zum Umgang mit Forschungsdaten." https://www.dfg.de/download/pdf/foerderung/antragstellung/forschungsdaten/richtlinien_forschungsdaten.pdf.

Deutsche Forschungsgemeinschaft. 2019. „Leitlinien zur Sicherung guter wissenschaftlicher Praxis: Kodex." https://www.dfg.de/download/pdf/foerderung/rechtliche_rahmenbedingungen/gute_wissenschaftliche_praxis/kodex_gwp.pdf.

Deutsche Forschungsgemeinschaft. 2020a. „Gute wissenschaftliche Praxis: ‚Leitlinien zur Sicherung guter wissenschaftlicher Praxis'." https://www.dfg.de/foerderung/grundlagen_rahmenbedingungen/gwp/.

Deutsche Forschungsgemeinschaft. 2020b. „Umgang mit Forschungsdaten: DFG-Leitlinien zum Umgang mit Forschungsdaten." https://www.dfg.de/foerderung/antrag_gutachter_gremien/antragstellende/nachnutzung_forschungsdaten/.
Deutscher Bibliotheksverband e. V. 2018. „Wissenschaftliche Bibliotheken 2025: beschlossen von der Sektion 4 „Wissenschaftliche Universalbibliotheken" im Deutschen Bibliotheksverband e. V. (dbv) im Januar 2018." https://www.bibliotheksverband.de/fileadmin/user_upload/Sektionen/sektion4/Publikationen/WB2025_Endfassung_endg.pdf.
Digital Curation Centre. 2020a. „Disciplinary Metadata." https://www.dcc.ac.uk/guidance/standards/metadata.
Digital Curation Centre. 2020b. „DMPonline." https://dmponline.dcc.ac.uk/.
Digital Curation Centre. 2020c. „Policy tools and guidance." https://www.dcc.ac.uk/guidance/policy/policy-tools-and-guidance.
Digital Science, Mark Hahnel, Briony Fane, Jon Treadway, Grace Baynes, Ross Wilkinson, Barend Mons et al. 2018. „The State of Open Data Report 2018." doi:10.6084/m9.figshare.7195058.v2.
European Commission. 2016. „H2020 Programme: Guidelines on FAIR Data Management in Horizon 2020." Version 3.0 26 July 2016. http://ec.europa.eu/research/participants/data/ref/h2020/grants_manual/hi/oa_pilot/h2020-hi-oa-data-mgt_en.pdf.
European Commission. 2017. „H2020 Programme: Guidelines to the Rules on Open Access to Scientific Publications and Open Access to Research Data in Horizon 2020." http://ec.europa.eu/research/participants/data/ref/h2020/grants_manual/hi/oa_pilot/h2020-hi-oa-pilot-guide_en.pdf. Version 3.2 21 March 2017.
European Commission. 2019a. „H2020 Programme: AGA – Annotated Model Grant Agreement." Version 5.2 26 June 2019. https://ec.europa.eu/research/participants/data/ref/h2020/grants_manual/amga/h2020-amga_en.pdf.
European Commission. 2019b. „National Contact Points for Horizon 2020." https://ec.europa.eu/info/funding-tenders/opportunities/portal/screen/support/ncp.
European Research Council. 2017a. „Guidelines on Implementation of Open Access to Scientific Publications and Research Data in projects supported by the European Research Council under Horizon 2020." Version 1.1 21 April 2017. http://ec.europa.eu/research/participants/data/ref/h2020/other/hi/oa-pilot/h2020-hi-erc-oa-guide_en.pdf.
European Research Council. 2017b. „Multi-Beneficiary Model Grant Agreement: ERC Proof of Concept (H2020 ERC MGA PoC – Multi). Version 5.0 18 October 2017." http://ec.europa.eu/research/participants/data/ref/h2020/mga/erc/h2020-mga-erc-poc-multi_en.pdf.
European Research Council. 2017c. „Multi-Beneficiary Model Grant Agreement: ERC Starting Grants, Consolidator Grants, Advanced Grants and Synergy Grants (H2020 ERC MGA – Multi). Version 5.0 18 October 2017." http://ec.europa.eu/research/participants/data/ref/h2020/mga/erc/h2020-mga-erc-multi_en.pdf.
European Research Council. 2019. „Open Research Data and Data Management Plans: Information for ERC grantees by the ERC Scientific Council." Version 3.1 3 July 2019. https://erc.europa.eu/sites/default/files/document/file/ERC_info_document-Open_Research_Data_and_Data_Management_Plans.pdf.
European Research Council. 2020a. „Open Access." https://erc.europa.eu/funding-and-grants/managing-project/open-access.
European Research Council. 2020b. „Impact analysis and policy support." https://erc.europa.eu/about-erc/impact-analysis-and-policy-support.
FAIRsharing. 2020. „FAIRsharing policies: A catalogue of data preservation, management and sharing policies from international funding agencies, regulators and journals." https://fairsharing.org/policies/.

fdm-bayern.org. 2020. „Policies von Förderorganisationen." https://www.fdm-bayern.org/policies/policies-von-foerderorganisationen/.

Fonds zur Förderung der wissenschaftlichen Forschung. 2020a. „Forschungsdatenmanagement." https://www.fwf.ac.at/de/forschungsfoerderung/open-access-policy/forschungsdatenmanagement/.

Fonds zur Förderung der wissenschaftlichen Forschung. 2020b. „Open Access für Forschungsdaten." https://www.fwf.ac.at/de/forschungsfoerderung/open-access-policy/open-access-fuer-forschungsdaten/.

FORCE11. 2016. „The FAIR Data Principles." https://www.force11.org/group/fairgroup/fairprinciples.

Franke, Michael, Stefan Heinzel, Reiner Mauer, Janna Neumann, Heike Neuroth, Hans Pfeiffenberger, Henriette Senst et al. 2015. „Positionspapier „Research data at your fingertips" der Arbeitsgruppe Forschungsdaten." doi:10.2312/allianzfd.001.

G8-Staaten. 2013. „G8 Open Data Charter and Technical Annex." https://www.gov.uk/government/publications/open-data-charter/g8-open-data-charter-and-technical-annex.

Hrynaszkiewicz, Iain, Aliaksandr Birukou, Mathias Astell, Sowmya Swaminathan, Amye Kenall und Varsha Khodiyar. 2017. „Standardising and Harmonising Research Data Policy in Scholary Publishing." *IJDC* 12 (1): 65–71. doi:10.2218/ijdc.v12i1.531.

Jones, Sarah. 2012a. „Developments in Research Funder Data Policy." *IJDC* 7 (1): 114–125. doi:10.2218/ijdc.v7i1.219.

Jones, Sarah. 2012b. „Research data policies: Principles, requirements and trends." *Managing research data*, 47–66. https://ebookcentral.proquest.com/lib/erlangen/detail.action?docID=1167423#.

Kiley, Robert, Tony Peatfield, Jennifer Hansen und Fiona Reddington. 2017. „Data Sharing from Clinical Trials – a Research Funder's Perspective." *The New England journal of medicine* 377 (20): 1990–1992. https://www.nejm.org/doi/full/10.1056/NEJMsb1708278.

Kipphut-Smith, Shannon, Michael Boock, Kimberly Chapman und Michaela Willi Hooper. 2018. „Measuring Open Access Policy Compliance: Results of a Survey." *Journal of Librarianship and Scholarly Communication* 6 (1): eP2247. doi:10.7710/2162-3309.2247.

Kriesberg, Adam, Kerry Huller, Ricardo Punzalan und Cynthia Parr. 2017. „An Analysis of Federal Policy on Public Access to Scientific Research Data." *CODATA* 16 (27): 1–13. doi:10.5334/dsj-2017-027.

Larivière, Vincent und Cassidy R. Sugimoto. 2018. „Do Authors Comply When Funders Enforce Open Access to Research?" *Nature* 562 (7728): 483–486. doi:10.1038/d41586-018-07101-w.

Lasthiotakis, Helen, Andrew Kretz und Creso Sá. 2015. „Open science strategies in research policies: A comparative exploration of Canada, the US and the UK." *Policy Futures in Education* 13 (8): 968–989. doi:10.1177/1478210315579983.

LEARN Project. 2017. „LEARN Toolkit of Best Practice for Research Data Management." doi:10.14324/000.learn.00.

Neylon, Cameron. 2017. „Compliance Culture or Culture Change? The role of funders in improving data management and sharing practice amongst researchers." *RIO* 3:e21705. doi:10.3897/rio.3.e21705.

Nicol, Aurore, Julie Caruso und Éric Archambault. 2013. „Open data access policies and strategies in the European research area and beyond." http://www.science-metrix.com/pdf/SM_EC_OA_Data.pdf.

Noorman, Merel, Vasso Kalaitzi, Marina Angelaki, Victoria Tsoukala, Peter Linde, Throdis Sveinsdottir, Lada Price und Bridgette Wessels. 2014. „Institutional Barriers and Good Practice Solutions." doi:10.5281/zenodo.1297493.

Nosek, B. A., G. Alter, G. C. Banks, D. Borsboom, S. D. Bowman, S. J. Breckler, S. Buck et al. 2015. „Promoting an Open Research Culture." *Science* 348 (6242): 1422–1425. doi:10.1126/science.aab2374.
OECD. 2004. „Declaration on Access to Research Data from Public Funding." https://legalinstruments.oecd.org/en/instruments/157.
OECD. 2007. *OECD Principles and Guidelines for Access to Research Data from Public Funding:* OECD Publishing. doi:10.1787/9789264034020-en-fr.
Open Data Charter. 2015. „International Open Data Charter." http://opendatacharter.net/wp-content/uploads/2015/10/opendatacharter-charter_F.pdf.
Pampel, Heinz und Roland Bertelmann. 2011. „Data Policies im Spannungsfeld zwischen Empfehlung und Verpflichtung." In *Handbuch Forschungsdatenmanagement*, hg. v. Stephan Büttner, Hans-Christoph Hobohm und Lars Müller, 49–62. Bad Honnef: Bock u. Herchen. https://nbn-resolving.org/urn:nbn:de:kobv:525-opus-2287.
Picarra, Mafalda. 2015. „Monitoring compliance with open access policies." http://www.pasteur4oa.eu/sites/pasteur4oa/files/resource/Brief_Monitoring%20compliance%20with%20OA%20policies_0.pdf.
Putnings, Markus. 2017. „Im Netz der Policies: Beachtung von und Bewusstsein für verschiedenste Policies bei Forschungsprojekten." *Wissenschaftsmanagement* 23 (1): 34–37. https://www.wissenschaftsmanagement.de/dateien/dateien/schwerpunkt/downloaddateien/wim_2017_01_markus_putnings_im_netz_der_policies.pdf.
Research Data Alliance. 2019. „Metadata Standards Directory Working Group." http://rd-alliance.github.io/metadata-directory/.
Rylance, Rick, Duncan Wingham, Nick Wright, Rachel Bruce, William Hammonds, Jamie Arrowsmith, Ben Johnson et al. 2016. „Concordat on Open Research Data.". https://www.ukri.org/wp-content/uploads/2020/10/UKRI-020920-ConcordatonOpenResearchData.pdf.
Sa, Creso M., Andrew Kretz und Kristjan Sigurdson. 2013. „Accountability, performance assessment, and evaluation: Policy pressures and responses from research councils." *Research Evaluation* 168 (3): 1. doi:10.1093/reseval/rvs041.
Schweizerischer Nationalfonds. 2015. „Beitragsreglement: Reglement des Schweizerischen Nationalfonds über die Gewährung von Beiträgen. Artikel 47: Veröffentlichung und Zugänglichmachung der Forschungsresultate." http://www.snf.ch/de/foerderung/dokumente-downloads/Seiten/reglement-beitragsreglement.aspx#br_a_47.
Schweizerischer Nationalfonds. 2017a. „Allgemeines Ausführungsreglement zum Beitragsreglement vom 9. Dezember 2015. 2.13 Sachkosten: Kosten für die Zugänglichmachung von Forschungsdaten (Open Research Data)." http://www.snf.ch/de/foerderung/dokumente-downloads/Seiten/reglement-ausfuehrungsreglement.aspx#ar_a_2_13.
Schweizerischer Nationalfonds. 2017b. „Data Management Plan – mySNF Formular." http://www.snf.ch/SiteCollectionDocuments/DMP_content_mySNF-form_de.pdf.
Schweizerischer Nationalfonds. 2020a. „Data Management Plan (DMP) – Leitlinien für Forschende." http://www.snf.ch/de/derSnf/forschungspolitische_positionen/open_research_data/Seiten/data-management-plan-dmp-leitlinien-fuer-forschende.aspx.
Schweizerischer Nationalfonds. 2020b. „Open Research Data." http://www.snf.ch/de/derSnf/forschungspolitische_positionen/open_research_data/Seiten/default.aspx.
Science Europe. 2018a. „Practical Guide to the International Alignment of Research Data Management." https://www.scienceeurope.org/media/jezkhnoo/se_rdm_practical_guide_final.pdf.
Science Europe. 2018b. „Science Europe Guidance Document. Presenting a Framework for Discipline-specific Research Data Management." http://www.snf.ch/SiteCollectionDocuments/science_europe_guidance-document.pdf.

Shearer, Kathleen. 2015. „Comprehensive Brief on Research Data Management Policies." https://portagenetwork.ca/wp-content/uploads/2016/03/Comprehensive-Brief-on-Research-Data-Management-Policies-2015.pdf.

SpringerNature. 2019. „Research Data Support for Wellcome researchers." https://www.springernature.com/gp/campaign/Wellcome-RDS-Pilot.

Tananbaum, Greg. 2016. „Implementing an Open Data Policy: A Primer for Research Funders." https://sparcopen.org/wp-content/uploads/2016/01/sparc-open-data-primer-final.pdf.

Tsoukala, Victoria, Marina Angelaki, Vasso Kalaitzi, Bridgette Wessels, Lada Price, Mark J. Taylor, Rod Smallwood et al. 2016. „Recode: Policy Recommendations For Open Access To Research Data." https://zenodo.org/record/50863/files/recode_guideline_en_web_version_full_FINAL.pdf?download=1.

VolkswagenStiftung. 2018. „Information Open Access – Open Data – Open Source." https://www.volkswagenstiftung.de/sites/default/files/downloads/OpenAccessOpenDataOpenSource-Hinweise_10_2018.pdf.

Walport, Mark und Paul Brest. 2011. „Sharing research data to improve public health." *The Lancet* 377 (9765): 537–539. doi:10.1016/S0140-6736(10)62234-9.

Wilkinson, Mark D., Michel Dumontier, I. J. J. Aalbersberg, Gabrielle Appleton, Myles Axton, Arie Baak, Niklas Blomberg et al. 2016. „The FAIR Guiding Principles for Scientific Data Management and Stewardship." *Scientific data* 3:160018. doi:10.1038/sdata.2016.18.

Wykstra, Stephanie. 2017. „Funder Data-Sharing Policies: Overview and Recommendations." doi:10.6084/m9.figshare.5395456.v2.

Zuiderwijk, Anneke, Mila Gascó, Peter Parycek und Marijn Janssen. 2014. „Special Issue on Transparency and Open Data Policies: Guest Editors' Introduction." *J. theor. appl. electron. commer. res.* 9 (3): i–ix. doi:10.4067/S0718-18762014000300001.

Zuiderwijk, Anneke und Marijn Janssen. 2014. „Open data policies, their implementation and impact: A framework for comparison." *Government Information Quarterly* 31 (1): 17–29. doi:10.1016/j.giq.2013.04.003.

Anne Lauber-Rönsberg
1.4 Rechtliche Aspekte des Forschungsdatenmanagements

Abstract: Der Beitrag stellt die für den Umgang mit und die Veröffentlichung von Forschungsdaten relevanten rechtlichen Rahmenbedingungen dar. Hierbei wird insbesondere auf das Urheberrecht, die Regelungen der guten wissenschaftlichen Praxis, das Dienst- und Arbeitsrecht sowie das Datenschutzrecht eingegangen.

Einleitung

Ziel der rechtlichen Rahmenbedingungen ist es, einen Ausgleich zwischen den betroffenen Interessen zu schaffen. Betroffen sind zum einen die durch das Grundrecht der Forschungsfreiheit (Art. 5 Abs. 3 GG[1]) geschützten Wissenschaftlerinnen und Wissenschaftler – sowohl diejenigen, die Forschungsdaten erheben, als auch diejenigen, die an einer Nachnutzung interessiert sind, – und die ebenfalls durch Art. 5 Abs. 3 GG geschützten Forschungseinrichtungen. Zu nennen sind des Weiteren die in ihrem Recht auf Datenschutz berührten Probandinnen und Probanden sowie weitere Unternehmen/Institutionen, die z. B. Daten für Forschungszwecke zur Verfügung stellen. Aus rechtlicher Perspektive stellen sich beim Umgang mit Forschungsdaten daher zwei grundlegende Leitfragen:

Zum ersten ist die Frage zu beantworten, wem die Forschungsdaten zuzuordnen sind, wem also die Entscheidungsbefugnis darüber zusteht, ob, zu welchem Zeitpunkt und in welcher Form eine Veröffentlichung der Forschungsdaten erfolgt und in welcher Weise die Daten durch Dritte „nachgenutzt" werden dürfen, und wem die Urheberschaft bzw. Autorschaft zukommt. Einschlägig sind hierfür neben dem Recht des geistigen Eigentums, insbesondere dem Urheberrecht, auch die Regelungen der guten wissenschaftlichen Praxis sowie das Arbeits- und Dienstrecht.[2]

Zum zweiten stellt sich die Frage, welche rechtlichen Grenzen bei dem Umgang mit Forschungsdaten zu beachten sind.[3] Einschränkungen können sich u. a. aus Urheberrechten Dritter, vertraglichen Vereinbarungen sowie insbesondere dem Datenschutzrecht[4] ergeben.

---

[1] Der Text des Grundgesetzes (GG) kann unter https://www.gesetze-im-internet.de/gg abgerufen werden. Letztes Abrufdatum der Internet-Dokumente ist der 15.11.2020.
[2] S. Abschnitt 1 dieses Beitrags.
[3] S. Abschnitt 2 dieses Beitrags.
[4] S. Abschnitt 3 dieses Beitrags.

1 Zuordnung von Forschungsdaten

1.1 Urheber- und Leistungsschutzrechte

Zwar sind Informationen als solche – im Gegensatz zu ihrer konkreten Darstellung – einem urheberrechtlichen Schutz nicht zugänglich.[5] Das gleiche gilt für Thesen oder Lehrmeinungen, die ebenfalls nicht urheberrechtlich schutzfähig sind, so dass sie durch das Urheberrecht nicht monopolisiert werden, damit eine freie wissenschaftliche Diskussion möglich ist.[6]

Schutzvoraussetzungen

In ihrer konkreten Darstellung können Forschungsdaten – wie z. B. Videos, Fotos, Texte, Fragebögen, Software etc. – aber durchaus durch Urheber- oder Leistungsschutzrechte geschützt sein. Nach dem nicht abschließenden Werkartenkatalog des § 2 Abs. 1 UrhG kommt ein urheberrechtlicher Schutz z. B. für Texte, Fotos, Filme, technische Zeichnungen und Landkarten sowie Sammel- und Datenbankwerke (§ 4 UrhG) in Betracht, sofern diese eine „persönliche geistige Schöpfung" sind (§ 2 Abs. 2 UrhG). Hierfür muss eine Leistung insbesondere Individualität aufweisen. Es darf sich somit zum einen nicht lediglich um eine rein handwerkliche, routinemäßige Leistung handeln und zum anderen darf die Gestaltung nicht durch Sachzwänge oder fachwissenschaftliche Gepflogenheiten vorgegeben sein, sondern es muss ein Gestaltungsspielraum der Wissenschaftlerin bzw. des Wissenschaftlers bestanden haben. Ein auf eine möglichst naturgetreue Abbildung abzielendes Dokumentationsfoto ist daher in der Regel nicht durch ein *Urheberrecht* geschützt; in der Regel wird an Fotos aber ein sog. *Leistungsschutzrecht* bestehen.

Denn auch unterhalb der urheberrechtlichen Schutzschwelle rangierende wissenschaftliche, organisatorische und technische Leistungen können durch solche Leistungsschutzrechte, auch als verwandte Schutzrechte bezeichnet, geschützt sein. Im Kontext des Forschungsdatenmanagements (FDM) sind insbesondere die Leistungsschutzrechte für Fotos und andere Lichtbilder, z. B. Aufnahmen im Rahmen medizinischer Bildgebungsverfahren wie Röntgen- oder MRT-Aufnahmen (§ 72 UrhG), Filme (§ 95 UrhG), Tonträger (§ 85 UrhG), Datenbanken (§ 87a UrhG) und wissenschaftliche Ausgaben (§ 70 UrhG) relevant, die die damit verbundene organisatorische Leistung bzw. im Falle des Datenbankrechts die hierfür erforderliche Investition schützen sollen. So wird z. B. ein Datensatz von Messwerten aus Sensordaten

---

5 Vgl. Hartmann 2013, 202.
6 Vgl. BGH 1981, 353 – Staatsexamensarbeit.

zwar nicht durch ein Urheberrecht geschützt, da Informationen als solche nicht urheberrechtlich schutzfähig sind; in der Regel wird hieran aber ein Leistungsschutzrecht in Form eines Datenbankrechts (§ 87a UrhG) bestehen.

Zusammenfassend ist daher festzustellen, dass es sich insbesondere bei größeren Datenbeständen, z. B. aus dem MINT-Bereich, regelmäßig um ein Konglomerat aus geschützten und nicht geschützten Daten handelt, was zu einer erheblichen Komplexität der rechtlichen Beurteilung führen kann. In Zweifelsfällen sollte daher von einer grundsätzlichen Schutzfähigkeit der Forschungsdaten ausgegangen werden. Metadaten werden die urheberrechtlichen Schutzvoraussetzungen allerdings in der Regel nicht erfüllen, da es sich häufig nur um relativ kurze Beschreibungen handelt. Eine Schutzfähigkeit kommt aber ausnahmsweise in Betracht, wenn die Metadaten z. B. längere Texte, wie eine Bildbeschreibung, oder Fotos enthalten; zudem kann an einer Metadaten-Datenbank ein Datenbankrecht bestehen (§ 87a UrhG).[7]

Rechtsinhaberschaft

Bei urheberrechtlich geschützten Forschungsdaten ist Inhaber bzw. Inhaberin des Urheberrechts, wer die individuelle und damit urheberrechtlich schutzfähige Leistung erbracht hat (§ 7 UrhG). Dies gilt auch für Werke, die in Erfüllung von arbeits- oder dienstvertraglichen Pflichten erschaffen wurden. Wenn eine bei einer Hochschule angestellte Wissenschaftlerin bzw. ein angestellter Wissenschaftler im Rahmen seiner arbeitsvertraglichen Verpflichtungen eine urheberrechtlich schutzfähige Leistung erbringt, dann steht ihm oder ihr selbst und nicht etwa dem Arbeitgeber das Urheberrecht zu. Allerdings werden die zur Verwertung des Werkes erforderlichen Nutzungsrechte für gewöhnlich aufgrund expliziter Regelungen im Arbeits-/Dienstvertrag oder stillschweigend dem Arbeitgeber eingeräumt (§ 43, § 69b UrhG).[8]

Für den Bereich der Wissenschaft werden diese Grundsätze allerdings aufgrund der verfassungsrechtlich garantierten Freiheit der Forschung (Art. 5 Abs. 3 GG) eingeschränkt. Hiernach steht den weisungsfrei und eigenverantwortlich arbeitenden Forschenden grundsätzlich jeweils selbst die Entscheidung darüber zu, ob und wie sie ihre Forschungsergebnisse veröffentlichen und verwerten. Dies führt zu einem nach dem Status der Person differenzierenden Bild:

Hochschullehrerinnen und -lehrern, die ihr Fach selbständig in Forschung und Lehre vertreten, stehen in der Regel alle Nutzungsrechte an ihren urheberrechtlich

---

7 Vgl. Klimpel 2015, 57 passim.
8 Der Text des Urheberrechtsgesetzes (UrhG) kann unter https://www.gesetze-im-internet.de/urhg/ abgerufen werden.

geschützten Forschungsergebnissen sowie Fotos (§ 72 UrhG) zu, soweit keine anderweitige vertragliche Vereinbarung besteht.[9]

Bei *wissenschaftlichen Mitarbeiterinnen und Mitarbeitern* ist zu differenzieren, ob diese weisungs*frei* arbeiten, z. B. im Rahmen eines Promotions- oder Habilitationsprojekts, oder ob sie weisungs*abhängige* Dienstleistungen in Forschung und Lehre erbringen. Im Fall einer weisungs*freien* Tätigkeit stehen ihnen grundsätzlich die Verwertungsrechte an ihrer jeweils eigenen Arbeitsleistung zu; eine Nutzungsrechtseinräumung zugunsten des Dienstherrn erfolgt grundsätzlich nicht.[10] An Ergebnissen einer weisungs*abhängigen* Tätigkeit werden dem Arbeitgeber bzw. Dienstherrn grundsätzlich Nutzungsrechte eingeräumt (§ 43 UrhG, § 69b UrhG).[11] Das Urheberrecht als solches verbleibt hingegen auch in diesem Fall bei der wissenschaftlichen Mitarbeiterin oder dem Mitarbeiter. Dies gilt insbesondere für die Urheberpersönlichkeitsrechte, wie dem Recht auf Urheberbenennung (§ 13 UrhG).[12] Der Umfang der eingeräumten Nutzungsrechte ergibt sich aus dem jeweiligen Einzelfall (§ 31 Abs. 5 UrhG). Häufig werden dem Arbeitgeber nicht nur einfache, sondern ausschließliche Nutzungsrechte eingeräumt. Im wissenschaftlichen Kontext kann dies aber anders sein, insbesondere wenn kein Konkurrenzverhältnis zwischen den Vertragsparteien besteht, so dass im Ergebnis auch beide Seiten zur Nutzung berechtigt sein können.

Allerdings ist zu berücksichtigen, dass diese urhebervertragsrechtlichen Regelungen im Einzelfall aufgrund von zwischen dem Arbeitgeber und der Wissenschaftlerin bzw. dem Wissenschaftler bestehenden Loyalitäts- und Fürsorgepflichten modifiziert werden können. Dies kann z. B. der Fall sein, wenn die im Rahmen eines Promotionsprojekts erzielten Arbeitsergebnisse durch die gesamte Forschungsgruppe genutzt werden sollen.[13]

Auch im Hinblick auf *Verwaltungspersonal*, z. B. Mitarbeitende bei wissenschaftlichen Bibliotheken und Rechenzentren, die sich mit Forschungsdaten beschäftigen bzw. solche generieren (z. B. Publikationsdaten, Bibliothekskatalogdaten, CRIS-Einträge etc.), gelten diese Grundsätze. Hierbei wird es sich in der Regel um Tätigkeiten handeln, die in Erfüllung dienstvertraglicher Verpflichtungen im Rahmen einer weisungs*abhängigen* Tätigkeit erbracht werden, so dass etwaige Urheberrechte zwar dem Mitarbeitenden selbst zustehen, die zur Verwertung erforderlichen Nutzungsrechte aber beim Arbeitgeber bzw. dem Dienstherrn liegen.

Hinsichtlich der Leistungsschutzrechte variiert die Rechtsinhaberschaft. Für Fotos und andere Lichtbilder gelten die urheberrechtlichen Regelungen entsprechend

---

9 Vgl. BGH 1991, 525 – Grabungsmaterialien; Dreier und Schulze 2018, § 43 Rn. 12, Götting und Leuze 2017, 819 Rn. 124.
10 Vgl. Dreier und Schulze 2018, § 43 Rn. 12; Götting und Leuze 2017, 829 Rn. 148.
11 Vgl. Dreier und Schulze 2018, § 43 Rn. 12; Götting und Leuze 2017, 826 Rn. 143.
12 Vgl. Dreier und Schulze 2018, § 43 Rn. 36.
13 S. Abschnitt 1.3 dieses Beitrags.

(§ 72 Abs. 1 UrhG). Rechtsinhaberin bzw. -inhaber an einer Datenbank ist die Person, die die für die Erstellung der Datenbank erforderlichen Investitionen (z. B. Personal- oder Sachkosten) erbracht hat (§ 87a Abs. 2 UrhG),[14] d. h. im Regelfall die Forschungseinrichtung. Auch im Übrigen können der Forschungseinrichtung Leistungsschutzrechte (§§ 85, 94, 95 UrhG) zustehen.

Lizenzen für die Veröffentlichung von Forschungsdaten

Als grundsätzliche Überlegung gilt, dass die Bedingungen, unter denen Forschungsdaten zur Nachnutzung zur Verfügung gestellt werden, so wenig restriktiv und so transparent wie möglich sein sollten. Da nach deutschem Recht kein vollständiger Verzicht auf das Urheberrecht möglich ist, kann die Bereitstellung von urheberrechtlich geschützten Forschungsdaten zur Nachnutzung nur über die rechtliche Konstruktion eines Lizenzvertrags erfolgen. Umfassende, vergütungsfreie Nutzungsrechte werden den Nutzenden insbesondere durch sog. freie Lizenzen eingeräumt.

Z.T. nutzen Repositorien selbst entworfene Vertragsmuster. In der Praxis weit verbreitet sind zudem die Creative-Commons-Lizenzen,[15] die durch einen modulartigen Aufbau individuell ausgestaltet werden können. So empfiehlt z. B. die Europäische Kommission für die Bereitstellung von urheberrechtlich geschützten Forschungsdaten die Verwendung der Lizenztypen CC-BY und CC0.[16] Weitere Standard-Lizenzverträge, die für die Lizenzierung von Forschungsdaten in Betracht kommen, sind die Open Data Commons (ODC)[17] und die „Datenlizenz Deutschland"[18] für Verwaltungsdaten.

---

14 Vgl. BGH 2010, 779 Rn. 14 – Gedichttitelliste III. Allerdings ist bis zum 17.07.2021 die Richtlinie 2019/1024 über offene Daten umzusetzen, nach der öffentliche Stellen das Datenbankrecht nicht in Anspruch nehmen dürfen, um dadurch die Weiterverwendung von Dokumenten zu verhindern oder über die Beschränkungen der Richtlinie hinaus einzuschränken.
15 S. https://creativecommons.org/licenses/; dazu ausführlich Kreutzer 2016.
16 Vgl. European Commission 2019, 253.
17 S. https://www.opendatacommons.org.
18 S. https://www.govdata.de/dl-de/zero-2-0.

Tab. 1: Creative Commons Lizenzen

Lizenz	Erlaubt sind:	Unter der Bedingung:
CC BY	Vervielfältigung, Weitergabe, Erstellung von Bearbeitungen sowie deren Vervielfältigung und Weitergabe für kommerzielle und nicht-kommerzielle Zwecke	*Namensnennung*: Bezeichnung des Erstellers (soweit angegeben); Nennung des jeweiligen Lizenztyps und Referenz auf Lizenztext durch URI/Hyperlink; URI/Hyperlink zum lizenzierten Material, soweit vernünftigerweise praktikabel; Copyright-Vermerk und Hinweis auf Haftungsausschluss (beides nur, soweit angegeben); ggf. Hinweis, wenn lizenziertes Material verändert wurde
CC BY-SA	s. o.	*Namensnennung* (s. o.); *Share Alike*: abgewandelte Material muss unter vergleichbarer freier Lizenz zur Verfügung gestellt werden
CC BY-ND	Vervielfältigung, Weitergabe und Bearbeitung für kommerzielle und nicht-kommerzielle Zwecke, aber *keine Vervielfältigung/Weitergabe von Bearbeitungen*	*Namensnennung* (s. o.)
CC BY-NC	Vervielfältigung, Weitergabe, Erstellung von Bearbeitungen sowie deren Vervielfältigung und Weitergabe, aber *nur für nicht-kommerzielle Zweck*	*Namensnennung* (s. o.)
CC BY-NC-ND	Vervielfältigung, Weitergabe, Erstellung von Bearbeitungen sowie deren Vervielfältigung und Weitergabe, aber *nur für nicht-kommerzielle Zwecke und keine Vervielfältigung/Weitergabe von Bearbeitungen*	*Namensnennung* (s. o.)
CC0	z.T. Verzicht auf das Urheberrecht; da dies im deutschen Urheberrecht nicht möglich ist, weitestmögliche Einräumung von Nutzungsrechten	grundsätzlich keine Namensnennung erforderlich
CC0 Plus (inoffizieller Lizenztyp, z. T. in der Bibliothekspraxis genutzt[19])	wie CC0	wie CC0, aber unverbindliche Aufforderung zur Namensnennung, soweit praktikabel

---

[19] S. z. B. den Usage Guide der British Library in Bezug auf Catalogue datasets, https://www.bl.uk/about-us/terms-and-conditions/catalogue-datasets-in-rdf-and-csv.

Aufgrund der damit einhergehenden Beschränkungen sind die Lizenzbausteine NC (Nutzung nur für nicht-kommerzielle Zwecke) und ND (keine Vervielfältigung/Weitergabe von Bearbeitungen) nicht empfehlenswert. Daher sollte beim Betreiben von Repositorien in Erwägung gezogen werden, diese Lizenztypen nicht zur Wahl zu stellen. Bei der Auswahl des Lizenztyps sollte zudem beachtet werden, dass auch die Verpflichtung zur Namensnennung (BY), gerade bei umfangreichen Datenbanken, zu erheblichen praktischen Problemen führen kann, insbesondere da dieses Erfordernis in den CC-Lizenzen recht kompliziert ausgestaltet ist. Daher sollte auch eine Lizenzierung unter CC0 oder CC0 Plus in Betracht gezogen werden. Auch bei Berücksichtigung des insbesondere im wissenschaftlichen Kontext gegebenen Interesses an einer Attribution ist eine vertragliche Verpflichtung zur Namensnennung nicht unbedingt erforderlich, weil sich eine Verpflichtung zur Zitierung der Originalquelle, soweit dies möglich ist, ohnehin aus den Grundsätzen der guten wissenschaftlichen Praxis ergibt.[20]

Zu beachten ist zudem, dass sich die Regelungen der Creative-Commons-Lizenzen ausschließlich auf durch Urheber- oder Leistungsschutzrechte[21] geschützte Forschungsdaten beziehen. Die Nutzung von gemeinfreien Forschungsdaten wird durch die Creative-Commons-Lizenzen hingegen nicht eingeschränkt.[22] Nutzungsbeschränkungen, wie die Pflicht zur Namensnennung oder die Beschränkung auf nicht-kommerzielle Nachnutzungen, gelten für gemeinfreie Forschungsdaten daher wohl nicht. Selbstverständlich bestehen aber auch bei gemeinfreien Forschungsdaten die sich aus der guten wissenschaftlichen Praxis ergebenden Verpflichtungen zur Quellenangabe und die Beachtung der Autorschaft.

1.2 Gute wissenschaftliche Praxis

Zu beachten sind des Weiteren die Regeln der guten wissenschaftlichen Praxis.[23] Verbindliche Vorgaben für das wissenschaftliche Personal der Hochschulen sowie Studierende ergeben sich aus dem jeweils anwendbaren Landeshochschulgesetz[24] sowie der jeweiligen Hochschulsatzung. Allgemeine Standards setzt zudem der am 1.8.2019 in Kraft getretene – für einzelne Forschende nicht unmittelbar verbindli-

---

20 Vgl. DFG 2019, 14 – Erläuterungen zu Leitlinie 7.
21 Seit der Version 4.0 wird mittlerweile auch das Sui-generis-Datenbankrecht explizit erwähnt, s. Abschnitt 1 c. und j.
22 S. z. B. Abschnitt 8 a. CC-BY 4.0.
23 S. a. den Beitrag von Rösch, Kap. 1.5 in diesem Praxishandbuch.
24 § 3 Abs. 5 LHG-BW; Art. 6 Abs. 1 S. 3 BayHSchG; § 4 Abs. 5 BbgHG; § 7a HSG-Bremen; § 9 Abs. 2 HmbHG; § 4 Abs. 4 HG-NRW; § 4 HochSchG-RP; § 4 Abs. 5 HSG-LSA; § 4 Abs. 2 S. 3 HSG-SH; § 8 Abs. 6 ThürHG.

che – DFG-Kodex „Leitlinien zur Sicherung guter wissenschaftlicher Praxis",[25] der die DFG-Denkschrift von 1998[26] abgelöst hat. Aus Leitlinie 14 des Kodex ergeben sich detaillierte Vorgaben zur Autorschaft, die für Datenpublikationen gleichermaßen gelten wie für andere wissenschaftliche Publikationen.

Wie Leitlinie 10 zeigt, gehören auch die Fragen, wem die Entscheidungsbefugnis darüber zusteht, ob, zu welchem Zeitpunkt und in welcher Form eine Veröffentlichung der Forschungsdaten erfolgt und in welcher Weise die Daten genutzt oder gar durch Dritte „nachgenutzt" werden dürfen, zur guten wissenschaftlichen Praxis. Allerdings sind die Vorgaben des Kodex insoweit weniger klar. In den Erläuterungen zu Leitlinie 10 wird darauf verwiesen, dass die Nutzung der generierten Daten insbesondere den Forschenden zustehe, die sie jeweils erheben. Hinsichtlich der Frage, wem die Entscheidungsbefugnis darüber zusteht, ob Dritten Zugang zu den Daten gewährt wird, verweist der Kodex darauf, dass dies im Rahmen eines laufenden Forschungsprojekts auch die Nutzungsberechtigten seien. Somit werden als wesentliche Grundprinzipien die Nutzungsbefugnis der die Daten erhebenden Forschenden sowie die daraus grundsätzlich resultierende Entscheidungsbefugnis hinsichtlich der Eröffnung von Nutzungsmöglichkeiten für Dritte formuliert. Zugleich empfiehlt der neue Kodex, diese Fragen durch dokumentierte Vereinbarungen zu regeln, was angesichts der Vielfalt der denkbaren Fallgestaltungen sehr sinnvoll ist.

1.3 Dienst- bzw. arbeitsrechtliche Zuordnungen

Des Weiteren können sich über die – oben dargestellten urhebervertragsrechtlichen Regelungen hinaus[27] – aus dem Arbeitsvertrag bzw. Dienstverhältnis Vorgaben dazu ergeben, wem Entscheidungs- und Nutzungsbefugnisse hinsichtlich der Forschungsdaten zustehen. Zwischen dem Dienstherrn und den einzelnen Forschenden bestehen vertragliche Treue- und Fürsorgepflichten (§ 241 Abs. 2 BGB, § 45 S. 1 BeamtStG); dies gilt selbst dann, wenn diese nicht ausdrücklich im Arbeits- bzw. Dienstvertrag normiert wurden. Der Umfang der jeweils bestehenden Treue- und Fürsorgepflichten ist durch eine Abwägung der betroffenen Interessen im jeweiligen Einzelfall zu ermitteln, also sehr situationsabhängig.

Es spricht vieles dafür, auch die Regelungen der guten wissenschaftlichen Praxis für die Vertragsauslegung heranzuziehen. So hat z. B. die Rechtsprechung entschieden, dass Wissenschaftlerinnen und Wissenschaftlern aufgrund vertraglicher Nebenpflichten aus dem Arbeitsvertrag ein Recht auf Anerkennung ihrer Autor-

---

25 Vgl. DFG 2019.
26 Vgl. DFG 1998.
27 S.o. zur Rechtsinhaberschaft in Abschnitt 1.1. dieses Beitrags.

schaft zusteht. Hieraus kann sich z. B. eine Verpflichtung des Arbeitgebers ergeben, unrichtige Einträge im Forschungsinformationssystem zu korrigieren,[28] eine Veröffentlichung zu ermöglichen[29] oder ggf. auch durch entsprechende Vorgaben Sorge dafür zu tragen, dass die Regeln der wissenschaftlichen Autorschaft beachtet werden.

Bislang gibt es jedoch kaum Rechtsprechung dazu, ob sich die vertraglichen Pflichten Auswirkungen auf die an Forschungsdaten bestehenden Entscheidungs- und Nutzungsbefugnisse haben können. In einem derzeit anhängigen Gerichtsverfahren, in dem ein ausgeschiedener wissenschaftlicher Mitarbeiter von seinem ehemaligen Arbeitgeber, einer Forschungseinrichtung, u. a. verlangt, dass ihm die von ihm im Rahmen seines Habilitationsprojekts erhobenen, bei dem Arbeitgeber gespeicherten, urheberrechtlich nicht geschützten Forschungsdaten zur Verfügung gestellt werden, damit er diese zur Beendigung seiner Qualifikation nutzen könne, hat das Oberlandesgericht Dresden jüngst erwogen, dass sich solche Ansprüche aus dem allgemeinen Persönlichkeitsrecht der Wissenschaftlerin bzw. des Wissenschaftlers ergeben könnten, die Frage aber mangels Entscheidungserheblichkeit ausdrücklich offen gelassen.[30] Näherliegender wäre in einem solchen Fall wohl die Annahme entsprechender vertraglicher Nebenpflichten, auf deren Grundlage dem Habilitanden ggf. ein einfaches Nutzungsrecht zur Verwendung der Daten zustehen könnte.

In anderen Fallkonstellationen könnte sich aus der Auslegung des Dienstvertrags z. B. ergeben, dass in Abweichung von den Grundsätzen des DFG-Kodex[31] nicht dem Forschenden, der die Daten erhoben hat, sondern vielmehr dem Dienstherrn bzw. Forschungsgruppenleiter zumindest eine Mitentscheidungsbefugnis oder gar die alleinige Entscheidung über den Umgang mit Forschungsdaten zusteht. Dies würde z. B. dann den Interessen der Vertragsparteien entsprechen, wenn der Dienstherr seinerseits Verpflichtungen hinsichtlich des Umgangs mit Forschungsergebnissen unterliegt, weil er sich z. B. gegenüber einem Forschungsförderer dazu verpflichtet hat, bestimmte Forschungsdaten innerhalb vorgegebener Zeiträume zu veröffentlichen, und dies den beteiligten Forschenden von Vornherein bekannt ist.

2 Rechtliche Grenzen der Nutzung von Daten

Rechtliche Beschränkungen der Nutzung von Daten, die innerhalb der eigenen Einrichtung erhoben oder die in Forschungsdatenrepositorien (FDR) oder auf andere

---

28 Vgl. LAG Mecklenburg-Vorpommern 2017, Rn. 30 ff., insbes. Rn. 32.
29 Vgl. Verwaltungsgericht Freiburg 1983, 287.
30 Vgl. OLG Dresden 2018, unter C.I.3.
31 S. o. Abschnitt 1.2 dieses Beitrags zu den Erläuterungen zu Leitlinie 10 des DFG-Kodex.

Weise von Dritten zur Verfügung gestellt wurden, können sich insbesondere aus Urheber- oder Leistungsschutzrechten Dritter, vertraglichen Vereinbarungen und Geheimhaltungsabreden sowie datenschutzrechtlichen Vorgaben[32] ergeben.

Sind die Forschungsdaten durch *Urheber- oder Leistungsschutzrechte* geschützt, dann ist eine Vervielfältigung, Verbreitung oder öffentliche Wiedergabe (§§ 15 ff. UrhG) nur zulässig, wenn die Rechtsinhaberin bzw. der Rechtsinhaber dies gestattet hat, z. B. durch Einräumung einer entsprechenden Lizenz, oder wenn die jeweilige Nutzung gesetzlich erlaubt wird, z. B. im Rahmen des Zitatrechts (§ 51 UrhG) oder der Regelungen über Unterricht, wissenschaftliche Forschung und Text und Data Mining (§ 60a, § 60c, § 60d UrhG).[33] Auch der Umfang der Nutzungsberechtigung ergibt sich aus der jeweiligen Lizenz bzw. der gesetzlichen Nutzungserlaubnis.

Zudem besteht im Hinblick auf urheberrechtlich geschützte Werke sowie auf Fotos eine Verpflichtung zur Urheberbenennung (§ 13, § 63 UrhG). Noch weiter ist der Kreis der nach den hochschulrechtlichen Vorgaben zu nennenden Autorinnen und Autoren (vgl. § 24 HRG und die Regelungen in den Landeshochschulgesetzen sowie Leitlinie 14 des DFG-Kodex): Während nur diejenigen Urheberinnen bzw. Urheber sind, die einen urheberrechtlich schutzfähigen Beitrag geleistet haben (wozu z. B. nicht die Entwicklung einer wissenschaftlichen These zählt[34]), sind bei der Veröffentlichung von Forschungsergebnissen alle diejenigen als Mitautorinnen bzw. -autoren zu nennen, die einen wesentlichen wissenschaftlichen oder wesentlichen sonstigen Beitrag geleistet haben.

Daten werden häufig auf vertraglicher Grundlage zur Verfügung gestellt. Unabhängig davon, ob die Datenbestände durch Urheber- oder Leistungsschutzrechte geschützt sind, sind die vertraglich vereinbarten Nutzungsbedingungen und -beschränkungen zu beachten (s. aber § 87e UrhG). Insbesondere können sich auch Beschränkungen aus vertraglichen Verpflichtungen ergeben, z. B. aus Geheimhaltungsabreden, insbesondere im Rahmen von Auftragsforschung, oder aufgrund des Schutzes von Geschäftsgeheimnissen (§ 2 GeschGehG).

3 Datenschutzrechtliche Vorgaben

Wenn personenbezogene Forschungsdaten verarbeitet werden, sind zudem die datenschutzrechtlichen Rahmenbedingungen zu beachten. Seit dem 25.05.2018 ergeben sich die maßgeblichen Vorgaben für den Umgang mit personenbezogenen Daten primär aus der unmittelbar anwendbaren Datenschutzgrundverordnung (DS-

---

32 Zum Datenschutzrecht s. u. Abschnitt 3 dieses Beitrags.
33 Für einen kurzen Überblick s. z. B. Lauber-Rönsberg, Krahn, Baumann 2018, 10; BMBF 2019, 11, 21 ff.
34 Zur Gemeinfreiheit von Informationen und Thesen s. o. Abschnitt 1.1 dieses Beitrags.

GVO)³⁵ der Europäischen Union. In einigen Bereichen hat der europäische Gesetzgeber allerdings den nationalen Gesetzgebern Regelungsspielräume eingeräumt. Solche sog. Öffnungsklauseln bestehen insbesondere im Hinblick auf Datenverarbeitungen durch Behörden und andere staatliche Institutionen. Dies gilt auch für den Bereich von Wissenschaft und Forschung (z. B. Art. 9 Abs. 2 lit. j DSGVO), so dass hier auch das Bundesdatenschutzgesetz (BDSG)³⁶ bzw. die Landesdatenschutzgesetze sowie eine Vielzahl von speziellen Gesetzen³⁷ neben der DSGVO zur Anwendung kommen.

Datenverarbeitungen durch die öffentlichen Einrichtungen der Länder, z. B. (Landes-)Hochschulen, Universitätskliniken und (Landes-)Bibliotheken, werden grundsätzlich durch die Landes(datenschutz)gesetze geregelt, während für Forschungseinrichtungen des Bundes, wie z. B. das Robert-Koch-Institut und die Hochschule des Bundes für öffentliche Verwaltung, sowie privatrechtlich organisierte Forschungseinrichtungen, z. B. die als Verein organisierte Max-Planck-Gesellschaft, grundsätzlich das BDSG gilt (§ 1 Abs. 1 S. 2 BDSG). In der Praxis sind daher die DSGVO und die einschlägigen nationalen Datenschutzgesetze nebeneinander anwendbar, was zu einer erheblichen Komplexität führen kann.³⁸

Die föderale Ausgestaltung wirkt sich auch auf die Zuständigkeiten der datenschutzrechtlichen Aufsichtsbehörden aus. Für die Überwachung und Durchsetzung der datenschutzrechtlichen Vorhaben sind im Hinblick auf öffentliche Stellen des Bundes der Bundesbeauftragte für den Datenschutz und die Informationsfreiheit (BfDI) zuständig, für öffentliche Einrichtungen der Länder, wie die Hochschulen, und für privatrechtlich organisierte (Forschungs-)Einrichtungen hingegen die jeweiligen Landesdatenschutzbehörden.

3.1 Personenbezogene Daten

Das Datenschutzrecht ist nur dann einschlägig, wenn personenbezogene Daten verarbeitet werden.

---

35 Der Text der DSGVO kann unter https://eur-lex.europa.eu/legal-content/DE/TXT/HTML/?uri=-CELEX:32016R0679 abgerufen werden.
36 Der Text des Bundesdatenschutzgesetzes (BDSG) kann unter https://www.gesetze-im-internet.de/bdsg_2018/ abgerufen werden.
37 Z. B. § 84 des Hessischen SchulG, der wissenschaftlichen Forschungsvorhaben in Schulen regelt, oder § 303e Abs. 1 Nr. 8 Sozialgesetzbuch V, der die Verwendung von aufbereiteten Daten der Krankenkassen für wissenschaftliche Vorhaben gestattet.
38 Vgl. RatSWD 2020, 15.

Personenbezug: zumindest Identifizierbarkeit

Personenbezogen sind gemäß Art. 4 Nr. 1 DSGVO alle Informationen, die sich auf eine identifizierte oder identifizierbare Person beziehen. Eine Person ist identifizierbar, wenn sie direkt oder indirekt, z. B. durch Zuordnung zu einem Namen, einer Kennnummer, zu Standortdaten etc., identifiziert werden kann. Hierbei sind alle Mittel zu berücksichtigen, die von den Verantwortlichen oder einer anderen Person unter Berücksichtigung der konkreten Umstände (z. B. des Kosten- und des Zeitaufwands) wahrscheinlich genutzt werden, um die Person direkt oder indirekt zu identifizieren (Erwägungsgrund 26 DSGVO). Bei der Prüfung, ob eine Person identifizierbar ist, ist auch ein bei Dritten vorhandenes Zusatzwissen zu berücksichtigen, wenn ein Zugriff der Datenverarbeiterin bzw. des Datenverarbeiters auf diese zusätzlichen Informationen rechtmäßig und ohne unverhältnismäßig großen Aufwand möglich wäre.[39] Einen Personenbezug aufweisen können daher z. B. auch Fotos mit verpixelten Gesichtern, wenn aufgrund des Hintergrunds, der Kleidung und Haltung der abgebildeten Personen sowie begleitender Informationen über Zeitpunkt und Ort der Aufnahme eine Identifizierung möglich ist.

Anonymisierte Daten

Anders als personenbezogene Daten unterliegen anonymisierte Daten, bei denen eine Identifizierung nach den oben genannten Maßstäben ausgeschlossen ist, nicht den Restriktionen des Datenschutzrechts. Allerdings wird der geforderte Grad an Anonymisierung, bei dem jeglicher Personenbezug eliminiert wird, in der Praxis häufig nicht zu erreichen sein, wenn der Informationsgehalt der Daten erhalten bleiben soll.[40] Zudem ist zu beachten, dass Forschungsdaten neben Informationen zu den Probandinnen bzw. Probanden auch – z. B. in den Metadaten – Informationen zu den beteiligten Forschenden enthalten können.

Die Grenze zwischen personenbezogenen und nicht-personenbezogenen Daten dürfte in der Praxis nicht immer leicht zu ziehen sein. Kann der Personenbezug eines Forschungsdatums nicht völlig ausgeschlossen werden, sollte darum sicherheitshalber von der Anwendbarkeit des Datenschutzrechts ausgegangen werden.

---

[39] Vgl. EuGH 2017, Rn. 42 ff. – Breyer/Deutschland.
[40] S. zu Verfahren der Anonymisierung Winter, Battis und Halvani 2019.

Pseudonymisierte Daten

Werden die Daten von den identifizierenden Merkmalen getrennt, können diese den Daten aber über eine Zuordnungsregel wieder zugeordnet werden, so dass die betroffenen Personen auf diese Weise re-identifizierbar werden, so bezeichnet man die Daten als pseudonymisiert (Art. 4 Nr. 5 DSGVO). Eine Pseudonymisierung liegt z. B. vor, wenn der für sich genommen nicht zuzuordnende Datensatz einer Probandin bzw. eines Probanden von dessen Namen getrennt und lediglich durch eine Kennziffer oder ein anderes Pseudonym[41] gekennzeichnet wird, aber z. B. über eine Liste der Namen und Kennziffern eine Zuordnung zu der bzw. dem jeweiligen Probandin bzw. Probanden möglich wäre.

Ob pseudonymisierte Daten einen Personenbezug aufweisen und damit den datenschutzrechtlichen Vorgaben unterliegen, wird im juristischen Schrifttum unterschiedlich beantwortet. Während zum Teil davon ausgegangen wird, dass pseudonymisierte Daten aufgrund der grundsätzlich gegebenen Personenbeziehbarkeit in jedem Fall als personenbezogene Daten zu behandeln sind,[42] wird von anderen überzeugend dafür plädiert, auf die jeweils einer konkreten Person, die die Daten verarbeitet, zur Verfügung stehenden Erkenntnismöglichkeiten abzustellen: Wenn diese die Zuordnungsregel kennt oder in rechtlich zulässiger und unter Praktikabilitätsgesichtspunkten denkbarer Weise Zugang zu ihr bekommen könnte, so handelt es sich um personenbezogene Daten. Ist dies nicht der Fall, weil die Zuordnungsregel für die datenverarbeitende Person unter keinen Umständen zugänglich ist, dann stellt die Pseudonymisierung für diese Person eine Anonymisierung dar. Wie die Trennung von Zuordnungsregel und Datensätzen zu bewerkstelligen ist, hängt vom Einzelfall ab. Vorgeschlagen wird z. B. die Übergabe der Zuordnungsregel an eine von der Forschungseinrichtung unabhängige Stelle, z. B. eine Notarin bzw. einen Notar, die bzw. der sie den Forschenden nicht ohne Einwilligung der Probandinnen bzw. der Probanden zugänglich machen darf.[43]

Besondere Kategorien personenbezogener Daten

Einige personenbezogene Daten kategorisiert die DSGVO als besonders sensibel. Dies sind zum einen Daten, aus denen die rassische und ethnische Herkunft, politische Meinungen, religiöse oder weltanschauliche Überzeugungen, die sexuelle Orientierung oder die Gewerkschaftszugehörigkeit hervorgehen, sowie genetische, bio-

---

41 Dieses Pseudonym sollte seinerseits keine Rückschlüsse auf die Identität der Probandinnen bzw. Probanden zulassen; s. die Beispiele bei Watteler und Ebel 2019, 76.
42 Vgl. Ernst, in: Paal und Pauly 2018, Art. 4 Rdnr. 40.
43 Vgl. Roßnagel 2018, 245.

metrische und Gesundheitsdaten (Art. 9 DSGVO) sowie Daten über strafrechtliche Verurteilungen und Straftaten (Art. 10 DSGVO). Soweit diese besonderen Kategorien personenbezogener Daten betroffen sind, gelten striktere Vorgaben für die Rechtmäßigkeit der Datenverarbeitung. So setzt z. B. eine wirksame Einwilligung in die Verarbeitung solch sensibler Daten voraus, dass die Einwilligung ausdrücklich erfolgt (Art. 9 Abs. 2 lit. a DSGVO); alternativ ist ein speziell auf sensible Daten anwendbarer Erlaubnistatbestand erforderlich.

3.2 Grundsätze der Datenverarbeitung

Art. 5 DSGVO führt die wesentlichen Grundsätze für die Verarbeitung personenbezogener Daten auf. Danach gilt:
- Personenbezogene Daten müssen auf *rechtmäßige und faire Weise* und unter Wahrung des *Transparenzgrundsatzes* verarbeitet werden (Art. 5 Abs. 1 lit. a DSGVO).
- Nach dem Grundsatz der *Zweckbindung* dürfen Daten nur für festgelegte, eindeutige und legitime Zwecke erhoben werden und nicht in einer mit diesen Zwecken nicht zu vereinbarenden Weise weiterverarbeitet werden. Allerdings privilegiert die DSGVO die Forschung, da eine Weiterverarbeitung für Forschungszwecke nicht als unvereinbar mit den ursprünglichen Zwecken gilt (Art. 5 Abs. 1 lit. b DSGVO).[44] Ausnahmsweise kann eine Einwilligung in die Datenverarbeitung für Forschungszwecke auch dann wirksam sein, wenn der Zweck der Datenverarbeitung nicht genau festgelegt ist, sondern die Einwilligung als sog. broad consent ausgestaltet ist, wenn sich der Zweck der Datenverarbeitung also nicht im Vorhinein mit der erforderlichen Genauigkeit festlegen lässt.
- Die Datenverarbeitung muss hinsichtlich ihres Umfangs auf das für die jeweiligen Zwecke notwendige Maß beschränkt sein (Art. 5 Abs. 1 lit. c DSGVO). Dieser Grundsatz der *Datenminimierung* kann in einem Spannungsverhältnis zu den Forschungsinteressen stehen, möglichst umfassende Daten zu erheben und zu verarbeiten.
- Die verarbeiteten Daten müssen sachlich richtig und aktuell sein (Art. 5 Abs. 1 lit. d DSGVO).
- Nach dem Grundsatz der *Speicherbegrenzung* dürfen personenbezogene Daten nur so lange gespeichert werden, wie dies für die konkreten Verarbeitungszwecke erforderlich ist. Eine Ausnahme gilt allerdings für Datenverarbeitungen zu Forschungszwecken, soweit geeignete technische und organisatorische Maßnahmen, z. B. Verschlüsselungen, eine Pseudonymisierung o. ä., zum Schutz

---

44 Es ist allerdings streitig, ob hierfür ein gesonderter Erlaubnistatbestand erforderlich ist; dies grundsätzlich verneinend Roßnagel (2019), 162 mit weiteren Nachweisen, auch zur Gegenansicht.

der betroffenen Personen ergriffen werden (Art. 5 Abs. 1 lit. e DSGVO). In diesem Fall dürfen Daten länger gespeichert werden, als dies für den primären Verarbeitungszweck erforderlich ist, um z. B. eine rechtmäßige Nachnutzung der Forschungsdaten für Forschungszwecke zu ermöglichen oder um gemäß den Vorgaben der guten wissenschaftlichen Praxis[45] eine Nachvollziehbarkeit der Daten und Ergebnisse zu gewährleisten. Zur Einhaltung des Grundsatzes der Speicherbegrenzung sollten Daten, die auf Grundlage der Forschungsprivilegierung länger gespeichert werden, nach Möglichkeit pseudonymisiert oder anonymisiert werden, wenn dies ohne gravierende Einbußen ihrer Nutzbarkeit möglich ist, soweit dies nicht bereits im Rahmen der für den Primärzweck erfolgten Datenverarbeitung geschehen ist.[46]
– Durch geeignete *technische und organisatorische Maßnahmen*, z. B. Geheimhaltungsverpflichtungen und ein ausreichendes Maß an IT-Sicherheit, muss ein Schutz vor unbefugten Datenverarbeitungen, Datenverlust etc. gewährleistet sein (Art. 5 Abs. 1 lit. f DSGVO).
– Die verantwortliche Person muss die Einhaltung der datenschutzrechtlichen Grundsätze nachweisen können (*Rechenschaftspflicht*, Art. 5 Abs. 2 DSGVO), indem er eine entsprechende Dokumentation führt.

3.3 Rechtmäßigkeit der Datenverarbeitung

Personenbezogene Daten dürfen nur dann erhoben oder verarbeitet werden, wenn eine Einwilligung der betroffenen Personen vorliegt oder ein anderer gesetzlicher Erlaubnistatbestand die Datenverarbeitung gestattet (Art. 6 Abs. 1 DSGVO).[47]

Einwilligung

Eine Einwilligung muss freiwillig, informiert, auf den bestimmten Fall bezogen und unmissverständlich erfolgen und nachweisbar sein (sog. informed consent, Art. 4 Nr. 11, Art. 7 DSGVO). Die betroffene Person muss vor der Erhebung der Daten hinreichend präzise Informationen in einer für sie verständlichen Art und Weise über die beabsichtigte Datenverarbeitung erhalten, so dass sie die Tragweite ihrer Einwilligung abschätzen kann. Hieraus folgt zudem, dass eine Einwilligung grundsätzlich

---

45 Die Leitlinien zur Sicherung guter wissenschaftlicher Praxis (Kodex) vom 1.8.2019 der DFG sehen in Leitlinie 17 in der Regel eine Aufbewahrung für einen Zeitraum von zehn Jahren vor.
46 Vgl. Roßnagel 2019, 162.
47 S. zudem die speziellen Regelungen für Datenübermittlungen in Staaten außerhalb der EU oder des EWR in Art. 44 ff. DSGVO.

für konkrete Datenverarbeitungen erteilt werden muss, weil die betroffene Person nur so die Reichweite seiner Erklärung überblicken kann.[48] Die Einwilligung muss daher im Regelfall insbesondere die Kategorien der betroffenen Daten, den Verarbeitungszweck, eventuelle Weiterverwendungen und den Zeitpunkt der Datenlöschung umfassen.[49] Ausnahmsweise kann bei Datenverarbeitungen zu wissenschaftlichen Zwecken aber ein geringerer Grad an Bestimmtheit genügen (sog. broad consent), wenn der Zweck der Datenverarbeitung zum Zeitpunkt der Datenerhebung noch nicht vollständig angegeben werden kann, z. B. bei Langzeitstudien.[50]

Die Einwilligung muss durch eine *positive* Handlung erfolgen. Daher liegt keine wirksame Einwilligung vor, wenn den betroffen Personen ein Dokument mit vorangekreuzten Kästchen vorgelegt wird, welche sie zur Verweigerung ihrer Einwilligung löschen müsste.[51] Im Falle der Verarbeitung besonders sensibler personenbezogener Daten, z. B. Gesundheitsdaten, muss die Einwilligung zudem *ausdrücklich* erfolgen (Art. 9 Abs. 2 lit. a DSGVO). Dem Verantwortlichen obliegt die Nachweispflicht, dass die betroffene Person in die Verarbeitung eingewilligt hat (Art. 7 Abs. 1 DSGVO).

Der Umfang der zulässigen Datenverarbeitungen hängt von der konkreten Einwilligungserklärung ab – z. B. davon, ob diese nur projektinterne Datenverarbeitungen oder auch die Veröffentlichung personenbezogener Forschungsdaten, z. B. in FDM-Repositorien, gestattet. Bei Verwendung vorformulierter Muster[52] ist insbesondere darauf zu achten, diese an die konkreten Erfordernisse des Einzelfalls anzupassen.

Die betroffene Person hat das Recht, ihre Einwilligung jederzeit zu widerrufen; auch hierüber ist sie zu informieren (Art. 7 Abs. 3 DSGVO). Der Widerruf wirkt erst ab diesem Zeitpunkt; die bis zum Widerruf erfolgte Datenverarbeitung, z. B. eine vorherige Publikation, bleibt rechtmäßig (Art. 7 Abs. 3 S. 2 DSGVO). Mit Ausübung des Widerrufsrechts muss die Datenverarbeitung grundsätzlich beendet und müssen die Daten gelöscht werden, soweit keine andere Rechtsgrundlage die weitere Verarbeitung der Daten gestattet (Art. 17 Abs. 1 lit. b DSGVO). Die konkreten Folgen dieser Regelung sind noch nicht abschließend geklärt. Im Einzelfall könnte damit eine Datenverarbeitung trotz des Widerrufs der Einwilligung weiterhin zulässig

---

[48] Vgl. Stemmer in Brink und Wolff 2020; BeckOK Datenschutzrecht, Art. 7 DSGVO Rn. 74.
[49] Vgl. Roßnagel 2019, 160.
[50] Erwägungsgrund 33 DSGVO; s. zur restriktiven Auslegung des Begriffs „bestimmte Bereiche wissenschaftlicher Forschung" im Erwägungsgrund 33 aber den Beschluss der Datenschutzkonferenz vom 03.04.2019, DSK 2019.
[51] Vgl. EuGH 2019, Rn. 61–62 – Verbraucherzentrale Bundesverband e. V./Planet49 GmbH.
[52] Als Bsp. s. die Informationen des VerbundFDB (https://www.forschungsdaten-bildung.de/einwilligung) und der Deutschen Gesellschaft für Psychologie (Version vom 06.09.2018 in der Fassung vom 23.07.2020, https://zwpd.transmit.de/images/zwpd/dienstleistungen/ethikkommission/0.1a_datenschutzrechtliche_empfehlungen_einwilligungforschungsvorhaben.pdf).

sein, wenn sie durch einen gesetzlichen Erlaubnistatbestand, z. B. zu Forschungszwecken gemäß § 27 Abs. 1 S. 1 BDSG, gestattet wird. Zudem besteht im Forschungskontext trotz des Widerrufs der Einwilligung kein Anspruch auf Löschung der Daten, wenn dies die Verwirklichung der Forschungsziele unmöglich machen oder ernsthaft beeinträchtigen würde (Art. 17 Abs. 3 lit. d DSGVO).

Auch vor Inkrafttreten der DSGVO erteilte Einwilligungen haben weiterhin Bestand, sofern sie der früheren Rechtslage entsprochen haben und „der Art nach" mit der DSGVO vereinbar sind (Erwägungsgrund 171 DSGVO). Problematisch ist insoweit aber, dass die neue Rechtslage höhere Anforderungen stellt, da nunmehr auch über die Widerruflichkeit der Einwilligung zu informieren ist (Art. 7 Abs. 3 Satz 3 DSGVO), was nach früherer Rechtslage nicht erforderlich war. In Zweifelsfällen sollte mit den Datenschutzbeauftragten der jeweiligen Forschungseinrichtung abgestimmt werden, ob „Alt-Einwilligungen" auch weiterhin gelten.

Erlaubnistatbestände für Datenverarbeitungen zu Forschungszwecken

Eine Datenverarbeitung ist auch ohne Einwilligung der betroffenen Person rechtmäßig, wenn sie durch einen gesetzlichen Erlaubnistatbestand gestattet wird. Sowohl auf Bundes- als auch auf Landesebene bestehen spezielle Erlaubnistatbestände für Datenverarbeitungen zu Forschungszwecken. Ein Beispiel ist § 27 Abs. 1 S. 1 BDSG, der die Verarbeitung „sensibler" personenbezogener Daten im Sinne des Art. 9 DSGVO gestattet,

> „wenn die Verarbeitung zu diesen Zwecken erforderlich ist und die Interessen des Verantwortlichen an der Verarbeitung die Interessen der betroffenen Person an einem Ausschluss der Verarbeitung erheblich überwiegen".

Diese Erlaubnistatbestände gelten z. T. sowohl für „sensible" als auch für „normale" personenbezogene Daten,[53] z. T. nur für „sensible" Daten gemäß Art. 9 DSGVO (wie z. B. Gesundheitsdaten).[54] In letzterem Falle ist daher bei Datenverarbeitungen durch öffentliche Forschungseinrichtungen ggf. auf die allgemeinen Erlaubnistatbestände zurückzugreifen (Art. 6 Abs. 1 lit. e DSGVO, § 3 BDSG[55]).

Während die genannten Erlaubnistatbestände die Verarbeitung personenbezogener Daten für wissenschaftliche Zwecke im Allgemeinen regeln, unterliegt die

---

[53] S. z. B. § 11 Abs. 1 HmbDSG, § 17 Abs. 1 BlnDSG und § 13 Abs. 1 LDSG-BW.
[54] S. z. B. § 27 BDSG, Art. 8 BayDSG, § 13 BremDSGVOAG und § 24 Abs. 1 HDSIG.
[55] Allerdings legitimiert § 3 BDSG nach der Gesetzesbegründung (BT-Drucks. 18/11325, S. 81) lediglich Datenverarbeitungen „geringerer Eingriffstiefe", da die Norm so allgemein gehalten ist, dass sie aufgrund des rechtsstaatlichen Bestimmtheitsgrundsatzes keine Grundlage für schwerwiegende Grundrechtseingriffe bieten kann, Wolff in Brink und Wolff 2020; BeckOK Datenschutzrecht, § 3 BDSG Rn. 16a.

Veröffentlichung personenbezogener Daten zusätzlichen Voraussetzungen. So bestimmt z. B. § 27 Abs. 4 BDSG: „Der Verantwortliche darf personenbezogene Daten nur veröffentlichen, wenn die betroffene Person eingewilligt hat oder dies für die Darstellung von Forschungsergebnissen über Ereignisse der Zeitgeschichte unerlässlich ist." Für die Praxis des FDM bedeutet dies, dass eine Veröffentlichung personenbezogener (Forschungs-)Daten, z. B. im Rahmen einer Publikation oder eines Forschungsdatenrepositoriums, nur zulässig ist, wenn die betroffene Person[56] – z. B. die jeweilige Probandin bzw. der Proband, der Interviewpartnerin bzw. Interviewpartner – *eingewilligt* hat, wobei sich die Einwilligung auch auf die Veröffentlichung und ihre Modalitäten beziehen muss,[57] oder wenn die Veröffentlichung für das Verständnis von Forschungsergebnissen über *Ereignisse der Zeitgeschichte zwingend erforderlich* ist, weil z. B. die deutsche Außenpolitik nicht ohne Nennung des Namens des Außenministers dargestellt werden kann. Darüber hinaus ist eine Veröffentlichung von Forschungsdaten nur zulässig, wenn sie *anonymisiert*[58] wurden. Insofern ist eine Veröffentlichung personenbezogener Forschungsdaten in einer Weise, dass sie allgemein zugänglich sind, z. B. als Open Data, nur unter sehr restriktiven Voraussetzungen möglich. Wird eine Veröffentlichung personenbezogener Forschungsdaten angestrebt, so sollte die bei der Erhebung der Daten eingeholte Einwilligung auch die Veröffentlichung umfassen – ein Grund dafür, warum bereits zu Beginn eines Forschungsprojekts die sorgfältige Planung des Umgangs mit Forschungsdaten erfolgen sollte.

Um andererseits die Möglichkeit des Informationszugangs im Interesse der Forschungsfreiheit nicht zu stark einzuschränken, spricht vieles dafür, dass eine Offenlegung personenbezogener Forschungsdaten gegenüber einem begrenzten Empfängerkreis, die durch zusätzliche Maßnahmen wie Geheimhaltungsvereinbarungen abgesichert ist, keine Veröffentlichung darstellt und daher nicht durch § 27 Abs. 4 BDSG untersagt wird. Die Rechtmäßigkeit einer Einsichtnahme in Datenbestände durch einzelne Forschende an einem Präsenz-Arbeitsplatz oder einer Übermittlung von Datensätzen an Dritte richtet sich vielmehr nach § 27 Abs. 1 BDSG. Daher kann es grundsätzlich zulässig sein, Daten auch anderen Forschenden auf diese Weise zur Nachnutzung zugänglich zu machen, wenn im Einzelfall die Forschungsinteressen die Interessen der betroffenen Person wesentlich überwiegen, was im konkreten Fall durch technische und organisatorische Maßnahmen, z. B. Geheimhaltungsverpflichtungen, technische Zugangsbeschränkungen etc.,[59] abgesichert werden muss.

---

[56] Bei Daten mit Drittbezug, z. B. genetischen Daten, die auch Rückschlüsse auf Verwandte zulassen, wäre ggf. auch deren Einwilligung einzuholen.
[57] Vgl. Kreutzer und Lahmann 2019, 82.
[58] Zum Begriff der Anonymisierung s. o. in Abschnitt 3.1 dieses Beitrags.
[59] Vgl. Watteler und Ebel 2019, 68.

Wahrnehmung berechtigter Interessen

Als weiterer Erlaubnistatbestand kommt Art. 6 Abs. 1 lit. f DSGVO in Betracht. Danach ist eine Datenverarbeitung auch ohne eine Einwilligung des Betroffenen rechtmäßig, wenn „die Verarbeitung [...] zur Wahrung der berechtigten Interessen des Verantwortlichen oder eines Dritten erforderlich (ist), sofern nicht die Interessen oder Grundrechte und Grundfreiheiten der betroffenen Person [...] überwiegen". Auch dieser Erlaubnistatbestand verlangt eine sorgfältige Abwägung, bei der alle Umstände des konkreten Einzelfalles berücksichtigt werden müssen. Allerdings ist es dem Wortlaut nach – anders als im Rahmen des § 27 Abs. 1 BDSG – bereits ausreichend, wenn die Forschungsinteressen im Verhältnis zu den Interessen des jeweiligen Betroffenen zumindest gleich stark zu gewichten sind. Es spricht allerdings vieles dafür, dass die Interessen der Betroffenen einer Veröffentlichung der Daten in der Regel entgegenstehen, so dass auf dieser Grundlage in der Regel nur projektinterne Datenverarbeitungen in Betracht kommen.

Dieser Erlaubnistatbestand gilt jedenfalls für nicht-öffentliche Stellen (§ 2 Abs. 4 BDSG), z. B. privatrechtlich organisierte Forschungseinrichtungen. Unklar ist, ob sich auch öffentliche Hochschulen auf Art. 6 Abs. 1 lit. f DSGVO stützen können, da die Regelung nicht für Behörden gilt (Art. 6 Abs. 1 S. 2 DSGVO) und streitig ist, ob die öffentlichen Hochschulen in diesem Sinne als Behörden oder als sonstige öffentliche Stellen einzuordnen sind.[60]

3.4 Rechte der betroffenen Personen

Die DSGVO regelt in Art. 12 ff. DSGVO umfangreiche Betroffenenrechte, um die Transparenz der Datenverarbeitung zu gewährleisten und die Autonomie der Einzelnen zu stärken. Diese Betroffenenrechte werden allerdings z. T. unter Verhältnismäßigkeitsgesichtspunkten sowie zur Privilegierung der Forschung eingeschränkt. Allerdings entbindet dies Forschungseinrichtungen bzw. jene, die Repositorien betreiben, nicht von der Verpflichtung, Konzepte für den Umgang mit Auskunftsbegehren bzw. Löschkonzepte zu entwickeln.

So sind die betroffenen Personen ausführlich über den Verantwortlichen, die Art und Weise sowie die Zwecke der Datenverarbeitung zu informieren (s. die Kataloge der zur Verfügung zu stellenden Informationen in Art.13, Art. 14 DSGVO). Allerdings wird der Verantwortliche von der Informationspflicht des Art. 14 DSGVO befreit, wenn ihre Erfüllung sich als unmöglich erweist oder einen unverhältnismäßigen Aufwand erfordern würde (Art. 14 Abs. 5 lit. b DSGVO). Auch das Auskunfts-

---

[60] Für die Anwendbarkeit auf Universitäten Assion/Nolte/Veil, in Gierschmann, Schlender, Stentzel, Veil 2017, Art. 6, Rn. 124 ff.; anderer Ansicht Golla 2019, § 23 Rn. 45.

recht (Art. 15 DSGVO) und der Berichtigungsanspruch hinsichtlich unrichtiger Daten (Art. 16 DSGVO) werden durch § 27 Abs. 2 BDSG und entsprechende landesrechtliche Regelungen beschränkt, soweit diese Rechte voraussichtlich die Verwirklichung der Forschungszwecke unmöglich machen oder ernsthaft beeinträchtigen. Das Auskunftsrecht besteht darüber hinaus auch dann nicht, wenn die Auskunftserteilung einen unverhältnismäßigen Aufwand erfordern würde. Sind diese Voraussetzungen gegeben, könnte eine Hochschule also einen Antrag einer Person auf Auskunft darüber, welche personenbezogenen Forschungsdaten über sie auf einem Hochschulrepositorium gespeichert sind, ablehnen. Auch die Löschungsansprüche, die grundsätzlich z. B. bestehen, wenn die Daten für den jeweiligen Zweck nicht mehr erforderlich sind, werden im Forschungskontext eingeschränkt (Art. 17 Abs. 3 lit. d DSGVO).

3.5 Technische und organisatorische Maßnahmen zum Schutz der Betroffenen

Die bzw. der für die Datenverarbeitung Verantwortliche hat angemessene technische und organisatorische Maßnahmen zu treffen, um die betroffenen Personen zu schützen (Art. 24, Art. 25 DSGVO). Dies gilt umso mehr für Datenverarbeitungen für Forschungszwecke, die wie oben dargestellt von der DSGVO an vielen Stellen privilegiert werden. Zum Ausgleich sind nach Art. 89 Abs. 1 DSGVO geeignete Garantien für die Rechte und Freiheiten der betroffenen Person zu treffen, um die potenziellen Folgen einer missbräuchlichen Datenverwendung oder Veröffentlichung für die betroffenen Personen so gering wie möglich halten.

Die DSGVO selbst nennt als Beispiel die Pseudonymisierung, um den Grundsatz der Datensparsamkeit umzusetzen.[61] Zudem bestimmt § 27 Abs. 3 BDSG, dass Daten grundsätzlich zu anonymisieren sind, sobald dies nach dem Forschungszweck möglich ist. Bis dahin sind die Daten zu pseudonymisieren und dürfen nur mit den Einzelangaben zusammengeführt werden, soweit der Forschungs- oder Statistikzweck dies erfordert. Weitere Beispiele sind die Verschlüsselung, Maßnahmen zur Überprüfung, ob und von wem personenbezogene Daten eingegeben, verändert oder entfernt worden sind, und die Beschränkung des Zugangs zu den personenbezogenen Daten (s. § 27 Abs. 1 S. 2 BDSG, der auf § 22 Abs. 2 S. 2 BDSG verweist).

Zudem ist zu beachten, dass eine Datenschutz-Folgenabschätzung durchzuführen ist, wenn die Datenverarbeitung aufgrund der Art, des Umfangs, der Umstände und der Zwecke der Verarbeitung voraussichtlich ein hohes Risiko für die Rechte und Freiheiten der betroffenen Personen zur Folge hat (Art. 35 DSGVO).[62]

---

[61] Zur Pseudonymisierung s. o. in Abschnitt 3.1 dieses Beitrags.
[62] Vgl. Roßnagel 2019, 163 f.

3.6 Verantwortlichkeit und Folgen von Rechtsverstößen

Verantwortlichkeit

Die datenschutzrechtlichen Pflichten – z. B. zur Gewährleistung der Rechtmäßigkeit der Datenverarbeitung, zur Erfüllung der Informationspflichten sowie zur Durchführung einer Datenschutz-Folgenabschätzung – treffen den sog. *Verantwortlichen*. Dies ist die natürliche oder juristische Person, Behörde, Einrichtung oder andere Stelle, die über die Zwecke und Mittel der Verarbeitung von personenbezogenen Daten entscheidet (Art. 4 Nr. 7 DSGVO).

Zum Teil wird in der Praxis die Ansicht vertreten, dass Forschende in Leitungsfunktionen, z. B. Hochschullehrinnen und Hochschullehrer oder Forschungsgruppenleitende, selbst Verantwortliche seien, da sie aufgrund der Forschungsfreiheit (Art. 5 Abs. 3 GG) eigenverantwortlich über Zwecke und Mittel der Datenverarbeitung entscheiden, oder dass zumindest eine gemeinsame Verantwortlichkeit gemäß Art. 26 DSGVO von Hochschule und Hochschullehrinnen bzw. Hochschullehrer[63] besteht.

Überzeugender ist es hingegen, die Forschungstätigkeit der Forschenden, soweit sie in Ausübung ihrer Dienstpflichten handeln, der Hochschule zuzurechnen, so dass diese im Außenverhältnis gegenüber der betroffenen Person und der Aufsichtsbehörde als Verantwortliche anzusehen sind.[64] Hierfür spricht, dass immer Menschen für eine Forschungseinrichtung handeln und dass die Tätigkeit von denen, die in Führungsfunktionen arbeiten, dadurch gekennzeichnet ist, dass ihnen Entscheidungsspielräume zustehen, ohne dass hieraus automatisch eine eigenständige datenschutzrechtliche Verantwortlichkeit z. B. der Hochschulrektorin bzw. des Hochschulrektors oder der Kanzlerin bzw. des Kanzlers einer Hochschule abgeleitet würde. Zudem sind Forschende in ihren Entscheidungen über Datenverarbeitungen nicht vollständig frei. Vielmehr bestehen in der Regel Hochschulordnungen, die z. B. die Nutzung einer bestimmten Infrastruktur vorschreiben. Darüber hinaus würde die Gegenansicht zu unpraktikablen Ergebnissen führen, da die Nutzung der von der Hochschule zur Verfügung gestellten IT-Infrastruktur – wie Speicherplatz und E-Mail-System – entweder als Auftragsverarbeitung der Hochschule (Art. 28 DSGVO) oder als Tätigkeit in gemeinsamer Verantwortlichkeit (Art. 26 DSGVO) einzuordnen wäre mit der Konsequenz, dass Wissenschaftlerinnen und Wissenschaftler sowie Hochschule eine entsprechende Vereinbarung abschließen müssten und dass den

---

[63] Vgl. Schwartmann 2020, 77 ff.
[64] Ebenso Roßnagel 2019, 160. S. auch Golla und Matthé 2018, 209–211, zur Hochschullehre, die nur ausnahmsweise von einer eigenen Verantwortlichkeit von Lehrenden ausgehen, wenn Datenverarbeitungen aufgrund einer Überschreitung der jeweiligen Aufgabenzuweisung nicht der Hochschule zurechenbar ist.

Forschenden im Falle der Auftragsverarbeitung sogar Kontrollbefugnisse und -pflichten zustünden.

Daher ist es überzeugender, dass die Verantwortlichkeit für Datenverarbeitungen in Ausübung von Dienstpflichten – nicht dagegen bei einer Überschreitung dienstlicher Befugnisse – bei der Forschungseinrichtung und nicht bei den einzelnen Forschenden liegt. Es liegt daher im Interesse der Forschungseinrichtung, geeignete Schulungs- und Beratungsangebote sicherzustellen, um datenschutzrechtliche Verstöße zu vermeiden.

Sanktionen bei Datenschutzverstößen

Verstöße gegen datenschutzrechtliche Vorgaben können zum einen Maßnahmen der Aufsichtsbehörde nach sich ziehen (Art. 58 DSGVO), die bis zur sofortigen Einstellung des Forschungsprojekts und der Löschung aller rechtswidrig erhobenen Daten führen können. Gegen privatrechtlich organisierte Forschungseinrichtungen, nicht aber gegenüber öffentlichen Stellen (§ 43 Abs. 3 BDSG), können auch Bußgelder verhängt werden (Art. 83 DSGVO). Darüber hinaus stehen auch den in ihrem Recht auf Datenschutz verletzten Personen Ansprüche gegen die Verantwortlichen, z. B. auf Schadensersatz, zu (Art. 82 DSGVO).

Für die beteiligten Wissenschaftlerinnen und Wissenschaftler können sich zudem dienstrechtliche (und in Extremfällen strafrechtliche gem. § 42 BDSG) Konsequenzen ergeben. Nicht außer Acht zu lassen sind außerdem etwaige Reputationsverluste bei groben Verstößen gegen das Datenschutzrecht.

3.7 Postmortaler Schutz durch Persönlichkeitsrechte

Für Daten Verstorbener gilt das Datenschutzrecht hingegen nicht (s. Erwägungsgrund 27 DSGVO). Insoweit kommt nur ein persönlichkeitsrechtlicher Schutz in Betracht, insbesondere bei Abbildungen von Personen das Recht am eigenen Bild (§ 22 KUG[65]), das einen postmortalen Schutz für 10 Jahre nach dem Tod des Abgebildeten gewährt (§ 22 S. 3 KUG). Innerhalb dieses Zeitraums sind eine Veröffentlichung und Verwertung daher grundsätzlich nur mit Zustimmung der abgebildeten Person bzw. ihrer Angehörigen zulässig. Auch ohne Zustimmung zulässig sind aber Veröffentlichungen u. a. von Bildnissen aus dem Bereich der Zeitgeschichte sowie von Abbildungen, auf denen Personen nur als „Beiwerk" neben einer Landschaft oder sonstigen Örtlichkeit erscheinen oder Personen bei ihrer Teilnahme an einer in der Öffent-

---

[65] Der Text des Kunsturheberrechtsgesetzes (KUG) kann unter https://www.gesetze-im-internet.de/kunsturhg/ abgerufen werden.

lichkeit stattfindenden Versammlung o. Ä. zeigen, sofern hierdurch die berechtigten Interessen der abgebildeten Person bzw. ihrer Angehörigen nicht verletzt werden (§ 23 KUG).

Praxistransfer

Angesichts der Komplexität der rechtlichen Rahmenbedingungen sind Wissenschaftlerinnen und Wissenschaftler auf eine unterstützende Infrastruktur der Forschungseinrichtung angewiesen, um ein sachgerechtes und rechtskonformes FDM betreiben zu können.[66] Erforderlich sind zum einen allgemeine Schulungs- und Informationsangebote, die allerdings eine rechtliche Prüfung des Einzelfalls nicht entbehrlich machen, so dass zum anderen auch die Möglichkeit einer qualifizierten und umfassenden rechtlichen Beratung bei komplexen Sachverhalten gegeben sein sollte.

Dies wirft die Frage auf, wie Schulungs- und Informationsangebote und Beratungsangebote in bestehende Infrastrukturen integriert werden können und wem die rechtliche Beratung zu konkreten Fragestellungen obliegen soll. Ansprechpartnerinnen und Ansprechpartner für juristische Fragestellungen sind zum einen das Justiziariat bzw. die Rechtsabteilung und zum anderen die Datenschutzbeauftragten der Forschungseinrichtungen. Einige Bundesländer haben mittlerweile auch zentrale Ansprechstellen geschaffen, z. B. die ZENDAS in Baden-Württemberg und die Stabsstelle IT-Recht der staatlichen bayerischen Hochschulen und Universitäten. In grundsätzlichen Fragestellungen kommt auch den Datenschutzaufsichtsbehörden selbst eine Beratungsfunktion zu.

Zudem haben mittlerweile einige Forschungseinrichtungen zentrale Ansprech- oder Kontaktstellen für Fragen des FDM etabliert, deren Beratung z. T. einfach gelagerte juristische Fragen einbezieht.[67] Für einen solchen umfassenden First-Level-Support spricht, dass auf diese Weise ein niederschwelliges Unterstützungsangebot auch zu juristischen Fragestellungen ermöglicht wird. Zudem ist es fraglich, ob eine Beschränkung auf allgemeine Informationen über die Rechtslage, aber ohne rechtliche Beratung zielgruppengerecht und praktikabel wäre, da bereits eine Einschätzung der konkreten Anfrage – z. B. ob bestimmte Daten personenbezogen sind – eine Rechtsberatung darstellen kann. Allerdings setzt eine rechtliche Beratung durch die zentrale Anlaufstelle eine ausreichende Qualifizierung der Mitarbeiterinnen und Mitarbeiter voraus. Zudem sollte eine solche Aufgabenzuweisung klar geregelt sein, um evtl. Haftungsrisiken für die Mitarbeitenden der zentralen Anlaufstelle

---

66 S. auch Hartmann 2019, 11.
67 Vgl. Ostendorff und Linke 2019, 719.

zu vermeiden. Darüber hinaus sollte eine enge inhaltliche Abstimmung mit dem Justiziariat und den Datenschutzbeauftragten erfolgen, um eine einheitliche Handhabung sowie eine Weiterleitung komplexer Sachverhalte an die Rechtsabteilung bzw. die Datenschutzbeauftragten sicherzustellen.

Fazit

Zusammenfassend ist festzustellen, dass die rechtlichen Rahmenbedingungen des FDM durch eine Vielzahl einzelner Rechtsgebiete – wie das Urheberrecht, das Arbeits-/Dienstrecht und das Datenschutzrecht – bestimmt werden. Allerdings ergeben sich Rechtsunsicherheiten zum einen daraus, dass eine rechtliche Beurteilung – z. B. die urheberrechtliche Schutzfähigkeit, der Personenbezug einzelner Forschungsdaten oder der Umfang einer vertraglichen Geheimhaltungsabrede – nur unter Berücksichtigung der Umstände des jeweiligen Einzelfalls möglich ist, und zum anderen daraus, dass sich bislang weder zur DSGVO noch zu den arbeits- und dienstrechtlichen Rahmenbedingungen eine gesicherte Rechtsprechung etabliert hat. Angesichts dieser Rechtsunsicherheiten sollten rechtliche Aspekte von Beginn eines Forschungsprojekts an im Rahmen des FDM berücksichtigt werden, um eventuelle rechtliche Risiken soweit wie möglich zu minimieren.

So sollte aus datenschutzrechtlicher Sicht frühzeitig u. a. geklärt werden, inwieweit die Forschungsdaten einen Personenbezug aufweisen, unter welchen Voraussetzungen sie erhoben, verarbeitet oder veröffentlicht werden dürfen und welche technischen und organisatorischen Maßnahmen, z. B. eine Anonymisierung oder Pseudonymisierung, Geheimhaltungsverpflichtungen, Maßnahmen zur Gewährleistung von Datensicherheit etc., möglich und erforderlich sind. Eine Veröffentlichung personenbezogener Forschungsdaten ist nach den derzeitigen Vorgaben nur mit Zustimmung des Betroffenen zulässig, wenn dies nicht ausnahmsweise zur Darstellung von Forschungsergebnissen über zeitgeschichtliche Ereignisse unerlässlich ist.

Die Frage, ob den die Daten erhebenden Forschenden, der Forschungsgruppenleitung oder der Forschungseinrichtung die Entscheidungsbefugnis über den Umgang mit Forschungsdaten zustehen soll, wird nur bedingt durch die urheber- und arbeitsrechtlichen Vorgaben beantwortet, sondern liegt weitgehend in der Dispositionsbefugnis der betroffenen Parteien. Daher empfiehlt es sich, im Vorfeld entsprechende Absprachen und Vereinbarungen zu treffen. Hilfreich wären zudem allgemeine Rahmenvorgaben in den Satzungen zur guten wissenschaftlichen Praxis oder den Forschungsdaten-Richtlinien der Forschungseinrichtungen, die ggf. durch spezifischere Vereinbarungen für einzelne Forschungsvorhaben konkretisiert werden. Hierin sollte u. a. geregelt werden, wem welche Nutzungsbefugnisse (zur internen Nutzung, Veröffentlichung etc.) zustehen und inwieweit im Einzelfall Einschränkungen bestehen, z. B. weil Geheimhaltungsvereinbarungen einer Datennutzung entgegenstehen.

Literatur

Letztes Abrufdatum der Internet-Dokumente ist der 15.11.2020.

Brink, Stefan und Heinrich Amadeus Wolff, Hg. 2020. *Beck'scher Online Kommentar Datenschutzrecht*. 33. Edition, Stand 01.08.2020. München: C. H. Beck.
BGH. 1981. „Staatsexamensarbeit." Urteil vom 21.11.1980, Az. I ZR 106/78. *Gewerblicher Rechtsschutz und Urheberrecht* 83 (5): 352–355.
BGH. 1991. „Grabungsmaterialien." Urteil vom 27.09.1990, Az. I ZR 244/88. *Gewerblicher Rechtsschutz und Urheberrecht* 93 (7): 523–529.
BGH. 2010. „Gedichttitelliste III." Urteil vom 13.8.2009, Az. I ZR 130/04. *Neue juristische Wochenschrift* 63 (11): 778–779.
BMBF. 2019. *Urheberrecht in der Wissenschaft – Ein Überblick für Forschung, Lehre und Bibliotheken*. https://www.bmbf.de/upload_filestore/pub/Handreichung_UrhWissG.pdf.
DFG. 2019. *Leitlinien zu guten wissenschaftlichen Praxis – Kodex*. https://www.dfg.de/download/pdf/foerderung/rechtliche_rahmenbedingungen/gute_wissenschaftliche_praxis/kodex_gwp.pdf.
DFG. 1998. *Sicherung guter wissenschaftlicher Praxis, Denkschrift*. https://www.dfg.de/download/pdf/dfg_im_profil/reden_stellungnahmen/download/empfehlung_wiss_praxis_1310.pdf.
Dreier, Thomas und Gernot Schulze. 2018. *Urheberrechtsgesetz*. 6. Aufl. München: C. H. Beck.
DSK. 2019. „Beschluss der 97. Konferenz der unabhängigen Datenschutzaufsichtsbehörden des Bundes und der Länder zu Auslegung des Begriffs „bestimmte Bereiche wissenschaftlicher Forschung" im Erwägungsgrund 33 der DS-GVO vom 3. April 2019." https://www.datenschutzkonferenz-online.de/media/dskb/20190405_auslegung_bestimmte_bereiche_wiss_forschung.pdf.
EuGH. 2017. „Breyer/Deutschland." Urteil vom 19.10.2016, Az. C-582/14. *Zeitschrift für Datenschutz* 7 (1): 24–29. http://curia.europa.eu/juris/document/document.jsf?text=&docid=184668&pageIndex=0&doclang=DE&mode=lst&dir=&occ=first&part=1&cid=6421380.
EuGH. 2019. „Verbraucherzentrale Bundesverband e. V./Planet49 GmbH." Urteil vom 1.10.2019, Az. C-673/17. *Neue juristische Wochenschrift* 72 (47): 3433–3437. http://curia.europa.eu/juris/document/document.jsf?text=&docid=218462&pageIndex=0&doclang=DE&mode=lst&dir=&occ=first&part=1&cid=6422125.
European Commission. 2019. „H2020 Programme AGA – Annotated Model Grant Agreement Version 5.2, 26 June 2019." http://ec.europa.eu/research/participants/data/ref/h2020/grants_manual/amga/h2020-amga_en.pdf.
Gierschmann, Sybille, Katharina Schlender, Rainer Stentzel und Winfried Veil, Hg. 2017. *Kommentar Datenschutz-Grundverordnung*. Köln: Reguvis Fachmedien.
Götting, Horst-Peter und Dieter Leuze. 2017. „Das Urheberrecht des wissenschaftlichen Personals." In *Hochschulrecht – ein Handbuch für die Praxis*, hg. v. Michael Hartmer und Hubert Detmer, 778–830. 3. Aufl. Heidelberg: C. F. Müller.
Golla, Sebastian J. 2019. „Datenschutz in Forschung und Hochschullehre." In *Handbuch Europäisches und deutsches Datenschutzrecht*, hg. v. Louisa Specht und Reto Mantz, 646–671. München: C. H. Beck.

Golla, Sebastian J. und Luisa Matthé. 2018. „Das neue Datenschutzrecht und die Hochschullehre." *Wissenschaftsrecht* 51 (2): 206–223. doi:10.1628/wissr-2018-0011.

Hartmann, Thomas. 2019. *Rechtsfragen: Institutioneller Rahmen und Handlungsoptionen für universitäres FDM*. Frankfurt (Oder). doi:10.5281/zenodo.2654306 CC BY 4.0.

Hartmann, Thomas. 2013. „Zur urheberrechtlichen Schutzfähigkeit von Forschungsdaten." *Zeitschrift zum Innovations- und Technikrecht* 1 (4), 199–202. Zweitveröffentlichung/Volltext http://hdl.handle.net/11858/00-001M-0000-0014-1208-E.

Klimpel, Paul. 2015. „Eigentum an Metadaten? Urheberrechtliche Aspekte von Bestandsinformationen und ihre Freigabe." In *Handbuch Kulturportale, Online-Angebote aus Kultur und Wissenschaft*, hg. v. Ellen Euler, Monika Hagedorn-Saupe, Gerald Meier et al., 57–64. Berlin, Boston: De Gruyter. CC BY 4.0. https://irights.info/wp-content/uploads/2016/01/Klimpel-2015-Eigentum-an-Metadaten.pdf.

Kreutzer, Till. 2016. *Open Content – Ein Praxisleitfaden zur Nutzung von Creative-Commons-Lizenzen*. 2. Aufl. https://irights.info/wp-content/uploads/2015/10/Open_Content_-_Ein_Praxisleitfaden_zur_Nutzung_von_Creative-Commons-Lizenzen.pdf. CC BY 4.0.

Kreutzer, Till und Lahmann, Henning. 2019. *Rechtsfragen bei Open Science*. 2019. https://blogs.sub.uni-hamburg.de/hup/products-page/publikationen/169/. CC BY 4.0.

LAG (Landesarbeitsgericht) Mecklenburg-Vorpommern. 2017. Urteil vom 04.04.2017, Az. 2 Sa 11/17, *BeckRS* 2017, 137568.

Lauber-Rönsberg, Anne, Philipp Krahn, Paul Baumann. 2018. *Gutachten zu den rechtlichen Rahmenbedingungen des Forschungsdatenmanagements*. Stand: 12.07.2018. https://tu-dresden.de/gsw/jura/igetem/jfbimd13/ressourcen/dateien/publikationen/DataJus_Zusammenfassung_-Gutachten_12-07-18.pdf?lang=de. CC BY SA 4.0.

OLG Dresden. 2018. Teilurteil vom 21.08.2018, Az. 14 U 1570/16 (nicht rechtskräftig und unveröffentlicht).

Ostendorff, Philipp und David Linke. 2019. „Best-Practices im Umgang mit rechtlichen Fragestellungen zum Forschungsdatenmanagement (FDM)." *Bibliotheksdienst* 53 (10–11): 717–723. doi:10.1515/bd-2019-0098.

Paal, Boris P. und Daniel A. Pauly, Hg. 2018. *Datenschutz-Grundverordnung, Bundesdatenschutzgesetz*. Beck'sche Kompakt-Kommentare. 2. Aufl. München: C. H. Beck.

RatSWD. 2020. *Handreichung Datenschutz*. RatSWD Output 8 (6). Berlin, Rat für Sozial- und Wirtschaftsdaten (RatSWD) 2. Aufl. https://doi.org/10.17620/02671.50.

Roßnagel, Alexander. 2019. „Datenschutz in der Forschung. Die neuen Datenschutzregelungen in der Forschungspraxis von Hochschulen." *Zeitschrift für Datenschutz* 9 (4): 157–164.

Roßnagel, Alexander. 2018. „Pseudonymisierung personenbezogener Daten. Ein zentrales Instrument im Datenschutz nach der DS-GVO." *Zeitschrift für Datenschutz* 8 (6): 243–247.

Schwartmann, Rolf. 2020. „Die Verantwortlichkeit für die Verarbeitung von Forschungsdaten an Hochschulen." Ordnung der Wissenschaft (2): 77–84. http://ordnungderwissenschaft.de/wp-content/uploads/2020/03/02_Schwartmann.pdf.

Verwaltungsgericht Freiburg. 1983. Urteil vom 02.02.1983, Az. 1 K 153/81. *Verwaltungsblätter für Baden-Württemberg* 5 (8): 286–289.

Watteler, Oliver und Thomas Ebel. 2019. „Datenschutz im Forschungsdatenmanagement." In *Forschungsdatenmanagement sozialwissenschaftlicher Umfragedaten: Grundlagen und praktische Lösungen für den Umgang mit quantitativen Forschungsdaten*, hg. v. Uwe Jensen, Sebastian Netscher, Katrin Weller, 57–80. Opladen, Berlin, Toronto: Barbara Budrich.

Winter, Christian, Verena Battis und Oren Halvani. 2019. „Herausforderungen für die Anonymisierung von Daten – Technische Defizite, konzeptuelle Lücken und rechtliche Fragen bei der Anonymisierung von Daten." *Zeitschrift für Datenschutz* 9 (11): 489–493.

Hermann Rösch
1.5 Forschungsethik und Forschungsdaten

Abstract: Zunächst werden Funktionen und Stellenwert von Ethik in der modernen Gesellschaft erläutert, ehe Forschungsethik als die Bereichsethik behandelt wird, in deren Zuständigkeit das Thema Forschungsdaten fällt. Hier stehen ethische Fragen im Vordergrund, die sich im Zusammenhang mit Erhebung von Forschungsdaten stellen. Anschließend werden die ethischen Implikationen des Managements und der Publikation von Forschungsdaten behandelt. Zwei Ebenen sind zu unterscheiden: Zum einen berühren Forschungsdaten das Themenfeld „Gute wissenschaftliche Praxis", zum anderen geht es um die Verantwortung hinsichtlich des Gegenstandes der Forschung und die möglichen Auswirkungen auf beteiligte Individuen, Unternehmen und Institutionen sowie die Gesellschaft als Ganzes. Grundsätzlich ist festzuhalten, dass die Beschäftigung mit Forschungsdaten unter ethischen Aspekten noch in den Anfängen steckt.

Einleitung

Das System der Wissenschaftskommunikation und das Spektrum der Forschungsmethoden sind durch den digitalen Wandel fundamental verändert worden. Einen völlig neuen und gesteigerten Stellenwert haben in diesem Zusammenhang Forschungsdaten erhalten. Die Auseinandersetzung mit diesem Phänomen konzentriert sich bislang verständlicherweise vorwiegend auf pragmatische Aspekte des Umgangs mit Forschungsdaten. Dabei geht es darum, Forschungsdaten als einen eigenständigen Typus wissenschaftlicher Publikationen zu verstehen und die Verzahnung von klassischen Wissenschaftspublikationen mit den zugehörigen, dauerhaft archivierten Forschungsdaten zur Regel zu machen, damit die daraus abgeleiteten Forschungsergebnisse verifiziert werden können. Dafür müssen nicht nur Standards für die Erschließung durch Metadaten entwickelt werden, sondern auch Infrastrukturen, die eine sichere Speicherung und Langzeitarchivierung ebenso ermöglichen wie die Recherche, den Zugriff und die Nachnutzung.

Aufgrund der Vielzahl der zu lösenden Probleme ist die Auseinandersetzung mit den ethischen Fragen, die sich im Zusammenhang mit Forschungsdaten stellen, noch unterentwickelt.[1] Entsprechende Überlegungen sind als Teil der Forschungsethik zu begreifen, die wiederum eine Teilmenge der Wissenschaftsethik darstellt.

---

[1] Einige einführende Hinweise finden sich in der Rubrik „Ethik und gute wissenschaftliche Praxis" auf der seit Mai 2018 gepflegten Plattform forschungsdaten.info. Vgl. Forschungsdaten.info o.J.

Open Access. © 2021 Hermann Rösch, publiziert von De Gruyter. Dieses Werk ist lizenziert unter der Creative Commons Attribution 4.0 Lizenz.
https://doi.org/10.1515/9783110657807-006

Es geht im Folgenden sowohl um ethische Aspekte hinsichtlich der Entstehung von Forschungsdaten als auch um solche des Forschungsdatenmanagements (FDM), also der Speicherung, der Veröffentlichung und der Nachnutzung. Dabei kreisen die Überlegungen um das Themenfeld „Gute wissenschaftliche Praxis"[2] sowie um die Verantwortung, die sich aufgrund des Forschungsgegenstandes wie auch der Forschungsmethoden und ihrer Auswirkungen ergibt.

1 Ethik

Ethos als Gegenstand von Ethik umfasst ein „empirisch zugängliches, normatives Gefüge aus Rollenerwartungen, Gratifikationen und Sanktionen, handlungsleitenden Überzeugungen, Einstellungen, Dispositionen und Regeln, die die Interaktion der betreffenden Referenzgruppe [...] leiten"[3]. In dieser Funktion hat Ethik eindeutig Konjunktur: So hat sich in den vergangenen Jahren und Jahrzehnten eine Vielzahl sogenannter Bereichsethiken ausdifferenziert. Dazu zählen etwa Medienethik, Umweltethik, Wirtschaftsethik, Technikethik, Tierethik, Wissenschaftsethik, Sportethik oder Informationsethik. Institutionen formulieren ethische Grundsätze und Berufsverbände verabschieden Berufsethiken. Darin werden die Grundwerte zusammengestellt, an denen die Referenzgruppe ihr Handeln ausrichten soll. Regierungen, Forschungseinrichtungen und Verbände richten Ethikkommissionen ein, welche den Auftrag haben, ethische Richtlinien zu erarbeiten, Forschungsvorhaben zu beurteilen und bei Konflikten oder Dilemmata Lösungsvorschläge zu unterbreiten. Auch die Bundesregierung hat einen Ethikrat berufen,[4] der Stellungnahmen und Empfehlungen erarbeitet zu Themen wie Anonyme Kindesabgabe, Stammzellforschung, Intersexualität, Präimplantationsdiagnostik, Gendiagnostik, Patientenwohl, Big Data usw.

Die wachsende Nachfrage nach Ethik als Orientierungsinstrument hat mehrere Ursachen. Eine bedeutende Rolle spielt ohne Zweifel die nachlassende Bindungskraft religiöser Wertesysteme, die in Europa über Jahrhunderte hinweg das Monopol zur Setzung und Verwaltung des Normen- und Wertereservoirs besaßen. Mindestens ebenso wichtig aber ist die Entwicklungsdynamik, auf deren Grundlage die moderne Gesellschaft, gestützt auf Wissenschaft und Technik, nicht nur Wandel zur Konstante macht, sondern darüber hinaus anhaltende Entwicklungsbeschleunigung zur Grunderfahrung. Neue Techniken führen zu bislang unbekannten Handlungsoptionen, die ethisch bewertet werden müssen. Erinnert sei an neue Fragestellungen etwa aus dem biomedizinischen Bereich wie Stammzellforschung, Genforschung

---

2 Vgl. Deutsche Forschungsgemeinschaft 2019.
3 Nida-Rümelin 1996, 780.
4 Vgl. Deutscher Ethikrat o.J.

oder Praxis der Organtransplantation. Aber auch aus der Verkehrstechnik oder der Informationstechnik lassen sich Beispiele anführen. Welche Präferenzen sollen dem Algorithmus eines selbststeuernden Fahrzeugs zugewiesen werden, wenn es bei einer bevorstehenden Kollision gilt, verschiedene Schadensabwägungen zu treffen? Für den Informationssektor sei an die aktuelle Frage erinnert, wie weit Datenspuren, die bei elektronischen Bezahlvorgängen, der Nutzung von Mobiltelefonen, bei der Navigation im Internet oder der Nutzung Sozialer Netzwerke entstehen, von Dritten gespeichert und zwecks Profilbildung zusammengeführt werden dürfen, um dann kommerziell verwertet zu werden oder polizeilicher Überwachung zu dienen.

Ethik hat zum Ziel, Wertestandards zu etablieren und bei der Suche nach moralisch vertretbarem Handeln Orientierung zu verschaffen. Aufgabe der ethischen Reflexion ist es, in Abwägung ethischer Grundwerte und Standards herauszufinden, was in einer konkreten Entscheidungssituation als richtig bzw. gut und was als falsch angesehen werden kann. Ethik ist also die Reflexionstheorie des wertbezogenen, d. h. moralischen Handelns.

In der Praxis werden ethische Überlegungen unter Verweis auf geltendes Recht nicht selten gar nicht erst angestellt. Damit wird jedoch der Eigenwert von Ethik verkannt, denn Ethik ist dem Recht vorgelagert und geht zugleich darüber hinaus. Idealerweise werden rechtliche Regelungen, sofern sie einen Wertbezug tangieren, auf der Grundlage ethischer Grundwerte festgelegt. In der Realität aber kann durchaus der Fall eintreten, dass ethisch gebotene Handlungen gegen Gesetze verstoßen. Und umgekehrt ist längst nicht alles, was legal ist, auch ethisch akzeptabel. So ist es rechtlich nicht zu beanstanden, wenn eine Autorin bzw. ein Autor einer wissenschaftlichen Publikation Texte eines urheberrechtsfreien Werkes übernimmt, ohne die Quelle anzugeben. Nach den Grundsätzen guter wissenschaftlicher Praxis aber wäre dies ein eindeutiger Verstoß gegen das Wissenschaftsethos, der als Plagiarismus zu bewerten wäre. Ethik, in diesem Fall Wissenschaftsethik, kann also auch auf Verpflichtungen verweisen, denen nicht notwendig Rechte entsprechen müssen. Es reicht daher nicht aus, wenn etwa im Zusammenhang mit Forschungsdaten darauf hingewiesen wird, dass die Vorgaben des deutschen und europäischen Datenschutzrechtes einzuhalten seien. Es müssen darüber hinausgehende ethische Überlegungen angestellt werden, ob die Effekte, die von der Bereitstellung personenbezogener Daten für die Betroffenen zu erwarten sind, auch ethisch vertretbar sind bzw. welche praktischen Empfehlungen und Schritte auf Basis dieser Überlegungen abzuleiten sind.

2 Forschungsethik und Forschungsdaten

Die Begriffe Wissenschaftsethik und Forschungsethik werden häufig synonym gebraucht. Eine solche Unschärfe ist jedoch wenig hilfreich. Forschungsethik sollte vielmehr als Teilmenge der umfassenderen Wissenschaftsethik verstanden werden.[5] Dies wird deutlich, wenn mit Nida-Rümelin drei Dimensionen von Wissenschaft unterschieden werden:[6]

- Wissenschaft als Fundus aller Theorien und Hypothesen, die auf der Grundlage wissenschaftlicher Methodik entstanden sind und für wahr gehalten werden können, jedoch aufgrund ihrer prinzipiellen Falsifizierbarkeit einem steten Wandel unterworfen sind.
- Wissenschaft als besondere Praxis, die mittels disziplinspezifischer Forschungsmethoden nach Erkenntnis strebt und die so gewonnenen Theorien und Hypothesen den Validierungs- bzw. Falsifizierungsprozessen der Scientific Community aussetzt.
- Wissenschaft als gesellschaftliches Subsystem, das nicht nur „Berufsfelder anbietet, Bürokratien beschäftigt, Institutionen etabliert, öffentliche Mittel beansprucht",[7] sondern das vor allem in hochindustrialisierten Ländern die volkswirtschaftliche Produktivität und damit auch die Konkurrenzfähigkeit in globalisierten Wirtschaftsräumen maßgeblich beeinflusst.

Während Wissenschaftsethik alle drei Dimensionen umfasst, bezieht sich Forschungsethik vorwiegend auf den zweiten Aspekt, die Forschung. Zur Wissenschaftsethik gehören mithin Fragen, die sich grundlegend mit der Funktion von Wissenschaft auseinandersetzen, mit akademischer Lehre befassen oder auf die Informationspflicht gegenüber der interessierten Öffentlichkeit, der Wissenschaftsjournalistik und den politisch-gesellschaftlichen Instanzen beziehen.[8] Ein zentrales Thema der Wissenschaftsethik ist die Verantwortung für die Folgen, die sich aus der Umsetzung wissenschaftlicher Forschungsergebnisse in technische, ökonomische, politische, militärische und gesellschaftliche Praxis ergeben. Dieser Verantwortungsaspekt spielt allerdings auch in der Forschungsethik eine Rolle, vor allem wenn es um das Forschungsdesign geht.

Forschungsethik hat nur den Teil der Wissenschaftsethik zum Gegenstand, in dem es um den Forschungsprozess geht. Dazu gehören wie erwähnt das Forschungsdesign, der Forschungsprozess und die Kommunikation der Forschungsergebnisse in der Scientific Community.[9] In den Sozial- und Wirtschaftswissenschaften findet sich z. T. ein deutlich engerer Begriff: Dort wird Forschungsethik häufig auf die Beziehung zwischen Forschenden und Beforschten reduziert, d. h. auf die

---

5 Vgl. Viebrock 2015, 31.
6 Vgl. Nida-Rümelin 1996, 788.
7 Nida-Rümelin 1996, 788.
8 Vgl. Nida-Rümelin 1996, 790.
9 Ohne Zweifel ist die Scientific Community der erste Adressat, doch findet darüber hinaus ein Transfer von Forschungsergebnissen in Wirtschaft und Gesellschaft statt. Dies gilt selbstverständlich auch für die Wissenschaftsbürokratie, vor allem sofern diese etwa als Drittmittelgeber auftritt.

„Risiken und Belastungen, die durch die Beteiligung an und die Durchführung von empirischer sozialwissenschaftlicher Forschung entstehen können".[10] Naheliegender erscheint es hingegen, alle Phasen des Forschungsprozesses als Gegenstand von Forschungsethik zu betrachten, von der Wahl des Themas, über die Erkenntnisziele und die Verfahren der Datenerhebung und -auswertung bis hin zu Fragen der Publikation und Nachnutzung.[11] Im Zentrum steht also die ethische Reflexion der Werte und Normen, die das Forschungshandeln leiten sollten.[12] Die Auswahl der Themenstellung und die Festlegung des methodischen Vorgehens sind ohne Zweifel herausragende Gegenstände forschungsethischer Reflexion. Zuerst sollte also die Frage gestellt werden, ob die geplanten Versuche tatsächlich unumgänglich sind. Ferner geht es um die Abwägung möglicher Risiken und um Maßnahmen zur Prävention möglicher Schadensfolgen. Grundsätzlich lässt sich Forschungsethik in drei Bezugsbereiche unterteilen:
– die wissenschaftsinterne Sphäre: Ethos der epistemischen Rationalität,
– die Verantwortung für die am Forschungsprozess als Gegenstand beteiligten Menschen, Institutionen, Tiere und Objekte sowie
– die Verantwortung gegenüber Gesellschaft und Umwelt.

2.1 Die wissenschaftsinterne Sphäre: Ethos der epistemischen Rationalität

Den wissenschaftsinternen Bereich nennt Nida-Rümelin das Ethos der epistemischen (erkenntnistheoretischen) Rationalität.[13] Er stützt sich dabei auf die bereits von Robert Merton formulierten vier Prinzipien des wissenschaftlichen Ethos: Universalismus, Kommunismus, Uneigennützigkeit und organisierten Skeptizismus, hebt im gegebenen Zusammenhang jedoch die Kategorien Gemeinbesitz und Universalismus besonders hervor.[14] Beide bedingen einander. Wissenschaftliche Aussagen müssen sich prinzipiell kritischen Prüfungsversuchen aussetzen, damit sie begründet bestätigt werden und den Status universeller Geltung erlangen oder widerlegt werden können. Der Status universeller Geltung gilt prinzipiell solange, bis eine Widerlegung erfolgt ist. Wissenschaftliche Theorien müssen daher allgemein zugänglich sein und jederzeit für Überprüfungen bereitstehen. Daraus ergibt sich eine Reihe von Regeln, die der Wissenschaftsethik und der Forschungsethik gleichermaßen zugrunde liegen: Erkenntnisse aus Wissenschaft und Forschung müssen

---
10 Kämper 2016, 2.
11 Vgl. Unger 2014, 16.
12 Vgl. Rat für Sozial- und Wirtschaftsdaten 2017, 15.
13 Vgl. Nida-Rümelin 1996, 781.
14 Vgl. Nida-Rümelin 1996, 781–782.

publiziert und damit allgemein zugänglich gemacht werden. Zu beachten sind dabei die disziplinspezifischen Zitationskonventionen und die Offenlegung aller Quellen.[15] Vor allem in den Experimentalwissenschaften inkludiert „Publikation" mittlerweile auch die Bereitstellung der zugehörigen Forschungsdaten. Die Zuverlässigkeit der Daten und Argumente ist nur überprüfbar, wenn der gesamte Forschungsprozess transparent ist und Experimente replizierbar sind. In diesem Zusammenhang wird im Übrigen klar, dass die ethische Auseinandersetzung mit Forschungsdaten Teil der Forschungsethik ist.

Je häufiger Publikationen gelesen und die zugehörigen Forschungsdaten zur kritischen bzw. experimentellen Überprüfung herangezogen werden, desto zuverlässiger können Fehler und Fälschungen aufgedeckt werden.[16] In den vergangenen Jahren haben diverse Fälle von Wissenschaftsbetrug für Aufsehen gesorgt. Dabei ist nicht nur an den Nachweis von Plagiarismus in den Doktorarbeiten prominenter Politiker wie Karl-Theodor zu Guttenberg oder Annette Schavan zu denken, die Anfang der 2010er Jahre zum Entzug der Doktorgrade führten; als besonders schockierend wurde in Deutschland 1997 die Nachricht wahrgenommen, dass knapp 100 Publikationen eines Ulmer Krebsforschungsteams Datenfälschungen und verzerrte Darstellungen enthielten.[17] Die Deutsche Forschungsgemeinschaft (DFG) hat dies zum Anlass genommen, um 1998 eine Denkschrift „Sicherung guter wissenschaftlicher Praxis" als Grundlage der Selbstregulierung zu veröffentlichen, die 2013 leicht und 2019 gründlich überarbeitet wurde.[18] Auch darin wird darauf hingewiesen, dass der Umgang mit Forschungsdaten eine Schlüsselrolle für die Verwirklichung guter wissenschaftlicher Praxis bzw. bei Verstößen gegen diese Prinzipien spielt.

Die Hauptformen des Wissenschaftsbetrugs werden mit der Triade FFP angegeben: Fabrikation, Falsifikation und Plagiat.[19] Fabrikation bezeichnet „Forschungsergebnisse", die frei erfunden worden sind. Unter Falsifikation versteht man die vorsätzliche Fälschung und manipulative Verzerrung von Daten. Dazu gehören die bewusst verzerrende Gewichtung von Daten, der Ausschluss von Daten, die dem Erkenntnisinteresse zuwiderlaufen und die absichtliche Beseitigung von Forschungsdaten mit dem Ziel, eine Überprüfung der Ergebnisse zu erschweren. Plagiarismus bezeichnet die Übernahme von Ideen, Daten, Formulierungen, Texten ohne Verweis auf die Quelle. Um gute wissenschaftliche Praxis auf Seiten der Herausgebenden wissenschaftlicher Zeitschriften zu verbessern hat das Committee on Publication Ethics (COPE) nicht nur „Retraction Guidelines" formuliert,[20] sondern dar-

---

15 Vgl. dazu auch Kaminsky und Mayerle 2012, 21.
16 Vgl. Elger und Engel-Glatter 2014, 30.
17 Vgl. Viebrock 2015, 13.
18 Vgl. Deutsche Forschungsgemeinschaft 2019.
19 Vgl. dazu und zum Folgenden Elger und Engel-Glatter 2014, 25–26.
20 Vgl. Committee on Publication Ethics 2019.

über hinaus Online-Tutorials zu den diversen Aspekten,[21] Fallstudien mit ethischer Bewertung zur Übung und Ablaufszenarien („Flow charts")[22] zusammengestellt. Einen umfassenden „Code of Conduct" für Integrität in der Forschung hat der Dachverband europäischer Wissenschaftsakademien 2018 verabschiedet. Darin werden sowohl die positiven Wertbezüge (Zuverlässigkeit, Ehrlichkeit, Rechenschaftspflicht für die Forschungsarbeit usw.) als auch Verstöße gegen die Integrität von Forschung (FFP) ausführlich dargestellt. Ein eigener Abschnitt befasst sich mit dem Thema „Datenpraktiken und -management".[23] Weitere Guidelines, Checklisten, Vorlagen für Policies und sonstige Materialien zur Ethik im Umfeld wissenschaftlichen Publizierens wurden von Verlagen[24] sowie diversen Zusammenschlüssen von Herausgeberinnen und Herausgebern entwickelt und bereitgestellt.[25]

2.2 Die Verantwortung für die am Forschungsprozess als Gegenstand beteiligten Menschen, Institutionen, Tiere und Objekte

Der zweite Bereich gehört insofern nicht zum wissenschaftsinternen Sektor, als die involvierten Menschen, Institutionen, Tiere und Objekte nur für die Dauer der Datenerhebungen und Experimente Teil des Forschungsprozesses sind. Die Folgen ihrer Beteiligung aber wirken über jenen Zeitraum hinaus und damit auch über die Sphäre der Wissenschaft. Aufgrund dieser Divergenz liegt die Verantwortung für die möglichen Folgen bei den Forschenden. Besonders brisant sind Forschungsprojekte, in denen es um Versuche am und mit Menschen geht, um Tierversuche oder um Arbeit an bzw. mit wertvollen Materialien, die dadurch vernichtet und geschädigt werden können. Die folgenden Überlegungen konzentrieren sich auf Forschungsprojekte, in denen Menschen als Probandinnen und Probanden beteiligt sind. Besonders in den Blick geraten daher vor allem Forschungsprojekte der Medizin, der Psychologie und weiterer Wissenschaften, wie jener der Heil- und Therapieberufe, der Pädagogik, der Soziologie und der Wirtschaftswissenschaft.

Ihre Folgeverantwortung müssen Forschende bereits in ihre Vorüberlegungen zum Forschungsdesign und zum methodischen Vorgehen einbeziehen. Daher spielen ethische Aspekte schon bei der Planung der Datenerhebung eine Rolle. Unbestritten ist dabei natürlich, dass dies unter disziplinspezifischen Gesichtspunkten extrem variieren kann. Forschungsdaten, die z. B. bei astrophysischer Forschung entstehen, haben nachvollziehbarerweise ganz andere ethische Implikationen als

---

21 Vgl. Committee on Publication Ethics o. J. b.
22 Vgl. Committee on Publication Ethics o. J. a.
23 Vgl. All European Academies 2018.
24 Vgl. etwa Wiley 2014.
25 Vgl. etwa European Association of Science Editors o. J. sowie Council of Science Editors 2018.

z. B. jene, die bei Untersuchungsreihen anfallen, in denen die Wirkung von Medikamenten an Menschen überprüft wird oder die im Rahmen qualitativer Sozialforschung durch Befragung bestimmter Zielgruppen erzeugt werden.

Insbesondere wenn Menschen als Probandinnen und Probanden, Beobachtete oder Befragte beteiligt sind, haben forschungsethische Reflexionen einen hohen Stellenwert. Zu den obersten Prinzipien gehören Risikoabwägung und Schadensvermeidung, Freiwilligkeit sowie Wahrung der Persönlichkeitsrechte, darunter allem voran der Schutz der Gesundheit und der Privatheit.

Datenschutzrechtliche Folgen müssen vor allem bei wirtschaftswissenschaftlichen Forschungen auch im Hinblick auf Institutionen, Betriebe und Unternehmen angestellt werden. So können Daten, die im Zuge von Forschungsprojekten entstehen, als Betriebsgeheimnis angesehen werden, deren Veröffentlichung die Marktstellung und die Erfolgsaussichten eines Unternehmens in beträchtlichem Maße beeinträchtigen könnten.

Mögliche Risiken und Schäden für die Beteiligten müssen antizipiert und so gering wie möglich gehalten sowie transparent dargestellt werden. Die Teilnahme an Studien muss freiwillig sein, ihr muss eine ausführliche Aufklärung über Ziele, Methoden und mögliche Folgen vorausgehen.[26] Dabei muss auch über die Behandlung, Sicherung, Speicherung und Nutzung der im Laufe des Forschungsprozesses entstehenden Forschungsdaten umfassend informiert werden. Erst wenn auf dieser Grundlage die Bereitschaft zur Teilnahme erklärt wird, kommt ein ethisch und in vielen Fällen auch rechtlich erforderlicher „informed consent" bzw. eine informierte Einwilligung zustande. Weitere Überlegungen zu dieser Problematik sowie einige Beispiele von Musterformularen für Einverständniserklärungen sind im Auftrag des Committee on Publication Ethics von Virginia Barbour zusammengestellt worden.[27]

Zuerst formuliert wurde das Prinzip der informierten Einwilligung 1947 im Zuge der Auseinandersetzung mit den menschenverachtenden medizinischen Versuchen, die während des Nationalsozialismus in Deutschland durchgeführt worden sind. Im Anschluss an die Nürnberger Ärzteprozesse 1946/1947, in denen Ärzte und Zahnärzte aufgrund ihrer Beteiligung an Experimenten mit KZ-Gefangenen und Euthanasiemorden angeklagt worden waren, stellte der US-Militärgerichtshof medizin- bzw. forschungsethische Grundsätze für Versuche am Menschen zusammen, den sog. Nürnberger Kodex.[28] Im ersten von insgesamt zehn Abschnitten heißt es dort:

> 1. Die freiwillige Zustimmung der Versuchsperson ist unbedingt erforderlich. Das heißt, daß die betreffende Person [...] das betreffende Gebiet in seinen Einzelheiten hinreichend kennen und verstehen muß, um eine verständige und informierte Entscheidung treffen zu können. Diese letzte Bedingung macht es notwendig, daß der Versuchsperson vor der Einholung ihrer Zu-

---

[26] Vgl. Unger 2014, 19.
[27] Vgl. Barbour 2018.
[28] Vgl. Schnell und Dunger 2018, 23.

stimmung das Wesen, die Länge und der Zweck des Versuches klargemacht werden; sowie die Methode und die Mittel, welche angewendet werden sollen, alle Unannehmlichkeiten und Gefahren, welche mit Fug zu erwarten sind, und die Folgen für ihre Gesundheit oder ihre Person, welche sich aus der Teilnahme ergeben mögen.[29]

Die Forschenden müssen also den Probandinnen und Probanden ihr Vorhaben nach bestem Wissen umfassend und verständlich erläutern. Die Betroffenen wiederum müssen ausreichend Zeit haben, um sich eine Meinung bilden zu können und sich im Bedarfsfall von Dritten beraten zu lassen.[30] Selbst bei intensivem Bemühen und besten Absichten trifft dies in manchen Fällen auf große Schwierigkeiten und Hürden. Wenn Kinder, geistig Behinderte oder Demenzkranke beteiligt sind, ist eine informierte Einwilligung der Beteiligten selbst im vollen Sinne kaum möglich. Andererseits kann der Verzicht auf Forschung zum Wohle der genannten Gruppen nicht ernsthaft in Erwägung gezogen werden. In welchem Maße informierte Einwilligung durch Erziehungsberechtige und einen gesetzlichen Vormund erlangt werden kann, wird durchaus kontrovers diskutiert.[31]

Ebenfalls kontrovers diskutiert werden auch einige Erhebungsmethoden, die bewusst gegen das Prinzip der informierten Einwilligung verstoßen. Dazu zählen die verdeckte Beobachtung sowie die gezielte, temporäre Fehlinformation. Diese Methoden werden in der Psychologie und in der sozialwissenschaftlichen Forschung vor allem dann gewählt, wenn die Forschenden befürchten, eine umfassende Information könne die Forschung gefährden bzw. die Befunde verfälschen. Dies gilt etwa für Forschung zu prekären Gruppen wie Suchtkranken oder ethnischen Minoritäten. Ohne verdeckten Zugang bzw. in Kenntnis des tatsächlichen Forschungsanliegens würden die Probandinnen bzw. Probanden möglicherweise ihre Teilnahme verweigern oder sozial erwünschte Antworten geben und entsprechende Verhaltensweisen zeigen.[32] Unbestreitbar ist, dass die Rechte der Untersuchten damit verletzt werden und der Grundsatz der informierten Einwilligung suspendiert wird. Während Christel Hopf derartige Methoden aus forschungsethischen und datenschutzrechtlichen Gründen grundsätzlich für unzulässig hält,[33] gibt Hella von Unger zu bedenken, dass nur so valide Erkenntnisse zu gewinnen seien und daher für präzise zu benennende Zielgruppen unter Einhaltung strenger wissenschaftlicher Regeln zugelassen werden sollten.[34]

Ein weiteres, grundsätzliches Problem ergibt sich dadurch, dass Verlauf und Folgen des Forschungsprozesses nicht zwangsläufig zur Gänze vorhersehbar sind.

---

29 Mitscherlich und Mielke 1960, 272.
30 Vgl. Schnell und Dunger 2018, 31.
31 Vgl. Heinrichs 2010, 71.
32 Vgl. Unger 2014, 27.
33 Vgl. Hopf 2016, 196.
34 Vgl. Unger 2014, 28.

Insbesondere im Rahmen qualitativer Studien können explorative Prozesse Bedeutung erlangen, die nur bedingt planbar sind. Die Aussagen zu Methode, Verlauf und Ergebnis des Forschungsprozesses, die zum Zwecke des informierten Einverständnisses vermittelt werden, sind nicht so präzise vorab festlegbar, wie bei klinischen oder quantitativen Studien. Üblicherweise wird das informierte Einverständnis durch das einmalige Einholen einer Unterschrift zu Beginn der Datenerhebung dokumentiert. Im Falle qualitativer Studien empfiehlt sich jedoch, informiertes Einverständnis als iterativen, dialogischen Prozess zu verstehen und bei Bedarf entweder mündlich oder schriftlich erneut um die Zustimmung zu bitten.[35] In der Datenschutz-Grundverordnung der EU ist diesem Aspekt insofern Rechnung getragen worden, als die Möglichkeit eingeräumt wurde, eine Einwilligung auch dann zu geben, wenn Zwecke und Verlauf des Forschungsprozesses zum Zeitpunkt der Erhebung noch nicht vollständig angegeben werden können.[36] Diese Erweiterung des „informed consent" wird als „broad consent" bezeichnet, die jedoch nicht mit einer pauschalen, unbegrenzten Erlaubnis verwechselt werden darf. Es handelt sich vielmehr um eine abgestufte Einwilligung, die sich nur auf den benannten Forschungsbereich oder Teile eines konkreten Forschungsprojektes bezieht. Mit dem Konzept des „broad consent" soll die Möglichkeit erleichtert werden, im Rahmen von Langzeitstudien personenbezogene Daten einzubeziehen, die in früheren, zeitlich begrenzten Studien erhoben worden sind.[37] Wichtig ist in jedem Falle, dass die Einwilligung jederzeit widerrufen werden kann.

Im Hinblick auf die Nachnutzung von Forschungsdaten stellt die informierte Einwilligung ein nicht unerhebliches Problem dar. Wenn nämlich Daten nicht nur vom ursprünglich Forschenden analysiert werden, ist es kaum möglich, den Betroffenen vor der Datenerhebung mitzuteilen, zu welchen Zwecken und unter welchen Fragestellungen die Forschungsdaten zu einem späteren Zeitpunkt von noch unbekannten Forschern genutzt werden.[38] Eine neue Datenkultur der Offenheit und des Teilens, mithin die Verfügbarkeit von Forschungsdaten für spätere, noch unbekannte Nutzungsformen, gehört jedoch zu den erklärten Zielen der Open-Source- bzw. Open-Science-Bewegung.[39] Die damit verbundene Brisanz kann in einigen Fällen durch geeignete Maßnahmen wie Anonymisierung und Pseudonymisierung zumindest partiell entschärft werden.

Neben Schadensvermeidung und informierter Einwilligung ist der Schutz der Persönlichkeitsrechte der Befragten, Probandinnen bzw. Probanden und Beobachteten von größter Wichtigkeit. Dieser Gesichtspunkt spielt vor allem in der qualitati-

---

35 Vgl. Unger 2014, 26.
36 Vgl. Datenschutz-Grundverordnung 2018, Erwägungsgrund 33.
37 Vgl. Rat für Sozial- und Wirtschaftsdaten 2017, 14.
38 Vgl. Wagner 2017, 4.
39 Vgl. Rat für Informationsinfrastrukturen 2016, 17, 52.

ven Sozialforschung, der Psychologie und den Heil- und Pflegewissenschaften eine herausragende Rolle. Der Schutz der Privatheit umfasst das Recht auf informationelle Selbstbestimmung, d. h. das Recht des Einzelnen, selbst darüber zu bestimmen, ob ihn betreffende, personenbezogene Daten zugänglich gemacht werden dürfen und zu welchem Zweck diese verwendet werden können.

Dieses Recht ist auf nationaler und europäischer Ebene durch umfassende datenschutzrechtliche Regelungen garantiert.[40] So stellt Art. 9 der Datenschutz-Grundverordnung unmissverständlich fest, dass die Verarbeitung „personenbezogener Daten, aus denen die rassische und ethnische Herkunft, politische Meinungen, religiöse oder weltanschauliche Überzeugungen oder die Gewerkschaftszugehörigkeit hervorgehen, sowie die Verarbeitung von genetischen Daten, biometrischen Daten zur eindeutigen Identifizierung einer natürlichen Person, Gesundheitsdaten oder Daten zum Sexualleben oder der sexuellen Orientierung einer natürlichen Person" untersagt ist.[41] Ausführliche Interviews, die verschriftlicht oder als Audio- bzw. Videoaufzeichnung vorliegen, können jedoch äußerst sensible personenbezogene Daten enthalten, die großen Schaden anrichten, wenn sie missbraucht, in die Hände Dritter gelangen oder allgemein veröffentlicht werden.[42] Grundsätzlich sind Interviews und Befragungen im Zuge wissenschaftlicher Forschungsprojekte ethisch sensibel, denn die Interviewsituation „bedeutet für den Befragten ein Eindringen in seine Privatsphäre und ein Einmischen in seine Angelegenheiten".[43] Befragungen zu intimen, möglicherweise stigmatisierenden Themen können außerordentlichen Stress, Furcht, Erschöpfung oder gar psychopathologische Zustände hervorrufen.

Geeignete Maßnahmen zur Wahrung des Datenschutzes im Zusammenhang mit Forschungsdaten sind wie bereits erwähnt Pseudonymisierung und Anonymisierung. Bei Pseudonymisierung wird der reale Name einer bzw. eines Probanden durch einen erfundenen Namen oder eine abstrakte Zählung ersetzt. Es heißt dann statt „Peter Meier" z. B. „Max Mustermann" oder „Person 1". Anonymisierung geht insofern einen Schritt weiter, als Daten im Idealfall nicht mehr einer natürlichen Person zugeordnet werden können. Für die Anonymisierung sowohl qualitativer als auch quantitativer Forschungsdaten sind bereits vor einigen Jahren Handreichungen erarbeitet worden.[44]

Für rein quantitative Sozialforschung stellt Anonymisierung in den allermeisten Fällen kein Problem dar. Aussagen des Typs „10 % aller befragten Fahrradfahrer..." sind valide und lassen keine Rückschlüsse auf einzelne Personen, die befragt wurden, zu. Dies gilt jedoch nicht, wenn die Grundgesamtheit numerisch so begrenzt

---

40 S. a. Beitrag von Lauber-Rönsberg, Kap. 1.4 in diesem Praxishandbuch.
41 Datenschutz-Grundverordnung 2018.
42 Vgl. Unger 2014, 25.
43 Viebrock 2015, 66–67.
44 Vgl. Meyermann und Porzelt 2014 sowie Eberl und Meyermann 2015.

ist, dass eine De-Anonymisierung möglich wird (z. B. „Chefärzte und -ärztinnen städtischer Krankenhäuser der Region X"). In der qualitativen Sozialforschung hingegen tritt ein anderes Problem auf. Wenn im Zuge der Anonymisierung nicht nur Namen und Adresse entfernt bzw. ersetzt werden, sondern auch weitere Variablen wie Alter, Wohnort, Beruf, Einkommen usw., wird die Informationsgenauigkeit reduziert. Da die Identifizierung beteiligter Personen durch aussagekräftige Merkmale wie Ausdrucksweise, Tonlage, Erzählmuster, Physiognomie, Kleidung usw. in Audio- oder Videodokumenten nie vollkommen auszuschließen ist, müssten theoretisch weitere Verfremdungen vorgenommen werden. Dem steht entgegen, dass jede Verfremdung, jede Vergröberung und jede Dekontextualisierung den heuristischen Wert der Daten senkt.[45] Die digitale Archivierung entsprechender Rohdaten wirft daher aus forschungsethischer Sicht erhebliche Probleme auf. Diese Herausforderungen sind zusätzlich angewachsen, seit im Zuge von Big Data bislang unvorstellbar große Mengen heterogener Daten zusammengespielt und anschließend mittels Algorithmen bzw. Künstlicher Intelligenz ausgewertet werden können. Auf diese Weise ist es in bedrohlichem Maße möglich, zuvor separierte Merkmale wieder zusammenzuführen, Persönlichkeitsprofile zu rekonstruieren und die Effekte der Anonymisierung rückgängig zu machen.

In jedem Einzelfall muss entschieden werden, ob und in welchem Maß die Forschungsdaten anonymisiert werden können, ohne dass der Erkenntniswert in nennenswertem Maß gemindert wird. Festzulegen ist ferner, ob und unter welchen Bedingungen die Forschungsdaten zugänglich gemacht werden können. In diese Überlegungen müssen sowohl die mit Big Data, Algorithmen und Künstlicher Intelligenz eröffneten Möglichkeiten und Gefahren einbezogen werden als auch die Verpflichtungen, die z. B. im Hinblick auf Open Data Policies gegenüber Drittmittelgebern und den eigenen Trägerinstitutionen bestehen.

Unter forschungsethischen Gesichtspunkten wären in diesem Abschnitt auch ethische Fragen im Kontext von Tierversuchen und hinsichtlich möglicher Folgen für dingliche Forschungsgegenstände wie Kunstwerke, Gebäude oder Pflanzen anzusprechen. Da der Blick hier in erster Linie den mit Forschungsdaten verbundenen ethischen Fragestellungen gilt, soll dies jedoch unterbleiben.

2.3 Die Verantwortung gegenüber Gesellschaft und Umwelt

Der dritte Bezugsbereich der Forschungsethik, der hier nur kurz angerissen werden kann, umfasst die Verantwortung von Forschung gegenüber der Gesellschaft und der Umwelt und reicht insofern ebenfalls über den Wissenschaftssektor hinaus.[46]

---

45 Vgl. Rat für Sozial- und Wissenschaftsdaten 2017, 19–20.
46 Vgl. Deutsche Forschungsgemeinschaft 2014, Starck 2005.

Die nach außen gerichteten, strukturellen Verantwortungsprobleme beziehen sich zum einen auf das Spektrum von Erkenntnisinteressen und -desinteressen.[47] Werden Forschungsgegenstände tatsächlich nach sozialen und politischen Gesamtinteressen oder nach ökonomischem Partikularinteresse bzw. ihrer Karrieretauglichkeit ausgewählt? Welche Rolle spielen dabei Loyalitätskonflikte und individuelle Interessen? Zum anderen geht es um die Folgeverantwortung für die Wirkung und Nutzung von Forschungsergebnissen. Damit ist ein heikles Problem angesprochen, für das eine endgültige und befriedigende Lösung nicht in Sicht ist. Gibt es Gegenstände, die prinzipiell von Forschung ausgeschlossen werden sollten? In der Reproduktionsmedizin oder in der Gentechnik erzeugt die Forschung z. T. ethische Fragen, die sie selbst nicht lösen kann und die möglicherweise sogar grundsätzlich unlösbar bleiben.[48] Zu denken ist in diesem Zusammenhang z. B. auch an umwelt- und lebensraumrelevante Experimente wie Freilandversuchsreihen mit gentechnisch veränderten Pflanzen.[49] Entsprechende forschungsethische Fragen müssen im Diskurs mit Politik, Zivilgesellschaft und Wirtschaft erörtert und geklärt werden.

Ein grundsätzliches Problem für Forschende besteht darin, dass die gesellschaftlichen Auswirkungen durch Anwendung der Forschungsergebnisse häufig nicht angemessen zu überschauen sind. Dies betrifft sowohl den gutwilligen Gebrauch als auch den bewussten Missbrauch. Der missbräuchliche Einsatz von Forschungsergebnissen zu militärischen, terroristischen, demokratiefeindlichen, geheimdienstlichen oder kriminellen Zwecken wird auch als Dual-Use-Problematik bezeichnet.[50] So können Erkenntnisse aus der Materialforschung oder der Nanotechnologie für die Entwicklung von Angriffswaffen eingesetzt werden, Ergebnisse der Infektionsbiologie können zur Herstellung biologischer Kampfstoffe genutzt werden oder Big Data und Algorithmen zur Überwachung und Diskriminierung von Minderheiten missbraucht werden.

Die Gefahr einer ethisch zu missbilligenden Zweckentfremdung besteht jedoch nicht nur für Forschungsergebnisse, sondern auch für Forschungsdaten. Auch insofern muss genau geprüft werden, ob dem per se zu begrüßenden Grundsatz der Open Science durch freien Zugang zu Forschungsdaten in jedem Einzelfall entsprochen werden kann oder ob klar definierte und transparent begründete Einschränkungen vorgenommen werden müssen.

---

47 Vgl. Kaminsky und Mayerle 2012, 22.
48 Vgl. Heinemann 2010, 102.
49 Vgl. Lucas und Nida-Rümelin 1999, 48.
50 Vgl. Wagner 2017, 3.

2.4 Ethikkommission

Als ein wichtiges Instrument zur ethischen Selbstkontrolle von Wissenschaft und Forschung sind auf Hochschulebene Ethikkommissionen eingerichtet worden.[51] Ihre Aufgabe besteht grundsätzlich darin, externe Erwartungen in forschungsbezogene Entscheidungen zu übersetzen.[52] In den USA begann diese Entwicklung vereinzelt in den 1950er Jahren im Zusammenhang mit medizinischer Forschung. Ethikkommissionen für biomedizinische Forschung, die in Deutschland seit den 1970er Jahren sukzessive gegründet wurden, sind seit den 1990er Jahren nahezu flächendeckend vorhanden. Die Prüfung von klinischen Forschungsprojekten durch eine Ethikkommission ist in Deutschland in der Musterberufsordnung für Ärztinnen und Ärzte (§ 15),[53] dem Arzneimittelgesetz (§§ 40–42)[54] und im Medizinproduktegesetz (§ 20)[55] verankert. Ethikkommissionen sind nicht als Kontroll- und Verbotsgremien angelegt, sondern sollten in erster Linie als Beratungseinrichtungen verstanden werden.[56] Damit wird der grundgesetzlich garantierten Freiheit von Forschung und Lehre Rechnung getragen (vgl. Art. 5, Abs. 3 GG). Unmittelbare Forschungsverbote sind daher nur in besonderen Ausnahmefällen und bei schwerwiegenden Gefahren für andere Verfassungsgüter zulässig.[57] Dazu zählen Güter wie Leben, Gesundheit, Würde, personale Integrität oder individuelle Selbstbestimmung.[58] Obwohl grundsätzlich als Beratungsinstanz vorgesehen, hat die ethische Überprüfung von Forschungsprojekten dennoch nicht selten eine genehmigungsähnliche Wirkung, da Drittmittelgeber wie z. B. die DFG die Stellungnahme der zuständigen Ethikkommission in bestimmten Fällen zwingend einfordern.

Ethikkommissionen existieren bei den medizinischen Fakultäten der Hochschulen, den Landesärztekammern, in Krankenhäusern, Pharmaunternehmen und Arzneimittelprüfungsinstitutionen.[59] Im Arbeitskreis medizinischer Ethikkommissionen waren im März 2020 52 Mitglieder zusammengeschlossen.[60] Für klinische Prüfungen von Arzneimitteln und Medizinprodukten sind landesrechtliche Ethikkommissionen gesetzlich vorgeschrieben und fungieren tatsächlich als Genehmigungsbehörden. Auch auf Hochschulebene haben Ethikkommissionen die Funktion, Forschungsvor-

---

51 Listen von Ethikkommissionen an Hochschulen finden sich in Rat für Sozial- und Wirtschaftsdaten 2019 (für die Wirtschafts- und Sozialwissenschaften) und in Arbeitskreis medizinischer Ethikkommissionen 2019 (für die Medizin).
52 Vgl. Unger und Simon 2016, 2.
53 Vgl. Bundesärztekammer 2019.
54 Vgl. Gesetz über den Verkehr mit Arzneimitteln 2020.
55 Vgl. Gesetz über Medizinprodukte 2019.
56 Vgl. Luca/Nida-Rümelin 1999, 48.
57 Vgl. Hufen 2017.
58 Vgl. Buchner, Hase, Borchers und Pigeot 2019, 691.
59 Vgl. Unger und Simon 2016, 7.
60 Vgl. Arbeitskreis medizinischer Ethikkommissionen. 2019.

haben unter ethischen Gesichtspunkten zu beurteilen und Forschende vor der Durchführung von Projekten zu beraten. Im Vordergrund stehen dabei Forschungen, an denen Menschen beteiligt sind bzw. in denen personenbezogene Daten entstehen und verarbeitet werden. Außerhalb der medizinischen Fakultäten existieren mittlerweile universitäre Ethikkommissionen vor allem für psychologische und sozialwissenschaftliche Forschungen.

Zu den eigentlichen Aufgaben der Ethikkommissionen gehören Abwägungen in dreierlei Hinsicht. Zum einen geht es um die Frage, ob und in welchem Maße Risiken für teilnehmende Personen zu erwarten sind. Dabei spielen die bereits erwähnten Güter wie Leben, Gesundheit, Persönlichkeitsrechte usw. eine herausragende Rolle. Der zweite Aspekt betrifft die Abwägung zwischen Wissenschaftsfreiheit einerseits und den individuellen Schutzgütern andererseits. Schließlich muss überprüft werden, „ob der erwartete Erkenntnisgewinn das Risiko rechtfertigt, das Menschen mit ihrer Teilnahme eingehen"[61].

Zwar wird die grundlegende Berechtigung akademischer Ethikkommissionen meist nicht in Zweifel gestellt, doch gibt es auch Klagen über deren negative Effekte, die das Forschungsdesign beeinträchtigen und die Aussagekraft der Forschungsergebnisse mindern können.[62] In den Sozialwissenschaften wird z. B. kritisiert, dass Erfahrungen aus der medizinisch-klinischen Forschung unverändert auf sozialwissenschaftliche Forschung übertragen werden. Damit drohe die Gefahr, dass qualitative Forschung in quantitative Formate gedrängt oder gar ganz unmöglich gemacht werde. Von großer Bedeutung wird sein, zukünftig die disziplinspezifischen Communities in die Ethikkommissionen angemessen einzubinden und so deren gängige Theorien, Methoden und Traditionen in den ethischen Bewertungsprozessen zu berücksichtigen. Damit sollte auch verhindert werden können, dass Ethikkommissionen vorwiegend bürokratischen Logiken Rechnung tragen und darauf reduziert werden, Rechtskonformität zu garantieren.[63]

Nicht unproblematisch ist allerdings, dass Mitglieder universitärer Ethikkommissionen neben einer Juristin bzw. einem Juristen, einer Philosophin bzw. einem Philosophen oder einer Theologin bzw. einem Theologen zumeist Forschende der eigenen Fakultät sind. Es ist nicht ausgeschlossen, dass bei der Bewertung der Forschungsanträge direkter Kolleginnen und Kollegen Loyalitäts- und Befangenheitskonflikte auftreten. Möglicherweise könnte dieses Problem durch unabhängige, übergeordnete Kommissionen entschärft werden. Hilfreich wäre ferner, wenn die Arbeit der Ethikkommissionen transparenter würde. Dafür wäre es notwendig, die Sitzungsprotokolle nicht wie bislang üblich unter Verschluss zu halten, sondern frei zu geben. Ethikkommissionen dispensieren Forschende nicht von der Pflicht, jen-

---
61 Buchner, Hase, Borchers und Pigeot 2019, 694.
62 Vgl. dazu und zum Folgenden Unger und Simon 2016, 9–10.
63 Vgl. Unger und Simon 2016, 12.

seits der durch die Kommissionen erarbeiteten Stellungnahmen und Empfehlungen allgemeine ethische Standards zu berücksichtigen sowie entsprechenden Empfehlungen zu folgen, die von Berufsverbänden, Wissenschaftsgremien oder Förderorganisationen wie der DFG erarbeitet worden sind.

Im Kontext von Forschungsdaten ist zu empfehlen, dass Ethikkommissionen immer dann in die Projektplanung beratend einbezogen werden, wenn Daten von bzw. über Menschen erhoben werden, wenn also personenbezogene Daten generiert oder kumuliert werden. Eine bloße Konsultation des bzw. der Datenschutzbeauftragten reicht keinesfalls aus, denn diese beschränken sich häufig auf eine reine datenschutzrechtliche Bewertung. Gemeinsam sollte u. a. geprüft werden, ob die Kriterien des „informed consent" erfüllt sind und ob der Schutz der Privatheit in ausreichendem Maß gewährleistet ist. Vorstellbar wäre aber auch, dass die lokale Ethikkommission oder ein übergeordnetes disziplinspezifisches Ethikkomitee Kriterienkataloge erarbeiten, an denen sich die Wissenschaftlerinnen bzw. Wissenschaftler orientieren können.

3 Forschungsdatenmanagement und Ethik

Während Ethikkommissionen darüber zu befinden haben, ob während des Forschungsprozesses selbst Risiken und Schäden für die teilnehmenden Personen zu erwarten sind, spielt der Aspekt der Nachwirkung der Forschungsergebnisse durch die Veröffentlichung der Forschungsdaten dabei keine Rolle. Ethische Überlegungen aber sind nicht nur an die Prozesse der Datenerhebung, sondern auch an jene der Datenkommunikation zu knüpfen. Angeklungen ist dies bereits bei der Behandlung der Frage, in welchem Umfang Rohdaten in Form von Audio- und Videodateien oder Wortprotokollen, die im Rahmen qualitativer Sozialforschung entstanden sind, pseudonymisiert und anonymisiert werden können bzw. müssen.

Auch im Kontext des Forschungsdatenmanagements (FDM) ist das Ethos epistemischer Rationalität zu unterscheiden vom Verantwortungsethos, zu dem vor allem die Verantwortung für den Schutz der Persönlichkeitsrechte der Teilnehmenden sowie darüber hinaus der Gesellschaft gehören. Das Ethos epistemischer Rationalität bezieht sich im Hinblick auf FDM darauf, dass auch dafür Grundsätze einer ethisch vertretbaren Praxis entwickelt und eingehalten werden müssen. Aus diesem Grund ist in den folgenden Abschnitt eine kritische Auseinandersetzung mit der überarbeiteten Fassung des DFG-Kodex zur Sicherung guter wissenschaftlicher Praxis eingeflossen.[64]

---

64 Vgl. Deutsche Forschungsgemeinschaft 2019.

3.1 Forschungsdatenmanagement und gute wissenschaftliche Praxis

Mit dem durch digitale Techniken verbundenen Bedeutungszuwachs für Forschungsdaten ist auch die Frage aufgetaucht, welche Rolle diese für die Kommunikation von Forschungsergebnissen spielen. Je stärker Forschung auf der Grundlage von Experimenten, Messungen, Zellkulturen, Erhebungen, Befragungen, Materialproben, Bildern oder digitalisierten Quellen erfolgt, desto deutlicher erweist es sich als notwendig, dass neben der klassischen Publikation der Forschungsergebnisse in Form von Aufsätzen, Monographien, Vorträgen usw. auch die zugehörigen Forschungsdaten zugänglich gemacht und langfristig gespeichert werden. Dadurch wird die Transparenz von Forschung erhöht und die Qualität verbessert. Die Veröffentlichung von Forschungsdaten ist als integraler Teil der Open-Science-Bewegung zu verstehen.[65] Damit verbunden ist die Erwartung, dass sich im Gefolge von Open Science und eScience eine neue Kultur des Teilens und der Offenheit im Umgang mit Forschungsdaten ergibt. Die Bereitstellung von Forschungsdaten über spezielle Datenrepositorien oder Data Journals wird als entscheidender Faktor für die Entwicklung von Open Science bezeichnet.[66]

Die prinzipielle Möglichkeit, Untersuchungen durch Nutzung von Forschungsdaten unter identischen Laborbedingungen zu replizieren bzw. durch Überprüfung der Schlussfolgerungen zu validieren, die aus den Daten abgeleitet worden sind, gehört zu den grundlegenden forschungsethischen Normen.[67] Ein weiteres Argument für die langfristige Archivierung, die Bereitstellung bzw. Publikation von Forschungsdaten besteht in der Nachnutzbarkeit. Einmal erhobene Daten können unter veränderten Fragestellungen mit anderen Methoden und Auswertungstechniken zu einem späteren Zeitpunkt für weitere Forschungen herangezogen werden. Entsprechende Verwertungsketten und Folgeanalysen bieten die Chance, Kosten in erheblichem Umfang einzusparen. Dies gilt auch für die Möglichkeit, disziplinspezifisch erhobene Forschungsdaten in interdisziplinär angelegte Projekte einzubeziehen. Wenn Doppelarbeit bei Versuchen an und mit Menschen durch Nachnutzung vorhandener Forschungsdaten vermieden werden kann, bedeutet dies auch, dass nicht weitere Probanden unnötig Gefahren ausgesetzt werden.

Die DFG hat in der im August 2019 publizierten Neufassung ihrer Denkschrift zur Sicherung guter wissenschaftlicher Praxis dem Bedeutungszuwachs von For-

---

65 Vgl. European Union 2016.
66 Vgl. Ivanović, Schmidt, Grim und Dunning 2019, 3.
67 Dies gilt nur bedingt für Forschungsgebiete, die sich auf einmalige Ereignisse beziehen, wie beispielsweise Vulkanausbrüche oder Sternenexplosionen, oder auf Experimente, die sich aus ethischen, finanziellen oder technischen Gründen nicht wiederholen lassen. Vgl. dazu Deutsche Forschungsgemeinschaft 2017.

schungsdaten Rechnung getragen und damit manche Lücke der Vorgängerfassungen von 1998 und 2013 geschlossen.[68] In den Erläuterungen zu Leitlinie 13 „Herstellung von öffentlichem Zugang zu Forschungsergebnissen" heißt es eindeutig:

> Aus Gründen der Nachvollziehbarkeit, Anschlussfähigkeit der Forschung und Nachnutzbarkeit hinterlegen Wissenschaftlerinnen und Wissenschaftler, wann immer möglich, die der Publikation zugrunde liegenden Forschungsdaten und zentralen Materialien – den FAIR-Prinzipien („Findable, Accessible, Interoperable, Re-Usable") folgend – zugänglich in anerkannten Archiven und Repositorien.[69]

Dass es im Einzelfall Gründe geben kann, „Ergebnisse nicht öffentlich zugänglich [...] zu machen",[70] wird eingeräumt, jedoch fehlt es hier an Beispielen für solche Gründe, die einen eingeschränkten Zugang, Embargofristen oder gar vollständige Sperrung nahelegen könnten. Wünschenswert wäre ferner gewesen, wenn die Empfehlung, Forschungsdaten in „anerkannten Archiven und Repositorien" zugänglich zu machen, konkreter gefasst worden wäre. Erfreulich ist an dieser Stelle der Bezug auf die „FAIR Guiding Principles for scientific data management and stewardship", in denen Standards definiert werden, die sicherstellen sollen, dass Forschungsdaten „findable, accessible, interoperable and re-usable" sind.[71] Doch wird dies durch eine irritierende Unschärfe konterkariert, die in Leitlinie 17 „Archivierung" auftaucht. Dort wird gefordert, dass „Forschungsdaten (in der Regel Rohdaten) – abhängig vom jeweiligen Fachgebiet – in der Regel für einen Zeitraum von zehn Jahren zugänglich und nachvollziehbar in der Einrichtung, wo sie entstanden sind, oder in standortübergreifenden Repositorien aufbewahrt" werden.[72] Zwar werden Hochschulen und außeruniversitäre Forschungseinrichtungen aufgefordert, die dafür notwendige Infrastruktur zu schaffen, doch wären damit die Anforderungen der DFG erfüllt, wenn Forschungsdaten in lokalen Datensilos ohne Vernetzung und weitere Regelungen z. B. hinsichtlich einer standardisierten Erschließung durch Metadaten und der Nachnutzung mindestens zehn Jahre lang aufbewahrt würden. Schon in den 2015 von der DFG verabschiedeten „Leitlinien zum Umgang mit Forschungsdaten" bei der Beantragung von Projektförderungen findet sich diese dringend korrekturbedürftige Formulierung.[73] In diesen Positionierungen der DFG haben Konzepte wie Open Science und Open Data keinen Niederschlag gefunden. Deren Absicht aber besteht gerade darin, digitale Datensammlungen zu vernetzen, die Existenz von Daten bekannt zu machen und damit eine Nachnutzung zu stimulieren.

---

68 Einen Überblick über die Leitlinien der DFG und deren Bedeutung für das FDM bietet Böker o.J.
69 Deutsche Forschungsgemeinschaft 2019, 19.
70 Deutsche Forschungsgemeinschaft 2019, 18.
71 Vgl. Wilkinson, Dumontier und Mons 2016.
72 Deutsche Forschungsgemeinschaft 2019, 22.
73 Vgl. Deutsche Forschungsgemeinschaft 2015.

Es wäre wünschenswert, die DFG-Leitlinien zur Sicherung guter wissenschaftlicher Praxis im Hinblick auf Forschungsdaten zu präzisieren und dabei die dauerhafte Speicherung in einem zertifizierten Repositorium nahezulegen, das Teil der im Entstehen begriffenen, Nationalen Forschungsdateninfrastruktur (NFDI) ist, die der Rat für Informationsinfrastrukturen 2016 angeregt hat.[74] Hinsichtlich der Nutzung sollte möglichst große Offenheit als Ziel vorgegeben werden; dabei sollten Einschränkungen, die aufgrund urheberrechtlicher Bestimmungen notwendig werden können oder die zur Wahrung der Persönlichkeitsrechte geboten erscheinen, in Rechnung gestellt werden. Grundsätzlich sollte als Idealzustand anzusehen sein, dass klassische Publikationen mindestens in empirisch und experimentell vorgehenden Disziplinen mit den zugehörigen, an anderer Stelle zugänglich gemachten Forschungsdaten verknüpft werden.[75]

Im Rahmen des FDM müssen urheberrechtliche Ansprüche auch aus ethischen Gründen gewahrt werden. Rein rechtlich verfügen unstrukturierte Messdaten und maschinell erzeugte Rohdaten nicht über die notwendige „Schöpfungshöhe", um daraus urheberrechtliche Ansprüche ableiten zu können. Das kann sich je nach Aggregationsstufe und damit verbundenem persönlichem Beitrag der Beteiligten ändern. Die Komplexität dieser Fragestellung kann an dieser Stelle nicht weiterverfolgt werden.[76]

Unabhängig von den gesetzlichen Bestimmungen sollte es im Sinne guter wissenschaftlicher Praxis selbstverständlich sein, dass bei der Nutzung fremder Forschungsdaten deren Urheber genannt und zitiert werden. Forschungsdaten sollten als legitime und zitierwürdige Forschungsergebnisse angesehen werden. Dafür müssen Metadaten und Zitationsformate standardisiert und konventionalisiert werden. Schließlich könnten Zitation und Nachnutzung von Forschungsdaten auch als aussagekräftiger Wert in bibliometrischen und scientometrischen Verfahren berücksichtigt werden.

3.2 Forschungsdatenmanagement und Verantwortungsethos

Der Zugang zu Forschungsdaten sowie deren Nachnutzung sollten nur in begründeten Ausnahmefällen eingeschränkt werden. Oben (s. Abschnitt 2.2) waren Anonymisierungsverfahren zum Schutz der Persönlichkeitsrechte thematisiert worden. Dabei war zum einen klargeworden, dass Anonymisierungen nicht in allen Fällen irreversibel sind und dass sie zum anderen möglicherweise die Aussagekraft der Forschungsergebnisse in unvertretbarem Maße schmälern. Wenn die Persönlichkeits-

---

[74] Vgl. Rat für Informationsinfrastrukturen 2016.
[75] Vgl. Rat für Informationsinfrastrukturen 2016, 16.
[76] S. Beitrag von Lauber-Rönsberg, Kap. 1.4 in diesem Praxishandbuch.

rechte der Probandinnen bzw. Probanden verletzt werden können und substanzieller Schaden hervorgerufen werden kann, muss von einer Veröffentlichung der Forschungsdaten abgesehen werden. Entsprechende Überlegungen müssen jedoch auch in Bezug auf Institutionen, Betriebe und Unternehmen angestellt werden, die durch sie betreffende Forschungsdaten gegebenenfalls Wettbewerbsnachteile erleiden oder in Verruf geraten könnten. Darüber hinaus müssen bestimmte Forschungsdaten vor Missbrauch durch unbefugte Dritte geschützt werden. Dies gilt insbesondere dann, wenn Datenmaterial für terroristische, kriminelle und andere destabilisierende Zwecke eingesetzt oder unter politischen, sozialen, ökologischen oder ökonomischen Gesichtspunkten zum Nachteil der Allgemeinheit zweckentfremdet werden kann. Entsprechende Kriterien müssen präzise formuliert und darauf rekurrierende Entscheidungen nachvollziehbar begründet werden. Ob sich mit dem Paradigma der Offenheit von Forschungsdaten unvertretbare Auswirkungen auf die wirtschaftliche Wettbewerbsfähigkeit ganzer Staaten und Regionen ergeben, ist noch nicht in ausreichendem Maße reflektiert worden.[77]

Schon bei der Planung eines Forschungsprojektes sollten Überlegungen angestellt werden, ob es Gründe für eine Sperrung oder einen eingeschränkten Zugang zu den Forschungsdaten geben könnte.[78] Es ist ferner notwendig sicherzustellen, dass die berechtigten Interessen der Datenproduzenten an der Verwertung der Daten für eigene Publikationen gewahrt bleiben. An diesen ethischen Reflexionen sollten neben den Forschenden auch Gutachterinnen bzw. Gutachter und ggf. Förderinstitutionen sowie die zuständige Ethikkommission beteiligt werden.[79] Auf jeden Fall muss vor der Speicherung der Forschungsdaten in einem Repositorium abgewogen werden, ob der Zugang offen, eingeschränkt oder gänzlich verwehrt sein soll.[80] Einschränkungsmöglichkeiten bestehen in der Festlegung von Embargofristen und der Bereitstellung nur für zugelassene Personen (Passwortschutz). Darüber hinaus können auch Teile eines Forschungsdatenkonvoluts gesperrt werden; zu denken ist dabei z. B. an besonders sensible Dokumenttypen wie Bilder oder Originaltöne oder Daten zu Personengruppen, die besonders leicht zu re-anonymisieren sein könnten. Ethische Reflexionen zum FDM sollten den gesamten Lebenszyklus der Daten umfassen, mit der Planung einsetzen und sich von der Entstehung über die Veröffentlichung und Nachnutzung bis hin zu Löschkonzepten erstrecken.

Wenn über Nutzungseinschränkungen von Forschungsdaten nachgedacht wird, muss auch bewusst sein, dass es gegen ethische Prinzipien und die Grundsätze guter wissenschaftlicher Praxis verstößt, wenn Forschungsdaten aus nicht nachvoll-

---

[77] Vgl. dazu Rat für Informationsinfrastrukturen 2016, 10.
[78] Es ist sehr zu empfehlen, entsprechende Überlegungen im Datenmanagementplan zu dokumentieren.
[79] Vgl. Rat für Sozial- und Wirtschaftsdaten 2015, 7.
[80] Vgl. Arbeitsgruppe Forschungsdaten 2018, 10.

ziehbaren Gründen zurückgehalten werden. Es sollte daher nach dem Grundsatz gehandelt werden, dass der Zugang zu Forschungsdaten so frei wie möglich erfolgt und nur in dem Maße eingeschränkt wird, wie unbedingt nötig.[81] Selbst wenn es unumgänglich erscheint, Daten zu sperren, ist es in hohem Maße wünschenswert, dass Projektbeschreibung und Forschungsdaten in einem Forschungsdatenrepositorium durch Metadaten repräsentiert sind. Wenn die Existenz der Daten überhaupt bekannt ist, können Interessierte wenigstens Kontakt mit den Datenproduzierenden aufnehmen und sich über mögliche Kooperationsmöglichkeiten austauschen.

Für die Betreiber von Forschungsdatenrepositorien empfiehlt es sich, die Grundlagen ihres Handelns in einer Policy zusammenzufassen. Darin sollten Aussagen zu Aufnahmekriterien, Speicherung und Langzeitarchivierung, Erschließung, Bereitstellung und Nutzungsbedingungen sowie Löschkonzepten enthalten sein.[82] Darüber hinaus sollten sowohl die ethischen Grundwerte benannt werden, an denen sich das Handeln der Betreiberinnen und Betreiber orientiert als auch jene, deren Wahrung von den Datenproduzentinnen und -produzenten erwartet wird.

4 Praxistransfer

Es ist dringend notwendig, die ethischen Implikationen von Forschungsdaten im wissenschaftlichen Diskurs intensiv zu thematisieren, um so Sensibilität für die damit verbundenen Problemfelder zu wecken und Standards zu entwickeln, welche die Orientierung erleichtern. Dabei sollte vermittelt werden, dass Ethik gegenüber dem Recht einen Eigenwert besitzt. Bislang zeigt sich, dass problematische Aspekte z. B. hinsichtlich Gesundheit, personaler Integrität oder individueller Selbstbestimmung beinahe ausschließlich unter rechtlichen Gesichtspunkten angesprochen werden. Um ethische Anforderungen zu erfüllen aber reicht es nicht, lediglich den Erfordernissen des gesetzlichen Datenschutzes Genüge zu tun.

Es wäre Aufgabe vor allem der empirischen und experimentellen Wissenschaften, disziplinspezifische Ethikkommissionen einzusetzen und diese u. a. damit zu beauftragen, Standards ethisch vertretbarer Forschungspraxis zu entwickeln. Die so entstandenen Entwürfe sollten dann in der breiten Fachöffentlichkeit diskutiert und konsensualisiert werden. Hilfreich wäre ferner, einen Pool von Fallstudien zu entwickeln, an dem sich Forschende bei der Projektplanung und grundsätzlich in Zweifelsfragen orientieren können. Fallstudien eignen sich darüber hinaus hervorra-

---

81 Vgl. All European Academies 2018.
82 Eine Anleitung bietet das Policy Tool des vom britischen Joint Information Systems Committee (JISC) betriebenen Projektes OpenDoar (Directory of Open Access Repositories). Darin fehlt allerdings der Bezug zu ethischen Aspekten. Vgl. Joint Information Systems Committee o.J.

gend, um den wissenschaftlichen Nachwuchs mit forschungsethischen Fragen vertraut zu machen.[83]

Der DFG ist anzuraten, ihre Leitlinien zur Sicherung guter wissenschaftlicher Praxis aus dem Jahr 2019 zu präzisieren.[84] Es sollte klargestellt werden, dass Publikationen, in denen Forschungsdaten ausgewertet werden, mit diesen verknüpft werden müssen. Für Forschungsdaten ist zu fordern, dass diese in einem zertifizierten Repositorium gespeichert und für eine möglichst breite Nutzung zur Verfügung gestellt werden sollten. Unumgängliche Nutzungseinschränkungen sollten begründet werden.

Eine wichtige Rolle bei der Sicherung guter wissenschaftlicher Praxis durch professionellen Umgang mit Forschungsdaten können Hochschulbibliotheken übernehmen. In den vergangenen Jahren wurden im Zuge des Auf- und Ausbaus von Angeboten zur Vermittlung von Informationskompetenz Themen wie Plagiatsprävention und korrektes Zitieren in diese Schulungen integriert; doch müssten die Klagen über drohenden Qualitätsverlust in der Wissenschaft,[85] die von der DFG aus diesem Anlass publizierten Leitlinien und weitere Positionspapiere zum Thema Sicherung akademischer Integrität von den Bibliotheken als Auftrag begriffen werden, standardisierte und koordinierte Dienstleistungen zu entwickeln.[86] Im Kontext von Forschungsdaten ist zu fordern, dass Forschende durch Hochschulbibliotheken bei der Erstellung von Datenmanagementplänen (DMP), den mit der Datenerhebung sowie der späteren Veröffentlichung verbundenen praktischen, rechtlichen und ethischen Problemen beraten werden. Ansätze sind bei solchen Bibliotheken zu erkennen, die bereits Forschungsdatenrepositorien betreiben. Zu wünschen ist, dass es nicht bei isolierten Maßnahmen bleibt, sondern dass dazu Empfehlungen und Guidelines kooperativ erarbeitet und gepflegt werden. Vielleicht könnten disziplinspezifische Angebote arbeitsteilig erstellt und gepflegt und anschließend im System genutzt werden.

Schließlich ist den Betreibern von Forschungsdatenrepositorien nahezulegen, ihr Dienstleistungsangebot und die damit verbundenen ethischen Grundwerte in einer Policy exakt zu beschreiben. Ein solches Dokument könnte in einer Musterfassung formuliert werden, die dann um lokale Spezifika ergänzt werden kann. Empfehlungen für die Erarbeitung institutioneller Forschungsdaten-Policies wurden an der TU Berlin entwickelt. Ethische Aspekte werden darin entweder nicht erwähnt oder den rechtlichen untergeordnet.[87]

---

[83] Dem hat das Committee on Publication Ethics bereits Rechnung getragen und seine Online-Tutorials durch eine Reihe von Fallstudien ergänzt. Vgl. Committee on Publication Ethics o.J.a.
[84] Vgl. Deutsche Forschungsgemeinschaft 2019.
[85] Vgl. dazu Borgwardt 2014.
[86] Vgl. Walger und Walger 2019, 88.
[87] Vgl. Hiemenz und Kuberek 2019.

Fazit

In der Auseinandersetzung mit den ethischen Implikationen von Forschungsdaten zeigt sich, dass dieser Bereich der Forschungsethik bislang noch keine hinreichende Aufmerksamkeit gefunden hat. Ethische Reflexion im Hinblick auf Forschungsdaten ist in vielerlei Hinsicht notwendig. Dies betrifft sowohl den Aspekt der Datengewinnung als auch den der Datenkommunikation. Unter beiden Gesichtspunkten spielt sowohl das Ethos der guten wissenschaftlichen Praxis eine Rolle als auch das Verantwortungsethos im Hinblick auf die beteiligten Menschen sowie Gesellschaft und Umwelt als Ganzes. Ergebnis eines verstetigten Ethikdiskurses sollte es sein, Standards zu entwickeln, die nach disziplinspezifischem und lokalem Bedarf angepasst werden können.

Literatur

Letztes Abrufdatum der Internet-Dokumente ist der 15.11.2020.

All European Academies. 2018. *Europäischer Verhaltenskodex für Integrität in der Forschung. Überarbeitete Fassung.* All European Academies (ALLEA). Berlin. https://www.allea.org/allea-european-code-of-conduct-for-research-integrity-2017-digital_de_final/.

Arbeitsgruppe Forschungsdaten. 2018. *Forschungsdatenmanagement. Eine Handreichung.* Arbeitsgruppe Forschungsdaten der Schwerpunktinitiative „Digitale Information" der Allianz der deutschen Wissenschaftsorganisationen. Potsdam: Deutsches GeoForschungsZentrum GFZ. https://gfzpublic.gfz-potsdam.de/rest/items/item_3055893_5/component/file_3055894/content.

Arbeitskreis medizinischer Ethikkommissionen. 2019. *Mitglieder.* https://ak-med-ethik-komm.de/index.php?option=com_content&view=category&layout=blog&id=13&Itemid=103&lang=de.

Barbour, Virginia. 2018. *Discussion document on Best Practice for Consent for Publishing Medical Case Reports.* Committee on Publication Ethics. https://publicationethics.org/files/u7141/Discussion_document_on_Best_Practice_for_Consent_for_Publishing_Medical_Case_Reports%20%283%29.pdf.

Böker, Elisabeth. o. J. *Gute wissenschaftliche Praxis und FDM. Ein Überblick über die DFG Leitlinien.* https://www.forschungsdaten.info/themen/ethik-und-gute-wissenschaftliche-praxis/gute-wissenschaftliche-praxis-und-fdm/.

Borgwardt, Angela. 2014. *Wissenschaft auf Abwegen? Zum drohenden Qualitätsverlust in der Wissenschaft.* Berlin: Friedrich-Ebert-Stiftung. https://library.fes.de/pdf-files/studienfoerderung/11071.pdf.

Buchner, Benedikt, Friedhelm Hase, Dagmar Borchers und Iris Pigeot. 2019. „Aufgaben, Regularien und Arbeitsweise von Ethikkommissionen." In *Bundesgesundheitsblatt* 62 (6): 690–696. https://www.springermedizin.de/aufgaben-regularien-und-arbeitsweise-von-ethikkommissionen/16691432.

Bundesärztekammer. 2019. „(Muster-)Berufsordnung für die in Deutschland tätigen Ärztinnen und Ärzte." *Deutsches Ärzteblatt* 1 (Februar): A1–A9. https://www.bundesaerztekammer.de/fileadmin/user_upload/downloads/pdf-Ordner/MBO/MBO-AE.pdf.

Committee on Publication Ethics. o. J. a. *Core Practices*. https://publicationethics.org/core-practices.
Committee on Publication Ethics. o. J. b. *eLearning*. https://publicationethics.org/resources/e-learning.
Committee on Publication Ethics. 2019. *Retraction Guidelines*. Version 2, November 2019. https://publicationethics.org/files/retraction-guidelines.pdf.
Council of Science Editors. 2018. *CSE's White Paper on Promoting Integrity in Scientific Journal Publications*. https://www.councilscienceeditors.org/resource-library/editorial-policies/white-paper-on-publication-ethics/.
Datenschutz-Grundverordnung. 2018. https://dsgvo-gesetz.de/.
Deutsche Forschungsgemeinschaft. 2014. *Wissenschaftsfreiheit und Wissenschaftsverantwortung. Empfehlungen zum Umgang mit sicherheitsrelevanter Forschung*. Bonn: Deutsche Forschungsgemeinschaft. https://www.dfg.de/download/pdf/dfg_im_profil/reden_stellungnahmen/2014/dfg-leopoldina_forschungsrisiken_de_en.pdf
Deutsche Forschungsgemeinschaft. 2015. *Leitlinien zum Umgang mit Forschungsdaten*. Bonn: Deutsche Forschungsgemeinschaft. https://www.dfg.de/download/pdf/foerderung/antragstellung/forschungsdaten/richtlinien_forschungsdaten.pdf.
Deutsche Forschungsgemeinschaft. 2017. *Replizierbarkeit von Forschungsergebnissen. Eine Stellungnahme der Deutschen Forschungsgemeinschaft*. Bonn: Deutsche Forschungsgemeinschaft. https://www.dfg.de/download/pdf/dfg_im_profil/reden_stellungnahmen/2017/170425_stellungnahme_replizierbarkeit_forschungsergebnisse_de.pdf.
Deutsche Forschungsgemeinschaft. 2019. *Leitlinien zur Sicherung guter wissenschaftlicher Praxis. Kodex*. Bonn: Deutsche Forschungsgemeinschaft. https://www.dfg.de/download/pdf/foerderung/rechtliche_rahmenbedingungen/gute_wissenschaftliche_praxis/kodex_gwp.pdf.
Deutscher Ethikrat. o. J. https://www.ethikrat.org/.
Ebel, Thomas und Alexia Meyermann. 2015. *Hinweise zur Anonymisierung von quantitativen Daten*. Frankfurt am Main: Deutsches Institut für Internationale Pädagogische Forschung. Forschungsdaten Bildung informiert. Nr. 3. https://www.forschungsdaten-bildung.de/files/fdb-informiert-nr-3.pdf.
Elger, Bernice, Sabrina Engel-Glatter. 2014. „Wissenschaftliche Integrität. Umgang mit Daten und Publikationsethik." In *Forschungsethik*, hg. Daniela Demko und Gerd Brudermüller, 25–41. Würzburg: Königshausen & Neumann.
European Association of Science Editors. o. J. *Guidelines and Toolkits*. https://ease.org.uk/guidelines-toolkits/.
European Union. 2016. *Realising the European Open Science Cloud*. Luxemburg: European Union. https://publications.europa.eu/en/publication-detail/-/publication/2ec2eced-9ac5-11e6-868c-01aa75ed71a1/language-en/format-PDF/source-search.
Forschungsdaten.info. o. J. https://www.forschungsdaten.info/.
Gesetz über den Verkehr mit Arzneimitteln. (Arzneimittelgesetz – AMG). 2020. https://www.gesetze-im-internet.de/amg_1976/AMG.pdf.
Gesetz über Medizinprodukte. (Medizinproduktegesetz – MPG). 2019. https://www.gesetze-im-internet.de/mpg/MPG.pdf.
Hiemenz, Bea und Monika Kuberek. 2019. *Strategischer Leitfaden zur Etablierung einer institutionellen Forschungsdaten-Policy*. Berlin: Technische Universität. https://depositonce.tu-berlin.de/bitstream/11303/9354/2/Strategischer_Leitfaden_FD_Policy.pdf.
Hoefen, Friedhelm. 2017. „Braucht Forschung Aufpasser?" In *Forschung und Lehre* (2). https://www.forschung-und-lehre.de/recht/braucht-forschung-aufpasser-153/.

Hopf, Christel. 2016. „Forschungsethik und qualitative Forschung." In *Christel Hopf. Schriften zu Methodologie und Methoden qualitativer Sozialforschung,* hg. v. Wulf Hopf und Udo Kuckartz, 195–206. Wiesbaden: Springer.
Ivanović, Dragan, Birgit Schmidt, Rob Grim und Alastair Dunning. 2019. *FAIRness of Repositories & Their Data. A Report from LIBER's Research Data Management Working Group.* doi:10.5281/zenodo.3251593.
Joint Information Systems Committee. o. J. *OpenDoar Policy Support.* https://v2.sherpa.ac.uk/opendoar/policytool/.
Kämper, Eckard. 2016. *Risiken sozialwissenschaftlicher Forschung? Forschungsethik, Datenschutz und Schutz von Persönlichkeitsrechten in den Sozial- und Verhaltenswissenschaften.* Berlin: RatSWB. RatSWD WorkingPaper Series 255 https://www.ratswd.de/dl/RatSWD_WP_255.pdf.
Kaminsky, Carmen, Michael Mayerle. 2012. „Nicht noch ein Fach!? Forschungsethik im Studium der Sozialen Arbeit." In *Siegen: Sozial. Analysen, Berichte, Kontroversen (SI:SO)* 17 (2): 20–25. https://dspace.ub.uni-siegen.de/bitstream/ubsi/1231/1/Kaminsky_Mayerle_Nicht_noch_ein_Fach.pdf.
Lucas, Andreas und Julian Nida-Rümelin. 1999. „Wissen ist Gemeinbesitz. Über die ethischen Grundlagen von Wissenschaft und Forschung." *Kultur & Technik* 23 (4): 46–49. http://www.deutsches-museum.de/fileadmin/Content/data/Insel/Information/KT/heftarchiv/1999/23-4-46.pdf.
Meyermann, Alexia und Maike Porzelt. 2014. *Hinweise zur Anonymisierung von qualitativen Daten.* Frankfurt am Main: Deutsches Institut für Internationale Pädagogische Forschung. Forschungsdaten Bildung informiert. Nr. 1. https://www.forschungsdaten-bildung.de/files/fdb-informiert-nr-1.pdf.
Mitscherlich, Alexander und Fred Mielke, Hg. 1960. *Medizin ohne Menschlichkeit. Dokumente des Nürnberger Ärzteprozesses.* Frankfurt am Main, Hamburg: Fischer.
Nida-Rümelin, Julian. 1996. „Wissenschaftsethik." In *Angewandte Ethik. Die Bereichsethiken und ihre theoretische Fundierung; ein Handbuch,* hg. v. Julian Nida-Rümelin, 778–805. 2. Aufl. Stuttgart: Kröner.
Rat für Informationsinfrastrukturen. 2016. *Leistung aus Vielfalt. Empfehlungen zu Strukturen, Prozessen und Finanzierung des Forschungsdatenmanagements in Deutschland.* https://d-nb.info/1104292440/34.
Rat für Sozial- und Wirtschaftsdaten. 2015. *Stellungnahme des RatSWD zur Archivierung und Sekundärnutzung von Daten der qualitativen Sozialforschung.* https://www.ratswd.de/dl/RatSWD_Stellungnahme_QualiDaten.pdf.
Rat für Sozial- und Wirtschaftsdaten. 2017. *Forschungsethische Grundsätze und Prüfverfahren in den Sozial- und Wirtschaftswissenschaften.* https://www.ratswd.de/dl/RatSWD_Output9_Forschungsethik.pdf.
Rat für Sozial- und Wirtschaftsdaten. 2019. *Übersicht sozial- und wirtschaftswissenschaftlicher Ethikkommissionen.* 1. April. https://www.ratswd.de/themen/forschungsethik/kommissionen.
Schnell, Martin W. und Christine Dunger. 2018. *Forschungsethik. Informieren, reflektieren, anwenden.* 2. Aufl. Bern: Hogrefe.
Starck, Christian, Hg. 2005. *Verantwortung der Wissenschaft.* Tübingen: Mohr Siebeck.
Unger, Hella von. 2014. „Forschungsethik in der qualitativen Forschung: Grundsätze, Debatten und offene Fragen." In *Forschungsethik in der qualitativen Forschung. Reflexivität, Perspektiven Positionen,* hg. v. Hella von Unger, Petra Narimani, Rosaline M'Bayo, 15–39. Wiesbaden: Springer 2014.
Unger, Hella von und Dagmar Simon. 2016. *Ethikkommissionen in den Sozialwissenschaften – Historische Entwicklungen und internationale Kontroversen.* RatSWD WorkingPaper Series 265. Berlin: RatSWD. https://www.ratswd.de/dl/RatSWD_WP_253.pdf.

Viebrock, Britta. 2015. *Forschungsethik in der Fremdsprachenforschung. Eine systematische Betrachtung.* Frankfurt am Main: Peter Lang.

Wagner, Gerd G. 2017. *Anmerkungen zu den vielfältigen Dimensionen einer Forschungsethik in den Sozial-, Verhaltens- und Wirtschaftswissenschaften.* RatSWD WorkingPaper Series 265. Berlin: RatSWD. https://www.ratswd.de/dl/RatSWD_WP_265.pdf.

Walger, Nadine, Nicole Walger. 2019. „20 Jahre Regeln zur Sicherung der guten wissenschaftlichen Praxis. Die Rolle von Hochschulbibliotheken beim Streben nach Wahrheit und Objektivität." In *Bibliotheksentwicklung im Netzwerk von Menschen, Informationstechnologie und Nachhaltigkeit.* Festschrift für Achim Oßwald, hg. v. Simone Fühles-Ubach und Ursula Georgy, 87–102. Bad Honnef: Book + Herchen 2019. https://www.th-koeln.de/mam/downloads/deutsch/studium/studiengaenge/f03/bib_inf_ma/festschrift_osswald.pdf.

Wiley. 2014. *Best Practice Guidelines on Publishing Ethics. A Publisher's Perspective.* 2nd ed. O. O.: Wiley. https://authorservices.wiley.com/asset/photos/Ethics_Guidelines_26.04.17.pdf.

Wilkinson, Mark D., Michel Dumontier und Barend Mons. 2016. „The FAIR Guiding Principles for scientific data management and stewardship." *Scientific Data* (3): 160018. https://www.nature.com/articles/sdata201618.pdf.

Markus Putnings
2 Datenmarkt

Abstract: Ein Datenmarkt definiert sich durch das Angebot und die Nachfrage bestimmter Datensammlungen auf Datenmarktplätzen, mit dem Ziel einer direkten oder indirekten Wertschöpfung. Der Beitrag skizziert ein theoretisches Datenmarktmodell, stellt dem die Realität bzw. aktuelle Situation gegenüber und leitet über zu den Unterkapiteln der jeweiligen Datenmärkte.

1 Definition

Ein Datenmarkt definiert sich durch das *Angebot und die Nachfrage bestimmter Datensammlungen*, die sich durch eine besonders hohe *Quantität, Qualität bzw. Aufbereitung* z. B. zu „Produkten", „Katalogen"/„Verzeichnissen" oder „Services" auszeichnen. Die Datensammlungen können auf einem oder mehreren digitalen „*Marktplätzen*" unter definierten Marktregeln[1] und -infrastrukturen kostenpflichtig oder kostenfrei[2] ausgetauscht bzw. verarbeitet (z. B. analysiert) werden, wodurch Wertschöpfungs- und Innovationsprozesse angestoßen werden. Diese wirken sich wiederum positiv auf die Ökonomie des Landes bzw. der Region (z. B. EU) aus.[3]

Die Wertschöpfung am Datenmarkt kann auch ein Hilfsmittel sein, um Datenaktivitäten und -kosten (z. B. Datenkuration) nachhaltig zu finanzieren.[4] In der Folge davon kann, z. B. mittels Aufbereitung der Daten für Datenmärkte, die Datenqualität auf einer breiten Ebene, den Marktnormen entsprechend, steigen.[5]

---

[1] Diese Datenmarktregeln zeichnen sich, in Abhängigkeit vom jeweiligen Datenmarkt (z. B. kommerzieller, wissenschaftlicher Datenmarkt) mehr oder weniger ausgeprägt, nebst Wirtschaftsinteressen auch durch soziale Imperative aus; zudem sind stets die regulativen Rahmenbedingungen des übergeordneten Datenökosystems zu beachten (vor allem der Datenschutz).
[2] Bei sog. Open Data (z. B. Open Research Data, Open Government Data), d. h. Daten, die unter einer freien Lizenz stehen, ist i. d. R. naturgemäß kein „Weiterverkauf" der Daten selbst möglich; dennoch sind auch hier wertschöpfende und -steigernde Aktivitäten möglich, bspw. Datenanalyse- und -anreicherungsservices, die wiederum kostenpflichtig zur Verfügung gestellt werden können (vgl. Charalabidis et al. 2018b, 115 ff.), oder die Erzielung indirekter Wertschöpfung aus resultierenden datenbasierten Geschäftsideen.
[3] Vgl. z. B. Charalabidis et al. 2018b, 115 ff.; European Commission 2017, 2; Ghosh 2018, 104; Munshi 2018, 24–26; Nwatchock A Koul 2019, 3, 17–18; Virkar, Viale Pereira und Vignoli 2019, 215–216;
[4] Vgl. Charalabidis et al. 2018b, 115; Welle Donker 2018, 55 ff.
[5] Vgl. Charalabidis et al. 2018a, 158, 160–165; Dai, Shin, und Smith 2018, 21–22; Munshi und Verma 2018, vii–x.

∂ Open Access. © 2021 Markus Putnings, publiziert von De Gruyter. [CC BY] Dieses Werk ist lizenziert unter der Creative Commons Attribution 4.0 Lizenz.
https://doi.org/10.1515/9783110657807-007

2 Aktuelle Situation

Während die Kostenfinanzierung und Wertschöpfung im *Industrie- und Wirtschaftssektor*[6] zumindest bei den „Big Playern" (z. B. Microsoft, Amazon, Google, IBM) kein Problem darstellt, hapert es noch an der Teilnahme kleiner und mittlerer Unternehmen am Datenmarkt.[7] Auch im *Wissenschaftssektor*,[8] im *öffentlichen Sektor*[9] und beim *Bürger* bzw. bei der *Bürgerin* selbst (z. B. „Citizen Science", „Citizen Data") bestehen große Unsicherheiten, wie man konkret und praktisch an existierenden Datenmarktplätzen teilnehmen oder eigene Datenmarktplätze kreieren kann. Zudem fehlt es z. T. an notwendigen *Kompetenzen*, um die notwendige Datenqualität[10] zu erreichen, an verfügbaren (z. B. Open-Source-)*Technologien* zur (Neu-)Etablierung von Datenmarktplätzen, die insbesondere die hohen Hürden hinsichtlich „Privacy & Trust"[11] erfüllen, und in der Folge davon an nachhaltigen und sinnvollen *Geschäftsmodellen* mit zufriedenstellenden Governance-, Sicherheits- sowie Interaktionsmechanismen zwischen allen Marktteilnehmenden.[12]

Mit Blick zurück auf die „Big Player" besteht zudem v. a. im Industrie- und Wirtschaftssektor die Gefahr, dass

> „Marktteilnehmer, die die Kontrolle über die Daten haben, [...] abhängig von den jeweiligen Besonderheiten der Märkte Lücken in der Rechtslage oder die [...] rechtlichen Unklarheiten ausnutzen, und den Nutzern unfaire Standardvertragsbedingungen aufzwingen oder zu technischen Mitteln wie proprietären Formaten oder Verschlüsselung greifen",[13]

d. h. dass diese mit ihrer „Marktmacht" die etwaige Wiederverwendung von Daten einschränken und schwächere Marktteilnehmerinnen und -teilnehmer, wie z. B. Bürgerinnen und Bürger aber auch Wissenschaftlerinnen und Wissenschaftler benachteiligen.

Ein öffentlich-rechtlich regulierter und sektorübergreifender Marktplatz wäre folglich wünschenswert. Die Governance-Akteurinnen und -Akteure könnten hier faire Marktregeln und -infrastrukturen sowie Vertrags- bzw. Lizenzframeworks

---

6 S. a. nachfolgender Beitrag von Vossen und Löser, Kap. 2.1 in diesem Praxishandbuch.
7 Vgl. European Commission 2014, 3; European Commission 2017, 7, 9, 13; Virkar, Viale Pereira und Vignoli 2019, 220, 222–223.
8 S. a. Beitrag von Scholze, Goebelbecker und Ulrich, Kap. 2.2 in diesem Praxishandbuch.
9 S. a. Beitrag von Schieferdecker, Kap. 2.3 in diesem Praxishandbuch.
10 z. B. Dokumentation, Interpretierbarkeit und Aktualität der Daten.
11 S. z. B. https://www.enisa.europa.eu/topics/data-protection/privacy-by-design. Letztes Abrufdatum der Internet-Dokumente ist der 15.11.2020.
12 Vgl. z. B. Charalabidis et al. 2018b, 127–136; Charalabidis et al. 2018c, 58–65; Oliveira, Barros Lima und Farias Lóscio 2019, 618, 624; Virkar, Viale Pereira und Vignoli 2019, 220–221.
13 European Commission 2017, 12.

schaffen.¹⁴ Im deutschsprachigen Raum, konkret in Österreich, findet man einen ersten Anlauf hierzu mittels dem Data Market Austria.¹⁵

3 Datenmarktmodell

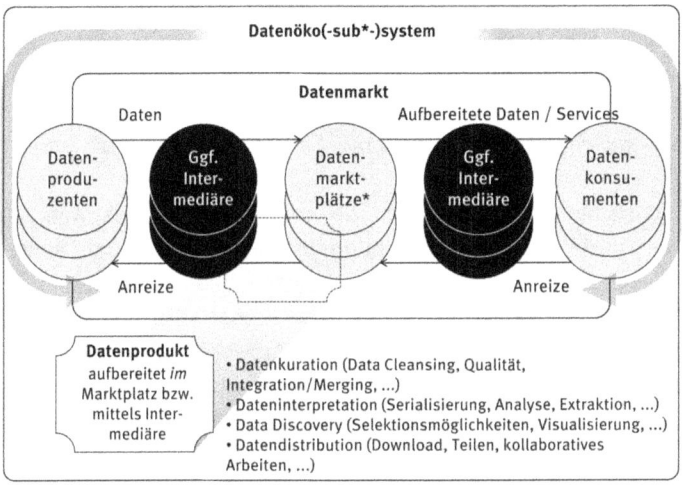

Abb. 1: Theoretische Darstellung eines Datenmarktmodells¹⁶

Die Abb. 1 stellt ein theoretisches Datenmarktmodell bildhaft vor.¹⁷ Im Mittelpunkt steht das jeweilige aufbereitete „Datenprodukt" im Index bzw. Katalog des spezifischen Datenmarktplatzes. Die Bereiche Data Discovery und Datendistribution spielen eine wichtige Rolle, denn wenn keine bzw. zu wenige Daten gefunden werden können, kann auch kein Wert geschaffen werden.¹⁸ Demnach ist ein Dreiklang *Quantität – Aufbereitung – Qualität* wichtig, damit ein spezifischer Datenmarktplatz eine bedeutsame Rolle erfährt bzw. einnehmen kann.

---

14 S. z. B. Vancauwenberghe und Crompvoets 2018, 80 ff. für Governance-Instrumente.
15 S. https://datamarket.at.
16 In Anlehnung an Ghosh 2018, 104; sowie Attard, Orlandi und Auer 2016, 454.
17 Für ein konkretes, vom Data Market Austria, s. Ivanschitz et al. 2018, 4.
18 Vgl. Attard, Orlandi und Auer 2016, 455.

Fazit

Die EU gibt hierzu bereits seit vielen Jahren Empfehlungen zur Schaffung geeigneter Grundinfrastrukturen und zur *Vernetzung* von Repositorien, Rechenzentren und Portale wie GovData;[19] die Planung und Umsetzung in nationalen Aktionspläne gestaltet sich jedoch langwierig und z. T. zögerlich.

Derzeit sind die verschiedenen Datenmärkte und -marktplätze des Industrie- und Wirtschaftssektors, Wissenschaftssektors, öffentlichen Sektors und für die Bürgerinnen und die Bürger noch stark getrennt. Detaillierte Beschreibungen dieser Sektoren sind in den nachfolgenden Unterkapiteln zu finden. Aufgrund der besseren Regulierungs- und Einflussmöglichkeiten ließen sich mittelfristig mutmaßlich am ehesten die des Wissenschafts- und öffentlichen Sektors kombinieren[20] und beeinflussen.

Beim kommerziellen Datenmarkt der Industrie- und Wirtschaftssektoren, auf den nachfolgend Vossen und Löser eingehen, gelten dagegen meist noch die klassischen Marktprinzipien bei stark heterogenen Marktplätzen und -nischen, z. B. für Personendaten, Firmendaten, Sensordaten, u. v. m.[21] Die Teilnahme für Akteurinnen und Akteure aus den anderen Sektoren, z. B. Bürgerinnen und Bürger sowie Wissenschaftlerinnen und Wissenschaftler, gestaltet sich entsprechend schwierig und undurchsichtig; auch eine Nachnutzung ist aufgrund kommerziell geprägter Lizenz- bzw. Vertragsbedingungen z. T. erschwert.

Literatur

Letztes Abrufdatum der Internet-Dokumente ist der 15.11.2020.

Attard, Judie, Fabrizio Orlandi und Soren Auer. 2016. „Data Value Networks: Enabling a New Data Ecosystem." In *2016 IEEE/WIC/ACM International Conference on Web Intelligence (WI)*, hg. v. IEEE, 453–456. Omaha: IEEE. doi:10.1109/WI.2016.0073.

Charalabidis, Yannis, Anneke Zuiderwijk, Charalampos Alexopoulos, Marijn Janssen, Thomas Lampoltshammer und Enrico Ferro. 2018a. „Open Data Evaluation Models: Theory and Practice." In *The World of Open Data*. Bd. 28, hg. v. Yannis Charalabidis, Anneke Zuiderwijk, Charalampos Alexopoulos, Marijn Janssen, Thomas Lampoltshammer und Enrico Ferro, 137–172. Public Administration and Information Technology. Cham: Springer International Publishing. doi:10.1007/978-3-319-90850-2_8.

Charalabidis, Yannis, Anneke Zuiderwijk, Charalampos Alexopoulos, Marijn Janssen, Thomas Lampoltshammer und Enrico Ferro. 2018b. „Open Data Value and Business Models." In *The World*

---

19 Vgl. z. B. European Commission 2014, 6–13; European Commission 2017, 12–20.
20 Eine entsprechende Annäherung fordert unter anderem auch der RatSWD, s. https://www.ratswd.de/pressemitteilung/28012020.
21 Vgl. Nwatchock A Koul 2019, 30–34.

of Open Data, hg. v. Yannis Charalabidis et al., 115–136. Cham: Springer International Publishing. doi:10.1007/978-3-319-90850-2_7.

Charalabidis, Yannis, Anneke Zuiderwijk, Charalampos Alexopoulos, Marijn Janssen, Thomas Lampoltshammer und Enrico Ferro. 2018c. „Organizational Issues: How to Open Up Government Data?". In *The World of Open Data*, hg. v. Yannis Charalabidis et al., 57–73. Cham: Springer International Publishing. doi:10.1007/978-3-319-90850-2_4

Dai, Qian, Eunjung Shin und Carthage Smith. 2018. „Open and inclusive collaboration in science: A framework." OECD Science, Technology and Industry Working Papers 2018/07. doi:10.1787/2dbff737-en.

European Commission. 2014. „Für eine florierende datengesteuerte Wirtschaft: Mitteilung der Kommission an das Europäische Parlament, den Rat, den Europäischen Wirtschafts- und Sozialausschuss und den Ausschuss der Regionen." https://eur-lex.europa.eu/legal-content/DE/TXT/?uri=COM:2014:0442:FIN. COM(2014) 442 final.

European Commission. 2017. „‚Aufbau einer Europäischen Datenwirtschaft': Mitteilung der Kommission an das Europäische Parlament, den Rat, den Europäischen Wirtschafts- und Sozialausschuss und den Ausschuss der Regionen." https://eur-lex.europa.eu/legal-content/DE/TXT/?uri=COM:2017:9:FIN. COM(2017) 9 final.

Ghosh, Hiranmay. 2018. „Data Marketplace as a Platform for Sharing Scientific Data." In *Data Science Landscape*. Bd. 38, hg. v. Usha M. Munshi und Neeta Verma, 99–105. Studies in Big Data. Singapur: Springer Singapore. doi:10.1007/978-981-10-7515-5_7.

Ivanschitz, Bernd-Peter, Thomas J. Lampoltshammer, Victor Mireles, Artem Revenko, Sven Schlarb und Lorinc Thurnay. 2018. „A Data Market with Decentralized Repositories." In *CEUR Workshop Proceedings*. https://openreview.net/pdf?id=rkgzBg7yeX.

Munshi, Usha M. 2018. „Data Science Landscape: Tracking the Ecosystem." In *Data Science Landscape*, hg. v. Usha Munshi und Neeta Verma, 1–31. Singapur: Springer Singapore. doi:10.1007/978-981-10-7515-5_1.

Munshi, Usha M. und Neeta Verma, Hg. 2018. *Data Science Landscape*. Studies in Big Data. Singapur: Springer Singapore. doi:10.1007/978-981-10-7515-5.

Nwatchock A Koul, Aman Sabrina. 2019. „A Framework for Fair and Responsible Data Market Ecosystems." doi:10.13097/archive-ouverte/unige:121388.

Oliveira, Marcelo I. S., Glória d. F. Barros Lima und Bernadette Farias Lóscio. 2019. „Investigations into Data Ecosystems: a systematic mapping study." *Knowl Inf Syst* 61 (2): 589–630. doi:10.1007/s10115-018-1323-6.

Vancauwenberghe, Glenn und Joep Crompvoets. 2018. „Governance of Open Data Initiatives." In *Open Data Exposed*, hg. v. Bastiaan van Loenen, Glenn Vancauwenberghe und Joep Crompvoets, 79–100. Den Haag: T. M. C. Asser Press. doi:10.1007/978-94-6265-261-3_5.

Virkar, Shefali, Gabriela Viale Pereira und Michela Vignoli. 2019. „Investigating the Social, Political, Economic and Cultural Implications of Data Trading." In *Electronic Government*. Bd. 11685, hg. v. Ida Lindgren, Marijn Janssen, Habin Lee, Andrea Polini, Manuel P. Rodríguez Bolívar, Hans J. Scholl und Efthimios Tambouris, 215–229. Lecture Notes in Computer Science. Cham: Springer International Publishing. doi:10.1007/978-3-030-27325-5_17.

Welle Donker, Frederika. 2018. „Funding Open Data." In *Open Data Exposed*, hg. v. Bastiaan van Loenen, Glenn Vancauwenberghe und Joep Crompvoets, 55–78. Den Haag: T. M. C. Asser Press. doi:10.1007/978-94-6265-261-3_4.

Gottfried Vossen und Alexander Löser
2.1 Kommerzielle Datenmärkte

Abstract: Der kommerzielle Handel mit Daten hat sich im Rahmen von Digitalisierung und digitaler Transformation als immer wichtigerer Wirtschaftsbereich etabliert, in dem Datenmarktplätzen als Handelsplattformen eine Schlüsselrolle zukommt. Es werden mittlerweile neue Geschäftsmodelle identifiziert, die von unterschiedlichen Playern entwickelt und betrieben werden und die ausschließlich auf einer Aggregation und anschließenden Nutzung von Daten basieren. Dieses Kapitel gibt einen Überblick über die Funktionalität von Datenmarktplätzen mit und ohne Feedback-Loop und zeigt deren Entwicklung auf. Dabei betrachten wir einerseits den „klassischen" Ansatz, bei dem große Datensammlungen angelegt, eventuell aufbereitet und sodann ganz oder teilweise zum Kauf angeboten werden; in diesem Bereich kommen zahlreiche Techniken der Daten-Vorverarbeitung oder des Data Cleansing zur Anwendung; ferner hat sich aktuelle Forschung z. B. mit der Frage der Preisbildung beschäftigt. Später betrachten wir den an die Plattformökonomie angelehnten Ansatz, bei dem sich die gesammelten oder anfallenden Daten durch Einsatz von Feedback-Loops selbst aufwerten. Auch wird die Frage betrachtet, inwieweit die einzelne Person vom Handel mit ihren Daten Kenntnis erlangen kann, wie sie ihn unterbinden bzw. wie sie selbst Nutzen daraus ziehen kann.

Einleitung

Informationen zählen heute zu einer der wichtigsten Ressourcen unserer Gesellschaft, da sie u. a. die Verbreitung und Erzeugung von neuem Wissen ermöglichen. In Form von strukturierten, aufbereiteten Daten bieten Informationen einen Wert für ein breites Spektrum an Konsumierenden, die durch die Analyse von Daten Unterstützung bei Geschäftsentscheidungen erhalten können. Außerdem können Daten als Grundlage für Dienstleistungen verwendet oder nach einer angemessenen Verarbeitung weiterverkauft werden. Im Zeitalter der umfassenden und inzwischen sämtliche Bereiche des täglichen Lebens erreichenden Digitalisierung und digitalen Transformation entstehen daher seit mehreren Jahren Marktplätze für Daten in gewisser Analogie zu Marktplätzen (Börsen) für Aktien, Strom oder andere Waren. Wesentlich ist dabei nicht nur der eigentliche Handel mit Daten, sondern deren (Vor-)Verarbeitung, Konsolidierung, Anreicherung und insbesondere Analyse, etwa unter Verwendung von Information-Retrieval-Techniken, Natural-Language-Processing (NLP) oder statistischen Methoden. Anwendungen finden sich u. a. im Marketing, in der Finanzindustrie, im Gesundheitswesen oder in der Unternehmenssteuerung (Business Intelligence). Insbesondere größere Unternehmen und Fachabteilungen in Konzernen verfügen oft über spezifisches Wissen für eine Übersetzung von Daten in monetär verwertbare Informationen, bspw. Fachwissen in Bezug auf eine spezielle Kunden- oder Produktnische oder Beziehungen zu potenziellen Kundinnen oder Kunden, die bereit sind, für diese Informationen zu bezahlen.

Zur Analyse von Daten sind im Allgemeinen IT-Infrastrukturen notwendig, die Daten aus dem Web oder anderen Quellen sammeln und mit Informationen über ihre Herkunft, ihren Inhalt und ihre sprachliche Struktur anreichern. In der Regel erfordern derartige Unterfangen eine erhebliche Infrastruktur mit entsprechenden Investitionen und erzeugen weitere Kosten für die Aktualisierung von Daten, welche sich insbesondere Mittelständler und Fachabteilungen oft nicht leisten können. Abhilfe schaffen hier die Einrichtung und der Betrieb einer Plattform, die bei hinreichendem Kundeninteresse in der Lage ist, durch einen Feedback-Loop ihre Daten selbst weiter anzureichern und damit deren Wert zu verbessern.

Dieses Kapitel soll eine Übersicht geben über den Stand bei kommerziellen Datenmarktplätzen. Es zeigt deren Aufbau auf und geht auf unterschiedliche Arten von Datenmarktplätzen ein. Dazu behandeln wir in Abschnitt 1 zunächst Datenmarktplätze allgemein mit den Schwerpunkten technischer Aufbau und Preisbildung und stellen unterschiedliche Klassen von Datenmarktplätzen vor. Abschnitt 2 behandelt Datenmarktplätze in der Plattform-Ökonomie, durch welche Feedback-Loops sowie Techniken der künstlichen Intelligenz einbezogen und genutzt werden. Abschnitt 3 beschließt unsere Ausführungen.

1 Datenmarktplätze

Mit Daten wurde spätestens seit der Erfindung des Telefons gehandelt, etwa über Auskunfteien, aber wahrscheinlich ist der Handel mit Daten sogar älter. Durch den Übergang von analogen zu digitalen Daten im Rahmen der weltweit betriebenen Digitalisierung wurde dies grundsätzlich vereinfacht, wenn auch mit neuen Herausforderungen versehen, und hat in der Folge rapide zugenommen. Bereits in den Anfangsjahren des Internets gab es sog. „Information Broker", deren Job es war, zu bestimmten Themen, die von Auftraggebern vorgegeben wurden, Informationen im Web zu sammeln, zu konsolidieren und in angemessener Form zu präsentieren. De facto sind Informationsvermittler (laut Wikipedia) „privatwirtschaftliche Unternehmen, die gegen ein Honorar die Recherche von Informationen übernehmen";[1] es gibt sogar laut Bundesagentur für Arbeit eine Ausbildung zur Informations-Brokerin bzw. zum Informations-Broker. Unsere Darstellung in diesem Abschnitt folgt der

---

[1] https://de.wikipedia.org/wiki/Informationsvermittler. Letztes Abrufdatum der Internet-Dokumente ist der 15.11.2020.

von Lange et al.[2] Durch die fortschreitende Digitalisierung und Automatisierung von Anwendungen sind aus Brokern an vielen Stellen Marktplätze geworden; von diesen ist im Folgenden die Rede.

1.1 Aufbau von Datenmarktplätzen

Datenmarktplätze bieten eine Plattform für den Handel mit Daten als Informationsgut im elektronischen Markt und sind grundsätzlich aufgebaut wie in Abb. 1 dargestellt. Der eigentliche Marktplatz umfasst neben Daten auch Algorithmen zu deren Bereinigung, Veredelung, Aggregation usw., d. h. zur Anwendung algorithmischer Prozeduren, die von Entwicklerinnen oder Entwicklern bereitgestellt werden. Neben denjenigen, die Algorithmen-entwickeln, greifen auch diejenigen, die Anwendungen entwickeln, auf den Marktplatz zu, um Daten für die von ihnen entwickelten Anwendungen zu erhalten. Neben Anwendungsentwicklern sind die in Abb. 1 gezeigten Analysten weitere Kunden, die Daten gegen Geld beziehen und zumeist in ihre eigenen Anwendungen integrieren. Auf der anderen Seite fließt Geld an die Datenlieferanten sowie an die Algorithmen-Entwickler.

Es sei bemerkt, dass Datenmarktplätze zahlreiche Preismodelle aufweisen (s. Abschnitt 1.3). Grundsätzlich ist die Kostenstruktur von Daten eine besondere Herausforderung, da die Fixkosten in Form von verhältnismäßig hohen, anfänglichen Produktions- und Sammelkosten gegenüber den variablen Kosten etwa einer Vervielfältigung stark dominieren. Preismodelle für Daten von Datenmarktplätzen umfassen daher Ansätze wie Free, Free + Premium = Freemium, Pay-per-Use, Flatrate oder Mitgliedschaft sowie Kombinationen dieser.

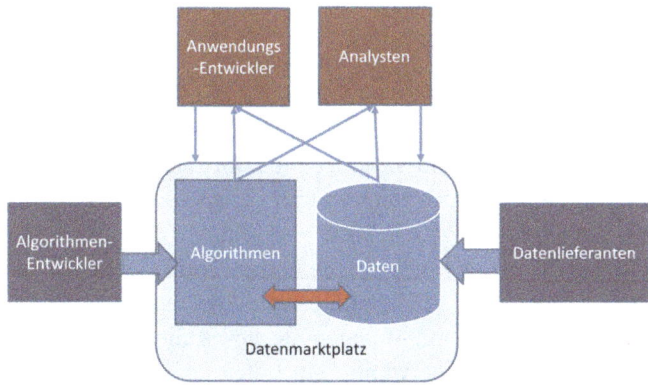

Abb. 1: Grundsätzlicher Aufbau eines Datenmarktplatzes

---

2 Vgl. Lange et al. 2018.

Abb. 2 zeigt ein detaillierteres Bild eines Datenmarktplatzes, in dem die einzelnen Akteurinnen und Akteure genauer spezifiziert werden.[3] Der Kern des Marktplatzes, nach Abb. 1 bestehend aus Daten und Algorithmen, untergliedert sich meist in mehrere Ebenen, die einerseits die Verarbeitungsinfrastruktur umfassen und andererseits die entweder bereitgestellte oder zugelieferte Funktionalität.

Daten können aus öffentlichen oder nicht-öffentlichen Quellen stammen; Interaktionen (sowie Geldflüsse) finden mit unterschiedlichen Benutzergruppen statt.[4]

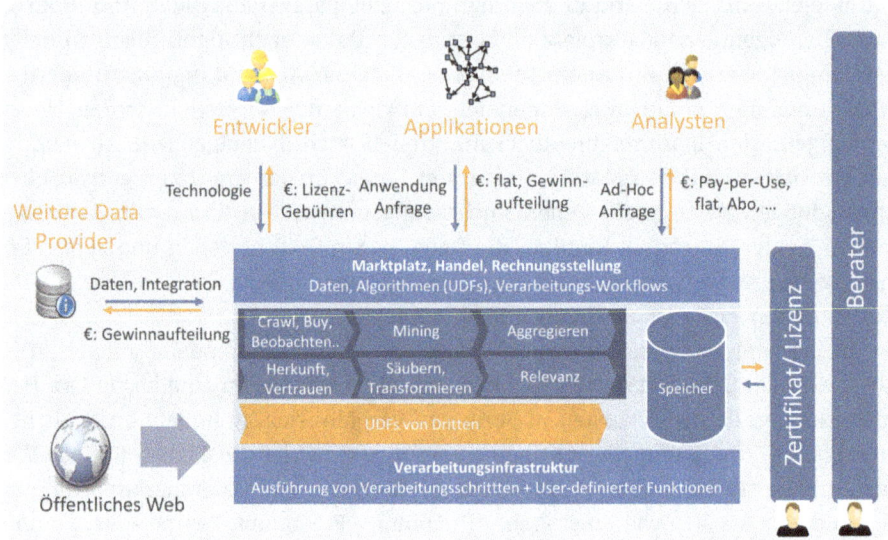

Abb. 2: Detailliertere Sicht auf einen Datenmarktplatz

Die Hauptakteure eines Datenmarktplatzes lassen sich in die drei Gruppen unterteilen: Marktplatzbetreibende, diejenigen, die Daten anbieten bzw. verkaufen, sowie diejenigen, die Daten kaufen bzw. nutzen. Datenmarktplatzbetreibende fungieren als Intermediär zwischen den Kaufenden und Verkaufenden. Ihre Hauptaufgabe besteht dabei im Sammeln der Daten der Anbietenden und dem Verkauf von Daten über Datenabfragen. Datenanbietende besitzen Daten, die sie den Datenmarktbetreibenden umsonst, gegen Bezahlung oder gegen eine andere Form der Entschädigung zur Verfügung stellen; hierbei kann es sich um private Personen handeln, jedoch wird zumeist unterschieden zwischen Anbietenden gewerblicher und nicht gewerblicher Daten. Daten kauft, wer, wie erwähnt, ein Daten analysiert oder Anwendungen entwickelt. Ein Funktionsreferenzmodell für Datenmarktplätze, welche

---

3 Vgl. Muschalle et al. 2012, 132.
4 Weitere Einzelheiten beschreiben Muschalle et al. 2012.

zentrale Funktionen eines Datenmarktplatzes anhand der Funktionsgruppen Schnittstellen und Sicherheit, Data Service Ecosystem, Datenintegration und Administration ordnet, wurde von Meisel und Spiekermann entworfen.[5]

1.2 Klassen von Datenmarktplätzen

Die konzeptionelle Betrachtung von Datenmarktplätzen im Hinblick auf deren Charakteristika findet sich insbesondere in einer Reihe von Studien, die von Schomm, Stahl und Vossen durchgeführt wurden.[6] Hierbei werden Datenanbietende und Datenmarktplätze in objektiven und subjektiven Dimensionen analysiert, was eine Charakterisierung und vergleichende Übersicht durch gezielte Analyse der einzelnen Kriterien ermöglicht. So lassen sich Datenmarktplätze in vier Hauptklassen
- kommerzielle Datenmarktplätze,
- Datenmarktplätze für persönliche Daten,
- Datenmarktplätze für öffentliche Daten und
- Schwarzmärkte für gestohlene Daten[7]

einteilen, was in Abb. 3 gezeigt ist.

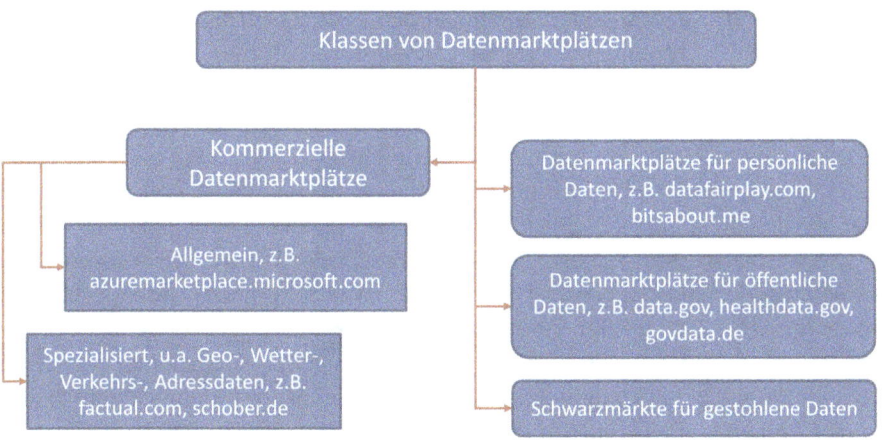

Abb. 3: Klassen von Datenmarktplätzen (nach Lange et al. 2018)

---

5 Vgl. Meisel und Spiekermann 2019.
6 Vgl. Schomm, Stahl und Vossen 2013; Stahl, Schomm und Vossen 2014; Stahl et al. 2016.
7 S. z. B. https://www.symantec.com/connect/blogs/underground-black-market-thriving-trade-stolen-data-malware-and-attack-services.

Die erste und bisher häufigste Klasse der kommerziellen Datenmarktplätze beinhaltet jegliche Datenmarktplätze, die Daten von kommerziellen Datenanbietenden für kommerzielle sowie private Datennutzende bereitstellen. Auf beiden Handelsseiten stehen bei diesen Datenmarktplätzen häufig gewinnorientierte Unternehmen. Innerhalb dieser Klasse lassen sich zwei Unterkategorien bilden: kommerzielle Datenmarktplätze mit einem breit gefächerten und eher generellen Datenangebot und solche, die sich vollständig auf den Handel mit einer bestimmten Datenart spezialisiert haben. Unter die generellen kommerziellen Datenmarktplätze fallen Plattformen wie Microsoft Azure Marketplace, Statista oder auch Advaneo, da diese ein vielfältiges Angebot von unterschiedlichen Daten bieten. Die spezialisierten Datenmarktplätze können weiterhin nach ihrem Datenangebot in nahezu beliebig viele Themenfelder unterteilt werden. Ein Beispiel ist CoreLogic, ein Datenmarkt für Liegenschaften und Immobilien; ein weiteres ist Acxiom mit Daten für unterschiedlichste Marketing-Anwendungen. In diese Kategorie fällt auch Credit Sesame in China.

Die zweite Kategorie umfasst den Handel mit privaten und persönlichen Daten. Diese Daten werden von Privatpersonen angeboten; persönliche Daten sind hier also nicht die Kundendaten eines Unternehmens, sondern beziehen sich auf Informationen, die direkt von Privatpersonen preisgegeben (und idealerweise monetarisiert) werden. Diese bieten ihre Daten auf dem Datenmarktplatz gegen eine Entschädigung (zumeist in Form einer bestimmten Funktionalität oder einer Dienstleistung) an. Auf der Käuferseite stehen hier wie bei den kommerziellen Datenmarktplätzen hauptsächlich Unternehmen, deren Datenanalyse diese Daten für ihre Unternehmenszwecke, wie beispielsweise Marketingstrategien, gewinnbringend einsetzen möchten. Neben DataFairPlay und BitsAboutMe ist hier auch bridgit.io zu nennen.

Die Kategorie Datenmarktplätze für öffentliche Daten[8] schließt alle Datenangebote ein, die kostenlos für jeden frei zugänglich sind. Dies beinhaltet vor allem die Datenbereitstellung durch Regierungen und öffentliche Verwaltungen,[9] die ihre Daten wie beispielsweise statistische Auswertungen oder Protokolle im Internet zur Verfügung stellen. Auf der Nutzerseite dieser Datenmarktplätze finden sich neben rein privaten Nutzenden und Unternehmen auch kommerzielle Datenmarktplätze. Diese benutzen die kostenlosen Daten, um ihr eigenes Datenangebot zu vergrößern oder durch Kombination mit eigenen Daten den Datensätzen neuen Wert beizufügen, ein Vorgehen, das insbesondere von Start-ups häufig praktiziert wird. In beiden Fällen verbessert sich durch ein breites Datenangebot die Möglichkeit, neue Kundinnen und Kunden zu gewinnen. Die letzte Kategorie der Schwarzmärkte für Daten darf nicht unbeachtet bleiben, sofern der Markt und der Handel von Daten vollständig betrachtet werden sollen. Wie für viele andere Handelsgüter gibt es

---

8 S. a. Beitrag von Schieferdecker, Kap. 2.3 in diesem Praxishandbuch.
9 Wie das amerikanische Portal https://www.data.gov/, das britische https://data.london.gov.uk/ oder das deutsche https://www.govdata.de.

auch für Daten illegale Handelsplattformen, auf denen unrechtmäßig beschaffte oder gesetzeswidrig gesammelte Daten verkauft werden.

Neben diesen Klassen von Datenmarktplätzen können auch unterschiedliche Arten des Datenhandels unterschieden werden: Letzterer kann verdeckt erfolgen, z. B., wenn mit Kundendaten, Logdaten oder Ähnlichem gehandelt wird, ohne dass diejenigen, die die Daten eigentlich erzeugen, davon Kenntnis erhalten. Verdeckter Handel liegt z. B. vor, wenn Google oder Facebook Nutzerdaten zum Advertising nutzen oder verkaufen. Demgegenüber liegt offener Datenhandel vor, wenn mit Daten über einen Marktplatz gehandelt wird, zu dem jeder Mensch Zugang hat, der die Eingangsbedingungen (sofern es solche gibt) erfüllt.

1.3 Preisbildung

Das Festsetzen von Preisen für Daten ist von zentraler Bedeutung für jeden Datenmarktplatz und zudem eine besondere Herausforderung. Wie bei anderen Gütern auch ist die Bestimmung des Wertes von Daten für die Käuferin bzw. den Käufer von essentieller Bedeutung für eine Preisfindung. Die Schwierigkeit liegt darin, dass dieser Wert zumeist nicht bekannt ist. Ebenfalls wie bei anderen Gütern hängt der Wert von Daten von der Marktsituation und dem Verhältnis von Angebot und Nachfrage ab. Demnach führt ein großes Datenangebot bei gleichzeitig geringer Nachfrage zu einem geringeren Wert der Daten und umgekehrt. Hinzu kommt, dass der Gebrauchswert von Daten, die ja auf einfache Weise beliebig vervielfältigbar sind, mit der Zeit abnimmt und dass der Wert von Informationsgütern subjektiv ist und von verschiedenen Personen als unterschiedlich hoch empfunden wird. Daher fehlt Datenanbietenden oftmals das Verständnis für den Wert ihrer Daten für Konsumierende, zumal eine zuverlässige Methode für die Bestimmung des Wertes von Datensätzen bisher nicht existiert. Durch den engen Zusammenhang des Wertes von Daten mit der Einschätzung der Konsumierenden ergibt sich, dass der Wert und damit auch der Preis von Daten in Abhängigkeit von den Nachfragenden bestimmt werden muss; Beispiele für entsprechende Ansätze liefern Stahl et al.[10] sowie Stahl und Vossen.[11]

Es hat verschiedene Versuche gegeben, den Wert insbesondere persönlicher Daten zu ermitteln. Ein bekanntes Beispiel ist ein von der Financial Times entwickelter Rechner,[12] mit der Privatpersonen vielleicht nicht den absoluten Wert ihrer persönlichen Daten ermitteln können, der aber zumindest zeigt, wie der Wert in Abhängigkeit von z. B. Familienstand oder Besitz allmählich steigt. Ein weiterer Ansatz zur

---
10 Vgl. Stahl et al. 2015.
11 Vgl. Stahl und Vossen 2016; Stahl und Vossen 2017.
12 S. https://ig.ft.com/how-much-is-your-personal-data-worth/.

groben Ermittlung des Werts persönlicher Daten ist der Vergleich der Preise, die bei Akquisitionen gezahlt werden (etwa die von WhatsApp durch Facebook oder die von LinkedIn durch Microsoft). Man vergleiche hierzu auch die Ergebnisse der Studie von Goldhammer und Wiegand 2017.

Preisfindung steht auch im Fokus verschiedener Forschungsaktivitäten. Sämtliche Anforderungen an Preismodelle lassen sich in die drei Kategorien logische, technische und ökonomische Anforderungen gliedern. Zu den logischen Anforderungen gehören all jene, deren Ziel ein logisch einwandfreies Preismodell darstellt. Hierzu zählt beispielsweise die Anforderung der Arbitrage-Freiheit, was bedeutet, dass für die Datenkäuferin bzw. den Datenkäufer keine Möglichkeit bestehen darf, die Antwort auf eine teure Datenanfrage durch ein Zusammensetzen von Antworten mehrerer günstigerer Anfragen zu erhalten. Die Forschung in diesem Bereich geht insbesondere zurück auf Koutris et al.[13] Tang et al. gehörten zu den ersten, die Datenqualität in die Preisbildung einbezogen haben;[14] diese Idee wurde von Stahl und Vossen aufgegriffen und weitergeführt.[15] Insbesondere kann eine Benutzerin bzw. ein Benutzer dort zwischen unterschiedlichen berechenbaren Qualitätskriterien (wie Aktualität oder Vollständigkeit) wählen, diese gewichten und sie bzw. er erhält dann ein Datenprodukt, das diesen Wünschen entspricht. Unter die technischen Anforderungen an Preismodelle fallen jegliche Anforderungen, die die technische Umsetzung und Ausführung der Preismodelle adressieren, beispielsweise eine möglichst kurze Rechenzeit eines automatischen Preisfindungssystems oder einer Anfragebeantwortung. In der Literatur finden sich ferner Arbeiten zur Preisfindung, welche die ökonomischen Aspekte von Datenmarktplätzen, etwa die Fairness von Preismodellen einschließen.

Weiterhin lassen sich Preismodelle nach den Basiseinheiten der Daten unterscheiden; gängig sind einzelne Records, Datenobjekte oder Sichten (Views), wobei Tupel eine feinere Granularität als Views aufweisen. Ferner lassen sich Preismodelle in anfragebasierte und qualitätsbasierte Preismodelle untergliedern. Bei ersteren werden die Preise für Daten anhand der getätigten Datenbankanfragen durch Konsumierende bestimmt. Dabei existieren verschiedene Methoden, den Preis für eine Antwort auf eine Anfrage zu berechnen; häufig berechnen Preisfunktionen den Preis von Daten basierend auf festen Beträgen je konsumierter Basisdateneinheit, also je Datentupel oder je View. Hierfür muss das Preismodell bestimmen können, aus welchen Basiseinheiten die Antwort auf eine Anfrage zusammengesetzt wurde.[16]

---

13 Vgl. Koutris et al. 2015.
14 Vgl. Tang et al. 2014.
15 Vgl. Stahl und Vossen 2016; Stahl und Vossen 2017.
16 Für weitere Einzelheiten zu den einzelnen Preisfindungsansätzen vgl. Lange et al. 2018 und Stahl et al. 2015.

Interessanterweise wird in allen genannten formalen Preismodellen bisher lediglich für Daten, also Anfrageergebnisse ein Preis berechnet, nicht jedoch für die Ausführung der Berechnung selbst. In der Realität ist dies oft anders, denn wie in den Abb. 1 und 2 gezeigt umfasst ein Datenmarktplatz typischerweise auch die Berechnungsfunktionalität, deren Nutzung sich die Betreibenden bezahlen lassen. Ein erster Ansatz zur gleichzeitigen Betrachtung von Daten- und Berechnungskosten findet sich bei Martins et al.;[17] einer Benutzerin bzw. einem Benutzer steht hier eine Reihe vorgegebener Anfragen zur Verfügung, die jeweils mit einem Preis versehen sind. Sie bzw. er kann diese Anfragen gewichten, um durch ihre Ausführung ein möglichst optimales (Daten-)Ergebnis zu erzielen als auch ein vorgegebenes Budget nicht zu überschreiten. Das Problem lässt sich als Knapsack-Optimierungsproblem[18] formulieren, was zur Folge hat, dass auf approximative Algorithmen zu seiner Lösung zurückgegriffen werden muss.

2 Datenmarktplätze in der Plattform-Ökonomie

In diesem Abschnitt wird auf die neueren Entwicklungen im Bereich Datenmarktplätze eingegangen, die sich von den bisher Beschriebenen wesentlich durch das Vorhandensein eines Feedback-Loops unterscheiden. Dieser liefert dem Betreibenden mehr Daten, was bessere Analysen erlaubt, aus denen sich bessere Datenprodukte ergeben. Hieraus resultieren schließlich zufriedenere Kundinnen und Kunden, was sich wiederum in mehr Empfehlungen sowie in Neukundinnen und -kunden niederschlägt.

3.1 Datenmarktplätze und der Feedback-Loop

Idealerweise sollte ein Datenmarktplatz mit jeder Transaktion, z. B. einer verkauften Daten- oder Serviceeinheit einen besseren Service anbieten können und dadurch noch mehr Kundschaft anlocken können. Allerdings wissen diejenigen, die den Datenmarktplatz betreiben, oft nicht, was genau mit den Daten nach Kauf geschieht, also z. B. in welches maschinell gelernte Modell diese Daten einfließen. Fast immer haben zudem die Datenmarktplatzbetreibenden keine Rechte zur Verwertung des Modells.

---
[17] Vgl. Martins et al. 2019.
[18] Beim Knapsack- oder Rucksack-Problem geht es darum, für einen Rucksack mit begrenzter Kapazität Dinge zum Mitnehmen so auszuwählen, dass ihr Nutzen optimiert, aber die Kapazitätsbeschränkung eingehalten wird, vgl. https://en.wikipedia.org/wiki/Knapsack_problem.

Den Datenmarktplatzbetreibenden fehlt damit ein wichtiges Element, der „Feedback-Loop", der den Betreibenden z. B. wertvolle Informationen über die Qualität bzw. den „Wert" der angebotenen Daten für eine spezifische Branche geben könnte. Vielmehr implementieren aktuelle Datenmarktplätze oft noch immer das „Pipeline"-Modell eines Extract-Transform-Load-Prozesses (ETL) eines Data Warehouse für möglichst zahlreiche Kundinnen und Kunden. Sie skalieren so mit der Fähigkeit, neue Kundschaft zu gewinnen, die sich von der Verwendung der Daten auf dem Marktplatz in eigenen Analysen und Datenprodukten einen Mehrwert versprechen. Diese Skalierbarkeit ist jedoch, im Vergleich zu Unternehmen, die direkt Millionen Endkundinnen und -kunden sowie Haushalte ansprechen können, auf einen verhältnismäßig kleinen Kundenstamm von Business-Kundschaft begrenzt. Daher müssen die Datenmarktplatzbetreibende ihre Kosten für die Entwicklung der Plattform und zur Akquise der Kundschaft (Customer Acquisition Costs) auf diese wenigen Kundinnen und Kunden umlegen und versuchen, trotzdem ein qualitativ attraktives Angebot bereitstellen zu können.

Parallel zu diesem Paradigma hat sich ein ganzer Wirtschaftszweig um das Paradigma des Multi-Sided-Markets[19] und der Plattformökonomie[20] entwickelt. Ein sehr frühes Beispiel für Deutschland sind die Unternehmen Interhyp AG und die Ende der 1990er Jahre gegründete Hypoport AG wurde, die heute wichtige Prozesse der Immobilienfinanzierung zwischen Banken und den Käuferinnen und Käufern vermittelt. Das Unternehmen wurde durch das Plattformgeschäft eines der ersten „Unicorns" in Deutschland. Dabei sammelt das Unternehmen zahlreiche Daten über Kern-Entitäten wie die Käuferin bzw. den Käufer, die Bank bzw. das Kreditprodukt oder die Immobilie. Anhand dieser Daten erfolgt dann ein Matching der Käuferinnen bzw. Käufer und der Wunschimmobilie mit Angeboten der Kreditfinanzierung und damit ein potenzielles Angebot an die Kundin bzw. den Kunden. Nimmt die Kundin bzw. der Kunde das Angebot wahr, werden die Profile der Kern-Entitäten mit den Daten aus der erfolgten Transaktion erweitert. Dadurch kann das Matching bei einer ähnlichen Kundschaft bzw. Immobilie noch genauer mögliche Kreditinstrumente zuordnen. Die Servicequalität erhöht sich und damit oft auch die Kundenzufriedenheit und die Weiterempfehlungsquote. Dadurch kommen neue Kundinnen bzw. Kunden und weitere transaktionale Daten können das Matching noch weiter verbessern.

Noch bekannter ist Amazon Inc., das ab 2004 Anbietende von Büchern an eine Kundschaft vermittelte und den Prozess des Einkaufs, „Schaufensterbummel", Kaufen und Liefern, in einem Feedback-Loop implementierte. Zunächst erfolgte der Feedback-Loop auf einem schwachen Signal, nämlich wenn eine Kundin bzw. ein Kunde für mehrere Bücher Interesse zeigte, diese also beispielsweise innerhalb ei-

---

19 Vgl. Gassmann et al. 2018.
20 Vgl. Cusumano et al. 2019.

ner Session anschaute. Auf Basis dieses Signals wurde eine Recommendation-Engine angewandt: Ähnliche Kundinnen bzw. Kunden erhielten ebenfalls die Bücher ihrer Peer-Gruppe angezeigt. Erste Versuche zeigten, dass dieser „Proxy" für das Kundeninteresse zu schwach war. Daher wurden im zweiten Versuch nur noch Bücher für die Recommendation-Engine als Trainingsdaten verwendet, die tatsächlich auch zusammen gekauft wurden. Dieser Ansatz funktionierte deutlich besser. Der Feedback-Loop, das Lernen aus dem Verhalten der Kundschaft aus der Vergangenheit, und die Vereinfachung des Bucheinkaufs führten zu einem hohen Anstieg der Kundenzufriedenheit. Dadurch benutzten immer mehr Käuferinnen und Käufer die Empfehlungsseite von Amazon. Das führte zu mehr Varianz in den Kundenprofilen und insgesamt zu mehr Kundschaft in den Kern-Entitäten – oder Profilen – wodurch die Recommendation-Engine wiederum bessere Empfehlungen geben konnte. Ein Feedback-Loop war entstanden, bessere Daten gaben bessere Analysen, diese ermöglichen bessere Datenprodukte und diese zogen mehr Kundschaft an, wodurch wiederum zusätzliche komplementäre Daten dem Unternehmen zu Kundinnen bzw. Kunden zur Verfügung standen. Letzten Endes konnten auch die Entwicklungskosten der Plattform und der Feedback-Loop auf hunderte von Millionen von Transaktionen umgelegt werden und somit standen insgesamt mehr Gelder für die Weiterentwicklung der Plattform zur Verfügung.

3.2 Wiederverwendung von Profilen und Plattformtechnologie in weiteren Datenprodukten

Amazon sammelte schließlich in zahlreichen anderen Prozessen mit einem Feedback-Loop weitere Daten zu Profilen der Anbietenden von Büchern, z. B. zur Lieferverfügbarkeit, Pünktlichkeit, Qualität der Lieferung etc., und zu anderen Profilen, zunächst Bücher (wer kauft welches Genre, welche Qualität, Preissegmente etc.), aber auch zu anderen Produkten, wie Elektronik, Computer, Videos, Musik und schließlich sogar zu Lebensmitteln. Diese neuen Profile verwendete Amazon dann zunächst zur Optimierung der Qualität in weiteren Prozessen, wie dem Anbieten von Bezahlung auf Kredit, der Bewertung der Lieferantenbeziehungen und -ketten, der proaktiven Lagerhaltung, dem Schalten von Werbung und Marketinginstrumenten bis hin zur Ausrichtung der Produktion aufkommende Trends. Über die letzten zwei Dekaden konnte Amazon so in immer mehr Prozesse unseres privaten und geschäftlichen Lebens attraktive, personalisierte Datenprodukte auf seiner Plattform anbieten. Dabei konnte das Unternehmen die Kosten für die Entwicklung eines Datenproduktes durch Wiederverwendung existierender Profile senken und zahlreiche Feedback-Loops etablieren, die immer weiter die zentralen Profile der Kern-Entitäten in ihrem Multi-Sided-Markt verbessern.

Dadurch entstand ein Zyklus: Einerseits konnte das Unternehmen schnell und kosteneffektiv neue Datenprodukte durch Wiederverwendung von Profilen, skalierbarer Plattformtechnologie sowie genormten Schnittstellen zu Datenprodukten und Profilen, Micro-Services, entwickeln. Auf der anderen Seite waren die Produkte sehr kundenfreundlich, schließlich gab es ja bereits viel Wissen über die Kundschaft oder zumindest ihre Peer-Gruppe aus anderen Datenprodukten, das immer öfter wiederverwendet und angereichert wurde. Dadurch konnten immer mehr Kundinnen und Kunden gewonnen werden und jede Kundin bzw. jeder Kunde zahlte einen kleinen Anteil mit jeder Transaktion an den Entwicklungskosten der Datenplattform.

3.3 Deep Learning zur Repräsentation von Geschäftsentitäten

Die technischen Möglichkeiten des Umgangs mit großen Datenmengen und das tiefe Lernen auf CPU bzw. später GPU-Clustern hat zusätzlich die Entwicklung von Datenprodukten in der Plattformökonomie vereinfacht. In den 2000ern wurde das Profil einer Kundin bzw. eines Kunden, eines Lieferanten, einer Werbung oder eines Mitbewerbers bzw. einer Mitbewerberin oft noch in einigen wenigen bis zu hunderten Spalten einer Tabelle – oder Attributen eines Knowledge Graphen – repräsentiert. Dieser Ansatz resultierte aus der Möglichkeit, diese Profile zunächst ggf. aus einem Data Warehouse, aus Datenbanken oder Log-Dateien von Webservern wiederzuverwenden.

Die Daten wurden aufgrund von Compliance- und Reporting-Anforderungen schon vorgehalten und sollten jetzt für einen weiteren Zweck wiederverwendet werden. Die damaligen Lernverfahren benutzen oft Techniken des manuellen Feature-Engineerings, um aus diesen Tabellen die richtigen Merkmale für die Matching-Funktion des Datenproduktes abzuleiten. Diese Methodik ändert sich seit Beginn der 2010er Jahre massiv durch die Anwendung von Deep-Learning-Verfahren. Deep Learning erlaubt eine deutlich umfangreichere und vor allem latente Repräsentation der Profile durch Tausende bis Millionen von Neuronen in sehr tiefen Netzwerken; das aktuelle Netzwerk BERT[21] zur Repräsentation von Sprache, z. B. in Kommentaren zu Produkten, erlaubt mehrere hundert Millionen von Neuronen. Dadurch konnten die Plattformbetreibenden noch mehr Daten aus noch mehr Transaktionen deutlich mehr Feinheiten und auch Anomalien unter den Profilen für Kundinnen und Kunden, Lieferanten etc. abbilden. Profile auf Basis von Deep Learning können aufgrund dieser umfangreichen Parameter daher noch stärker die Feinheiten der unterschiedlichen Wünsche der Kundschaft für das Matching berücksichtigen. Dieser Schritt von einer symbolischen Repräsentation von Kunden, Profilen oder Objekten, mit hunderten von Merkmalen zu einer eher latenten Repräsentation mit Millionen von Parametern findet derzeit überall statt. Er erlaubt viel feingranularer auch

---

21 Vgl. Devlin et al. 2019.

die Anomalien und Nischen über ein Merkmal oder eine Vielzahl von Merkmalskombinationen abzubilden. Genau diese feinen Nuancen werten ggf. ein Datenprofil auf und machen es umso wertvoller (siehe auch der Rechner der Financial Times zum Wert des eigenen Datenprofils im Abschnitt Preisbildung).

Auf der anderen Seite ermöglicht Deep Learning oft auch die multimodale Datenintegration. Beispielsweise hat das Unternehmen Zalando in der FashionDNA[22] bildliche, tabellarische und textuelle Attribute seiner Produkte in einem 200-dimensionalen Vektorraum abgebildet. Damit kann das Matching zwischen Suchanfrage und Produktkatalog nun erstmals auch komplexe Anfragen, wie z. B. „Hippie-Bluse mit Troddeln" matchen, deren Worte nur von wenigen Kundinnen bzw. Kunden stammen und damit auch nicht in den Metadaten der Produkte der Hersteller abgebildet sind. Das Verfahren lernt vielmehr aus dem Archiv/der Historie Assoziationen der Suchbegriffe mit dem Klickverhalten der Kundschaft und kann, als Nebeneffekt des Matchings, sogar die Profile der Kundinnen und Kunden sowie der Produkte weiter augmentieren.

In der Zwischenzeit dominieren die Unternehmen der Plattformökonomie weltweit die „klassischen" Unternehmen. Die Top-5 Unternehmen der Plattform-Ökonomie in den Vereinigten Staaten (Apple, Amazon, Facebook, Microsoft und Alphabet) haben zusammen einen Marktwert von mehr als 3 000 Milliarden Euro,[23] das ist ungefähr die Größenordnung des Bruttoinlandsproduktes von Deutschland. Analog gilt das für die größten Unternehmen in Asien, wie Alibaba, Tencent, Samsung, Didi Chuxing, Baidu, oder Meituan.

Auch das oben bereits behandelte Thema der Preisbildung wird im Kontext von Datenmarktplätzen, die maschinelles Lernen einsetzen, neu diskutiert. Chen et al. beschreiben z. B. eine Modell-basierte Preisfindung, bei der nicht mehr die Daten bepreist werden, sondern die Instanzen des verwendeten Machine-Learning-Modells.[24] Ein weiterer Gegenstand der Preisbildung sind Trainingdaten für KI-Anwendungen bzw. für Anwendungen des maschinellen Lernens[25].

---

22 Vgl. Bracher et al. 2019.
23 Vgl. Holger Schmidt, https://www.netzoekonom.de/plattform-index/.
24 Vgl. Chen et al. 2019.
25 Vgl. Agarwal et al. 2019.

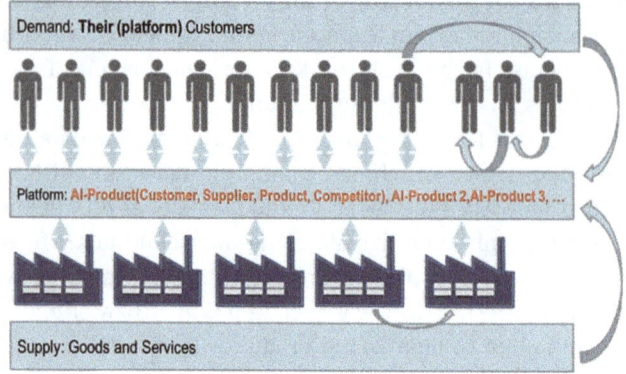

Abb. 4: Feedback-Loops erzeugen neue transaktionale Daten für das maschinelle Lernen. Dadurch werden Kundinnen-/Kunden- und Lieferantenmodelle, Wettbewerberradar etc. des Plattformanbieters verbessert. Diese verbesserten Dienstleistungen führen zur besseren Kundenzufriedenheit. Zufriedene Kundinnen und Kunden geben Weiterempfehlungen, wodurch noch mehr Menschen die Plattform nutzen und zusätzliche transaktionale Daten in das maschinelle Lernen der Dienste der Plattformbetreibenden fließen. Diese verbesserte Servicequalität schafft dadurch Netzwerkeffekte, die Plattform erreicht neue Kundinnen und Kunden und skaliert. Rückkopplungsschleifen verbessern existierende AI-(Daten)-Produkte bzw. ermöglicht die Schaffung neuer Datenprodukte.

3 Fazit und Ausblick

Datenmarktplätze greifen den Gedanken auf, Daten auf zwei-(oder mehr-)seitigen Märkten zu handeln. Dabei übernimmt der oder die Besitzende des Marktplatzes die Funktionen der Präsentation, des Matchings, der Preisgestaltung und des Vertriebs. Datenmarktplätze existieren für einige Domänen schon sehr lange, in den frühen 2010ern wurde dieses Konzept vertieft wissenschaftlich untersucht. Datenmarktplätze sind ein typisches Business-to-Business-Produkt und imitieren in Teilen Technologien des ETL bzw. in der Bereitstellung von Datenpipelines. Allerdings werden auch bereits Überlegungen angestellt, dass Daten in Zukunft zum vollständigen Geld- bzw. Preisersatz werden könnten.[26]

Die Plattformökonomie hat in den letzten zwei Dekaden eine deutlich bessere Möglichkeit der Skalierung des Geschäftsmodells erreicht als die Datenmarktplätze. Wichtige Elemente sind Businessmodelle auf Basis von Multi-sided Markets, Profilen von Kern-Entitäten oder Matching-Funktionen für die Optimierung zentraler Geschäftsmetriken (Key Performance Indicators) wichtiger Businessprozesse. Ebenfalls dazu gehören Feedback-Loops, die Profile weiter anreichern, Matching-Funktionen

---

26 Vgl. Ramge und Mayer-Schönberger 2017.

und Datenprodukte verbessern und so neue zufriedene Kundinnen und Kunden gewinnen können. Durch Wiederverwendung der Profile in zahlreichen Geschäftsprozessen und Datenprodukten, standardisierten Schnittstellen (Micro-Services) und dem Einsatz von Deep Learning konnten die Kosten für die Entwicklung der Plattform und der Datenprodukte weiter gesenkt werden. Auf der anderen Seite konnten durch den Neugewinn der Kundinnen und Kunden nicht nur reichere Profile erzielt werden, vielmehr können auch die Kosten für die Entwicklung der Plattform auf mehrere Kundinnen und Kunden umgelegt werden. Aktuell dominieren amerikanische und asiatische Unternehmen die Plattformökonomie,[27] insbesondere in zahlreichen, sogenannten Winner-takes-most- oder Business-to-Customer-Märkten. Im Business-to-Business-Geschäft ist die Plattformökonomie noch weniger vertreten und hier bieten sich Chancen für die europäische Industrie.

Neue Trends zeigen sich bereits in dem Zusammenschluss führender Plattform-Monopole und dem Versuch des Austauschs von Profilen über verschiedene komplementäre Plattformen hinweg. Ein Beispiel ist die Einführung der Crypto-Plattform von Libra von Facebook. Über eine in der Schweiz registrierte Legal-Entity, die Libra Association,[28] haben sich erstmals mehrere Vertreter der Plattformökonomie geeinigt, Transaktionen in deren Plattformen und den Bezahlverkehr gemeinsam zu regeln. Diese Unternehmen decken weltweit größtenteils komplementäre Märkte ab bzw. formen in den Märkten ein Monopol bzw. Oligopol. Dazu gehören Facebook (Werbung), Music Streaming (Spotify), Online-Zahlungsverkehr (Paypal, Visa, Mastercard, Stripe), Telco (Vodafone), Online-Marktplätze (eBay), Fahrdienstvermittler (Uber, Lyft) sowie Finanzdienste (Coinbase und Kiva).[29] Technologisch basiert das Konzept für den Austausch der Profile und der Transaktionen auf sog. Permissioned Blockchains. Diese kryptographisch geschützte, über Unternehmensgrenzen hinweg verteilte Datenstruktur erlaubt nur ausgesuchten, vorher registrierten Unternehmen das Lesen und Schreiben von Transaktionen und eignet sich besonders gut für Oligopole. Auch hier sind spezielle Datenmarktplätze in der Entwicklung.[30]

---

27 Vgl. „Künstliche Intelligenz: Potenzial und nachhaltige Veränderung der Wirtschaft in Deutschland" Studie: Arthur D Little, Vodaphone und Eco 2019.
28 S. https://www.diem.com/en-us/association/.
29 S.a. Facebook.com Spotify.com, PayPal.com, Visa.com, Mastercard.com, Stripe.com Vodafone.com, eBay.com, uber.com, Lyft.com, Coinbase.com, Kiva.com.
30 Vgl. Travizano et al. 2018.

Literatur

Letztes Abrufdatum der Internet-Dokumente ist der 15.11.2020.

Agarwal, Anish, Munther Dahleh und Tuhin Sarkar. 2019. „A Marketplace for Data: An Algorithmic Solution." In *EC '19: Proceedings of the 2019 ACM Conference on Economics and Computation June 2019*, hg. v. Association for Computing Machinery, New York (NY), USA, 701–726. New York: ACM. doi:10.1145/3328526.3329589.

Banerjee, Prabal und Sushmita Rujy. 2019. „Blockchain Enabled Data Marketplace – Design and Challenges." https://arxiv.org/pdf/1811.11462.pdf.

Bracher, Christian, Sebastian Heinz und Roland Vollgraf. 2016. „Fashion DNA: Merging Content and Sales Data for Recommendation and Article Mapping" Computing Research Repository (CoRR) abs/1609.02489.

Chen, Lingjiao, Paraschos Koutris und Arun Kumar. 2019. „Towards Model-based Pricing for Machine Learning in a Data Marketplace." *Proc. ACM SIGMOD Int. Conf. on Management of Data, Amsterdam, Netherlands*: 1535–1552.

Cusumano, Michael, Annabelle Gawer und David B. Yoffie. 2019. *The Business of Platforms: Strategy in the Age of Digital Competition, Innovation, and Power*. New York (NY), USA: Harper Business.

Devlin, Jacob, Ming-Wei Chang, Kenton Lee und Kristina Toutanova. 2019. „BERT: Pre-training of Deep Bidirectional Transformers for Language Understanding." *NAACL-HLT* (1): 4171–4186.

Gassmann, Oliver, Karolin Frankenberger und Michaela Csik. 2018. *Der St. Galler Business Model Navigator*. München: Hanser Verlag.

Goldhammer, Andre und Andre Wiegand. 2017. *Ökonomischer Wert von Verbraucherdaten für Adress- und Datenhändler. Studie im Auftrag des Bundesministeriums der Justiz und für Verbraucherschutz*. Berlin: Goldmedia.

Koutris, Paraschos, Prasang Upadhyaya, Magdalena Balazinska, Bill Howe und Dan Suciu. „Query-Based Data Pricing." *Journal of the ACM* 62 (5): Article 43.

Lange, Julia, Florian Stahl und Gottfried Vossen. 2018. „Datenmarktplätze in verschiedenen Forschungsdisziplinen: Eine Übersicht." *Informatik-Spektrum* 41(3): 170–180.

Martins, Denis, Jens Lechtenbörger und Gottfried Vossen. 2019. „Supporting Customers with Limited Budget in Data Marketplaces." *Proc. 6th IEEE Latin American Conference on Computational Intelligence (LA-CCI), Guayaquil, Ecuador*: 201–206.

Meisel, Lukas und Markus Spiekermann. 2019. *Datenmarktplätze – Plattformen für Datenaustausch und Datenmonetarisierung in der Data Economy*. Techn. Report, Fraunhofer Institute for Software and Systems Engineering (ISST), Februar 2019.

Muschalle, Alexander, Florian Stahl, Alexander Löser und Gottfried Vossen. 2013. „Pricing Approaches for Data Markets." In *BIRTE 2012 (Proc. 6th International Workshop on Business Intelligence for the Real Time Enterprise 2012, Istanbul, Turkey)*, hg. v. M. Castellanos, U. Dayal, E. Rundensteiner, 129–144. Heidelberg: Springer LNBIP 154.

Ramge, Thomas und Victor Mayer-Schönberger. 2017. *Das Digital: Markt, Wertschöpfung und Gerechtigkeit im Datenkapitalismus*. Berlin: Econ.

Schomm, Fabian, Florian Stahl und Gottfried Vossen. 2013. „Marketplaces for Data: An Initial Survey." *ACM SIGMOD Record* 42 (1): 15–26.

Stahl, Florian, Alexander Löser und Gottfried Vossen. 2015. „Preismodelle für Datenmarktplätze." *Informatik-Spektrum* 38(2): 133–141.

Stahl, Florian, Fabian Schomm, Lara Vomfell und Gottfried Vossen. 2017. „Marketplaces for Digital Data: Quo Vadis?" *Computer and Information Science* 10 (4): 22–37.

Stahl, Florian, Fabian Schomm und Gottfried Vossen. 2014. „The Data Marketplace Survey Resited." *Proc. 11th International Baltic Conference on Databases and Information Systems (Baltic DB&IS Conference)*. Tallinn, Estonia: 135–146.

Stahl, Florian, Fabian Schomm, Gottfried Vossen und Lara Vomfell. 2016. „A Classification Framework for Data Marketplaces." *Vietnam Journal of Computer Science* 3 (3): 137–143.

Stahl, Florian und Gottfried Vossen. 2016. „Data Quality Scores for Pricing on Data Marketplaces." *Proc. 8th International Conference on Intelligent Information and Database Systems (ACIIDS)*, Da Nang, Vietnam, 215–224. ORT: Springer LNAI 9621.

Stahl, Florian und Gottfried Vossen. 2017. „Name Your Own Price on Data Marketplaces." *Informatica – An International Journal* 28 (1): 1–26.

Tang, Ruiming, Antoine Amarilli, Pierre Senellart und Stephane Bressan. 2014. „Get a Sample for a Discount – Sampling-Based XML Data Pricing." *Proc. Int. Conf. on Database and Expert Systems Applications (DEXA)* Springer LNCS 8644, 20–34.

Travisano, Matias, Carlos Sarraute, Gustavo Ajzenman und Martin Minnoni 2018. „Wibson: A Decentralized Data Marketplace." *Proc. SIGBPS Workshop on Blockchain and Smart Contract*, San Francisco, 2018.

Frank Scholze, Robert Ulrich und Hans-Jürgen Goebelbecker
2.2 Wissenschaftlicher Datenmarkt

Abstract: Anhand von Forschungsdatenrepositorien (FDR) zur Speicherung, Bereitstellung und Nachnutzung digitaler Daten aus und für die Wissenschaft werden verschiedene Aspekte des Austauschs von Forschungsdaten beleuchtet, um so eine empirisch-näherungsweise Beschreibung des wissenschaftlichen Datenmarktes zu erhalten. Der wissenschaftliche Datenmarkt ist historisch gesehen von einem hohen Grad an Heterogenität und Dynamik geprägt und wenig durch Standards und fachbereichsübergreifende Best-Practices strukturiert. Diese Eigenschaften spiegeln sich in der gegenwärtigen digitalen Transformation der Wissenschaften wider, die einerseits diese Merkmale sichtbarer werden lässt und befördert, andererseits auch die immensen Potentiale von Standardisierung, Nachhaltigkeit, Transparenz und Reproduzierbarkeit über Fachgebiete hinweg aufzeigt und greifbar werden lässt.

Einleitung

„Auch Daten haben Schicksale und Konjunkturen", diagnostiziert Beat Immenhauser, „gegenwärtig stehen diese im Hoch, eine Kehrtwende ist nicht in Sicht."[1] Daten werden in allen Wissenschaftsdisziplinen produziert, analysiert und rekombiniert. Sie sind Teil der digitalen Transformation der Wissenschaften. Im Folgenden wird nach einer Begriffsklärung versucht, in konziser Form einzelne Aspekte und Funktionen des wissenschaftlichen Datenmarktes zu beschreiben.

1 Begriff

Der Begriff Markt (von lateinisch mercatus „Handel", zu merx „Ware") bezeichnet allgemein einen realen oder virtuellen Ort, an dem materielle oder immaterielle Waren regelmäßig gehandelt, d.h. ausgetauscht werden. Unter Daten in der Wissenschaft, meist auch als Forschungsdaten bezeichnet, versteht man (inzwischen fast ausschließlich) digital vorliegende Daten, die während des Forschungsprozesses entstehen oder sein Ergebnis sind. Der Forschungsprozess umfasst dabei verschiedene Schritte, angefangen mit der Nutzung bereits verfügbarer Forschungsdaten oder ihrer Generierung, wobei verschiedenste Formen, wie ein Experiment in den

---

[1] Immenhauser 2018, 261.

Naturwissenschaften, eine Prozessmodellierung in Form von Software oder eine empirische Studie in den Sozialwissenschaften, denkbar sind. Weiter umfasst der Forschungsprozess die Erhebung und Verarbeitung sowie die Analyse und Bewertung von Forschungsdaten. Daran schließt sich die Distribution eines Forschungsergebnisses, klassicherweise in Form einer Publikation an. In einer digitalisierten Forschung ist die Veröffentlichung immer mit einer Publikation und der Archivierung der Forschungsdaten verknüpft.[2]

So wie sich der Markt der Forschungsdaten in den gesamten Forschungsprozess einbettet, so vielgestaltig sind die Marktteilnehmer. Neben den Forschenden reicht dies von Förderorganisationen und privaten Drittmittelgebern über Universitäten und Forschungseinrichtungen bis hin zu Journalen und Verlagen.

Anhand dieser Definitionsversuche wird deutlich, dass es sich bei dem Begriff „Wissenschaftlicher Datenmarkt" nur um einen unscharfen handeln kann, da der Austausch von Forschungsdaten (Markt) nur bedingt im Sinne von Angebot und Nachfrage funktioniert und als Ganzes nur schwer direkt mit einem monetären, wissenschaftlichen oder gesellschaftlichen Wert quantifiziert werden kann. Gleichzeitig ist eine klare Abgrenzung zu den Themenfeldern kommerzieller Datenmarkt und Informationen des öffentlichen Sektors (Government Data[3]) nicht möglich. Vielmehr handelt es sich um drei überlappende Bereiche. Im Folgenden wird versucht, anhand einer Fokussierung auf die Forschungsdatenrepositorien, die Landschaft der real verwendeten Austauschplattformen für den Bereich zu skizzieren. Es wird bewusst der Begriff Forschungsdatenrepositorium (FDR) verwendet und nicht z. B. Datenbank oder Data Management Platform. Dies sind Termini, die hauptsächlich im privatwirtschaftlichen Umfeld verwendet werden.

Bei einem FDR handelt es sich um ein System zur Speicherung, Bereitstellung und Nachnutzung digitaler Daten aus und für die Wissenschaft.[4] Die oben beschriebene Unschärfe zeigt sich auch in der schwierigen Abgrenzung zu virtuellen Forschungsumgebungen, elektronischen Laborbüchern und anderen Datenplattformen. Aus diesem Grund gibt es auch keine abschließende Definition oder Funktionsbeschreibung, sondern lediglich vertiefte Beschreibungen von FDR einzelner Wissenschaftsdisziplinen, z. B. der Biomedizin.[5]

---

[2] Vgl. Kindling 2013. Dies entspricht der Definition der Allianz der deutschen Wissenschaftsorganisationen, s. https://www.allianzinitiative.de/archiv/forschungsdaten. Letztes Abrufdatum der Internet-Dokumente ist der 15.11.2020.
[3] S. a. Beitrag von Schieferdecker, Kap. 2.3 in diesem Praxishandbuch.
[4] Vgl. https://www.forschungsdaten.info/themen/bewahren-und-nachnutzen/repositorien.
[5] Vgl. Pampel 2015, 17.

2 Forschungsdatenrepositorien

Trotz der definitorischen Unschärfe erscheinen FDR hinreichend geeignet, den wissenschaftlichen Datenmarkt zu beschreiben. Ganz nach der Wittgenstein'schen Maxime, dass man darüber schweigen müsse, worüber man nicht sprechen könne, kann nicht der Versuch unternommen werden, auch nur ansatzweise alle Formen und Funktionen des informellen Austauschs von Daten in der Wissenschaft zu beschreiben oder zu systematisieren. Es soll an dieser Stelle genügen festzuhalten, dass sowohl die nicht dokumentierte und ungeregelte Nutzung individueller Speichermedien als auch die (teil-)formalisierte Verarbeitung von Forschungsdaten in abgegrenzten Gruppen Tatsachen des wissenschaftlichen Arbeitens darstellen, die von einem institutionellen Forschungsdatenmanagement (FDM) nicht oder nur am Rande erfasst werden.[6]

Um FDR und damit den wissenschaftlichen Datenmarkt pragmatisch und praxisorientiert zu beschreiben, wird im Folgenden das international größte Register von qualitativ erschlossenen FDR, das Registry of Research Data Repositories (re3data),[7] betrachtet. re3data ist ein internationales Verzeichnis von FDR, das fachübergreifend und nicht auf bestimmte akademische Disziplinen beschränkt ist. Es fördert darüber hinaus eine Kultur des Teilens, einen besseren Zugang und eine bessere Sichtbarkeit von Forschungsdaten und befördert die Umsetzung der FAIR-Prinzipien (Findable, Accessible, Interoperable, Reusable).[8] Es erlaubt Forschenden, aber auch anderen Zielgruppen wie Förderern, Verlegerinnen und Verlegern sowie Journalistinnen und Journalisten Repositorien zu suchen, um Daten aufzufinden oder zu speichern. Bei der Konzeption und Implementierung des Dienstes wurde deutlich, dass neben diesen Funktionen auch das Analysieren, Aufbauen und Integrieren von Infrastruktur und Diensten im Zentrum stehen sollte.

2.1 Institutionen

Zu den – Stand Juli 2020 – knapp über 2500 in re3data verzeichneten FDR sind auch die zugehörigen Institutionen erfasst. re3data zeigt, dass meist mehrere Institutionen für ein Repositorium verantwortlich zeichnen, wobei diese Verantwortlichkeit in die Aspekte Allgemein, Finanziell, Technisch, und Sponsoring unterteilt wird. Fast alle Repositorien haben mindestens eine Institution mit allgemeiner Verantwortlichkeit, dies bezieht sich dabei auf Inhalt und Betrieb des FDR. Für 70 Pro-

---

6 Vgl. Kaden 2018.
7 https://www.re3data.org ist das umfangreichste Nachweisinstrument. Für weitere Instrumente s. https://www.forschungsdaten.info/themen/finden-und-nachnutzen/forschungsdaten-finden/.
8 Vgl. Wilkinson 2016.

zent aller Repositorien sind Institutionen mit der Funktion „technische Verantwortung" verbunden, für 62 Prozent mit der Funktion „finanzielle Verantwortung" und nur für 3 Prozent im Bereich Sponsoring. Unterzieht man diese Institutionen einer näheren Betrachtung, handelt es sich weitgehend um öffentlich-rechtliche Organisationen. Damit ist eine deutliche Abgrenzung zum Informationsangebot der öffentlichen Hand nicht gegeben. Es zeigt sich aber, dass die Schnittmenge zum kommerziellen Datenmarkt gering ist. Dies wird von der Tatsache unterstrichen, dass lediglich 5 Prozent der Institutionen als kommerziell klassifiziert sind. Hierzu gehören u. a. Kliniken, aber auch privatrechtlich organisierte Firmen. Dieser Sachverhalt spiegelt sich auch darin, dass die Forschungsdaten in die Richtlinie über die Weiterverwendung von Informationen des öffentlichen Sektors der EU Eingang finden sollen.[9]

2.2 Disziplinen

FDR in re3data sind nach der Fachsystematik der Deutschen Forschungsgemeinschaft (DFG)[10] erschlossen, wobei Mehrfachzuordnungen möglich sind. Die meisten FDR haben einen eindeutigen fachlichen bzw. disziplinspezifischen Fokus im Hinblick auf die Hauptkategorien „Geistes- und Sozialwissenschaften", „Naturwissenschaften", „Ingenieurwissenschaften" und „Lebenswissenschaften", wobei Natur- und Lebenswissenschaften dabei am stärksten vertreten sind. Nur ein kleiner Teil der FDR ist generisch angelegt bzw. fachübergreifend in dem Sinne, dass sie allen vier Kategorien zugeordnet sind. Der Bekanntheitsgrad einzelner FDR aus dieser Gruppe (Zenodo,[11] figshare,[12] GitHub,[13] Dryad[14] etc.) ist jedoch mit am höchsten.[15]

Die von re3data aufgezeigte Verteilung der FDR ist ein Indikator dafür, dass der wissenschaftliche Datenmarkt in den Natur- und Lebenswissenschaften derzeit mannigfaltiger ist als in den Ingenieur- oder Geisteswissenschaften.

---

[9] S. https://sparceurope.org/psi_researchdata_openbydefault.
[10] S. https://www.dfg.de/download/pdf/dfg_im_profil/gremien/fachkollegien/amtsperiode_2016_2019/fachsystematik_2016-2019_de_grafik.pdf.
[11] S. https://zenodo.org/.
[12] S. https://figshare.com/.
[13] S. https://github.com/.
[14] S. https://datadryad.org/.
[15] Vgl. von der Heyde 2019, 25, Fig. 18.

2.3 Datenarten

re3data unterscheidet 15 Arten von Daten in den FDR. Neben der Sammelkategorie wissenschaftliche und statistische Daten sind dies in der Reihenfolge der Häufigkeit: Office Dokumente, Bilder, Text ohne Markup, Rohdaten, Grafiken bzw. Text mit Markup bzw. Struktur. Eine zahlenmäßig geringere Rolle spielen Softwareanwendungen, audiovisuelle Dateien, Datenbanken und Source Code. Die Erfassung der unterstützten Datenarten stellt in der Praxis regelmäßig eine Herausforderung dar. Im Vergleich zum wissenschaftlichen Publikationsmarkt sind Datenarten und Formate weitaus heterogener und erfordern komplexe Lösungen für Speicherung, Archivierung,[16] Austausch und Nachnutzung der Forschungsdaten. Ein einheitlicher Standard über alle Repositorien hinweg lässt sich derzeit nicht nachweisen. Diese Standardisierung ist eine prioritäre Aufgabe verschiedener Wissenschaftsgemeinschaften und spielt auch bei der Konsortialbildung im Rahmen der Nationalen Forschungsdateninfrastruktur (NFDI) eine bedeutende Rolle.[17]

2.4 Zugriff und Lizenzen

Der offene Zugriff auf oder das offene Speichern von Daten sind keine intrinsischen Merkmale von FDR und somit nicht prädestiniert zur Beschreibung des wissenschaftlichen Datenmarktes, auch wenn man davon ausgehen könnte, dass Offenheit ein Kennzeichen der Wissenschaft sei. Tatsächlich ist der reine Systemzugang bei rund 94 Prozent der FDR frei in dem Sinne, dass eine Webpräsenz zur Recherche in Metainformationen direkt zugänglich ist. Während noch bei rund 86 Prozent der FDR der Zugriff auch auf Daten bzw. Datensätze frei und ohne Restriktionen möglich ist, zeigt dies gleichfalls schon Einschränkungen auf. Unter welchen Rahmenbedingungen bzw. mit welcher Lizenz der Zugriff und die Nachnutzung möglich sind, gestaltet sich sehr heterogen. 40 Prozent der FDR nutzen eine Form der Creative-Commons-Lizenzen, das ist ein deutlicher Zuwachs gegenüber den knapp 22 Prozent aus der Erhebung von 2017.[18] Die häufigste Form sind jedoch nach wie vor lokal formulierte Nutzungsbedingungen oder Copyright-Vermerke. Vollständig in die andere Richtung schlägt das Pendel bei der Speicherung von Daten aus. Hier erlauben nur knapp 4 Prozent der FDR ein freies Einbringen von Daten, gegenüber mehr als 96 Prozent, die dies grundsätzlich einschränken bzw. mindestens eine Registrierung erfordern

---

16 Vgl. UK Data Archive 2011.
17 Vgl. Rat für Informationsinfrastrukturen 2018 sowie Beitrag von Neuroth und Oevel, Kap. „Aktuelle Entwicklung und Herausforderungen im Forschungsdatenmanagement in Deutschland" in diesem Praxishandbuch.
18 Vgl. Kindling 2017.

oder das Einbringen nur für bestimmte Personen oder Organisationen erlauben. Keinesfalls kann man den wissenschaftlichen Datenmarkt als synonym mit Open Data, das einerseits nur die durch jedermann frei nutzbaren Daten aber andererseits weitere Bereiche wie Daten des öffentlichen Sektors umfasst, sehen.[19]

2.5 Persistente Identifikatoren

Ein Persistenter Identifikator (PID) ist ein dauerhafter, digitaler Identifikator, bestehend aus Ziffern oder alphanumerischen Zeichenfolgen, welcher einem Datensatz (oder einem anderen digitalen Objekt) zugeordnet wird. Im Unterschied zum Uniform Resource Locator (URL) identifiziert er direkt eine Ressource und verweist nicht nur auf einen „Ort", an dem diese zu finden ist.

54 Prozent der FDR nutzen keine der im Publikations- oder Webbereich etablierten Persistenten Identifikationssysteme wie beispielsweise DOI, Handle oder URN. Dies deutet wie andere Faktoren darauf hin, dass der wissenschaftliche Datenmarkt, so wie er sich in FDR abbildet, noch relativ jung und in starker Entwicklung begriffen ist. Von den verwendeten PID-Systemen sind DOI[20] (29 Prozent) und Handle (8 Prozent) die beiden mit der größten Verbreitung. Dies zeigt, dass vor allem der Digital Object Identifier als Quasi-Standard aus dem Publikationsbereich auch für den wissenschaftlichen Datenmarkt von Bedeutung ist.

2.6 Schnittstellen

Noch weniger als bei PID-Systemen kann im Bereich der Software bzw. technischen Architektur von Standardisierung oder Schwerpunktbildung gesprochen werden. Es ist davon auszugehen, dass rund 68 Prozent der FDR mit selbstentwickelter Software betrieben wird, die zwar auf Standardkomponenten oder Frameworks aufbaut, trotzdem jedoch keine Vorhersage zu Interoperabilität bzw. Schnittstellen für die Machine-to-Machine-Kommunikation erlaubt. Immerhin verfügen rund 17 Prozent der FDR über eine REST- und 8 Prozent über eine OAI-PMH-Schnittstelle. Erfahrungen aus dem Publikationsbereich belegen jedoch, dass Schnittstellen wie OAI-PMH sehr unterschiedlich implementiert werden, was einer Standardisierung in der Praxis zuwiderläuft.[21]

Hier zeigt sich ein wesentliches Desiderat eines reiferen wissenschaftlichen Datenmarktes – das Vorhandensein verlässlicher und standardisierter Schnittstellen,

---

19 Vgl. Hagendorff 2016, 228.
20 S. https://www.doi.org.
21 Vgl. Bäcker 2017, 6.

die einen übergreifenden Austausch, ein Auffinden und die Neukonfiguration von Datensätzen ermöglichen.

2.7 Standards und Zertifizierung

Qualitätskriterien können die Bewertung von FDR deutlich erleichtern. Zertifikate geben Datenerzeugern die Sicherheit, dass die Daten langfristig vorgehalten, nutzbar und zitierbar sind. Datennutzerinnen und -nutzer können auf ein Mindestmaß an Qualität (Datenformat, Zitierbarkeit, etc.) der in zertifizierten FDR vorgehaltenen Daten vertrauen. Es gibt mehrere Initiativen, die – basierend auf unterschiedlichen Kriterien – Gütesiegel bzw. Zertifikate für FDR vergeben.[22] Lediglich ein geringer Anteil der FDR haben sich einem Zertifizierungsprozess unterzogen, wobei hier das CoreTrustSeal[23] mit knapp 3,5 Prozent die größte Untergruppe darstellt. Die geringe Zertifizierungsrate spiegelt die noch kaum vorhandene Standardisierung durch das derzeit noch schnelle und dynamische Wachstum des wissenschaftlichen Datenmarktes wider und zeigt die Herausforderungen auf, Nachhaltigkeit und Transparenz im FDM sicherzustellen.

3 Nationale Forschungsdateninfrastruktur

Nicht nur die lokalen und fachspezifischen Initiativen zum FDM adressieren den hier festgestellten Mangel an Verbindlichkeit, Standardisierung und Nachhaltigkeit des wissenschaftlichen Datenmarktes, sondern auch die Wissenschaftspolitik und Selbstverwaltung der Wissenschaft mit der Initiative zu einer Nationalen Forschungsdateninfrastruktur (NFDI).[24] Die NFDI soll eine verteilte und vernetzte Infrastruktur werden, die Dienste-Portfolios und Beratungsleistungen für die Erzeugung und Nutzung von Forschungsdaten anbietet. Sie wird in Gestalt von Konsortien entlang fachlicher Domänen oder methodischer Kriterien organisiert. Die DFG beschreibt sie als eine Infrastruktur, die Datenbestände von Wissenschaft und Forschung systematisch erschließen, nachhaltig sichern und zugänglich machen sowie (inter-)national vernetzen (soll). Sie wird in einem aus der Wissenschaft getriebenen Prozess als vernetzte Struktur eigeninitiativ agierender Konsortien aufgebaut werden.[25]

---

22 S. https://www.forschungsdaten.info/themen/veroeffentlichen-und-archivieren/daten-publizieren/.
23 S. https://www.coretrustseal.org.
24 S. a. Beitrag von Neuroth und Oevel, Kap. „Aktuelle Entwicklung und Herausforderungen im Forschungsdatenmanagement in Deutschland" in diesem Praxishandbuch.
25 S. https://www.dfg.de/foerderung/programme/nfdi.

Durch die breite Aufstellung und Vernetzung sowie durch die hohe und langfristige Förderung von bis zu 90 Millionen Euro jährlich,[26] hat die NFDI das Potential, den wissenschaftlichen Datenmarkt entscheidend mitzuprägen und sowohl fachspezifisch als auch interdisziplinär Standards zu setzen.

Die Initiative zum Aufbau der NFDI wurde von der Gemeinsamen Wissenschaftskonferenz (GWK) initiiert und wird von Bund und Ländern finanziert. Die DFG verantwortet die Begutachtung und Bewertung der Konsortialanträge. Diese Anträge wurden im Oktober 2019 eingereicht. Im Juni 2020 hat die GWK die Förderung von neun NFDI-Konsortien beschlossen, darunter vier Konsortien aus dem Bereich der Lebenswissenschaften, je zwei Konsortien aus dem Bereich der Natur- bzw. der Geistes- und Sozialwissenschaften und ein ingenieurwissenschaftliches Konsortium. Zwei weitere Auswahlrunden folgen in den Jahren 2020 und 2021.[27]

Fazit

Die Vielgestaltigkeit der Wissenschaft spiegelt sich auch in der Dynamik und Diversität des wissenschaftlichen Datenmarktes wider. Die Transformationsprozesse und Anstrengungen, um Verifikation, Interoperabilität und Nachhaltigkeit von Forschungsergebnissen zu verbessern, zeigen sich in einer noch immer stetig wachsenden und sich verändernden Repositorienlandschaft getrieben von dem Engagement der wissenschaftlichen Communities. Vor diesem Hintergrund überlappen sich zahlreiche Aktivitäten im Bereich des wissenschaftlichen FDM, wobei die sichtbaren Akteure vorwiegend aus dem öffentlich-rechtlichen Bereich stammen. Eine privatwirtschaftliche Dominanz des wissenschaftlichen Datenmarktes ist, im Unterschied zum wissenschaftlichen Publikationsmarkt, noch nicht festzustellen. Es bleibt zu hoffen, dass die notwendigen Konsolidierungs- und Standardisierungsprozesse im Rahmen der digitalen Transformation in der Endverantwortung der öffentlich-rechtlichen Wissenschaft ablaufen, um eine nachhaltige und passgenaue Entwicklung des wissenschaftlichen Datenmarktes zu befördern. Dies schließt die Beteiligung privatwirtschaftlicher Akteure ein, nicht jedoch deren Dominanz. NFDI und ähnliche Bestrebungen der Entwicklung von Forschungsdateninfrastrukturen, wie z. B. die European Open Science Cloud (EOSC),[28] können einen wesentlichen Beitrag dazu leisten, eine nachhaltige Balance der Akteure im Sinne der Wissenschaft zu erreichen.

---

26 S. https://www.gwk-bonn.de/themen/weitere-arbeitsgebiete/informationsinfrastrukturen.
27 S. https://www.forschungsdaten.info/support/glossar/#c429175.
28 S. a. Beitrag von Streit und van Wezel, Kap. 1.2 in diesem Praxishandbuch.

Literatur

Letztes Abrufdatum der Internet-Dokumente ist der 15.11.2020.

Bäcker, Amelie, Christian Pietsch, Friedrich Summann und Sebastian Wolf. 2017. „BASE (Bielefeld Academic Search Engine)." *Datenbank-Spektrum* 17 (1): 5–13. doi:10.1007/s13222-017-0246-9.
Büttner, Stephan, Hans-Christoph Hobohm, Lars Müller. 2011. *Handbuch Forschungsdatenmanagement.* Bad Honnef: Bock + Herchen.
Hagendorff, Thilo. 2016. „Open Data." In *Handbuch Informations- und Medienethik,* hg. v. Jessica Heesen, 227–233. Stuttgart: Metzler.
Herb, Ulrich. 2019. „Überwachungskapitalismus und Wissenschaftssteuerung." Telepolis, 29.7.2019. https://www.heise.de/tp/features/Ueberwachungskapitalismus-und-Wissenschaftssteuerung-4480357.html?seite=all.
Immenhauser, Beat. 2018. „habent sua fata data: der Beitrag der Schweizerischen Akademie der Geistes- und Sozialwissenschaften zur nachhaltigen Sicherung von Forschungsdaten." In *Bibliotheken der Schweiz: Innovation durch Kooperation Festschrift für Susanna Bliggenstorfer anlässlich ihres Rücktrittes als Direktorin der Zentralbibliothek Zürich,* hg. v. Zentralbibliothek Zürich, Alice Keller und Susanne Uhl, 261–271. Berlin: DeGruyter. doi:10.1515/9783110553796.
Kaden, Ben. 2018. „Warum Forschungsdaten nicht publiziert werden." *LIBREAS. Library Ideas* 33. doi:10.18452/19284.
Kindling, Maxi, Heinz Pampel, Stefanie van de Sandt, Jessica Rücknagel, Paul Vierkant, Gabriele Kloska, Michael Witt, Peter Schirmbacher, Roland Bertelmann und Frank Scholze. 2017. „The Landscape of Research Data Repositories in 2015: A re3data Analysis." *D-Lib* 23 (3/4). doi:10.1045/march2017-kindling.
Kindling, Maxi, Peter Schirmbacher und Elena Simukovic. 2013. „Forschungsdatenmanagement an Hochschulen: das Beispiel der Humboldt-Universität zu Berlin." *LIBREAS. Library Ideas* 23. urn:nbn:de:kobv:11-100212700.
Pampel, Heinz, Roland Bertelmann, Frank Scholze, Paul Vierkant und Maxi Kindling. 2015. „Stand und Perspektive des globalen Verzeichnisses von Forschungsdaten-Repositorien re3data.org." In *8. DFN-Forum Kommunikationstechnologien: Beiträge der Fachtagung, 08.06. – 09.06.2015, Lübeck,* hg. v. P. Müller, 13–22. Bonn: Gesellschaft für Informatik.
Rat für Informationsinfrastrukturen. 2018. *In der Breite und forschungsnah: Handlungsfähige Konsortien. Dritter Diskussionsimpuls zur Ausgestaltung einer Nationalen Forschungsdateninfrastruktur (NFDI) für die Wissenschaft in Deutschland.* Göttingen. urn:nbn:de:101:1-2018120515263879760228.
UK Data Archive. 2011. *Managing and Sharing Data: Best Practice for Researchers.* 3. Ed. Colchester: Univ. of Essex. https://ukdataservice.ac.uk/media/622417/managingsharing.pdf.
von der Heyde, Markus. 2019. „Open Research Data: Landscape and cost analysis of data repositories currently used by the Swiss research community, and requirements for the future." doi:10.5281/zenodo.2643460.
Wilkinson, Mark D., Michel Dumontier, Ijsbrand Jan Aalbersberg, Gabrielle Appleton, Myles Axton, Arie Baak et al. 2016. *The FAIR Guiding Principles for scientific data management and stewardship. Scientific Data* 3: 160018. doi:10.1038/sdata.2016.18.

Ina Schieferdecker
2.3 Urbane Datenräume und digitale Gemeingüter – Instrumente für Open Government und mehr

Abstract: In den letzten Jahren gab es verschiedenste Ansätze zur Weiterentwicklung von Städten und Gemeinden mittels digitaler Angebote und digitalisierter Infrastrukturen. Egal, ob es dabei um neue Beteiligungs-, ÖPNV- oder Bildungsangebote geht, spielen öffentlich zur Verfügung gestellte Daten eine zentrale Rolle. So betraf eine der ersten Aktivitäten weltweit die Öffnung großer Datenmengen nach Open-Data-Prinzipien von verschiedenen öffentlichen Verwaltungen und Versorgungsunternehmen innerhalb einer Stadt, um ein funktionierendes Ökosystem für städtische Dienste und Anwendungen rund um diese Daten zu schaffen. Dabei wurde schnell deutlich, dass offene Daten der öffentlichen Hand zwar ein wichtiges, aber nicht das einzige Datenangebot in einem solchen Ökosystem sein sollten, sondern ein breites Spektrum an Daten verschiedenster Anbieter und somit unter verschiedenen Nutzungskonditionen benötigt werden, um attraktive datengetriebene Angebote zu ermöglichen. Dabei werden Teile dieser Datenangebote als Gemeingüter benötigt, so dass jede und jeder an der Nutzung und Weiterverarbeitung partizipieren kann. Zudem wurde klar, dass die bereitgestellten Daten und Metadaten auf ihre Qualität zu überprüfen und ein entsprechendes Qualitätsniveau zu gewährleisten ist. Zudem entstand das Konzept einer offenen urbanen Plattform als Gesamtansatz für eine öffentlich-rechtliche Informations- und Kommunikationsinfrastruktur – als Architektur für eine digitale Infrastruktur für Informationsangebote und -dienste im öffentlichen Raum und in öffentlicher Verantwortung. Dieser Artikel bietet einen Überblick zu Daten und Metadaten im Sinne von Gemeingütern, zu ihrer Verankerung in einer öffentlich-rechtlichen Informations- und Kommunikationsinfrastruktur und zu verfügbaren Software-Komponenten und Informationen, also zu Ansatzpunkten für Interessierte.

Einleitung

Im digitalen Zeitalter werden die Städte und Gemeinden mit den überzeugendsten digitalen Angeboten die Nase vorn haben, Und das ist vergleichbar mit Zeiten der industriellen Revolution, in denen diejenigen Kommunen mit der besten Energieversorgung Innovationen angezogen und eine florierende Entwicklung ausgelöst haben. Das ist jedenfalls einer der Schlüsse des aktuellen Gutachtens „Unsere gemeinsame digitale Zukunft"[1] des Wissenschaftlichen Beirats der Bundesregierung Globale Umweltveränderungen (WBGU). Zudem setzt eine nachhaltige kommunale Entwicklung unter dem Einsatz digitaler Technologien voraus, dass Kommunen und Stadtgesellschaften ihre Gestaltungshoheit gegenüber der Digitalwirtschaft bewahren und eine eigene Technologie- und Datensouveränität aufbauen. Schon heute investiert eine wachsende Zahl von Städten und Gemeinden aktiv in dezentrale digitale Plattformen, offene Architekturen, öffentliche Daten und datengetriebene Innovationen und setzen auf Gemeinwohlorientierung der digitalen Angebote. Setzt sich dieser Trend durch, besteht berechtigte Hoffnung, dass die digitale Revolution für eine inklusive, nachhaltige kommunale Entwicklung genutzt werden kann.

Zudem können urbane Datenräume wichtige Beiträge zu Open Government leisten. Open Government bezeichnet die Öffnung von Staat und Verwaltung nach außen gegenüber der Gesellschaft und nach innen gegenüber eigenen und anderen Institutionen auf den verschiedenen Politik- und Verwaltungsebenen. Es setzt auf offene, transparente, partizipative und kooperative Prozesse sowie einen kontinuierlichen Dialog, um gesellschaftliche Bedürfnisse und Anforderungen schneller zu erkennen und beim staatlichen Handeln zu berücksichtigen. Eine solide Datenbasis, wie sie in urbanen Datenräumen bereitgestellt und weiterverarbeitet werden kann, ist dabei sowohl Ausgang für als auch Ergebnis offenen Politik- und Verwaltungshandelns.

So bieten digitale Plattformen in kommunaler Verantwortung für Gemeinden und Städte die Möglichkeit für mehr Innovation, Transparenz, Beteiligung sowie zusätzlicher Einnahmen für die Haushaltskasse. Jedoch sind solche kommunalen Digitalplattformen ein noch schwer zu fassendes Konzept. Hierbei werden sogenannte urbane Datenräume als zentraler Bestandteil der öffentlichen digitalen Infrastruktur einer Kommune verstanden, die es gilt, effizient umzusetzen und mit interessanten Datenangeboten bestückt anzubieten. Dieser Beitrag gibt einen Überblick zu fundamentalen Überlegungen zu urbanen Daten, wie sie über urbane Datenräume bereitgestellt werden können und wie sie als Produkt bepreist bzw. als Gemeingut gehandhabt werden können. Zudem gibt es weiterführende Informationen zu Komponenten und Referenzinstallationen für Interessierte.

1 Begrifflichkeiten rund um Daten

Wenn gemeinhin von Daten gesprochen wird, sind oftmals *Daten in digitalisierter Form* gemeint, die informationstechnisch gesehen Informationen repräsentieren. Digitalisierte Daten sind oftmals maschinenlesbar, insbesondere, wenn sie wohldefi-

---

[1] Vgl. WBGU 2019, 197–203, 279–286.

nierte und standardisierte Formate verwenden, und können so weiterverarbeitet und weiterverwendet werden. Dazu werden die Daten automatisiert oder manuell erhoben, erfasst und digitalisiert; sie werden gespeichert, übertragen und für die Nutzung in Applikationen interpretiert sowie visualisiert (siehe Abb. 1). Daten – egal ob strukturiert oder unstrukturiert – werden in Bitfolgen dargestellt, denen Syntaxen zur korrekten Abfolge von Bits, Semantiken zur Bedeutung der Bits und ihrer Abfolgen oder Ontologien zu Relationen von Bits und Bitfolgen untereinander unterlegt werden.[2]

Abb. 1: Aufbereitung und Nutzung von Daten

Die öffentliche Diskussion debattiert vor allem und zu Recht Fragen der Datensicherheit und des Datenschutzes personenbezogener Daten, übersieht dabei jedoch, dass es eine viel größere Menge an Daten gibt, die nicht personenbezogen sind, auch wenn sie in jeweiligen Situationen personenbeziehbar werden. Anhand digitaler Filme lässt sich dies beispielhaft erläutern: Für Filme mit hoher Auflösung werden u. a. DVDs mit einer Kapazität von bis zu 8.5 GB (Gigabyte) oder Blu-Rays mit 25 GB und mehr genutzt. Dahingegen benötigen die sog. Metadaten, z. B. mit Informationen zur Produktion des Filmes, zu den Akteuren und Akteurinnen im Film, zum Filmvertrieb oder eben, wer diesen Film wann gesehen hat, nur wenige KB (Kilobyte) bzw. bei komplizierteren Formaten einige Megabyte (MB), jedoch nicht GB. Die eigentlichen Inhaltsdaten des Films (der eigentliche Film) übersteigen die Metadaten rund um den Film (u. a. der Vor- und Abspann eines Films) in ihrer Größe um ein Vielfaches. Dabei gilt ein als Produkt verfügbarer Film mit seinen Inhaltsdaten als nicht personenbezogen. Gleichsam sind jedoch seine Vertriebs- und Nutzungskontexte personenbeziehbar und seine Metadaten somit personenbezogen. Demgegenüber sind bei Filmen im privaten Kontext sowohl die Inhalts- als auch die Metadaten personenbezogen.

Noch deutlicher ist die Relevanz (als auch die Größe) nicht personenbezogener Daten in der Wirtschaft, wo es bspw. um Produkt-, Produktions- oder Logistikdaten geht, im öffentliche Raum, wo es bspw. um Daten zu öffentlichen Angeboten oder

---

[2] Vgl. Krcmar 2015, 85–111.

zu Verfügbarkeiten und Auslastungen geht, oder in der Umwelt und Natur, wo es sowohl um die Erfassung unseres Planeten in allen Dimensionen, Makro-, Mezzo-, Mikro- oder Nanoebenen oder um Fauna und Flora als auch in der geschichtlichen Entwicklung oder in perspektivischen Vorhersagen geht.

Derlei Daten können durch Metadaten in ihren Inhalten, Strukturen, Urheberrechten, Nutzungsbestimmungen, Verantwortlichkeiten oder Speicherorten als auch Versionen beschrieben werden.[3] Über diese Metadaten werden Inhaltsdaten kategorisierbar und auffindbar. Und gleichsam können Metadaten wiederum als Inhaltsdaten verstanden werden, da es bspw. durchaus interessant sein kann, welche Daten in welchen Mengen, Umfängen oder Qualitäten angeboten und wie genutzt werden.

Um einerseits Daten und Metadaten anbieten, verarbeiten und weiterverwenden zu können, können sogenannte *Datenräume* gebildet werden, so dass für Bereitstellende, Bearbeitende und/oder Anwendende gemeinsame Technologien, Werkzeuge und Prozesse zur Datenverarbeitung zur Verfügung stehen. Solche Datenräume können innerhalb einer Organisation, organisationsübergreifend oder der allgemeinen Öffentlichkeit zur Verfügung gestellt werden.[4] In Datenräumen kann die *Wertschöpfung aus Daten* oder Aggregationen von Daten dargestellt, mit einfachen bis hin zu komplexeren Methoden geschehen (s. Abb. 2). Damit die Wertschöpfung aus Daten systematisch erfolgen kann, werden derzeit weltweit Produktionsprozesse für hochwertige Daten entworfen, erprobt und teilweise bereits großflächig – bspw. für das Labeling von Gewebescans zur Tumorerkennung[5] – umgesetzt.

Daten ...	Im Sinn ...
als Repräsentation von Ereignissen oder Prozessen.	einer unterstützenden Funktion.
zur Steuerung von Prozessen und Dienstleistungen.	eines (Geschäfts-)Prozessmanagements.
zur Ermöglichung von Produkten und Dienstleistungen.	einer Befähigung von Produkten und Dienstleistungen
als Produkt oder Dienstleistung.	einer nachgefragten Ressource.

Abb. 2: Wertschöpfung aus Daten

Für kommerzielle Datenräume, in denen Daten und darauf aufbauende Dienste verkauft werden, hat sich der Begriff des *Datenmarktplatzes* etabliert. Beispiele sind Mobilitätsdatenmarktplätze, Energiedatenmarktplätze oder Marktplätze für Geoin-

---

3 Vgl. Klessmann et al. 2012, 527–533.
4 Vgl. Schieferdecker et al. 2018, 36–41.
5 Vgl. Lerner, Veil, Nguyen, Luu und Jantzen 2018, 3.

formationen.[6] Für allgemein zugängliche Datenräume wird oftmals der Begriff der Datenportale verwendet. Aus gesellschaftlicher Sicht sind regionale Datenräume von besonderem Interesse, da sie Übergänge zwischen den verschiedenen Datenangeboten der öffentlichen Hand, von Unternehmen, der Wissenschaft und Politik bieten können[7] und vielfach regional abspielende gesellschaftliche und wirtschaftliche Interaktionen widerspiegeln.

2 Rolle von urbanen Daten im digitalen Zeitalter

So werden in einer Stadt oder Gemeinde unterschiedlichste digitale Daten erzeugt, vom Verkehr über den Wasserkonsum bis hin zum Wahlverhalten. Sie werden in Unternehmen, Behörden, Wissenschaftsorganisationen und auf privaten Endgeräten in unterschiedlichen Formaten gespeichert. Digital innovativ wird eine Kommune dann, wenn diese Daten digitalisiert, zuverlässig und sicher, leicht auffindbar sowie verständlich gemacht und für die Weiterarbeitung bzw. Weiterverwendung aufbereitet werden. Sie können dann für datengetriebene Dienste und Produkte genutzt werden, die das Leben in der Kommune verbessern oder ebenso kommunale und regionale Unternehmen stärken. Wohlbekannt sind in diesem Kontext Mobilitätsdienste, die mit Hilfe einer umfassenden Datenbasis aktuelle Baustellen, Veranstaltungen, Wetter- und Verkehrslagen berücksichtigen können. Werden die lokalen Datenangebote in einem urbanen Datenraum gebündelt, der interoperabel zu weiteren Datenräumen gestaltet wird, können die Vorteile datengetriebener Innovationen ebenso für Bürger-, Bildungs- und Vorsorgedienste sowie andere Angebote der Verwaltung, von Politik, Wirtschaft, Wissenschaft oder Zivilgesellschaft ermöglichen.

Der Begriff *urbane Daten* bezieht sich auf alle Arten von Daten, die im urbanen Kontext wichtig sind, unabhängig von der spezifischen Datenherkunft, dem Datenmanagement, den damit verbundenen geistigen Eigentumsrechten und den Lizenzanforderungen. Städtische Daten können Daten beinhalten, die über den direkten lokalen Kontext hinausgehen, z. B. wenn sie für einen kommunalen Prozess benötigt werden, der auf Daten von überregionaler oder globaler Relevanz basiert, oder einfach wenn sie allgemeine Auswirkungen auf den städtischen Raum/Umwelt haben – zum Beispiel Klima- oder Finanzdaten.[8]

Urbane Daten können auch, müssen aber nicht *offene Daten* sein. Die Offenheit von Daten macht sich an der Erfüllung verschiedener Kriterien fest. Die üblicherweise verwendeten Kriterien sind:[9]

---

6 S. Beitrag von Vossen und Löser, Kap. 2.1 in diesem Praxishandbuch.
7 Vgl. Schieferdecker et al. 2018, 41–44.
8 Vgl. Schieferdecker et al. 2018, 54–123.
9 Vgl. Klessmann, Denker, Schieferdecker und Schulz 2012, 36–37.

- *Vollständigkeit*: Datensätze sollten so vollständig und ursprünglich wie möglich veröffentlicht werden, soweit dies die Regelungen zum Datenschutz zulassen.
- *Primärquellen*: Daten, die als offene Daten bereitgestellt werden, sollten direkt aus den ursprünglichen Quellen veröffentlicht und mit Informationen zum Ablauf der Sammlung und zur Erstellung der Daten angereichert werden.
- *Zeitliche Nähe*: Die Veröffentlichung der Daten soll möglichst zeitnah zur Entstehung oder Aktualisierung des Datensatzes erfolgen.
- *Leichter Zugang*: Der Aufwand, um Zugang zu einem oder mehreren Datensätzen zu erhalten, soll möglichst gering sein. Dazu sind Hindernisse im technischen Zugang oder rechtliche Vorgaben zu minimieren.
- *Maschineninterpretierbarkeit*: Daten sollten leicht maschinell verarbeitbar sein, um die Potenziale offener Daten wie eine einfache Einbindung in Softwareanwendungen auszuschöpfen. Dazu sollten solche Datenformate verwendet werden, deren zugrundeliegenden Datenstrukturen und entsprechende Standards öffentlich zugänglich, vollständig publiziert und kostenfrei erhältlich sind.
- *Diskriminierungsfreiheit*: Der Zugriff auf Daten muss ohne Ansehen der Person, zeitliche Restriktionen, die Anforderung, die eigene Identität nachzuweisen, oder eine Begründung für den Zugriff möglich sein.
- *Verwendung offener Standards*: Mit dem Einsatz offener Standards ist die Verwendung von Formaten gemeint, die Interoperabilität gewährleisten, so dass verschiedene Programme und Anwendungen auf die Daten zugreifen können, ohne dass dafür Lizenzkosten an einzelne Hersteller abgeführt werden müssen.
- *Lizenzierung*: Offene Daten sollten eindeutig sichtbar mit einer Nutzungsbestimmung versehen und durch Dritte nutzbar sein. Für offene Daten bieten sich offene Nutzungsbestimmungen wie die der Creative Commons[10] oder dazu kompatible Nutzungsbestimmungen wie die Deutsche Datennutzungslizenz[11] an.
- *Dauerhaftigkeit*: Offene Daten sollten permanent verfügbar sein, Änderungen, Aktualisierungen und Löschungen mit Versionskontrollen und Archivierung sollten nachvollziehbar gestaltet werden.
- *Nutzungskosten*: Offene Daten sollten möglichst kostenfrei zur Verfügung gestellt werden. Die Erhebung von Gebühren sollte auf die anfallenden Grenzkosten beschränkt werden.[12]

Diese Kriterien sind in der Praxis nicht immer leicht bestimmbar und spannen ein Spektrum von Geschlossenheit bis umfassender Offenheit von Daten, wie bei urbanen Daten, auf. Hierbei sind die vier Kriterien der Verfügbarkeit, der Maschineninterpretierbarkeit, der Lizenzierung und der Nutzungskosten von besonderer Bedeu-

---

[10] Vgl. Kim 2007, 195 ff. und CC 2002.
[11] Vgl. Helene 2014, 114–115 und GovData 2016.
[12] Vgl. Schieferdecker et al. 2018, 265 ff.

tung: Auf Daten aufbauende Angebote oder Geschäftsmodelle erfordern eine zuverlässige Verfügbarkeit, wohldefinierte Nutzungsbestimmungen und sowohl kalkulierbare als auch faire Nutzungskosten der Daten, die mit vergleichsweise geringem Aufwand automatisiert zu verarbeiten sein sollten.

Mit Hilfe von urbanen Daten, die aus öffentlichen, industriellen, wissenschaftlichen, privaten oder gemeinnützigen Quellen stammen können, können fundierte Entscheidungen für Geschäfts- und Verwaltungsentscheidungen getroffen werden. Das PAS Smart City-Konzeptmodell[13] definiert *vier Typen an Erkenntnissen*, die aus urbanen Daten gewonnen werden können:

- *Betriebliche Erkenntnisse*, um Eigenschaften und Charakteristiken von urbanen Sachverhalten und Prozessen zu verstehen, um daraus Verbesserungsoptionen ableiten zu können – z. B. Verkehrsinformationen in Echtzeit, um ein verbessertes multi-modales Routing zu erreichen.
- *Kritische Erkenntnisse*, um aktuelle Vorfälle zu beobachten und daraus Handlungsempfehlungen ableiten zu können – z. B. Transparenz und Hinterfragen von politischen Entscheidungen, Melden von Straßenschäden und verwandte Formen der Bürgerpartizipation.[14]
- *Analytische Erkenntnisse*, um Muster und Korrelationen zu identifizieren und dadurch Vorbedingungen für urbane Innovation, Auswirkungseinschätzungen oder Herausforderungen und Möglichkeiten bei der urbanen Entwicklung ableiten zu können – z. B. in Kombination von touristischen und gastronomierelevanten Daten oder von statistischen Mobilitätsdaten und Infrastrukturinformationen inklusive Zustandsinformationen wie Straßenschäden.
- *Strategische Erkenntnisse*, um einen allumfassenden Ansatz bei den strategischen Zielen, Plänen und Entscheidungen innerhalb der urbanen Umwelt zu ermöglichen – z. B. Einflussnahme auf längerfristige politische Entscheidungen wie die Mietpreisbremse auf Basis der Kombination verschiedener Statistiken.

3 Rolle von Metadaten in urbanen Datenräumen

Auch wenn wie eingangs erläutert technisch zwischen den Inhaltsdaten und Metadaten zu unterscheiden ist, sollten Daten und so auch urbane Daten immer als Paar bzw. als Kombination aus Inhalts- und Metadaten verstanden und bereitgestellt werden. Und unabhängig von den eigentlichen Inhaltsdaten sollten die Metadaten diese drei wesentlichen Funktionen erfüllen:

---

13 Vgl. The British Standards Institution, BSI 2016, 2–4.
14 Vgl. BSW 2013.

- die Auffindbarkeit der Daten sicherzustellen,
- die Verständlichkeit der Daten zu verbessern und
- die Bearbeitung und Weiterverwendung der Daten zu ermöglichen.

Für die Auffindbarkeit von Daten sollten Metadaten so vollständig wie möglich sein. Es empfiehlt sich, wohldefinierte Vokabulare insbesondere für Bezeichnungen und Schlüsselwörter zu verwenden und geographische oder andere wichtige inhaltliche Bezüge der Daten herzustellen. Zudem sollten neben Fachbegriffen auch ergänzend Synonyme verwendet werden.

Zur Verbesserung der Verständlichkeit von Daten sollten diese detailliert beschrieben werden, um eine klare Vorstellung der Inhaltsdaten zu ermöglichen. Dazu sollte eine leicht verständliche Sprache ohne Abkürzungen verwendet werden. Zudem sind Informationen rund um den Zweck der Erhebung der Daten und die Erhebungsmethoden hilfreich.

Zur besseren Bearbeitung und Weiterverwendung der Daten sollten die Metadaten Informationen zu den genutzten Formaten und Standards als auch zu anderen relevanten Merkmalen wie zu ihrer Genauigkeit oder Aktualität enthalten. Zudem sollte auf mögliche Beschränkungen der Inhaltsdaten hingewiesen werden. Es ist auch hilfreich, Angaben zur Herkunft der Daten und mögliche Ansprechpersonen zu machen.

Die Beachtung dieser Empfehlungen zu Metadaten kann durch eine Qualitätssicherung unterstützt werden, indem beim sogenannten Harvesten von Daten, bei dem Daten automatisiert in einen urbanen Datenraum aufgenommen werden, oder bei der manuellen bzw. teilautomatisierten Bereitstellung von Daten die Vollständigkeit, Konsistenz und Korrektheit der Inhalts- und Metadaten überprüft und ggfs. korrigiert werden.[15] Das Zwischenergebnis einer solchen internen Qualitätssicherung ist in Abb. 3 beispielhaft dargestellt. Sie zeigt die Anzahl an Datensätzen mit Regelverletzungen auf einem Datenportal. Einen Werkzeugkasten für das Management, die Bereitstellung und Weiterverwendung von Daten und Metadaten bietet beispielsweise piveau.[16]

---

[15] Vgl. Catal, Tcholtchev, Lämmel und Schieferdecker 2018, 145–147.
[16] Vgl. FOKUS 2019.

Abb. 3: Zwischenergebnis einer Qualitätskontrolle der Metadaten auf govdata.de

4 Urbane Datenräume

Der Begriff des Datenraums wurde mit dem Konzept einer europäischen Datenwirtschaft geprägt. Im April 2018 legte die Europäische Kommission das Follow-up-Strategiepapier zur Europäischen Datenwirtschaft[17] vor und definiert darin den europäischen Datenraum als „ein nahtloses digitales Gebiet in einer Größenordnung, die die Entwicklung neuer datenbasierter Produkte und Dienstleistungen ermöglicht".[18]

In Datenräumen werden verschiedene Daten wie Inhaltsdaten als Basisdaten (auch „raw data" genannt) sowie aufbereitete Daten, Metadaten und Informationen, die aus den Daten durch Kombination und Aggregation verschiedener Daten abgeleitet werden, bereitgestellt. Mit Datenraum können ebenso die für die Daten und ihre Verarbeitung nötigen technischen Infrastrukturen wie Datenspeicher oder Werkzeuge zur Datenverarbeitung bezeichnet werden. Ein Datenraum kann einen räumlichen Bezug haben, so wie sich der europäische Datenraum auf das Gebiet der Europäischen Union bezieht. In institutioneller und personeller Hinsicht kann ein Datenraum ebenso als ein Netzwerk von Akteurinnen und Akteuren verstanden werden. Rechtlich gesehen kann ein Datenraum als Entität mit eigenen Regeln und Rechtsrahmen aufgebaut werden, die bspw. Aspekte der Datensicherheit und Datenhoheit definieren. Funktional kann zudem ein Datenraum als ein bedarfsorien-

---

17 Vgl. Europäische Kommission 2017; Europäische Kommission 2018.
18 Vgl. Europäische Kommission 2018, 1.

tiertes System verstanden werden, das von seinen Akteurinnen und Akteuren aktiv gestaltet werden kann.[19]

In der Datenwirtschaft wird es verschiedene dezentrale Datenräume geben. Dabei unterscheiden sich Datenräume bezüglich ihrer räumlichen, organisatorischen und rechtlichen Eigenschaften als auch ihrer wirtschaftlichen Ziele. So können Datenräume auf europäischer, nationaler, regionaler oder lokaler Ebene unterschieden werden als auch nach ihren unterschiedlichen Akteurinnen und Akteuren (z. B. Industrie, Kommunen oder Wissenschaft) oder branchenspezifisch (z. B. Mobilitäts-, Energie- oder Medizindatenraum).

Als *urbaner Datenraum* wird ein solcher Datenraum bezeichnet, der alle Arten von Daten enthält, die für eine urbane Gemeinschaft und den urbanen Wirtschafts- und Politikraum relevant sein können. Im Idealfall umfasst ein urbaner Datenraum alle für die Kommunen und ihre Interessengruppen relevanten Daten aus allen Bereichen (Energie, Mobilität, Gesundheit etc.) im kommunalen Umfeld, die sowohl in analogen, digitalen oder hybriden Kontexten entstehen. Dabei bezeichnet ein urbaner Datenraum insbesondere den digitalen Raum als Wirtschaftsraum sowie als Rechts-, Erfahrungs-, Aktions-, Identifikations-, Kommunikations- und Sozialisationsraum für Menschen und Organisationen, die in einem privaten oder beruflichen urbanen Kontext zueinanderstehen. Ein urbaner Datenraum bietet die Daten in digitaler Form, die über technische Standards zwischen den Akteuren sicher ausgetauscht, miteinander verknüpft und weiterverwendet werden können, und so Optionen für datenbasierte Angebote und Innovation.

Die logischen Grenzen eines urbanen Datenraums liegen dabei nicht unbedingt innerhalb eines bestimmten kommunalen Raums. Ein urbaner Datenraum kann auch auf die Dimensionen eines für eine Stadt oder Gemeinde wichtigen Wirtschaftsraum als auch auf die damit verbundene Verwaltung, das Wohnen oder rechtliche, Erfahrungs-, Handlungs-, Identifikations-, Kommunikations- und Sozialisierungsräume ausgedehnt werden. So kann ein urbaner Datenraum alle Daten (nicht personenbezogene als auch personenbezogene) umfassen, die im urbanen Kontext von Personen, Systemen, Unternehmen, Umwelt und/oder Maschinen stammen, sei es intern, kommerziell oder frei verfügbar, sofern sie eng mit dem entsprechenden städtischen Raum verbunden sind. Zu den *Zielen urbaner Datenräume* gehören:
– eine erhöhte Verfügbarkeit und Nutzbarkeit von urbanen Daten,
– ein verbesserter Zugang zu und gemeinsame Nutzung von Daten innerhalb der kommunalen Verwaltung, durch in der Region agierende Unternehmen und andere Interessengruppen,
– eine erhöhte Transparenz beim Umgang mit urbanen Daten,

---

19 Vgl. Otto und Jarke 2019, 563–564.

- wohlfundierte Methoden und Prozesse für Datensicherheit und -schutz sowie Datenqualität,
- die Standardisierung von urbanen Datenangeboten inklusive der Interoperabilität zu anderen Datenräumen,
- die Entwicklung und der Ausbau von Kompetenzen für die Analyse urbaner Daten und datengetriebene Innovationen,
- die Förderung datengestützter Geschäftsmodelle im urbanen Raum wie auch
- der Aufbau flexibler digitaler Infrastrukturen in Städten und Gemeinden, über die urbane Daten bereitgestellt werden.

Die Daten eines urbanen Datenraums können *intern* für ausgewählte Nutzergruppen, *kommerziell* für ausgewählte oder alle Nutzergruppen als auch *frei verfügbar* für alle Nutzergruppen bereitgestellt werden (s. Abb. 4).

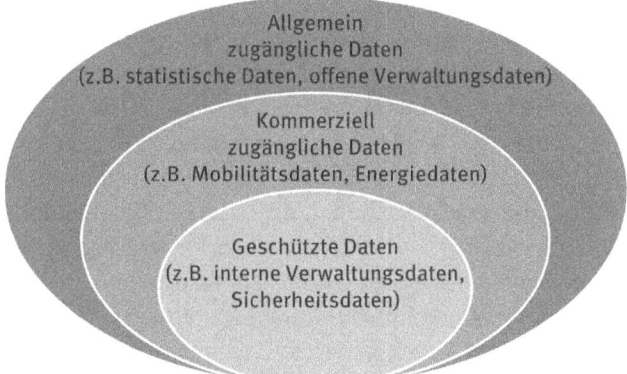

Abb. 4: Datenschichten im urbanen Datenraum (in Anlehnung an Schieferdecker et al. 2018, 19)

Dabei stehen *frei verfügbare Daten* in engem Zusammenhang zu Initiativen zu offenen Daten und Open Government, umfassen jedoch neben offenen Daten ebenso Daten mit eingeschränkten Nutzungsbestimmungen, bspw. für eine ausschließlich nicht-kommerzielle Nutzung. Auch wenn die Creative-Commons-Lizenzen diverse Abstufungen für offene Nutzungsbestimmungen kennen, wird im Außenraum der Begriff „offene Daten" oftmals mit „umfassend offene Daten" verwechselt. Um dem vorzubeugen, kann der Begriff für verschiedene Nutzergruppen bis hin zur Allgemeinheit frei verfügbarer Daten genutzt werden. Mit frei verfügbaren Daten werden signifikante Impulse für eine Verbesserung von Beteiligung, Transparenz und Zusammenarbeit im urbanen Raum erwartet.[20] Es wird erwartet, dass frei verfügbare

---

[20] Vgl. Geiger und von Lucke 2012, 271 ff. und Niedbal 2020.

Daten zu einer besseren Governance im Allgemeinen beitragen und auf der Verfahrensebene verschiedene Mehrwerte für Politik, Verwaltung und Bürgerinnen bzw. Bürger bieten. Frei verfügbare Daten befördern Open Innovation[21] und ermöglichen Innovation in Wirtschaft, Verwaltung und Gesellschaft sowie soziale Innovation und wirtschaftliche Entwicklung.[22]

Die Herausforderungen bei der Datenerfassung und -bereitstellung in einem urbanen Datenraum ergeben sich auf mehreren Ebenen:

- So ist mit potenziellen Datenbereitstellenden zu klären, welche und wie ihre Daten einem möglichst breiten Spektrum an Interessensgruppen zugänglich gemacht werden können. Dazu sind Interaktionen mit kommunalen Verwaltungen, kommunalen und regionalen Unternehmen, lokalen Dienstleistern und anderen Akteuren nötig. Dazu kann die Installation von zusätzlichen/neuen Sensoren in relevanten Gebieten und Systemen als auch die Bereitstellung von Werkzeugen und Diensten für die Datenverarbeitung und -analyse erforderlich sein.
- Zudem sollte die Qualität der Daten gewährleistet werden, um zuverlässige und vertrauenswürdige datengetriebene Innovation zu ermöglichen. Wichtig sind dabei Aspekte wie die Korrektheit, Aktualität und Format- bzw. Standard-Konformität der Inhalts- und Metadaten. Dabei hängen Ausprägungen dieser Qualitätsmerkmale von der Art der urbanen Daten ab. So sollten z. B. Sensordaten für typische Nah-Echtzeit-Anwendungen in Sekunden ggfs. gar Millisekunden bereitgestellt werden, während es bei Daten der öffentlichen Verwaltung oftmals genügt, diese quartalsweise, halbjährlich oder jährlich bereitzustellen.
- Darüber hinaus ist die Qualität der Dateninfrastrukturen von großer Bedeutung, bspw. in Bezug auf die Einhaltung von Standards, die Interoperabilität zwischen den Komponenten, die Leistung, Skalierbarkeit wie auch die Robustheit und Sicherheit der Hardware- und Softwarekomponenten und in Bezug auf die Sicherheit der Datenangebote im Sinne von Vertraulichkeit, Integrität, Verfügbarkeit und Datenschutz.
- Ebenso ist die Bereitstellung, Gewährleistung und Absicherung offener standardisierter Schnittstellen zur interoperablen, gut integrierbaren und flexiblen Nutzung der Datenangebote wesentlich, um neue Geschäftsmodelle für einen breiten Kreis von Drittanbietenden zu ermöglichen und eine starre, nicht übertragbare Bindung zwischen Datenbereitstellung und -nutzung zu vermeiden.
- Zudem sind im urbanen Datenraum Instrumente und Werkzeuge für den Datenaustausch einschließlich des Datenhandels bereitzustellen, um die Bereitstellung und Weiterverwendung urbaner Daten für kommerzielle Anwendungsfälle zu befördern.

---

21 Vgl. Hightech Forum 2019.
22 Vgl. Geiger und von Lucke 2012, 272.

- Ein weiterer wesentlicher Aspekt ist die rechtliche Absicherung urbaner Datenräume und der enthaltenen Datenangebote. Die aktuelle rechtliche Lage für urbane Daten ist oft widersprüchlich und häufig nur auf Ebene einzelner Verträge feststellbar. Es gilt insbesondere die „faktische Verfügungsgewalt", d.h. in der Praxis haben diejenigen die Datenhoheit, die die Dateninfrastruktur kontrollieren und damit die nötigen Zugriffsmöglichkeiten haben. Dies sind derzeit oftmals außereuropäische Plattformanbietende. Daher sind urbane Datenräume schon jetzt regional zu verankern und organisatorisch und regulatorisch tief in die kommunalen Abläufe einzubinden.

Für den Betrieb urbaner Datenräume können fünf wesentliche Rollen definiert werden:[23]
- *Datenausschuss* – Der Datenausschuss ist ein Entscheidungsgremium für die Definition und Koordination von Richtlinien und Entscheidungen im Datenraum. Bei Problemen innerhalb eines urbanen Datenraums ist der Datenausschuss für die Erarbeitung, Umsetzung und Verfolgung von Lösungen verantwortlich.
- *Governance-Verantwortliche* – Pro urbanem Datenraum gibt es ein Mitglied für die Governance-Verantwortung, das für die Verbreitung, Förderung und Einhaltung der Richtlinien und Entscheidungen des Datenausschusses zuständig ist. Die Mitglieder fungieren als Koordinatorinnen bzw. Koordinatoren für den urbanen Datenraum innerhalb ihrer jeweiligen Organisation.
- *Datenbereitstellende* – Datenbereitstellende sind für die durch sie bereitgestellten urbanen Daten aus geschäftlicher Sicht verantwortlich. Die Verantwortung bezieht sich auf Themen wie die Nutzungsbestimmungen oder Qualität der Daten. Zudem kümmern sie sich um die gesetzlichen Anforderungen an eine Datenbereitstellung und sind für Aspekte der Lizenzierung und Kosten der Datennutzung zuständig.
- *Datenverwaltende* – Datenverwaltende tragen die Verantwortung für die Umsetzung der Anforderungen des Datenbereitstellenden, z. B. für ein ordnungsgemäßes (Meta-)Datenmanagement. Sie sind oftmals die Ansprechperson für die Nutzerinnen und Nutzer urbaner Daten.
- *Plattformadministratorin bzw. -administrator* – Sie verwalten die technologischen Komponenten und Werkzeuge zur Bereitstellung, Aufbereitung und Nutzung der urbanen Daten. Zudem sind sie für die technischen Aspekte Sicherheit, Sicherung und Archivierung der urbanen Daten und ihrer Metadaten zuständig.

---

[23] Vgl. Schieferdecker et al. 2018, 174.

Auch wenn einzelne Personen einige der Rollen gleichzeitig ausüben können, sind sie doch in ihren Verantwortlichkeiten und Aufgaben zu unterscheiden und für ein professionelles Arbeiten im urbanen Datenraum jeweils zu etablieren.

5 Bepreisung urbaner Daten

Was vor zehn Jahren als Bewegung zur Bereitstellung und Öffnung von Daten der öffentlichen Hand begann,[24] hat sich mehr und mehr dahin weiterentwickelt, dass nicht nur Daten der öffentlichen Verwaltung – wie in Berlin,[25] Deutschland[26] oder Europa[27] – sondern auch Daten anderer Akteurinnen und Akteure und Branchen bereitgestellt werden. So wird die Entwicklung von Open-Science-Datenplattformen wie Open Power System Data[28] oder Transparenz-Datenplattformen wie Netzdaten-Berlin[29] gefördert.

Was frei verfügbare Daten der öffentlichen Hand betrifft, so legt die PSI-Richtlinie[30] fest, dass Daten, die von öffentlichen Einrichtungen stammen, frei veröffentlicht und der Gesellschaft als offene Daten, für die in Ausnahmen Grenzkosten in der Bepreisung angesetzt werden können, zur Verfügung gestellt werden sollen. Darüber hinaus wächst das Verständnis, dass ein ganzes Datenuniversum zu etablieren ist: angefangen bei hochkritischen sicherheitsrelevanten Daten über ebenso zu schützenden personenbezogenen, kommerziellen gemeinwohlorientierten Daten bis hin zu umfassend offenen Daten. So rücken Daten (und Informationen) in zunehmendem Maße als Gut bzw. Ressource in der Datenwirtschaft in das Zentrum der Betrachtung, die auch für Kommunen und Städte ihre Wirkmächtigkeit entfalten können.

Dabei ist auch bei Daten von Unternehmen eine geldleistungsfreie Bereitstellung von Daten den geldleistungspflichtigen Ansätzen vorzuziehen, da sie die Datennutzung und eine volkswirtschaftliche Wertschöpfung erhöht.[31] Eine geldleistungsfreie Bereitstellung minimiert gleichsam die Verwaltungs- und Abrechnungsaufwände der öffentlichen Hand. Die nichtkommerzielle Nutzung urbaner Daten sollte möglichst geldleistungsfrei und im Falle der Bereitstellung durch die öffentliche Hand grundsätzlich geldleistungsfrei sein.

---

[24] Vgl. Davies, Janssen und Schieferdecker 2014.
[25] Vgl. SenWTF 2011.
[26] Vgl. BMI 2013.
[27] Vgl. EU 2015.
[28] Vgl. OPSD 2015.
[29] Vgl. Stromnetz Berlin 2012.
[30] Vgl. EU 2019.
[31] Vgl. TSB 2014.

Jedoch sind frei zugängliche Daten wie oben beschrieben nur ein Teil urbaner Daten. Es gibt eine Vielzahl von urbanen Daten mit hoher Attraktivität und ökonomischen Potenzialen. Deren aktuelle, feingranulare und hochqualitative Aufbereitung ist andererseits kostenintensiv, so dass die Kosten den ökonomischen Potentialen gegenübergestellt werden müssen.

Vor dem Hintergrund der Heterogenität bei den Geldleistungsmodellen und zur Förderung branchenübergreifender Kompatibilität dieser (bspw. für die Kombination von Daten) sollten gemeinsame Grundsätze zur Bepreisung der Datennutzung auf nationaler Ebene vereinbart und europäisch als auch international abgestimmt werden. Dazu sollten einige Eckpunkte berücksichtig werden:

- Die Bepreisung der bereitgestellten Daten orientiert sich am Zweck ihrer Nutzung. Geldleistungen sollten nur auf Dienste mit Mehrwertcharakter und Daten mit hohem Pflegeaufwand erhoben werden.
- Die Erhebung von Geldleistungen für die Bereitstellung und Reproduktion von Daten für Dritte muss wirtschaftlich erfolgen und durch Zusatzaufwand gerechtfertigt sein, z. B. durch die regelmäßige Aktualisierung von großen Datenmengen.
- Die Bemessungsgrundlage für die Kalkulation von Geldleistungen ist auf die ermittelten Zusatzkosten für die Bereitstellung und Reproduktion von Daten für Dritte zu beschränken (Kostendeckung). Die Höhe der in Rechnung zu stellenden Zusatzkosten ist nach betriebswirtschaftlichen Methoden zur Preiskalkulation zu ermitteln.
- Die Ermittlung von Geldleistungen sollte für die Verwaltung eines Datenraums einfach und für die Nutzerinnen und Nutzer nachvollziehbar sein. Die Anzahl der Parameter zur Ermittlung der Geldleistung sollte minimal sein. Ein gemeinsames Kalkulationsschema für die Bepreisung von Daten sollte zur Orientierung potenzieller Datenbereitstellender entwickelt werden.

Dabei muss die Erhebung von Geldleistungen wirtschaftlich erfolgen: Sollte eine Erhebung von Geldleistungen durch administrativen Aufwand, wie Rechnungsstellung, Zahlungsverfolgung, Rechnungswesen etc., für die öffentliche Verwaltung unwirtschaftlich sein, ist von der Geldleistungspflicht Abstand zu nehmen.

6 Urbane Daten als Gemeingüter

Urbane Daten können ganz oder in Teilen einer gemeinschaftlichen Nutzung zugeführt werden, um gesellschaftlichen Zusammenhalt zu stärken und soziale wie auch wirtschaftliche Innovationen zu heben.[32] Solche Daten werden als „Digitale Gemeingüter" (engl. digital commons) bezeichnet. Sie können direkt oder als Nebenprodukt auch gemeinschaftlich produziert oder gewartet werden (wie die Online-Enzyklopädie Wikipedia,[33] Open Street Map,[34] Open Sea Map[35] oder die Daten und Anwendungen rund um WheelMap[36]) und auch aus anderen Quellen, wie der öffentlichen Hand, stammen.

Der traditionelle Begriff „Commons", deutsch häufig als Gemeingut oder Allmende-Gut bezeichnet, ist kein Fachbegriff im engeren Sinne und umfasst allgemein gesprochen eine Vielzahl nicht-privater Güter, die von einer Gruppe (ganz unterschiedlicher Größe, von lokal bis global) genutzt werden und die für unterschiedliche soziale Dilemmata wie Übernutzung, Unterversorgung, Einhegung oder Ausgrenzung anfällig sind. Der Begriff wird in akademischen, politischen wie auch zivilgesellschaftlichen Diskursen sehr lebhaft, jedoch in teils sehr unterschiedlichen Ausprägungen genutzt und diskutiert.

Im Gegensatz zu klassischen natürlichen Commons teilen die digitalen Gemeingüter die Charakteristika sogenannter „Social Commons" (dt. soziale Gemeingüter, als Spezialfall auch „Anticommons" oder Anti-Allmende) wie Wissen, Sprache oder das Internet, die prinzipiell nicht-rival sind, d. h. durch Nutzung nicht weniger werden oder ganz verbraucht werden. Dennoch ergeben sich soziale Dilemmata, etwa durch Ausschluss, Privatisierung oder Unternutzung. Als digitale Gemeingüter versteht der WBGU demnach normativ gewendet alle digitalisierten Daten-, Informations- und Wissensgüter, die als nicht-rivale Ressourcen im Gemeininteresse möglichst breit, öffentlich zugänglich gemacht werden sollten und technisch über öffentlich-rechtliche Informations- und Kommunikationsinfrastruktur wie urbane Datenräume bereitzustellen sind.[37] Digitale Gemeingüter sind Instrumente für das Verständnis unserer natürlichen Lebensgrundlagen, gesellschaftlichen Rahmenbedingungen und für die informierte (aufgeklärte) Gesellschaft. Sie sind Quellen für Bildung, offene Diskurse und Beteiligung. Auf ihrer Grundlage können die digitale Kluft reduziert und nicht nur Digital- sondern auch andere Kompetenzen gestärkt werden.

Frei verfügbare Daten in urbanen Datenräumen sind wesentliche digitale Gemeingüter und können Fundament für Anwendungen im Sinne des Gemeinwohls sein: von Informationsplattformen etwa über Abstimmungen von Politikerinnen und Politiker über kommunale Transparenzportale (im Hinblick auf diesbezügliche Öffnung der öffentlichen Verwaltung, auf denen z. B. Statistiken, Verkehrsdaten,

---

32 Vgl. WBGU 2019, 279 ff.
33 Vgl. Wikipedia 2001.
34 Vgl. Open Street Map 2004.
35 Vgl. Open Sea Map 2009.
36 Vgl. Sozialhelden 2010.
37 Vgl. WBGU 2019, 280.

Umwelt- und Geodaten usw. zur Verfügung gestellt werden) bis hin zu wissenschaftlichen Publikationen, aber auch Hörfunk- und Fernsehsendungen. Auf dieser Basis wird nicht nur eine bessere Infrastrukturverwaltung, sondern auch ein einfacherer Austausch zwischen Bürgerinnen bzw. Bürgern und Behörden sowie bessere Datenlieferungen im Rahmen von Citizen Science bis hin zu der gemeinschaftlichen Erstellung einer frei verfügbaren digitalen Kartografie möglich.[38]

Für eine breite Bereitstellung digitaler Gemeingüter werden praktikable Lösungen und Anreizstrukturen benötigt, wie sie durch urbane Datenräume befördert werden können. Aus ökonomischer Sicht hat die Bundesnetzagentur[39] nicht nur auf die große Bedeutung des Wettbewerbs- und Wertschöpfungsfaktors Daten in Netzsektoren und für die digitale Netzwerkökonomie, sondern auch auf die Vielschichtigkeit und Komplexität datenbezogener Fragestellungen hingewiesen. Für einen angemessenen Interessensausgleich der unterschiedlicher Marktakteure bestehe die wesentliche Herausforderung in der Entwicklung eindeutiger, innovationsfreundlicher und datenschutzkonformer Regelungen, wie sie in urbanen Datenräumen angelegt werden können. Mit Blick auf Zielkonflikte etwa zwischen Verwertungsinteressen und Verbraucherschutz sei laut Bundesnetzagentur eine umfassende, kontinuierliche und proaktive Marktbeobachtung für eine fundierte Situationsbewertung und auch durch Berichtspflichten für Unternehmen entscheidend.[40]

7 Weiterführende Informationen

Interessierte finden mittlerweile umfassende Informationen zu methodischen Grundlagen, Anwendungen und Erfahrungen rund um urbane Daten. Die Fraunhofer-Studie mit den Referenzkommunen Bonn, Dortmund, Emden und Köln analysiert, welche Potenziale im Rahmen der Digitalisierung im urbanen Raum bislang ungenutzt bleiben und wie diese zukünftig besser umgesetzt werden könnten.[41] Die Studie empfiehlt den Kommunen, für eine verbesserte Nutzung und größere Verfügbarkeit ihrer Daten einen individuell ausgestalteten urbanen Datenraum, der auf einen gemeinsamen, möglichst deutschlandweit verfügbaren, offenen Plattformkern für urbane Datenräume aufbaut.

Solche (urbanen) Datenräume wurden bereits mit der Software für das Open Government Portal für Deutschland[42] angelegt und können darauf aufbauend effizient

---

38 Vgl. Hagendorff 2016, 227 ff.
39 Vgl. Bundesnetzagentur 2018, 43 ff.
40 Vgl. Bundesnetzagentur 2018, 117 ff.
41 Vgl. Schieferdecker et al. 2018.
42 Vgl. Klessmann, Denker, Schieferdecker und Schulz 2012.

und kostengünstig umgesetzt werden. Die Software kann sukzessive erweitert und an die jeweiligen Bedürfnisse einer Kommune angepasst werden.

Wesentlich ist, dass urbane Daten in sog. maschinenverarbeitbaren, wohldefinierten und gut dokumentierten Formaten und stabilen Nutzungsbestimmungen, d. h. unter bekannten und zuverlässigen Bereitstellungs-, Aktualisierungs- und Korrekturraten zur Verfügung gestellt werden. Nur bei digitaler Verfügbarkeit, rechtlich und technisch wohldefinierten Nutzungsbestimmungen und zuverlässiger Bereitstellung lassen sich die in vielfältigen Studien prognostizierten Mehrwerte urbaner Daten realisieren.[43]

Zudem bieten Informationen zu Wissenschaftsdaten (entlang der Initiativen zu Nationalen Forschungsdateninfrastrukturen, kurz NFDI[44]), zu Geodaten (entlang der Initiativen zu weltweiten Geoinformationssystemen unter Nutzung von INSPIRE[45]) oder zu Industriedaten (entlang der Initiativen zu europäischen Dateninfrastrukturen, in Deutschland kurz Gaia-X[46] genannt) in ihren organisatorischen, regulatorischen als auch technischen Parallelen zu urbanen Daten interessante Anknüpfungspunkte.

Fazit

Daten sind Ressourcen, deren Wert nach wie vor von vielen sehr hoch und teils auch überschätzt wird.[47] Klar ist jedoch, dass der Wert von Daten von ihren eigentlichen Inhalten und Qualitätsmerkmalen wie Korrektheit, Aktualität, Genauigkeit oder Konsistenz sowie insbesondere von der Passfähigkeit zu den Geschäftsmodellen abhängig ist. Vor diesem Hintergrund ist der Wettlauf um Daten im vollen Gange. Während sich im Endkundenbereich als auch bei offenen Daten bereits vielfältige Angebote etabliert haben (und sich bildende Monopolstrukturen kritisch hinterfragt werden), sind Daten der Wirtschaft zur Produktion und zu Industrieprodukten als auch Daten der öffentlichen Räume zu Mobilität, Sicherheit, Umwelt, etc. ein aktuelles Innovationsfeld. Gerade mit urbanen (als auch Industrie- oder Forschungs- und Bildungs-)Daten lassen sich vielfältige neuartige Lösungen realisieren, deren Anforderungen nicht durch Daten aus dem Endnutzerbereich adressiert werden können. Vor diesem Hintergrund sind urbane Daten als Infrastrukturkomponente unserer Gesellschaft zu verstehen, zu ermöglichen und abzusichern. Die Daten- und

---

43 Vgl. TSB 2014 und Kuzev 2018.
44 Vgl. NFDI 2019 sowie Beitrag von Neuroth und Oevel, Kap. „Aktuelle Entwicklung und Herausforderungen im Forschungsdatenmanagement in Deutschland" in diesem Praxishandbuch.
45 Vgl. INSPIRE 2007.
46 Vgl. Gaia-X 2019.
47 Vgl. TSB 2014.

darauf aufbauende Informationsversorgung wird so kritisch wie die Energie- oder Kommunikationsversorgung werden. Mit urbanen Datenräumen gibt es für ihre Bereitstellung und Organisation passende Konzepte. Und vielleicht sprechen wir demnächst von Datenwerken mit derselben Verständlichkeit wie wir heutzutage von Energie- oder Wasserwerken sprechen. Wie Datenwerke beispielsweise eine nachhaltige Stadtentwicklung unterstützen können, wurde in Projekten der Morgenstadt-Initiative untersucht.[48]

Literatur

Letztes Abrufdatum der Internet-Dokumente ist der 15.11.2020.

Bauer, Wilhelm, Alanus von Radecki und Eva Ottendörfer. 2020. „Zukunftsfähige Städte und Regionen. Eine neue Strategie für die breite Umsetzung nachhaltiger Stadtentwicklung in Deutschland". https://www.morgenstadt.de/content/dam/morgenstadt/de/images/Aktuelle-Projekte/6011%20Morgenstadt%20Positionspapier%20-%20Zukunftsf%C3%A4hige%20St%C3%A4dte%20und%20Regionen.pdf.

BMI, Bundesministerium des Innern, für Bau und Heimat. 2013. „Das Datenportal für Deutschland". https://www.govdata.de/.

Both, Wolfgang und Ina Kathrin Schieferdecker. 2011. „Berliner Open Data Strategie". Berlin u. a.: Fraunhofer-Verl. http://www.berlin.de/projektzukunft/fileadmin/user_upload/pdf/studien/Berliner_Open_Data_Strategie_2012_lang.pdf.

BSI, The British Standards Institution. 2016. „PAS 182 Smart city concept model – Guide to establishing a model for data interoperability". https://www.bsigroup.com/en-GB/smart-cities/Smart-Cities-Standards-and-Publication/PAS-182-smart-cities-data-concept-model/.

BSW, Bürger schaffen Wissen. 2013. „Plattform für Citizen Science in Deutschland". https://www.buergerschaffenwissen.de/.

Bundesnetzagentur. 2018. „Daten als Wettbewerbs-und Wertschöpfungsfaktor in den Netzsektoren. Eine Analyse vor dem Hintergrund der digitalen Transformation, Bonn: Bundesnetzagentur für Elektrizität, Gas, Telekommunikation, Post und Eisenbahnen". https://www.bundesnetzagentur.de/DE/Sachgebiete/Telekommunikation/Unternehmen_Institutionen/Digitalisierung/Grundsatzpapier/grundsatzpapier-node.html.

Catal, Faruk, Burkhard Drescher, Antje Eickhoff, Thomas Fehling, Karin Haist, Uli Hellweg, Ulrich Jursch et al. 2018. Mensch und Technik in der Smart City: Die menschliche Smart City. Berlin, Beuth Verlag.

Catal, Faruk, Nikolay Tcholtchev, Philipp Lämmel und Ina Kathrin Schieferdecker. 2018. „Urbane Datenplattformen in der Cloud". In Mensch und Technik in der Smart City, hg. v. Faruk Catal, Burkhard Drescher, Antje Eickhoff, Thomas Fehling, Karin Haist, Uli Hellweg, Ulrich Jursch et al., 143–158. Berlin: Beuth Verlag. https://www.beuth.de/de/publikation/mensch-und-technik-in-der-smart-city/274249085.

CC. 2002. „Creative Commons Licenses". https://creativecommons.org/.

---

[48] Vgl. Bauer et al. 2020.

Davies, Tim, Marijn Janssen und Ina Schieferdecker. 2014. „Open Data: Growing Up and Getting Specific". eJournal of eDemocracy & Open Government (Danube-University Krems) 6. http://jedem.org/index.php/jedem/article/view/344.
DIN. 2017. „Reference Architecture Model Open Urban Platform (OUP), SPEC 91357."
EU. 2017. „European Data Portal". https://www.europeandataportal.eu/.
EU. 2019. „Richtlinie (EU) 2019/1024 des Europäischen Parlaments und des Rates vom 20. Juni 2019 über offene Daten und die Weiterverwendung von Informationen des öffentlichen Sektors". https://eur-lex.europa.eu/legal-content/DE/TXT/HTML/?uri=CELEX:32019L1024&from=DE.
Europäische Kommission. 2017. „Aufbau einer europäischen Datenwirtschaft". https://eur-lex.europa.eu/legal-content/EN/TXT/PDF/?uri=CELEX:52017DC0009.
Europäische Kommission. 2018. „Auf dem Weg zu einem gemeinsamen europäischen Datenraum". https://eur-lex.europa.eu/legal-content/EN/TXT/PDF/?uri=CELEX:52018DC0232.
FOKUS, Fraunhofer Institut für Offene Kommunikationssysteme. 2019. „piveau,Datenmanagement-Ökosystem für den öffentlichen Sektor". https://www.piveau.de/.
Gaia-X. 2019. „Eine vernetzte Dateninfrastruktur". http://www.dateninfrastruktur.de/.
Geiger, Christian Philipp, und Jörn Von Lucke. 2012. „Open government and linked open government data". JeDEM-eJournal of eDemocracy and open Government 4: 265–278.
GovData. 2016. „Open Government Data Deutschland Portal". https://www.govdata.de/.
Hagendorff, Thilo. 2016. „Open Data". In Handbuch Medien- und Informationsethik, hg. v. Jessica Heesen, 227–233. Stuttgart: Springer.
Helene, Maria. 2014. „GovData-Das Datenportal für Deutschland". In Transparenz, Partizipation, Kollaboration. Die digitale Verwaltung neu denken, hg. v. Hermann Hill, Mario Martini, Edgar Wagner, 109–116. Baden-Baden: NOMOS.
Hightech Forum. 2019. „Beratungsgremium der Bundesregierung zur Umsetzung der Hightech-Strategie 2025". https://www.hightech-forum.de/beratungsthemen/offene-wissenschaft-und-innovation/.
INSPIRE. 2007. „Infrastructure for spatial information in Europe". https://inspire.ec.europa.eu/.
Kim, Minjeong. 2007. „The Creative Commons and copyright protection in the digital era: Uses of Creative Commons licenses". Journal of Computer-Mediated Communication (Oxford University Press Oxford, UK) 13: 187–209.
Klessmann, Jens, Philipp Denker, Ina Kathrin Schieferdecker,und Sönke E. Schulz. 2012. „Open Government Data Deutschland". Berlin: Deutschland/Bundesministerium. https://www.verwaltung-innovativ.de/SharedDocs/Publikationen/eGovernment/open_government_data_deutschland_langfassung.pdf?__blob=publicationFile&v=5.
Krcmar, Helmut. 2015. Informationsmanagement. Springer Gabler, Berlin, Heidelberg. doi:10.1007/978-3-662-45863-1.
Kuzev, Pencho. 2018. Die wichtigsten Fakten zu offenen Daten. Grundlagen, Rahmenbedingungen und Beispiele zur Nutzung von Open Data. Berlin: Konrad Adenauer Stiftung. https://www.kas.de/de/einzeltitel/-/content/open-data1.
Lerner, Ivan, Raphaël Veil, Dinh-Phong Nguyen, Vinh Phuc Luu und Rodolphe Jantzen. 2018. „Revolution in Health Care: How Will Data Science Impact Doctor-Patient Relationships?", Frontiers in public health (Frontiers) 6: 99.
Niedbal, Meike. 2020. „"Smart Cities" als Überbegriff für eine lebenswerte, komfortable und Teilhabe ermöglichende Umgebung". In Smart City–Made in Germany. Die Smart-City-Bewegung als Treiber einer gesellschaftlichen Transformation, hg. v. Chirine Etezadzadeh, 469–484. Heidelberg: Springer.
NFDI. 2018. „Nationale Forschungdateninfrastruktur". https://www.dfg.de/foerderung/programme/nfdi/, https://www.bmbf.de/de/nationale-forschungsdateninfrastruktur-8299.html.

Open Sea Map. 2009. „Die freie Seekarte". https://www.openseamap.org/.
Open Street Map. 2004. „Frei nutzbare Geodaten". https://www.openstreetmap.org/.
OPSD. 2015. „Open Power System Data". https://data.open-power-system-data.org/.
Otto, Boris und Matthias Jarke. 2019. „Designing a multi-sided data platform: findings from the International Data Spaces case". Electronic Markets (Springer) 29: 561–580.
Schieferdecker, Ina, Nikolay Tcholtchev und Philipp Lämmel. 2016. „Urban Data Platforms: An Overview". Companion to the Proceedings of the 12th International Symposium on Open Collaboration, OpenSym 2016, Berlin, Germany, August 17–19, 2016. 14:1--14:4. doi:10.1145/2962132.2984894.
Schieferdecker, Ina, Lina Bruns, Silke Cuno, Matthias Flügge, Karsten Isakovic, Jens Klessmann, Philipp Lämmel et al. 2019. „Handreichung zur Studie: Urbane Datenräume". Berlin: Fraunhofer FOKUS.
Schieferdecker, Ina, Lina Bruns, Silke Cuno, Matthias Flügge, Karsten Isakovic, Jens Klessmann, Philipp Lämmel et al. 2018. „Urbane Datenräume". Berlin: Fraunhofer FOKUS.
Schieferdecker, Ina, Nikolay Tcholtchev, Pilipp Lämmel, Robert Scholz und Evanela Lapi. 2017. „Towards an Open Data Based ICT Reference Architecture for Smart Cities". 2017 Conference for E-Democracy and Open Government (CeDEM). 184–193. doi:10.1109/CeDEM.2017.18.
SenWTF, Senatsverwaltung für Wirtschaft, Energie und Betriebe Berlin. 2011. „Berlin Open Data Portal". https://daten.berlin.de.
Sozialhelden e. V. 2010. „Wheelmap, Karte zum Suchen und Finden rollstuhlgerechter Orte". https://wheelmap.org/.
Stromnetz Berlin. 2012. „Netzdaten Berlin – das Pilotportal". http://www.netzdaten-berlin.de.
TSB, Technologiestiftung Berlin. 2014. „Digitales Gold. Nutzen und Wertschöpfung durch Open Data für Berlin". https://www.technologiestiftung-berlin.de/fileadmin/daten/media/publikationen/140201_Studie_Digitales_Gold_Open_Data.pdf.
WBGU. 2019. „Unsere gemeinsame digitale Zukunft". https://www.wbgu.de/de/publikationen/publikation/unsere-gemeinsame-digitale-zukunft.
Wikipedia. 2001. „Die freie Enzyklopädie". https://www.wikipedia.org/.
Wonderlich, John. 2010. „Ten principles for opening up government information". http://sunlightfoundation.com/policy/documents/ten-open-data-principles/.

Janna Neumann
3 Datenkultur

Abstract: Die Datenkultur im Kontext des wissenschaftlichen Forschungsdatenmanagements unterliegt im Zeitalter der Digitalisierung in der Wissenschaft einem kulturellen Wandel. Wissenschaftlerinnen und Wissenschaftler werden mit vielfältigen digitalen Möglichkeiten konfrontiert und es wird ihnen der verantwortungsvolle Umgang damit abverlangt. Mit zahlreichen Möglichkeiten zur Unterstützung der Wissenschaft beim Aufbau der digitalen Kompetenz und dem Wandel der Datenkultur hin zu einer verlässlichen digitalen Wissenschaft wird dem entgegengetreten.

1 Begriffsdefinition

Der Begriff Datenkultur beschreibt im Kontext des Forschungsdatenmanagements den Umgang mit Daten im Zeitalter der digitalen Wissenschaft. Der Rat für Informationsinfrastrukturen (RfII) spricht auch von einer „neue[n] Datenkultur der Offenheit und des Teilens", die sich vor allem auf die Herausforderungen zur Sicherung der Datenqualität über den gesamten Datenlebenszyklus bezieht.[1]

In Kap. 3 dieses Praxishandbuchs wird der Begriff der Datenkultur in den wissenschaftlichen Kontext gefasst. Er führt die verschiedenen Gestaltungsmöglichkeiten zusammen, die die Forschungsdatenkultur befördern und benennt dabei auch konkrete Handlungsfelder und Verantwortlichkeiten, die den Kulturwandel in der wissenschaftlichen Forschung unterstützen können.

Die fortschreitende Digitalisierung von Forschungsprozessen wird dabei als neues oder erweitertes Kompetenzfeld betrachtet, das sich auch in der „Umsetzungsstrategie zur Gestaltung des digitalen Wandels"[2] der Bundesregierung widerspiegelt.

2 Datenkultur im Zeitalter der digitalen Wissenschaft

Warum aber rückt scheinbar der kulturelle Wandel im Umgang mit Daten im Digitalen an sich nun wissenschaftlich aber auch gesellschaftlich so in den Vordergrund?

---

[1] Rat für Informationsinfrastruktur 2016, 52.
[2] Vgl. Presse- und Informationsamt der Bundesregierung 2019.

Immerhin beschäftigt sich die Gesellschaft mit dem Thema Digitalisierung, also mit dem Umwandeln von analogen in digitale Formate, schon seit den 1970er und 1980er Jahren. Und auch in der wissenschaftlichen Forschung gehörte ein gewissenhafter Umgang mit Daten schon seit der 1998 veröffentlichten Denkschrift zur „Sicherung guter wissenschaftlicher Praxis"[3] zum ethisch adäquaten Verhalten in der Wissenschaft.

In der Umsetzungsstrategie der Bundesregierung zur Gestaltung des digitalen Wandels heißt es indes, dass sich mit dem digitalen Wandel die Art zu leben, zu arbeiten und zu lernen fundamental und mit rasender Geschwindigkeit verändert.[4] Mit fortschreitenden digitalen Möglichkeiten der Datenerhebung aber auch der Datenspeicherung und –archivierung vervielfacht sich die potentielle Verfügbarkeit von Daten. Um das Potential der digitalen Möglichkeiten ausschöpfen zu können aber auch den digitalen Wandel verantwortungsvoll mitzugestalten, bedarf es dem Auf- und Ausbau digitaler Kompetenzen. Dies gilt gleichermaßen für Wissenschaft, Wirtschaft, Staat und Gesellschaft.

In diesem Kapitel wird der Blick auf den Umgang mit Daten, also der jeweiligen wissenschaftlichen Datenkultur fokussiert und auf die Möglichkeiten zum Aufbau des Kompetenzfeldes der Digitalität gerichtet. Auch wenn noch einige Barrieren durch fehlende Angebote und Dienste sowie Hemmschwellen aufgrund von bisher bewährten Arbeitsweisen existieren, so wird dennoch vielfach versucht Anreize und Erleichterungen bei der praktischen Umsetzung des Datenmanagements zu schaffen.[5] Die Sensibilisierung für den wissenschaftskulturellen Wandel und für einen verantwortungsvollen Umgang mit Forschungsdaten geht auch mit einem Generationswechsel einher, um altbewährte Strukturen aufzubrechen, um nicht zu sagen mit ihnen zu brechen. Eingebettet in nationale oder auch internationale Strukturen können solche Prozesse erleichtert werden.[6]

Doch allein auf einen Wechsel der Generationen zu warten (abgesehen davon, dass altbewährte Methoden gerne auch über Generationen hinweg „vererbt" werden), wird die digitale Kompetenz in der Wissenschaft nicht steigern. Hier ist die Qualifizierung von Personal unabdingbar, wie sich in einigen bereits vorhandenen Aus- und Weiterbildungsmöglichkeiten zum Forschungsdatenmanagement in der deutschen Wissenschaftslandschaft, wenn auch noch nicht systematisch und flächendeckend eingerichtet, zeigt.[7] Auch die curriculare Einbindung des (disziplinären) Umgangs mit Forschungsdaten kann als Mittel zur Qualifizierung schon

---

3 Vgl. DFG 2013.
4 Vgl. Presse- und Informationsamt der Bundesregierung 2019, 4.
5 S. Beitrag von Oßwald, Kap. 3.5 in diesem Praxishandbuch.
6 S. Beitrag von Linne et al., Kap. 3.2 in diesem Praxishandbuch.
7 S. Beitrag von Rothfritz et al., Kap. 3.4 in diesem Praxishandbuch.

während der wissenschaftlichen Ausbildung dienen und wird derzeit in bibliotheks- und informationswissenschaftlichen Studiengängen in Deutschland erprobt.[8]

Beim Aufbau von Diensten zum Forschungsdatenmanagement, die die Wissenschaftlerinnen und Wissenschaftler in der praktischen Umsetzung unterstützen können und somit den kulturellen Wandel bei den Forschenden, die sich nicht mehr in der Ausbildung befinden, anzustoßen, bietet sich, zusätzlich zu den bereits genannten in der Wissenschaft angesiedelten Möglichkeiten, die Entwicklung von Beratungs- und Schulungskonzepten in den wissenschaftsunterstützenden Einrichtungen an.[9]

Fazit

Forschungsdatenmanagement und der damit einhergehende Umgang mit wissenschaftlichen Daten und Objekten gibt es schon so lange wie die Wissenschaft selbst. Im Zeitalter der Digitalisierung und der zunehmenden Öffnung der Wissenschaft hin zu transparenter Forschung, erreicht das Thema eine andere Dimension. Forschungsdaten werden zunehmend als Grundlage wissenschaftlicher Forschung öffentlich und auch zur Nachnutzung zur Verfügung gestellt. Dies geht aber nur im Zusammenhang mit einem kulturellen Wandel sowohl in der Wissenschaft selbst als auch in ihrem Umgang mit Daten. Auch wenn dieser Prozess immer noch eher am Anfang steht und disziplinär zudem sehr unterschiedlich ausgeprägt ist, werden dennoch erste Änderungen hinsichtlich einer offeneren Datenkultur sichtbar. Zwar wurden der Wandel lange nur von einzelnen datenintensiven Wissenschaften, wie beispielsweise die Klimaforschung,[10] und vor allem von Seiten der wissenschaftsunterstützenden Infrastruktureinrichtungen getrieben. Nicht zuletzt gaben aber die Forderungen und Entwicklungen hin zu einer Nationalen Forschungsdateninfrastruktur (NFDI)[11] auch in der breiten Fläche der wissenschaftlichen Disziplinen einen weiteren Anstoß hin zu einer sich weiter öffnenden Datenkultur in der wissenschaftlichen Forschung.

---

8 S. Beitrag von Fühles-Ubach und Albers, Kap. 3.1 in diesem Praxishandbuch.
9 S. Beitrag von Helbig, Kap. 3.3 in diesem Praxishandbuch.
10 S. a. Beitrag von Thiemann et al., Kap. 5.5 in diesem Praxishandbuch.
11 S. a. Beitrag von Neuroth und Oevel, Kap. „Aktuelle Entwicklung und Herausforderungen im Forschungsdatenmanagement in Deutschland" in diesem Praxishandbuch.

Literatur

Letztes Abrufdatum der Internet-Dokumente ist der 15.11.2020.

Deutsche Forschungsgemeinschaft. 2013. „Sicherung guter wissenschaftlicher Praxis". ergänzte Auflage. Weinheim: WILEY-VCH. doi:10.1002/9783527679188.oth1.
Presse- und Informationsamt der Bundesregierung. 2019. „Digitalisierung gestalten – Umsetzungsstrategie der Bundesregierung." 4. überarbeitete Auflage. Berlin. https://www.bildung-forschung.digital/files/pdf-umsetzungsstrategie-digitalisierung-data.pdf.
Rat für Informationsinfrastruktur. 2016. „Leistung aus Vielfalt. Empfehlungen zu Strukturen, Prozessen und Finanzierung des Forschungsdatenmanagements in Deutschland." Göttingen. http://www.rfii.de/?p=1998.

Simone Fühles-Ubach und Miriam Albers
3.1 Bewusstseinsbildung im Curriculum

Abstract: Die Themen Forschungsdaten und Forschungsdatenmanagement ist in allen wissenschaftlichen Disziplinen ein Thema der vergangenen Jahre. Bibliothekarinnen und Bibliothekare, ebenso wie Fachwissenschaftlerinnen und Fachwissenschaftler bemühen sich um fachübergreifende Metadatenstandards einerseits und anderseits um einen disziplinspezifischen Umgang mit den Daten innerhalb der jeweiligen Fachgemeinschaft. Der folgende Beitrag untersucht, inwieweit die Bemühungen sich bereits in Curricula niederschlagen und damit fest in die wissenschaftliche Ausbildung integriert wurden. Dies wird konkret für die bibliotheks- und informationswissenschaftlichen Studiengänge im deutschsprachigen Raum anhand der verfügbaren Modulbücher analysiert. Darüber hinaus wird eine kurze Einschätzung des Sachstands für die Fachdisziplinen gegeben.

Einleitung

Forschungsdatenmanagement (FDM) ist ein zentrales Thema für die künftige wissenschaftliche Publikationskultur. Niemand würde dieser Aussage derzeit widersprechen. Konsequenterweise hat die Hochschulrektorenkonferenz (HRK) eine umfassende Unterstützung dieses Themas und daher den Aufbau einer nationalen Forschungsdateninfrastruktur (NFDI) schon im Jahr 2016 gefordert.[1] Dies wird nach einer Ausschreibungs- und Auswahlphase im Jahr 2017 seit Anfang 2018 umgesetzt.[2] Nicht zuletzt durch die Schaffung zentraler und staatlich geförderter Strukturen ist und wird der Aufbau von Produkten und Dienstleistungen zum FDM für wissenschaftliche Bibliotheken ein wichtiges Aufgabenfeld. Das Thema FDM muss daher auch in den Curricula der bibliothekarischen und informationswissenschaftlichen Studiengänge Eingang finden oder idealerweise schon vorhanden sein. Wie ist der Status quo der Vermittlung an Hochschulen für dieses vergleichsweise noch „junge" Thema? In welchem Umfang kann dies in einem Studium, welches für viele, sehr heterogene Bibliothekstypen, Zielgruppen und Informationsbedarfe vorbereiten soll, behandelt werden? In diesem Kapitel werden diese Fragen an Hand einer Untersuchung der derzeit aktuellen Modulbücher aller informationswissenschaftlicher Studiengänge im deutschsprachigen Raum beantwortet.

---
[1] Vgl. Hochschulrektorenkonferenz 2016.
[2] Vgl. Bundesanzeiger 2018 sowie Beitrag von Neuroth und Oevel, Kap. „Aktuelle Entwicklung und Herausforderungen im Forschungsdatenmanagement in Deutschland" in diesem Praxishandbuch.

Open Access. © 2021 Simone Fühles-Ubach und Miriam Albers, publiziert von De Gruyter. Dieses Werk ist lizenziert unter der Creative Commons Attribution 4.0 Lizenz.
https://doi.org/10.1515/9783110657807-012

1 FDM in bibliotheks- und informationswissenschaftlichen Studiengängen

Die Archivierung, Bereitstellung und Sichtbarmachung von Forschungsdaten (FD) unterscheidet sich aufgrund der heterogenen Daten- und Metadatenstrukturen, den großen Datenmengen und dem damit einhergehenden Hard- und Softwareeinsatz stark von traditionellen wissenschaftlichen Publikationen wie Zeitschriftenartikeln und Büchern, sei es in der gedruckten oder elektronischen Form. FDM erfordert daher eine explizite Ergänzung von Inhalten in bibliotheks- und informationswissenschaftlichen Studiengängen und kann nicht durch Ausweitung anderer Themen mit abgedeckt werden.

1.1 Forschungsstand

Im Wiki von „forschungsdaten.org" werden FDM-Angebote von deutschen und internationalen Universitäten und Fachhochschulen auf der Seite „Ausbildung und Qualifikation" aufgelistet. Hier werden insgesamt zehn deutsche Hochschulen verlinkt sowie u. a. acht Hochschulen aus Großbritannien und sechs Einrichtungen aus den USA. Worin genau das Angebot an der jeweiligen Hochschule besteht, wird hier jedoch nicht systematisch erfasst.[3]

In zwei aktuellen Analysen aus dem Jahr 2018 wurde die Berücksichtigung von Inhalten aus dem Bereich des FDMs in deutschen bibliothekarischen und informationswissenschaftlichen Studiengängen untersucht. In beiden Fällen wurde dieses Thema jedoch nicht isoliert, sondern als ein Thema von weiteren aktuellen Entwicklungen[4] oder IT-Themen[5] allgemein untersucht.

Die Professoren Gantert, Neher und Schade der Hochschulen in München, Potsdam und Hamburg haben FDM dabei als Teil der digitalen Transformation dem Bereich „Open Access und Open Science" und „Digitale Langzeitarchivierung" zugeordnet. Beispielhaft wurden weiter die Forschungsschwerpunkte von sieben Hochschulen vorgestellt. FDM wird dabei als wichtiges Thema an der Humboldt-Universität zu Berlin, der Hochschule Hannover und der Hochschule Darmstadt identifiziert.[6]

Ausführlicher ist die Analyse von 179 Stellenanzeigen aus den Jahren 2012–2017 sowie von 14 Bachelor- und neun Masterstudiengängen von Cedrik Zellmann im Rahmen seiner Bachelorarbeit an der Hochschule Hannover im Jahr 2018. Er sieht

---

3 Vgl. Forschungsdaten.org 2019a.
4 Vgl. Gantert et al. 2018, 446.
5 Vgl. Zellmann 2018, 10.
6 Vgl. Gantert et al. 2018, 448.

FDM als ein IT-Thema aus dem Bereich des Datenmanagements. 21 (d. h. ca. zwölf Prozent) der ausgewerteten 179 Stellen enthalten „FDM" in ihrer Stellenbeschreibung, insgesamt 43 Stellen befassten sich insgesamt allgemein mit Datenmanagement.[7] Datenorientierte Stellen setzen nach seinen Ergebnissen meist einen Master voraus und sind in 90 Prozent der Fälle befristet. Zellmann wendet daher kritisch ein, dass eine Ausbildung im Bereich FDM im Bachelorbereich möglicherweise für den Arbeitsmarkt bisher nicht zielführend ist, da Stellen im FDM üblicherweise einen Master-Abschluss erfordern.[8] Zellmann durchsucht zudem die Modulbücher von 14 Bachelor- und neun Masterstudiengängen und findet dort in neun von 14 Bachelor- und sechs von neun Masterstudiengängen mindestens eine Veranstaltung zum Thema „FDM".[9] In der Analyse der Auswertung wird deutlich, dass FDM nicht zwingend als IT-Thema wahrgenommen zu werden scheint. So findet dieses Thema im Masterstudiengang „Bibliotheksinformatik" an der Technischen Hochschule Wildau bisher keine Berücksichtigung.[10] Dahingegen scheint es in den meisten bibliothekarischen Studiengängen berücksichtigt zu werden.

1.2 Grenzen

Abgesehen von der noch offenen Frage, ob und falls ja, welche Kenntnisse aus dem FDM von den Arbeitgebern auf Bachelor-Niveau überhaupt nachgefragt werden, gibt es weitere Gründe, warum der Berücksichtigung von FDM im Curriculum Grenzen gesetzt sind.

Bibliotheken und andere Informationseinrichtungen bedienen bekanntermaßen eine Vielzahl von Nutzendengruppen im Auftrag von unterschiedlichen Trägern. Dementsprechend sind die Inhalte in bibliothekarischen und informationswissenschaftlichen Studiengängen breit gefächert. Eine intensive Berücksichtigung eines Themas kann somit nur erfolgen, wenn diese Inhalte für die Nutzendengruppe und/ oder den Auftraggebenden von zentraler Bedeutung sind. Forschungsdaten und ihr Management sind daher ein Thema für Forschende und damit für wissenschaftliche Bibliotheken, d. h. Hochschulbibliotheken und Bibliotheken von Forschungseinrichtungen. Für Studierende dürfte die Beschäftigung mit FDM jedoch entweder in den späten Bachelor-Semestern oder aber in den Masterstudiengängen erfolgen, weil Studierende erst dann selbst forschen.

Für Studierende aus bibliotheks- und informationswissenschaftlichen Studiengängen ist eine Spezialisierung nach Bibliothekstyp im Bachelor erst spät vorgese-

---

7 Vgl. Zellmann 2018, 36.
8 Vgl. Zellmann 2018, 75–80.
9 Vgl. Zellmann 2018, 67.
10 Vgl. Technische Hochschule Wildau 2017.

hen. Für diejenigen, die sich auf Öffentliche Bibliotheken fokussieren möchten, ist das Thema FDM als Dienstleistung nicht virulent, im Schwerpunkt wissenschaftliche Bibliotheken und Forschungsbibliotheken ist es ein Fokus. Welche Berücksichtigung von FDM kann vor diesem Hintergrund erwartet werden?

2 Untersuchung aktueller Modulbücher von Studiengängen im Bereich der Bibliotheks- und Informationswissenschaft

Zu Beginn des Kapitels wurde die Behauptung aufgestellt, dass FDM ein wichtiges Thema sei. Eine These, die sicher der derzeitigen Wahrnehmung vieler wissenschaftlichen Bibliothekarinnen und Bibliothekare sowie Informationsspezialistinnen und -spezialisten entspricht. Aber wird dieses Thema auch von den Hochschulen und den künftigen Absolvierenden so wahrgenommen? Die folgende Analyse soll die Frage beantworten, ob FDM in den aktuellen Modulbüchern der bibliothekarischen und informationswissenschaftlichen Studiengänge berücksichtigt wird. Im Unterschied zu Zellmann 2018 ist die Evaluation deutlich umfangreicher. So werden hier auch Studiengänge in Österreich und der Schweiz betrachtet. Zudem werden bei Zellmann 2018 lediglich die Module aufgeführt, in welchen FDM genannt wurde.[11] Hier werden auch weitere Angaben wie Höhe des Semesters und Anzahl von Leistungspunkten berücksichtigt. Somit kann nicht nur ermittelt werden, ob Inhalte zu FDM gelehrt werden, sondern auch in welchem Umfang und auf welchem Anforderungsniveau.

2.1 Methode und Vorgehensweise

Die Analyse umfasst eine Suche nach den Wörtern „Forschungsdaten", „FDM" sowie „research data" in den aktuellen Modulbüchern[12] von informations- und bibliothekswissenschaftlichen Studiengängen im deutschsprachigen Raum.[13]

---

11 Vgl. Zellmann 2018, 67.
12 Hierbei werden nur Veranstaltungsbezeichnungen und -beschreibungen gefunden, die in den Modulbüchern explizit aufgeführt sind. Wahlfächer, die ohne konkrete Bezeichnung oder mit wechselnden Themen gefüllt werden, sind hier nicht auffindbar.
13 Grundsätzlich war auch vorstellbar, dass Themen des FDM in Studiengängen zu „Wissenschaftsmanagement" enthalten sind. Eine Suche in den Master-Studiengängen „Wissenschaftsmarketing" an der Technischen Universität Berlin, „Europäische Forschungs-, Hochschul- und Innovationsgovernance" an der Universität Göttingen, „Hochschul- und Wissenschaftsmanagement" an der Universität Münster, „Bildungs- und Wissenschaftsmanagement" an der Universität Oldenburg, „Hoch-

Für die Untersuchung wurden die Modulbücher von insgesamt 35 Studiengängen an insgesamt 20 Hochschulen in Deutschland, Österreich und der Schweiz durchsucht: Bibliotheksakademie Bayern,[14] Humboldt-Universität zu Berlin, Hochschule Darmstadt, Heinrich-Heine-Universität Düsseldorf,[15] Hochschule für Angewandte Wissenschaften Hamburg, Hochschule Hannover, Universität Hildesheim, Technische Hochschule Köln, Universität Konstanz, Hochschule für Technik Wirtschaft und Kultur Leipzig, Archivschule Marburg (Hochschule für Archivwesen), Fachhochschule Potsdam, Universität Regensburg, Hochschule der Medien Stuttgart, Technische Hochschule Wildau; in der Schweiz: Universität Bern, Hochschule für Technik und Wirtschaft Chur, Fachhochschule Westschweiz (Genf), Universität Zürich und der Universität Innsbruck in Österreich.

In der Analyse wurden nur die jeweils aktuell gültigen Modulbücher ausgewertet. Diese stammen in den meisten Fällen aus dem Jahr 2018 mit einer Abweichung von maximal zwei Jahren. Diese Ausnahmen wurden in der Ergebnistabelle mit einer Fußnote gekennzeichnet.

2.2 Ergebnisse

„Forschungsdaten (FD)", „Forschungsdatenmanagement (FDM)" oder „research data (RD)" wurde in 21 verschiedenen Lehrveranstaltungsbezeichnungen und/oder -beschreibungen in 19 Studiengängen an zehn Hochschulen gefunden. Ungefähr die Hälfte aller Studiengänge und Hochschulen dieser Analyse bieten damit Inhalte zu diesen Schlagwörtern an. Die Ergebnisse werden in Tab. 1 ausführlich dargestellt. Darin werden der Standort bzw. die Hochschule, der Name des Studiengangs, die Einordnung in Bachelor (BA) oder Master (MA), Titel der Lehrveranstaltung, in welchem Semester (Sem.) diese Lehrveranstaltung stattfindet und wie viele Leistungspunkte (European Credit Transfer System – ECTS) dafür festgelegt wurden. Zuletzt wird in der Tabelle aufgeführt, bei welchem Suchwort (FD, FDM und/oder RD) diese Lehrveranstaltung gefunden wurde.

---

schul- und Wissenschaftsmanagement" an der Hochschule Osnabrück, „Wissenschaftsmanagement" an der Deutschen Universität für Verwaltungswissenschaften Speyer sowie „Innovations- und Wissenschaftsmanagement" an der Universität Ulm brachten in keinen Fall ein Treffer. Aus diesem Grund wurden diese Studiengänge aus der weiteren Analyse ausgeschlossen.
14 Die Bibliotheksakademie bietet keine Studiengänge, sondern sog. Ausbildungen im Beamtenverhältnis an. Diese sind jedoch von Anspruch und Inhalten mit Studiengängen an Hochschulen vergleichbar.
15 Der Bachelor-Studiengang Informationswissenschaft wird mit Ablauf des 30.09.2020 eingestellt.

Tab. 1: Die Begriffe „FD", „FDM" und „RD" in den aktuellen Modulbüchern informationswissenschaftlicher Studiengänge im deutschsprachigen Raum.

Standort	Name des Studiengangs	BA	MA	Titel der Lehrveranstaltung	Sem.	ECTS	Treffer bei
Berlin (Uni)	Bibliotheks- und Informationswissenschaft	X		Informationsproduktion und –management	2	10	FD
	Informationsmanagement & Informationstechnologie	X		Informationsproduktion und –management	2	10	FD
	Information Science[16]		X	Digitale Informationsversorgung	2	10	FD
Chur (FH)	Information and Data Management		X	Trends in Data Management	4	5	FD
Darmstadt (FH)	Information Science	X		Digitale Bibliotheken	4	5	FD
				FDM und Datenmodellierung in Bibliotheken	5	5	FD, FDM
	Information Science		X	FDM	1	5	FD, FDM
Genf (FH)	Information und Dokumentation[17]	X		Ressources electroniques et archives institutionnelles	4	6	RD
Hannover (FH)	Informationsmanagement[18]	X		Management von Forschungsinformationen	6	6	FDM
Köln (FH)	Bibliothek und digitale Kommunikation[19]	X		Informationsservices	4	6	FDM
				Forschungsdaten	4	6	FD
	Data and Information Science[20]	X		Forschungsdaten	4	6	FD
	Library and Information Science[21]		X	Wahlpflichtmodul	3	4	FD, FDM

---

16 Vgl. Modulbuch aus dem Jahr 2017.
17 Vgl. Modulbuch aus dem Jahr 2017.
18 Vgl. Modulbuch aus dem Jahr 2017.
19 Vgl. Modulbuch aus dem Jahr 2019.
20 Vgl. Modulbuch aus dem Jahr 2019.
21 Vgl. Modulbuch aus dem Jahr 2016.

Standort	Name des Studiengangs	BA	MA	Titel der Lehrveranstaltung	Sem.	ECTS	Treffer bei
München (FH)	Bibliotheks- und Informationsmanagement	X		Digitale Bibliothek	6	5	FDM
Potsdam (FH)	Bibliothekswissenschaft	X		Informationsressourcen und -dienste 1	1	5	FD
				Wissenschaftliches Arbeiten und statistische Methoden	2	5	FD
				Digitale Langzeitarchivierung und FDM	6	6	FD, FDM
				Vermittlung von Informationskompetenz	6	7	FDM
	Informations- und Datenmanagement	X		Wissenschaftliches Arbeiten und statistische Methoden	2	5	FD
				Digitale Langzeitarchivierung und FDM	6	6	FD, FDM
				Datenmanagement	6	6	FD
	Archiv	X		Wissenschaftliches Arbeiten und statistische Methoden	2	5	FD
	Informationswissenschaft		X	FDM	6	6	FDM
			X	Projekt	2	11	FD, FDM
Stuttgart (FH)	Bibliotheks- und Informationswissenschaften	X		FDM	6	6	FD, FDM
	Bibliotheks- und Informationsmanagement		X	FDM	2	6	FD, FDM
Zürich	Bibliotheks- und Informationswissenschaft[22]		X	Datenmanagement und Digitalisierung	2	6	FD, FDM

---

22 Vgl. Modulbuch aus dem Jahr 2017.

Von den 19 gefundenen Studiengängen sind sieben Masterstudiengänge und zwölf Bachelorstudiengänge. Die hohe Abdeckung auch in Bachelor-Studiengängen zeigt, dass die Beschäftigung mit FD insgesamt als breites Beschäftigungsfeld und Thema für Bibliothekarinnen und Bibliothekare auf allen Ebenen gesehen wird. Dabei ist anzunehmen, dass der Schwerpunkt im Bachelor auf operativen, im Master mehr auf strategischen Inhalten liegt.[23] Zurzeit erfolgen konkrete Stellenausschreibungen für Bibliothekspersonal im Bereich FDM meist aber (noch) auf Master-Niveau, was auch damit zu tun haben kann, dass an vielen Stellen noch umfangreiche konzeptionelle und vor allem auch stark fachlich orientierte Aufbauarbeit zu leisten ist.

Auf der Ebene der Lehrveranstaltungen finden sich in der Tabelle Dopplungen, da in den Hochschulen in Berlin, Köln und Potsdam die gleichen Lehrveranstaltungen (da mit gleichem Namen) in verschiedenen Studiengängen durchgeführt werden. Etwas weniger als die Hälfte aller Lehrveranstaltungen (zehn) haben FD, FDM oder nur „Daten" sogar im Titel der Lehrveranstaltung, so dass davon auszugehen ist, dass dieses Thema umfassend behandelt wird. Die Lehrveranstaltungen finden im Mittel (Median) im 4. Semester statt und haben einen Umfang von sechs ECTS. Die Anzahl der ECTS bleibt im Master und Bachelor bei getrennter Auswertung gleich. Im Bachelor finden die Veranstaltungen im Mittel (Median) im 4. Semester, im Master im 2. Semester statt. Aufgrund der Komplexität und des Spezialisierungsgrades des Themas im Bachelor-Studiengang, wo die Spezialisierung häufig in den höheren Semestern z. B. über Wahlpflichtfächer erfolgt, ein erklärbarer Unterschied.

3 FDM in anderen Disziplinen

In Zukunft wird es nicht ausreichen, sich beim Thema Forschungsdaten auf die Curricula der bibliotheks- und informationswissenschaftlichen Studiengänge zu konzentrieren, denn hier wird die generische, fächerübergreifende Perspektive sicherlich im Vordergrund stehen. Perspektivisch werden sich auch Veranstaltungen in einzelnen Fachdisziplinen entwickeln. Beide Perspektiven müssen zusammenfinden.

Diese Tendenz zeigt sich auch in der angekündigten Zusammenführung der beiden Informationsplattformen zum FDM, forschungsdaten.org und forschungsdaten.info, wie dies im Vorfeld der Research Data Alliance (RDA) Deutschland Tagung 2019 am 19. und 20. Februar 2019 in Potsdam[24] in einem Workshop skizziert wurde.[25]

---

23 Vgl. Zellmann 2018, 75–76.
24 Vgl. Ritz 2019.
25 Vgl. Forschungsdaten.org 2019b.

Es wurde erkannt, dass die beiden Plattformen sich dem Phänomen FD von zwei Seiten nähern, die sich an unterschiedlichen Zielgruppen orientieren: Während forschungsdaten.org Informationen zu aktuellen Entwicklungen für FDM-Expertinnen und -Experten in Hochschulen und außeruniversitären Forschungseinrichtungen bereitstellt – und damit auch für Bibliothekarinnen und Bibliothekare – bietet das Angebot forschungsdaten.info einführende Beiträge zum FDM für Forschende aller Disziplinen.[26] Das Vorhaben, die beiden Perspektiven zu verschmelzen, bringt die generische und die fachwissenschaftliche Perspektive zusammen, was eine Grundvoraussetzung für die gemeinsame Entwicklung von Standards und die übergreifende Zusammenarbeit von Disziplinen und Bibliotheken darstellt.

Nachdem in den bibliotheks- und informationswissenschaftlichen Studiengängen nun bereits zahlreiche Lehrveranstaltungen auf unterschiedlichen Bachelor- oder Masterebenen existieren, stellt sich die Frage, ob dies auch bereits auf einzelne wissenschaftliche Fachdisziplinen zutrifft. Die Frage ist insofern schwierig zu beantworten, als die Modulbücher der Studiengänge häufig versteckt auf den Unterseiten der Hochschulen zu finden sind und so eine flächendeckende Recherche kaum möglich ist. Dennoch wurde eine exemplarische Recherche für Naturwissenschaften gestartet, d. h. für Astronomie, Physik, Biologie, Chemie, Geologie bzw. Geowissenschaften, Meteorologie und Pharmazie. Das Vorgehen erfolgte über eine Google-Recherche im Advanced-Search-Modus mit den Suchbegriffen „Forschungsdaten" „Modul" bzw. „Forschungsdaten" „Lehrveranstaltung" und der Einschränkung auf die genannten Naturwissenschaften, die mit logischem „oder" verbunden gesucht wurden. Gesucht wurde über die Begriffe „Modul" und „Lehrveranstaltung", da sich diese Termini technici explizit in Curricula bzw. Modulbüchern und auch in Prüfungsordnungen wiederfinden. Diese Recherche ergab – bei einer Einschränkung auf deutsche Suchergebnisse – nur einen Treffer für Lehrveranstaltungen oder Module, die in einem Modulbuch als reguläre und regelmäßige Veranstaltung zu finden ist. Alle weiteren Treffer beziehen sich auf andere Projekte und Initiativen. Am Institut für Meteorologie der Freien Universität Berlin wird im Rahmen des DFG-Projektes „Entwicklung von Workflowkomponenten für die Langzeitarchivierung von Forschungsdaten in den Geowissenschaften (EWIG)" seit dem WS 2012/2013 das Modul „Datenmanagement" in der Bachelor-Ausbildung im Fach Meteorologie angeboten, das u. a. die langfristige Verfügbarkeit von FD thematisiert. Dieser Treffer wurde jedoch nicht über das Modulbuch des Studiengangs gefunden, sondern über die Webseite des DFG-Projektes EWIG.[27]

---

26 Vgl. Forschungsdaten.org 2019a.
27 Vgl. Projekt Ewig 2020.

Was in diesem Kontext auch entwickelt wurde, ist eine Handreichung für Geowissenschaftlerinnen und -wissenschaftler,[28] die Methoden und Werkzeuge des Datenmanagements vorstellt und auch Fragen des Umgangs mit den FD thematisiert.

Noch in der Entwicklung sind „Forschungsdatenkurse für Studierende" im BMBF-Projekt „FOKUS" (Laufzeit 2017–2019)[29], in dem fünf hessische Einrichtungen[30] kooperieren, um fachbezogene, modulare Schulungseinheiten im Bereich des FDM zu entwickeln.[31] Dabei sind bereits nachnutzbare Einführungskurse[32] und auch Forschungsdatenkurse für Studierende und Graduierte[33] entstanden bzw. entwickelt worden. Die Projektleitung lag bei der leitenden Bibliotheksdirektorin der Universitätsbibliothek Marburg und nicht in einzelnen Fakultäten oder Disziplinen.

Ein anderer Weg wird in den Sozialwissenschaften beschritten. Hier gibt es das CESSDA-Training. Dies ist ein Angebot des Leibniz-Institut für Sozialwissenschaften in Köln – GESIS im Rahmen des Consortium of European Social Science Data Archives (CESSDA). Das Training bietet Unterstützung für Forschende beim Management, der Pflege und der Archivierung sozialwissenschaftlicher FD mit einem Schwerpunkt in der Archivierung und Kuratierung digitaler FD.[34] Dabei werden zahlreiche Online-Materialien zum Download angeboten.

Auf der Plattform forschungsdaten.info werden die Initiativen der Bundesländer aufgelistet,[35] jedoch finden sich dort keine weiteren Vorlesungs- oder Lehrveranstaltungskonzepte. Im Kontrast zu umfangreichen Veranstaltungskonzepten werden z. B. in Nordrhein-Westfalen auch niederschwellige Dienstleistungsangebote wie „Sciebo Research Data Services"[36] für Forschende entwickelt, dessen Workflows und Services die Forschenden bei der Durchführung eines strukturierten FDM unterstützen sollen.[37] Hier werden sich sicherlich zahlreiche Dienstleistungskonzepte entwickeln, die von der vollständigen Dienstleistung, z. B. durch Bibliotheken bis hin zur autarken Speicherung bei den Forschenden oder an anderen Stellen der Hochschule entwickeln. Maßgeblich wäre die Festlegung einer einheitlichen diszi-

---

28 Vgl. Bertelmann et al. 2014.
29 Vgl. Krähwinkel 2019.
30 Technische Universität Darmstadt (Chemie, Informatik), Goethe-Universität Frankfurt Main (Filmwissenschaften, GRADE – Goethe Research Academy for Early Career Researchers), Hochschule Fulda (Graduierte), Justus-Liebig-Universität Gießen (Veterinärmedizin, Erziehungswissenschaften), Philipps-Universität Marburg (Erziehungswissenschaften, Germanistik und Wirtschaftswissenschaften).
31 Vgl. Uni-marburg.de 2019.
32 Vgl. Becker et al. 2019a.
33 Vgl. Becker et al. 2019b.
34 Vgl. https://www.cessda.eu/Training. Letztes Abrufdatum der Internet-Dokumente ist der 15.11.2020.
35 Vgl. Forschungsdaten.info 2019a.
36 Vgl. Heiss 2019.
37 Vgl. Forschungsdaten.info 2019b.

plinübergreifenden Metadatenstruktur, um den gegenseitigen Austausch und die Wiederauffindbarkeit zu realisieren.

4 Praxistransfer

Für den Transfer in die Praxis erscheint es wichtig, auf eine aktive Beobachtung der derzeitigen Konzentrations- und auch Konsolidierungsbemühungen hinzuweisen, wie sie in der perspektivischen Zusammenarbeit von forschungsdaten.org und forschungsdaten.info (s. o.) bereits angekündigt wurden und wie sie sich letztlich auch in der nationalen Forschungsdateninfrastruktur (NFDI) zeigen. Die Vorteile einer zentralen Informationsplattform für Aktivitäten, die bundesweit gestartet und gefördert werden, sind unübersehbar. Darüber hinaus soll auch noch einmal auf die explizit als „nachnutzbar" ausgewiesenen, aus dem Projekt FOKUS hervorgegangenen Online-Einführungen sowie Forschungsdatenkurse für Studierenden und Graduierte[38] hingewiesen werden. Auch das bayerische Projekt eHumanities[39] arbeitet interdisziplinär und entwickelt entsprechende Materialien. Über das Wissen zu solchen Angeboten kann mögliche Doppelarbeit verhindert werden.

Fazit

In der Zusammenfassung lässt sich sagen, dass das Thema Forschungsdaten im Bereich der bibliotheks- und informationswissenschaftlichen Studiengänge bereits breiten Raum einnimmt. In sieben Master- und zwölf Bachelorstudiengängen im deutschsprachigen Raum ist das Thema in verschiedenen Ausprägungen bereits in die Curricula der Studiengänge eingeflossen und wird so die zukünftigen Generationen von Bibliothekarinnen und Bibliothekaren beschäftigen.

Für die wissenschaftlichen Fachdisziplinen lässt sich hingegen noch kein nennenswerter Niederschlag in Curricula konstatieren, was allerdings wegen der begrenzten Recherchierbarkeit von Modulbüchern nur als grobe Einschätzung gewertet werden kann. Für die einzelnen Wissenschaftsgebiete existieren zahlreiche Initiativen, die zum Teil mit eher geringem, zum Teil auch mit dezidiertem Bibliotheksbezug oder unter deren Leitung (s. Projekt FOKUS) entwickelt werden.

Für die Zukunft sind mehrere Szenarien vorstellbar. Nach einer Entwicklung von disziplinübergreifenden Metadatenstandards könnte das Thema FDM in die flächendeckend vorhandenen Veranstaltungen zum „wissenschaftlichen Arbeiten" in-

---

38 Vgl. Becker et al. 2019a, 2019b.
39 Vgl. Forschungsdatenmanagement Bayern 2020.

tegriert werden, die häufig auch in Kooperation mit den Bibliotheken angeboten werden. Bei größerer Komplexität im Bereich des Datenmanagements und der Nachnutzbarmachung sind auch disziplinspezifische Entwicklungen z. B. zur Vernetzung mit internationalen Partnern vorstellbar. Aus bibliothekarischer Sicht steht sicherlich die Entwicklung und Etablierung generischer, disziplinübergreifender Dienste und Standards zum Forschungsdatenmanagement auch zukünftig im Vordergrund.

Literatur

Letztes Abrufdatum der Internet-Dokumente ist der 15.11.2020.

Bundesanzeiger. 2018. „Bund-Länder-Vereinbarung zu Aufbau und Förderung einer Nationalen Forschungsdateninfrastruktur (NFDI) vom 26. November 2018." In *Bundesanzeiger (BAnz) AT 21.12.2018 B10*. https://www.gwk-bonn.de/fileadmin/Redaktion/Dokumente/Papers/NFDI.pdf.
Becker, Henrike, Sophie Einwächter, Benedikt Klein, Esther Krähwinkel, Sebastian Mehl, Janine Müller, Frederik Ostsieker, Christopher Tauchmann, Julia Werthmüller. 2019a. „Lernmodul Forschungsdatenmanagement auf einen Blick – eine Online-Einführung" Version v1.0. *Zenodo*. doi:10.5281/zenodo.3381955.
Becker, Henrike, Sophie Einwächter, Benedikt Klein, Esther Krähwinkel, Sebastian Mehl, Janine Müller, Frederik Ostsieker, Christopher Tauchmann, Julia Werthmüller. 2019b. „Forschungsdatenkurse für Studierende und Graduierte: Lehr- und Schulungsmaterialien zur Nachnutzung" Version v1.0. *Zenodo*. doi:10.5281/zenodo.3381974.
Bertelmann, Roland, Petra Gebauer, Tim Hasler, Ingo Kirchner, Wolfgang Peters-Kottig, Matthias Razum, Astrid Recker, Damian Ulbricht, Stephan van Gasselt. 2014. *Einstieg ins Forschungsdatenmanagement in den Geowissenschaften*. DFG. doi:10.2312/lis.14.01.
Cessda-Training 2020. https://www.gesis.org/angebot/archivieren-und-registrieren/cessda-training/.
Forschungsdaten.org. 2019a. *Ausbildung und Qualifikation*. https://www.forschungsdaten.org/index.php/Ausbildung_und_Qualifikation.
Forschungsdaten.org. 2019b. *Hauptseite*. https://www.forschungsdaten.org/index.php/Hauptseite.
Forschungsdaten.info. 2019. *Praxis kompakt/FDM in den Bundesländern*. https://www.forschungsdaten.info/praxis-kompakt/fdm-in-den-bundeslaendern/.
Forschungsdatenmanagement Bayern. 2020. *Entwicklung eines Schulungspaketes*. https://www.fdm-bayern.org/ehumanities-interdisziplinaer/ziele-und-arbeitspakete/e-learning/
Gantert, Klaus, Günther Neher und Frauke Schade. 2018. „Die digitale Transformation meistern: Aktuelle Entwicklungen in der bibliotheks- und informationswissenschaftlichen Aus- und Weiterbildung." In *Bibliothek – Forschung und Praxi*s 42 (3): 441–452. doi:10.1515/bfp-2018-0053.
Heiss, Peter. 2019. *Sciebo RDS (Research data services)*. https://www.research-data-services.org/de/.
Hochschulrektorenkonferenz. 2016. *FDM: Deutschland muss aufholen – Impulse von Bund und Ländern unverzichtbar*. https://www.hrk.de/fileadmin/redaktion/hrk/02-Dokumente/02-02-PM/HRK_PM_Workshop_Forschungsdatenmanagement_16122016.pdf.
Krähwinkel, Esther. 2019. *FOKUS (Forschungsdatenkurse für Studierende und Graduierte)*. https://www.uni-marburg.de/de/forschung/kontakt/eresearch/projekte-und-netzwerke/fokus.
Projekt Ewig. 2020. *Projekt: Ewig*. http://projektewig.uni-goettingen.de/.

Ritz, Raphael. 2019. *RDA Deutschland Tagung 2019*. https://www.rda-deutschland.de/events/tagung-2019.

Technische Hochschule Wildau. 2017. *Studiengang „Bibliotheksinformatik" Master of Science, Modulkatalog*. https://docs.wixstatic.com/ugd/eb06ec_19f8be0b961e49269051fde0b8eec3d3.pdf.

Uni-marburg.de 2019. *Fokus-Forschungsdatenkurse für Studierende und Graduierte*. https://www.uni-marburg.de/de/forschung/kontakt/forschungsdatenmanagement/projekte/fokus-forschungsdatenkurse-fuer-studierende-und-graduierte.

Zellmann, Cedrik. 2018. *Bibliothekare und Informationswissenschaftler mit IT-Schwerpunkt in Deutschland: Bedarf, Aufgaben, Kompetenzanforderungen und Vergleich der IT-Kompetenzen in Praxis und Studium*. Hannover: Hochschule Hannover, Bachelorarbeit.

Monika Linne, Ines Drefs, Nora Dörrenbächer, Pascal Siegers, Mathias Bug

3.2 GO FAIR und GO CHANGE: Chancen für das deutsche Wissenschaftssystem

Abstract: Der vorliegende Beitrag beschäftigt sich mit der GO FAIR-Initiative und deren angestrebten Auswirkungen auf das deutsche Wissenschaftssystem. Die Initiative hat das Ziel, die Auffindbarkeit, Zugänglichkeit, Interoperabilität und Wiederverwendbarkeit von Forschungsdaten zu verbessern. Ihr offener und bottom-up-gestützter Ansatz zielt auf die Einbindung aller Forschungsbereiche und EU-Mitgliedsstaaten ab und soll Forschungsdaten zukünftig länder- und disziplinübergreifend nachnutzbar machen. Da Forschungsfelder immer häufiger interdisziplinärer Natur sind, ist dies für den Erkenntnisfortschritt in der datenbasierten und immer stärker digitalisierten Forschung – letztendlich für das gesamte Wissenschaftssystem – ein bedeutender Mehrwert.

Speziell zur thematischen Sensibilisierung der im Wissenschaftssystem Tätigen wurde das Handlungsfeld GO CHANGE eingerichtet. Es soll dabei unterstützen, einen verantwortungsvollen und professionellen Umgang mit FAIRen Forschungsdaten zu kultivieren. Im Folgenden wird zunächst ein Überblick über die GO FAIR-Initiative und deren Struktur gegeben. Von besonderer Bedeutung sind hierbei die Implementierungsnetzwerke (IN), welche sich im Handlungsfeld GO CHANGE gegründet haben. Exemplarisch werden anhand des Implementierungsnetzwerkes für Sozial-, Verhaltens- und Wirtschaftswissenschaften (Eco-SocIN) die Spannbreite, Nutzungscommunity und Beteiligungsmöglichkeiten am Datenkulturwandel aufgezeigt, wie er auch für sensible Daten anzustreben ist. Insgesamt soll dieser Artikel die Relevanz von GO CHANGE und die damit verbundenen Bemühungen und Ziele herausstellen und die positiven Auswirkungen auf das deutsche Wissenschaftssystem verdeutlichen.

Einleitung

Digitalisierungsprozesse in der Wissenschaft eröffnen grundlegend neue Möglichkeiten für einen interdisziplinären Forschungsprozess und Erkenntnisgewinn, was sich insbesondere auf Forschungsmethoden und Forschungsdaten niederschlägt. Berechtigterweise werden solche Prozesse deshalb von Seiten wissenschaftspolitischer Akteurinnen und Akteuren unterstützt und gezielt vorangetrieben. Problematisch ist jedoch, dass die Etablierung eines hierzu notwendigen Forschungsdatenmanagements (FDM) disziplinübergreifend in Deutschland trotz einiger guter Beispiele bislang weitestgehend durch zeitlich begrenzte Initiativen geprägt ist. Diese

Initiativen sind größtenteils nur gering koordiniert und werden auf Projektbasis durch Drittmittel finanziert. In diesem Sinne fehlt aus Sicht des Rats für Informationsinfrastrukturen (RfII)[1] eine nachhaltige Grundversorgung der Forschenden mit niedrigschwelligen und dauerhaften FDM-Services für das Forschungsdatenmanagement und es besteht Handlungsbedarf in zahlreichen Feldern.[2] Forschende benötigen zuverlässige Unterstützung und Beratung zur nachhaltigen Datendokumentation (Metadaten), Datenorganisation (Dateiformate, Datenaustausch), Datenspeicherung und -archivierung, rechtliche Rahmenbedingungen (Urheberrecht, Datenschutz, Lizenzierung) und Möglichkeiten zur Datenpublikation (Repositorium, Datenzentren, Persistente Identifier).

Zusätzlich zu den FDM-Services und notwendigen Tools mangelt es parallel an einem Mentalitätswandel hin zu einer größeren Akzeptanz des Forschungsdatenmanagements als wissenschaftliche Leistung seitens der Forschenden und deren Communities. Das enorme (interdisziplinäre) Forschungspotenzial, welches aus einem strukturierten FDM resultiert, wurde von Forschenden, aber auch von einigen wissenschaftlichen Einrichtungen noch nicht erkannt. So liegt es den meisten Forschenden leider immer noch fern, eine etwaige Archivierung oder gar Veröffentlichung ihrer Forschungsdaten von Beginn an in ihre Forschungsprozesse zu integrieren. Dieser Umstand ist nicht zuletzt auch auf einen befürchteten Mehraufwand und die Sorge vor Kontrollverlust zurückzuführen.[3] An dieser Stelle setzt GO CHANGE an. Hierbei handelt es sich um ein Handlungsfeld der GO FAIR-Initiative, die sich als interdisziplinäres Netzwerk versteht, „bestehend aus Personen und Organisationen, die sich in unterschiedlichen Projekten auf der ganzen Welt dafür engagieren, Forschungsobjekte auffindbar, zugänglich, interoperabel und wiederverwendbar zu machen".[4]

Zentrale Forderung der GO FAIR-Initiative ist, dass Forschungsdaten den so genannten FAIR-Prinzipien entsprechen und auffindbar (**F**indable), zugänglich (**A**ccessible), interoperabel (**I**nteroperable) sowie wiederverwendbar (**R**e-usable) sein sollen.[5] Diese Forderung basiert auf einem breiten wissenschaftspolitischen Konsens. So verlangen beispielsweise die Förderkriterien zum Aufbau der Nationalen Forschungsdateninfrastruktur (NFDI)[6] in Deutschland eine „strategy for data use, access, findability and reusability in accordance with the FAIR principles"[7] von den

---

1 S. http://www.rfii.de. Letztes Abrufdatum der Internet-Dokumente ist der 15.11.2020.
2 Vgl. RfII 2016, 37.
3 Vgl. Zenk-Möltgen et al. 2018; Beitrag von Oßwald, Kap. 3.5 in diesem Praxishandbuch.
4 Drefs et al. 2018, 638.
5 Vgl. Wilkinson et al. 2016.
6 S. https://www.dfg.de/foerderung/programme/nfdi/.
7 DFG 2019, 2. S. a. Beitrag von Neuroth und Oevel, Kap. „Aktuelle Entwicklung und Herausforderungen im Forschungsdatenmanagement in Deutschland" in diesem Praxishandbuch.

sich bewerbenden Konsortien. Auf europäischer Ebene gelten die FAIR-Prinzipien als wichtige Grundsätze für den Aufbau der European Open Science Cloud (EOSC).[8] Zur Erarbeitung klarer Umsetzungsempfehlungen hat das Executive Board der EOSC unlängst eine spezialisierte Arbeitsgruppe eingesetzt, die „FAIR working group".[9] Auf globaler Ebene wäre letztlich sogar ein umfassendes „Internet of FAIR Data and Services (IFDS)" denkbar bzw. anzustreben.[10] Während digitale Wissensinfrastrukturen wie die NFDI, die EOSC oder das IFDS noch im Entwicklungsstadium stehen und somit relativ abstrakt sind, stellen sich in der Praxis schon ganz konkrete Fragen: Wie kann es gelingen, die FAIR-Prinzipien dort zu etablieren, wo sie letztendlich umgesetzt werden müssen, nämlich dort, wo Daten als Grundlage des Forschungsprozesses entstehen: in den Laboren und Büros der Forschenden? Wie kann FAIRes FDM fester Bestandteil guter wissenschaftlicher Praxis werden? Welche Anreize müssen geschaffen werden, damit Forschende eine extrinsische oder sogar intrinsische Motivation zum Data Sharing entwickeln? Hierfür ist ein Kulturwandel nötig, zumal es in der herrschenden Wissenschaftskultur einiges an Vorbehalten gegenüber dem Teilen von Forschungsdaten gibt. Einen solchen Mentalitätswandel zu befördern, hat sich die GO FAIR-Initiative mit dem Handlungsfeld GO CHANGE zum Ziel gesetzt, dessen Inhalte und Ziele in diesem Beitrag näher beschrieben werden sollen.

1 Die GO FAIR-Initiative

Die GO FAIR-Initiative verfolgt das Ziel, die Akzeptanz der FAIR-Prinzipien zu steigern und auf ihre breite Anwendung hinzuwirken. Den Startschuss hierfür bildete Ende 2017 eine gemeinsame Vereinbarung des Bundesministeriums für Bildung und Forschung (BMBF) und der Wissenschaftsministerien der Niederlande und Frankreich, die GO FAIR-Initiative durch die Einrichtung eines sogenannten „GO FAIR International Support and Coordination Office" (im Folgenden „GO FAIR-Büro" genannt) zu unterstützen. Die Idee, die dahintersteht, war, Vorreitern auf dem Gebiet des FDM eine niedrigschwellige Möglichkeit zu bieten, gemeinsam an der Umsetzung der FAIR-Prinzipien zu arbeiten – auch jenseits von großen Forschungsprojekten und etablierten Informationsinfrastrukturen. Auf diese Weise sollen in der aktuellen hochdynamischen Entwicklungsphase innerhalb des FDM redundante Entwicklungen vermieden werden und stattdessen bereits entwickelte Lösungen breite Anwendung finden.

---
8 Vgl. EOSC Declaration 2017; Beitrag von Streit und van Wezel, Kap. 1.2 in diesem Praxishandbuch.
9 Vgl. EOSCsecretariat 2019.
10 Vgl. Ayris et al. 2016, 12.

Das von den drei Wissenschaftsministerien geförderte Büro hat demnach die Aufgabe, ein länder- und disziplinenübergreifendes Netzwerk aus Personen und Organisationen aufzubauen, die sich für die Auffindbarkeit, Zugänglichkeit, Interoperabilität und Wiederverwendbarkeit von Forschungsdaten engagieren – sei es in Bezug auf technische Lösungen, Aus- und Weiterbildungskonzepte oder eben den notwendigen kulturellen Wandel unter Forschenden. Unter dem Dach der GO FAIR-Initiative können sich die interessierten Akteurinnen und Akteure in so genannten „Implementierungsnetzwerken" (IN) zusammenfinden, um auf bestimmte Herausforderungen bei der Umsetzung der FAIR-Prinzipien zu fokussieren und diese gemeinsam anzugehen. Seit Anfang 2018 ist das GO FAIR-Büro an den Standorten Hamburg (Deutschland), Leiden (Niederlande) und Paris (Frankreich) aktiv. Am Hamburger Standort ist es an der ZBW – Leibniz-Informationszentrum Wirtschaft[11] angesiedelt. Hier koordinieren und unterstützen wissenschaftliche Referentinnen und Referenten die GO FAIR-Initiative auf vielfältige Weise. Sie identifizieren Synergiepotenziale zwischen bestehenden und zukünftigen GO FAIR-Akteurinnen und -Akteuren und bieten zu diesem Zweck beispielsweise Vernetzungsmöglichkeiten auf organisierten Workshops und Jahrestreffen. Außerdem sorgen die Referentinnen und Referenten dafür, dass Standards und Best Practices, die von sogenannten GO FAIR-Implementierungsnetzwerken entwickelt werden, möglichst weite Verbreitung finden, indem sie Projektergebnisse verständlich und zielgruppengerecht aufbereiten. Im folgenden Kapitel soll dargestellt werden, wie FDM-Akteurinnen und -Akteure einem IN beitreten oder selber die Initiative zur Gründung eines solchen ergreifen können.

Abb. 1: Die Säulen-Struktur der GO FAIR-Initiative[12]

---

11 S. https://www.zbw.eu/de.
12 Grafik vom internationalen GO FAIR-Koordinations- und Unterstützungsbüro zur Verfügung gestellt.

2 Die GO FAIR-Implementierungsnetzwerke

Die IN der GO FAIR-Initiative bearbeiten die themen- und disziplinenspezifischen Probleme bei der Umsetzung der FAIR-Prinzipien im Forschungsprozess. Sie sollen Lösungen und Standards erarbeiten, die von den bestehenden Infrastrukturen und Forschungscommunities angeboten und etabliert werden. Damit sind die IN ein Kernelement bei der Verbreitung der FAIR-Prinzipien.

Zur Gründung eines IN gibt es zwei Möglichkeiten: Interessierte treten entweder einem bestehenden Netzwerk bei oder sie gründen ein eigenes. Um einen aktuellen Überblick über bereits bestehende IN zu erhalten, lohnt sich ein Besuch der GO FAIR-Website.[13] Mit einem Klick auf eines der hier verlinkten IN lassen sich Informationen zu deren Betätigungsfeldern und Zielen abrufen. Derzeit gibt es knapp 20 aktive IN, die zumeist disziplinäre Communities repräsentieren (wie z. B. Chemie, Materialwissenschaft oder Wirtschafts- und Sozialwissenschaften). Über ein Online-Formular besteht die Möglichkeit, mit den Koordinatorinnen und Koordinatoren des jeweiligen IN in Kontakt zu treten. Stellt sich dabei heraus, dass die Aktivitäten bzw. Ziele der Interessierten sich mit denen des IN überschneiden, können die Koordinatorinnen und Koordinatoren sie ganz formlos in das Netzwerk aufnehmen – entweder als individuelle Mitglieder oder als Repräsentantinnen bzw. Repräsentanten ihrer Organisation.

Mit dem Beitritt zu einem GO FAIR-Implementierungsnetzwerk erkennen Neumitglieder die Verhaltensregeln („Rules of Engagement"[14]) der GO FAIR-Initiative an. Diese besagen beispielsweise, dass es bei der Mitgliederaufnahme keine Diskriminierung geben darf, dass die Initiative von ihren Mitgliedern selbst verwaltet wird und dass eine Mitgliedschaft bei GO FAIR nicht zu Lobbyzwecken missbraucht werden darf. Jedes IN erklärt in einem sogenannten „Manifest", dass seine Mitglieder diese Verhaltensregeln anerkennen. Das Manifest besteht aus einem zwei- bis dreiseitigen Dokument, welches darüber hinaus Angaben über den Zweck und die Ziele eines IN enthält und in dem auch sämtliche Mitglieder aufgeführt werden.

Möchte eine Gruppe von Interessierten ein neues IN zu einem Themengebiet gründen, das in der GO FAIR-Community bislang noch nicht bearbeitet wird, so muss sie ein solches Manifest erstellen. Dabei liefert das GO FAIR-Büro Unterstützung, zum Beispiel in Form einer Vorlage, die ebenfalls auf der Website zu finden ist.[15] Außerdem besteht die Möglichkeit, das Manifest im Rahmen einer Schreibwerkstatt („Manifesto Writing Workshop") zu verfassen, die einmal im Monat am ZBW – Leibniz-Informationszentrum Wirtschaft in Hamburg angeboten wird. Sobald die Interessengruppe sich auf die Inhalte ihres Manifests geeinigt und eine oder meh-

---

13 S. https://www.go-fair.org/implementation-networks/overview.
14 S. https://www.go-fair.org/resources/rules-of-engagement.
15 S. https://www.go-fair.org/manifesto-template.

rere Koordinatorinnen bzw. Koordinatoren bestimmt hat, reicht sie das Dokument beim GO FAIR-Büro ein, wo es dann von den Direktorinnen und Direktoren des Büros offiziell bestätigt wird. Von diesem Zeitpunkt an wird das IN auf der GO FAIR-Website als „aktives Implementierungsnetzwerk" gelistet und seine Mitglieder können an übergreifenden GO FAIR-Veranstaltungen teilnehmen und in Zusammenarbeit mit dem GO FAIR-Büro eigene themenspezifische Veranstaltungen planen.

3 GO CHANGE – GO TRAIN – GO BUILD

Zur Umsetzung der FAIR-Prinzipien wird zurzeit ein Netzwerk aus länder- und disziplinübergreifenden Implementierungsprojekten aufgebaut, so dass Synergien geschaffen und folglich redundante Arbeiten innerhalb der drei Handlungsfelder vermieden werden. Sämtliche Aktivitäten der GO FAIR-Initiative unterstützen die Philosophie von Open Science, um u. a. Forschungsdaten oder Softwarecode – wann immer möglich – offen zugänglich zu machen und zur Nachnutzung zur Verfügung zu stellen. Als Vorteile werden dadurch Forschungsergebnisse transparent, weitere Forschung wird kostengünstig ermöglicht, Qualitätssicherung kann betrieben und Vertrauen in die Wissenschaft hergestellt bzw. aufrechterhalten werden. Somit ebnet die GO FAIR-Initiative sowohl den Weg zur NFDI als auch zur EOSC, welche den wissenschaftlichen Fortschritt und eine interdisziplinäre Forschung zukünftig in Deutschland und ganz Europa vorantreiben werden.

Um das Wissenschaftssystem auf allen Ebenen zu durchdringen, sind Anstrengungen in verschiedenen Handlungsfeldern notwendig. Innerhalb der GO FAIR-Initiative werden diese als GO CHANGE, GO TRAIN und GO BUILD bezeichnet (s. Abb. 2).

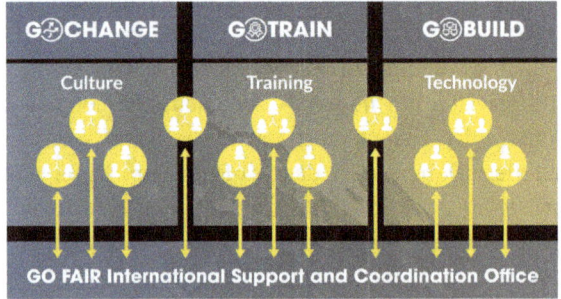

Abb. 2: Die drei Handlungsfelder der GO FAIR-Initiative[16]

---

[16] https://www.go-fair.org/go-fair-initiative/.

GO CHANGE zielt auf den kulturellen Wandel ab, der die FAIR-Prinzipien zu einem normativen Referenzrahmen für den Umgang mit Forschungsdaten in den Wissenschaften macht. Hierdurch sollen Belohnungssysteme reformiert werden, so dass offene wissenschaftliche Aktivitäten einbezogen und die den Forschungsergebnissen zugrundeliegende Daten zukünftig als ein wichtiges Ergebnis des Forschungsprozesses anerkannt werden.

GO TRAIN beschäftigt sich mit der Aus- und Weiterbildung erforderlicher Datenexpertinnen und -experten. Bereits vor Beginn eines Forschungsprojektes muss mittels eines Datenmanagementplans eine aussagekräftige Beschreibung der Forschungsdaten geplant werden, so dass die Forschungsdaten nach Abschluss des Projektes nachnutzbar sind. Für diesen verantwortungsvollen Umgang ist die Vermittlung von Kernkompetenzen im Bereich Datenadministration (Data Stewardship) elementar. Die Datenadministration nimmt eine Vermittlungsposition zwischen Wissenschaft und Infrastrukturentwicklern ein.

GO BUILD befasst sich mit dem Bedarf an interoperablen und föderierten Forschungsdateninfrastrukturen. Hierdurch wird eine Harmonisierung von Standards, Protokollen und Diensten angestrebt, die es allen Forschenden ermöglicht, wissenschaftliche Daten fachübergreifend zu hinterlegen, abzurufen, zu verknüpfen und zu analysieren.

Dem Handlungsfeld GO CHANGE kommt bei der praktischen Umsetzung der FAIR-Prinzipien eine besondere Rolle zu. Denn obwohl die Notwendigkeit zum Data Sharing mittlerweile von vielen Forschenden und forschungsfördernden Einrichtungen anerkannt wird, bleibt ein übergreifender Mentalitätswechsel bzw. Kulturwandel diesbezüglich aus. Nach wie vor verhalten sich die meisten Forschenden eher zurückhaltend, wenn es um das Teilen der eigenen Daten geht,[17] in den Communities gab es – initiiert unter anderem durch die Deutsche Forschungsgemeinschaft (DFG) – eine Auseinandersetzung, die zur Aufnahme eines transparenten FDM in den Kanon guter wissenschaftlicher Arbeit führte.[18] Diese deutsche Dynamik nimmt GO CHANGE mit einem europäischen Anspruch auf. Im Folgenden sollen die Relevanz von GO CHANGE und die damit verbundenen Bemühungen behandelt werden.

---

17 Vgl. Linne und Zenk-Möltgen 2017.
18 Vgl. DFG 2019, Leitlinie 13, 17.

4 Data Sharing aktuell

Auch wenn innerhalb der letzten Jahre weltweit eine steigende Bereitschaft seitens der Forschenden zum Data Sharing zu verzeichnen ist,[19] konnte sich im deutschen Wissenschaftssystem bisher keine flächendeckende Data-Sharing-Kultur und eine daraus resultierende selbstverständliche FDM-Praxis durchsetzen. Dies bestätigt u. a. das vom BMBF geförderte Verbundprojekt UNEKE,[20] in dessen Rahmen von 2017 bis 2019 eine Umfrage zur Bedarfsanalyse eines zukunftsgerichteten FDM für Institutionen an deutschen Hochschulen durchgeführt wurde. Hieran nahmen insgesamt 1 684 Personen von 13 Hochschulen aus allen Forschungsbereichen teil. Über die Hälfte aller Befragten gab an, ihre Forschungsdaten nach Erstverwertung nicht veröffentlichen oder teilen zu wollen, obwohl die Mehrwerte einer offenen Datenkultur bekannt sind. Lediglich vier Prozent der Forschenden nutzten Forschungsdatenrepositorien (FDR) oder Datenzentren zur Archivierung oder Veröffentlichung ihrer Daten und ebenso wenige Personen verwendeten allgemeine oder fachspezifische Metadatenstandards.[21] Dieser Umstand ist insbesondere vor dem Hintergrund kritisch zu betrachten, als die Verwendung von Repositorien und standardisierter Metadaten unerlässlich ist, um Forschungsdaten im Sinne der FAIR-Prinzipien auffindbar, zugänglich, interoperabel und nachnutzbar zu machen.

Dieser Trend deckt sich mit den Informationen des Open Science Monitors (OSM) der Europäischen Kommission,[22] der die Entwicklungen und Aktivitäten der Open-Science-Bewegung europaweit und disziplinübergreifend beobachtet. In Europa wird das Teilen von Forschungsdaten laut OSM vorrangig zwischen Forschenden praktiziert, die im selben Projekt arbeiten oder sich persönlich kennen. Eine Weitergabe an Forschende, die persönlich nicht bekannt sind, fand im Jahr 2016 nur in 14 Prozent aller erhobenen Fälle statt und zwei Jahre später sogar nur noch in elf Prozent (s. Abb. 3).

---

[19] Vgl. Vocile 2017.
[20] Die Abkürzung UNEKE ist das Akronym für „Vom USB-Stick zur NFDI – Entwicklung eines Kriterien geleiteten Entscheidungsmodells für den Aufbau von Forschungsdateninfrastrukturen"; s. https://uneke.de/.
[21] Vgl. Rehwald und Brenger 2019.
[22] S. https://ec.europa.eu/info/research-and-innovation/strategy/goals-research-and-innovation-policy/open-science/open-science-monitor_en.

3.2 GO FAIR und GO CHANGE: Chancen für das deutsche Wissenschaftssystem — 223

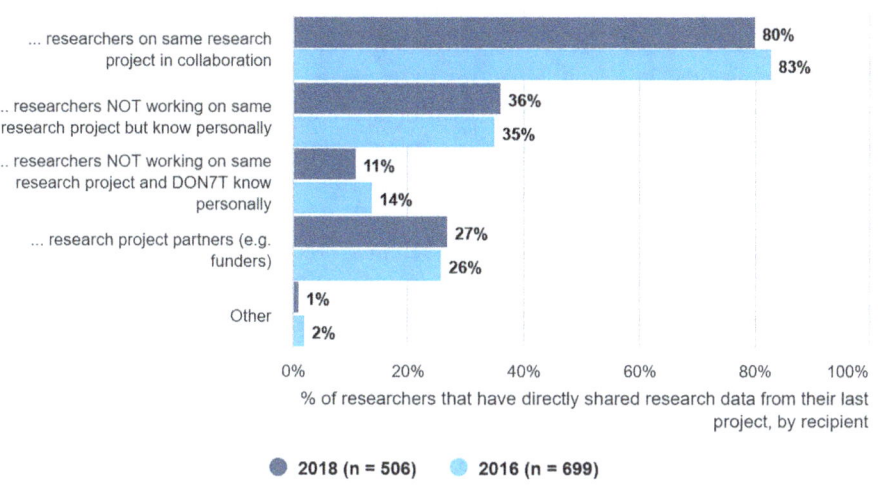

Abb. 3: Data Sharing nach Empfänger 2016 und 2018 (Open Science Monitor)[23]

Im OSM werden keine Gründe für diese Zurückhaltung angegeben. Solche sind allerdings im Wiley Open Science Researcher Survey 2016[24] aufgeführt, in dem weltweit 4600 Autorinnen und Autoren in 112 Ländern zu ihrem Data-Sharing-Verhalten befragt wurden. Der Studie gemäß sind die vier meistgenannten Gründe, warum Forschende zögern, ihre Forschungsdaten zu teilen, die folgenden:

- 50 % – "Intellectual property or confidentiality issues"[25]
- 31 % – "Ethical concerns"[26]
- 23 % – "I am concerned about misinterpretation or misuse of my research"[27]
- 22 % – "I am concerned that my research will be scooped"[28]

Die Hälfte aller Befragten geht davon aus, dass ihre Erhebungsdaten aus datenschutz- und urheberrechtlichen Gründen nicht veröffentlicht werden dürfen und beinahe jede/jeder Dritte gibt ethische Bedenken als Grund an. In den meisten Fäl-

---

23 https://ec.europa.eu/info/research-and-innovation/strategy/goals-research-and-innovation-policy/open-science/open-science-monitor/facts-and-figures-open-research-data_en.
24 S. https://doi.org/10.6084/m9.figshare.4748332.
25 Vocile 2017.
26 Vocile 2017.
27 Vocile 2017.
28 Vocile 2017.

len ist hierfür eine Unkenntnis bezüglich datenschutz- und urheberrechtlicher Anforderungen verantwortlich zu machen, was nicht zuletzt daran liegt, dass die diesbezügliche Rechtslage einerseits sehr komplex und andererseits in Teilen ungeklärt ist. Dies führt sowohl zu Unsicherheiten als auch zu Fehlverhalten seitens der Forschenden. Beispielsweise sind Datenschutzformulierungen in informierten Einwilligungen oftmals aus Unwissenheit zu restriktiv, wodurch Nachnutzungsmöglichkeiten unnötigerweise eingeschränkt oder gar komplett ausgeschlossen werden.[29]

Neben der rechtlichen Unsicherheit spielen mangelndes Vertrauen und eine von Konkurrenz geprägte Forschungsmentalität eine relevante Rolle. Die Forschenden haben Sorge vor fehlerhaft durchgeführten Replikationsstudien und daraus folgenden Reputationsverlusten oder aber auch Missbrauch ihrer Forschung. Darüber hinaus befürchten sie, dass andere ihre Forschungsdaten zum eigenen Reputationsgewinn verwenden könnten, ohne dass ein Reputationstransfer auf die Primärforschenden erfolgt.[30]

Auf die bekannten Vorteile des Data Sharings soll an dieser Stelle nicht mehr eingegangen werden. Vielmehr sollen die Chancen hervorgehoben werden, welche die GO FAIR-Initiative insbesondere mit ihrem Handlungsfeld GO CHANGE hinsichtlich eines Kulturwandels zum Data Sharing im Wissenschaftssystem mit sich bringen.

5 Die besondere Rolle von GO CHANGE

Dem Handlungsfeld GO CHANGE kommt innerhalb der GO FAIR-Initiative, aber insbesondere über die Initiative hinaus, eine wesentliche Rolle zu. Aktuell fehlt ein funktionierendes Belohnungs- und Anreizsystem für ein effizientes Data Sharing, welches den notwendigen Kulturwandel unterstützen und beschleunigen könnte. An dieser Stelle setzt GO CHANGE an:

> GO CHANGE zielt auf den kulturellen Wandel, der die FAIR-Prinzipien zu einem funktionierenden Standard in der Wissenschaft macht und die Belohnungssysteme so reformiert, dass offene wissenschaftliche Aktivitäten einbezogen werden und Forschungsdaten zukünftig als ein wichtiges Ergebnis des Forschungsprozesses anerkannt werden.[31]

Aus diesem Grunde wurde die Säule GO CHANGE innerhalb der GO FAIR-Initiative eingerichtet. Die Bemühungen in GO CHANGE sollen die Koordination zwischen vorhandenen FDM-Projekten optimieren und weitere Aktivitäten einleiten, welche langfristig zum kulturellen Wandel und einem daraus resultierenden Mentalitäts-

---

29 Vgl. Droß und Naujoks 2019, 28–30.
30 S. a. Beitrag von Oßwald, Kap. 3.5 in diesem Praxishandbuch.
31 ZBW 2019.

wandel der Forschenden und ihrer Communities führen sollen. Innerhalb der Säule wurden u. a. folgende Ziele, Werte und Aktivitäten zur Einleitung eines Paradigmenwechsels in Bezug auf FDM innerhalb des Wissenschaftssystems formuliert:
– Vermittlung und Verankerung der Vorteile des FDM und Data Sharings in den wissenschaftlichen Communities.
– Entwicklung eines funktionierenden Belohnungs- und Anreizsystems für ein besseres FAIR-Datenmanagement.
– Gemeinsame Unterstützung und Umsetzung der FAIR Prinzipien für Forschungsdaten, Algorithmen, Prozesse, Software, etc.
– Verhinderung weiterer Fragmentierung der Forschungsdatenlandschaft und Förderung von Aktivitäten zur aktiven Föderierung.
– Zusammenarbeit zur Sicherung der technischen Kompatibilität von FDM-Tools.
– Vernetzung und Sichtbarkeit durch das GO FAIR-Büro: Arbeitsgruppentreffen, regelmäßige Workshops, Unterstützung bei öffentlichkeitswirksamen Dokumenten (Best-Practices, Ergebnisberichte).
– Förderung von Open Science.
– Förderung von Data Stewardship und der damit einhergehenden Interessenvertretung.
– Vermittlung von Best Practices zur Erstellung von Datenmanagementplänen und deren Umsetzung im Forschungsprojekt.

Das übergeordnete Ziel der GO CHANGE-Säule besteht darin, Unterstützung und Anleitung zur Erreichung dieser Ziele bereitzustellen. Hierbei hat der Kulturwandel Vorrang, in dem Daten als eigenständige Forschungsleistung statt lediglich als Nebenprodukt von Forschungsprojekten betrachtet werden. Um dies zu erreichen, muss die zumeist nicht standardisierte Datenverwaltung innerhalb von Forschungsprozessen in ein professionelles und nachhaltiges FDM transformiert werden, welches den Datenzugang zur Sekundärverwertung im Sinne der FAIR-Prinzipien erst ermöglicht.

Im Prozess des Paradigmenwechsels spielen nicht nur Forschende und wissenschaftliche Einrichtungen, sondern auch Förderorganisationen eine zentrale strategische Rolle. Da bei den Forschenden bisher keine intrinsische Motivation, weder zum FDM noch zum Data Sharing übergreifend zu erkennen ist, muss zunächst eine extrinsische Motivationsquelle geschaffen werden. Diese kann beispielsweise in Form finanzieller Unterstützung des FDM oder restriktiveren FDM-Anforderungen seitens der Forschungsförderer realisiert werden. Sobald sich ein Reputationsgewinn durch das Publizieren von Forschungsdaten durchgesetzt hat (bzw. das Zurückhalten von Daten zu einem Reputationsverlust führt), ist zu erwarten, dass sich die Motivation zum FDM und Data Sharing ausweiten und sich ein diesbezüglicher Kulturwandel dynamisiert.

6 Implementierungsnetzwerke in GO CHANGE

Was sind die konkreten Themen, welche die IN innerhalb der Säule GO CHANGE bearbeiten? Um den kulturellen Wandel in Richtung FAIRes FDM voranzutreiben, setzen die IN meist an mehreren Hebeln an. Dabei überschneiden sie sich durchaus in den von ihnen geplanten Aktivitäten, was wiederum Synergiepotenzial birgt. Einen Überblick über die verschiedenen Tätigkeitsbereiche und darin involvierten IN gibt Abb. 4.

Als graue Kreise abgebildet sind in Abb. 4 die 15 aktiven IN, die sich zum Zeitpunkt des Verfassens dieses Artikels mit Herausforderungen des kulturellen Wandels beschäftigen. Von den grauen Kreisen gehen Pfeile ab, die jeweils eine Tätigkeit des IN beschreiben. Sie münden entweder in einen hellgrünen Kreis oder einen orangen Kreis. Hellgrüne Kreise kennzeichnen Themen, die von mehreren IN behandelt werden. Bei den orangen Kreisen handelt es sich um Themen, die (bisher) nur von einem einzelnen IN bearbeitet werden. Im weiteren Verlauf dieses Unterkapitels wird auf die Schnittmengen nacheinander eingegangen und erläutert, wie diese von den IN bearbeitet werden.

Bewusstsein für FAIR-Prinzipien

Zehn IN haben es sich zur Aufgabe gemacht, ihre Communities für die FAIR-Prinzipien zu sensibilisieren. Das IN „EcoSoc"[32] beispielsweise, welches als Praxisbeispiel in Abschnitt 7 dieses Beitrags ausführlich vorgestellt wird, möchte besonders in den Wirtschafts- und Sozialwissenschaften ein Bewusstsein für das Teilen von Forschungsdaten schaffen, z. B. durch die Stärkung des Modells der Forschungsdatenzentren. Ein ähnliches Ziel verfolgt NOMAD innerhalb der Materialwissenschaften. Dabei stellt sich die Frage, wie genau ein solches Bewusstsein unter Forschenden befördert werden kann. Welche Formate, Materialien und Angebote funktionieren in einer bestimmten Community oder auch disziplinübergreifend? Zu genau diesen Fragen veranstaltete das GO FAIR-Büro im Juni 2019 einen GO CHANGE Workshop, bei dem sich Mitglieder von bestehenden und interessierten IN über ihre Ansätze, Erfahrungen und Best Practices austauschen konnten. Ein Ergebnis des Workshops ist u. a. eine Sammlung von Awareness-Materialien, die nun in einer Datenbank aufbereitet zur Nachnutzung zur Verfügung stehen.[33] Darüber hinaus wurde im Rahmen des Workshops das IN „GO UNI" initiiert. GO UNI soll universitäre FDM-Kompetenzzentren und im FDM-Kontext aktive Einrichtungen miteinander vernetzen, um Synergien bei der Umsetzung und Etablierung der FAIR-Prinzipien nutzen zu können. Vorrangiges Ziel ist eine gegenseitige Unterstützung zum Aufbau notwendiger institutioneller Strukturen für ein professionelles FDM.

---

32 S. https://www.go-fair.org/implementation-networks/overview/ecosoc-in/.
33 S. https://www.go-fair.org/resources/more-on-fair.

3.2 GO FAIR und GO CHANGE: Chancen für das deutsche Wissenschaftssystem — 227

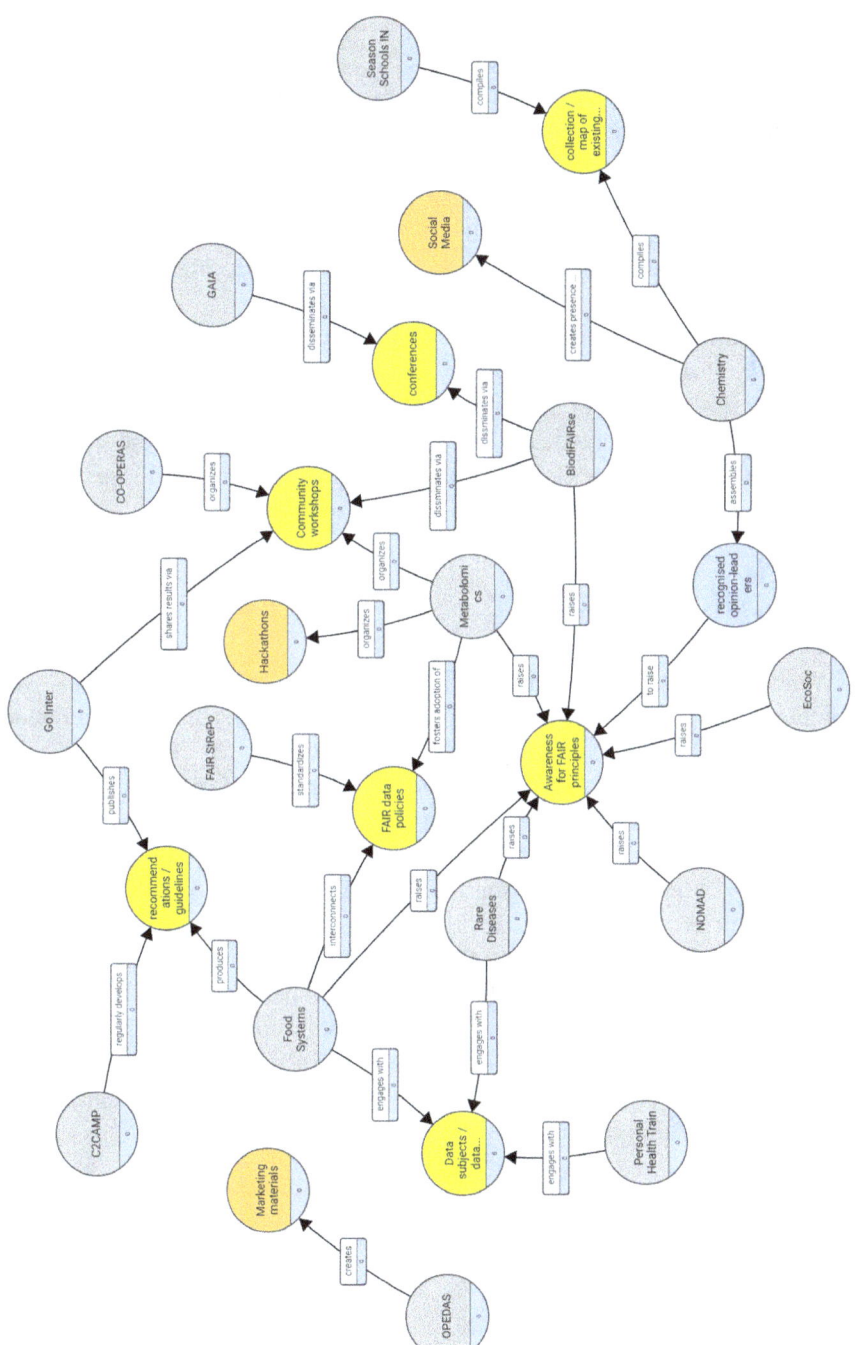

Abb. 4: Tätigkeitsbereiche der GO FAIR-Implementierungsnetzwerke mit Bezug zu GO CHANGE

Community Workshops

Vier der IN stellen in ihren Manifesten heraus, dass sie spezielle Workshops durchführen möchten, um die breitere Forschungsgemeinschaft rund um ihren Tätigkeitsbereich einzubeziehen. Das IN „CO-OPERAS"[34] nutzte hierfür die Open Science Fair 2019 in Porto als Plattform, um einen Workshop für die Forschungscommunity der Sozial- und Geisteswissenschaften anzubieten. Dabei befassten sie sich insbesondere mit der disziplinspezifischen Herausforderung der Mehrsprachigkeit bei der Umsetzung der FAIR-Prinzipen.

Das IN „Go Inter"[35] wiederum arbeitet schwerpunktmäßig an der Realisierung semantischer Interoperabilität über Disziplingrenzen hinweg. Es plant Workshops mit Vertretenden verschiedener Disziplinen, aus denen sich seine Anwendungsfälle speisen. Bei der Organisation solcher Workshops können die IN auf die Unterstützung des GO FAIR-Büros zurückgreifen, zum Beispiel in Form von Reisemittelzuschüssen für die Teilnehmenden.

Datensubjekte/Datenlieferanten

In den Wandel hin zu einer FAIRen Datenkultur möchten drei IN auch Datensubjekte miteinbeziehen, also diejenigen, von denen personenbezogene Daten erhoben werden. Sowohl im IN „Personal Health Train"[36], als auch bei „Rare Diseases"[37] geht es dabei um persönliche Gesundheitsdaten. „Personal Health Train" möchte solche sensiblen Gesundheitsdaten mithilfe einer föderierten Infrastruktur sicher nachnutzbar machen. Dabei sollen Bürgerinnen und Bürger genau kontrollieren können, welche Daten sie für wissenschaftliche Analysen zur Verfügung stellen und welche nicht.

Das IN „Rare Diseases" möchte auf Grundlage FAIRer Daten schnellere Diagnosen und bessere Behandlungsmöglichkeiten von seltenen Krankheiten erwirken. Wie genau die FAIR-Prinzipien in diesem Fall umgesetzt werden, sollen auch Patientenorganisationen mitbestimmen. Das GO FAIR-Büro unterstützt die IN bei der Einbindung solcher Interessensgruppen und hilft z. B. bei der zielgruppengerechten Formulierung von Informationsmaterialien.

---

34 S. https://www.go-fair.org/implementation-networks/overview/co-operas/.
35 S. https://www.go-fair.org/implementation-networks/overview/go-inter/.
36 S. https://www.go-fair.org/implementation-networks/overview/personal-health-train/.
37 S. https://www.go-fair.org/implementation-networks/overview/rare-diseases/.

Empfehlungen/Guidelines

Praktische Empfehlungen und Guidelines zum FDM werden von drei IN erstellt und veröffentlicht. Das IN „Food Systems"[38] etwa möchte auf Empfehlungen von Arbeitsgruppen der Research Data Alliance (RDA)[39], der Initiative Global Open Data for Agriculture and Nutrition[40] und dem World Wide Web Consortium[41] aufbauen und diese, wenn nötig, um spezifische Aspekte des FAIRen FDM in der Lebensmittelsystemforschung erweitern. Bei der Produktion und Verbreitung entsprechender Dokumente ist das GO FAIR-Büro den IN behilflich.

Daten-Policies

Drei IN nehmen in ihrem Manifest Bezug auf Daten-Policies, also institutionelle Verhaltensregeln für den Umgang mit Forschungsdaten. Das IN „FAIR StRePo"[42] (kurz für „FAIR Standards, Repositories, and Policies") steht in engem Zusammenhang mit der Plattform fairsharing.org,[43] welche Daten-Policies unterschiedlichen Ursprungs (Forschungsförderer, Fachgesellschaften, Fachzeitschriften etc.) sammelt, systematisiert und zugänglich macht. Innerhalb der GO FAIR-Initiative möchte das IN „FAIR StRePo" diejenigen Daten-Policies, welche durch andere IN erstellt werden oder auf deren Grundlage sie selber handeln, bekannter machen, indem sie diese auf fairsharing.org veröffentlicht. Formulierungshilfen zur Erstellung institutioneller Daten-Policies hat das GO FAIR-Büro in seiner Datenbank[44] gesammelt.

Konferenzen

Ein Bewusstsein für FAIRes Datenmanagement möchten zwei IN ausdrücklich auf Konferenzen schaffen. Das IN „GAIA"[45], das in der Erdsystemforschung verankert ist, nimmt hierfür insbesondere die großen internationalen Konferenzen ihrer Forschungscommunity ins Visier. Hier soll es in Bezug auf FAIR Data vor allem darum gehen, dass sich die internationale Forschungscommunity auf bestimmte Metadatenstandards verständigt und diese Einigungen gesteigerte Aufmerksamkeit und

---

38 S. https://www.go-fair.org/implementation-networks/overview/food-systems/.
39 S. https://www.rd-alliance.org/.
40 S. https://www.godan.info/.
41 S. https://www.w3.org/.
42 S. https://www.go-fair.org/implementation-networks/overview/fair-strepo/.
43 S. https://fairsharing.org/.
44 S. https://www.go-fair.org/resources/more-on-fair.
45 S. https://www.go-fair.org/implementation-networks/overview/gaia-data/.

weitere Akzeptanz erhalten. Auf anstehende Konferenzbeiträge von IN weist das GO FAIR-Büro in einem alle zwei Monate erscheinenden Newsletter hin.[46]

Ressourcenübersicht

Zwei IN planen, eine Übersicht über schon existierende Ressourcen im Zusammenhang mit FAIRem FDM zu erstellen. Beim IN „Chemistry"[47] handelt es sich dabei z. B. um in der Chemie und ihren Teildisziplinen aufgesetzte Standards zur Benennung chemischer Stoffe. Diese möchte das IN sammeln und von „FAIR StRePo" kuratieren lassen. Dem im Aufbau befindlichen IN „Season Schools" wiederum geht es darum, ein Verzeichnis bestehender Schulungsprogramme zu FAIRem FDM inklusive der dazugehörigen Trainerinnen bzw. Trainer und Organisationen zu erstellen. Die von den IN erstellten Übersichten lassen sich einfach in der vom GO FAIR-Büro aufgesetzten Datenbank[48] integrieren, so dass sie eine größere Reichweite erzielen.

7 EcoSoc – FAIR-Prinzipien in den Wirtschafts-, Verhaltens,- und Sozialwissenschaften etablieren

Das Economic and Social Sciences goINg FAIR Implementation Network (EcoSoc-IN)[49] ist das erste GO FAIR IN für die Sozial-, Verhaltens- und Wirtschaftswissenschaften. EcoSoc-IN wurde im November 2018 auf Initiative des Rates für Sozial- und Wirtschaftsdaten (RatSWD)[50] gegründet und basiert auf der langjährigen Expertise des RatSWD und der durch ihn akkreditierten Forschungsdatenzentren (FDZ).[51] Der RatSWD berät seit 2004 die Bundes- und Landesregierungen bei der Verbesserung der Forschungsdateninfrastruktur für die Sozial-, Verhaltens- und Wirtschaftswissenschaften. Nachweislich verbessert haben sich durch seine Bemühungen bereits der Zugang zu sensitiven Forschungsdaten der amtlichen Statistik und amtli-

---

46 Abonnement unter https://www.go-fair.org/newsletter-subscription.
47 S. https://www.go-fair.org/implementation-networks/overview/chemistryin/.
48 S. https://www.go-fair.org/resources/more-on-fair.
49 S. https://www.go-fair.org/implementation-networks/overview/ecosoc-in/.
50 S. https://www.ratswd.de/.
51 S. https://www.ratswd.de/forschungsdaten/fdz.

chen Registern,[52] der Sozialversicherungsträger,[53] Ressortforschungseinrichtungen[54] und wissenschaftlicher Forschungsinstitute die insbesondere die Daten der großen Umfragestudien[55] vorhalten.[56] Insgesamt haben sich mittlerweile (Stand Juni 2020) 38 FDZ durch den RatSWD akkreditieren lassen (siehe Abb. 5) und garantieren damit mindestens einen Zugangsweg für die Nachnutzung der von ihnen kuratierten Forschungsdaten. Darüber hinaus entstehen in diesem Vernetzungskontext auch Repositoriumservices insbesondere für sensible Daten, die den angestrebten Datenkulturwandel mit einer dafür notwendigen Infrastruktur unterlegen.

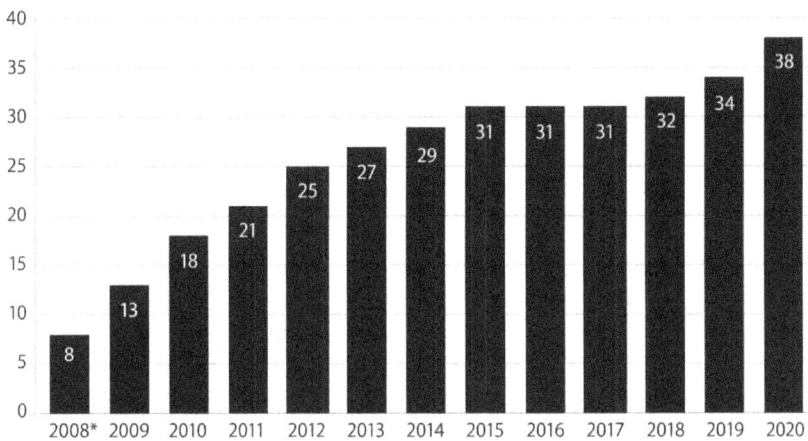

*Die Forschungsdatenzentren Statistisches Bundesamt, Statistische Ämter der Länder, GML, IZA, BA im IAB und RV waren bereits eingerichtet.

Abb. 5: Die Entwicklung der vom RatSWD akkreditierten Forschungsdatenzentren

Da Forschungsdaten in den Wirtschafts-, Verhaltens-, und Sozialwissenschaften – ähnlich wie in der klinischen oder epidemiologischen Forschung – in der Regel schützenswerte Informationen zu konkreten Personen, Unternehmen oder Institutionen enthalten, müssen die rechtlichen Bestimmungen zum Datenschutz und die Zusicherung der Vertraulichkeit eingehalten werden. Solche sensitiven Daten wer-

---

52 insbesondere den statistischen Ämtern des Bundes und der Länder, Bundesbank, und Kraftfahrtbundesamt.
53 Deutsche Rentenversicherung Bund, Bundesagentur für Arbeit.
54 z. B. Robert-Koch-Institut, Bundeszentrale für gesundheitliche Aufklärung, Bundesinstitut für Berufsbildung, Deutsches Zentrum für Altersfragen, Deutsches Jugendinstitut.
55 z. B. Survey of Health, Ageing and Retirement, Sozioökonomisches Panel, Nationales Bildungspanel, Internationale Umfrageprogramme wie European Social Survey.
56 Vgl. Bug et al. 2018, 574–579; RatSWD 2019b, die URLs der FDZ sind abrufbar über: https://www.ratswd.de/forschungsdaten/fdz.

den deshalb für das Teilen von Daten anonymisiert, indem Attribute vergröbert oder aus den Daten entfernt werden. Je stärker die Anonymisierung ist, desto besser sind die Teilnehmenden der Studien geschützt. Gleichzeitig wird das analytische Potenzial der Daten verringert. Werden zum Beispiel Informationen zum Wohnort der Teilnehmenden in einer Befragung entfernt, ist es, bei Fehlen weiterer personenbezogener Informationen, praktisch nicht mehr möglich, die Person zu re-identifizieren. Allerdings können auch keine Einflüsse des Wohnorts auf Einstellungen und Verhalten der Individuen untersucht werden. Im Fall von personenbezogenen und anderen vertraulichen Daten muss bei der Anonymisierung deshalb zwischen Schutzinteressen der Studienteilnehmenden und Interessen der Forschenden abgewogen werden. Nicht alle Daten können als Open Data frei zur Verfügung gestellt werden. Vielmehr müssen die Zugangswege für Forschende dem Grad der Anonymisierung entsprechend ausgestaltet werden. Die FDZ leisten diesen Abwägungsprozess und bemühen sich im Sinne des Konzepts der „intelligent openness",[57] den Zugang so offen wie möglich, aber so sicher wie nötig zu gestalten. Der Zugang zu Forschungsdaten – im Sinne der accessibility – ist folglich das Kernthema des RatSWD und die Kernkompetenz der FDZ. Mit der flächendeckenden Einführung von Digital Object Identifiers (DOI)[58] und einem umfassenden Nachweissystem für Forschungsdaten wurde auch die übergreifende Suche nach Forschungsdaten innerhalb der FDZ in den vergangenen Jahren vereinfacht und die Auffindbarkeit der Daten gestärkt.

Abb. 6: Kennzahlen des vom RatSWD akkreditierten Netzwerks aus damals 34 Forschungsdatenzentren im Jahr 2018

---

57 Vgl. Royal Society 2012.
58 S. https://www.doi.org/.

Von diesem Status quo aus entstand das Manifest des EcoSoc-IN im engen Austausch mit den FDZ, da sie über die Expertise im Datenmanagement verfügen und bereits eine große Nutzendenbasis haben (siehe Abb. 6).

2017 wurde zunächst ein Vergleich der FAIR-Prinzipien mit dem bereits etablierten FDM der FDZ durchgeführt. Diese Evaluation hat gezeigt, dass viele Aspekte in der täglichen Praxis von einem Großteil der FDZ bereits umgesetzt werden, speziell bezüglich der Auffindbarkeit, Zugänglichkeit und Nachnutzbarkeit von Forschungsdaten. Hinsichtlich der Vereinheitlichung von Metadatenstandards, der Verbesserung der Interoperabilität von Daten und bei der Maschinenlesbarkeit besteht jedoch noch Handlungsbedarf, der gleichzeitig den unterschiedlichen disziplinären Anforderungen gerecht werden muss – eine große Herausforderung.

Der konzeptionelle Rahmen der FAIR-Prinzipien bietet eine besonders geeignete Herangehensweise, um einerseits interdisziplinär gültige Prinzipien und andererseits disziplinspezifische Eigenheiten im FDM zu verbinden. Primäres Ziel von EcoSoc-IN ist daher die weitere Verbreitung und spezifische Weiterentwicklung der FAIR-Prinzipien, so dass sie innerhalb der FDZ und darüber hinaus Anwendung finden. Dazu müssen die abstrakten Prinzipien für die Sozial-, Verhaltens- und Wirtschaftswissenschaften ausformuliert werden und dabei die Eigenheiten der verwendeten Datenarten und Objekttypen aufgegriffen werden Dies gilt insbesondere für die FAIR-Prinzipien, die nicht generisch technisch (d. h. Nutzung persistenter Identifier, Schnittstellen für Metadaten, usw.) umgesetzt, sondern inhaltlich ausgefüllt werden müssen. Das betrifft z. B. Konventionen über angemessene Zugangsregeln (Access Policies) im Falle von nicht vollständig anonymisierten/anonymisierbaren Daten, aber auch Fragen der Metadatenqualität zur Erleichterung der Nachnutzung und Verbesserung der Interoperabilität. Dabei stehen vier Problemfelder im Vordergrund:

– *FAIRer Zugang zu datenschutzrechtlich oder forschungsethisch sensiblen Daten:* Da sensitive Daten nicht frei vertrieben werden können, wurden verschiedene Lösungswege entwickelt. Erstens werden faktisch anonymisierte Scientific Use Files auf Antrag und häufig nach Abschluss eines Nutzungsvertrages vertrieben. Zweitens wurden Gastwissenschaftsarbeitsplätze in den FDZ für einen überwachten Datenzugang eingerichtet. Drittens schließlich wurden Verfahren für eine kontrollierte Datenfernverarbeitung (ein sogenanntes Remote Access) eingeführt (RatSWD 2019a). Es fehlt aber eine einheitliche Terminologie im Sinne eines formalen Protokolls, das Rechte und Pflichten von Datengebenden und Datennutzenden definiert (data access protocols).
– *Angleichung verwendeter Metadatenstandards:* Dies ist ein wichtiger Schritt zur Datendokumentation und Definition verschiedener digitaler Objekttypen und erhöht sowohl die Nachnutzbarkeit als auch die Interoperabilität der Daten. Zwar existiert ein umfassender sozialwissenschaftlicher Metadatenstandard der

Data Documentation Initiative, nämlich DDI Lifecycle,[59] dieser wird in der Praxis jedoch noch nicht flächendeckend angewendet und es gibt sehr unterschiedliche Dokumentationstiefen. Da die Dokumentation aufwendig ist, werden nicht für alle Studien alle Attribute (d. h. Variablen in den Datensätzen) nach DDI Standard dokumentiert, sondern z. B. lediglich die Fragebögen für die Nachnutzung zur Verfügung gestellt.

- *Interoperabilität von Merkmalen:* Vor allem in der Umfrageforschung werden bestimmte Attribute (z. B. sozio-demographische Merkmale der Probanden) oft sehr unterschiedlich erhoben. Um Daten aus unterschiedlichen Quellen gewinnbringend verknüpfen zu können, müssen sie interoperabel sein, indem Ontologien zur Harmonisierung (ex-post oder ex-ante) verwendet werden. Solche Ontologien wurden vor allem für die international vergleichende Forschung entwickelt (z. B. die International Standard Classification of Education[60]). Ziel ist die systematische Aufbereitung von Daten und die kontinuierliche Weiterentwicklung solcher Klassifikationen für die Datenerhebung und -dokumentation.
- *Maschinenlesbare (Meta-)Daten:* Die Metadaten und der Datenzugang sind bisher in der Regel für die Verwendung durch Menschen ausgelegt. Ein Kernelement der FAIR-Prinzipien liegt jedoch gerade in der Bereitstellung von Schnittstellen für die Verarbeitung von (Meta-)Daten durch Maschinen. Zwar können Ausschnitte der Metadaten auf Studienebene über standardisierte Schnittstellen (OAI-PMH) abgerufen werden. Metadaten zu den Attributen – also den Inhalten – der Studien liegen jedoch in der Regel nicht maschinenlesbar vor (z. B. liegen Fragebögen nur in PDF-Dateien vor). Auch der automatisierte Zugriff auf Daten stellt die absolute Ausnahme dar.

Praktisch wird das EcoSoc-IN Minimalstandards für die Erfüllung der FAIR-Kriterien in den Wirtschafts-, Verhaltens-, und Sozialwissenschaften definieren und Vorstellungen dazu entwickeln, wie eine vollständig FAIR-konforme Forschungsdateninfrastruktur aussehen kann. Um Insellösungen zu vermeiden, sollte diese Diskussion nicht auf den Kreis der FDZ, die vom RatSWD akkreditiert sind, begrenzt bleiben. Das Format der IN ermöglicht es, den Kreis über die FDZ hinaus national und international zu erweitern. Deshalb ist eine Beteiligung am EcoSoc-IN für alle Organisationen und Personen offen, die das Manifest mitzeichnen. Derzeit hat EcoSoc-IN 23 Mitglieder, darunter 17 FDZ. Mit dem Deutschen Institut für Erwachsenenbildung (DIE)[61] hat sich ein erstes institutionelles Mitglied ohne direkte Anbindung zum RatSWD angeschlossen.

---

[59] S. https://ddialliance.org/Specification/.
[60] S. http://uis.unesco.org/en/topic/international-standard-classification-education-isced.
[61] S. https://www.die-bonn.de/default.aspx.

Darüber hinaus bietet die GO FAIR-Initiative die Möglichkeit über disziplinäre Grenzen hinweg vergleichbare Probleme zu diskutieren. Eine inhaltliche Nähe zwischen EcoSoc-In und einschlägigen Initiativen aus der Medizin ist dabei besonders relevant. Das IN „Personal Health Train" beschäftigt sich beispielsweise mit sensitiven Patientendaten (s. Abschnitt 6). Zudem planen die beiden in der ersten Runde der NFDI Ausschreibung (s. Abschnitt 1) eingereichten Konsortien NFDI4Health und NFDI4Medicine[62] dem EcoSoc-In beizutreten, um gemeinsam Lösungen für Zugang und Interoperabilität von sensitiven Daten aus Kohorten- und Panelstudien zu entwickeln. Fragen der technischen Weiterentwicklung der Infrastruktur könnten mit den IN aus der Go BUILD Säule diskutiert werden (z. B. dem Go INTER IN).

Angesichts der dynamischen Entwicklung der Forschungsdateninfrastrukturen bieten die FAIR-Prinzipien den Datenzentren folglich eine inhaltliche Orientierung bei der konzeptionellen und technischen Weiterentwicklung der eigenen Angebote. FAIR-konforme Infrastrukturen werden zur Bedingung für die Beteiligung an der EOSC und der NFDI und deshalb setzt die GO FAIR-Initiative mit GO CHANGE und der Umsetzung der FAIR-Prinzipien wichtige Impulse für die Zukunft. Dies erfordert ein offenes Forum für die Diskussion, wie die FAIR-Prinzipien in den Sozial-, Verhaltens- und Wirtschaftswissenschaften umgesetzt werden sollen. Dazu stellt das EcoSoc-IN, aber auch alle anderen IN der GO FAIR Initiative aufgrund ihrer strukturellen Offenheit das geeignete Format dar.

8 Ausblick: Angestrebte Auswirkungen von GO FAIR und GO CHANGE auf das deutsche Wissenschaftssystem

> Science is moving towards a greater openness, in terms of not just data but also publications, computer code and workflows. Yet researchers who are learning to navigate the open-science arena face a thicket of thorny issues.[63]

Die GO FAIR-Initiative möchte alle Open Science-Stakeholder dabei unterstützen, das Dickicht der „Open-Science-Arena" leichter zu durchdringen und langfristig wirkende FDM-Netzwerke aufzubauen. Die zahlreichen IN, die sich sehr zügig auf Initiative von GO FAIR hin gegründet haben, weisen auf einen solchen Unterstützungsbedarf hin. Gleichzeitig zeigt die Gründung der IN, dass ein Paradigmenwechsel bereits stattfindet, der FDM und Data Sharing langfristig zu einem Standard in

---

62 S. https://www.dfg.de/download/pdf/foerderung/programme/nfdi/191212_nfdi_statistik_antragseingang.pdf, Anhang Tabelle 4, 17 ff.
63 Popkin 2019, 446.

der Wissenschaft etablieren wird. Innerhalb der wissenschaftlichen Communities sind disziplinübergreifend ein hoher Vernetzungsbedarf und eine große Bereitschaft zur Zusammenarbeit zu verzeichnen. Diese Bereitschaft erhöht die Akzeptanz von FDM bei den Forschenden und wird langfristig den Zugang zu Forschungsdaten erleichtern. Das Potenzial eines professionellen FDM für Forschung, Wirtschaft und Gesellschaft wurde identifiziert und eine globale Bewegung Richtung Open Science & Data Sharing ist zu erkennen. Diese Bewegung spiegelt sich u. a. in der geplanten Implementierung nationaler und europäischer Forschungsdateninfrastrukturen (wie z. B. der NFDI oder der EOSC) deutlich wider. Und so steht die Relevanz von FDM auch auf der Agenda von Fördereinrichtungen, dem Bundesministerium für Bildung und Forschung, der Bundes- und den Landesregierungen sowie wissenschaftlichen Institutionen. Deutschland kann punktuell auf hohe FDM-Expertisen, wie beispielsweise die DINI/nestor AG Forschungsdaten,[64] den RatSWD und RfII, FDM-Kompetenzzentren an den Universitäten, Landesinitiativen,[65] etablierte FDM-Infrastrukturen etc. sowie auf entsprechend zahlreiche FDM-Aktivitäten blicken.

Allerdings sind die Potenziale und auch karrierefördernden Aspekte eines professionellen FDM, Data Sharing und der Open Science Bewegung bisher noch nicht bis zu allen Forschenden und Leitungsebenen durchgedrungen. Bei den meisten Forschenden herrscht immer noch die stabile und im Wissenschaftssystem fest verankerte Mentalität des Wettbewerbs und nicht der Kollaboration, was einer disziplinübergreifenden Zusammenarbeit und schlussendlich dem wissenschaftlichen Fortschritt im Wege steht. Forschende halten ihre Erhebungsdaten oftmals lieber unter Verschluss, damit ihre Kolleginnen und Kollegen diese nicht für eigene Veröffentlichungen und somit ihren Reputationsgewinn verwenden können.[66] Die GO FAIR-Initiative möchte insbesondere mit den Aktivitäten innerhalb des Handlungsfeldes GO CHANGE dafür Sorge tragen, dass Forschende dieses Misstrauen ablegen, Daten ordnungsgemäß zitiert werden und die Vorteile von Open Science und FDM in der Wissenschaft ankommen.

Ein professionelles FDM ist längst noch kein fester Bestandteil der Forschungspraxis innerhalb wissenschaftlicher Projekte geworden. Daher wäre es wünschenswert, dass Forschende die niedrigschwelligen Angebote der GO FAIR-Initiative nutzen, sich in IN auszutauschen und die Herausforderungen des FDM gemeinsam anzugehen. Die ersten Pioniere, wie etwa der RatSWD, haben dies bereits getan. Nun müssen weitere Forschungseinrichtungen und Initiativen nachziehen, so dass

---

[64] S. https://dini.de/ag/dininestor-ag-forschungsdaten/.
[65] S. z. B. Bw2FDM (https://bwfdm.scc.kit.edu/index.php); Digital Campus Bayern (https://www.stmwk.bayern.de/studenten/digitalisierung/hochschule-digitaler-campus.html); fdm.nrw (https://www.fdm.nrw/); HeFDI (https://www.uni-marburg.de/de/hefdi).
[66] Popkin 2019, 445–446; s. a. Beitrag von Oßwald, Kap. 3.5 in diesem Praxishandbuch.

der Kulturwandel hin zu einem verantwortungsvollen FDM gelingt und die vorhandenen Synergien sinnvoll genutzt werden.

Letztendlich gehen die Ziele der GO FAIR-Initiative aber auch über die Grenzen des wissenschaftlichen Ökosystems der Forschenden hinaus. Ein wichtiges Anliegen ist nämlich darüber hinaus, das Vertrauen der Bevölkerung in das Wissenschaftssystem zu stärken oder gar verlorenes wieder zurückzugewinnen. Hierzu ist eine Offenlegung von Forschungsprozessen im größtmöglichen Umfang notwendig. Eine solche Transparenz entsteht, wenn nicht nur Forschungsergebnisse, sondern auch die dazugehörigen Forschungsdaten, Analyse-Syntaxen, Methodenreports etc. zur Verfügung gestellt werden. Erst ab dem Moment, in dem Forschungsergebnisse repliziert und überprüft werden können, handelt es sich streng genommen um Wissenschaft. Open Science erleichtert in diesem Sinne die Qualitätssicherung innerhalb der Forschung und erhöht die Leistungsfähigkeit der Wissenschaft, wovon alle Beteiligten profitieren.

Die praktische Anwendung von Open Science und die daraus folgende Transparenz fördert gesellschaftliches Vertrauen in die Wissenschaft und erhält auf Dauer ihre Glaubwürdigkeit. Schlussendlich rechtfertigt Open Science sogar ihren Fortbestand.

Literatur

Letztes Abrufdatum der Internet-Dokumente ist der 15.11.2020.

Ayris, Paul, Jean-Yves Berthou, Rachel Bruce, Stefanie Lindstaedt, Anna Monreale, Barend Mons et al. 2016. *Realising the European Open Science Cloud*. European Union. doi:10.2777/940154.

Brenger, Bela, Beate Baurmann, Ania López, Stephanie Rehwald und Konstantin Wilms. 2017. „Wo sind deine Forschungsdaten in 10 Jahren?!" Awareness Für Forschungsdatenspeicherung. doi:10.5281/zenodo.1000538.

Bug, Mathias, Stefan Liebig, Claudia Oellers und Regina T. Riphahn. 2018. „Operative und strategische Elemente einer leistungsfähigen Forschungsdateninfrastruktur in den Sozial- und Wirtschaftswissenschaften." *Jahrbücher für Nationalökonomie und Statistik* 238(6): 571–590. doi:10.1515/jbnst-2018-0029.

DFG – Deutsche Forschungsgemeinschaft. 2019. „Leitlinien zur Sicherung guter wissenschaftlicher Praxis." https://www.dfg.de/download/pdf/foerderung/rechtliche_rahmenbedingungen/gute_wissenschaftliche_praxis/kodex_gwp.pdf.

DFG – Deutsche Forschungsgemeinschaft. 2019. „Guidance Notes on Funding Criteria National Research Data Infrastructure (NFDI)." https://www.dfg.de/formulare/nfdi120/nfdi120_en.pdf.

Drefs, Ines, Monika Linne und Klaus Tochtermann. 2018. FAIRe Forschung. Wie Wissenschaftliche Bibliotheken den Herausforderungen von Open Science beggenen. *BuB – Forum Bibliothek und Information* 70 (11): 636–639.

Droß, Patrick und Julian Naujoks. 2019. Die Kuratierung sozialwissenschaftlicher Forschungsdaten – Praxisfragen und Beispiellösungen. In *Forschungsdaten – sammeln, sichern, strukturieren*. 8. Konferenz der Zentralbibliothek, Forschungszentrum Jülich, WissKom 2019, Jülich, Germany,

4–6 Juni 2019, hg. v. Bernhard Mittermaier, 23–38. Handle: http://hdl.handle.net/10419/201387.

EOSC Declaration. 2017. „European Open Science Cloud. New Research & Innovation Opportunities." https://ec.europa.eu/research/openscience/pdf/eosc_declaration.pdf#view=fit&pagemode=none.

EOSCsecretariat. 2019. „FAIR Working Group." https://www.eoscsecretariat.eu/working-groups/fair-working-group (05.11.2019).

Glaeser, Edward L., David I. Laibson, José A. Scheinkman und Christine L. Soutter. 2000. „Measuring Trust." Q. J. Econ. 115 (3): 811–846.

Huschka, Denis, Claudia Oellers, Notburga Ott und Gert Wagner. 2011. „Datenmanagement und Data Sharing: Erfahrungen in den Sozial- und Wirtschaftswissenschaften." In: *Handbuch Forschungsdatenmanagement*, hg. v. Stephan Büttner, Hans-Christoph Hobohm, Lars Müller, 35–48. Bad Honnef: Bock+Herchen.

Linne, Monika. 2013. „Sustainable data preservation using datorium: facilitating the scientific ideal of data sharing in the social sciences." *Proceedings of the 10th International Conference on Preservation of Digital Objects*: 150–155.

Linne, Monika und Wolfgang Zenk-Möltgen. 2017. „Strengthening institutional data management and promoting data sharing in the social and economic sciences." *LIBER Quarterly* 27 (1): 58–72. doi:10.18352/lq.10195.

Open Science Monitor. 2019. https://ec.europa.eu/info/research-and-innovation/strategy/goals-research-and-innovation-policy/open-science/open-science-monitor/facts-and-figures-open-research-data_en.

Popkin, Gabriel. 2019. Data sharing and how it can benefit your scientific career. *Nature* 569 (7756): 445–447. doi:10.1038/d41586-019-01506-x.

Rehwald, Stephanie und Bela Brenger. 2019. „Projekt UNEKE: Von USB-Sticks und Repositorien – Ergebnisse der UNEKE-Umfrage. DINI/nestor-Workshop. 29.01.2019. Duisburg-Essen." https://www.forschungsdaten.org/index.php/Datei:01-uneke–usb-sticks-und-repositorien.pdf.

RatSWD 2019a: *Remote Access zu Daten der amtlichen Statistik und der Sozialversicherungsträger. RatSWD Output 5 (6)*. Berlin: Rat für Sozial- und Wirtschaftsdaten (RatSWD). doi:10.17620/02671.42.

RatSWD. 2019b. *Tätigkeitsbericht 2018 der vom RatSWD akkreditierten Forschungsdatenzentren (FDZ)*. doi:10.17620/02671.38.

RfII – Rat für Informationsinfrastrukturen. 2016. „Leistung aus Vielfalt. Empfehlungen zu Strukturen, Prozessen und Finanzierung des Forschungsdatenmanagements in Deutschland." http://www.rfii.de/?p=1998.

Royal Society. 2012. „Science as an open enterprise. Royal Society Science Policy Centre Report 02/12." https://royalsociety.org/policy/projects/science-public-enterprise/Report/.

Vocile, Bobby. 2017. „Open Science Trends You Need to Know About." https://www.wiley.com/network/researchers/licensing-and-open-access/open-science-trends-you-need-to-know-about.

Wilkinson, Mark, Michel Dumontier, IJsbrand Jan Aalbersberg, Gabrielle Appleton, Myles Axton, Arie Baak et al. 2016. „The FAIR Guiding Principles for scientific data management and stewardship." *Scientific Data* 3: doi:10.1038/sdata.2016.18.

Zenk-Möltgen, Wolfgang, Esra Akdeniz, Alexia Katsanidou, Verena Naßhoven und Ebru Balaban. 2018. „Factors influencing the data sharing behavior of researchers in sociology and political science." *Journal of Documentation* 74 (5): 1053–1073. doi:10.1108/JD-09-2017-0126.

ZBW. 2019. „Die GO FAIR Initiative." https://www.zbw.eu/de/ueber-uns/arbeitsschwerpunkte/forschungsdatenmanagement/go-fair/.

Kerstin Helbig
3.3 Schulungs- und Beratungskonzepte

Abstract: Die Schulung und Beratung zum Forschungsdatenmanagement umfasst viele Aufgaben und Personen. Darüber hinaus sollen meist vordefinierte Ziele erfüllt werden, z. B. Information und Sensibilisierung, fach- sowie themenspezifische Beratung und Kompetenzvermittlung oder schlicht die Erfüllung von Förderanforderungen. Um diese Dienste nachhaltig, strukturiert und organisiert zu etablieren, ist die Entwicklung eines Konzepts sinnvoll, das die Personen, Ziele, Maßnahmen und Informationsflüsse beschreibt. Der vorliegende Beitrag stellt die Inhalte und Entwicklungsschritte eines Schulungs- und Beratungskonzepts vor und gibt Empfehlungen zur praktischen Umsetzung.

1 Konzeptaufbau und -entwicklung

Einer der wichtigsten, aber nicht immer ersten Schritte beim strategischen Aufbau von Dienstleistungen zum Forschungsdatenmanagement (FDM) ist die Entwicklung eines Schulungs- und Beratungskonzepts. Ein solches Konzeptdokument hilft allen Beteiligten dabei, die jeweiligen Verantwortlichkeiten und Aufgaben zu kennen. Inhalte eines Schulungs- und Beratungskonzepts umfassen folgende Aspekte:
- strategische Ziele
- Zielgruppen
- Beteiligte und Verantwortlichkeiten
- Themen der Schulungen und Beratungen
- Beratungsformate
- Schulungsformate
- Öffentlichkeitsarbeit
- spezifische Maßnahmen

Ein Konzept entsteht in der Regel auf Grundlage eines konkreten Arbeitsauftrags durch die Leitungsebene. FDM umfasst allerdings viele Bereiche und Arbeitsgebiete. An der Entwicklung und Umsetzung des Konzepts sind folglich eine ganze Reihe von Personen beteiligt. Bei der Erarbeitung eines Schulungs- und Beratungskonzepts sollten dementsprechend auch Wünsche oder Erfordernisse dieser involvierten Akteurinnen und Akteure ihre Berücksichtigung finden (Abb. 1).

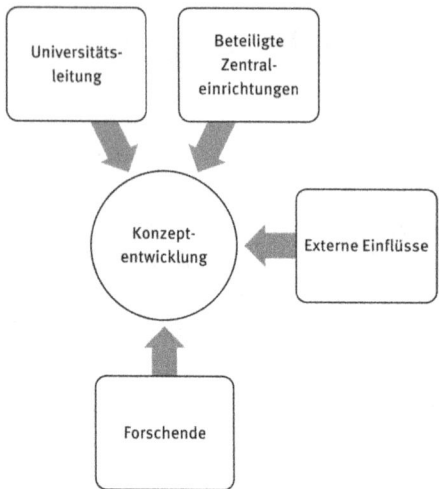

Abb. 1: An der Konzeptentwicklung beteiligte Akteurinnen und Akteure am Beispiel einer Universität

Allen voran ist hier die Gruppe der Forschenden zu nennen. Sie haben ein starkes Interesse daran, das Serviceangebot mit zu beeinflussen, können aber möglicherweise nur indirekt darauf einwirken. Die Leitungsebene hat meist ebenfalls konkrete Vorstellungen, die eingearbeitet werden müssen. Zusätzlich wirken die Anforderungen der Forschungsförderer und Verlage sowie ggf. der Hochschulpolitik auf die Entwicklung des Konzepts ein, da sie Beratungs- und Schulungsthemen unter Umständen vorgeben. Zukünftig werden darüber hinaus die Services und Aktivitäten der Fachkonsortien im Rahmen der Nationalen Forschungsdateninfrastruktur (NFDI) sowie der FDM-Landesinitiativen die Konzipierung institutionseigener Schulungs- und Beratungsmaßnahmen beeinflussen.[1] Folglich ergeben sich sowohl Top-down- (Leitungsebene) und Bottom-up-Anforderungen (Wissenschaftsebene) als auch Randbedingungen (externe Einflüsse), die bei der Konzipierung mit zu berücksichtigen sind.

Um ein Konzept strukturiert und umfassend zu erstellen, sind verschiedene Analyseschritte notwendig. Vorhandene und notwendige Ressourcen müssen bestimmt sowie Ziele und Maßnahmen definiert werden. Die methodische Herangehensweise kann je nach Aspekt variieren. So ist z. B. für die Bestimmung von beteiligten Akteurinnen und Akteuren eine Stakeholderanalyse und für die Themenwahl die Erstellung einer Mindmap als hilfreich zu nennen. In den nachfolgenden Abschnitten wird auf die jeweiligen Bestandteile des Konzepts detailliert eingegangen. Vorschläge zur praktischen Analyse und Umsetzung ergänzen diese.

---

[1] S. Beitrag von Neuroth und Oevel, Kap. „Aktuelle Entwicklung und Herausforderungen im Forschungsdatenmanagement in Deutschland" in diesem Praxishandbuch.

Das Konzept sollte in regelmäßigen Abständen – bspw. jährlich sowie anlassbezogen nach Änderungen externer oder interner Anforderungen – evaluiert und auf seine Aktualität und Passgenauigkeit geprüft werden. Dabei sind insbesondere die Erfüllung der zuvor definierten spezifischen Ziele und deren Wirkung von Relevanz.

2 Strategische Ziele

Das Konzept zur Beratung und Schulung soll eine bestimmte Wirkung bei der Zielgruppe erzielen. Hierzu sind zunächst strategische Ziele zu bestimmen, die durch das Konzept erreicht werden sollen. Diese Ziele sollten nicht kleinteilig, sondern möglichst grob definiert werden. Die Formulierung von sogenannten Richtzielen hilft dabei, die nachfolgenden Aspekte wie z. B. Zielgruppe und Themen leichter zu bestimmen. Ein solches Richtziel kann unter anderem eine verbesserte Sichtbarkeit des Themas sein. Weitere Beispiele für Richtziele können Vernetzung, Informationsvermittlung oder Aufbau von Tools und Services sein.

Die Definition und Priorisierung der strategischen Ziele kann durch unterschiedliche Maßnahmen erleichtert werden. Unter anderem ist eine Bestandsaufnahme des Status Quo im FDM ein guter erster Schritt zur Klärung und Diskussionsgrundlage. Tools wie RISE-DE[2] können bei der Selbstevaluation und Zieldefinierung unterstützen. Des Weiteren haben einige Hochschulen ihre strategischen Ziele durch die Durchführung von Umfragen und Interviews innerhalb der Zielgruppe festgelegt.[3] Die Wünsche und Erwartungen im Bereich Beratung und Schulung können so forschungsnah geklärt werden. Jedoch ist der Aufwand der Durchführung und Auswertung im Vergleich zu anderen methodischen Herangehensweisen sehr hoch.

3 Zielgruppen

Im zweiten Schritt ist zu bestimmen, welche Personen geschult oder beraten werden sollen.[4] Dies erleichtert die nachfolgende Wahl von adäquaten Themen und die Bestimmung von passenden Schulungs- und Beratungsformaten. Des Weiteren wird hierbei deutlich, welche Stakeholder ggf. mit in die Planung einbezogen werden müssen. Abb. 2 zeigt beispielhaft relevante Zielgruppen für Schulungs- und Beratungsangebote an Hochschulen sowie deren Proportionalität zueinander.

---

2 Vgl. Hartmann, Jacob und Weiß 2019.
3 Vgl. Universität Konstanz 2020c.
4 Vgl. Helbig und Aust 2017, 110–113.

Abb. 2: Zielgruppen eines Schulungs- und Beratungskonzepts zum FDM am Beispiel einer Universität

Je nach Art der Institution können bestimmte Gruppen wegfallen oder eine stärkere Bedeutung haben. Ebenso können andere Gruppen hinzukommen, wie z. B. wissenschaftsunterstützendes Personal, das in Inhouse-Schulungen weitergebildet werden muss. Es ist daher genau zu prüfen, wer – in Abstimmung mit den zuvor festgelegten strategischen Zielen – mit den Maßnahmen vornehmlich erreicht werden soll.

Darüber hinaus kann es sinnvoll sein, sich zunächst auf eine bestimmte Zielgruppe zu fokussieren und erst nach einer Etablierungsphase der Services weitere Personen in den Blick zu nehmen. Eine Priorisierung ist daher ratsam.

4 Beteiligte und Verantwortlichkeiten

Neben der Zielgruppe sind noch weitere Personen und Einrichtungen für die Entwicklung des Beratungs- und Schulungskonzepts von Relevanz. Diese Stakeholder können für die Priorisierung der Schulungs- und Beratungsformate von Bedeutung sein. Des Weiteren sind sie ggf. an der Durchführung der Serviceangebote beteiligt und daher mit zu berücksichtigen.

Um relevante Akteurinnen und Akteure zu bestimmen, sollte eine Stakeholderanalyse[5] durchgeführt werden. Diese hilft insbesondere dabei, Personen zu identifizieren, die möglicherweise nur am Rand beteiligt sind und unter Umständen übersehen worden wären. Dierkes, Helbig und Neumann unterscheiden zwischen drei Gruppen von Stakeholdern.[6] Zur leichteren Strukturierung trennen sie zwischen inhaltlich Beteiligten, Informationsmultiplikatoren und weiteren Beteiligten. Auf Ba-

---

5 Vgl. Krips 2017, 11–34.
6 Vgl. Dierkes, Helbig und Neumann 2018, 4.

sis dieses Schemas zeigt Abb. 3 eine beispielhafte Stakeholderanalyse für die Humboldt-Universität zu Berlin.

Abb. 3: Stakeholderanalyse am Beispiel der Humboldt-Universität zu Berlin (inhaltlich Beteiligte (grau), Informationsmultiplikatoren (dunkelgrau/schraffiert) und weitere Beteiligte (weiß))

Wenn die beteiligten Personen ermittelt sind, sollte deren Einfluss bewertet werden. Dies unterstützt dabei, wichtige von zweitrangigen Stakeholdern zu trennen sowie Akteurinnen und Akteure mit größerem Einfluss verstärkt zu berücksichtigen.

Nach der Analyse der Stakeholder ist es empfehlenswert, die Verantwortlichkeiten der jeweiligen Personen mit diesen zu diskutieren und gemeinsam festzulegen.[7]

---

[7] Vgl. Künkel, Gerlach und Frieg 2019, 11.

Als Ergebnis dieses Dialogs sollten die Stakeholder mit ihren jeweiligen Beteiligungen und Schwerpunkten im Konzept benannt werden. Dies schafft Klarheit für alle Beteiligten. Nicht alle Aktivitäten, die die Beratung und Schulung zum FDM betreffen, können und sollen durch eine zentrale Kontaktstelle geleistet werden. Beispiele hierfür sind rechtliche Beratung, die Beantragung und Einweisung in ein spezielles Datenverarbeitungstool oder fachspezifische Dokumentationsdetails. Es ist daher sinnvoll, sich diesen verteilten Verantwortlichkeiten bewusst zu sein und die Stakeholder aktiv darauf hinzuweisen.

5 Themen der Schulungen und Beratungen

Je nach Zielgruppe[8] stehen unterschiedliche Themen im Fokus. Inhalte von Beratungen und Schulungen beziehen sich dabei in der Regel auf den gesamten Forschungsdatenlebenszyklus[9].

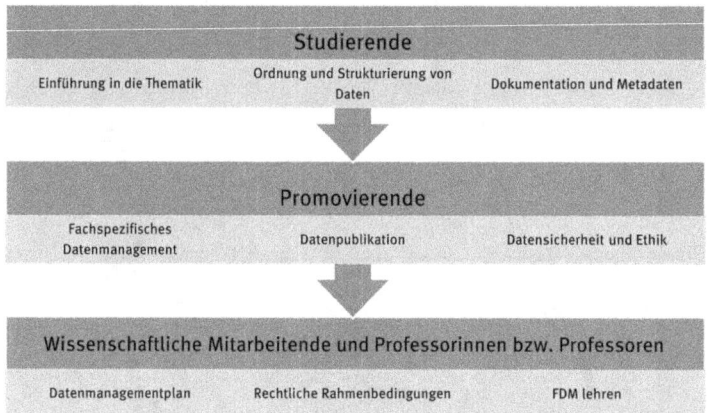

Abb. 4: Mögliche Themen von Beratungs- und Schulungsformaten nach Zielgruppe

Abb. 4 zeigt Themen, die mit Beratungen und Schulungen in der jeweiligen Gruppe adressiert werden könnten. Corti et al. fassen diese Themen strukturiert zusammen und erläutern anhand von Beispielen und praktischen Übungen deren Bedeutung.[10]

---

8 S. Abschnitt 3.
9 Vgl. UK Data Service 2019.
10 Vgl. Corti et al. 2014.

Eine Einführung in alle Bereiche des FDM bietet ebenso das Train-the-Trainer-Konzept zum FDM von Biernacka et al.[11]

Viele Themen eignen sich für mehrere Zielgruppen. Es ist daher sinnvoll sich zunächst einen Überblick über die zu adressierenden Zielgruppen sowie deren Bedürfnisse zu verschaffen.[12] Eine Mindmap kann hier helfen, um alle möglichen denkbaren Themen zu bestimmen. Dies erleichtert gleichermaßen die Erfassung von Schnittmengen.

Der Themenzuschnitt sollte vor der Erstellung von separaten Schulungs- und Beratungskonzepten sowie Materialien erneut geprüft werden. Wichtiges ist von Unwichtigem zu trennen, um Themen erfolgreich abzugrenzen. Dies umfasst ebenso die Schwerpunktsetzung und Entfernung irrelevanter Informationen.

6 Beratungsformate

Die Beratung der Zielgruppe kann sowohl direkte als auch indirekte Informationswege umfassen. Die Etablierung einer Informationswebseite ist ein wichtiger Schritt, um Angehörige der eigenen Institution auf die Existenz einer Kontaktstelle hinzuweisen. Gleichzeitig bietet eine solche Webseite die Möglichkeit, konkrete Informationsangebote sowie Beratungs- und Serviceleistungen zu definieren und der Zielgruppe zu kommunizieren. Die Detailtiefe der Informationen ist abhängig von der Zielgruppe und den zuvor definierten Zielen. Generische Informationen können z. B. durch eine Textübernahme bzw. Verlinkung auf die deutschlandweite Informationswebseite forschungsdaten.info[13] vermittelt werden. Die dort zur Verfügung gestellten Texte stehen unter einer freien Lizenz und können unproblematisch nachgenutzt werden. Dabei ist jedoch immer eine Anpassung an die Zielgruppe zu prüfen. Wichtig ist an dieser Stelle insbesondere, dass die Zielgruppe institutionsspezifische Informationen erhält, z. B. zu Serviceleistungen wie Speicherung, Archivierung und Datenpublikation. Die Forschungsdaten-Policy der Einrichtung hat meist ebenfalls auf der Informationswebseite seinen Platz.

Analog zu den in Abschnitt 5 definierten Themen erfolgt auch die Beratung in diesen Bereichen. Hierfür ist eine entsprechende Expertise innerhalb der Kontaktstelle notwendig. Alternativ können Expertinnen und Experten mit einschlägigen Kenntnissen hinzugezogen werden.[14] Insbesondere bei fachspezifischer oder rechtlicher Beratung kann die Kontaktstelle in der Regel nicht allein beratend tätig werden. Die Kooperation mit Personen wie den Datenschutzbeauftragten oder den

---

11 Vgl. Biernacka et al. 2020.
12 S. Abschnitt 2 und Abschnitt 3.
13 Vgl. Universität Konstanz 2020a.
14 S. Abschnitt 4.

Fachreferentinnen und Fachreferenten der Bibliothek ist hier beispielhaft zu nennen.

Darüber hinaus sollten Kontaktmöglichkeiten auf der Informationswebseite genannt werden. Eine zentrale E-Mail-Adresse wie forschungsdaten@[...].de ermöglicht es den Angehörigen der Institution unabhängig von Servicezeiten ihre Fragen zu stellen. Neben diesem Online-Angebot sollten aber auch Offline-Kontaktmöglichkeiten bestehen. Selbst wenn detaillierte Informationen auf einer Webseite zur Verfügung gestellt werden, wird eine persönliche Beratung von einigen Forschenden präferiert bzw. kann zielführender sein. Dies kann sowohl telefonisch als auch in einem persönlichen Gespräch erfolgen. Mehrere Beratungstermine und -formate sind insbesondere bei der Planung des FDM für umfangreichere Projekte üblich. Darüber hinaus können kleinere Arbeitsgruppen und Projektteams in Form einer In-house-Veranstaltung beraten werden. Der Übergang in eine Schulung kann hierbei fließend sein.

7 Schulungsformate

Im Gegensatz zur reinen Information werden in einer Schulung in der Regel zusätzlich Kompetenzen vermittelt. Unterschiedliche Formate zur Vermittlung der Inhalte und Fähigkeiten sind dabei denkbar. So sollte in Abhängigkeit von Zielgruppe und verfügbarer Zeit eine jeweils passende Vermittlungsform gewählt werden. Sowohl Online- als auch Offline-Formate sind dabei denkbar. Diese umfassen beispielsweise:

- Eins-zu-Eins-Schulung
- Gruppenschulung
- Coffee Lecture
- Informationsveranstaltung/Vortrag
- Integrierte Schulung innerhalb der Lehre
- Workshop
- Webinar
- Massive Open Online Course (MOOC)
- Online-Tutorial
- Podcast
- Train-the-Trainer

Bei der Konzipierung von Schulungen sind verschiedene Aspekte zu berücksichtigen. Der Umfang einer Veranstaltung ist von der Zielgruppe[15] und dem zu vermit-

---

15 S. Abschnitt 3.

telnden Thema[16] abhängig. Schulungen und Workshops zum FDM werden in der Regel mit einem zeitlichen Umfang von 90 bis 180 Minuten angeboten. Informationsveranstaltungen, Coffee Lectures und Webinare sind meist kürzer (30 bis 60 Minuten). Train-the-Trainer-Veranstaltungen benötigen aufgrund des umfangreichen Inhalts und der zu vermittelnden Kenntnisse mehrere Tage. So eine erhebliche Zeitinvestition ist nicht für jede Person bzw. Zielgruppe von Interesse.

Entscheidend ist darüber hinaus, ob Wissen oder Kompetenzen vermittelt werden sollen. Je nachdem ob Teilnehmende Informationen nur kennen sollen oder Kompetenzen auch anwenden müssen, variieren der Detailgrad, der Umfang und die Struktur der Veranstaltung. Für den Kompetenzerwerb und die Übertragung in den Alltag muss zusätzliche Zeit eingeplant werden. Praktische Übungen, Gruppenarbeiten und Möglichkeiten zur Diskussion erleichtern die Rezeption von theoretischen Inhalten, bedürfen aber gleichzeitig auch einer flexibleren Schulungsführung. Ein Ablaufplan mit detaillierten Informationen zu Zeitumfang, Inhalt und für die Schulung benötigten Materialien erleichtert hierbei die Planung und Durchführung.[17]

Bei der Erstellung von Schulungsmaterialien kann auf eine ganze Reihe an bereits existierenden Ressourcen zur Orientierung und Nachnutzung zurückgegriffen werden. Insbesondere im englischsprachigen Raum gibt es zahlreiche Materialsammlungen zu unterschiedlichen Themen des FDM. Beispielhaft zu nennen ist das Data Management Training (DMT) Clearinghouse[18] sowie die Zenodo-Community Research data management (RDM) open training materials[19]. Im Rahmen der Research Data Alliance Interest Group „Education and Training on handling of research data" werden international Kompetenzstandards und Referenzcurricula entwickelt.[20] Die DINI/nestor-AG Forschungsdaten engagiert sich darüber hinaus in einer eigenen Unter-Arbeitsgruppe[21] für die Sammlung und Entwicklung von deutschsprachigen Schulungsmaterialien.

Des Weiteren ist zu beachten, dass einige Schulungsformate bestimmte Rahmenbedingungen erfordern. Beispielsweise setzt ein Webinar oder Online-Tutorial voraus, dass entsprechende Technik und Kenntnisse zur Verfügung stehen. Der initiale Aufwand ist bei Online-Tutorials ebenfalls höher, da Inhalte oder Gestaltung im Nachgang nur unter großem Aufwand veränderbar sind. Webinare oder Präsenzveranstaltungen bieten hier mehr Flexibilität und Gestaltungsfreiheit. Hinzu kommt, dass auf Fragen und Diskussionen der Teilnehmenden direkter eingegangen werden kann, wohingegen Online-Tutorials meist passiv rezipiert werden und

---

[16] S. Abschnitt 5.
[17] Vgl. Biernacka et al. 2020, 160–163.
[18] Vgl. Earth Science Information Partners 2020.
[19] Vgl. Molloy 2020.
[20] Vgl. Research Data Alliance 2020.
[21] Vgl. Universität Konstanz 2020b.

nur wenig Interaktion bieten. Vor allem unerfahrene Trainerinnen und Trainer sollten ein Schulungsformat wählen, das noch viel Veränderungspotenzial bietet. Rückschläge, wie z. B. geringe Teilnehmendenzahlen oder Resonanz in der Zielgruppe, sind zu erwarten und sollten hierbei nicht entmutigen.

8 Öffentlichkeitsarbeit

In der Regel reicht die bloße Einführung eines neuen Beratungs- oder Schulungsangebots nicht aus, damit die Zielgruppe davon erfährt und daran teilnimmt. Vielmehr ist zusätzlich ein umfassendes Konzept zur Öffentlichkeitsarbeit notwendig. Um Personen auf die Angebote aufmerksam zu machen, können viele Wege zum Ziel führen. Beispielhaft zu nennen sind dabei:
- persönliche Ansprache
- Besuch von Gremien- oder Abteilungssitzungen
- Aufbau eines Netzwerks von thematisch Interessierten
- E-Mail, Newsletter
- Mitarbeitenden-/Universitätszeitung
- Intranet
- Webseite
- Flyer, Postkarten, Poster
- Social Media

Öffentlichkeitsarbeit kann sowohl aus direkten als auch indirekten Kommunikationswegen bestehen.[22] Direkte Elemente umfassen die persönliche Ansprache, die Sensibilisierung von Institutionsangehörigen innerhalb von Abteilungs- oder Gremiensitzungen und den Aufbau eines Netzwerks am Standort.

Indirekte Kommunikationswege sind dagegen Beiträge in Newslettern, der Mitarbeitendenzeitung oder im Internet bzw. Intranet. Auch die Bewerbung von Services über Printmedien findet durch indirekte Kommunikation mit der Zielgruppe statt. Eine Reihe von Einrichtungen hat hierzu Materialien zur Nachnutzung bereitgestellt.[23]

Darüber hinaus können Anreizmechanismen wie die Verleihung eines Open-Data-Preises oder die Auswahl und Präsentation von Vorbildern für gutes Datenmanagement, sogenannte „Data Champions",[24] sinnvoll sein, um das Interesse der Zielgruppe auf die angebotenen Beratungs- und Schulungsmaßnahmen zu lenken.

---

22 Vgl. Dierkes, Helbig und Neumann 2018, 3.
23 Vgl. u. a. Landesinitiative NFDI der Digitalen Hochschule NRW und AG FDM Awareness 2019; Biernacka et al. 2019; Biernacka, Dolzycka und Buchholz 2018; Dolzycka et al. 2018.
24 Vgl. Higman, Teperek und Kingsley 2017, 97.

Dies kann die Motivation und das Engagement der Zielgruppe, sich mit dem Thema FDM auseinanderzusetzen, fördern.

9 Spezifische Maßnahmen

Abschließend sollten kurz-, mittel- oder langfristig messbare Ziele definiert und im Konzept schriftlich fixiert werden. Diese helfen dabei, den Fortschritt kontinuierlich überprüfbar zu machen. Hierzu sollten Ziele möglichst S.M.A.R.T.[25] formuliert werden, d. h. konkret, realistisch und messbar sein sowie einen festen Stichtag enthalten. Beispiele hierfür könnten sein:
- Einführung eines zielgruppenspezifischen Schulungsangebots für Promovierende bis zum Ende des Kalenderjahres
- Erstellung einer FDM-Informationswebseite im ersten Quartal 2020
- Aufbau eines Netzwerks von FDM-Interessierten am Standort bis zum Anfang des Sommersemesters 2022

Diese spezifischen Maßnahmen sollten den definierten Konzeptaspekten aus den Abschnitten 3 bis 8 entsprechen. S.M.A.R.T. formulierte Ziele unterstützen darüber hinaus bei der späteren Aktualisierung des Dokuments, da sie die Umsetzung des Schulungs- und Beratungskonzepts messbar machen. Bereits erreichte Ziele können dabei von noch verbleibenden Desideraten unterschieden werden.

Das intendierte Ergebnis der S.M.A.R.T. formulierten Ziele ist die beabsichtigte Wirkung, welche idealerweise mit den in Abschnitt 2 beschriebenen strategischen Zielen korrespondiert. Diese werden hierdurch in konkrete Einzelmaßnahmen heruntergebrochen. Die drei vorgenannten Ziele entsprechen z. B. den Richtzielen Kompetenzvermittlung, Informationsvermittlung und Vernetzung.

10 Praxistransfer

Die nachfolgende tabellarische Übersicht (Tab. 1) informiert über die jeweiligen Konzeptabschnitte und deren Inhalt. Darüber hinaus werden Vorschläge zur methodischen Herangehensweise gemacht. Dies soll den Praxistransfer erleichtern.

---

[25] S.M.A.R.T. steht für spezifisch, messbar, attraktiv, realistisch und terminiert, vgl. Locke und Latham 1990.

Tab. 1: Tabellarische Übersicht zu Aspekten, Inhalt und methodischer Herangehensweise bei der Erstellung eines Schulungs- und Beratungskonzepts zum Forschungsdatenmanagement

Konzeptaspekt	Inhalt	Methodische Herangehensweise
Strategische Ziele	Beabsichtigte Wirkung der im nachfolgenden Konzept beschriebenen Aspekte und Maßnahmen	Formulierung von Richtzielen
Zielgruppe	Bestimmung der zu beratenden/schulenden Personen	Zielgruppenanalyse
Beteiligte und Verantwortlichkeiten	Bestimmung aller Akteurinnen und Akteure, die in die Beratung und Schulung zum FDM involviert sind sowie deren Beteiligung	Stakeholderanalyse
Themen der Schulungen und Beratungen	Inhalt, den es zu vermitteln gilt	Mindmap
Beratungsformate	Wege der Informationsvermittlung zum FDM	Beratungskonzept
Schulungsformate	Beschreibung der Kompetenzvermittlung zum FDM	Schulungskonzept mit jeweiligen Zielgruppen, groben Themen und geplanten Formaten
Öffentlichkeitsarbeit	Bewerbung der FDM-Aktivitäten und -Services	Konzept für die Öffentlichkeitsarbeit
Spezifische Maßnahmen	Formulierung von konkreten Maßnahmen mit festgelegten Prüfterminen	S.M.A.R.T. formulierte Ziele

Schulungs- und Beratungskonzepte sind in der Regel institutionsinterne Dokumente. Dennoch wurden eine Reihe von praktischen Konzept-Beispielen und Best-Practice-Berichten veröffentlicht, die der Orientierung dienen können:
- Forschungsdatenmanagement an der Stiftung Universität Hildesheim[26]
- Konzept zum Forschungsdatenmanagement an der Leibniz Universität Hannover[27]
- Die Göttingen eResearch Alliance. Outreach und Schulungen am Göttingen Campus[28]
- Von der Idee zum Konzept – Forschungsdatenmanagement an der Universität zu Köln[29]

---

26 Vgl. Strauch 2019.
27 Vgl. Neumann 2018.
28 Vgl. Dierkes 2018.
29 Vgl. Dierkes und Curdt 2018.

- Konzept Forschungsdatenmanagement[30] der Physikalisch-Technischen Bundesanstalt
- Organisatorisch-technisches Konzept für eine Forschungsdaten-Infrastruktur in der TU Berlin[31]

Um den Lernerfolg zu prüfen, können die nachfolgenden Fragen zum Verständnis des Kapitels beantwortet werden:
- Welche Elemente hat ein Beratungs- und Schulungskonzept?
- Warum ist die Bestimmung der Zielgruppe wichtig?
- Wie kann man Stakeholder unterscheiden?
- Welche Faktoren spielen bei der Konzeption von Schulungen eine wichtige Rolle?
- Welche Kommunikationswege unterscheidet man bei der Öffentlichkeitsarbeit?

Fazit

Die Erarbeitung eines Schulungs- und Beratungskonzepts erfordert viel Zeit, den Einsatz verschiedener Analysemethoden und die Kommunikation mit einer ganzen Reihe an Akteurinnen und Akteuren. Dennoch lohnt sich die Investition, da das Ergebnis zu einem strategischen, strukturierten und nachhaltigen Aufbau von Beratungs- und Schulungsmaßnahmen führt. Insbesondere die Klärung von personellen Ressourcen und Verantwortlichkeiten, aber auch die Priorisierung von Zielen, Aufgaben und Themen erleichtern den Einstieg in Beratungs- und Schulungsangebote für das Forschungsdatenmanagement.

Literatur

Letztes Abrufdatum der Internet-Dokumente ist der 15.11.2020.

Biernacka, Katarzyna, Dominika Dolzycka und Petra Buchholz. 2018. *Wie publiziere ich Forschungsdaten? Informationsposter.* doi:10.5281/zenodo.1440956.
Biernacka, Katarzyna, Petra Buchholz, Dominika Dolzycka, Kerstin Helbig, Janna Neumann, Carolin Odebrecht, Cord Wiljes und Ulrike Wuttke. 2020. „Train-the-Trainer Konzept zum Thema Forschungsdatenmanagement." Version 3.0. *Zenodo.* doi:10.5281/zenodo.3938533.
Biernacka, Katarzyna, Dominika Dolzycka, Petra Buchholz und Kerstin Helbig. 2019. *Wie FAIR sind Deine Forschungsdaten? Informationsposter.* Zenodo. doi:10.5281/zenodo.2547339.

---

30 Vgl. Duden 2017.
31 Vgl. Kuberek 2012.

Corti, Louise, Veerle Van den Eynden, Libby Bishop und Matthew Woollard. 2014. *Managing and Sharing Research Data: A Guide to Good Practice.* Los Angeles: SAGE.

Dierkes, Jens. 2018. „Die Göttingen eResearch Alliance. Outreach und Schulungen am Göttingen Campus." *Bausteine Forschungsdatenmanagement* 1: 7–10. doi:10.17192/bfdm.2018.1.7824.

Dierkes, Jens und Constanze Curdt. 2018. „Von der Idee zum Konzept – Forschungsdatenmanagement an der Universität zu Köln." *o-bib. Das offene Bibliotheksjournal* 5 (2): 28–46. doi:10.5282/o-bib/2018H2S28-46.

Dierkes, Jens, Kerstin Helbig und Janna Neumann. 2018. „Aufbau und Bekanntmachung von Informationsangeboten über Forschungsdatenmanagement für Forschende." *Bausteine Forschungsdatenmanagement* 1: 1–6. doi:10.17192/bfdm.2018.1.7821.

Dolzycka, Dominika, Katarzyna Biernacka, Petra Buchholz und Katrin Cortez. 2018. *Forschungsdatenmanagement, Informationsposter.* Zenodo. doi:10.5281/zenodo.1441115.

Duden, Tobias. 2017. *Konzept Forschungsdatenmanagement.* Braunschweig, Berlin: Physikalisch-Technische Bundesanstalt. https://www.ptb.de/cms/fileadmin/internet/forschung_entwicklung/digitalisierung/Konzept_Forschungsdatenmanagement_mit_PTB-Cover.pdf.

Earth Science Information Partners. 2020. „DMT Clearinghouse." https://dmtclearinghouse.esipfed.org.

Hartmann, Niklas K., Boris Jacob und Nadin Weiß. 2019. „RISE-DE – Referenzmodell für Strategieprozesse im institutionellen Forschungsdatenmanagement." *Zenodo.* doi:10.5281/zenodo.3585556.

Helbig, Kerstin und Pamela Aust. 2017. „Kein Königsweg – die Vermittlung von Forschungsdatenkompetenz auf allen universitären Ebenen." *o-bib. Das offene Bibliotheksjournal* 4 (1): 108–116. doi:10.5282/o-bib/2017H1S108-116.

Higman, Rosie, Marta Teperek und Danny Kingsley. 2017. „Creating a Community of Data Champions." *International Journal of Digital Curation* 12 (2): 96–106. doi:10.2218/ijdc.v12i2.562.

Krips, David. 2017. *Stakeholdermanagement.* 2., neu bearbeitete Auflage. Berlin: Springer Vieweg.

Kuberek, Monika. 2012. *Organisatorisch-technisches Konzept für eine Forschungsdaten-Infrastruktur in der TU Berlin. Langfassung.* Berlin: DepositOnce. doi:10.14279/depositonce-6604.

Künkel, Petra, Silvine Gerlach und Vera Frieg. 2019. *Stakeholder-Dialoge erfolgreich gestalten: Kernkompetenzen für erfolgreiche Konsultations- und Kooperationsprozesse.* 2., akt. Auflage. Wiesbaden: Springer Gabler.

Landesinitiative NFDI der Digitalen Hochschule NRW und AG FDM Awareness. 2019. „Nachnutzbare Awarenessmaterialien für Forschungsdatenmanagement (FDM)." *Zenodo.* doi:10.5281/zenodo.3884745.

Locke, Edwin A. und Gary P. Latham. 1990. *A theory of goal setting and task performance.* Englewood Cliffs: Prentice Hall.

Molloy, Laura. 2020. „Research data management (RDM) open training materials." Zenodo, https://zenodo.org/communities/dcc-rdm-training-materials/.

Neumann, Janna. 2018. „Konzept zum Forschungsdatenmanagement an der Leibniz Universität Hannover." *Bausteine Forschungsdatenmanagement* 1: 14–16. doi:10.17192/bfdm.2018.1.7822.

Research Data Alliance. 2020. „Education and Training on handling of research data IG." https://www.rd-alliance.org/groups/education-and-training-handling-research-data.html.

Strauch, Annette. 2019. „Forschungsdatenmanagement an der Stiftung Universität Hildesheim. Praktische Unterstützung für Forschende und Studierende durch die Universitätsbibliothek." *Information. Wissenschaft & Praxis* 70 (5–6): 259–263. doi:10.1515/iwp-2019-2052.

UK Data Service. 2019. *Research Data Lifecycle*: Youtube. Video. https://youtu.be/-wjFMMQD3UA.

Universität Konstanz. 2020a. „forschungsdaten.info." https://www.forschungsdaten.info.

Universität Konstanz. 2020b. „UAG Schulungen/Fortbildungen." https://www.forschungsdaten.org/index.php/UAG_Schulungen/Fortbildungen.

Universität Konstanz. 2020c. „Umfragen zum Umgang mit Forschungsdaten an wissenschaftlichen Institutionen." https://www.forschungsdaten.org/index.php/Umfragen_zum_Umgang_mit_-Forschungsdaten_an_wissenschaftlichen_Institutionen.

Laura Rothfritz, Vivien Petras, Maxi Kindling und Heike Neuroth

3.4 Aus- und Weiterbildung für das Forschungsdatenmanagement in Deutschland

Abstract: Der vorliegende Beitrag gibt einen Überblick über Aus- und Weiterbildungsmöglichkeiten im Bereich des wissenschaftlichen Forschungsdatenmanagements (FDM) in Deutschland. Sowohl internationale als auch nationale Koordinierungsmaßnahmen für das FDM wie die European Open Science Cloud und die Nationale Forschungsdateninfrastruktur erfordern gut qualifiziertes Personal. Jedoch befinden sich sowohl Rollen- als auch Berufsbilder noch in der Entwicklung und es besteht die Herausforderung, Kompetenzbereiche entsprechend zu definieren.

Grundlage für ein gutes FDM ist ein hohes Maß an Datenkompetenz (Data Literacy), die zu einem kritischen und lösungsorientierten Umgang befähigt. Hierzu werden beispielsweise vom Stifterverband Projekte für Qualifizierungsmaßnahmen gefördert. Kompetenzbereiche und entsprechende Profile werden auf internationaler Ebene ausgearbeitet – in Deutschland gibt es bislang keine klaren Bezeichnungen und Kompetenzanforderungen.

Bestehende Qualifizierungsmaßnahmen lassen sich in grundständige und weiterbildende Studiengänge sowie in Fort- und Weiterbildungen wie Workshops oder Lehrgänge unterteilen. Innerhalb von Studiengängen werden bislang vorwiegend im Bereich der Informationswissenschaft Fähigkeiten vermittelt. Insbesondere für fachspezifische Qualifizierungsmaßnahmen bieten sich Fort- und Weiterbildungen an. An dieser Stelle ist die exakte Definition der Zielgruppe von Qualifizierungsansätzen sowie die daraus abgeleiteten benötigten Kenntnisse weiterhin eine große Herausforderung.

Eine gemeinsame Qualifizierungsstrategie fehlt bislang in Deutschland. Zukünftig könnten neben der Ausarbeitung von Rollen- und Kompetenzbereichen sowie Berufsbezeichnungen und Karrierewegen auch gemeinsam abgestimmte Qualifizierungsangebote, beispielsweise durch Qualifizierungsallianzen dazu beitragen, das Forschungsdatenmanagement systematisch und nachhaltig im deutschen Wissenschaftsbetrieb zu verankern.

Einleitung

Durch die Initiative European Open Science Cloud (EOSC) wird eine nachhaltige gemeinsame europäische Infrastruktur mit vernetzten, standardisierten und so offen wie möglich zugänglichen Forschungsdaten in vertrauenswürdigen Repositorien

∂ Open Access. © 2021 Laura Rothfritz, Vivien Petras, Maxi Kindling und Heike Neuroth, publiziert von De Gruyter. Dieses Werk ist lizenziert unter der Creative Commons Attribution 4.0 Lizenz.
https://doi.org/10.1515/9783110657807-015

entwickelt.[1] Auf nationaler Ebene strebt die Nationale Forschungsdateninfrastruktur (NFDI) an, das Forschungsdatenmanagement (FDM) von der institutionellen Ebene in eine breitere, fachdisziplinäre Koordination zu befördern.[2]

Nachhaltigkeit im FDM kann jedoch nicht nur durch die Schaffung übergreifender Strukturen und Infrastrukturen vorangetrieben werden, sondern auch oder gerade durch die Ausbildung von Kompetenzen und Fähigkeiten der beteiligten Akteure. Für ein effektives FDM ist es notwendig, hierfür benötigte Kompetenzprofile, die daraus resultierenden Fähigkeiten und Qualifikationswege und Abschlüsse bis hin zu neuen Berufsbildern zu reflektieren und ggf. neu zu entwickeln.

Dieses Kapitel vermittelt einen Überblick über die benötigten Qualifizierungsziele und Kompetenzen für das FDM sowie beispielhafte Umsetzungsstrategien, soweit diese in der hochschulischen oder weiterbildenden Ausbildung bereits bestehen.

Unter FDM werden im Folgenden Tätigkeiten gefasst, die den Umgang mit digital vorliegenden Daten bezeichnen, die während des Forschungsprozesses entstehen oder das Ergebnis dieses Prozesses sind. In diesem Kapitel liegt der Fokus dabei auf digitalen Daten, die in der Domäne Wissenschaft entstehen. Datenmanagement, welches auch in anderen Domänen (z. B. Verwaltung, Kultur, Wirtschaft) einen immer größer werdenden Stellenwert einnimmt, wird nicht explizit betrachtet. In der Diskussion werden offene Fragen thematisiert.

1 Aus- und Weiterbildung als Desiderat im Forschungsdatenmanagement

Der Rat für Informationsinfrastrukturen (RfII) fordert in mehreren Empfehlungen zum Aufbau der NFDI die Förderung von bestehenden Kompetenzen im Bereich FDM sowie die Entwicklung von Strukturen und Studiengängen zur Ausbildung von digital qualifiziertem Personal.[3]

In den 2019 erschienenen Empfehlungen zur Ausbildung digitaler Kompetenzen werden spezifisch die
- Etablierung neuer Berufsbilder im Bereich „Daten" und digitale Methoden,
- Erweiterung bestehender Berufsbilder auf der Basis besonderer disziplinärer Kompetenzprofile,
- Transformation von Berufsbildern durch digitale Methodenkomponenten und

---

[1] S. a. Beitrag von Streit und van Wezel, Kap. 1.2 in diesem Praxishandbuch.
[2] S. a. Beitrag von Neuroth und Oevel, Kap. „Aktuelle Entwicklung und Herausforderungen im Forschungsdatenmanagement in Deutschland" in diesem Praxishandbuch.
[3] Vgl. RfII 2016, 49–50; RfII 2019, 10–11.

– der Erwerb von Zusatzkompetenzen auf der Basis von Fort- und Weiterbildungen zur Übernahme neuer oder veränderter Aufgaben im Berufsalltag[4] gefordert.

Der RfII empfiehlt zudem die Bildung von Qualifizierungsallianzen zwischen Fachhochschulen und Universitäten (Empfehlung 4.4.1) sowie eine Erweiterung der Definition von Datenkompetenz (Data Literacy) um das Verständnis von wissenschaftspolitischen und interdisziplinären Perspektiven auf das Datenmanagement (Empfehlung 4.8.3).

Daneben hat der Stifterverband in einer Studie im Auftrag der Arbeitsgruppe Curriculum 4.0[5] den Stand der Forschung zum Umgang mit wissenschaftlichen Daten, Strukturen und Kollaboration, Kompetenzen und Integration in die Curricula sowie Methoden der Kompetenzvermittlung zusammengefasst.[6] Im Arbeitsprogramm Future Skills[7] wurde das bislang detaillierteste deutschsprachige Kompetenzframework entwickelt. Das Framework ist in sechs übergreifende Kompetenzfelder unterteilt, in denen sich unterschiedliche Rollen im Umgang mit Daten (von Datenjournalistinnen bzw. -journalisten bis hin zu Datenethikerinnen bzw. -ethikern) einordnen lassen. Die Kompetenzfelder sind:
– Datenkultur etablieren,
– Daten bereitstellen,
– Daten auswerten,
– Handeln ableiten,
– Daten interpretieren und
– Ergebnisse interpretieren.[8]

In dem eigens entwickelten Förderprogramm „Data Literacy Education"[9] fördern die Heinz Nixdorf Stiftung und der Stifterverband bisher drei Hochschulen, um prototypisch den Erwerb von Datenkompetenzen für Studierende aller Fächer an deutschen Hochschulen voranzutreiben.

Im FDM sind die Zielgruppen von Aus- und Weiterbildungsmaßnahmen sehr heterogen. Es können sowohl Forschende als Produzierende und Nutzende von Forschungsdaten als auch Angehörige forschungsunterstützender Infrastruktureinrichtungen wie Bibliotheken, Rechenzentren, Datenzentren oder Forschungsadministration angesprochen werden.

---

4 Vgl. RfII 2019, 20.
5 S. https://hochschulforumdigitalisierung.de/de/themen/curriculum-40. Letztes Abrufdatum der Internet-Dokumente ist der 15.11.2020.
6 Vgl. Heidrich et al. 2018.
7 S. https://www.stifterverband.org/future-skills.
8 Vgl. Schüller et al. 2019, 34.
9 S. https://www.stifterverband.org/data-literacy-education.

Für Mitarbeitende an Informationsinfrastruktureinrichtungen, insbesondere an wissenschaftlichen Bibliotheken, hat sich in den letzten Jahren im angloamerikanischen Raum das Berufsbild der sog. Data Librarians herausgebildet. Die Aufgaben von Data Librarians bestehen in der aktiven Unterstützung der Forschenden im FDM sowie in der Veröffentlichung und der nachhaltigen Speicherung von Daten. Zudem fallen Aufgaben in der Schulung und Beratung innerhalb von Forschungseinrichtungen an.[10] Data Librarians benötigen sowohl traditionelle bibliothekarische Kompetenzen als auch Kompetenzen im Bereich Datenmanagement und Informatik.

Auch wenn Initiativen wie die EOSC oder NFDI die Unterstützung der Wissenschaft im Fokus haben, so betrifft der kompetente Umgang mit digitalen Daten nicht nur die Wissenschaft bzw. wissenschaftsnahe Einrichtungen. Für die zugrunde liegende Vision, digitale Daten unabhängig von ihrer Entstehung und Quelle für die jeweilige Fragestellung gemäß der FAIR-Prinzipien „Findable – Accessible – Interoperable – Reusable" nachnutzen zu können, braucht es Allianzen quer über verschiedene Domänen (Wissenschaft, Verwaltung, Kultur, Wirtschaft etc.) und Fachdisziplinen hinweg. Auch Forschende haben ein großes Interesse, Daten aus dem Kulturbereich, der Wirtschaft etc. oder aus anderen Fachdisziplinen zu nutzen, genauso wie Bürgerinnen und Bürger im Rahmen von Partizipationsinitiativen.[11] Für die Ausbildung in Deutschland (und weltweit) besteht generell die große Herausforderung, Qualifizierungsangebote für Personen mit unterschiedlichen fachlichen und beruflichen Hintergründen zu entwickeln, um sie im Umgang mit digitalen Daten zu schulen. Die Identifikation von gemeinsamen Anforderungen, die Entwicklung gemeinsamer Kompetenzprofile und deren Operationalisierung sind eine Grundvoraussetzung für die Konzeption von Qualifizierungsmaßnahmen. Diese unterliegen in diesem dynamischen, sich ständig national und international weiter entwickelnden Umfeld ebenfalls einem Entwicklungsprozess.

2 Qualifizierungsziele

2.1 Data Literacy als grundlegendes Konzept

Der Umgang mit Forschungsdaten sollte das Ziel verfolgen, in wissenschaftlichen Prozessen erhobene Daten so vorzuhalten und zugänglich zu machen, dass sie leicht auffindbar, verständlich und nachnutzbar sind. Grundlagen bietet das Kon-

---

10 Vgl. Federer 2018, 297 f.
11 S. https://www.buergerschaffenwissen.de.

zept der *Data Information Literacy (DIL)*,[12] das Aspekte im Umgang mit Daten über die Informationskompetenz hinaus beschreibt.[13] Perspektivisch soll ein menschen- und vor allem auch maschinenlesbarer Zugang zu Forschungsdaten gemäß der FAIR-Prinzipien ermöglicht werden. Um diese Ziele zu erreichen, werden Kompetenzen im Umgang mit Daten, die aus Digitalisierung und Vernetzung resultieren, heute in allen Wissenschaftsdisziplinen, in der Wissenschaftsverwaltung und den Domänen Kultur, Wirtschaft und öffentliche Verwaltung benötigt, die sich unter dem Stichwort Datenkompetenzen (engl. data literacy) subsumieren lassen.

Der Stifterverband für die Deutsche Wissenschaft versteht unter Data Literacy die „Fähigkeiten, Daten auf kritische Art und Weise zu sammeln, zu managen, zu bewerten und anzuwenden".[14] Im Zentrum dieser Definition stehen nicht nur Methoden und Technologien im Umgang mit Daten, sondern vielmehr Kompetenzen im kritischen, kontext-orientierten Bewerten von Daten als Produkte von (digitalen) Prozessen, ihre Potentiale und Limitationen. Datenethik, Motivation und Werterhaltung für den zukünftigen Umgang mit Daten spielen dabei eine zentrale Rolle:

> Data Literacy gestaltet die Digitalisierung und die globale Wissensgesellschaft in allen Sektoren und Disziplinen. Gleichzeitig müssen Hochschulabsolventinnen aller Fächer über fachspezifische Datenkompetenzen für die Wissenschaft und für die Arbeitswelt verfügen.[15]

In Anlehnung an die Definition des Stifterverbands und auf Basis des FDM-Konzepts verstehen wir Data Literacy als

> die Kompetenz des kritischen und lösungsorientierten Umgangs mit digitalen Daten. Sie umfasst die Auseinandersetzung mit digitalen Daten, angefangen bei ihrer Entstehung über die Prozesse, Instrumente und Infrastrukturen zu ihrer Verarbeitung, Analyse und Bereitstellung inklusive Publikation bis hin zu ihrer langfristigen Sicherung und Nachnutzung. Neben dem planvollen und kritischen Einsatz von Daten für verschiedene (interdisziplinäre) Kontexte ist die kritische Auseinandersetzung, d. h. das Verstehen, Analysieren und Bewerten von rechtlichen, technischen und organisatorischen Rahmenbedingungen, Anforderungen und Lösungen bedeutend. Dieses konzeptuelle Wissen ist darüber hinaus in die verschiedenen Domänen wie Forschung und Wissenschaft, Kultur, Gesellschaft und Wirtschaft übertragbar.[16]

---

12 Vgl. Carlson et al. 2015.
13 Die Vermittlung von Data Information Literacy an Forschende schließt sich in diesem Sinne an die schon praktizierte Vermittlung von Information Literacy an. Hierbei gelten neben der Datenverarbeitung und -analyse auch deren Übernahme und Wiederverwertung, Umwandlung und Migration sowie Integration mit dem Ziel der Interoperabilität über Domänen bzw. Bereiche, Sprach- und Ländergrenzen hinweg. Hinzu kommen Kenntnisse im Bereich Ethik und Datenschutz, Datenbanken und Formate, Metadaten und Datendokumentation sowie Datenvisualisierung.
14 Schüller, Busch und Hindinger 2019, 10; nach Risdale et al. 2015.
15 S. https://www.stifterverband.org/data-literacy-education.
16 Petras et al. 2019, 28.

2.2 Kompetenzbereiche

Während Data Literacy als übergeordnetes Konzept die Fähigkeiten beschreibt, die für den Umgang mit Daten wichtig sind, ist die Definition spezifischer Kompetenzen auf operationaler Ebene mit dem expliziten Bezug zu FDM im Jahr 2019 noch in der Entwicklung. Im Folgenden wird der Bereich Wissenschaft im Hinblick auf Data Literacy beleuchtet. Dies liegt u. a. auch daran, dass die anderen Bereiche wie Kultur, Wirtschaft oder Verwaltung zum Teil andere Wege verfolgen bzw. (inter-)national noch keine koordinierenden Aktionen gestartet sind.

Im internationalen Kontext hat die Erarbeitung von Kompetenzframeworks und Referenzcurricula im Zuge der Aktivitäten rund um die EOSC begonnen. Das EU-Projekt EOSCpilot[17] erarbeitete neben unterschiedlichen Rollenprofilen auch Kompetenzprofile, die im Framework FAIR4S[18] abgebildet werden. Es wird unterschieden zwischen „capabilities" (Fähigkeiten) und „competencies" (Kompetenzen), wobei sich Fähigkeiten auf kollektive, z. B. in Forschungseinrichtungen ausgeführte Praktiken bezieht und Kompetenzen individuellen Personen zugeordnet werden können. Sowohl Fähigkeiten als auch Kompetenzen umfassen dabei drei Dimensionen: Expertise, Organisation und Verantwortlichkeiten.[19] Im Bereich der Expertise wird zwischen den drei Leveln Basic, Intermediate und Expert unterschieden. Die Dimension Organisation umfasst die Abstufungen Individual, Team und Organisation, während die Dimension Verantwortlichkeiten den vier Karrierestufen des European Research Careers Frameworks entspricht.[20]

Die unterschiedlichen Kompetenzen werden in folgende Kompetenzbereiche aufgeteilt, die gleichzeitig auch den Daten-Lebenszyklus abbilden und denen jeweils eine sogenannte „Key skill" (Schlüsselkompetenz) zugeordnet ist:

– *Plan and design*: Planung des Forschungsvorhabens und des zugehörigen FDM, beispielsweise in Bezug auf verwendete Metadatenschemata und Datenmodelle sowie Softwarelösungen. Die Planung umfasst eine Anforderungsaufstellung an die Forschungsergebnisse von Seiten der Forschenden, der Forschungseinrichtung und der Forschungsförderer, Strategieentwicklungen, um diesen Anforderungen gerecht zu werden sowie eine fortlaufende Evaluierung des Forschungsprozesses unter diesem Aspekt.
Key skill: Planung des Datenmanagements und des Teilens von FAIR-konformen Forschungsergebnissen.

---

[17] S. https://eoscpilot.eu/.
[18] S. https://eosc-fair4s.github.io.
[19] Vgl. Whyte et al. 2019, 29 f.
[20] Die vier Karrierestufen werden bezeichnet als: „R1: First Stage Researcher (up to the point of PHD), R2: Recognized Researcher (PhD holders or equivalent who are not yet fully independent), R3: Established Researcher (researchers who have developed a level of independence), R4: Leading Researcher (researchers leading their research area or field)" Vgl. European Commission 2011, 2.

- *Capture and process*: Erfassung der Daten während der Forschungsaktivität und ihre Weiterverarbeitung mit dem Fokus auf Datenorganisation, Workflowmanagement und Softwareverwendung, Organisation und Bereitstellung von sicheren und skalierbaren Speichersystemen sowie Entwicklung und Bereitstellung von Plattformen, Services und Werkzeugen für die Kollaboration.
  Key skill: (Nach-)Nutzung von Forschungsdaten.
- *Integrate and analyse*: Datenintegration und -analyse, einschließlich mathematischer und theoretischer Analyseverfahren, Datenabfragefunktionalitäten und integrativer Datenmodellierung.
  Key skill: Verwendung und/oder Entwicklung von FAIR-konformen Forschungswerkzeugen und -services.
- *Appraise and preserve*: Datenbewertung und -übernahme für die Langzeitarchivierung, beispielsweise durch Qualitätsprüfung, Datentransfer, (Format-)Migration und rechtlicher sowie ethischer Prüfung. Dies umfasst die Bewertung von Daten im Hinblick auf Reproduzierbarkeit von Forschungsergebnissen und ihr Potential für die zukünftige Nachnutzung innerhalb neuer Forschungsprojekte.
  Key skill: Vorbereitung und Dokumentation von Daten und Code, um FAIR-Konformität sicherzustellen.
- *Publish and release*: Veröffentlichung von Datensätzen inklusive Zugriffskontrollen und Lizenzierungsmethoden. Mit eingeschlossen sind die Veröffentlichung der Datendokumentation, eine Beschreibung von Interdependenzen mit anderen Datensätzen und eine kontextuelle Einordnung.
  Key skill: Veröffentlichung von FAIR-konformen Forschungsergebnissen in entsprechenden Repositorien.
- *Expose and discover*: Optimierung der veröffentlichten Datensätze für die Auffindbarkeit und Nachnutzbarkeit, beispielsweise durch die Verwendung von kontrollierten Vokabularen, Sicherstellung der Zitierbarkeit oder Visualisierung.
  Key skill: Zitierung von Forschungsdaten.
- *Govern and assess*: Steuerung und Bewertung von Forschungsaktivitäten in Bezug auf Strategieentwicklung, FAIR-konforme Daten, Sicherheitsmanagement und Data Governance.
  Key skill: Die richtige Anwendung von Policies, um die Einhaltung von ethischen und rechtlichen Bedingungen sowie der FAIR-Prinzipien sicherzustellen.
- *Scope and resource*: Reichweite und Ressourcenmanagement für das Datenmanagement mit Hinblick z. B. auf Services, Change-Management oder anfallende Kosten.
  Key skill: Sicherstellung der Finanzierung von Open-Science-Praktiken und -Services.
- *Advise and enable*: Beratung und Befähigung zum Datenmanagement unter anderem durch Training, Ausbildung oder Kollaboration.

Key skill: Einnehmen einer Vorbildfunktion im Sinne von Open Science und FAIR-konformer Forschung.

2.3 Zielgruppen und Kompetenzprofile

Unterschiedliche Stakeholder im Forschungsprozess können verschiedene Rollen im FDM einnehmen, die unterschiedliche Kompetenzanforderungen mit sich bringen. Im Hinblick auf Qualifizierungsmöglichkeiten und -maßnahmen ist es daher wichtig, die Zielgruppe und ihre Aufgaben im FDM zu berücksichtigen.

Diese Kompetenzprofile werden im FAIR4S Framework detailliert abgebildet. Das Framework unterscheidet zwischen Forschenden, Data Scientists, Data Advisor und Data Service Provider[21] (s. Tab. 1).

Tab. 1: Forschungsdatenkompetenzprofile anhand von Zielgruppen

Rolle	Beschreibung	Kompetenzprofil (Key Skills)
Forschende	Erhebung, Verwendung und Nachnutzung von Daten mit Hilfe von fachspezifischen Methoden	Planung des Datenmanagements Datenethik und rechtliche Implikationen Publikation und Zitation von Daten (z. B. mittels PID-Systemen) Kenntnis von Förderrichtlinien und -anforderungen Datendokumentation (Metadatenstandards)
Data Advisor	Kontaktpunkt für alle (interdisziplinären) Fragen rund um das Datenmanagement, z. B. zu ethischen Fragen in Bezug auf Projektadministration oder technische Umsetzungen	Planung des Datenmanagements Entwicklung und Nutzung offener Systeme für das Datenmanagement Datenethik und rechtliche Implikationen Förderrichtlinien und -anforderungen Datendokumentation (Metadatenstandards) Strategieentwicklung (interne Policies, Workflows etc.)

---

21 Vgl. Whyte et al. 2019, 28 f.

Rolle	Beschreibung	Kompetenzprofil (Key Skills)
Data Scientist	Spezialisierte Personen (ggf. fachspezifisch) für die statistische Datenauswertung und Analyse	Nachnutzung von Forschungsdaten Entwicklung und Nutzung offener Systeme für das Datenmanagement Datendokumentation (Metadatenstandards) Vorbereitung für die Datenpublikationen
Data Service Provider	Repräsentation der (technischen) Infrastruktur, z. B. für die Publikation und langfristige Archivierung und für Forschungstechnologien (z. B. Rechenzentren, Forschungssoftware)	Entwicklung und Nutzung offener Systeme für das Datenmanagement Planung des Datenmanagements Datenethik und rechtliche Implikationen Datendokumentation (Metadatenstandards) Publikation und Zitation von Daten (z. B. mittels PID-Systemen)

Der RfII hat in seinen Empfehlungen „Digitale Kompetenzen – Dringend gesucht!" drei Typen von Aufgaben im FDM unterschieden:[22]
- Typ A: Unterstützung der Forschung (Administration)
- Typ B: Kollaboration mit Forschung (Infrastruktur)
- Typ C: Wissenschaftliche Tätigkeit (Forschung)

Innerhalb der Gruppe der Forschenden (Typ C) spielt vor allem ein fachspezifischer oder sogar ein projektspezifischer Umgang mit Daten die größte Rolle. Besonders die Vorgaben der Forschungsförderung[23] und der Verlage, neben publizierten Forschungsergebnissen auch Daten offen zugänglich zu machen, verstärken die Notwendigkeit von speziellen Kompetenzen im wissenschaftlichen Datenmanagement.

Der RfII betont die „Verwissenschaftlichung" forschungsnaher Infrastrukturtätigkeit (Typ B) und die damit aufkommenden Anforderungen an Kompetenzen sowie die direkte Verortung innerhalb der Einrichtungen. Dies sind Aufgaben, die an der Schnittstelle zwischen rein forschenden und forschungsunterstützenden Aufgaben anfallen. Zu den forschungsnahen Aufgaben zählen u. a. Methodenberatung, die Erstellung von Datenmanagementplänen (DMP), die Pflege von Datenkorpora unter besonderer Betrachtung der (kontextuellen) Qualität der Daten und die rechtliche Ausgestaltung der (Nach-)Nutzung von Forschungsdaten. Diese Kompetenzen spiegeln sich im FAIR4S-Framework in der Rolle „Data Advisor" wider. Der RfII for-

---

22 Vgl. RfII 2019, 7.
23 S. a. Beitrag von Putnings, Kap. 1.3 in diesem Praxishandbuch.

dert in diesem Kontext, Infrastrukturen und Forschung auch personell stärker zu verschränken und beispielsweise Stellen in Infrastrukturen vermehrt mit wissenschaftlichem Personal zu besetzen.[24]

Diese Entwicklungen führen dazu, dass neue Berufsfelder mit eigenen Kompetenzprofilen in der Kooperation zwischen Typ B (Infrastruktur) und Typ C (Forschung), aber auch an der Schnittstelle zwischen allen drei Bereichen entstehen, die koordinierend und vermittelnd zwischen Infrastrukturen, Administration und Forschung tätig werden.

Während in Deutschland eben solche Rollen bislang nicht explizit ausgeschrieben oder besetzt werden (können), gibt es im europäischen Ausland, speziell in den Niederlanden, bereits Strategien und Strukturen. Die Technische Universität Delft in den Niederlanden nimmt hier eine Vorreiterrolle ein: Sogenannte Data Stewards erfüllen eine Brückenfunktion zwischen Fachwissenschaftlerinnen bzw. -wissenschaftlern und wissenschaftlicher Informationsinfrastruktur und erfüllen demzufolge forschungsnahe Aufgaben.[25] Einen speziellen Ausbildungsweg gibt es allerdings auch in den Niederlanden noch nicht. Erste Schritte in Richtung eines international übergreifenden Curriculums für Data Stewardship werden zurzeit im Kontext der Research Data Alliance (RDA) erarbeitet.[26]

2.4 Ausbildungsaspekte und -inhalte

Die durch die Kompetenzprofile geforderten Ausbildungsinhalte lassen sich grob in die Kategorien Methoden, Technologien und Rahmenbedingungen des Datenmanagements einteilen. Der Aspekt *Methoden* umfasst alle methodisch-operativen Aspekte des FDM, wie z. B. die Kenntnis von zu verwendenden Metadatenstandards, Workflows und Standards zur Datendokumentation und allgemein die umfängliche Planung des Datenmanagements sowie die Veröffentlichung und/oder Nachnutzung von Forschungsdaten mit Hilfe von DMP.

Der Aspekt *Technologien* bezieht sich auf technologisch-operative Aspekte des Datenmanagements. Hierunter fallen z. B. Kenntnisse von Datenbanksystemen und Schnittstellen sowie Programmiersprachen und computergestützte statistische Auswertungsmethoden für große Datenmengen (wie Python oder R). Immer wichtiger werden zudem Methoden der Datenvisualisierung.

Der Aspekt *Rahmenbedingungen* umfasst hauptsächlich Kenntnisse auf strategisch-operativer Ebene des Datenmanagements. Diese schließen Kenntnisse zu ethi-

---

[24] Vgl. RfII 2019, 16 f.
[25] Vgl. Plomp et al. 2019, 4–5.
[26] Vgl. Shanahan et al. 2019, 1.

schen und rechtlichen Implikationen des Datenmanagements sowie tiefgehende Kenntnisse von nationalen und internationalen Policies mit ein.

3 Qualifizierungsmöglichkeiten in Deutschland

Für die Qualifizierung im Bereich FDM kann in Deutschland zwischen unterschiedlichen Aus-, Fort- und Weiterbildungsmöglichkeiten unterschieden werden. Zu Ausbildungsmöglichkeiten werden dabei grundständige und weiterbildende Studiengänge gezählt. Fort- und Weiterbildungsmöglichkeiten können einerseits spezifische und längerfristige Kursprogramme beinhalten, die auf bereits abgeschlossene Studiengänge aufsetzen und z. B. als Zertifikate angeboten werden können, und andererseits eher konzentrierte und kürzere Programme wie Schulungen, spezifische Workshops oder Lehrgänge sein.

3.1 Studiengänge und Lehrveranstaltungen

Eine an der Fachhochschule Potsdam durchgeführte Analyse[27] potenziell einschlägiger Studiengänge in Deutschland in den Jahren 2018 und 2019 ergab, dass ca. 160 Angebote damit werben, für Berufsfelder in den Bereichen Data Science, Data Analysis, Data Management, Data Curator oder Data Librarian im engeren und weiteren Sinn zu qualifizieren. Von diesen führen ca. 50 grundständige Studiengänge zum Abschluss Bachelor und ca. 110 als weiterführende Studiengänge zum Abschluss Master bzw. Diplom. Spezifische Kenntnisse im FDM werden, wenn überhaupt, in Deutschland allerdings hauptsächlich in informationswissenschaftlichen Studiengängen und teilweise in anderen fachspezifischen Studiengängen integriert. Viele der Data-Science- und Data-Analysis-Studiengänge haben einen starken Fokus auf mathematische, informatische und statistische Grundlagenvermittlung und sind überwiegend an einer Fakultät für Informatik bzw. Mathematik angesiedelt.[28]

Grundständige und weiterbildende Studiengänge, die speziell im Bereich FDM ausbilden, finden sich in Deutschland vor allem in bibliotheks- und informations-

---

27 Die Ergebnisse dieser Analyse sind bisher noch nicht veröffentlicht, können aber bei Interesse bei den Autorinnen angefragt werden. Die Analyse war für die Einrichtungsgenehmigung bei den zuständigen Ministerien des neuen Studiengangs (ab April 2020) Digitales Datenmanagement (DDM) nötig, um diesen zwischen FH Potsdam und HU Berlin kooperativ betriebenen Studiengang inhaltlich in der bisherigen Studienlandschaft zu verorten.
28 Zu Lern- und Ausbildungsinhalten im Bereich Data Science hat die Gesellschaft für Informatik kürzlich ein Arbeitspapier veröffentlicht, s. https://www.plattform-lernende-systeme.de/files/Downloads/Publikationen/GI_Arbeitspapier_Data-Science_2019-12_01.pdf.

wissenschaftlichen Fachrichtungen. Diese werden im Kapitel Bewusstseinsbildung im Curriculum in diesem Handbuch genauer aufgeführt und beschrieben.[29]

Tab. 2: Forschungsdatenmanagement-Module in Bachelor- und Masterstudiengängen in Deutschland

Studiengang	Relevante Module
TH Köln: BA Bibliothek und Kommunikation	Modul Forschungsdaten Modul Infrastruktur für Forschungsdaten
TH Köln: BA Data and Information Science	Modul Datenmodellierung Modul Statistische Datenanalyse Modul Datenbanksysteme Modul Data Mining
Hochschule Darmstadt: BSc Information Science	Modul Grundlagen der Informatik Modul Datenbanken Modul Linked Data Modul Forschungsdatenmanagement und Datenmodellierung in Bibliotheken Modul XML und Anwendungen Modul Informationssysteme Modul Linked Data Anwendungsentwicklung Modul Datenbank-Praxis Modul Grundlagen der Datenvisualisierung Modul NLP-based Data Science
Hochschule Darmstadt: MSc Information Science	Modul Informationsvisualisierung Modul Visual Analytics Modul Forschungsdatenmanagement Modul Forschungsmonitoring
Hochschule der Medien Stuttgart: BA Informationswissenschaften (Daten- und Informationsmanagement)	Modul Datenstrukturierung und Recherche Modul Web-Technologien Modul Daten und Datenintegration Modul Metadatenmanagement Modul Open Government und Open Data
HU Berlin: BA Bibliotheks- und Informationswissenschaft und Informationsmanagement & Informationstechnologie	Modul Informations- und Kommunikationstechnologie Modul Informationsmanagement Modul Information Processing and Storage
HU Berlin und FH Potsdam: MA Digitales Datenmanagement (DDM)	Modul Rahmenbedingungen des Datenmanagements Modul Technologien des Datenmanagements Modul Methoden des Datenmanagements

---

29 S. a. Beitrag von Fühles-Ubach und Albers, Kap. 3.1 in diesem Praxishandbuch.

3.4 Aus- und Weiterbildung für das Forschungsdatenmanagement in Deutschland

Studiengang	Relevante Module
HU Berlin: MA Information Science	Modul Datenanalyse und -auswertung Modul Digitale Informationsversorgung Modul Knowledge Discovery in Databases Modul Digitale Infrastrukturen Modul Digital Curation
FH Potsdam: BA Bibliothekswissenschaft	Modul Webtechnologien und Informationssysteme Modul Metadatenvertiefung Modul Langzeitarchivierung und Forschungsdatenmanagement
FH Potsdam: MA Informationswissenschaften	Modul Informationsintegration, Interoperabilität und Standards Modul Forschungsdatenmanagement Modul Digitale Langzeitarchivierung

Grundlegende FDM-Kenntnisse werden vorwiegend in eher anwendungsorientierten Studiengängen vermittelt und beinhalten eine breite Sicht auf den Forschungsdatenlebenszyklus. Diese finden sich vor allem in den in Tab. 2 abgebildeten Studiengängen aus dem informationswissenschaftlichen Kontext wieder.

Der Abgleich der Modulhandbücher mit den im FAIR4S entwickelten Kompetenzen zeigt, dass der Fokus der Studiengänge bislang auf dem Erfassen und Prozessieren, dem Integrieren, Analysieren (bezogen auf Datenstrukturen, Datenformaten und z. B. Linked-Open-Data-Anwendungen) und dem Bereitstellen bzw. der Veröffentlichung von Daten liegt. Insbesondere die Bereiche Umfang und Mittel (Scope and Resource) und beratende Tätigkeiten (Advise and Enable) werden bislang eher weniger abgedeckt. Für eine Tätigkeit im Sinne der Rolle „Data Advisor" müssten hier innerhalb der Curriculums-Entwicklung noch bessere Grundlagen geschaffen werden.

Punktuell hervorzuheben wäre hierbei der im Sommersemester startende weiterbildende Masterstudiengang Digitales Datenmanagement, der gemeinsam von der FH Potsdam und der HU Berlin entwickelt wurde und im Sommersemester 2020 startete. Das Curriculum ist anhand der Themenblöcke Rahmenbedingungen, Technologien und Methoden des Datenmanagements strukturiert, die jeweils ein Modul bilden. Innerhalb der jeweils vier Modulkurse werden inhaltlich die Themen
- Theoretische Grundlagen des Datenmanagements,
- Forschungs- und Informationsinfrastrukturen,
- Open Access, Open Data und Open Science,
- Metadaten, Standards, Interoperabilität,
- Internet- und Webtechnologien,
- Datenmanagementsysteme,
- Algorithmen und Datenstrukturen,
- Digitale Repositorien,
- FDM,

- Datenmanagementpläne,
- Statistische Methoden der Datenaufarbeitung und -auswertung sowie
- Datenanalyse und Datenvisualisierung behandelt.

Der Studiengang ist als weiterbildender Masterstudiengang konzipiert, was bedeutet, dass Kompetenzen im Datenmanagement auf vorherige Kompetenzen in unterschiedlichen Fachdisziplinen aufbauen. Die im Studiengang Digitales Datenmanagement erworbenen Fähigkeiten sollen wiederum auf unterschiedliche (Wissenschafts-)Domänen übertragbar sein, so dass Absolventinnen und Absolventen des Studiengangs in die Lage versetzt werden, an der Schnittstelle zwischen Datenmanagement, Fachwissenschaft und Technologie zu agieren, die jeweiligen Standpunkte und Anforderungen, die sich aus den einzelnen Bereichen ergeben, kritisch zu reflektieren und zwischen ihnen zu vermitteln.[30] Die Zielgruppe des Studiengangs ist daher dezidiert nicht im rein informationswissenschaftlichen Bereich angesiedelt – vielmehr soll aus dem Austausch von Studierenden aus unterschiedlichen Wissenschaftsdomänen die Interdisziplinarität des größeren Bereichs FDM hervorgehoben und gefördert werden und insbesondere auch für beratende Tätigkeiten (Advise and Enable) qualifizieren.

Disziplinspezifische Inhalte zum FDM können zudem innerhalb von fachspezifischen Studiengängen auch außerhalb der Informationswissenschaft vermittelt werden. Hierbei liegt es jedoch nah, dass tiefergehende Kenntnisse vor allem auf operativer Ebene (Datenerhebung, Datenprozessierung, Datenauswertung) und die entsprechenden Technologien vermittelt werden, da diese häufig die Grundlage der Forschungstätigkeiten darstellen. Vertiefende Aspekte zu Anforderungen, Rahmenbedingungen oder Methoden speziell für den weiteren Umgang mit so entstandenen Forschungsdaten, z. B. das Beschreiben mit Metadaten (Appraise and Preserve), die Veröffentlichung (Expose and Discover/Publish and Access) und damit einhergehende Entscheidungen z. B. zu Lizenzen (Govern and Assess) sind Kompetenzen, die innerhalb von Studiengängen bislang nur sehr wenig vorkommen.

An der Universität Bielefeld kann von allen eingeschriebenen Studierenden der Kurs Forschungsdatenmanagement als Wahlmodul belegt werden. Der Kurs ist interdisziplinär ausgerichtet und dauert ein Semester. Inhalte sind eine Einführung in das FDM, der Umgang mit Forschungsdaten (Back-up, Archivierung, Nachnutzung, Veröffentlichung etc.) sowie Werkzeuge (Git, Software für DMP etc.). Teilnehmende Studierende befinden sich sowohl in Bachelor- als auch in Master-Studiengängen oder sind Promovierende. Nachdem der Kurs 2013 mit neun Studierenden begann, nahmen 2018 schon 91 Personen teil.[31] Die wachsende Anzahl an Teilnehmenden kann darauf hindeuten, dass Kompetenzen im Umgang mit Forschungsdaten im

---

30 Vgl. Kindling und Rothfritz, 2019, 240.
31 Vgl. Wiljes und Cimiano, 2019, 3.

Sinne der guten wissenschaftlichen Praxis[32] auch auf Ebene der Studierenden an Bedeutung gewinnen.

An dieser Stelle greifen Weiterbildungsmaßnahmen von Seiten der Infrastruktureinrichtungen, die eben solche Kenntnisse vermitteln sollen. Gleichzeitig muss jedoch berücksichtigt werden, dass entsprechende Angebote auch zu einem nicht zu unterschätzenden Anteil fachspezifische Kenntnisse von Seiten der Ausbilderinnen bzw. Ausbilder voraussetzen. Data Advisors müssten an dieser Stelle eine fachspezifische Ausbildung besitzen und zusätzlich Qualifikationen im Datenmanagement mitbringen, die sich eher in den angebotenen Inhalten aus den informationswissenschaftlichen Studiengängen finden.

3.2 Weiterbildung und Beratung

Wissenschaftliche Informationsinfrastruktureinrichtungen wie Bibliotheken oder Rechenzentren entwickeln zunehmend Beratungs- und Fortbildungsangebote[33] für das FDM, die von Formaten wie ganztägigen Workshops bis hin zu kurzen Coffee Lectures reichen. Thematisch reichen diese Angebote vom generischen FDM (wie z. B. allgemeine Einführungen in das Forschungsdatenmanagement) bis hin zu fachspezifischen Kompetenzen im FDM (z. B. für bestimmte Fachdisziplinen). Zunehmend werden darüber hinaus Werkzeuge und Anwendungen für das Datenmanagement vermittelt. Beispiele hierfür sind der Umgang mit Software für die Erstellung von DMPs (z. B. Research Data Management Organizer – RDMO[34]) oder mit Programmen wie Git.

Die Unterarbeitsgruppe Schulungen/Fortbildungen der DINI/nestor-AG Digitale Forschungsdaten[35] sammelt hierzu Schulungs- und Informationsmaterialien im Wiki forschungsdaten.org. Darüber hinaus gewinnen Online-Lernangebote wie Video-Tutorials (z. B. von der Landesinitiative FDM Bayern[36]) oder Online-Kurse an Bedeutung, wobei diese bislang weitestgehend im englischsprachigen Raum (USA/UK) entwickelt werden. Ein bekanntes Beispiel hierfür ist das bereits seit vielen Jahren etablierte Angebot MANTRA der University of Edinburgh.[37]

Zum „Lebenslangem Lernen" können Zertifikatskurse beitragen, die anstatt einer Belegung von mehrsemestrigen Studiengängen die Teilnahme an einzelnen Kursen aus einem (Studien-)Programm ermöglichen, die mit einem Zertifikat abge-

---

32 S. https://www.dfg.de/foerderung/grundlagen_rahmenbedingungen/gwp/index.html.
33 S. a. Beitrag von Helbig, Kap. 3.3 in diesem Praxishandbuch.
34 Vgl. Wuttke 2019; S. https://rdmorganiser.github.io/.
35 S. https://dini.de/ag/dininestor-ag-forschungsdaten.
36 S. https://www.fdm-bayern.org/ehumanities-interdisziplinaer/ziele-und-arbeitspakete/e-learning.
37 S. https://mantra.edina.ac.uk.

schlossen werden. Ein Beispiel hierfür ist der Zertifikatskurs Data Librarian an der TH Köln, der 2019 gestartet ist. Zielgruppe dieses Kurses sind Mitarbeitende in wissenschaftlichen Bibliotheken, die für den Umgang mit (wissenschaftlichen) Daten qualifiziert werden sollen. Inhalte des Kurses sind Einführung in Programmiersprachen, Datenbeschreibungen, -strukturen und das Auffinden von Daten sowie Datenanalyse und die Bereitstellung von Daten und Unterstützung des FDM.[38]

Die Kurse des weiterbildenden Studiengangs Digitales Datenmanagement (DDM) von HU Berlin und FH Potsdam können ebenfalls als Zertifikatskurse belegt werden.[39] Hier besteht die Besonderheit, dass nach der Absolvierung aller Zertifikatskurse durch Erbringen der entsprechenden Prüfungsleistungen (u. a. Masterarbeit) der Masterabschluss erlangt werden kann.

Im Bereich der Weiterbildung ist das aus dem US-amerikanischen Raum stammende Konzept der „Carpentries" in Deutschland seit 2018 populär geworden. Die Carpentries[40] (unterteilt in Data Carpentry, Software Carpentry und Library Carpentry) sind eine weltweit vernetzte Community von ehrenamtlich Tätigen, die mit Workshops und der Entwicklung offener Lehr- und Lernmaterialien (OER) dazu beitragen möchte, Fähigkeiten im Umgang mit digitalen Daten und Software zu vermitteln. Carpentry Workshops umfassen meistens zwei Tage und werden von zertifizierten „Instructors" abgehalten. In Deutschland organisiert der Verband Deutscher Bibliothekare (VDB) Library Carpentry Workshops in unterschiedlichen Städten. Seit April 2019 ist der Verband der Dachorganisation Carpentries beigetreten und somit auch befähigt, eigene Instructors auszubilden.[41] Bei den Carpentries handelt es sich um eine Bottom-up-Organisation, deren Zielgruppe sowohl Forschende als auch Menschen in forschungsunterstützenden Tätigkeitsbereichen (wie Bibliothekarinnen und Bibliothekare) sind. Workshops können auch themenspezifisch stattfinden (z. B. Data Carpentry für die Bioinformatik). Sie sind aber immer so konzipiert, dass eine Nachnutzbarkeit gewährleistet ist.

Eine Auswertung aller bisher abgehaltenen Workshops zeigt, dass thematisch Python als Programmiersprache für die Automatisierung von Workflows und die Bearbeitung von Daten sowie für ihre Auswertung am häufigsten vermittelt wird.[42] Die Programmiersprache R wird darüber hinaus für die Datenauswertung ebenfalls oft gelehrt. Die Workshops vermitteln anwendungsorientiert operationale Kompetenzen im Umgang mit Daten, wobei Rahmenbedingungen wie Policies, Planungsanforderungen und Strategien weitestgehend ausgeklammert werden. Dennoch ergibt

---

38 Vgl. Georgy und Lanczek 2019, 5.
39 S. http://www.ddm-master.de/ddm-als-weiterbildung.
40 S. https://carpentries.org.
41 Vgl. VDB 2019.
42 Für die Datengrundlage s. https://github.com/carpentries/assessment.

sich ein hoher Multiplikationsfaktor durch die Kurse und eine sehr hohe Reichweite der Inhalte durch ihre Nachnutzbarkeit.

Das erste und umfangreichste Weiterbildungskonzept für spätere Multiplikatorinnen und Multiplikatoren (z. B. Angestellte in Informationsinfrastruktureinrichtungen) in der Weiterbildung wurde durch das Projekt FDMentor[43] entwickelt. Das Train-the-Trainer Konzept wurde 2019 in der zweiten Version veröffentlicht und umfasst Inhalte zu Lehreinheiten, detaillierte Lehrdrehbücher, Arbeitsmaterialien, Vortragsfolien und zahlreiche Arbeitsblätter und Vorlagen, die das Lehren unterstützen können.[44] Neben theoretischen Inhalten legt das Konzept einen besonderen Fokus auf die didaktische Gestaltung von Weiterbildungsmaßnahmen. Bis 2019 wurden zehn Train-the-Trainer-Workshops durchgeführt, die als zweitägige Veranstaltung aufgeteilt in 22 Lerneinheiten konzipiert sind. Die Zielgruppe kann neben Informationsspezialistinnen und -spezialisten auch weitere Multiplikatorinnen und Multiplikatoren wie Lehrende an Hochschulen, Projektverantwortliche oder andere am FDM Beteiligte umfassen.[45]

4 Diskussion

Für die Aus-, Fort- und Weiterbildung im Bereich FDM ist die Definition der Zielgruppe und die Ausrichtung der Kompetenzvermittlung nicht zu unterschätzen. Bevor Kompetenzen z. B. für die Entwicklung neuer Studiengänge beschrieben werden können, muss festgelegt werden, *wer* ausgebildet werden soll. Gerade im Hinblick auf Rollen und berufliche Profile, sei es, wie im FAIR4S Framework beschrieben, die Unterteilung in Forschende, Data Scientists, Data Advisors und Infrastruktur oder die RfII Unterteilung in die drei Bereiche Administration, forschungsnahe Tätigkeiten und Forschung/Lehre, sind Rollen und Profile in Deutschland bislang allerdings noch nicht vollständig entwickelt bzw. entsprechend benannt und situiert. Wie 2019 vom RfII empfohlen, wird mehr Ausbildung und Weiterbildung im FDM dringend benötigt. Weitere professionelle Rollen im Umgang mit Daten müssen ausdefiniert werden, um Zielgruppen genauer eingrenzen und damit systematisch qualifizieren zu können. Hierbei müssen sowohl der disziplinäre Hintergrund als auch die Positionierung der angestrebten Tätigkeit innerhalb der Organisation der Einrichtung berücksichtigt werden.

Forschungsnahe oder forschungsunterstützende Kompetenzen zum infrastrukturellen FDM können in informationswissenschaftlichen Studiengängen vermittelt werden, disziplinäres FDM mit anderen Schwerpunkten in den jeweiligen fachspezi-

---

43 S. https://www.forschungsdaten.org/index.php/FDMentor.
44 Vgl. Dolzycka et al. 2019.
45 Vgl. Helbig und Cortez 2019.

fischen Studiengängen. Innerhalb fachspezifischer Studiengänge finden sich diese Aspekte besonders in solchen Fachbereichen, in denen die Digitalisierung bereits einen großen Einfluss auf Methoden und Praktiken der Forschung hat, andere Disziplinen sind noch zurückhaltend, Herausforderungen und konkrete Lehrinhalte des Datenmanagements zu vermitteln. Beide Arten der Ausbildung könnten von einer gegenseitigen Vernetzung profitieren.

Für forschungsnahe Tätigkeiten im Bereich der infrastrukturellen Planung, der Beratung und Unterstützung des FDM eignet sich die Ausbildung im FDM bereits auf Bachelor-Niveau, diese findet sich in den grundlegenden Studiengängen der Informationswissenschaft teilweise schon abgebildet. Für forschungsnahe Tätigkeiten bestehen zwar Angebote bereits auf Bachelor-Niveau, es überwiegen jedoch (noch) dezidierte Stellenangebote im Datenmanagement auf Master-Level.

Studiengangsangebote wie beispielsweise eine grundlegende Ausbildung auf Bachelor-Niveau im FDM mit einer Spezialisierungsmöglichkeit auf Master-Niveau bestehen bisher so gut wie nicht. An der Fachhochschule Potsdam kann der Bereich FDM/Digitale Sammlungen allerdings im Master als sogenannter „Track" für eine Vertiefung gewählt werden.

Für ein fachspezifisches FDM und die Ausbildung entsprechender Expertinnen und Experten sind zweifelsohne sehr gute Kenntnisse der spezifischen Forschungsmethoden und der anfallenden Daten eine Voraussetzung. Jedoch sollte hier bereits auf Bachelor-Level eine grundlegende Ausbildung im Bereich des Datenmanagements beginnen, da bei den meisten Forschungsvorhaben, die häufig teilweise auch in Lehrprojekten integriert sind, Daten anfallen. Operative Aspekte überwiegen bei dieser Zielgruppe, jedoch gibt es bislang keine dezidierten Vertiefungsmöglichkeiten für ein fachspezifisches FDM. Die Ausbildung in diesem Bereich scheint eher durch „learning by doing" charakterisiert zu sein oder durch die Ausbildung von Kompetenzen durch die Anstellung z. B. als Fachreferentinnen und -referenten in Informationseinrichtungen. Stellenangebote für fachspezifisches FDM sind derzeit auf Master-Niveau ausgerichtet und setzen einen passenden disziplinären Master-Abschluss voraus.

Die Möglichkeit, einen fachübergreifenden, einführenden Kurs zum Thema FDM im Bachelorstudium zu belegen – wie an der Universität Bielefeld durchgeführt –, könnte zukünftig dazu beitragen, dass Kompetenzen ausgebildet werden und der Umgang mit Forschungsdaten als Teil der „alltäglichen" Forschungstätigkeit gewertet wird. Aufbauend auf einem solchen Kurs können sich weitere fachspezifische Angebote anschließen.

Im Bereich der Weiterbildung ist die Adressierung von Zielgruppen bereits gut umgesetzt. Workshops und Informationsmaterialien werden zielgruppenspezifisch erstellt und durchgeführt. Auf Anforderungen und Desideraten aus den Forschungscommunities kann auch aufgrund der Wahl geeigneter Lehrformate reagiert werden, die nicht in Curricula eingebunden sind und keinen Richtlinien unterliegen.

Für Trainerinnen und Trainer (Train-the-Trainer) bestehen Konzepte zu zielgruppenspezifischen Ausbildungen allerdings noch nicht. Dies kann allerdings auch daran liegen, dass die Hintergründe dieser Zielgruppe zu heterogen sind, um entsprechende Konzepte zu entwickeln oder aber auch an fehlenden fachspezifischen Ausbildungen späterer Trainerinnen und Trainer.

Die Aus- und Weiterbildungssituation im FDM ist in Deutschland vielfältig und höchstens in Ansätzen koordiniert. Gleichzeitig stellt sich die Frage, ob Kompetenzen tatsächlich auf alle Berufsgruppen, die am FDM beteiligt sind oder sein könnten, gleich verteilt sein müssen. Eine Schärfung von Rollenprofilen und Aufgabenverteilungen innerhalb bestehender Berufsgruppen, angelehnt an internationale Entwicklungen, steht bislang noch aus. Auf dieser Grundlage wäre die Einführung von deutschlandweit koordinierenden Maßnahmen innerhalb der Curricula-Entwicklung an den Hochschulen sinnvoll – beispielsweise im Sinne des Curriculum 4.0 mit einer Integration von Data Literacy als Grundlage für den Umgang mit (Forschungs-)Daten, wie vom Stifterverband initiiert.

Fazit

FDM erfordert eine Vielzahl von Kompetenzen, die sich an der Grenze zwischen fachspezifischer Forschungsleistung und eher fachübergreifende bzw. auf Infrastrukturen ausgerichtete Tätigkeiten verorten lassen. Es gibt eine Reihe von vielversprechenden Ansätzen zu Aus- und Weiterbildung, allerdings lässt eine konsequent durchgeplante Qualifizierungsstrategie (äquivalent zur geplanten Dateninfrastruktur) im Jahr 2020 noch auf sich warten.

Curricula für das FDM müssen einerseits entsprechend des wachsenden Bedarfs an gut ausgebildeten Personen weiterentwickelt bzw. gänzlich neu erarbeitet werden. Andererseits müssen außerhalb der starren curricularen Systeme in den Hochschulen andere Möglichkeiten vor allem für die zeitnahe Qualifizierung entwickelt werden (z. B. mit Hilfe von Workshops oder Bottom-up-Initiativen wie die Carpentries). Sicherlich ist dabei nicht zu unterschätzen, dass die Ausbildungseinrichtungen in verschiedener Hinsicht, z. B. strategisch, finanziell sowie personell, massiv investieren müssen. Auch muss dafür Konsens zumindest in Hinblick auf die jeweiligen Qualifizierungsziele und erreichten Fähigkeiten bestehen, damit diese bei (zukünftigen) Arbeitgebern als vertrauenswürdig erachtet werden.

Auch für die Infrastruktureinrichtungen müssen Anreize geschaffen werden, um genug qualifiziertes Personal einstellen zu können. Ein Ansatz dazu wird durch die vom RfII geforderten tarif- und arbeitsrechtlichen Handlungsbedarfe formuliert.[46]

Eine Vernetzung unterschiedlicher Ausbildungseinrichtungen und Ausbildungsformen in koordinierter Art und Weise ist in Deutschland längst überfällig.

Neben den föderalen Strukturen sind Ursachen dafür sicherlich auch in noch nicht abgeschlossenen Definitionen von Rollen und konkreten Kompetenzen im Bereich des FDM zu suchen. Die vom RfII geforderten Qualifizierungsallianzen[47] könnten eine große Chance sein, dies umzusetzen.

Ein weiteres Desiderat stellt perspektivisch die fehlende Vernetzung quer über die Bereiche Wissenschaft, Wirtschaft, Kultur und Verwaltung dar. Jeder Bereich für sich hat zum Teil bereits Anstrengungen unternommen, die jeweiligen Datenschätze teilweise qualitätsgeprüft für eine potenzielle Nachnutzung zur Verfügung zu stellen. Insbesondere die Bemühungen der Städte bzw. der Verwaltungen im Bereich der Open-Data-Portale sind hier zu nennen. Allerdings fehlt auch hier ein koordinierter Ansatz, um den Daten bezüglich ihrer Qualität, Aufbereitung und Beschreibung durchgängig trauen bzw. diese über mehrere Portale übergreifend nutzen zu können. Digitalisierungsstrategien finden sich zum Teil auch im Kulturbereich (z. B. 3D-Digitalisierung von Artefakten). Allerdings stellen diese Beispiele nur Leuchtturm-Initiativen dar. Eine grundsätzliche Vernetzung und Abstimmung über Qualifizierungsbedarfe über diese Bereiche hinweg stehen noch völlig am Anfang. Qualifizierungsallianzen zwischen Hochschulen und Universitäten, aber auch zwischen Ausbildungsinstitutionen und anderen Bereichen des öffentlichen Lebens könnten es ermöglichen, Daten unterschiedlicher Herkunft über Fach- und Domänengrenzen hinweg nach zu nutzen und so völlig neue (Forschungs-)Fragestellungen beantworten zu können. In diesem Zusammenhang wird es interessant sein zu beobachten, inwieweit die Bürgerwissenschaften (Citizen Science) und die Datenstrategie des Bundes dafür sorgen, dass sich verschiedene Stakeholder, z. B. über die Definition von Data Literacy, Kompetenzprofile, benötigte Fähigkeiten für unterschiedliche Rollen im Datenmanagement, Berufsbezeichnungen, Karrierepfade inklusive einheitlicher Besoldungsstufen, Zuständigkeiten und Verantwortlichkeiten im Bereich der Aus-, Fort- und Weiterbildung und Finanzierungsmöglichkeiten etc. abstimmen. Denkbar wäre auch, einen Rat für die Qualifizierung im Datenmanagement ins Leben zu rufen, damit schnell und abgestimmt auf die neuen Herausforderungen reagiert werden kann und dies vor allem auch international kompatibel geschieht.

Literatur

Letztes Abrufdatum der Internet-Dokumente ist der 15.11.2020.

Carlson, Jake und Lisa Johnston, Hrsg. 2015. *Data information literacy: librarians, data, and the education of a new generation of researchers. Purdue information literacy handbooks.* West Lafayette: Purdue University Press.

---

46 Vgl. RfII 2019, 28 – Empfehlung 6.
47 Vgl. RfII 2019, 25 – Empfehlung 4.

Dolzycka, Dominika, Katarzyna Biernacka, Kerstin Helbig und Petra Buchholz. 2019. „Train-the-Trainer Konzept zum Thema Forschungsdatenmanagement." *Zenodo*. doi:10.5281/zenodo.2581292.

European Commission. 2011. „Towards a European framework for research careers." https://cdn5.euraxess.org/sites/default/files/policy_library/towards_a_european_framework_for_research_careers_final.pdf.

Federer, Lisa. 2018. „Defining data librarianship: a survey of competencies, skills, and training." *Journal of the Medical Library Association* 106 (3/Juli): 294–303. doi:10.5195/jmla.2018.306.

Georgy, Ursula und Marvin Lanczek. 2019. „Big Data in der Bibliothek bewältigen: Der ZBIW-Zertifikatskurs Data Librarian." https://opus4.kobv.de/opus4-bib-info/frontdoor/index/index/docId/16475.

Heidrich, Dr Jens, Fraunhofer Iese, Pascal Bauer, Fraunhofer Iese und Daniel Krupka. 2018. *Future Skills: Ansätze zur Vermittlung von Data Literacy in der Hochschulbildung. Bd. 37*. Arbeitspapier. Berlin: Hochschulforum Digitalisierung. https://hochschulforumdigitalisierung.de/sites/default/files/dateien/HFD_AP_Nr37_DALI_Studie.pdf.

Helbig, Kerstin und Katrin Cortez. 2019. „A train-the-trainer program for sustainable research data management training." Poster. Open Science Fair 2019. Porto, Portugal. doi:10.5281/zenodo.3466378.

Kindling, Maxi und Laura Rothfritz. 2019. *Data Literacy Education – Kooperative Vermittlung von Kompetenzen für Digitales Datenmanagement am Beispiel des neuen Masterstudiengangs Digitales Datenmanagement der HU Berlin und FH Potsdam*. Schriften des Forschungszentrums Jülich Reihe Bibliothek/Library 23. Jülich: Forschungszentrum Jülich GmbH Zentralbibliothek. http://hdl.handle.net/2128/22277.

Petras, Vivien, Maxi Kindling, Heike Neuroth und Laura Rothfritz. 2019. „Digitales Datenmanagement als Berufsfeld im Kontext der Data Literacy." *ABI Technik* 39 (1): 26–33. doi:10.1515/abitech-2019-1005.

Plomp, Esther, Nicolas Dintzner, Marta Teperek und Alastair Dunning. 2019. „Cultural obstacles to research data management and sharing at TU Delft." *Insights* 32 (1/9. Oktober): 29. doi:10.1629/uksg.484.

RfII – Rat für Informationsinfrastrukturen. 2016. „Leistung aus Vielfalt. Empfehlungen zu Strukturen, Prozessen und Finanzierung des Forschungsdatenmanagements in Deutschland." Göttingen. http://www.rfii.de/?p=1998.

RfII – Rat für Informationsinfrastrukturen. 2019. „Digitale Kompetenzen – dringend gesucht! Empfehlungen zu Berufs- und Ausbildungsperspektiven für den Arbeitsmarkt Wissenschaft." Göttingen. http://www.rfii.de/?p=3883.

Ridsdale, Chantel, James Rothwell, Michael Smit, Hossam Ali-Hassan, Michael Bliemel, Dean Irvine, Daniel Kelley, Stan Matwin und Bradley Wuetherick. 2015. „Strategies and Best Practices for Data Literacy Education: Knowledge Synthesis Report." Report. doi:10.13140/RG.2.1.1922.5044.

Schüller, Katharina, Paulina Busch und Carina Hindinger. 2019. *Ein Framework für Data Literacy*. Bd. 47. Arbeitspapier. Berlin: Hochschulforum Digitalisierung. https://hochschulforumdigitalisierung.de/sites/default/files/dateien/HFD_AP_Nr_47_DALI_Kompetenzrahmen_WEB.pdf.

Shanahan, Hugh, Robert Quick, Alfaro Córdoba und G. Clement. 2019. „A curriculum for foundational Research Data Science skills for Early Career Researchers." RDA. 10. Oktober. https://www.rd-alliance.org/group/rdacodata-summer-schools-data-science-and-cloud-computing-developing-world-wg/outcomes-0.

Verein Deutscher Bibliothekare (VDB). 2019. „Call for Instructors: Als ‚library carpenter' Skills zum praktischen Umgang mit Daten im Bibliotheksalltag vermitteln." https://www.vdb-online.org/2019/03/14/call-for-instructors-als-library-carpenter-skills-zum-praktischen-umgang-mit-daten-im-bibliotheksalltag-vermitteln/.

Whyte, Angus, Jerry de Vries, Rahul Thorat, Eileen Kuehn, Gergeley Sipos, Valentino Cavalli, Vasso Kalaitzi und Kevin Ashley. 2018. „Skills and Capability Framework." *EOSCpilot*. https://eoscpilot.eu/sites/default/files/eoscpilot-d7.3.pdf.

Wiljes, Cord und Philipp Cimiano. 2019. „Teaching Research Data Management for Students." *Data Science Journal* 18 (1). doi:10.5334/dsj-2019-038.

Wilkinson, Mark D., Michel Dumontier, IJsbrand Jan Aalbersberg, Gabrielle Appleton, Myles Axton, Arie Baak, Niklas Blomberg u. a. 2016. „The FAIR Guiding Principles for scientific data management and stewardship." *Scientific Data* 3: 160018. doi:10.1038/sdata.2016.18.

Wuttke, Ulrike. 2019. „Schulungsmaterialien zu RDMO & fachspezifische Lern- und Informationsangebote für das geisteswissenschaftliche Forschungsdatenmanagement."*Zenodo*. doi:10.5281/zenodo.3520839.

Achim Oßwald
3.5 Barrieren, Hemmschwellen und Gatekeeper

Abstract: Barrieren – im Sinne fehlender Angebote und Infrastrukturen – oder Hemmschwellen – im Sinne erlernter, tradierter Verhaltensweisen – verhindern bislang häufig die transparente Beschreibung, Bereitstellung und Nachnutzung von Forschungsdaten. Um dies zu ändern, sind alle Forschenden durch individuelles Handeln, aber auch die Gatekeeper des Wissenschaftsbetriebes gefordert. Letztere können durch den Aufbau von Infrastrukturen zur Unterstützung der Forschenden, durch finanzielle und personelle Anreize und Erleichterungen bei der praktischen Umsetzung des Forschungsdatenmanagements, aber auch durch die strukturell abgesicherte Belohnung der Aufbereitung und freien Zugänglichkeit von Forschungsdaten in Form von wissenschaftlicher Reputation dazu beitragen, dass Barrieren entfallen und Verhaltensänderungen die Hemmschwellen marginalisieren.

Einleitung

Eigentlich wäre alles so einfach: Wissenschaftlerinnen und Wissenschaftler forschen, dabei nutzen, sammeln oder produzieren sie Forschungsdaten (FD), versehen diese mit entsprechenden Metadaten und stellen sie über ihnen geeignet erscheinende Repositorien zur Nachnutzung unter definierten rechtlichen Bedingungen zur Verfügung. Die Realität – in Deutschland wie auch international – ist jedoch anders: Bislang machen nur wenige Wissenschaftlerinnen und Wissenschaftler ihre Daten frei zugänglich. Die Frage ist: Warum?

Empirische Untersuchungen und Erfahrungsberichte aus den letzten Jahren haben hierfür vielfältige Ursachen deutlich werden lassen: Noch fehlt häufig die subjektive Bereitschaft und Kompetenz bei den einzelnen Forschenden für die aus wissenschaftlicher wie forschungspolitischer Sicht wünschenswerte systematische Erfassung, das Kuratieren und die Bereitstellung von FD zur transparenten Absicherung guter wissenschaftlicher Praxis. Für die Nachnutzung von FD ist aber beides unabdingbar.

Neben personenbezogenen Gründen zeigt aber auch das Wissenschaftssystem mit seinen Interessengruppen und Strukturen noch erhebliche Defizite, den Wandel zum gewünschten Forschungsdatenmanagement (FDM) zu befördern: Die grundsätzlichen Vorgaben und formellen Regeln, aber auch die passende Infrastruktur, zugeordnete Workflows, kompetenzfördernde Anleitungen oder Beratungen und die notwendige rechtlichen Absicherung für eine transparente Bereitstellung und Nachnutzung von FD werden erst allmählich den forschungspolitischen Zielsetzungen angepasst.[1]

Vorreiter bei der praktischen Umsetzung dieser Zielsetzung sind Forschungskontexte, in denen kooperativ und ggf. auch kollaborativ gearbeitet wird. Häufig arbeiten hier Forschende aus universitären und außeruniversitären Einrichtungen zusammen, die auf systematisch ausgebaute Forschungsinfrastrukturen zurückgreifen wollen und z. T. auch schon können.

In Fachdisziplinen, die schon lange in solchen Strukturen arbeiten – z. B. Klimaforschung, Astrophysik oder Teilchenphysik –, sind daher die Hemmschwellen und Barrieren zur Bereitstellung und Nachnutzung von FD relativ gering.[2] In anderen – wie z. B. den Digital Humanities (DH) – wirken sie jedoch noch stärker, vermutlich aber dort am wenigsten, wo wiederum kollaborativ z. B. in virtuellen Forschungsumgebungen gearbeitet wird. Indiz hierfür ist der Umstand, dass gerade aus den DH-Forschungsverbünden heraus Lösungen für eine FDM-adäquate Infrastruktur entwickelt werden.[3]

Trotz solcher Vorreiter ist FDM für viele Forschende ein von ihnen eingefordertes Desiderat, dem tradierte Verhaltensweisen, aber auch fehlende Infrastrukturen entgegenstehen. Aus dieser Einschätzung leitet sich die Binnenstruktur des vorliegenden Beitrags ab: Er skizziert zuerst aus der Perspektive der einzelnen Forschenden Hinderungsgründe, ihre Forschungsprozesse und die dabei erstellten bzw. ermittelten FD mittels FDM transparent zu machen. Ob diese Hinderungsgründe als Hemmschwellen (im Sinne erlernter, tradierter Verhaltensweisen) oder als Barrieren (im Sinne fehlender Angebote und Infrastrukturen) wahrgenommen werden, dürfte subjektiv z. T. variieren. Zu vermuten ist, dass Hemmschwellen und Barrieren von den meisten als nicht weiter differenziertes Konglomerat zur Verhinderung eines offenen Umgangs mit FD wahrgenommen werden.

In einem zweiten Schritt werden dann mögliche Maßnahmen angesprochen, mit denen – gegliedert nach den jeweiligen Gruppen von Gatekeepern – die Wissenschaftsgemeinschaft(en) mit ihren Institutionen sowie Strukturen und hierbei insbesondere mit ihren Regularien und ihren Anerkennungssystemen die konkrete Bereitschaft zur Bereitstellung und Nachnutzung von FD befördern können.

---

1 Vgl. z. B. Sane und Edelstein 2015, 6–16, sowie diverse Beiträge in diesem Buch.
2 Vgl. Neuroth et al. 2012, 295–310; Zuiderwijk und Spiers 2019, 231–232.
3 Vgl. z. B. Cremer, Klaffki und Steyer 2019, 120 f.

1 Forschende und ihre Gründe, Daten nicht transparent zu machen

Im Mittelpunkt des Forschungsprozesses stehen die Forschenden als Individuen mit ihrer Motivation Lösungen für Forschungsfragen zu finden und mit diesen Lösungen wissenschaftliches Renommee zu gewinnen. Traditionell stand und steht im Forschungsprozess das Individuum und seine durch Kreativität und / oder geduldige Analyse auf der Grundlage transparenter methodischer Überlegungen erzielte Leistung im Mittelpunkt. Entsprechend war und ist das Wissenschaftssystem in den meisten Bereichen auf Einzelpersonen und die von ihnen erzielten und ggf. erstmalig veröffentlichten Ergebnisse ausgerichtet. Dies gilt in Form der Fokussierung auf inspirierende, leitende und organisatorisch verantwortliche Wissenschaftlerinnen und Wissenschaftler selbst dort, wo Gruppen von Forschenden unter deren Gesamtverantwortung kooperativ und kollaborativ arbeiten.

Entsprechend werden normalerweise für die erzielten Ergebnisse wissenschaftsbezogene Belohnungen wie Titel, Ehrungen, Positionen und insbesondere Forschungsgelder zugeteilt. Mit diesen können die so unterstützten Forschenden dann im Idealfall erfolgreich weitere herausragende Leistungen und Ergebnisse erzielen. In einem solchen, stark auf persönliche Leistung und Karriere ausgerichteten System sind FD, die u. U. mühsam und in langwierigen Prozessen erhoben wurden, ein Kapital, das nur dann transparent gemacht wird, wenn es schon umfassend ausgewertet und zu Publikationen verarbeitet wurde oder andere Notwendigkeiten bestehen, es bereitzustellen. Dies gilt insbesondere für angehende Wissenschaftlerinnen und Wissenschaftler, die sich im Rahmen von Qualifizierungsarbeiten (z. B. Master, Promotion oder Habilitation) sowie Projekten profilieren wollen. Die traditionelle Hemmschwelle zu überwinden und FD nicht für sich zu behalten, bedarf daher intensiver Motivation. Diese wird ganz wesentlich davon beeinflusst, inwieweit die Bereitstellung der Daten sich in Formen der Anerkennung und Belohnung in der Wissenschaftswelt niederschlägt.[4]

Die subjektiven, durchaus auch psychologischen Aspekte der bislang erkennbaren Zurückhaltung insbesondere von Forschenden, die nicht im Verbund und kollaborativ arbeiten, erlangen in der Forschung zum FDM deutliche Beachtung.[5] Gleichzeitig sind sie aber auch Gegenstand von internationalen Projektaktivitäten, die z. B. im Teilprojekt GO CHANGE der Initiative GO FAIR[6] angegangen werden.

---

4 Vgl. Lucraft et al. 2019, 12–14.
5 Vgl. z. B. Linek et al. 2017, 1–24.
6 S. https://www.go-fair.org/go-fair-initiative/go-change/ und den Beitrag von Linne et al., Kap. 3.2 in diesem Praxishandbuch. Letztes Abrufdatum der Internet-Dokumente ist der 15.11.2020.

Mangelnde Kompetenz und Erfahrung im Umgang mit FD sind immer wieder ein zentrales Hindernis, Forschungsprozesse und die dabei gewonnenen bzw. genutzten FD im Sinne eines transparenten FDM adäquat zu erfassen und aufzubereiten. Die entsprechenden Defizite führen dazu, dass die einer Veröffentlichung zugrundeliegenden FD häufig nicht publiziert, also auch nicht intersubjektiv überprüft oder ggf. für nachfolgende Forschungen genutzt werden können. Unklarheiten bzgl. dessen, was überhaupt im konkreten Kontext FD sind, Unklarheiten bei der Erhebung, der Dokumentation des Vorgehens und der Beschreibung gewonnener Daten mittels Metadaten sowie rechtliche Unsicherheiten können auch die Bereitwilligsten daran hindern, die Veröffentlichung ihrer FD zu ermöglichen. Jüngste Forschungen zeigen, dass 65 Prozent aller Forschenden entsprechenden Beratungsbedarf für sich reklamieren. Sie sehen ihre Mitforschenden z. B. in Fachgesellschaften, aber auch Verlage und Bibliotheken in der Pflicht, entsprechende Dienste bereitzustellen.[7] Diese subjektive Unsicherheit und die damit verbundenen objektiven Defizite konkretisieren sich u. a. in den nachfolgend erläuterten, ausgewählten Gründen, seine FD *nicht* bereit zu stellen.[8]

1.1 Verlust der Datenhoheit

Die Datenhoheit über die selbst erhobenen FD zu verlieren, ist wohl die größte Befürchtung und damit eine klassische Hemmschwelle von Forschenden: Ihre Daten sind aus ihrer Sicht noch nicht hinreichend ausgewertet und in einer nicht aufbereiteten, d. h. u. a. ohne erläuternde Metadaten versehen Form für Dritte nicht verständlich. Dies mag z. T. bewusst provoziert werden, denn schließlich sind Dritte u. U. Konkurrenten im Wissenschaftsbetrieb und es soll verhindert werden, dass diese sich die eigene Vorarbeit zunutze und damit womöglich Karriere machen.

Eine zumeist unausgesprochene, aber vermutlich gerade bei Qualifizierungsarbeiten durchaus berechtigte subjektive Befürchtung kann zudem sein, dass „Schwächen der Datenerhebung und -analyse sichtbar werden"[9] oder dass erkennbar wird, dass Daten sogar manipuliert sind.[10]

Warum auch immer eine Aufbereitung der Daten unterbleibt: Die Furcht vor dem Verlust der Datenhoheit ist bislang ein im Wissenschaftssystem durchaus ak-

---

[7] Vgl. Lucraft et al. 2019, 18.
[8] Eine viele Aspekte abdeckende Übersicht zu möglichen Gründen, FD nicht zu publizieren, hat Kaden 2018 auf der Grundlage einer Diskussion beim Open-Science-Bar-Camp des Leibniz Forschungsverbunds Science 2.0 am 12.03.2018 zusammengestellt.
[9] Kaden 2018.
[10] Vgl. zu dieser These die Untersuchung von Wicherts, Bakker und Molenar 2011, den Beitrag von Wiarda 2019 sowie insgesamt zu diesem Themenkomplex die fortwährend aktualisierte Sammlung zurückgezogener Paper unter https://retractionwatch.com/.

zeptiertes Argument. Im Wesentlichen ist es dem großen Publikationsdruck gerade der sich in traditioneller Form profilierender Forschenden geschuldet.

1.2 Fehlender und unzureichend umgesetzter Datenmanagementplan

Um Daten und ihre Erhebung für Dritte nachvollziehbar zu machen, sollten schon bei der Planung des Forschungsvorhabens das Konzept der Datenerhebung, die dabei zu erfassenden Metadaten, die Nutzungsanforderungen und -möglichkeiten sowie die damit verbundenen rechtlichen Aspekte in einem Gesamtkonzept, dem sog. Datenmanagementplan (DMP), festgehalten werden. Der Aufwand, diesen umzusetzen, ist umso geringer, je früher und systematischer die Planung und Umsetzung erfolgt. So kann ggf. das Erfassen von forschungsdatenbezogenen Metadaten (teil-)automatisiert erfolgen.

Die Erstellung und Umsetzung eines DMP wird wegen entsprechender Anforderungen der Forschungsförderer[11] selbstverständlicher. Dennoch werden insbesondere Forschungsvorhaben Einzelner häufig mangels Kenntnis des Konzeptes oder wegen des vermeintlich zu hohen Aufwands noch ohne DMP realisiert. Dieses Defizit wird erst dann offenbar, wenn weiterführende Forschungsaktivitäten unter Nachnutzung der zuvor gewonnenen Daten anstehen. Dann aber fehlen die die Datenerhebung dokumentierenden Metadaten ebenso wie die rechtliche Absicherung zu deren Nachnutzung (s. u.) in einem weiteren Forschungskontext.

1.3 Aufwand

Abhängig vom Forschungsgebiet und den eingesetzten Methoden, aber auch abhängig von der Regeltreue, mit der die im Datenmanagementplan als notwendig deklarierten Maßnahmen zur Qualitätssicherung, Beschreibung und dem Kuratieren von FD umgesetzt werden, entsteht u. U. ein erheblicher zeitlicher und ggf. auch finanzieller Aufwand. Dieser wird nachvollziehbarerweise von vielen Forschenden bislang häufig noch nicht als integraler Bestandteil, sondern als zusätzlicher Aufwand im Rahmen ihrer Forschungsaktivitäten wahrgenommen, der sie vom „eigentlichen Forschen" abhält.

Die dabei anfallenden Aufgaben sind durchaus umfangreich, wie eine entsprechende Auflistung vor dem Hintergrund praktischer Erfahrungen in der Max-Weber-Stiftung deutlich macht:

---

11 S. den Beitrag von Putnings, Kap. 1.3 in diesem Praxishandbuch.

- Anamnese der Daten (durch ein Dateninterview)
- Appraisal des Datensatzes (Auswahl der Dateien und Informationspakete)
- Explikation (Variablenbezeichnung, Abkürzungen)
- Konversion in standardisierte, nicht-proprietäre Formate (xls in csv)
- Wahl des Dateiformats und Durchführung der Formatvalidierung (TIFF)
- Transformation und Strukturierung (Texte in TEI-P5)
- Automatisierte Anreicherung (Named Entity Recognition)
- Validierung gegen Standards (FAIR Data Prinzipien)
- Wahl des Datenrepositoriums (via re3data.org)
- Ingest (Account, Paketierung, Uploadprozess)
- Lizenzvergabe (kompatibel mit der Offen-Definition und ... FAIR-Prinzipien)
- Metadatenvergabe (DataCite-Metadata-Schema)
- Dokumentation (natursprachliche Sammlungsbeschreibung)[12]

Die Tragweite unzureichend dokumentierter und kuratierter FD für die Wahrnehmbarkeit der erzielten Forschungsergebnisse wird zumeist erst zu spät erkannt. Dokumentation im Nachhinein erweist sich aber als zusätzlich aufwendig. Der Verzicht auf eine Veröffentlichung der Daten erscheint dann vordergründig als der einfachere Weg. Dies auch deshalb, weil bislang im Wissenschaftsbetrieb noch häufig die textbasierte Publikation allein als hinreichender wissenschaftlicher Output angesehen und anerkannt wird.

Dabei ist es – abhängig von der Förderorganisation – durchaus möglich, Kosten für die Aufbereitung von Daten und für die Nutzung existierender Infrastrukturen zu beantragen.[13] Da solche Anreize bislang nur bei manchen Forschungsförderern zugänglich waren, bedarf es hier umso mehr eines grundlegenden Bewusstseinswandels, um in allen Bereichen die Dokumentation und das Kuratieren von FD als selbstverständlichen und unabdingbaren Teil jeglicher Forschung zu verstehen.

---

12 Cremer, Klaffki und Steyer 2019, 121–122 – ohne die Fußnotennummern im Original. Auf das von dieser Autorengruppe vorgeschlagene Konzept der Unterstützung durch eine sog. Forschungsdatenredaktion wird später im Zusammenhang mit möglichen Maßnahmen von Verlagen eingegangen.
13 So beispielsweise bei der Deutschen Forschungsgemeinschaft (DFG): „Projektspezifische Kosten, die im Rahmen eines wissenschaftlichen Projekts bei der Aufbereitung von Forschungsdaten für eine Anschlussnutzung bzw. für die Überführung von Forschungsdaten in existierende Infrastrukturen entstehen, können mit dem Antrag bei der DFG eingeworben werden." Deutsche Forschungsgemeinschaft 2020. Ein grundsätzlich ähnliches Verständnis leitet die internationale Initiative der Forschungsförderer, die sich im sog. Plan S zusammengeschlossen haben (s. https://www.coalition-s.org/principles-and-implementation/).

1.4 Unzureichende Klärung rechtlicher und ethischer Aspekte

Die unzureichende rechtliche Absicherung der Veröffentlichung und Nachnutzung von FD erweist sich häufig dann als Barriere zur Bereitstellung von FD, wenn die Forschenden am Ende eines Vorhabens zur Publikation der Daten aufgefordert werden.

Grundsätzlich bedarf es zumindest nach deutscher Rechtslage einer expliziten Erlaubnis zur Nutzung erhobener Daten für das konkrete Vorhaben ebenso wie zu einer Nachnutzung dieser Daten in einem möglichen anderen Forschungskontext. Ohne eine solche schriftlich vorliegende Erklärung, eine sog. „informierte Einwilligung"[14] derjenigen, über die Daten erhoben werden (bzw. ihrer gesetzlichen Vertreter), dürfen Daten rein rechtlich noch nicht einmal in einem Repositorium aufgenommen werden. Bei nicht anonymen oder nicht vollständig anonymisierten bzw. anonymisierbaren Daten, die konkreten Personen als Aussage oder Verhalten zugeordnet werden könn(t)en, bestehen weitere rechtliche Anforderungen u. a. hinsichtlich der Persönlichkeitsrechte der Beteiligten. Und schließlich sind urheberrechtliche Fragen z. B. bezüglich der Bilder oder Grafiken relevant, die im Vorfeld einer Veröffentlichung und ggf. erfolgender Nachnutzung geklärt werden müssen.[15] Sind die rechtlichen Anforderungen nicht vollständig erfüllt, unterbleibt häufig die Publikation der Daten. Das Resultat ist u. a. die fehlende Nachprüfbarkeit und Nachnutzung von Forschungsergebnissen.

In vielen Forschungszusammenhängen kommen aber auch ethische Fragen[16] zum Tragen, z. B. die Integrität der Forschenden oder die Würde bzw. Selbstbestimmtheit von Datengebenden, über die sich Forschende bewusst werden sollten.[17]

Zu beiden Themenfelder werden zwar bei der Erstellung eines DMP konkrete Aussagen eingefordert, faktisch fühlen sich aber die meisten Forschenden hier verunsichert. Entsprechend hoch ist – im Sinne einer Barriere – der diesbezügliche Beratungsbedarf, der allerdings bislang häufig nur unzureichend erfüllt wird.

---

14 Vgl. beispielhaft die Hinweise des Verbundes Forschungsdaten Bildung unter https://www.forschungsdaten-bildung.de/einwilligung?la=de sowie die Angaben bei Jensen 2012, 65–67.
15 S. a. den Beitrag von Lauber-Rönsberg, Kap. 1.4 in diesem Praxishandbuch.
16 S. den Beitrag von Rösch, Kap. 1.5 in diesem Praxishandbuch.
17 Vgl. die Leitlinie 10 in den DFG-Leitlinien zur Sicherung guter wissenschaftlicher Praxis (Deutsche Forschungsgemeinschaft 2019) sowie beispielhaft den Hinweis des Verbundes Forschungsdaten Bildung unter https://www.forschungsdaten-bildung.de/ethik?la=de.

2 Verantwortung und mögliche Maßnahmen seitens der Stakeholder

Aus der subjektiven Perspektive der Forschenden scheitert das Kuratieren und die Bereitstellung von FD also vordergründig zumeist an den o. g. Ursachen. Z. T. wurzeln diese im Wissenschaftssystem und seinen über Jahre entwickelten Regeln und Regularien sowie in den ggf. nicht verfügbaren Infrastrukturen. Das Kuratieren und die Bereitstellung kann durch die Veränderung der Regeln und Regularien von FD jedoch gefördert, gefordert und belohnt werden. Durch das Zusammenspiel aller Beteiligten würde möglich, was in der Literatur schon seit Jahren diskutiert wird: Bereitgestellte Hardware- und Softwarelösungen ermöglichen selbstverständlich werdende Arbeitsprozesse. Die proaktive Beratung der Forschenden und unterstützende Begleitung der FDM-relevanten Prozesse erfolgt durch Akteurinnen und Akteure, die nah an den Forschenden agieren und mit ihren Perspektiven und Interessen vertraut sind. Peers, Fachgesellschaften und die organisatorisch wie finanziell fördernden Institutionen schaffen Anreize bzw. fordern und belohnen die Bereitstellung sowie Veröffentlichung von gut kuratierten FD und deren Nachnutzung unter nachvollziehbaren Lizenzbedingungen.

Wie Stakeholder mit welchen Maßnahmen zur gewünschten Entwicklung und damit zur Überwindung und Beseitigung von Barrieren und Hemmschwellen beitragen können und sollten, wird nachfolgend dargestellt. Betrachtet werden dabei im Einzelnen jene Stakeholder, denen hierbei bislang der größte Einfluss zugerechnet wird, nämlich:
– Politik/Forschungsförderorganisationen,
– Hochschulen/außeruniversitäre Forschungseinrichtungen, hier insbesondere
    – Leitungsgremien,
    – Infrastruktureinrichtungen und
    – Fakultäten,
– Fachgesellschaften,
– Verlage.

2.1 Maßnahmen der Politik und der Forschungsförderer

Bislang ist die Bereitstellung von FD auch deshalb noch keine Selbstverständlichkeit, weil eine Melange aus Hemmschwellen und Barrieren insbesondere im Publikationsmarkt dies behindert. Ordnungspolitische Vorgaben sowie damit verbundene Empfehlungen und Maßnahmen sollen dies ändern.

Die staatlicherseits u. a. über die Forschungsförderorganisationen schon seit mehreren Jahren stimulierten alternativen Formen zur Verbreitung von Forschungsergebnissen – Stichwort Open Access – wurden naheliegenderweise nach dem Konzept Open Data auf FD ausgedehnt und bilden einen wesentlichen Aspekt der sog. Offenen Wissenschaft (Open Science).

Dabei werden mit der freien Zugänglichkeit von FD mehrere ordnungspolitische Zielsetzungen verfolgt:
- Die Motivation und das Bewusstmachen, die Nachnutzung der Daten aus Forschungsergebnissen als Teil eines iterativen, im besten Fall offenen Forschungsprozesses zu sehen;
- soweit realisierbar die Wiederholbarkeit und damit auch Nachprüfbarkeit von Forschungssettings und der dabei gewonnenen Daten zum Standard zu erheben;
- eine Effizienzsteigerung von nationalen Forschungsaktivitäten durch deren Beschleunigung und zunehmende internationale Vernetzung sowie
- eine Beschränkung der Gesamtkosten des Publikationssystems, dessen originäre Funktion wieder stärker in den Fokus gebracht wird.

Mit der Umsetzung dieser wissenschaftspolitischen Zielsetzungen in praktische Maßnahmen sind die Forschungsförderorganisationen wie z. B. die DFG[18] oder auch Forschungsgemeinschaften wie die Leibniz- bzw. Helmholtz-Gemeinschaft betraut. Sie haben hierfür – in Analogie zu ihren Pendants in anderen Ländern sowie auf der EU-Ebene – unterschiedliche Anreiz- und Steuerungsmechanismen[19] entwickelt, z. B.
- die Vorgabe, DMP zu einem obligatorischen Bestandteil von Förderanträgen zu erklären und damit FD und deren längerfristige Verfügbarkeit in den Blick zu nehmen;
- die finanzielle Unterstützung der Aufbereitung von FD im Hinblick auf eine Veröffentlichung;
- die finanzielle Unterstützung einer (Daten-)Publikation als solches;
- die Vorgabe, dass Ergebnisse einer von ihnen geförderten Forschungsaktivität inklusive der zugehörigen Daten Open Access bzw. den FAIR-Prinzipien folgend veröffentlicht werden müssen, um eine möglichst breite, im Idealfall weltweite Zugänglichkeit sicherzustellen;
- die Einbeziehung von Datenveröffentlichungen in die Bewertung von Forschungsleistungen.[20]

---

[18] S. den Beitrag von Putnings, Kap. 1.3 in diesem Praxishandbuch.
[19] Vgl. u. a. die – allerdings unvollständige – Übersicht unter https://www.forschungsdaten.org/index.php/F%C3%B6rderorganisationen.
[20] Vgl. Deutsche Forschungsgemeinschaft 2015, 2.

Gerade diese zuletzt genannte Maßnahme zielt darauf, die etablierten Gatekeeper-Netzwerke aus Verlagen, bedeutenden Wissenschaftlerinnen und Wissenschaftlern als Begutachtende und Herausgebende sowie den bewertenden Gremien bei Geld- und Postenvergabe an Nachwuchswissenschaftlerinnen und Nachwuchswissenschaftler zu durchbrechen. Ihr Hebel ist dabei, in höherem Maße die Datenveröffentlichung als solches sowie deren Qualität als relevant zu erachten.

Die genannten Einzelmaßnahmen seitens der Forschungsförderorganisationen korrespondieren mit der vom Rat für Informationsinfrastrukturen[21] (RfII) mit seinen strukturpolitisch analysierenden und stimulierenden Papieren initiierten Idee einer Nationalen Forschungsdateninfrastruktur (NFDI).[22] Mit der NFDI soll dem deutschen Wissenschaftssystem ein „bundesweites, verteiltes und wachsendes Netzwerk"[23] von Diensten und Beratungsangeboten für das FDM in den Jahren 2019–2028 bereitgestellt und mit jährlich bis zu 90 Millionen Euro Fördergeldern unterstützt werden.[24] Ausgangspunkt dieser großangelegten strukturpolitischen Fördermaßnahme auf der nationalen Ebene ist die Erkenntnis, dass es – korrespondierend zu ähnlichen Maßnahmen auf europäischer Ebene in Form der European Open Science Cloud (EOSC)[25] – neben den o. g. stimulierenden Einzelmaßnahmen u. a. konzertierter Aktivitäten für institutionsübergreifende Strukturen bedarf, um insbesondere disziplinbezogene Besonderheiten des FDM aufgreifen zu können und so gezielt die etablierten strukturellen Barrieren zu überwinden. Die internationale Anschlussfähigkeit der bundesdeutschen Wissenschaft soll dabei auch durch die Herausbildung einer neuen Datenkultur gefördert werden.

Auch auf der Ebene der Bundesländer sind – zeitlich z. T. sehr versetzt – Fördermaßnahmen initiiert worden.[26] Schon im Jahre 2014 verdeutlichte Baden-Württemberg im Rahmen eines entsprechenden Förderkonzeptes[27] die Relevanz des Handlungsfeldes FDM. Andere Bundesländer wie z. B. Hessen im Jahr 2016,[28] Nordrhein-

---

21 S. http://www.rfii.de/de/start/.
22 RfII 2016, RfII 2017 und RfII 2018.
23 RfII 2016, 2.
24 Vgl. hierzu die Erläuterungen unter https://www.gwk-bonn.de/themen/weitere-arbeitsgebiete/informationsinfrastrukturen-nfdi/ sowie die dort verlinkte Bund-Länder-Vereinbarung vom 26.11.2018.
25 Vgl. für weiterführende Informationen die offizielle Website der EU unter https://ec.europa.eu/research/openscience/index.cfm?pg=open-science-cloud.
26 Einen Überblick gibt die Seite https://www.forschungsdaten.info/praxis-kompakt/fdm-in-den-bundeslaendern/.
27 Vgl. für Details „E-Science. Wissenschaft unter neuen Rahmenbedingungen", http://mwk.baden-wuerttemberg.de/fileadmin/redaktion/m-mwk/intern/dateien/pdf/Forschung/066_PM_Anlage_E-Science_Web.pdf.
28 Vgl. Brand, Stille und Schachtner 2018.

Westfalen in den Jahren 2017 und 2019[29] oder Brandenburg 2019[30] zogen zwischenzeitlich nach und legten umfangreiche Fördermaßnahmen zum fachlichen Austausch über geeignete Maßnahmen sowie zur Strukturentwicklung auf. Hierfür erfahren die länderfinanzierten Hochschulen als jene Einrichtungen, die in den meisten Fällen Erstansprechpartner für Forschende und damit ein zentraler Bestandteil der NFDI sein sollen, zunehmende Aufmerksamkeit.[31]

2.2 Maßnahmen der Hochschulen / außeruniversitären Forschungseinrichtungen

Leitungsgremien

In den 2010er Jahren griffen die Hochschulleitungen das Thema FDM auf und verabschiedeten hierzu in der Hochschulrektorenkonferenz (HRK)[32] zwei grundlegende Positionspapiere.[33] „Als Kernaufgaben wurden darin unter anderem die Entwicklung einer Strategie zum FDM, die Verabschiedung einer universitätsweiten Forschungsdaten-Policy und die Weiterentwicklung von Kompetenzen benannt."[34] Ziel der so angestoßenen Maßnahmen ist es,

> dass die Forscherinnen und Forscher ihrer Hochschule und des gesamten deutschen Wissenschaftssystems eine Umgebung vorfinden, die ihnen ein effizientes, unkompliziertes und rechtlich abgesichertes Management der digitalen Forschungsdaten ermöglicht und damit die Grundlage für die wissenschaftliche Arbeit schafft.[35]

Als eine besondere Herausforderung wird dabei gesehen, dass Hochschulen – anders als die auf ausgewählte Themenfelder fokussierten außeruniversitären Forschungseinrichtungen – thematisch breit ausgerichtet und daher mit ganz unterschiedlichen Bedarfen[36] sowie Datenkulturen in den verschiedenen Fachdisziplinen konfrontiert sind.

---

29 Nach der „Landesinitiative NFDI der digitalen Hochschule NRW" wurde im September 2019 „fdm.nrw – Landesinitiative für Forschungsdatenmanagement" auf den Weg gebracht; vgl. https://www.fdm.nrw.
30 Einen Überblick zu dem von 11/2019–10/2020 laufenden Projekt „Forschungsdatenmanagement in Brandenburg: Technologien, Kompetenzen, Rahmenbedingungen" (FDM-BB) gibt https://www.forschungsdaten.org/index.php/FDM-BB.
31 Vgl. Curdt et al. 2018, 2–3.
32 S. https://www.hrk.de/.
33 S. HRK 2014; HRK 2015.
34 Helbig et al. 2019, 21.
35 HRK 2014, 3.

Diese politische Aufforderung wird an den Hochschulen bislang sehr unterschiedlich umgesetzt. Erst allmählich scheint in den Hochschulleitungsgremien deutlich zu werden, dass es hierzu mehr als formaler Beschlüsse und der Verabschiedung einer FD-Policy[37] bedarf. Die NFDI-Initiative hat diesbezüglich bei forschungsorientierten Institutionen zusätzlichen Druck erzeugt, dessen Nebeneffekt u. a. die Bildung von hochschulinternen FDM-Gruppen aus den Infrastruktureinrichtungen der Hochschulen und Vertreterinnen und Vertreter von im FDM besonders aktiver Fachdisziplinen ist. Der erwünschte Kulturwandel wird also sowohl von außen als auch oben stimuliert.

Im Zusammenspiel mit den Fakultäten haben die Hochschulleitungen auch auf der curricularen Ebene die Möglichkeit, das Thema FDM zumindest in Masterstudiengängen und Promotionskolloquien als obligatorisch zu verankern. Damit schaffen sie die Grundlage, dass die nachwachsenden Forschenden schon frühzeitig für das Thema sensibilisiert und mit praktischem Know-how zum Thema ausgestattet sind, um es in ihren eigenen Aktivitäten dann ganz selbstverständlich umzusetzen.[38]

Auch in den außeruniversitären Forschungseinrichtungen, die – je nach Fachdisziplin – z. T. schon seit Jahren im FDM aktiv sind, ist der Sachstand fachdisziplinbezogen unterschiedlich. Für ihre internationalen Kooperationen und Förderanträge erweisen sich etablierte FDM-Strukturen zunehmend als Voraussetzung und entsprechend selbstverständlich sind dort FDM-bezogene Vorgaben der Leitungsgremien für Workflows und kompetenzbildende Strukturen geworden.[39]

Infrastruktureinrichtungen

In den Hochschulen sind insbesondere die Infrastruktureinrichtungen Bibliothek und Rechenzentrum (beide z. T. sehr divers benannt) für die Umsetzung des FDM und damit die Reduzierung von Hemmschwellen und Barrieren wichtig. Im IT-Bereich stehen die campusweite Bereitstellung von Software, z. B. zur Erstellung eines DMP oder zur mittel- bis langfristigen Speicherung bzw. Archivierung von FD, sowie

---

36 Vgl. hierzu z. B. die in HRK 2015, 16–20, genannten unterschiedlichen „Szenarien des Forschungsdatenmanagements".
37 Beispiel für direkte Umsetzung der HRK-Überlegungen ist die Universität Münster – vgl. Meyer-Doerpinghaus und Tröger 2015. Zum aktuellen Stand beim Thema Datenpolicies vgl. die Angaben unter forschungsdaten.org: Data Policies; https://www.forschungsdaten.org/index.php/Data_Policies.
38 S. die Beiträge von Fühles-Ubach und Albers, Kap. 3.1 sowie Rothfritz et al., Kap. 3.4 in diesem Praxishandbuch.
39 Vgl. z. B. die programmatische Erklärung der Helmholtz-Gemeinschaft von 2016 „Digitale Forschungsdaten offen zugänglich machen" und die hieraus entwickelte Helmholtz-Data Federation (HDF), s. https://www.helmholtz.de/forschung/information-data-science/helmholtz-data-federation-hdf.

der Aufbau von Strukturen zur leichten Datenablage im Vordergrund. Seitens der Bibliotheken spielt insbesondere das prozessorientierte Know-how zur Vermittlung von Kompetenzen im Umgang mit FD, deren Beschreibung mittels Metadaten sowie ggf. operative Unterstützung bei diesen Aktivitäten eine wesentliche Rolle. In welchem Maße solche infrastrukturellen Unterstützungsmaßnahmen geleistet werden können, hängt u. a. von der jeweiligen personellen Ausstattung, dem dann tatsächlich vorhandenen FDM-generischen und disziplinbezogenen Know-how sowie der Kooperationsbereitschaft bzw. einer gelungenen Arbeitsteilung zwischen diesen Akteurinnen und Akteuren ab. Tendenziell am erfolgreichsten scheinen jene Hochschulen zu sein, in denen das Thema FDM in einem Kompetenzcluster konzentriert wurde, so dass Ansprechpartnerinnen und -partner sowie Kompetenztragende für die Forschenden klar identifizierbar sind.[40] Insbesondere einführende Informationen wie z. B. sog. Coffee Lectures oder Schulungsmaßnahmen, die generisch oder disziplinbezogen angeboten werden und im Idealfall auch von anderen Hochschulen nachgenutzt werden können,[41] beschleunigen diesen Veränderungsprozess, werden aber weitgehend ins Leere laufen, wenn nicht entsprechende technische und organisatorische Infrastrukturangebote seitens der Hochschulen (allein oder im Verbund) oder Forschungseinrichtungen (vgl. z. B. den Verbund Forschungsdaten Bildung) bereitgestellt werden.[42]

Fakultäten

Bei der Auswahl der wissenschaftlichen Mitarbeitenden wie auch von neuen Professorinnen und Professoren haben Fakultäten und ihre Gremien eine zentrale Rolle. Sie agieren auf der Grundlage von hochschulinternen Regularien wie Berufungs- oder Fakultätsordnungen, in denen die formalen Auswahlkriterien für zu Berufende formuliert sind. Auf dieser Grundlage werden dann in Berufungsverfahren konkrete Anforderungen an Bewerberinnen und Bewerber entwickelt. Inwieweit hierbei auch die Veröffentlichung von FD – ergänzend zu klassischen Textpublikationen – eine Rolle spielt, wird nicht zuletzt auf dieser Ebene entschieden. Hier kann die in einer Data Policy formulierte hochschulweite Absichtserklärung zur Einbeziehung von FD-Veröffentlichungen in der Personalauswahl konkret in die Tat umgesetzt werden, wobei für eine Übergangsphase von mehreren Jahren dies vermutlich noch optional bleiben wird. Prinzipiell jedoch kann sich hier ein Mentalitätswandel über

---

40 Vgl. die positiven Erfahrungen aus Erlangen-Nürnberg (Putnings und Teichert 2017) oder in Delft, die Mancilla et al. 2019 berichten.
41 S. Beitrag von Helbig, Kap. 3.3 in diesem Praxishandbuch.
42 Vgl. z. B. die Aktivitäten in Aachen (Schmitz und Politze 2018; Hausen und Windeck 2018) oder – insbesondere auch bzgl. der nachnutzbaren Schulungskonzepte – Berlin-Brandenburg (Helbig et al. 2019).

den Stellenwert von Daten und ihrer Publikation konkretisieren. Dieser wird vermutlich durch die Einbeziehung des Publikationstyps „Forschungsdaten" bei der Fakultätsevaluierung und ggf. damit verbundener sog. Leistungsorientierter Mittelvergabe beschleunigt.

Gleiches gilt im Prinzip auch für die Auswahlgremien außeruniversitärer Forschungseinrichtungen, bei denen der hohe Anteil von befristet beschäftigten Forschenden sowie das häufig projektorientierte und in internationalen Kontexten angelegte Forschen eine noch schnellere Einbeziehung von Datenpublikationen in die Beurteilung wissenschaftlicher Reputation ermöglicht. Inwieweit hier und im engeren Hochschulkontext tatsächlich geänderte Praktiken zum Tragen kommen, bleibt einer gesonderten Untersuchung vorbehalten.

2.3 Maßnahmen der Fachgesellschaften

In diversen Fachdisziplinen haben die jeweiligen Fachgesellschaften als kollektive Vertretung der jeweiligen Fachdisziplin wie auch fachlich herausragender Kolleginnen und Kollegen einen maßgeblichen Einfluss auf die fachliche Kommunikations- und Publikationskultur ihrer Mitglieder.[43] Durch Anreize sowie die erklärte Forderung an Forschende, im Kontext ihrer Publikationen auch die hierzu relevanten FD bereitzustellen, beseitigen sie u. U. tradierte Praktiken und reduzieren, bestenfalls entfernen sie sogar Hemmschwellen in der Publikationspraxis. Durch die Einbeziehung eingeforderter und bereitgestellter FD in das Begutachtungsverfahren z. B. für Beiträge zu Fachtagungen sowie die selbstverständliche Möglichkeit, FD in diesem Kontext, in einer vom Verband getragenen Fachzeitschrift oder einem kooperierenden Repositorium zu veröffentlichen, fällt zudem eine strukturelle Barriere. So erfolgt für Vortragende bzw. Publizierende wie für Rezipienten die selbstverständliche Zuordnung von FD zu Publikationen. Zudem sind weiterführende Informationsdienste, wie z. B. das offene Verlinken der einer Publikation zugrundeliegenden Daten[44] oder die – ggf. synoptische – Aggregation und Auswertung solcher Daten für Metaanalysen möglich.

Fachgesellschaften haben insofern sowohl die Möglichkeit, die Publikationskultur und damit die von informellen und subjektiven Wahrnehmungen geprägten Hemmschwellen zu reduzieren bzw. zu beseitigen, als auch – sofern sie selbst Anbieter entsprechender Publikationsstrukturen sind – entsprechende Barrieren zu beseitigen.

---

[43] Vgl. z. B. die Untersuchung im Rahmen des Projektes Options4OA durch Strecker und Pampel 2019, auch wenn diese nur einen Teil der relevanten Fachdisziplinen abdeckt.
[44] Vgl. z. B. die Überlegungen und Ergebnisse im Projekt InteractOA unter https://www.zbmed.de/forschen/abgeschlossene-projekte/interactoa/.

2.4 Maßnahmen der Verlage

Verlage tragen durchaus auch Verantwortung bei der Veränderung der Veröffentlichungspraxis von FD, da sie – je nach Bedeutung und Anzahl der von ihnen herausgegebenen Zeitschriften – die gewünschte Veränderung zu einer transparenten Bereitstellung von FD mitgestalten können. Schließlich benötigen Gutachterinnen und Gutachter eingereichter Beiträge Zugang zu jenen Daten, die die Grundlage der zu publizierenden Aussagen ausmachen. Dezidierte Open-Access-Verlage, die häufig als einzelnen Hochschulen verbundene oder dort ausgegründete Verlage entstanden sind, kommt dabei eine wichtige initiale bzw. die Entwicklung befördernde Rolle zu, in dem sie u. a. mit hochschuleigenen oder fachspezifischen Repositorien kooperieren.

Die von Verlagen vorgegebenen Richtlinien und Praktiken[45] sollten im Idealfall nicht zeitschriftenspezifisch sein, sondern für alle Zeitschriften des Verlages so gestaltet sein, dass sie die Workflows, Speicherorte und den konkreten Umgang mit FD klarstellen. Dies entlastet die Herausgeberinnen und Herausgeber, jeweils zeitschriftenspezifische Regelungen zu formulieren, auch wenn der Umgang mit FD z. T. noch disziplinspezifisch variiert. Zudem wird so deutlich, welche Linie ein Verlag beim Thema FD verfolgt. Solche Richtlinien zur Datentransparenz können nach Mellor 2018 drei Ebenen zugeordnet werden:

> Level 1, Disclosure. Articles must state whether or not data underlying reported results are available and, if so, how to access them.
> Level 2, Mandate. Article must share data underlying reported results in a trusted repository. If data cannot be shared for ethical or legal constraints, authors must state this and provide as much data as can be reasonably shared.
> Level 3, Verify that shared data are reproducible. Shared data must be made available to a third party to verify that they can be used to replicate findings reported in the article.[46]

Dabei wird sofort erkennbar, dass Ebene 1 faktisch hinter dem zurückbleibt, was im Sinne der Vorgaben der meisten Forschungsfördereinrichtungen als Forderung im Raum steht.[47] Das Geschäftsmodell von Verlagen muss durch solche Vorgaben keineswegs beeinträchtigt werden, denn *wo* FD begleitend zu Textpublikationen bereit-

---

45 Vgl. z. B. die nicht mehr ganz aktuelle Übersicht „Social Science Journals that have a research data policy" unter https://jordproject.wordpress.com/project-data/social-science-journals-that-have-a-research-data-policy/. Sturges et al. 2014 haben schon frühzeitig durch eine Untersuchung im Rahmen des JoRD-Projektes auf entsprechende Defizite hingewiesen.
46 Mellor 2018.
47 Eine Auswertung der Richtlinien zur Datentransparenz bei den vier großen Verlagen Elsevier, Springer Nature, Taylor & Francis und Wiley durch Mellor im Jahr 2018 hat ein sehr heterogenes Bild ergeben. Insofern darf die bislang erzielte oder zu erwartende Wirkung der Datenpolicies einzelner Zeitschriften wie auch Verlage nicht überschätzt werden, wie z. B. eine Untersuchung von Houtkoop et al. 2018 für die Fachdisziplin Psychologie gezeigt hat.

gestellt werden, bleibt dabei offen. Disziplinspezifische Daten-Repositorien kommen dafür genauso in Frage wie generische Serviceangebote, wie sie z. B. von RADAR[48] bereitgehalten werden. Die Vielfalt möglicher Publikationsangebote wird durch re3data[49], dem „Registry of Research Data Repositories" transparent.

Weitergehende Überlegungen und Richtlinien, die u. a. auch Vorgaben für die Bereitstellung von Programmcode, die Zitationsweise, die Registrierung geplanter Untersuchungen (besonders für industrienahe Forschung wünschenswert) sowie die Wiederholung von Studien einbeziehen, können weitere Formen der Datenoffenheit ermöglichen. Diese sog. „Transparency and Openness Promotion Guidelines"[50] wurden 2015 vom Center for Open Science[51] veröffentlicht und sind nach dessen Angaben in mehr als 1000 Zeitschriften weltweit implementiert.

Verlage, aber auch publikationsunterstützende Einheiten in Infrastruktureinrichtungen und Verbünden könnten allerdings schon heute durch die Einrichtung einer Forschungsdatenredaktion die Publikation von FD sowohl Forschende, als auch die klassischen Zeitschriftenredaktionen durch die Bereitstellung hochspezialisierten Know-hows entlasten. Das von Cremer, Klaffki und Steyer am Beispiel der Geisteswissenschaften entwickelte Konzept (eine „Forschungsdatenredaktion [...] übernimmt zentrale Aufgaben im Publikationsprozess"[52]) könnte somit synergetisch Hemmschwellen und Barrieren reduzieren bzw. beseitigen.

Deutlich wird, dass gerade dezidiert dem Thema Offenheit verschriebene Verlage und Organisationen die Aufbereitung und Veröffentlichung von FD ganz wesentlich vorantreiben und damit zunehmend Anforderungen aus der Wissenschaft erfüllen könnten.

Fazit

Noch sind die Forschenden in den meisten Fachdisziplinen zumeist nicht hinreichend auf die Veröffentlichung und Nachnutzung von FD bzgl. Kompetenzen und Motivation vorbereitet. Aber auch bei den Infrastrukturen sind erhebliche Defizite – insbesondere im Hochschulbereich – offenbar. Die Hemmschwellen und Barrieren in Bezug auf die Veröffentlichung von FD sind insofern vielgestaltig und prohibitiv.

---

48 S. https://www.radar-service.eu.
49 S. http://re3data.org/.
50 Vgl. für Details https://cos.io/top bzw. für einen Kurzüberblick https://osf.io/4kdbm.
51 Das Center for Open Science (COS) ist eine forschungsnahe Infrastrukturorganisation zur Unterstützung der Open Science-Entwicklung, die u. a. die Plattform OSF zu Begleitung von transparenten Forschungsprozessen entwickelt und bereitstellt (vgl. https://cos.io/our-products/osf). David Mellor ist dort Director of Policy Initiatives des COS (Stand Oktober 2020).
52 Cremer, Klaffki und Steyer 2019, 121.

Im Einflussbereich der diversen Gatekeeper sind vielfältige Möglichkeiten erkennbar, die vorhandenen strukturellen Barrieren sowie weiterhin bestehenden Hemmschwellen zur Veröffentlichung und freien Nachnutzbarkeit von FD zu reduzieren oder sogar mittel- bis langfristig zu beseitigen. Hierzu bedarf es nicht nur der unabdingbaren Forderungen, Vorgaben, Richtlinien und Policies, sondern konkreter Infrastrukturen und insbesondere einer aktiven Veränderungsbereitschaft der handelnden Akteurinnen und Akteure an den jeweiligen Schaltstellen. Nur so kann der angestrebte Mentalitätswandel erreicht und die Praxis offener Wissenschaft Realität werden. Der Weg dorthin scheint allerdings z. T. noch lang und mühsam zu sein.

Literatur

Letztes Abrufdatum der Internet-Dokumente ist der 15.11.2020.

Brand, Ortrun, Wolfgang Stille und Joachim Schachtner. 2018. „HeFDI – Die landesweite Initiative zum Aufbau von Forschungsdateninfrastrukturen in Hessen." *o-bib. Das offene Bibliotheksjournal* 5 (2/13. Juli). doi:10.5282/o-bib/2018H2S14-27, https://www.o-bib.de/article/view/2018H2S14-27.

Cremer Fabian, Lisa Klaffki und Timo Steyer. 2019. „Redaktionssache Forschungsdaten." *Bibliothek Forschung und Praxis* 43 (1): 118. doi:10.1515/bfp-2019-2018.

Curdt, Constanze, Marleen Grasse, Volker Hess, Nils Kasties, Ania López, Benedikt Magrean, Anja Perry, Andres Quast, Dominik Rudolph, Simone Stork, Johanna Vompras, Nina Winter. 2018. „Zur Rolle der Hochschulen – Positionspapier der Landesinitiative NFDI und Expertengruppe FDM der Digitalen Hochschule NRW zum Aufbau einer Nationalen Forschungsdateninfrastruktur." *Zenodo* (13. April). doi:10.5281/zenodo.1217526.

Deutsche Forschungsgemeinschaft, Hg. 2015. „Leitlinien zum Umgang mit Forschungsdaten." 30. September. https://www.dfg.de/download/pdf/foerderung/antragstellung/forschungsdaten/richtlinien_forschungsdaten.pdf.

Deutsche Forschungsgemeinschaft, Hg. 2019. „Leitlinien zur Sicherung guter wissenschaftlicher Praxis." Kodex. September. https://www.dfg.de/download/pdf/foerderung/rechtliche_rahmenbedingungen/gute_wissenschaftliche_praxis/kodex_gwp.pdf.

Deutsche Forschungsgemeinschaft, Hg. 2020. „Umgang mit Forschungsdaten. DFG-Leitlinien zum Umgang mit Forschungsdaten." 25. Februar. https://www.dfg.de/foerderung/antrag_gutachter_gremien/antragstellende/nachnutzung_forschungsdaten/index.html#anker62194758.

Hausen, Daniela Adele und Jürgen Windeck. 2018. „Entwicklung eines Blended Learning Kurses zum Forschungsdatenmanagement an der RWTH Aachen University." *o-bib. Das offene Bibliotheksjournal* 5 (3/28. September): 17–31. doi:10.5282/o-bib/2018H3S17-31, https://www.o-bib.de/article/view/5337.

Helbig, Kerstin, Katarzyna Biernacka, Petra Buchholz, Dominika Dolzycka, Niklas Hartmann, Thomas Hartmann, Beate Maria Hiemenz u. a. 2019. „Lösungen und Leitfäden für das institutionelle Forschungsdatenmanagement." *o-bib. Das offene Bibliotheksjournal* 6 (3/7. Oktober):21–39. doi:10.5282/o-bib/2019H3S21-39, https://www.o-bib.de/article/view/5505.

Hochschulrektorenkonferenz, Hg. 2014. „Management von Forschungsdaten – eine zentrale strategische Herausforderung für Hochschulleitungen. Empfehlung der 16. HRK-Mitgliederversammlung am 13.5.2014." 13. Mai. https://www.hrk.de/fileadmin/_migrated/content_uploads/ HRK_Empfehlung_Forschungsdaten_13052014_01.pdf.

Hochschulrektorenkonferenz, Hg. 2015. „Wie Hochschulleitungen die Entwicklung des Forschungsdatenmanagements steuern können. Orientierungspfade, Handlungsoptionen, Szenarien. Empfehlung der 19. Mitgliederversammlung der HRK am 10. November 2015 in Kiel." 10. November. https://www.hrk.de/fileadmin/_migrated/content_uploads/Empfehlung_Forschungsdatenmanagement__final_Stand_11.11.2015.pdf.

Houtkoop, Bobby Lee, Chris Chambers, Malcolm Macleod, Dorothy V. M. Bishop, Thomas E. Nichols und Eric-Jan Wagenmakers. 2018. „Data Sharing in Psychology: A Survey on Barriers and Preconditions." *Advances in Methods and Practices in Psychological Science* 1 (1/1. März): 70–85. doi:10.1177/2515245917751886.

Jensen, Uwe. 2012. „Leitlinien zum Management von Forschungsdaten Sozialwissenschaftliche Umfragedaten." GESIS Technical Reports. Juli. https://www.gesis.org/fileadmin/upload/forschung/publikationen/gesis_reihen/gesis_methodenberichte/2012/TechnicalReport_2012-07.pdf.

Kaden, Ben. 2018. „Warum Forschungsdaten nicht publiziert werden." *LIBREAS. Library Ideas* 33. urn:nbn:de:kobv:11-110-18452/20046-8.

Linek, Stephanie B., Benedikt Fecher, Sascha Friesike und Marcel Hebing. 2017. „Data sharing as social dilemma: Influence of the researcher's personality." *PLOS ONE* 12 (8/17. August): e0183216. doi:10.1371/journal.pone.0183216.

Lucraft, Mithu, Grace Baynes, Katie Allin, Iain Hrynaszkiewicz und Varsha Khodiyar. 2019. „Five Essential Factors for Data Sharing." 2. April. doi:10.6084/m9.figshare.7807949.v1.

Mancilla, Heather Andrews, Marta Teperek, Jasper van Dijck, Kees den Heijer, Robbert Eggermont, Esther Plomp, Yasemin Turkyilmaz-van der Velden und Shalini Kurapati. 2019. „On a Quest for Cultural Change – Surveying Research Data Management Practices at Delft University of Technology." *LIBER Quarterly* 29 (1/5. August): 1–27. doi:10.18352/lq.10287.

Mellor, David. 2018. „The Landscape of Open Data Policies." Center for Open Science Blog. 29. August. https://www.cos.io/blog/the-landscape-of-open-data-policies.

Meyer-Doerpinghaus, Ulrich und Beate Tröger. 2015. „Forschungsdatenmanagement als Herausforderung für Hochschulen und Hochschulbibliotheken." *o-bib. Das offene Bibliotheksjournal* 2 (4/18. Dezember): 65–72. doi:10.5282/o-bib/2015H4S65-72.

Neuroth, Heike, Stefan Strathmann, Achim Oßwald, Regine Scheffel, Jens Klump und Jens Ludwig, Hg. 2012. *Langzeitarchivierung von Forschungsdaten. Eine Bestandsaufnahme*. nestor Handbücher. Boizenburg: Werner Hülsbusch. urn:nbn:de:0008-2012031401.

Putnings, Markus und Sebastian Teichert. 2017. „Erfolgreich Forschen durch Kooperation. Verknüpfung hochschuleigener Informationsstrukturen zu einem zentralen Service für Forschende." *o-bib. Das offene Bibliotheksjournal* 4 (4/15. Dezember): 137–144. doi:10.5282/o-bib/2017H4S137-144.

Rat für Informationsinfrastrukturen, Hg. 2016. „RfII-Empfehlungen ‚Leistung aus Vielfalt' – Mai 2016." 23. Juni. urn:nbn:de:101:1-201606229098.

Rat für Informationsinfrastrukturen, Hg. 2017. „Schritt für Schritt – oder: Was bringt wer mit? Ein Diskussionsimpuls zu Zielstellung und Voraussetzungen für den Einstieg in die Nationale Forschungsdateninfrastruktur (NFDI)." 26. April. urn:nbn:de:101:1-201705023233.

Rat für Informationsinfrastrukturen, Hg. 2018. „In der Breite und forschungsnah: Handlungsfähige Konsortien. Dritter Diskussionsimpuls zur Ausgestaltung einer Nationalen Forschungsdateninfrastruktur (NFDI) für die Wissenschaft in Deutschland." 4. Dezember. urn:nbn:de:101:1-2018120515263879760228.

Sane, Jussi und Michael Edelstein. 2015. „Overcoming Barriers to Data Sharing in Public Health. A Global Perspective." Hg. v. Centre on Global Health Security at The Royal Institute of International Affairs, Chatham House. April. https://www.chathamhouse.org/sites/default/files/field/field_document/20150417OvercomingBarriersDataSharingPublicHealthSaneEdelstein.pdf.

Schmitz, Dominik und Marius Politze. 2018. „Forschungsdaten managen – Bausteine für eine dezentrale, forschungsnahe Unterstützung." *o-bib. Das offene Bibliotheksjournal* 5 (3/28. September): 76–91. doi:10.5282/o-bib/2018H3S76-91.

Strecker, Dorothea und Heinz Pampel. 2019. „Fachgesellschaften und Open Access in Deutschland – eine Analyse zur Herausgabe von Zeitschriften." *Zenodo* (19. September). doi:10.5281/zenodo.3406288.

Sturges, Paul, Marianne Bamkin, Jane Anders und Azhar Hussain. „Zugang zu Forschungsdaten. Die Notwendigkeit von Richtlinien für Data Sharing bei Fachzeitschriften. Das JoRD-Projekt der Universität Nottingham." *b.i.t.online* 17 (5): 421–430.

Wiarda, Jan-Martin. 2019. „Medizin und Machtmissbrauch." *Spektrum der Wissenschaft. Medizin* (28. November). https://www.spektrum.de/kolumne/medizin-und-machtmissbrauch/1688058.

Wicherts, Jelte M., Marjan Bakker und Dylan Molenaar. 2011. „Willingness to Share Research Data Is Related to the Strength of the Evidence and the Quality of Reporting of Statistical Results." *PLOS ONE* 6 (11/2. November): e26828. doi:10.1371/journal.pone.0026828.

Zuiderwijk, Anneke und Helen Spiers. 2019. „Sharing and re-using open data: A case study of motivations in astrophysics." *International Journal of Information Management* 49 (1. Dezember): 228–241. doi:10.1016/j.ijinfomgt.2019.05.024.

Markus Putnings
4 Datenmanagement

Abstract: Das (Forschungs-)Datenmanagement zeichnet sich durch eine systematische Planung und Durchführung von entsprechenden datenbezogenen Aufgaben unter Berücksichtigung von relevanten Kontextfaktoren rechtlicher, ethischer etc. Natur aus. Im Gegensatz zur populären Lebenszyklusmetapher können dabei Abläufe ineinander übergehen, nichtsequentiell ablaufen oder, je nach Art und Qualität der Daten, auch gänzlich wegfallen.

1 Begriffsabgrenzung und Scope

Das komplette Praxishandbuch widmet sich im Grunde dem (Forschungs-)Datenmanagement. Während die Schwerpunkte der vorherigen Abschnitte zwar auf den Kontextfaktoren des Datenökosystems, des jeweiligen Datenmarktes und der institutions-, fach- oder personenspezifischen Datenkultur legen, beeinflussen diese dennoch maßgeblich das individuelle (Forschungs-)Datenmanagement (s. Abb. 1). „Datenmanagement" bedeutet in unserer Interpretation stets ein planvolles, methodisches Vorgehen von Individuen, Gruppierungen (z. B. Arbeits-, Projektgruppen) und Institutionen, im Gegensatz zu einer unreflektierten Behandlung von Daten:

> Daten, Informationen und Wissen sind wertvolle Ressourcen, die geplant, organisiert und verwertet werden müssen. Im Umfeld eines Unternehmens spricht man hier allgemein von Managementfunktionen.[1]

Dieses Management (d. h. Planungs- und Verwaltungshandeln) gilt jedoch nicht nur für den Industrie- und Wirtschaftssektor, sondern sektorübergreifend auch für den Wissenschaftssektor, öffentlichen Sektor sowie die Bürgerwissenschaft.[2] Oftmals werden diese Managementfunktionen und -aufgaben anhand einer Lebenszyklusmetapher angeordnet und beschrieben:

> Daten, Informationen und Wissen können entstehen und vergehen, sie durchleben einen Zyklus, in dem sie erzeugt, gespeichert, auf verschiedene Arten benutzt, weitergegeben und auch wieder entfernt werden.[3]

---

[1] Bodendorf 2006, 2.
[2] S. Beitrag von Putnings, Kap. 1 in diesem Praxishandbuch.
[3] Bodendorf 2006, 2.

 Open Access. © 2021 Markus Putnings, publiziert von De Gruyter. Dieses Werk ist lizenziert unter der Creative Commons Attribution 4.0 Lizenz.
https://doi.org/10.1515/9783110657807-017

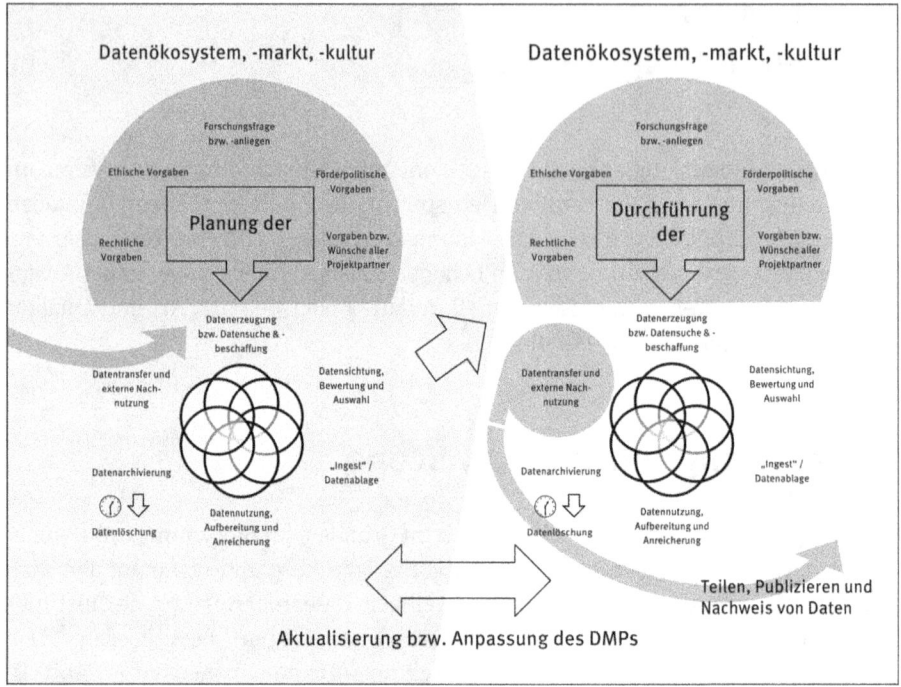

Abb. 1: Datenmanagement – Planung und Durchführung.

Die Metapher fand primär durch das populäre DCC Curation Lifecycle Model[4] Verbreitung. Es gibt in Teilen jedoch Kritik an der Dominanz der Lebenszyklusmetapher.[5] Die Struktur des Praxisbuches betont einige Aspekte, die in der Fachliteratur teils etwas kurz kommen:
- Die Bedeutung nicht nur der Durchführung, sondern auch der bewussten Vorabplanung der Datenmanagementaufgaben, sei es mit oder ohne Datenmanagementplan (DMP),[6]
- die zu berücksichtigenden Kontextfaktoren aus Datenökosystem, -markt und -kultur und
- der nichtsequentielle bzw. teils sich verzweigende Ablauf, mit Möglichkeiten des partiellen Teilens, Publizierens, Veränderns und Löschens von Daten.

---

[4] S. https://www.dcc.ac.uk/about/digital-curation. Letztes Abrufdatum der Internet-Dokumente ist der 15.11.2020.
[5] S. z. B. https://www.zbw-mediatalk.eu/de/2018/09/forschungsdatenmanagement-abhaengigkeit-von-der-lebenszyklusmetapher-und-alternativen/.
[6] Wobei ein DMP natürlich in vielen Fällen, vor allem bei datenintensiven Projekten, zu empfehlen wäre.

2 Planung und Durchführung des Datenmanagements

Es gilt, sich in der Praxis jeweils konkret klar zu machen, was im Kontext von Daten geplant und organisiert werden muss.[7] Im Rahmen von Förderanträgen können z. B. teils Kosten für die Aufbereitung, Archivierung, die Publikation und die (Nach-)Nutzung von Daten in Repositorien und Datenmärkten beantragt werden;[8] entsprechend muss sehr frühzeitig, noch beim Forschungsdesign[9] und beim Schreiben von Projektanträgen, an solche Punkte gedacht und diese eingeplant sowie ggf. in einem DMP schriftlich fixiert werden.

In Abhängigkeit vom jeweiligen Datenökosystem sollten zudem unter anderem (bundes-)länderspezifische Datenschutzregelungen, die Einbeziehung institutioneller Datenschutzbeauftragter, fachspezifischer Ethikkommissionen etc. berücksichtigt werden sowie, wenn später ein konkreter Datenmarkt bedient werden soll, dessen Anforderungsspezifikation.[10]

Wie die ineinandergreifenden Kreise in Abb. 1 verdeutlichen sollen, sind die Managementaufgaben teils miteinander verbunden, ergänzen sich gegenseitig oder fallen, je nach Daten(-qualität) teils auch gänzlich weg.[11] Planung und Durchführung sind dabei eng verzahnt, da Projekte stetigen Veränderungsprozessen unterworfen sind. Manche Förderer, wie der Schweizerische Nationalfonds zur Förderung der wissenschaftlichen Forschung (SNF) fordern deshalb, den DMP eines geförderten Projekts zu festgelegten Zeitpunkten zu aktualisieren.[12]

---

7 Vgl. z. B. Netscher und Jensen 2019 für einen sehr detaillierten, praxisnahen Überblick über die systematische Planung und Umsetzung eines Datenmanagements im fachspezifischen Kontext der Sozialwissenschaften.
8 S. z. B. Beitrag von Putnings, Kap. 1.3 in diesem Praxishandbuch.
9 Hier können zusätzlich auch mögliche Synergieeffekte, spätere Weiterverwertbarkeiten etc. mitbedacht werden, vgl. Büttner, Hobohm und Müller 2011, 16.
10 Z. B. die Beachtung der Vokabulare für DCAT-AP.de im öffentlichen Sektor, s. https://www.dcat-ap.de/, https://www.govdata.de/standardisierung und der Beitrag von Schieferdecker, Kap. 2.3 in diesem Praxishandbuch.
11 Als konkrete Beispiele: wenn die Bewertung z. B. klar zeigt, dass *alle* Daten speicherungswürdig sind, erfolgt unter Umständen später keine entsprechende Selektion zur Archivierung. Bei Sichtung personenbezogener Informationen könnten jedoch im Rahmen einer speziellen Aufbereitung die Datensätze anonymisiert bzw. pseudonymisiert oder Löschfristen vorgesehen werden müssen. Teils entfällt, z. B. bei besonders sensiblen Daten, auch die Datenpublikation.
12 S. Beitrag von Putnings, Kap. 1.3 in diesem Praxishandbuch.

Neben Vorgaben gibt es zur Unterstützung diverse Hilfsmittel bzw. Empfehlungen von Förderern zu einem bestmöglichen Datenmanagement.[13] Auch einige Initiativen engagieren sich hierfür.[14]

Fazit

Wie gezeigt (s. Abb. 1), ist die Planung von Forschungsdaten sowie des entsprechenden Managements von hoher Bedeutung.[15] Bei der anschließenden Durchführung des (Forschungs-)Datenmanagements liegen maßgebliche Schwerpunkte
- auf der Datenqualität (entsprechende Sichtung, Bewertung, Auswahl, nötige Aufbereitung und Anreicherung etc.)[16] und
- auf der Datenablage, der entsprechenden -kuration sowie finaler Langzeitarchivierung.[17]

Die zu beachtenden Einflussfaktoren auf die Planung und Durchführung sind dabei vielfältig und können z. B. dem Datenökosystem, Datenmarkt oder auch der Datenkultur entstammen.[18] Zudem können für das Datenmanagement diverse Softwares sowie Ergebnisse und Erkenntnisse aus bestehenden Projekten und Initiativen nachgenutzt werden.[19] Das Datenmanagement umfasst auch die Beschäftigung mit möglichen Datentransfers (z.B. Teilen, Publizieren) und mit der Nachnutzung von Daten über das Projektende hinaus und dient damit wiederum der potentiellen Suchmöglichkeit sowie leichteren Datenbeschaffung Dritter (s. Abb. 1, gesonderte Pfeile).[20]

---

13 S. Beitrag von Putnings, Kap. 1.3, sowie von Iglezakis und Hermann, Kap. 4.4 in diesem Praxishandbuch.
14 Vgl. z. B. https://bausteine-fdm.de/index, https://www.forschungsdaten.info/, https://www.forschungsdaten.org/index.php/Kategorie:Data_Management.
15 S. Beitrag von Dierkes, Kap. 4.1 in diesem Praxishandbuch.
16 S. Beitrag von Király und Brase, Kap. 4.3 in diesem Praxishandbuch.
17 S. Beitrag von Weber und Piesche, Kap. 4.2 in diesem Praxishandbuch.
18 S. Kap. 1 bis 3 in diesem Praxishandbuch.
19 S. Beitrag von Iglezakis und Hermann, Kap. 4.4 in diesem Praxishandbuch.
20 Da beides jedoch, bei einer „reinen" Archivierung (z. B. bei besonders sensiblen Daten) entfallen kann, wird dies in Kap. 5 im Praxishandbuch gesondert behandelt.

Literatur

Letztes Abrufdatum der Internet-Dokumente ist der 15.11.2020.

Bodendorf, Freimut. 2006. *Daten- und Wissensmanagement.* 2., aktualisierte und erweiterte Auflage. Springer-Lehrbuch. Berlin, Heidelberg: Springer. doi:10.1007/3-540-28682-9.

Büttner, Stephan, Hans-Christoph Hobohm und Lars Müller. 2011. „Research Data Management." In *Handbuch Forschungsdatenmanagement*, hg. v. Stephan Büttner, Hans-Christoph Hobohm und Lars Müller, 13–24. Bad Honnef: Bock u. Herchen. https://opus4.kobv.de/opus4-fhpotsdam/files/192/1.1_Research_Data_Management.pdf.

Netscher, Sebastian und Uwe Jensen. 2019. „Forschungsdatenmanagement systematisch planen und umsetzen." In *Forschungsdatenmanagement sozialwissenschaftlicher Umfragedaten*, hg. v. Uwe Jensen, Sebastian Netscher und Katrin Weller, 37–55. Leverkusen-Opladen: Barbara Budrich. doi:10.3224/84742233.04.

Jens Dierkes
4.1 Planung, Beschreibung und Dokumentation von Forschungsdaten

Abstract: Forschungsdaten sind ein zentraler Bestandteil von Forschungsprozessen und rücken zunehmend in den Fokus der wissenschaftlichen Kommunikation. Dabei gibt es eine Reihe von Anforderungen von verschiedenen Agierenden an das Forschungsdatenmanagement. Zum Zwecke der Sicherung der guten wissenschaftlichen Praxis, aber auch um die interne/offene Nachnutzung, die Referenzierung oder Reproduzierbarkeit zu ermöglichen, ist ein planvoller Umgang mit den Forschungsdaten nötig. Im folgenden Kapitel werden der Forschungsprozess und der Datenlebenszyklus eingeführt und die darin enthaltenen Schritte der Planung und Dokumentation beschrieben. Dabei spielen auf der einen Seite Metadaten eine entscheidende Rolle, auf der anderen Seite aber auch das Zusammenspiel, im Sinne einer Aufgabenteilung und dem Zusammenbringen unterschiedlicher Kompetenzen, zwischen den verschiedenen Stakeholdern. Dies gilt insbesondere für die Forschenden und die forschungsunterstützenden Dienstleister.

1 Einleitung

Um die vielfachen Anforderungen an Forschungsdaten zu erfüllen, ist ein strukturierter und systematischer, kurz ein planvoller Umgang mit diesen erforderlich. Als Referenzwerke im deutschsprachigen Raum können die Arbeiten von Büttner, Hobohm und Müller[1] sowie Ludwig und Enke[2] herangezogen werden. In diesem Kapitel werden wesentliche Aspekte beleuchtet, wie die *Beschreibung* und *Dokumentation* von Forschungsdaten. Damit können die Daten auch von Dritten verstanden und es kann ein Kontext hergestellt werden. Neben u. a. der Einhaltung der Leitlinien zur Sicherung der guten wissenschaftlichen Praxis (Kodex)[3] und der Reproduzierbarkeit ist dies gerade für die Nachnutzung der Forschungsdaten in anderen Kontexten (interdisziplinäre Forschungsfragen, wie z. B. in der Klimaforschung) von großer Bedeutung. Digitale Arbeitsweisen und Methoden unterscheiden sich zwi-

---

[1] Vgl. Büttner, Hobohm und Müller 2011.
[2] Vgl. Ludwig und Enke 2013.
[3] S. https://www.dfg.de/foerderung/grundlagen_rahmenbedingungen/gwp/index.html. Letztes Abrufdatum der Internet-Dokumente ist der 15.11.2020.

Open Access. © 2021 Jens Dierkes, publiziert von De Gruyter. Dieses Werk ist lizenziert unter der Creative Commons Attribution 4.0 Lizenz.
https://doi.org/10.1515/9783110657807-018

schen den einzelnen Disziplinen.⁴ Diese Diversität spiegelt sich auch in dem Umgang mit Forschungsdaten wider.⁵

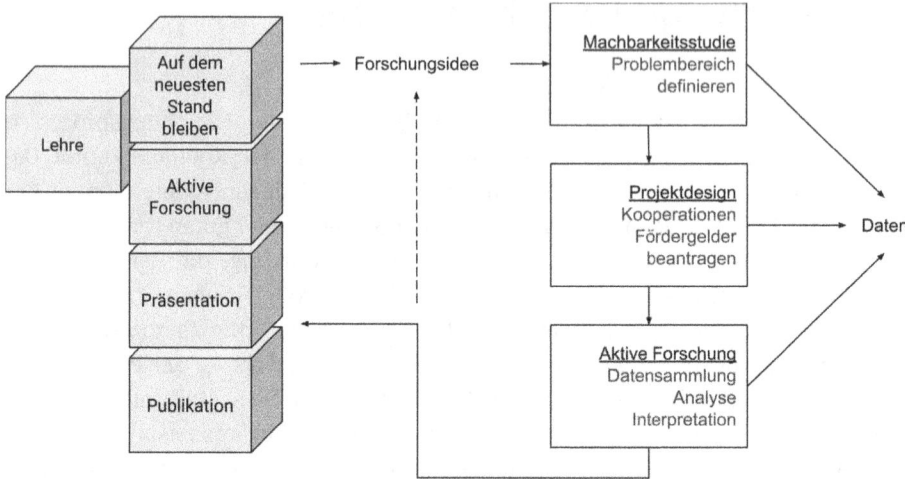

Abb. 1: Darstellung des Forschungsprozesses, der nicht-linearen Entwicklung von Forschungsprojekten und den zahlreichen Stufen, bei denen Daten gesammelt werden (basierend auf Jahnke und Asher 2012, 10)

Die (schriftliche) *Planung* des Umgangs mit Forschungsdaten während einer Projektphase und darüber hinaus wird mittlerweile von vielen Forschungsförderern gefordert.⁶ Die daraus resultierenden Datenmanagementpläne (DMP) sollen dokumentieren, dass sich die Beteiligten des Forschungsprojektes Gedanken über die anfallenden Forschungsdaten, die Datentypen, die Menge an Daten und deren Speicherung, Sicherheitsaspekte, Dokumentation der Verarbeitungsschritte, mögliche Nachnutzungsszenarien und insbesondere auch über die dafür notwendigen technischen und personellen Ressourcen gemacht haben.

---

4 Vgl. Meyer und Schroeder 2015, 197–208.
5 Vgl. Borgman 2015, 81–200.
6 S. a. Beitrag von Putnings, Kap. 1.3 in diesem Praxishandbuch.

2 Prozesse und Akteure

2.1 Prozesse und Lebenszyklen

Sowohl Forschung als auch der Umgang mit Forschungsdaten lassen sich als Prozesse bzw. Lebenszyklen verstehen.[7] Dies hilft, Aufgaben des Forschungsdatenmanagements (FDM) gewissen Phasen der Prozesse zuzuordnen. Abb. 1 zeigt eine Darstellung des Forschungsprozesses. Hierbei fällt auf, dass Daten nicht nur in einer bestimmten Phase eines Projektes gesammelt werden, sondern zu ganz unterschiedlichen Zeiten anfallen. Jahnke, Asher und Keralis beschreiben, dass es sein kann, dass Daten bzw. Verfahren zur Verarbeitung von Daten bereits im Vorfeld einer Projektförderung entwickelt werden, diese aber im Laufe des Projektes modifiziert werden.[8] Kooperationspartner stoßen zum Projekt dazu und bringen ihre eigenen Forschungsdaten ein. Manchmal kann es bis in die aktive Forschungsphase hinein dauern, bis Daten in systematischer Form verarbeitet werden. Oder das Projekt entwickelt sich in eine ganz andere Richtung. Forschende können z.T. nicht abschätzen, welche Daten in Zukunft nützlich sein könnten. Das führt oftmals zu einer Unsicherheit darin, welche Daten und Metadaten (kontextuelle Daten) bewahrt werden sollen.

Obwohl der Forschungsprozess keine einfache lineare Aneinanderreihung von kategorisierbaren Aktivitäten ist, ist der Zugang über den Datenlebenszyklus sinnvoll, weil damit wesentliche Phasen des FDM und damit verbunden Aufgaben, Rollen und Verantwortlichkeiten adressiert werden.[9] Eine stärker auf den Datenlebenszyklus ausgerichtete Darstellung zeigt die Abb. 2.

Neben den Aufgaben und Aktivitäten, die einzelnen Phasen zuzuordnen sind, gibt es Themenbereiche, die als Querschnittsthemen in allen Phasen von Bedeutung sind. Hierzu gehören die Bereiche Organisation, Recht, Finanzierung, Metadaten und Identifikatoren.[10] Eine weitere Sichtweise ist das sog. Data Curation Continuum von Treloar, Groenewegen und Harboe-Ree mit einem Update von Treloar und Klump.[11] Hierbei werden eher Nutzungsprofile und damit verbundene Kuratierungsaufgaben betrachtet. Forschungsdaten entstehen häufig durch Aktivitäten einzelner Forschender oder Gruppen (entspricht der „privaten Domäne"). Diese werden in weiteren Schritten in Kooperationen geteilt (entspricht der „Gruppendomäne"). Je nach Art der Daten und Ziele des Forschungsvorhabens werden die Daten oder Teile davon in die dauerhafte Domäne verschoben, wo eine (quasi-)öffentliche Nachnut-

---

7 Vgl. z.B. Borgman 2019, 3–6; Jahnke, Asher und Keralis 2012, 9–11.
8 Vgl. Jahnke, Asher und Keralis 2012, 9.
9 Vgl. Michener 2015; Ludwig und Enke 2013, 14–18.
10 Vgl. Ludwig und Enke 2013, 16–17.
11 Vgl. Treloar, Groenewegen und Harboe-Ree 2007; für das Update vgl. Treloar und Klump 2019.

zung möglich wird (entspricht der „Publikationsdomäne").[12] Diese zwei Sichtweisen können genutzt werden, um mit den Agierenden und Stakeholdern über Erwartungen, Aufgaben, Rollen und Verantwortlichkeiten zu sprechen.

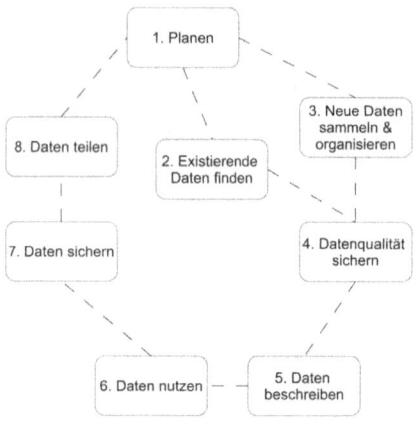

Abb. 2: Datenlebenszyklus nach Michener (vgl. Michener 2015)

2.2 Stakeholder

Im FDM gibt es zahlreiche Sichtweisen und Interessengruppen, die in komplexer Art und Weise zusammenspielen.[13] Dazu gehören:
- Vertreterinnen und Vertreter der akademischen Gemeinschaft,
- die Universitätsleitung,
- professionelle Dienstleister mit Interesse am FDM, wie z. B. Bibliotheken, Rechenzentren, IT- und Forschungsadministratorinnen und -administratoren,
- Forschungsförderer,
- wissenschaftliche Communities,
- kommerzielle Partner (z. B. Verlage).

Es ist nicht einfach, diese Sichtweisen voneinander losgelöst zu betrachten. Der Fokus in diesem Kapitel liegt bei den Forschenden und forschungsunterstützenden Dienstleistern (Informationsinfrastruktureinrichtungen).

---

12 Vgl. z. B. Klar und Enke 2013, 13–57.
13 Vgl. Cox und Verbaan 2018, 71.

2.3 Rollen

Die Herausforderung in einem Forschungsprojekt oder bei der Entwicklung einer unterstützenden Infrastruktur liegt nun darin, Rollen und Aufgaben zu ermitteln und zu definieren, Arbeitsabläufe und digitale Werkzeuge weiterzuentwickeln oder neue zu designen und zu etablieren. Dabei gibt es viele Möglichkeiten, Rollen und Aufgaben zu verteilen. Im Zuge immer komplexerer Forschungsvorhaben und der Anforderungen an die Informationsinfrastruktur scheint eine Arbeitsteilung notwendig.[14] Arbeitsteilung kann hier insbesondere die Zusammenarbeit von Forschenden und Infrastruktureinrichtungen bedeuten. Beispiele sind Sonderforschungsbereiche der Deutschen Forschungsgemeinschaft (DFG), die explizit Infrastrukturentwicklung erlauben.[15] Dies kann dann in Kooperation mit einem Rechenzentrum und/oder einer Bibliothek erfolgen.[16]

Zentrale Rollen nehmen Datenproduzierende und Datennutzende sowie die Infrastruktureinrichtungen und die Institution ein. Tab. 1 nennt die zentralen Rollen, ihre Rechte, Verantwortlichkeiten sowie mögliche Beziehungen zu anderen Rollen bzw. Agierenden.

Tab. 1: Rollen, Rechte und Verantwortlichkeiten beim FDM[17]

Rolle	Rechte	Verantwortlichkeiten	Beziehungen zu
Forschende/Datenproduzierende	Erstnutzung anerkannt werden Training und Beratung erhalten	Daten während des Projektes managen gute wissenschaftliche Praxis erfüllen Förderer und institutionelle Anforderungen beachten Daten für Nachnutzung vorbereiten	der Institution als Angestellte der Fachcommunity den Infrastruktureinrichtungen der Förderinstitution
Forschende/Datennutzende	Daten nachnutzen zu können hochqualitative Metadaten zu Einschätzung erhalten	Lizenzbedingungen einzuhalten die Datenerzeugenden zu zitieren abgeleitete Daten managen	den Infrastruktureinrichtungen als den Datenlieferanten den Institutionen als Datenlieferanten

---

14 Vgl. z. B. Cremer, Engelhardt und Neuroth 2015; Pampel, Bertelmann und Hobohm 2010; Treloar und Wilkinson 2008; Lyon 2007, 43–52; Brand & Dierkes 2020.
15 Hierzu zählen z. B. Sonderforschungsbereiche, in denen sogenannte INF-Teilprojekte zur Entwicklung von Informationsinfrastruktur beantragt werden können. S. https://www.dfg.de/foerderung/programme/koordinierte_programme/sfb/antragsteller/programmelement_inf/index.html.
16 Vgl. Curdt et al. 2019, 65; Cremer, Engelhardt und Neuroth 2015.
17 Basierend auf Abb. 3 bei Pampel, Bertelmann und Hobohm 2010, 11; Tab. 1 in Lyon 2007, 9.

Rolle	Rechte	Verantwortlichkeiten	Beziehungen zu
Datenmanager (sowohl im Forschungsvorhaben als auch auf institutioneller Seite)	anerkannt werden (z. B. Ko-Autorenschaft)	Management der Daten auf Koordinierungsebene	den Datenerzeugende dem Data Librarian der Institution dem Datenzentrum
Data Librarian	anerkannt werden (z. B. Ko-Autorenschaft)	FDM-Arbeitsabläufe fachnah begleiten Entwicklung von Standards	den Datenerzeugenden der Datenmanagerin/ dem Datenmanager der Institution dem Datenzentrum
Institution	darf eine Kopie der Daten erhalten	Vorgabe der internen FDM-Policy Management der Daten auf mittelfristiger Basis Einhaltung der guten wissenschaftlichen Praxis Ko-Finanzierung zentraler Infrastruktur	den Forschenden als Arbeitgeber den Infrastrukturexpertinnen und -experten (Rechenzentrum, Bibliothek usw.)
Rechenzentrum/Bibliothek/Kompetenzzentrum	anerkannt werden durch Forschende Rückhalt durch die Institution	Bereitstellung von Training und Beratung zur Unterstützung der Forschenden Fördern eines Repositorium-Dienstes Bereitstellung nachhaltiger Infrastruktur	den Forschenden als Datenproduzierenden und -nutzenden der Institution der Datenmanagerin/ dem Datamanager

Hier wird deutlich, dass FDM Teamarbeit ist. Im Forschungs- bzw. Datenlebenszyklus kommen die einzelnen Agierenden zusammen und tragen gemeinsam dazu bei, dass die Daten entsprechend nachhaltig verwaltet werden. Forschende sind nicht allein, wenn es darum geht, geeignete Maßnahmen zu ergreifen, um entsprechende Metadaten zu den entsprechenden Zeitpunkten zu erfassen und aufzubereiten.

Für ein Forschungsvorhaben sind nach Michener folgende zehn Fragen relevant, die für eine sinnvolle Datenstrategie beantwortet werden sollten:[18]
– Was sind die Anforderungen der Förderorganisationen zum FDM?[19]
– Welche Daten werden gesammelt?
– Wie werden die Daten organisiert?
– Wie werden die Daten dokumentiert?[20]

---

[18] Vgl. Michener 2015.
[19] S. a. Beitrag von Putnings, Kap. 1.3 in diesem Praxishandbuch.
[20] S. a. Beitrag von Dierkes, Kap. 4.1 in diesem Praxishandbuch.

- Wie wird die Datenqualität gewährleistet?[21]
- Wie sieht die Datenspeicherungs- und Archivierungsstrategie aus?[22]
- Wie wird mit Daten im Forschungsvorhaben und darüberhinausgehend umgegangen (Daten-Policy)?
- Wie werden die Daten disseminiert?
- Welche Rollen und Verantwortlichkeiten gibt es?
- Wie sieht ein realistisches Budget für das FDM aus?

Diese Fragen können in Verbindung mit dem Lebenszyklus oder dem Domänenmodell Forschenden wie auch Infrastruktureinrichtungen die Tür zu einem strukturierten Umgang mit Forschungsdaten im jeweiligen Forschungsvorhaben öffnen.

Im Folgenden wird auf die Bereiche Planung, Beschreibung und Dokumentation von Forschungsdaten näher eingegangen. Details zu (Metadaten-)Datenqualität, infrastruktureller Lösungen und Archivierung bzw. langfristiger Verfügbarmachung von Forschungsdaten sind Themen nachfolgender Kapitel.

3 Planung

Ein wesentlicher Aspekt des Planens – besonders bei der Konzeption und der Antragstellung – ist für alle Beteiligten (Stakeholder), das ganze Forschungsvorhaben hinsichtlich des Umgangs mit Forschungsdaten über ihren gesamten Lebenszyklus in den Blick zu nehmen. Es geht darum, möglichst frühzeitig wesentliche Aspekte bzw. Herausforderungen des Umgangs mit den Daten im Forschungsprojekt zu identifizieren und zu berücksichtigen.[23] In der Regel sollen dabei die FDM-Rahmenbedingungen, die durch Förderinstitutionen,[24] durch Fachgesellschaften,[25] Fachverlage,[26] durch Gesetzgebung[27] oder andere institutionelle Ebenen (z. B. Daten-Polici-

---

21 S. a. Beitrag von Brase und Király, Kap. 4.3 in diesem Praxishandbuch.
22 S. a. Beitrag von Weber und Piesche, Kap. 4.2 in diesem Praxishandbuch.
23 Vgl. z. B. Leendertse, Mocken und Suchodoletz 2019.
24 S. z. B. Bundesministerium für Bildung und Forschung, https://www.bildung-forschung.digital/de/forschungsdatenmanagement-2835.html, DFG https://www.dfg.de/foerderung/antrag_gutachter_gremien/antragstellende/nachnutzung_forschungsdaten/, Horizon 2020 Programm der Europäischen Union, https://ec.europa.eu/research/participants/docs/h2020-funding-guide/cross-cutting-issues/open-access-dissemination_en.htm.
25 S. z. B. Richtlinien zum Umgang mit Forschungsdaten in der Biodiversitätsforschung, https://www.dfg.de/download/pdf/foerderung/antragstellung/forschungsdaten/richtlinien_forschungsdaten_biodiversitaetsforschung.pdf; Bereitstellung und Nachnutzung von Forschungsdaten in der Soziologie: Stellungnahme des Vorstands und Konzils der DGS, https://www.dfg.de/download/pdf/foerderung/antragstellung/forschungsdaten/dgs_stellungnahme_forschungsdaten.pdf.
26 S. z. B. https://journals.plos.org/plosone/s/data-availability.
27 Vgl. z. B. die europäische Datenschutz-Grundverordnung oder das deutsche Gentechnikgesetz.

es an Hochschulen,[28] Promotionsordnungen) vorgegeben werden, eingehalten werden. Obwohl die Planung des Umgangs mit Forschungsdaten häufig noch als zusätzlicher administrativer Aufwand gesehen wird, lohnt sich ein planvoller Umgang mit Forschungsdaten.[29] Auch macht FDM dann Sinn, wenn es nicht vorrangig um die mittlerweile häufig geforderte Publikation und Nachtnutzung von Forschungsdaten in der oben genannten Publikationsdomäne geht. Ein Beispiel sind Daten, die in der Arbeitsgruppe eines Lehrstuhls anfallen und die strukturiert sowie gut dokumentiert gesichert werden sollen, damit beispielsweise sukzessive aufeinander aufbauende Dissertationen effektiv und effizient realisiert werden können. Neben der Selbstverpflichtung der Wissenschaft zur Sicherung der guten wissenschaftlichen Praxis[30] findet eine internationale Entwicklung zur Stärkung von Transparenz und Reproduzierbarkeit im Sinne von Open Science[31] statt. Die FAIR-Prinzipien[32] als eine Komponente von Open Science[33] stellen hierbei eine Art Leitfaden dar, um Forschungsergebnisse, auch im Sinne von Maschinenlesbarkeit, nachnutzbar zu machen. Jedoch hängt die Art der Umsetzung auch in besonderem Maße von den Gepflogenheiten und Anforderungen der jeweiligen Fachgebiete ab.

3.1 Datenmanagementplan

Zurzeit wird das Thema Planung des FDM in Forschungsvorhaben in der Förderlandschaft noch recht uneinheitlich behandelt. Es zeigt sich ein Spektrum von einfachen Hinweisen zum FDM über Empfehlungen zum Umgang mit Forschungsdaten inklusive der Möglichkeit dezidierte Mittel fürs FDM zu beantragen, bis hin zu konkreten Anforderungen, auf die in einem DMP eingegangen werden soll. Der DMP ist ein mitunter formales Dokument, das sowohl aus allgemeingültigen Fragen zum Umgang mit Forschungsdaten als auch solche, die sich aus den Anforderungen ergeben, besteht. Dazu gibt es umfassende Fragenkataloge wie z. B. die WissGrid-Checkliste[34] und Vorlagen, die neben Themen und Fragen auch eine Form vorgeben.[35]

---

[28] S. https://www.forschungsdaten.org/index.php/Data_Policies.
[29] Z. B. Goodman et al. 2014.
[30] S. https://www.dfg.de/foerderung/grundlagen_rahmenbedingungen/gwp.
[31] Vgl. Boulton et al. 2012, 7–12.
[32] FAIR steht für Findable, Accessible, Interoperable, Re-usable, vgl. Wilkinson et al. 2016.
[33] S. Beitrag von Linne et al., Kap. 3.2 in diesem Praxishandbuch.
[34] Vgl. Ludwig und Enke 2013.
[35] Zwei Beispiele sind der DMP des Horizon 2020 Förderprogramms, s. https://ec.europa.eu/research/participants/data/ref/h2020/gm/reporting/h2020-tpl-oa-data-mgt-plan_en.docx, und die Vorlage der e-Infrastructures Austria Initiative, s. http://phaidra.univie.ac.at/o:459774.

Daneben gibt es eine Reihe digitaler Werkzeuge, mit denen sich DMP automatisch erstellen lassen. Etablierte Beispiele im englischsprachigen Raum sind das DMPTool des California Digital Curation Centers[36] und DMPonline des Digital Curation Centers.[37] Diese Tools enthalten gängige Fragenkataloge und erlauben zudem eigene Kataloge zu hinterlegen und kollaboratives Arbeiten. Ein interessantes Beispiel im Bereich FAIR Open Science ist der Data Stewardship Wizard.[38] Diesem Tool liegt ein komplexes, erweiterbares Wissensmodell zugrunde.[39] Ganz ähnlich entwickelt sich zurzeit der Research Data Management Organizer (RDMO)[40] für den deutschsprachigen Raum.[41] Hier liegt der Fokus auf dem aktiven Datenmanagement. Wie eingangs erwähnt ist der Forschungsprozess und damit auch die Planung des FDM komplex und ein nichtlinearer, i. d. R. iterativer Prozess. Daher macht es Sinn die digitalen Werkzeuge wie RDMO kontinuierlich einzusetzen und den Planungsstand regelmäßig zu aktualisieren, ganz im Sinne eines „lebenden Dokuments". Diese Vorgehensweise wird mittlerweile auch von einigen Förderorganisationen in ihren Programmen wie EU-Horizon 2020 und dem European Research Council (ERC) erwartet. Damit kann auch auf dieser Ebene eine Transparenz für die Nachvollziehbarkeit geschaffen werden. Die Wahl des geeigneten Werkzeuges hängt von mehreren Faktoren ab. Dazu zählen die unterstützten Sprachen, die Verfügbarkeit von spezifischen Fragenkatalogen sowie die Verfügbarkeit von lokalen bzw. institutionellen Angeboten. Beratungsangebote machen häufig deutlich, dass Forschende lokale Angebote bevorzugen, bei denen die in den DMP enthaltenen Daten auf Servern der Institution gespeichert werden.

Bisher sind DMP im Wesentlichen von Menschen lesbare Dokumente. Eine neuere Entwicklung geht in die Richtung der Maschinenlesbarkeit.[42] Hier wird es den beteiligten Agierenden (Stakeholdern) einfacher möglich gemacht, Erfahrungen und Informationen über Forschungswerkzeuge und Systeme hinweg auszutauschen und DMP in existierende Arbeitsabläufe einzubetten. Teile von DMP können automatisch generiert und geteilt werden, womit administrativer Aufwand verringert und die Qualität von Informationen in einem DMP erhöht werden. Mögliche Vorteile für einige der oben genannten Stakeholder sind nach Miksa et al.:[43]

- *Forschende:* Ermöglicht die Vernetzung mit Expertinnen und Experten während eines Forschungsprojektes, um Beratung und Unterstützung für das Datenmanagement zu erhalten. Automatisierte Prozesse können die Erstellung von DMP

---
36 S. https://dmptool.org.
37 S. http://www.dcc.ac.uk/dmponline.
38 S. https://ds-wizard.org.
39 S. https://github.com/ds-wizard/ds-km.
40 S. https://rdmorganiser.github.io.
41 Vgl. Neuroth et al. 2018.
42 Z. B. Miksa et al. 2019.
43 Vgl. Miksa et al. 2019.

erleichtern, andere dazu dienen, DMP zu aktualisieren, die Datensicherung zu optimieren und die Berichterstattung zu automatisieren. DMP stellen auch eine bedeutende Informationsquelle für die Planung und Durchführung von Experimenten dar.
- *Infrastrukturbetreiber:* Informationen können zwischen Systemen ausgetauscht und müssen nicht mehrfach eingegeben werden; sie können von den entsprechenden Beteiligten im Namen der Forschenden aktualisiert (was auch die Qualität der Informationen verbessert) und für die Prozessoptimierung aggregiert werden.
- *Mitarbeiterinnen und Mitarbeiter der Forschungsunterstützung:* Sie können die Qualität der in einem DMP enthaltenen Informationen beurteilen und Feedback geben. Automatisierte Benachrichtigungen an zentralen Stellen (z. B. Förderungszusage, Datenhinterlegung, Berichterstattung) können zur Unterstützung eingesetzt werden. Erleichtert die Programmentwicklung für Beratungs- und Unterstützungsleistungen.

Miksa et al. entwickelten einen Leitfaden von zehn Prinzipien für den Einsatz von maschinenlesbaren DMP.[44] Zwei wesentliche Bausteine sind standardisierte Vokabulare und ein einheitliches Datenmodell. Damit wird sowohl ein gemeinsames Verständnis über die Inhalte zwischen verschiedenen Stakeholdern als auch Interoperabilität zwischen Werkzeugen und Services möglich. Das Datenmodell sollte modular aufgebaut sein und eine nachnutzbare, strukturierte Repräsentation maschinenlesbarer Informationen zum FDM darstellen.[45] Die oben genannten Beispiele RDMO und der Data Stewardship Wizard entwickeln sich entlang dieser Linien.

3.2 Vernetzung und Zusammenarbeit

Wie kann eine Infrastruktureinrichtung auf die dynamische Entwicklung des Bereichs FDM reagieren? An zahlreichen Hochschulen gibt es zurzeit Initiativen zum Aufbau von Kompetenzzentren,[46] bei denen institutionelle DMP-Angebote aufgebaut werden. Diese werden durch Beratungs- und Schulungsangebote ergänzt. Häufig arbeiten Bibliothek, Rechenzentrum und der Drittmittel-Service der Universität zusammen, um weite Bereiche des Datenlebenszyklus abzudecken. Zur besseren Vernetzung, dem Erfahrungsaustausch und dem Finden von Synergien wurde eine

---

44 Vgl. Miksa et al. 2019.
45 Die Research Data Alliance hat hierzu eine Arbeitsgruppe gebildet, s. https://www.rd-alliance.org/groups/dmp-common-standards-wg.
46 Vgl. z. B. die Liste von FDM-Kontakten auf forschungsdaten.org, s. https://www.forschungsdaten.org/index.php/FDM-Kontakte.

Unterarbeitsgruppe der DINI/nestor AG Forschungsdaten[47] zu diesem Thema gegründet, die hilfreiche Informationen aus Sicht der Infrastrukturanbieter liefert.[48] Komplementär hat sich eine deutschlandweite RDMO-Community und auf Ebene von Landesinitiativen (z. B. in NRW[49]) thematische Arbeitsgruppen gebildet. Hier werden z. B. arbeitsteilig bzw. entsprechend der Kompetenzen einzelner Einrichtungen spezifische Fragenkataloge erstellt und geteilt. Es zeigt sich, dass DMP-Werkzeuge häufig ausschließlich im Beratungskontext eingesetzt werden. D. h., dass Forschende noch nicht selbständig DMP erstellen, sondern oft auf Unterstützung der Infrastrukturanbieter angewiesen sind. Insbesondere ist bei der Einführung maschinenlesbarer DMP-Werkzeuge ein teils erheblicher technischer infrastruktureller Aufwand nötig. Nicht zuletzt ist die Frage danach, was einen guten DMP ausmacht, nicht einfach zu beantworten.[50] Hier ist also noch ein Lern- und Erfahrungsaufbau vonnöten. Ein äußerer Trigger, der den Kompetenzaufbau fördert, ist, dass einige Förderprogramme dazu übergehen, in regelmäßigen Abständen – die z. T. mit üblichen Berichtszeiträumen zusammenfallen – aktualisierte DMP einzufordern (z. B. BMBF, Horizon 2020).[51]

Damit Forschungsdaten, ihre Genese und der Kontext verstanden werden können, ist die Beschreibung der Forschungsdaten und die Dokumentation der Prozesse, die mit Daten arbeiten, eine wesentliche Voraussetzung. Neben der Beschreibung der Forschungsdaten sollten im DMP zusätzlich die Dokumentationsabläufe mit den dazugehörigen Rollen und Verantwortlichkeiten beschrieben werden. Im folgenden Kapitel wird darauf näher eingegangen.

4 Beschreibung und Dokumentation

Forschungsdaten können unter mehreren Gesichtspunkten (Anforderungen) charakterisiert werden. Dazu zählen u. a. Datentypen, Formate, Organisation, Herkunft, Authentizität, Qualität, Kontext. Diese Informationen helfen den Forschenden, die

---

[47] S. https://dini.de/ag/dininestor-ag-forschungsdaten/. DINI ist die Deutsche Initiative für Netzwerkinformation e. V. und nestor ist ein Kooperationsverbund zum Thema digitale Langzeitarchivierung, s. https://www.langzeitarchivierung.de/.
[48] S. https://www.forschungsdaten.org/index.php/UAG_Datenmanagementpl%C3%A4ne.
[49] S. https://www.fdm.nrw/index.php/fdm-nrw/dmp/.
[50] Vgl. den Workshop „Supporting and reviewing Data Management Plans", IDCC 2016, insbesondere „Analysing DMPs to inform and empower academic librarians in providing research data support: lessons from the DART project" von A. Whitmire, s. https://www.dcc.ac.uk/events/workshops/supporting-and-reviewing-data-management-plans. Die Teammitglieder haben jeweils eine Vielzahl von DMP analysiert und die Ergebnisse dann miteinander verglichen.
[51] S. a. Beitrag von Putnings, Kap. 1.3 in diesem Praxishandbuch.

Daten und ihren Kontext einzuordnen bzw. zu bewerten, und ermöglichen es digitalen Werkzeugen (z. B. Analyseprogramme, virtuelle Forschungsumgebungen), Daten verarbeiten zu können oder Aufgaben der längerfristigen Verfügbarmachung (Veröffentlichung in einem Repositorium, Archivierung) zu übernehmen. Diese charakterisierenden Daten werden als sog. Metadaten[52] den eigentlichen Forschungsdaten hinzugefügt. Sie sind sozusagen strukturierte Informationen über eine digitale Ressource. Metadaten sind für alle Phasen des Lebenszyklus von Forschungsdaten relevant. Damit wird das generelle Verständnis und das Nachnutzungspotenzial der Forschungsdaten erhöht.[53]

Ein digitales Objekt kann durch drei Ebenen charakterisiert werden:[54]
- Als physisches Objekt sind es die Bits, die auf einem physischen Trägermedium (z. B. einem magnetischen oder optischen Speicher) gespeichert sind.
- Als logisches Objekt, das von einer Software erkannt und verarbeitet werden kann (z. B. ASCII Text, Dokument einer Textverarbeitungssoftware, aber auch zusammengesetzte Objekte).
- Als konzeptionelles Objekt, das von einer Person oder einer Software erkannt und verstanden werden kann (z. B. ein Buch, eine Karte, ein Foto).

4.1 Arten von Metadaten

Ausgehend von dieser Vorstellung lassen sich Metadaten prinzipiell in folgende vier Kategorien aufteilen:
- deskriptive Metadaten,
- administrative Metadaten,
- technische Metadaten und
- strukturelle Metadaten.[55]

Tab. 2 beschreibt die vier Kategorien näher und gibt Beispiele.

---

52 Vgl. „Data about data" in Gartner 2016, 6–8.
53 Man könnte fast so weit gehen zu sagen, dass Forschungsdaten ohne Metadaten nicht interpretierbar sind (z. B. eine Zeitreihe von Temperaturmessungen ohne Informationen darüber, dass es sich um eine Zeitreihe oder um welche Art von Temperaturen es sich handelt).
54 Vgl. Thibodeau 2002, 6–10.
55 Vgl. z. B. Corrado und Sandy 2017, 64–74; Gartner 2016, 8; Caplan 2003, 158–166.

Tab. 2: Grundlegende Kategorien von Metadaten[56]

Art von Metadaten	Beschreibung	Beispiele
Beschreibende Metadaten	Inhaltliches Objekt: Beschreibung von Objekteigenschaften zum Auffinden, Identifizieren, Auswählen und Zugreifen	Titel, Autorin/Autor oder Erzeugerin/Erzeuger, Name, Thema, Identifier (DOI, ORCID)
Administrative Metadaten	Verwendung von Inhaltselementen, Dateien und administrativen Metadaten: Informationen über Rechte, Provenienz dokumentieren; für die Archivierung relevante Informationen bereitstellen; Informationen über die Erzeugung von Surrogaten	Urheberrecht, Zugriffsrechte, Lizenzen usw.
Technische Metadaten	Elektronische Datei: Dokumentation von Informationen, die nötig sind um auf das beschriebene Element zuzugreifen	Dateigröße, Dateiformat, Datenkompression, Prüfsummen usw.
Strukturelle Metadaten	Satz von elektronischen Dateien Dokumentation der inneren Struktur des Elements; zeichnet Informationen über Beziehungen zu anderen Elementen auf; beschreibt die physische und logische Struktur eines digitalen Objektes	Beziehung zu anderen Dateien; Beschreibung von Tabellen und Views in einer relationalen Datenbank

Zwischen den Kategorien gibt es eine gewisse Überlappung, sodass manchmal Kategorien zusammengefasst oder erweitert werden[57] (z. B. nennen Treloar und Wilkinson die zusätzlichen Kategorien Provenienz- und Archivierungsmetadaten[58]). Metadaten bestehen aus drei grundlegenden Komponenten:[59]
– Eine semantische Komponente, die die Bedeutung der Felder bzw. Elemente beschreibt,
– eine syntaktische, die der Art der Kodierung der Metadaten entspricht (z. B. Tabelle, XML usw.) und

---

56 Vgl. Tab. 5.1. in Corrado und Sandy 2017, 66.
57 Vgl. Gartner 2016; Treloar und Wilkinson 2008.
58 Vgl. Treloar und Wilkinson 2008, 784.
59 Vgl. Gartner 2016, 53.

- inhaltliche Regeln, d. h. welche Werte bzw. Inhalte sind als Metadatenelemente erlaubt bzw. gefordert.

Ein Beispiel aus der Astronomie soll dies illustrieren.[60] Beispielsweise sollen in einem Foto von einer bestimmten Region am Nachthimmel weitere astronomische Objekte aufgefunden werden (s. Abb. 3).

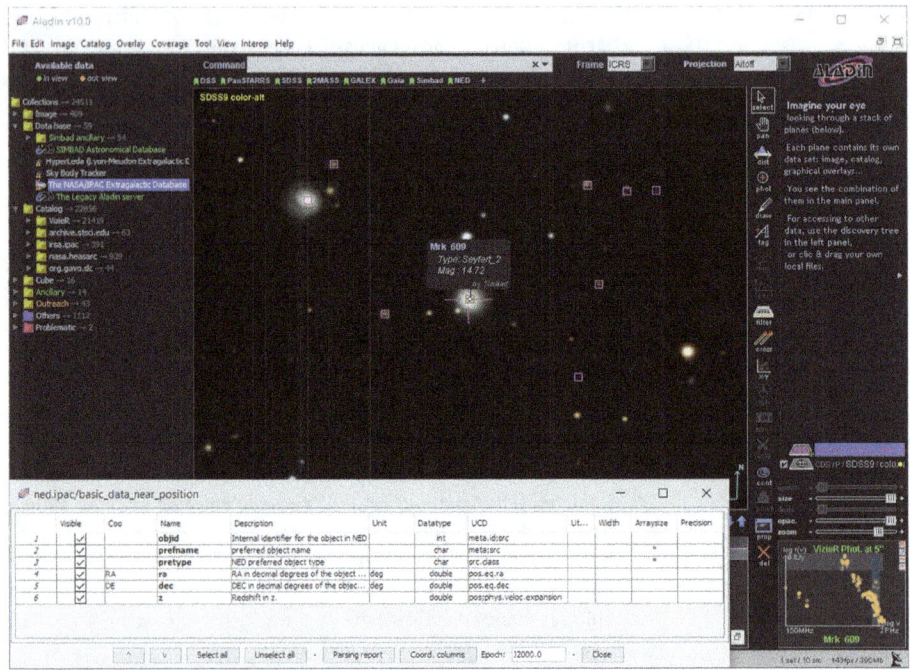

Abb. 3: Suche in einem bestimmten Bereich des Nachthimmels nach astronomischen Objekten. Hier mittels des Werkzeuges Aladin (s. https://aladin.u-strasbg.fr/)

Hierbei geht es darum, das Bild des Nachthimmels mit den Positionen von bekannten Objekten zu überlagern bzw. zu markieren. Hierfür müssen die Koordinaten/Positionen in dem Bild bekannt sein, sodass ein Crossmatch mit einem Quellkatalog vorgenommen werden kann. Positionen am Nachthimmel werden üblicherweise in Rektaszension und Deklination angegeben.[61] Hierfür sind die Metadatenfelder *RA* und *DE* vorgesehen (unterer Bereich in Abb. 3). Da es mehrere Koordinatensysteme zur Beschreibung von Positionen am Himmel gibt, muss eindeutig sein, welches System hier benutzt wird. Um die Beschreibung von astronomischen Beobachtun-

---

60 Für Beispiele aus dem Bereich der Geisteswissenschaften siehe Gartner 2016, 53–63.
61 S. https://de.wikipedia.org/wiki/%C3%84quatoriales_Koordinatensystem.

gen zu vereinheitlichen und Interoperabilität zu ermöglichen, wurden von der IVOA Metadatenstandards entwickelt.[62] Das Beispiel aus Abb. 3 verweist in der Beschreibung der Koordinaten auf diesen Standard (UCD: *pos.eq.ra*, *pos.eq.dec*). UCD bedeutet Unified Content Descriptor. Hierbei handelt es sich um ein formales Vokabular für astronomische Daten.[63] Abbildung 4 zeigt einen maschinenlesbaren XML-Ausschnitt für diese Datenfelder.

```
<FIELD name="s_ra" datatype="double" ucd="pos.eq.ra" unit="deg"
utype="obscore:Char.SpatialAxis.Coverage.Location.Coord.Position
2D.Value2.C1" xtype="adql:DOUBLE">
   <DESCRIPTION>RA of central coordinates</DESCRIPTION>
</FIELD>
<FIELD name="s_dec" datatype="double" ucd="pos.eq.dec"
unit="deg"
utype="obscore:Char.SpatialAxis.Coverage.Location.Coord.Position
2D.Value2.C2" xtype="adql:DOUBLE">
   <DESCRIPTION>DEC of central coordinates</DESCRIPTION>
</FIELD>
```

Abb. 4: XML-Ausschnitt für die Position von astronomischen Objekten basierend auf Metadatenstandards der IVOA (s. http://ivoa.net/documents/ObsCore/index.html)

Dabei ist noch die Bedeutung von (physikalischen) Einheiten (hier *deg*) und Datenformaten (hier *adql:DOUBLE*) zu betonen.

Heute sind Metadaten in maschinenlesbarer Form oftmals in Form von XML[64] kodiert. Inhaltliche Regeln sind oft in Form von kontrollierten Vokabularen definiert (z. B. der Getty Thesaurus von geografischen Namen[65] oder das Basel Register of Thesauri, Ontologies & Classifications[66]).

Standardisierte Metadaten unterstützen bzw. ermöglichen die Interoperabilität, Wiederverwendbarkeit, Transparenz und Integrationsfähigkeit von Daten und digitalen Werkzeugen. Standards werden meist innerhalb einer Community[67] entwickelt und etabliert.[68] Es gibt eine Reihe recht generischer Metadatenstandards wie z. B. Dublin Core[69] (Beschreibung von Dokumenten und anderen Objekten im Internet),

---

62 International Virtual Observatory Alliance, s. http://ivoa.net/documents/ObsCore/index.html.
63 S. http://ivoa.net/documents/latest/UCD.html.
64 eXtensible Markup Language, s. https://www.w3.org/standards/xml/.
65 S. http://www.getty.edu/research/tools/vocabularies/tgn/index.html.
66 S. http://www.bartoc.org.
67 Dies können durchaus unterschiedliche Communities sein, z. B. eine wissenschaftliche Community, eine bibliothekarische, eine wirtschaftliche, eine technische usw.
68 S. z. B. https://phaidra.univie.ac.at/o:441215.
69 S. https://dublincore.org/.

DataCite[70] (Publikation und Zitation von Forschungsdaten), RDF[71] (Beschreibung von Webressourcen) usw. Fachspezifische Metadatenstandards finden sich z. B. in den Sozialwissenschaften (DDI[72]), in den Geisteswissenschaften (TEI[73]), in den Geowissenschaften (ISO 19115[74]), in der Astrophysik (IVOA-Standards[75]), um einige zu nennen. Die Webseite von Jenn Riley zeigt einen Überblick über existierende Standards auf dem Stand von 2010.[76] Die Abstimmungsprozesse für Standards innerhalb einer Community sind oft aufwendig und langwierig, was sowohl die Adaption von fremden Standards als auch die Entwicklung von community-übergreifenden Standards erschwert.[77] An dieser Stelle können jedoch Infrastruktureinrichtungen wie wissenschaftliche Bibliotheken oder Rechenzentren Serviceangebote entwickeln, was zumindest das Auffinden und die Adaption von Standards für Forschungsprojekte betrifft.[78]

4.2 FAIR-Prinzipien

Eine Grundlage für die Umsetzung der FAIR-Prinzipien stellen maschinenlesbare Metadaten dar. Diese erlauben z. B. die eindeutige Referenzierbarkeit (z. B. DOI,[79] ORCID[80]), die Nachnutzung (Lizenzbedingungen) und Interoperabilität (Daten- und Dateiformate) von Forschungsdaten.[81]

Die Umsetzung ist allerdings nicht ganz einfach, insbesondere für Forschende, die sich vermehrt mit entsprechenden Anforderungen seitens der Förderorganisationen konfrontiert sehen.[82] Bei den FAIR-Prinzipien handelt es sich um einen Leitfaden und nicht um einen Standard. Zurzeit gibt es noch kein FAIR-Ökosystem, das einfach anzuwendende Praktiken und Werkzeuge für die alltägliche Arbeit bietet.[83] Es lässt sich relativ einfach testen, wie FAIR die eigenen Daten und Services sind. Aber entsprechende Best Practices, wie diese dann FAIRer gemacht werden können, existieren derzeit nur sporadisch. Doch ist das Feld sehr agil und es gibt eine Reihe

---

70 S. https://datacite.org/.
71 S. https://www.w3.org/2001/sw/wiki/RDF.
72 S. https://ddialliance.org.
73 S. https://tei-c.org.
74 S. http://www.dcc.ac.uk/resources/metadata-standards/iso-19115.
75 S. http://ivoa.net/documents.
76 S. http://jennriley.com/metadatamap.
77 Vgl. Gartner 2016, 37–39.
78 Vgl. z. B. Curdt et al. 2019; Tenopir et al. 2017.
79 Digital Object Identifier, s. https://www.doi.org/.
80 Open Researcher and Contributor IDentifier, s. https://orcid.org/.
81 S. a. Beitrag von Linne et al., Kap. 3.2 in diesem Praxishandbuch; Wilkinson et al. 2016.
82 S. a. Beitrag von Putnings, Kap. 1.3 in diesem Praxishandbuch.
83 Vgl. Thompson et al. 2019.

von Aktivitäten zu praktischen Umsetzungen.[84] Insbesondere zeigen diese Ansätze Wege auf, wie sich schrittweise Daten und Dienste FAIRer gestalten lassen. Da diese z. T. sehr infrastruktur- bzw. IT-lastig sind, bildet auch hier die Kooperation mit Infrastruktureinrichtungen einen Ansatz für eine Arbeitsteilung mit verteilten Rollen, Aufgaben und Verantwortlichkeiten.[85]

4.3 Workflows

Ein wesentlicher Aspekt für die praktische Umsetzung des Einsatzes von Metadaten ist die Frage, wann welche Metadaten von wem und auf welche Art und Weise erfasst werden. Generell lässt sich empfehlen, Metadaten möglichst zeitnah (zeitgleich) mit den entsprechenden Arbeitsschritten, bei denen Forschungsdaten erzeugt oder verarbeitet werden, aufzunehmen. Entsprechende Zeitpunkte sind z. B. die semiautomatische Erzeugung von Metadaten bei Experimenten. Auch sind die Kurationsgrenzen des Data Curation Continuum[86] (private → Kollaborations- → öffentliche Domäne) Zeitpunkte im Forschungsprozess, zu denen entsprechend der Anforderungen der neuen Domäne gewisse Metadaten angereichert werden sollten. Eine retrospektive Erfassung von Metadaten birgt immer die Gefahr der Unvollständigkeit, weil relevante Informationen fehlen, keine Zeit (Motivation) oder finanzielle/personelle Ressourcen dafür vorhanden sind. Um die Hürde bzw. den Aufwand für Forschende zu minimieren, können lokale Supportangebote seitens der Infrastruktureinrichtungen oder entsprechend geschulten Personals in den Forschungsvorhaben entwickelt und genutzt werden. Hierzu gehören
- Beratung durch professionelle Serviceeinrichtungen (z. B. Drittmittel-Services) bei der anfänglichen Planung von Forschungsvorhaben,
- Schulungsangebote durch die Infrastruktureinrichtungen (Kompetenzaufbau der Forschenden),
- Bereitstellung/Entwicklung/Nachnutzung von Werkzeugen, die die zeitnahe Erfassung von Metadaten ermöglichen/vereinfachen,
- Personal, das die Kuratierung übernimmt (z. B. Datenmanager oder Datenmanagerin).

---

[84] Z. B. Thompson et al. 2019; Griffin et al. 2018; Mons et al. 2017; Wilkinson et al. 2017.
[85] Vgl. Schirrwagen et al. 2019.
[86] Vgl. Treloar & Klump 2019.

Für die Umsetzung gibt es mehrere Möglichkeiten.[87] Im Bereich des Long Tail[88] können Forschungsvorhaben universelle Werkzeuge[89] für die Datenbeschreibung und Schnittstellen zu interdisziplinären Forschungsdatenrepositorien (z. B. Zenodo[90]) angeboten werden. Für größere Projekte mit spezifischeren Anforderungen lassen sich spezialisierte Arbeitsabläufe entwickeln. Die Werkzeuge, die zur Verfügung stehen und deren Nutzbarkeit sind auch entscheidend dafür, wieviel Engagement Forschende in das FDM investieren.

Bei der Betrachtung der Kategorien von Metadaten, lassen sich entlang des Forschungsprozesses ebenfalls Zuordnungen zu den in Tab. 1 genannten Rollen herstellen. Forschende werden im Wesentlichen für die beschreibenden Metadaten verantwortlich sein, denn diese erlauben die Identifizierung sowie die Referenzierung und stellen den Kontext her. Auch im Bereich der administrativen Metadaten, insbesondere im Bereich der Provenienz, d. h. die Dokumentation der Forschungs- bzw. Verarbeitungsprozesse, werden sich Forschende mit einbringen müssen, weil hier disziplinspezifische Kenntnisse erforderlich sind. Die anderen Kategorien von Metadaten werden in Abhängigkeit von den lokalen organisatorischen Gegebenheiten eher im Bereich Forschungsunterstützung oder Infrastruktureinrichtungen verortet sein. Ein enger Austausch zwischen den Agierenden ist wichtig, damit entsprechende Metadaten im Rahmen einer Datenstrategie aus der einen Phase des Projektes in die nächste Phase migriert bzw. transformiert werden können, z. B. wenn es darum geht gewisse Daten und Metadaten für die Langzeitarchivierung vorzubereiten.[91]

Ein mögliches Szenario für die Erfassung von Metadaten in einem Forschungsprojekt könnte sein, dass globale Metadaten, die das Projekt beschreiben (Namen der Forschenden, Projekttitel, Vorhabenbeschreibung usw.) sowie eine erste Iteration der Beschreibung von anfallenden Forschungsdaten, Software usw., in der Planungs- bzw. Antragsphase erfasst und dokumentiert werden. Hier können Beratung, Schulung und Werkzeuge zur Erstellung von DMP, die z. B. durch die zentralen professionellen Unterstützungsstrukturen an Hochschulen bereitgestellt werden, helfen. Eine sinnvolle Strategie zur Beschreibung könnte nach Michener wie folgt aussehen:[92]

- Identifizierung der Arten von Informationen, die benötigt werden, die Forschenden erlauben sollen, die Daten zu finden, auf die Daten zuzugreifen, die Daten zu interpretieren und zu zitieren.

---

[87] Vgl. Ribeiro et al. 2018.
[88] Vgl. Borgman et al. 2016.
[89] S. z. B. https://library.stanford.edu/research/data-management-services/data-best-practices/creating-metadata/metadata-tools.
[90] S. https://zenodo.org.
[91] S. a. Beitrag von Weber und Piesche, Kap. 4.2 in diesem Praxishandbuch.
[92] Vgl. Michener 2015, 4.

– Herausfinden, ob es fachspezifische Metadatenschemas oder Standards gibt, die zusammen mit kontrollierten Vokabularen angewendet werden können.
– Identifizierung von Softwarewerkzeugen, die eingesetzt werden können, um Metadaten zu erzeugen und zu managen. Zusätzlich können z. B. Textdateien (readme), welche relevante Metadaten enthalten, hinzugezogen werden oder sogar in Dateiheadern integriert werden.

Außerdem macht es Sinn, eine verantwortliche Person zu benennen, die alle Projektdetails bspw. in einem elektronischen Laborbuch verwaltet. Hier könnte ein Prozess aufgesetzt werden, in dem in regelmäßigen Abständen ein weiteres Team-Mitglied die Aufzeichnungen überprüft. Die Metadaten können dann zu Datenprodukten hinzugefügt werden, die gespeichert, nachgenutzt und geteilt werden. Ein weiterer wichtiger Aspekt ist die Nutzung offener, nicht-proprietärer Datenformate und Werkzeuge. Bei nicht-offenen Formaten handelt es sich dann oft um „Black Boxes", die nur innerhalb der kommerziellen Umgebung nutzbar sind. Beim Export in offene Formate gehen dann meist wesentliche Metadaten verloren.

Komplexer stellt sich die Situation für die Dokumentation während der aktiven Forschungsphase dar, die oftmals iterativ und „on-the-fly" (weiter-)entwickelt und durchgeführt wird (vgl. Abb. 1). Wie bereits erwähnt könnte eine Zusammenarbeit zwischen Forschenden und Infrastruktureinrichtungen innerhalb von Projekten stattfinden. Neben der Arbeits- und Aufgabenteilung besteht für die Infrastruktureinrichtungen die Möglichkeit des Kompetenzaufbaus bzw. -ausbaus und der Entwicklung einer nachhaltigen (lokalen) Infrastruktur von relevanten und nachgefragten Werkzeugen (z. B. mittels eingebetteten Personals[93]). Über das konkrete Projekt hinaus können Forschende am lokalen Standort zukünftig von diesen Werkzeugen profitieren. Hierbei ist zu beachten, dass aufgrund der diversen Arbeitskulturen immer auch eine Einpassung in etablierte Forschungsprozesse vonnöten ist.[94] Eine Adaption von Forschungsprozessen an neue Technologien scheint am ehesten schrittweise erreichbar zu sein, um mögliche Widerstände abzufedern. Das Konzept der Rampen von Atkinson et al.[95] beschreibt in diesem Zusammenhang, wie ausgehend von aktuellen Arbeitspraktiken, aktuell genutzten (digitalen) Werkzeugen usw. mit kleinen in sich logischen Schritten Anpassungen der Arbeitspraktiken vorgenommen werden. Dabei sollen detaillierte technische Aspekte zunächst möglichst ausgeblendet werden. Ein Beispiel könnte die Nutzung eines Cloudspeichers wie z. B. sciebo[96] sein. Die Client-Software lässt sich nahtlos in das lokale Dateimanagement integrieren, sodass das bekannte Aussehen des Dateiexplorers erhalten bleibt. Der

---

[93] Vgl. Cremer, Engelhardt und Neuroth 2015, 15–17.
[94] Vgl. z. B. Meyer und Schroeder 2015, 197–208.
[95] Vgl. Atkinson et al. 2010.
[96] S. https://www.sciebo.de/.

Client erlaubt dann aber Dateien über mehrere Endgeräte hinweg zu synchronisieren und mit Kooperationspartnern teilen.

Im Sinne der Qualitätssicherung entlang des Datenlebenszyklus spielt die Qualität der Metadaten eine wichtige Rolle. Die Qualität der in ihnen enthaltenen Informationen bestimmt die (Nach-)Nutzbarkeit der Forschungsdaten. Die Qualität von Metadaten kann unter folgenden Gesichtspunkten betrachtet werden: Vollständigkeit, Genauigkeit, Provenienz, Erwartungskonformität, logische Konsistenz und Kohärenz, Aktualität und Zugänglichkeit.[97]

Fazit

Die Planung, Beschreibung und Dokumentation beim Umgang mit Forschungsdaten ist ein komplexes Feld mit vielen Stakeholdern. Die Zusammenarbeit zwischen Forschenden, professionellen Dienstleistern und Infrastruktureinrichtungen hat das Potenzial, verschiedene Expertisen zusammenzubringen, um insbesondere so für die Forschenden eine bedarfsgerechte, effektive und nachhaltige Arbeitsumgebung zu ermöglichen.

Zurzeit lässt sich eine gewisse Stagnation bzw. eine Verschiebung der Schwerpunkte bei der Entwicklung und Bereitstellung von Informationsinfrastrukturen für die Dissemination und Vernetzung von Forschungsergebnissen beobachten.[98] Hinzu kommt der große Bedarf an Datenkompetenzen in allen Stakeholdergruppen.[99] Solange größere Initiativen wie z. B. die Nationale Forschungsdateninfrastruktur (NFDI),[100] die European Open Science Cloud (EOSC)[101] oder GO-FAIR[102] sich gerade finden oder noch in der Entwicklung befinden, scheint es durchaus sinnvoll, sich lokal bzw. in Projekten, ganz im Sinne von Atkinson et al.,[103] schrittweise weiterzuentwickelnden Beschreibungs- und Dokumentationsworkflows zu nähern.[104] Dann wird es ebenfalls einfacher, unterschiedliche Bedarfe bzw. Anforderungen wie Dokumentation zur internen Verwendung, Dokumentation und Kuratierung für eine Veröffentlichung von Forschungsdaten zu erfüllen bzw. ineinander zu überführen.

---

97 Der Beitrag von Király und Brase, Kap. 4.3 in diesem Praxishandbuch geht näher darauf ein.
98 Vgl. Neuroth 2019, 167–169.
99 Vgl. z. B. Fournier 2017.
100 S. https://www.dfg.de/foerderung/programme/nfdi.
101 S. https://www.eosc-portal.eu.
102 S. https://www.go-fair.org.
103 Vgl. Atkinson et al. 2010.
104 Vgl. Mons et al. 2017, 53.

Literatur

Letztes Abrufdatum der Internet-Dokumente ist der 15.11.2020.

Atkinson, Malcolm, David De Roure, Jano van Hemert und Danius Michaelides. 2010. „Shaping Ramps for Data-Intensive Research." Conference gehalten auf der UK e-Science All Hands Meeting 2010, Juni. http://eprints.soton.ac.uk/id/eprint/271235.

Borgman, Christine L. 2015. *Big data, little data, no data: Scholarship in the networked world*. Cambridge, MA: MIT press.

Borgman, Christine L. 2019. „The Lives and After Lives of Data." *Harvard Data Science Review*, Juni. doi:10.1162/99608f92.9a36bdb6.

Borgman, Christine L., Milena S. Golshan, Ashley E. Sands, Jillian C. Wallis, Rebekah L. Cummings, Peter T. Darch und Bernadette M. Randles. 2016. „Data Management in the Long Tail: Science, Software, and Service." *International Journal of Digital Curation* 11 (1): 128–149. doi:10.2218/ijdc.v11i1.428.

Boulton, Geoffrey, Philip Campbell, Brian Collins, Peter Elias, Wendy Hall, Graeme Laurie, Onora O'Neill et al. 2012. „Science as an Open Enterprise." The Royal Society. http://royalsociety.org/policy/projects/science-public-enterprise/report/.

Brand, Ortrun und Jens Dierkes. 2020. „Failures and major issues". Bausteine Forschungsdatenmanagement, in press

Büttner, Stephan, Hans-Christoph Hobohm und Lars Müller, Hg. 2011. *Handbuch Forschungsdatenmanagement*. Bad Honnef: Bock + Herchen.

Caplan, Priscilla. 2003. *Metadata Fundamentals for All Librarians*. Chicago: American Library Association.

Corrado, Edward M. und Heather Moulaison Sandy. 2017. *Digital Preservation for Libraries, Archives, and Museums*. Lanham: Rowman & Littlefield.

Cox, Andrew und Eddy Verbaan. 2018. *Exploring Research Data Management*. London: Facet Publishing.

Cremer, Fabian, Claudia Engelhardt und Heike Neuroth. 2015. „Embedded Data Manager – Integriertes Forschungsdatenmanagement: Praxis, Perspektiven und Potentiale:" *Bibliothek Forschung und Praxis* 39 (1): 13–31.

Curdt, Constanze, Dirk Hoffmeister, Tanja Kramm, Ulrich Lang und Georg Bareth. 2019. „Etablierung von Forschungsdatenmanagement-Services in geowissenschaftlichen Sonderforschungsbereichen am Beispiel des SFB/Transregio 32, SFB 1211 und SFB/Transregio 228:" *Bausteine Forschungsdatenmanagement*, 2 (September): 61–67. doi:10.17192/bfdm.2019.2.8103.

Fournier, Johannes. 2017. „Zum qualifizierten Umgang mit Forschungsdaten. Ein Bericht über den Workshop ‚Wissenschaft im digitalen Wandel' am 6. Juni 2017 in der Universität Mannheim:" *o-bib. Das offene Bibliotheksjournal* 4 (3): 88–93. doi:10.5282/o-bib/2017H3S88-93.

Gartner, Richard. 2016. *Metadata: Shaping Knowledge from Antiquity to the Semantic Web*. New York: Springer.

Goodman, Alyssa, Alberto Pepe, Alexander W. Blocker, Christine L. Borgman, Kyle Cranmer, Merce Crosas, Rosanne Di Stefano u. a. 2014. „Ten Simple Rules for the Care and Feeding of Scientific Data." *PLoS Comput Biol* 10 (4): e1003542. doi:10.1371/journal.pcbi.1003542.

Griffin, Philippa C., Jyoti Khadake, Kate S. LeMay, Suzanna E. Lewis, Sandra Orchard, Andrew Pask, Bernard Pope u. a. 2018. „Best practice data life cycle approaches for the life sciences." *F1000Research* 6 (Juni). doi:10.12688/f1000research.12344.2.

Jahnke, Lori, Andrew Asher und Spencer DC Keralis. 2012. „The problem of data." http://digitalcommons.bucknell.edu/fac_pubs/52/.

Klar, Jochen und Harry Enke. 2013. „Organisation und Struktur." DFG-Projekt RADIESCHEN – Rahmenbedingungen einer disziplinübergreifenden Forschungsdateninfrastruktur. Konsortien der DFG-Projekte Radieschen, EWIG, re3data.org, KomFor und BoKeLa. doi:10.2312/RADIESCHEN_005.

Leendertse, Jan, Susanne Mocken und Dirk von Suchodoletz. 2019. „Datenmanagementpläne zur Strukturierung von Forschungsvorhaben." *Bausteine Forschungsdatenmanagement* 2 (Mai): 4–9. doi:10.17192/bfdm.2019.2.8003.

Ludwig, Jens und Harry Enke. 2013. „Leitfaden zum Forschungsdaten-Management". http://www.univerlag.uni-goettingen.de/handle/3/isbn-978-3-86488-032-2.

Lyon, Dr Liz. 2007. „Dealing with Data: Roles, Rights, Responsibilities and Relationships. Consultancy Report." Bath: UKOLN, University of Bath.

Meyer, Eric T. und Ralph Schroeder. 2015. *Knowledge machines: Digital transformations of the Sciences and Humanities*. Cambridge, MA: MIT Press.

Michener, William K. 2015. „Ten Simple Rules for Creating a Good Data Management Plan." *PLOS Comput Biol* 11 (10): e1004525. doi:10.1371/journal.pcbi.1004525.

Miksa, Tomasz, Stephanie Simms, Daniel Mietchen und Sarah Jones. 2019. „Ten Principles for Machine-Actionable Data Management Plans." *PLOS Computational Biology* 15 (3): e1006750. doi:10.1371/journal.pcbi.1006750.

Mons, Barend, Cameron Neylon, Jan Velterop, Michel Dumontier, da Silva Santos, Luiz Olavo Bonino und Mark D. Wilkinson. 2017. „Cloudy, Increasingly FAIR; Revisiting the FAIR Data Guiding Principles for the European Open Science Cloud". *Information Services & Use* 37 (1): 49–56. doi:10.3233/ISU-170824.

Neuroth, Heike. 2019. „Haben Metadaten ihre Unschuld verloren?" In *Bibliotheksentwicklung im Netzwerk von Menschen, Informationstechnologie und Nachhaltigkeit: Festschrift für Achim Oßwald*. Bad Honnef: Bock + Herchen. https://www.th-koeln.de/mam/downloads/deutsch/studium/studiengaenge/f03/bib_inf_ma/festschrift_osswald.pdf.

Neuroth, Heike, Claudia Engelhardt, Jochen Klar, Jens Ludwig und Harry Enke. 2018. „Aktives Forschungsdatenmanagement." *ABI Technik* 38 (1): 55–64. doi:10.1515/abitech-2018-0008.

Pampel, Heinz, Roland Bertelmann und Hans-Christoph Hobohm. 2010. *„Data Librarianship" – Rollen, Aufgaben, Kompetenzen*. Bd. 144. Berlin: RatSWD Working Paper Series

Ribeiro, Cristina, João Rocha da Silva, João Aguiar Castro, Ricardo Carvalho Amorim, João Correia Lopes und Gabriel David. 2018. „Research Data Management Tools and Workflows: Experimental Work at the University of Porto." *IASSIST Quarterly* 42 (2): 1–16. doi:10.29173/iq925.

Schirrwagen, Jochen, Philipp Cimiano, Vidya Ayer, Christian Pietsch, Cord Wiljes, Johanna Vompras und Dirk Pieper. 2019. „Expanding the Research Data Management Service Portfolio at Bielefeld University According to the Three-Pillar Principle Towards Data FAIRness." *Data Science Journal* 18 (1): 6. doi:10.5334/dsj-2019-006.

Tenopir, Carol, Sanna Talja, Wolfram Horstmann, Elina Late, Dane Hughes, Danielle Pollock, Birgit Schmidt, Lynn Baird, Robert Sandusky und Suzie Allard. 2017. „Research Data Services in European Academic Research Libraries." *LIBER Quarterly* 27 (1/14. Februar): 23–44. doi:10.18352/lq.10180.

Thibodeau, Kenneth. 2002. „Overview of technological approaches to digital preservation and challenges in coming years." *The state of digital preservation: an international perspective*, Marcum, Deanna, Kenneth Thibodeau, Margaret Hedstrom, Meg Bellinger, Laura Campbell, Titia van der Werf, Colin Webb, Donald Waters, 4–31. Washington: Council on Library and Information Resources.

Thompson, Mark, Kees Burger, Rajaram Kaliyaperumal, Marco Roos und Luiz Olavo Bonino da Silva Santos. 2019. „Making FAIR Easy with FAIR Tools: From Creolization to Convergence." *Data Intelligence* November: 87–95. doi:10.1162/dint_a_00031.

Treloar, Andrew, David Groenewegen und Cathrine Harboe-Ree. 2007. „The Data Curation Continuum: Managing Data Objects in Institutional Repositories." *D-Lib Magazine* 13 (9/10). doi:10.1045/september2007-treloar.

Treloar, Andrew und Jens Klump. 2019. „Updating the Data Curation Continuum". *International Journal of Digital Curation* 14 (September): 87–101. doi:10.2218/ijdc.v14i1.643.

Treloar, Andrew und Ross Wilkinson. 2008. „Rethinking Metadata Creation and Management in a Data-Driven Research World." In *2008 IEEE Fourth International Conference on EScience*, 782–789. Indianapolis: IEEE. doi:10.1109/eScience.2008.41.

Wilkinson, Mark D., Michel Dumontier, IJsbrand Jan Aalbersberg, Gabrielle Appleton, Myles Axton, Arie Baak, Niklas Blomberg u. a. 2016. „The FAIR Guiding Principles for Scientific Data Management and Stewardship." *Scientific Data* 3 (März): 160018. doi:10.1038/sdata.2016.18.

Wilkinson, Mark D., Ruben Verborgh, Luiz Olavo Bonino da Silva Santos, Tim Clark, Morris A. Swertz, Fleur D. L. Kelpin, Alasdair J. G. Gray u. a. 2017. „Interoperability and FAIRness through a Novel Combination of Web Technologies." *PeerJ Computer Science* 3 (April): e110. doi:10.7717/peerj-cs.110.

Andreas Weber und Claudia Piesche
4.2 Datenspeicherung, -kuration und Langzeitverfügbarkeit

Abstract: Die langfristige Speicherung von Daten und deren nachhaltige Verfügbarkeit sind schon seit langem wichtige Desiderate in der Forschung. Experimente, Messungen, Simulationen oder Auswertungen liefern Daten, für die optimale Aufbewahrungsmöglichkeiten gefunden werden müssen. Längst stellt die Forschung Anforderungen, die über die „reine" Speicherung der Daten hinausgehen. Dabei gibt es keine universelle Methode, sondern für jedes Forschungsvorhaben muss die geeignete Vorgehensweise gefunden werden. Je nach Bewertung der Forschungsdaten können verschiedene Erhaltungsstrategien angewandt werden, die wiederum unterschiedliche Anforderungen an die Art des physischen Speichers und den Zugriff haben. Zur Bewertung der Forschungsdaten spielen Selektion und Kuration daher eine immer wichtigere Rolle. Einerseits geht es dabei um die Auswahl und Klassifizierung der Daten, die langfristig aufgehoben werden sollen. Andererseits rückt im Kontext der Nachnutzbarkeit auch die geeignete Beschreibung der Daten und des Entstehungskontextes in den Fokus. Das Ziel einer langfristigen Verfügbarkeit und Interpretierbarkeit ist ohne die ausreichende Beschreibung der Rohdaten nicht erreichbar. Damit stellt die Langfristarchivierung auch die IT-Systeme und deren Architektur vor Herausforderungen. Ein möglicher Lösungsansatz ist das „Open Archival Information System"-Modell (OAIS-Modell) als Referenz zur Implementierung der Langzeitarchivierung digitaler Objekte. Der vorliegende Artikel beschreibt die unterschiedlichen Möglichkeiten der Speicherung von Forschungsdaten, erklärt was im Kontext von Langfristverfügbarkeit Datenkuration bedeutet und beschreibt das OAIS-Referenzmodell. Schließlich werden im Abschnitt Praxistransfer praktische Hilfestellungen zu den Themen des Artikels gegeben.

Einleitung

Die ältesten bislang entdeckten Höhlenmalereien finden sich in der Höhle Cueva de El Castillo bei Puente Viesgo in Spanien.[1] Über den Zweck der Abbildungen gibt es verschiedene Theorien, z. B. dass es sich um die Darstellung von Jagderfahrungen handelt. Stellen diese Bilder eine frühe Form von Forschungsdaten dar, in denen experimentell entwickelte Jagdmethoden dokumentiert werden? Die Zuschreibung

---

[1] Vgl. Cabrera Valdes 1989, 577–584.

„Forschungsdaten" ist wahrscheinlich eine etwas gewagte These. Jedoch stellen die Abbildungen im Rahmen der Erforschung und Entdeckung des eigenen Lebensraums ein gutes Beispiel für die langfristige Bewahrung von Menschen geschaffener Informationen dar. Schaut man weiter nach Beispielen langfristig erhaltenen Wissens, findet man in der Antike die in hieroglyphischer Schrift überlieferten Informationen vergangener Kulturen am Nil. Gleichzeitig lässt sich eine wichtige Voraussetzung langfristiger Verfügbarkeit daran gut verdeutlichen. Die Entdecker der Hieroglyphen konnten die einzelnen Zeichen erkennen, deren Entzifferung gelang aber erst viele Jahre später durch das Sprachgenie Jean-François Champollion.[2] Den Schlüssel zum Erfolg bildete der Stein von Rosetta,[3] in den ein Text über den König Ptolemaios in drei Sprachen, darunter auch in Hieroglyphen, eingemeißelt ist. Aufgrund der Mehrsprachigkeit der dargestellten Ereignisse wurden eine Interpretation und damit ein sprachliches Verständnis der hieroglyphischen Zeichen möglich. Damit konnte dann durch mühsame Vergleichsarbeit der Texte die Interpretation der Hieroglyphen abgeleitet werden. Man kann erkennen: Der alleinige Erhalt von Daten ist für eine spätere Interpretation oder Wiederverwendung nicht ausreichend. Es muss auch die Information erhalten werden, wie die Daten zu interpretieren sind. Das unterscheidet die eigentliche Datenspeicherung von der Langfristspeicherung von Daten. Insbesondere in der heutigen Zeit der digitalen Daten muss dieses Problem bei der Langzeitarchivierung mitgedacht werden, denn sowohl die Lesbarkeit als auch die Interpretation digitaler Daten hängt von speziellen Anwendungen ab. Dies betrifft sowohl den Hardware- als auch den Anwendungskontext digitaler Daten. Die meisten Daten werden heute in einer Form gespeichert, die einen Zugriff auf die Information nur über technische Hilfsmittel erlaubt, die im Falle einer langen Aufbewahrungsperiode möglicherweise veraltet, nicht mehr nutzbar oder gar zerstört sein könnten.

Für die Sicherung von bedeutendem Kulturgut geht man deshalb einen besonderen Weg. So werden z. B. als Bundesaufgabe im Rahmen des Zivilschutzes[4] seit 1961 wichtige Archivalien mikroverfilmt[5] und die Filme in Spezialbehältern im Barbarastollen in Oberried bei Freiburg im Breisgau eingelagert.[6] Der Zugriff auf die Information kann mit Hilfe einer Lupe und einer Lichtquelle ohne weitere technische Hilfsmittel gewährleistet werden, solange die Information über die Interpretation der abgelichteten Sprachen nicht verlorengegangen ist. Neben dem Mikrofilm wer-

---

2 Vgl. Majonica 2007.
3 Vgl. Depuydt 1999, 686–687.
4 Vgl. BMI 1987, 284–292.
5 S. https://www.bbk.bund.de/DE/AufgabenundAusstattung/Kulturgutschutz/Sicherungsverfilmung/sicherungsverfilmung_node.html. Letztes Abrufdatum der Internet-Dokumente ist der 15.11.2020.
6 S. http://www.bbk.bund.de/DE/AufgabenundAusstattung/Kulturgutschutz/ZentralerBergungsort/zentralerbergungsort_node.html.

den andere persistente Speichermedien verwendet. Im Projekt Memory of Mankind (MoM)[7] werden die Daten z. B. auf Keramikfliesen gebrannt. Diese Spezialfliesen sind bis 1 200 Grad Celsius temperatur-, säure-, laugen- und strahlungsbeständig und werden in einem Salzbergwerk in Hallstatt gelagert. Solche Verfahren sind sehr kostenintensiv, haben eine sehr geringe Speicherdichte und sind somit nur für besonders wichtige Informationen sinnvoll einsetzbar. Der Auswahl der zu speichernden Informationen im Rahmen der Datenkuration kommt hier eine besonders wichtige Rolle zu.

Die Forderung nach der Überprüfbarkeit von Forschungsergebnissen führt dazu, dass die langfristige Speicherung von Daten nicht nur für einzelne Forschende ein zentrales Thema geworden ist, sondern auch für Forschungseinrichtungen. Dabei spielt die Kuration von Daten im Forschungsprozess eine immer größer werdende Rolle. Der Rat für Informationsinfrastrukturen (RfII) hat in seinen Empfehlungen[8] die Schaffung neuer Berufsbilder, wie etwa von Datenkuratoren, sogar angeregt.

1 Datenspeicherung

Grundsätzlich sind Speichermedien durch Zugriffszeit, Datenrate und Speicherkapazität charakterisiert. Die Anforderungen an die Speichermedien in der Forschung haben eine große Bandbreite und sind je Anwendungsfall verschieden. So ist es offensichtlich, dass die Speicherung von Daten aus komplexen Experimenten, z. B. Kernfusionsexperimenten, wo pro Plasmaeinschluss in weniger als einer Sekunde mehrere 100 Megabyte an Daten entstehen, sich von der Speicherung von Auswertungen von sozialwissenschaftlichen Umfragen deutlich unterscheidet.

Bei den derzeit vorhandenen Speichertechniken besteht ein prinzipieller Konflikt zwischen der Minimierung der Zugriffszeit und der Maximierung der Speicherkapazität. In großen Rechner- und Speichersystemen werden deshalb unterschiedliche Speichertechnologien zu Speicherhierarchien kombiniert, um einen Kompromiss aus schnellem Zugriff und großen Speicherkapazitäten bei angemessenen Kosten zu erreichen. Um Forschende bei der Planung ihrer Datenhaltungsstrategie beraten zu können, müssen die aktuellen technischen Möglichkeiten und die zukünftigen Entwicklungen bekannt sein. Nachfolgend werden diese deshalb kurz beschrieben und weitere Implikationen betrachtet.

---

[7] MoM: Wie bewahrt man Information dauerhaft für 1 Million Jahre auf? Vgl. https://www.memory-of-mankind.com/de/how-is-information-kept-legible-for-1-million-years/.
[8] S. RfII 2016, http://www.rfii.de/?wpdmdl=1998.

1.1 Speichermedien in der EDV

Grundsätzlich lassen sich die Speichermedien in Rechnersystemen in Primär-, Sekundär- und Tertiärspeicher[9] unterscheiden.[10] Als Primärspeicher werden alle Speicher mit wahlfreiem Zugriff (Random Access) bezeichnet, auf die der Prozessor direkt mit voller Geschwindigkeit zugreifen kann. Dazu zählen Register eines Prozessors, Caches und der Hauptspeicher (Main Memory bzw. Arbeitsspeicher). Primärspeicher bieten sehr schnellen Zugriff im Nanosekunden-Bereich, sind aber hinsichtlich ihrer Kapazität begrenzt.

Hintergrundspeicher mit index-sequentiellem (quasi-wahlfreiem) Zugriff, wie magnetische Festplatten oder RAID-Systeme (Redundant Arrays of Independent Disks) werden als Sekundärspeicher bezeichnet. Diese Speicher verfügen im Vergleich zu Primärspeichern über große Kapazitäten, weisen allerdings einen um den Faktor 10^6 langsameren Zugriff auf.[11] Dieser gravierende Unterschied in der Zugriffszeit wird auch als Zugriffslücke bezeichnet.

Speichertechnologien mit Speichermedien, auf die nicht direkt zugegriffen werden kann, gliedern sich in die Kategorie der Tertiärspeicher ein. Nicht direkt zugreifbar bedeutet, dass Medien manuell bedient werden müssen oder in robotergesteuerten Bibliotheken organisiert sind. Erst beim Zugriff auf die Daten werden diese in die entsprechenden Schreib-/Lesegeräte bewegt. Die Zugriffslücke zwischen Sekundär- und Tertiärspeicher erreicht ebenfalls einen Faktor von bis zu 10^6. Dabei haben sich heute drei Tertiärspeichertechnologien etabliert: magneto-optische Speicher, optische Speicher und Magnetbänder. Magneto-optische und optische Speicher werden überwiegend bei kleinen bis mittleren Datenmengen (GByte bis TByte) eingesetzt und wenn schneller Zugriff erforderlich ist. Für die Speicherung sehr großer Datenmengen (TByte bis PByte) werden vor allem Magnetbänder verwendet.

Seit Beginn der Speicherung von Daten in Computersystemen hat es eine positive Entwicklung sowohl bei den Zugriffszeiten als auch im Bereich der Speicherdichte gegeben. Bei der Kapazität konnte in den letzten 40 Jahren eine Steigerung der Speicherdichte um den Faktor 25 Milliarden erreicht werden,[12] wenn man die ersten Lochkarten mit einer heutigen SD-Karte vergleicht. Die Zugriffszeiten wurden ebenfalls gesteigert, wobei hier oft der Vorteil durch die Verwendung von schnellem Zwischenspeicher (Caches) entsteht, die die Zugriffslücken überbrücken können. Die Entwicklung von Speichermedien wird aber auch von der Verbesserung der Robustheit der Speichermedien gegenüber Datenverlust, Ermüdungserscheinungen

---

[9] In der Literatur wird manchmal der Tertiärspeicher nicht explizit aufgeführt, sondern zu den Sekundärspeichern gezählt.
[10] Vgl. TG 2001.
[11] Vgl. Hennessy 2007, 359.
[12] S. https://wkdiscpress.de/ratgeber/chronik-der-speichermedien/.

des Materials und der Kosten für die Speichermedien geprägt. In der Geschichte gab es dabei auch durchaus kuriose Entwicklungen. Im Jahr 1998 wurde z. B. die Möglichkeit der Speicherung von Daten auf handelsüblichem Tesafilm vorgestellt,[13] bei der bis zu zehn GByte auf einer Rolle Tesafilm abgelegt werden konnten. Das Speichermedium wäre in diesem Fall als günstiges Massenprodukt zu kaufen gewesen. Jedoch hat sich als sogenannter WORM-Speicher[14] dann aber die DVD durchgesetzt. Die Chancen für weitere Leistungssprünge im Speicherbereich stehen gut, denn neue Technologien sind bereits in den Startlöchern oder befinden sich bereits im Einsatz. Ein paar aktuelle Entwicklungen werden nachfolgend kurz vorgestellt.

Phase-Change-Memory-Chips (PCM-Chips) basieren auf chemischen Verbindungen, die mit ihrer Struktur ihre elektrische Leitfähigkeit verändern können.[15] Die durch einen starken Stromimpuls verursachte starke Erhitzung verändert die Ordnung der Moleküle und damit den Widerstand. Erneute geringe Stromzufuhr führt wieder zum Originalzustand in der Leitfähigkeit. Somit können binäre Informationen gespeichert werden. Diese Technik ist vor allem in Smartphones bereits im Einsatz. Die Vorteile der PCMs gegenüber Flash-Speichern liegen in der günstigeren Herstellung und in der etwa fünfmal höheren Speicherdichte. Der größte Vorteil liegt aber darin, dass PCMs mehr als zehn Millionen Mal beschrieben werden können, wohingegen die Garantie herkömmlicher Flash-Speicher nach einigen 1 000 Schreibvorgängen erlischt.

Bei dem von IBM entwickelten „Racetrack"-Speicher werden, ähnlich wie bei Magnetbändern, digitale Daten in einer Reihe von magnetischen Domänenwänden (DWs) gespeichert. Im Unterschied zu Magnetbändern werden diese jedoch in Nanodrähten gespeichert, die in einem 3D-Array angeordnet sind.[16] Der Betrieb eines „Rennstreckenspeichers" beruht darauf, dass die DWs entlang der Nanodrähte mit bis zu 2 000 Metern pro Sekunde bewegt werden können, indem ein Strom durch den Draht geleitet wird. Da dabei nur Elektronen bewegt werden, können die Daten etwa 100 000 Mal schneller gelesen werden als von heutigen Festplatten und es gibt auch fast keine mechanische Abnutzung. Die Drähte haben nur einen Durchmesser im Nanometerbereich, so dass sich etwa 180 000 Drähte auf der Breite eines Menschenhaares unterbringen lassen. Somit könnten auf mobilen Endgeräten mehrere tausend Filme gespeichert werden. Wegen des geringen Energiebedarfs können die Speicher wochenlang mit einer Akkuladung laufen und hätten eine quasi unendlich lange Lebensdauer. Es gibt derzeit noch keine Umsetzung, die eine Massenproduk-

---

13 S. https://www.spektrum.de/news/tesafilm-als-datenspeicher/341007.
14 WORM Speicher sind Speichermedien, die nur einmalig schreibenden (Engl. write once) aber mehrfach lesenden Zugriff (Engl. read many) erlauben.
15 Vgl. Ovshinsky 1968.
16 Vgl. Parkin 2008.

tion erlaubt. Grundsätzliche Fragen, wie z. B. die Genauigkeit der Positionierung von DWs sind Gegenstand aktueller Forschung.[17]

Im Bereich der Langzeitdatenspeicherung von sehr großen Datenbeständen werden derzeit ebenfalls interessante neue Technologien entwickelt. Ein Beispiel ist die Erforschung der Möglichkeit, DNA-Material als Speicherbaustein zu verwenden.[18] Damit wären sehr hohe Speicherdichten von etwa ein Exabyte/mm³ (10^9 GB/mm³) zu erreichen. Zudem ist die Speicherung mit DNA sehr langlebig (Halbwertszeit etwa 500 Jahre im Vergleich zu 30 Jahren für Magnetbänder). Die bislang erreichten Verfahren sind noch langsam, skalieren nicht und sind zudem sehr teuer. Aber neuere Entwicklungen lassen marktreife Verfahren in den nächsten Jahren erwarten.[19] Mit dieser Technologie könnten künftig die Informationsinhalte ganzer Rechenzentren in etwa eine Handfläche passen.

Es besteht also die Aussicht, dass es auch zukünftig geeignete Medien geben wird, um die immer größer werdende Masse an Informationen adäquat zu speichern. Trotz steigender Speicherkapazitäten und neuer Speichertechnologien wird es aber auch in Zukunft eine Herausforderung sein, Daten strukturiert und veränderungssicher zu speichern.

1.2 Verwaltung von Daten auf den Speichermedien

Grundsätzlich muss ein Speicher, von dem Informationen gelesen oder auf den Bits und Bytes geschrieben werden sollen, in irgendeiner Form organisiert werden. Dazu werden die Speicherbereiche auf den Medien mit Hilfe verschiedener Methoden in Einheiten aufgeteilt. Bei einem Blockspeicher werden die Speichereinheiten in Blöcken bestimmter Größe bereitgestellt, die durch die Anwendung angesprochen werden. Diese Zugriffsart wird z. B. von Datenbankanwendungen verwendet. Die derzeit gängigste Methode, Speicherplatz zu verwalten, sind Filesysteme. Dabei werden die Daten in Dateien organisiert, die in hierarchischen Dateisystemen abgelegt werden. Für den Zugriff auf die Informationen benötigt man den Pfad zu der Datei im hierarchischen Dateibaum. Die Organisation dieser Strukturen zeigt Limitierungen hinsichtlich der Erweiterungen und der möglichen Dateigrößen. Die Erweiterung über beliebig viele Speichermedien (einzelne Geräte) ist nicht ohne Probleme möglich, da z. B. die Adressierung über die Verzeichnishierarchie nur endliche Speicherkapazität zulässt.

---

[17] Vgl. Mohamed 2020.
[18] Vgl. Clelland et al. 1999.
[19] S. https://www.wissenschaft-aktuell.de/artikel/Fehlerfreier_Datenspeicher_aus_DNA_Molekuelen1771015590328.html.

Als Lösung dieser Problematik ist die neue Organisationsform des Objektspeichers[20] von den großen Datenanbietern im Internet (Cloudspeicher) eingeführt worden. Objektspeicher organisieren Daten weder in hierarchisch angeordneten Verzeichnisbäumen mit Ordnern und Unterordnern noch in Form des Zugriffs auf die kleinsten Speichereinheiten (den Blöcken) bereitgestellt. Stattdessen fassen sie Daten inklusive ihrer externen Dateiattribute, inhaltsbezogenen Metadaten und applikationsspezifischen Parametern zu einem dezidierten Objekt zusammen. Das Objekt wird mit einer eindeutigen Objekt-ID versehen, die aus dem Datei-Inhalt und den Metadaten berechnet wird. Über diese ID ist das Objekt unabhängig vom eigentlichen Speicherort erreichbar.

Der Vorteil dieser Speicherorganisation ist die einfache und beliebige Erweiterung des Speicherplatzes. Der Zugriff auf die Daten erfolgt über ein Application Programming Interface (API) und über URL. Leider gibt es bisher dazu noch keine einheitliche Normierung. Die Ansprache der gespeicherten Informationen über einen weltweit nutzbaren Identifier stellt jedoch für die Zukunft in Aussicht, dass Daten einfach über den Aufruf einer URL genutzt werden können, ohne das darunterliegende Speichersystem lokal vorhalten zu müssen.

Die Möglichkeit der Speicherung von Metadaten als direkte Annotation zu den Daten bietet aber auch die Chance, die deskriptiven Metadaten schon in die Dateiablage zu integrieren. Damit wäre die Beschreibung von Daten mit Metainformationen unabhängig von zusätzlichen externen Systemen zur separaten Speicherung dieser Metainformationen denkbar. Das könnte eine wesentliche Vereinfachung bei der Beschreibung von Forschungsdaten darstellen.

Die fehlende Standardisierung dieser Speicherform stellt derzeit noch eine Hürde für den praktischen Einsatz im Bereich des Forschungsdatenmanagements (FDM) dar. Jedoch kristallisiert sich die von Amazon entwickelt „Simple Storage Service"-Schnittstelle (S3-Schnittstelle) als potentieller Kandidat dafür heraus.[21] In naher Zukunft sind hier wegweisende Entwicklungen zu erwarten. Der Objektspeicher könnte eine Lösung für die Problematik bei der Beschreibung von Forschungsdaten werden.

1.3 Datensicherheit

Auch wenn die Ausfallsicherheit von Speichersystemen durch redundanten Aufbau, z. B. bei RAID-Systemen, immer höher geworden ist, gibt es immer die Möglichkeit des Versagens technischer Geräte. Auch wenn die Verwendung von Cloud-Speichern, bei denen die redundante Speicherung Grundlage der Architektur ist, einen

---

20 Vgl. Factor 2005.
21 Vgl. https://www.theregister.co.uk/2016/07/15/the_history_boys_cas_and_object_storage_map/.

Verlust der Daten immer unwahrscheinlicher macht, gibt es mittlerweile andere Gefahren für die Daten. In vernetzten Systemen ist es denkbar, dass Daten von anderen verändert werden. Diesen Manipulationen oder auch Fehlern des Speichermediums (z. B. Verlust der Remanenz bei magnetischen Medien oder Materialzersetzung bei optischen Speichermedien) kann man durch Prüfsummenmethoden entgegentreten. Die Bitstream Preservation[22], also die Kontrolle der Beibehaltung der ursprünglichen Bitfolgen, ist deshalb als grundlegende Erhaltungsstrategie[23] ein Bestandteil aller Systeme, die für die langfristige Speicherung von Daten im Einsatz sind.

Aber nicht nur technische Aspekte sind bei der Speicherung von Daten zu beachten. Insbesondere bei der Verarbeitung von schützenswerten Daten, z. B. personenbezogenen Daten, stehen weitere Sicherheitsaspekte im Vordergrund. So ist die Speicherung personenbezogener Daten in Cloud-Speichern an besondere Anforderungen des Speichers gebunden.[24] Somit bestehen im Bereich der Forschung mit personenbezogenen Daten weiterhin Risiken bei der Inanspruchnahme von IT-Dienstleistungen und Cloud-Diensten. Diese Problematik ist bei der Veröffentlichung von Daten ein besonderes Problem, da alleine die Anonymisierung der Daten nicht ausreicht, z. B. bei soziokulturellen oder ethnischen Forschungen.

2 Datenkuration

Wie die bisherigen Beispiele langfristiger Aufbewahrung zeigen, ist eine vollumfängliche, langfristige Aufbewahrung von Informationen eine kostenintensive Kulturaufgabe. Daher ist die Kuration von Forschungsdaten im Kontext langfristiger Speicherung und Verfügbarkeit unabdingbar. Sie beinhaltet im Wesentlichen vier Aufgabenbereiche hinsichtlich der aufzubewahrenden Daten:
– Selektion,
– Standardisierung/Normalisierung,
– Annotation archivierungsrelevanter Informationen durch Metadaten,
– Lizenzvergabe.

---

[22] S. http://nestor.sub.uni-goettingen.de/handbuch/artikel/nestor_handbuch_artikel_163.pdf.
[23] S. Abschnitt 3.1.
[24] Vgl. Borges 2016.

2.1 Auswahl archivierungswürdiger Forschungsdaten

Aufgrund der stetig wachsenden Menge an digitalen (Forschungs-)Daten ist es derzeit nicht möglich und wird auch in Zukunft nicht möglich sein, alle erzeugten Daten langfristig aufzubewahren. Außerhalb der Aufbewahrungspflicht für Forschungsdaten seitens Dritter, ist daher eine Selektion der aufzubewahrenden Daten sinnvoll. Wie kann man jedoch die Bedeutung von Forschungsdaten bestimmen? Gibt es dafür quantifizierbare Kriterien? Auf diese Fragen gibt es sicherlich keine eindeutige und objektive Antwort. Jedoch kann man anhand folgender Kriterien eine gute Einschätzung über die Archivwürdigkeit und die zukünftige Bedeutung der Daten treffen. Es gilt wie überall im Leben, mit Augenmaß zu entscheiden und im aktuellen Kontext eine möglichst realistische Abschätzung zukünftiger Entwicklungen und Bedürfnisse zu machen.

Grundsätzlich sollte die erste Frage sein: Wer oder was ist das Ziel der Langzeitarchivierung der jeweiligen Forschungsdaten, wie sehen also die Anforderungen der Nachnutzenden aus bzw. gibt es überhaupt potentielle Nachnutzende? Hat diese Frage eine positive Antwort, muss überprüft werden, inwieweit die Daten in Zukunft neu generiert oder reproduziert werden können. Handelt es sich um unikale, nicht reproduzierbare Daten (z. B. Wetterbeobachtungen, Interviews mit Zeitzeugen, kontextabhängige Messungen/Beobachtungen oder historisch einmalige Aufnahmen), sollten diese eine hohe Priorität für die Langzeitarchivierung erhalten. Ebenso müssen Daten, die noch nicht vollständig wissenschaftlich untersucht sind, langfristig aufbewahrt werden. Empirische Studien (z. B. in den Sozial- und Verhaltenswissenschaften), die hinsichtlich eines bestimmten Kriteriums erhoben und ausgewertet wurden, können zusätzlich einen großen historischen Wert haben, insbesondere wenn es sich um ausgedehnte Längsschnittstudien handelt. Insofern sollte bei der Bewertung der Daten die Bedeutung für die zukünftige Forschung andere Wissenschaftsgebiete berücksichtigt werden. Im Gegensatz dazu ist es nicht unbedingt notwendig, Daten aus Standardverfahren oder Messergebnisse aufzubewahren, die immer wieder und teilweise mit besseren Verfahren in der Zukunft neu generiert werden können. Man sollte daher bei der Beurteilung der Daten auch eine Vorhersage der technologischen Weiterentwicklung versuchen und diese in die Überlegungen einbeziehen. Insbesondere in der naturwissenschaftlichen Forschung ist diese Fragestellung wichtig bei der Selektion archivwürdiger Forschungsdaten.

Unabhängig von jedem verfahrenstechnischen Einfluss muss die Qualität der Daten in die Auswahlentscheidung einbezogen werden.[25] Dazu sollte bei der Auswahlentscheidung eine technische und inhaltliche Qualitätsprüfung stattfinden. Die technische Qualitätsprüfung kann z. B. eine Validierung des Datenformats be-

---

[25] S. a. Beitrag von Kiraly und Brase, Kap. 4.3 in diesem Praxishandbuch.

inhalten oder die Prüfung zur Einhaltung vorhandener Standards im Umgang mit Dateien (Strukturierung, Dateibenennung, Auflösung bei Bildformaten).

Neben den genannten Kriterien zur Überprüfung der eigenen Daten gibt es auch noch externe, für die Forschungsbereiche spezifische Indizien, die die Bewertung der Archivwürdigkeit von Daten beeinflussen. Gibt es z. B. im wissenschaftlichen Kontext schon eine hohe Abdeckung mit publizierten, korrekten und gut dokumentierten Daten, ist es fraglich, ob zusätzliche Daten ergänzend sinnvoll oder eher redundant sind.

2.2 Transformation/Normalisierung der Forschungsdaten

Ist die Entscheidung zur langfristigen Aufbewahrung der Forschungsdaten getroffen, muss man sich Gedanken darübermachen, in welcher Form die Daten am sinnvollsten aufbewahrt und in Zukunft wieder genutzt werden können. Die Frage ist also: Welche Zielgruppen könnte es geben und welche Anforderungen an die Authentizität der Daten, die Struktur und den Inhalt ergeben sich daraus? Liegt das Hauptaugenmerk auf der Konservierung des Wissens respektive der enthaltenen Information oder müssen zusätzlich dazu auch Struktur und Kontext erhalten bleiben? Also muss z. B. ein proprietäres Format einer Herstellersoftware auch in Zukunft bedient werden können? Reicht die menschenlesbare Interpretierbarkeit aus (z. B. Text), um Informationen zu erhalten, oder müssen Struktur und Layout bewahrt werden (z. B. bei Präsentationen oder Designvorlagen)? Aus der Beantwortung vorgenannter Fragen ergibt sich die Notwendigkeit der Beibehaltung des Originalformats oder die Freiheit, die Dateien in sinnvolle Standardformate zu migrieren. Wichtig bei der Umwandlung in ein anderes Format ist dabei die Beibehaltung der Bedeutung der Daten. Sollte es möglich sein, die Daten vor der Archivierung in ein anderes Format zu transformieren, ohne dass notwendige Informationen verloren gehen, dann gilt: Je einfacher die Darstellung, umso besser. Konkret bedeutet dies, dass man versuchen sollte, Standarddatenformate[26] zu nutzen und die Daten möglichst in eine menschenlesbare und -interpretierbare Form zu bringen. Je weniger Medienwechsel zur Darstellung der Informationen notwendig sind, umso geeigneter sind die Daten für die Archivierung und eine zukünftige Nachnutzung.

Weiterhin muss man für die aufzubewahrenden Daten entscheiden, ob sie in vorliegender Fassung überhaupt gespeichert werden dürfen oder ob Vorkehrungen getroffen werden müssen, die Daten vor der Archivierung zu anonymisieren. Insbe-

---

26 Eine Aufstellung archivfähiger Formate für unterschiedliche Objekttypen befindet sich im Abschnitt *Praxistransfer* (s. Abschnitt 4: Datenkuration – Normalisierung/Standardisierung).

sondere sind hier die Einhaltung des Datenschutzgesetzes und die Richtlinien zum Umgang mit sensiblen Daten zu berücksichtigen.[27]

2.3 Begleitdokumentation der Forschungsdaten

Die Grundlage der späteren Interpretierbarkeit von Archivgut ist die Beschreibung des Entstehungs- und Darstellungskontextes. Diese erfolgt im Sinne der Langzeitarchivierung durch sogenannte Erhaltungsmetadaten. Grundsätzlich sind Erhaltungsmetadaten eine Kombination oder besser gesagt ein Subset schon vorhandener Informationen aus den Metadaten zum digitalen Objekt. Sie entstammen bestenfalls den deskriptiven, strukturellen, administrativen und technischen Metainformationen.[28] Zu den Informationen, die zur Erhaltung notwendig sind, gehören Referenz-, Provenienz-, Kontext- und Persistenz Informationen, sowie Angaben zu Zugriffsrechten. Wichtige Standards für Erhaltungsmetadaten sind LMER[29] und PREMIS.[30]

2.4 Lizenzvergabe

Das Urheberrecht gilt für alle Werke mit ausreichender Schöpfungshöhe, wodurch in der Regel die Person, die die Forschungsdaten als Urheberin geschöpft hat, das gesetzliche Recht an den Daten hat. Dies beinhaltet auch die Festlegung darüber, wie die eigenen Werke (Daten) durch andere genutzt werden dürfen. Man kann sein Urheberpersönlichkeitsrecht nicht abtreten, sehr wohl aber die Nutzungsrechte an den eigenen Werken, die sogenannten Urheberverwertungsrechte. Um eine zukünftige Nachnutzung der eigenen Forschungsdaten rechtlich abgesichert zu ermöglichen, kann man daher eine Standardlizenz nutzen oder eigene Nachnutzungsbedingungen außerhalb einer solchen Standardlizenz festlegen.[31] Im Bereich der Forschungsdaten sind die Creative Commons Lizenzen[32] weitverbreitet.

---

27 S. a. Beiträge von Lauber-Rönsberg, Kap. 1.4, sowie Rösch, Kap. 1.5, in diesem Praxishandbuch.
28 Vgl. Verheul 2006, 46 ff.
29 S. a. LMER, Version 1.2, Referenzbeschreibung deutsch, 2005 (urn:nbn:de:1111-2005041102); weitere Informationen in Kapitel 6.4 „LMER" von Tobias Steinke in Neuroth et al. 2016, Kap. 6.14–Kap. 6.16 (urn:nbn:de:0008-20090811294).
30 Weitere Informationen in Kapitel 6.3 „PREMIS" von Olaf Brandt in Neuroth et al. 2016, Kap. 6.9–Kap. 6.13 (urn:nbn:de:0008-20090811281).
31 Ausführliche Informationen zur Lizenzierung von Forschungsdaten finden sich im Beitrag von Lauber-Rönsberg, Kap. 1.4, sowie Friedrich und Recker, Kap. 5.1 in diesem Praxishandbuch.
32 S. https://creativecommons.org/use-remix/cc-licenses/.

3 Langzeitverfügbarkeit

Es gibt verschiedene wissenschaftsinterne und externe Gründe für die langfristige Verfügbarmachung von Forschungsdaten. Zuallererst kann man bei vielen Forschungsprojekten davon ausgehen, dass der Forschungsgegenstand zum Ende der Projektlaufzeit selten komplett erforscht wurde, oder aber, dass sich in der Zukunft weitere Fragestellungen zum gleichen Gegenstand ergeben. Im Falle der Weiterbearbeitung einer Forschungsfrage ist es praktisch, wenn die früheren Daten noch zur Verfügung stehen, wobei dies sowohl das Auffinden als auch die Nachnutzbarkeit umfasst.[33] Insofern liegt eine langfristig sichere Aufbewahrung der eigenen Forschungsdaten für eine zukünftige Weiternutzung schon im Interesse einer oder eines jeden Forschenden selbst. Darüber hinaus gibt es Datenerhebungen, die nur einmalig möglich sind und nicht repliziert werden können. Klassische Beispiele solcher Daten sind die Beobachtungsergebnisse aus der Klimaforschung (z. B. Wetterbeobachtung, Temperaturmessungen, Satellitenbilder von Wetterphänomenen) oder die Aufzeichnung historischer Ereignisse. Aber auch im Bereich der Sprach- und soziokulturellen Forschung gibt es nicht-replizierbare Forschungsdaten, denkt man z. B. an die Beschäftigung mit historischen Sprachen, Dialekten oder Völkern.[34] Um die Möglichkeit der wissenschaftlichen Auseinandersetzung auch mit diesen Daten zu erhalten, müssen diese langfristig verfügbar und ausführlich dokumentiert sein. Schließlich erheben die meisten Forschungsförderer einen Anspruch auf langfristige Verfügbarhaltung von Forschungsergebnissen aus geförderten Projekten. Einerseits soll dies eine Nachhaltigkeit aufgewandter Steuergelder sicherstellen, indem redundante Datenerhebungen vermieden werden und die Überprüfung von Forschungsergebnissen möglich wird. Andererseits garantieren bspw. die Anforderungen der Deutschen Forschungsgemeinschaft (DFG) im Umgang mit Daten die Einhaltung von Grundsätzen zur guten wissenschaftlichen Praxis.[35]

> Im Sinne der Langzeitarchivierung (LZA) geht es also darum, einerseits Forschungsdaten [...] langfristig digital zur Verfügung zu stellen und damit verifizierbar, interpretierbar und nachnutzbar zu machen und andererseits Forschungsdaten auf der Basis von Forschungsinfrastrukturen miteinander zu vernetzen und so insbesondere die potentielle Nachnutzung auch interdisziplinär zu erhöhen.[36]

---

[33] Ausführliche Informationen zur Auffindbarkeit und Nachnutzung von Forschungsdaten finden sich im Beitrag von Friedrich und Recker, Kap. 5.1 in diesem Praxishandbuch.
[34] Einen guten Überblick über gefährdete Sprachen liefert der „UNESCO Atlas of the World's Languages in Danger" unter http://www.unesco.org/languages-atlas/.
[35] Hierzu: Standards guter wissenschaftlicher Praxis im Forschungsprozess in DFG, September 2019, Leitlinien zur Sicherung guter wissenschaftlicher Praxis, Bonn: https://www.dfg.de/download/pdf/foerderung/rechtliche_rahmenbedingungen/gute_wissenschaftliche_praxis/kodex_gwp.pdf.
[36] Oßwald, Scheffel und Neuroth 2012, 15.

In Anbetracht der vielfältigen Ziele, die mit der langfristigen Aufbewahrung von Forschungsdaten verbunden sind, ergibt sich eine Vielzahl von Aufgaben, die durch die Langzeitarchivierung umgesetzt werden sollten:
– Langfristige, sichere Aufbewahrung der Daten
– Erhalt der Interpretierbarkeit der Daten
– Auffindbarkeit der Daten sicherstellen
– Nachvollziehbarkeit der Daten gewährleisten

Langzeitverfügbarkeit ist im Umfang und in der Art der langfristigen Aufbewahrung (abhängig vom zugrundeliegenden Objekttyp) grundsätzlich jedoch abzugrenzen vom Back-up von Daten. Wie das Beispiel der Hieroglyphen sehr gut aufzeigt, beinhaltet schon die langfristige Verfügbarkeit analoger Forschungsdaten neben der „reinen" Aufbewahrung der Daten mit geeigneter Technologie auch die Sicherstellung der langfristigen Auffindbarkeit und Interpretierbarkeit der Daten. Umso mehr trifft dies auf digitale Daten zu, die in unzähligen Formaten vorliegen können und abhängig von der Darstellung und Interpretierbarkeit durch sich verändernde Software sind. Digitale Daten müssen, um nachhaltig verfügbar gehalten zu werden, laufend überprüft und wenn notwendig konvertiert werden bzw. hinsichtlich gewählter Erhaltungsstrategie[37] behandelt werden. Die reine Datenspeicherung nützt wenig, wenn der originalgetreue Zugriff wegen veralteter Dateiformate oder nicht mehr verfügbarer Software nicht mehr möglich ist.

Die Herausforderung hierbei ist eine gute Dokumentation der Daten, die den Entstehungskontext, das wissenschaftliche Umfeld und die technischen Anforderungen ebenso berücksichtigt wie die Beschreibung der wissenschaftlichen Inhalte und Bedeutung der Daten.[38] Noch dazu sollte die Dokumentation in standardisierter und maschinenlesbarer Form erfolgen, um Interoperabilität der kommunizierenden Systeme zu gewährleisten. Die Strategien, Modelle und Systeme in Bereich der Langzeitarchivierung sollen im Folgenden beschrieben werden.

3.1 Erhaltungsstrategien in der Langzeitarchivierung

Je nachdem, welche Anforderungen an die langfristige Verfügbarkeit von Daten, deren Interpretierbarkeit und an die Möglichkeiten der Nachnutzung gestellt werden, gibt es verschiedene Strategien der Datenspeicherung. Die sichere Aufbewahrung der Daten als korrekte Abfolge von Nullen und Einsen (in Bits und Bytes) auf einem Speichermedium wird als „Bitstream Preservation" bezeichnet.

---

[37] S. folgender Abschnitt 3.1.
[38] Weiterführende Informationen zur Dokumentation von Forschungsdaten finden sich im Beitrag von Dierkes, Kap. 4.1 in diesem Praxishandbuch.

Im Sinne der Langzeitverfügbarkeit digitaler Forschungsdaten muss jedoch zusätzlich zum physikalischen Erhalt der Daten auch die Darstellbarkeit und Interpretierbarkeit durch entsprechende Systeme gewährleistet werden. Ohne die Möglichkeit der Interpretation des vorhandenen Bitstreams können digitale Daten nicht dargestellt und damit nicht mehr genutzt werden. Der Erhalt der Lesbarkeit von Forschungsdaten kann dabei entweder durch die Migration der Ursprungsformate in aktuelle Formate erfolgen oder durch die Emulation oder Erhaltung der Ursprungsumgebung der Datenentstehung.[39]

Bitstream Preservation

Der rein physikalische Erhalt der Daten muss neben der sicheren Speicherung auch die Sicherstellung der Lesbarkeit vom physikalischen Datenträger beinhalten. Die Überprüfung der Aufbewahrung sollte also in zwei Richtungen erfolgen. Erstens muss garantiert werden, dass die auf dem Datenträger gespeicherten Daten auch nach längerer Zeit noch vorliegen und unverändert sind. Zweitens muss durch Erneuerung der Speichermedien bzw. -technologien garantiert werden, dass Daten mit Hilfe aktueller Hardware aufbewahrt und gelesen werden können.

Die Unversehrtheit der Daten kann durch die Nutzung von sog. „Fixity Checks" in Form einer Checksummen-Bildung gewährleistet werden. Dabei wird aus den Daten mit Hilfe eines vorher definierten Algorithmus ein „Fingerabdruck" generiert, welcher sich schon bei der kleinsten Änderung an den Daten ebenso verändert. Somit können mit Hilfe von Checksummen Änderungen an Dateien überprüft und die sichere Speicherung und Migration überwacht werden. Im Fall der redundanten Speicherung auf unterschiedlichen Speicherbereichen dient die Checksumme zusätzlich dazu, die Gleichheit der Daten zu gewährleisten, indem von Zeit zu Zeit Checksummen der Daten verglichen werden und bei Unregelmäßigkeiten eine gültige Kopie zum Einsatz kommt. Für einen validen Vergleich redundant gespeicherter Daten müssen dafür mindestens drei Kopien herangezogen werden. Erst damit wird es möglich, die korrekte(n) Datei(en) von der fehlerhaften zu unterscheiden (sofern nur bei einer Kopie Fehler aufgetreten sind).

Eine Erneuerung der Speichertechnologie kann entweder als Austausch vorhandener alter Hardware mit neuer Hardware des gleichen Typs geschehen (Refreshment) oder in der Nutzung neuer Hardwaretechnologien als Ersatz für alte nicht mehr gebräuchliche Hardware bestehen (Replication). In beiden Szenarien sollten Indikatoren, wie Fehlerraten beim Zugriff, durchschnittliche Zugriffshäufigkeit oder

---

39 Vgl. auch im Folgenden, „Kapitel 8 – Digitale Erhaltungsstrategien." in Neuroth et al. 2016, Kap. 8.1–Kap. 8.33 (urn:nbn:de:0008-2010062472).

Alter der Hardware in Verbindung mit der Lebensdauerangabe des Herstellers als Entscheidungsgrundlage für die Migration berücksichtigt werden.

Formatmigration

Die Formatmigration dient in der Regel dazu, Daten aus einem alten oder proprietären Format in ein aktuelles, standardisiertes Datenformat zu überführen. Der Fokus liegt hierbei auf dem Erhalt der Struktur und Informationen aus den alten Daten und nicht auf einer bitweisen Kopie der Daten. Das Ziel ist, die Darstellbarkeit in aktuellen und zukünftigen Systemen bzw. Anwendungen zu erhalten.

Grundlage einer möglichst verlustfreien Formatmigration ist eine Standardisierung der zu migrierenden Formate und die Kenntnis ihres Aufbaus. Darum sollte bei der langfristigen Aufbewahrung von Forschungsdaten auf die Verwendung offener, einfacher und standardisierter Formate geachtet werden. Je einfacher ein Datenformat gehalten ist, je höher ist die Wahrscheinlichkeit einer verlustarmen Formatmigration. Bei der Verwendung proprietärer Formate muss man sich darauf verlassen, dass eine Migration durch den jeweiligen Anbieter implementiert wird und diese dann auch genutzt werden kann.

Mit Hilfe der Formatmigration bleiben Informationen relativ leicht durch aktuelle Systeme darstellbar. Jedoch birgt jede Migration die Gefahr von Informationsverlust in sich. Dies kann durch die Aufbewahrung der Originaldaten inklusive aller Migrationsschritte abgemildert werden, führt aber wiederum zu einem hohen Speicherplatzbedarf. Außerdem steht die Formatmigration nicht für alle Datenformate zur Verfügung.

Erhalt des Entstehungskontextes (Emulation und Computermuseum)

Zum Informationserhalt aus Datenformaten, die nicht oder nur mit hohem Aufwand migriert werden können, gibt es die Möglichkeit den originalen Entstehungskontext zu erhalten (Hardware and Software Preservation) bzw. auf aktuellen Systemen künstlich wiederherzustellen (Emulation).

Die Erhaltung der originalen Hardware und Software als Erhaltungsstrategie ist keine adäquate Methode der Langzeitarchivierung und hat eher musealen Charakter. Sicherlich liegt in der Aufbewahrung der authentischen Umgebung ein wissenschafts- und technologiehistorischer Wert, jedoch hat diese Methode sowohl ein natürliches Ende aufgrund des physischen Zerfalls der Hardware als auch einen erheblichen Ressourcenfaktor (Platzbedarf und Kosten).

Eine vielversprechendere Strategie zur Vermeidung einer möglicherweise verlustbehafteten Formatmigration ist die Nachbildung der interpretierenden Software- bzw. Hardwareumgebung auf aktuellen Systemen. Diese sogenannte Emulation kann dabei auf Anwendungsebene, auf der Ebene des Betriebssystems oder auf der Hardwareebene umgesetzt werden. Die Emulation auf Anwendungsebene sorgt dafür, dass die ursprünglichen Formate mit Hilfe der emulierten Software vollständig interpretierbar sind. Grundlage dafür ist allerdings die Kenntnis über Struktur und Konzepte des Originalformats bzw. der Originalsoftware. Diese Art der Emulation sollte nur in Ausnahmefällen für wichtige und vielfach genutzte Formate angewandt werden, da Anpassungen je Format und Zielumgebung notwendig sind. Die Emulation des originalen Betriebssystems oder der Hardware erhält die Möglichkeit, die Ursprungssoftware in dieser Umgebung weiterhin zu benutzen.

Die Erhaltung des Entstehungskontextes von Daten hat den Vorteil, dass sowohl die Information als auch die Struktur der Ursprungsdaten bestehen bleiben kann und eine Migration nicht notwendig ist. Auf der anderen Seite ist der Aufwand für eine Emulation sehr hoch und muss bei jedem Technologiewechsel erneut nachgezogen werden.

3.2 OAIS-Modell

In den letzten Jahren hat sich das „Open Archival Information System" (OAIS) als Referenzmodell für die Langzeitarchivierung von Daten etabliert. Entstanden aus Standardisierungsaktivitäten zur Aufbewahrung von Daten aus Weltraummissionen[40] entwickelte sich OAIS zur Grundlage vieler Systeme und Workflows in der digitalen Langzeitarchivierung. OAIS beschreibt dabei sowohl einen Standard (ISO 14721) als auch ein Modell, welches das Zusammenwirken menschlicher und technischer Akteure innerhalb eines digitalen Langzeitarchivs als komplexes System beschreibt mit der Zielsetzung, digitale Inhalte dauerhaft aufzubewahren und definierten Nutzergruppen (Designated Communities) zur Verfügung zu stellen.[41]

Dabei ist das Modell weder auf bestimmte Formate, Objekttypen oder Systemarchitekturen festgelegt. Vielmehr ist OAIS offen und erweiterbar, um auf die Abläufe in Organisationen anpassbar zu sein. Es verfolgt damit einen ganzheitlichen Ansatz ohne Beschränkung auf die technische Sicht auf der einen oder auf die organisatorische Sicht auf der anderen Seite. Das OAIS-Modell betrachtet die Langzeitarchivierung als Zusammenspiel der in der Hauptsache digitalen Daten als Archivgut, die dem Archivierenden anvertraut werden und die dieser für definierte Nutzergruppen bzw. in definierten Nutzungsszenarien zur Verfügung stellt.

---

40 Das 2003 als ISO 14721 verabschiedete OAIS-Referenzmodell wurde 2002 von der Data Archiving and Ingest Working Group des Consultative Committee for Space Data Systems (CCSDS) unter Federführung der NASA veröffentlicht. Weiterführende Informationen zur Entstehung des OAIS Modells finden sich in Brübach 2016, Kap. 4.3–Kap. 4.4, und Klump 2011, 118.
41 The Reference Model for an Open Archival Information System (OAIS) (Volltext), s. http://public.ccsds.org/publications/archive/650x0m2.pdf. Deutsche Version: http://d-nb.info/104761314X/34.

Die Aufgaben Übernehmen, Bewerten, Erschließen, Bewahren und Bereitstellen des Archivguts aus dem klassischen Archivwesen werden auf die Anforderungen digitaler Daten und die Möglichkeiten digitaler Informationssysteme übertragen. Die Übertragung dieser Aufgaben auf ein digitales Archiv findet sich im *Funktionsmodell* des OAIS, welches aus sechs Aufgabenbereichen besteht, die den Ablauf der Langzeitarchivierung beschreiben (vgl. Abb. 1). Ergänzt wird das funktionale Modell um ein *Datenmodell*, welches anhand von Informationsobjekten das Archivgut selbst in drei Manifestationen beschreibt und Anforderungen an die Form und die Beschreibung dieser Informationsobjekte formuliert.

Datenmodell

Ein Informationspaket wird als logischer Container betrachtet, der neben den Primärdaten (Content Information) selber zusätzliche, optionale Erhaltungsmetadaten (Preservation Description Information) enthalten kann. Weiterhin gehört zu einem Informationspaket die Verpackungsinformation, welche die Inhaltsinformation und die Paketbeschreibungsinformationen sowohl miteinander verbindet als auch voneinander abgrenzt und das Suchen nach der Inhaltsinformation ermöglicht.

Das OAIS unterscheidet zwischen der Manifestation des entgegengenommenen Informationsobjektes als Submission Information Package (SIP), dem um archivarische Metadaten ergänzten Objekt, dem sogenannten Archival Information Package (AIP) und den Repräsentationen dieser AIP für definierte Nutzungsszenarien, den sogenannten Dissemination Information Packages (DIP). Ein SIP wird durch den Produzenten zusammengestellt und zur Übernahme (Ingest) in das Archiv zur Verfügung gestellt. Aufgrund des Archivierungskonzepts des übernehmenden Systems wird daraus das AIP erstellt, wobei ein SIP sowohl 1:1 als AIP abgebildet werden, Teil eines größeren AIP (N:1) sein oder in mehrere AIP (1:N) aufgeteilt werden kann. Diese Entscheidung liegt in der Verantwortung des entgegennehmenden Archivs und in dessen Architektur begründet. Die Umformung des angebotenen SIP zu einem AIP kann bspw. die Umwandlung des gelieferten Datenformats in ein archivierungskonformes Format beinhalten. Da das OAIS Modell keine Aussagen zu Datenformaten trifft, kann es durchaus sinnvoll sein, vordefinierte Archivierungsformate im AIP zu nutzen. Bspw. könnte es die Vorgabe zur Archivierung von Texten als PDF/A geben, so dass während des Ingests alle Textformate in PDF/A konvertiert werden.[42]

Je nach Nutzungsinteresse kann beim Zugriff auf die Daten aus einem oder mehreren AIP ein DIP abgeleitet werden, welches das Archiv dann als Antwort auf

---

42 Angaben zu geläufigen Archivierungsformaten finden sich im Abschnitt „Praxisbezug" (s. Abschnitt 4: Datenkuration – Normalisierung/Standardisierung).

eine Anfrage an das OAIS dem Endnutzer zur Verfügung stellt. Der Anfragende erhält die Daten aus dem Archivsystem nicht, wie vormals gespeichert, sondern als auf seine Bedürfnisse zugeschnittenes Informationspaket. Eine OAIS-konforme Umsetzung muss an dieser Stelle die Authentizität und Integrität der Informationen sicherstellen.

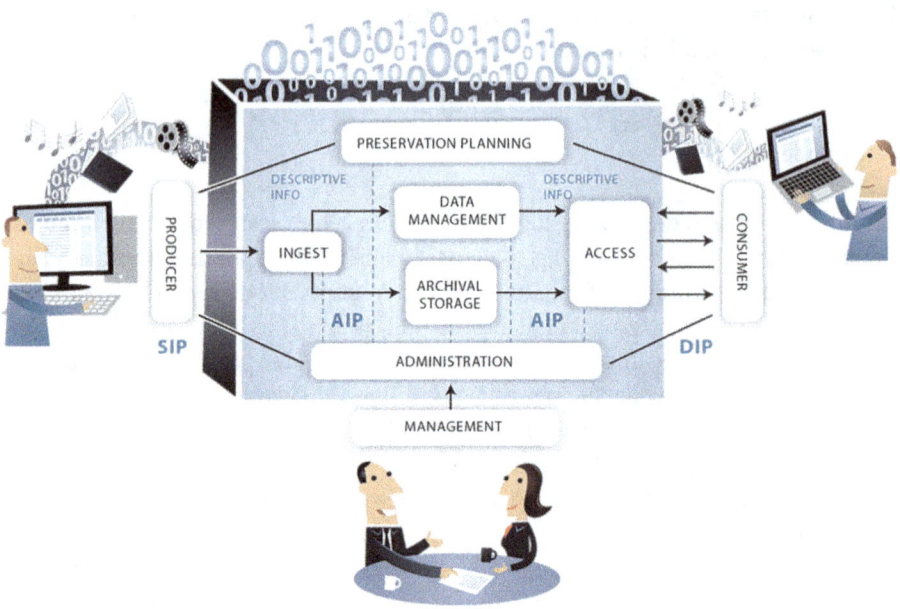

Abb. 1: Das Funktionsmodell nach OAIS, s. Abschnitt 3.2 OAIS-Modell (Urheber der Illustration ist digitalbevaring.dk, die Nutzung erfolgt unter CC BY 2.5 Denmark licence)

Funktionsmodell

Die grundlegende Erhaltungsstrategie hinter dem OAIS-Modell ist die Formatmigration mit dem Ziel der Erhaltung der Information bei der langfristigen Aufbewahrung. Die Authentizität der Daten hat bei diesem Ansatz nachgeordnete Bedeutung. Insofern sind auch die einzelnen Module des Funktionsmodells Ausdruck dieser Erhaltungsstrategie.

Funktionsmodule im Bereich Archivgutverwaltung:
– Datenübernahme (Ingest)
– Datenaufbewahrung (Archival Storage)
– Szenario-basierter Datenzugriff (Dissemination/Access).

Das Funktionsmodul *Datenübernahme* umfasst alle Dienste und Funktionen die zur tatsächlichen Annahme und Verarbeitung eines Informationspakets durch das Archivsystem notwendig sind. Dabei wird das von einem Produzenten bereitgestellte SIP angenommen, geprüft und zu einem AIP weiterverarbeitet.

Das SIP sollte neben den Primärdaten zusätzlich Belege für die Authentizität und die Herkunft der Informationsobjekte liefern, die das Archiv als Teil des AIP dauerhaft übernimmt und erhält. Schließlich sollte die erfolgreiche Übergabe durch eine Bestätigung an den Produzenten abgeschlossen werden. Ebenfalls Teil der Übernahme ist die Qualitätssicherung der Daten. Es wird geprüft, ob der Transfer des SIP erfolgreich ohne Schreib- und Lesefehler erfolgt ist, dazu werden z. B. Checksummen und Systemprotokolle genutzt.

Zur Erzeugung eines AIP wird das SIP nach den Vorgaben des Archivs transformiert und um Metadaten angereichert. Dies kann bspw. eine Migration des Dateiformats, die Erzeugung zusätzlicher Repräsentationen und das Auslesen und Speichern zusätzlicher Metadaten (z. B. technische, administrative Metadaten) beinhalten. Ebenso kann die Struktur des Informationspakets bei der Übernahme verändert werden. Aus dem AIP werden die deskriptiven Metadaten übernommen und an die Datenverwaltung geliefert, um eine Recherche nach den archivierten Inhalten zu ermöglichen. Die Informationen zum Speicherort des AIP werden ebenfalls in die Datenverwaltung übernommen.

Für den Datenzugriff auf archivierte Inhalte richtet die oder der Endnutzende (Consumer) Anfragen an das OAIS und erhält Antworten in der Form eines oder mehrerer DIP. Zur Recherche nach relevanten Informationen und Generierung von einmaligen oder regelmäßigen Anfragen stellen OAIS Systeme geeignete Tools zur Verfügung, bspw. einen Suchindex. Die Funktionseinheit Zugriff (Access) stellt die beschriebene Funktionalität zur Verfügung. Dabei werden eventuell bestehende Einschränkungen des Zugriffs berücksichtigt (z. B. Filterung personenbezogener Daten). Aus den gewünschten AIP werden DIP erzeugt und an die oder den Endnutzenden online oder offline ausgeliefert. Hierbei können die DIP Repräsentationen der Informationsobjekte enthalten, die durch Transformation (Konvertierung in definierte Ausgabeformate) oder Bearbeitung (Ausschnitte, Bildbearbeitung) entstanden sind.

Administrative Funktionsmodule
- Datenmanagement
- Systemverwaltung
- Preservation Planning

Die administrativen Module, insbesondere die Systemverwaltung, beschreiben im Wesentlichen Aufgaben, die der Betreiber eines OAIS-Systems zu verantworten hat. Zu den Aufgaben im Datenmanagement gehört die Verwaltung und Aufbereitung der deskriptiven und archivarischen Metadaten. Services des Datenmanagements sind z. B. das Ausführen von Suchabfragen und die Ausgabe von Ergebnismengen, das Ausführen von ereignisbasierten, regelmäßigen Datenabfragen oder das Ausführen von verarbeitenden Algorithmen, die über die abgerufenen Daten laufen. Weiterhin können auf Grundlage der archivarischen Metadaten, Endnutzer-Zugriffs-Statistiken, Endnutzerabrechnungen, Sicherheitskontrollen, Ablaufpläne sowie Reports zum Monitoring erstellt werden.

Das Preservation Planning umfasst sowohl die Beobachtung des technologischen Fortschritts, als auch die Entwicklung und Umsetzung der Erhaltungsmethoden. Veraltete Datenformate müssen in aktuelle Formate konvertiert werden. Dabei werden durchgeführte Erhaltungsmaßnahmen dokumentiert, es wird auf die Erhaltung der Integrität geachtet und Rechtsverbindlichkeiten werden berücksichtigt.

4 Praxistransfer – Hilfestellungen für die Praxis

Im Abschnitt Praxistransfer möchten wir ein paar Arbeitsmittel an die Hand geben, die im Alltag bei der Entscheidung über die Art und Dauer der Aufbewahrung von Forschungsdaten unterstützen sollen. Außerdem werden Systeme gelistet, die sich für die langfristige Speicherung von Forschungsdaten anbieten, inklusive Vor- und Nachteile.

Datenspeicherung

Um den sicheren physischen Erhalt von Forschungsdaten zu gewährleisten, sollten folgende Empfehlungen eingehalten werden:
- Verwendung von mindestens drei redundanten Kopien der Daten und Generierung von Checksummen aus den Originaldateien.
- Speicherung der Daten auf heterogenen, aber standardisierten Speichermedien, die im besten Fall auch noch organisatorisch und räumlich verteilt sind.
- Regelmäßige Migration der Daten auf neue (aktuelle) Speichermedien mit integrierten Fixity Checks (Überprüfen der Checksummen) während des Umkopierens. Dabei kann die Migration sowohl auf Grundlage eines Datenträgeraustauschs (Refreshment) als auch als Technologiewechsel (Replication) stattfinden.

Datenkuration – Selektion

Die Archivwürdigkeit von Forschungsdaten kann man mit Hilfe folgender Checkliste überprüfen.[43] Dabei erhebt die Liste keinen Anspruch auf Vollständigkeit. Sie kann

---

43 Je mehr Fragen mit Ja beantwortet werden können, umso höher ist die Archivwürdigkeit der Forschungsdaten einzuschätzen. Eine Priorisierung der einzelnen Fragen ist durch die Reihenfolge

lediglich eine grobe Hilfestellung bei der Bewertung von Forschungsdaten sein. Die letztendliche Entscheidung über die Relevanz von Forschungsdaten obliegt der Wissenschaft respektive den Forschenden selber.
- Bestehen Vorgaben Dritter (Fördergeber, Datenpolicies, Richtlinien der Forschungseinrichtung), die es notwendig machen, die Daten langfristig aufzubewahren?
- Hat man die notwendigen Nutzungsrechte an den Daten? Unter welchen Bedingungen besitzt man die Daten?
- Sind die erhobenen Daten einmalig und nicht reproduzierbar oder sind die Kosten der Reproduktion höher als die Kosten der Langzeitaufbewahrung?
- Liefert die Datenerhebung durch den technologischen Fortschritt voraussichtlich keine besseren Ergebnisse?
- Gibt es ein hohes Nachnutzungsinteresse an den Forschungsdaten?
- Wurden die Daten noch nicht vollständig wissenschaftlich untersucht?
- Sind die Daten charakteristisch oder untypisch für ein Forschungsgebiet bzw. handelt es sich um einmalige Forschungsergebnisse?
- Haben die Daten möglicherweise eine allgemeine oder regionale historische Bedeutung?
- Ist die Datenqualität technisch und inhaltlich gut?
- Sind deskriptive Metadaten vollständig vorhanden oder können generiert werden?
- Können die notwendigen Erhaltungsmetadaten (Referenz-, Provenienz-, Kontext- und Persistenz-Informationen sowie Angaben zu Zugriffsrechten) geliefert werden?

Datenkuration – Normalisierung/Standardisierung

Im Laufe der Zeit haben sich für verschiedene Arten von Dokumenten quasi Standards herausgebildet, die weit verbreitet sind und von vielen Systemen und Anwendungen unterstützt werden. Sollte die Wahl des Datenformats unabhängig von proprietären Formaten aus Messinstrumenten oder aus individueller (Hersteller-)Software sein, dann empfiehlt es sich die Forschungsdaten in folgende Formate zu transformieren.[44] Weiterhin sollten möglichst einfache Strukturen und Formate gewählt werden, die am besten durch Menschen lesbar und interpretierbar sind (z. B.

---

nicht impliziert, da diese im Zweifelsfall durch die Forschenden bzw. die Forschungscommunity selbst vorgenommen werden muss.
44 Aktuelle Listen mit Empfehlungen für Standardformate zur Archivierung von Daten finden sich online bspw. im Katalog archivischer Dateiformate (KAD) unter: https://kost-ceco.ch/cms/kad_main_de.html, auf der Webseite der ETH Zürich unter: https://documentation.library.ethz.ch/display/RC/Archivtaugliche+Dateiformate, und auf der Webseite der Library of Congress unter: https://www.loc.gov/preservation/resources/rfs/TOC.html.

Präferenz von Textdokumenten gegenüber der binären Darstellung). Die Tabelle enthält eine Auswahl gängiger Dokumenttypen und eine Empfehlung für ein stabiles und archivierungsfähiges Format.[45]

Tab. 1: Gängige Dokumenttypen samt Formatbezeichnung und Kürzel.

Dokumenttyp	Formatbezeichnung	Dateinamen-erweiterung
3D-Anwendung	COLLADA Digital Asset Exchange	*.dae
	Wavefront OBJ	*.obj
	Polygon File Format	*.ply
	Extensible 3D	*.x3d
Audio	Waveform Audio	*.wav
Bild/Rastergrafik	Windows Bitmap	*.bmp
	JPEG 2000 part 1	*.jpg
	Open Microscopy Environment – Tagged Image File Format	*.ome.tiff
	Portable Network Graphics	*.png
Tagged Image File Format		*.tif
GIS (Geoinformationssystem)	Geography Markup Language	*.gml
PDF (Portable Document Format)	Acrobat PDF/A – Portable Document Format 1a	*.pdf (PDF/A-1a)
	Acrobat PDF/A – Portable Document Format 1b	*.pdf (PDF/A-1b)
	Acrobat PDF/A – Portable Document Format 2a	*.pdf (PDF/A-2a)
	Acrobat PDF/A – Portable Document Format 2b	*.pdf (PDF/A-2b)
	Acrobat PDF/A – Portable Document Format 2u	*.pdf (PDF/A-2u)
Unabhängiges textbasiertes Format	Character-Separated Values	*.csv
	Hypertext Markup Language	*.html
	Markdown	*.md
	Standard Generalized Markup Language	*.sgml
	Text file	*.txt

---

[45] Angelehnt an die LZV-Dateiformatliste des Hochschulbibliothekszentrum des Landes Nordrhein-Westfalen (hbz), s. https://www.hbz-nrw.de/produkte/langzeitverfuegbarkeit/langzeitverfuegbarkeit-fuer-hochschulen/lzv-dateiformatliste.

Dokumenttyp	Formatbezeichnung	Dateinamen-erweiterung
	Extensible Hypertext Markup Language	*.xhmtl
	Extensible Markup Language	*.xml
Vektorgrafik	Scalable Vector Graphics	*.svg
Video	Motion JPEG 2000	*.mj2, *.mjp2
	Matroska Multimedia Container (FF video codec 1)	*.mkv (FFV1)
Webarchivierung	Web ARChive	*.warc

Langfristige Verfügbarkeit

Je nach Anwendungsszenario, Ansprüchen an die langfristige Verfügbarkeit von Forschungsdaten und technischer Infrastruktur gibt es verschiedene Systeme, Forschungsdaten langfristig aufzubewahren. Aufgrund der Vielzahl der Alternativen zur langfristigen Speicherung von Forschungsdaten und der sehr unterschiedlichen Anforderungen und Kosten ist es notwendig, sich schon frühzeitig im Datenlebenszyklus Gedanken darüber zu machen, welche Zielgruppen und Nachnutzungsszenarien mit der Aufbewahrung der Daten erreicht werden sollen.

OAIS-konforme Systeme

OAIS-konforme Systeme zeichnen sich dadurch aus, dass sie Workflows zur Archivierung vieler Formattypen zur Verfügung stellen und die Funktionsmodule des OAIS-Modells, die dauerhafte Archivierung von digitalen Informationsobjekten und die Erhaltung dauerhaften Zugangs, implementieren. Die Validierung und Charakterisierung der Formattypen erfolgt in der Regel durch Einbindung externer Tools wie z. B. DROID[46] und JHOVE[47] oder die Nutzung von Formatdatenbanken wie z. B. PRONOM.[48] Genauso können im Allgemeinen neben den standardmäßig implementierten Auslieferungsformen auch Viewer für die verschiedenen Objekttypen als Plugins angebunden werden. Grundsätzlich können OAIS-konforme Systeme als „light archive" oder als „dark archive" betrieben werden. Ein „light archive" bedeutet, dass der Zugang zu den Materialien im Archivsystem für die Nutzer über ein Discovery System, wie z. B. einen Katalog/OPAC erfolgen. Dieser Index kann sowohl im Sys-

---

[46] Digital Record Object Identification (DROID) ist ein Open Source Tool zur automatischen Formaterkennung von Dateien. S. http://digital-preservation.github.io/droid/.
[47] S. https://jhove.openpreservation.org/.
[48] S. https://www.nationalarchives.gov.uk/PRONOM/Default.aspx.

tem selbst betrieben oder auch extern angebunden werden. Beim „dark archive" gibt es keine öffentliche Bereitstellung. Anwendungsfälle für das „dark archive" sind z. B. Materialien, die zunächst nicht für eine Veröffentlichung vorgesehen sind, oder für welche bereits eigene Präsentationslösungen etabliert sind.

Rosetta[49] ist ein kommerzielles Produkt der Firma Ex Libris, das als OAIS-konformes Langzeitarchiv in Zusammenarbeit mit der Nationalbibliothek von Neuseeland entwickelt wurde und seit 2009 auf dem Markt verfügbar ist. Grundsätzlich ist Rosetta als System für Digital Preservation und Digital Asset Management mit individuell konfigurierbaren Workflows für alle Arten von Daten- und Dateiformaten nutzbar. Es kann sowohl als zentrale Installation mit mehreren Mandanten (Institutionen) als auch dezentral als lokale Installation betrieben werden. Rosetta setzt auf ein flexibles Datenmodell, um alle Objekttypen abbilden zu können. Dieses Datenmodell orientiert sich dabei am Objektmodell des PREMIS-Standards und umfasst vier Level: Intellektuelle Entität, Repräsentation, File und Bitstream. Für alle vier Ebenen werden langzeitarchivierungsrelevante Metadaten geschrieben. Diese Metadaten folgen dabei konzeptuell den von PREMIS vorgegebenen Entitäten: Objects, Events, Agents, Rights. Als Format für die Abbildung der Metadaten auf allen Ebenen wird der Metadata Encoding & Transmission Standard (METS)[50] eingesetzt, sodass für jedes AIP eine Metadatendatei existiert. Im Bereich der deskriptiven Metadaten unterstützt Rosetta primär Dublin Core.[51] Es ist aber möglich, Metadaten in anderen Standardformaten oder eigenen Originalformaten als Source-Metadaten nach Rosetta zu übernehmen. Langzeitarchivierung als Dienstleistung bieten im Bereich der Bibliotheken in Deutschland SLUB Dresden,[52] TIB Hannover,[53] der Bayerische Bibliotheksverbund[54] und das hbz in Köln[55] an.

Archivematica[56] ist ein weiteres OAIS-konformes, universell einsetzbares Langzeitarchivierungssystem, welches die gesamte Breite der Langzeitarchivierungsprozesse abdeckt. Das System wird in Großbritannien als zentrale Lösung zur langfristigen Aufbewahrung von Forschungsdaten eingesetzt. Es verfügt über keine eigene Endnutzeroberfläche, sondern nur über eine Verwaltungsoberfläche. Daher ist es vorwiegend als „dark archive" zu verstehen, welches die Auslieferung von DIP bspw. an Repositorien ermöglicht. Das System beherrscht die gängigen Metadaten-

---

49 S. https://www.exlibrisgroup.com/de/produkte/Rosetta.
50 S. http://www.loc.gov/standards/mets/.
51 S. https://www.dublincore.org/.
52 S. https://slubarchiv.slub-dresden.de/.
53 S. https://wiki.tib.eu/confluence/display/lza/Digitale+Langzeitarchivierung+an+der+TIB.
54 S. https://www.bib-bvb.de/web/digitales-langzeitarchivierungssystem/home.
55 S. https://www.hbz-nrw.de/produkte/langzeitverfuegbarkeit/langzeitverfuegbarkeit-fuer-hochschulen.
56 S. https://www.archivematica.org/en/; Dokumentation: https://www.archivematica.org/en/docs/archivematica-1.6/contents/.

formate (z. B. PREMIS, METS, Dublin Core). Die Open-Source-Software ist nicht mandantenfähig, weswegen der Betrieb einer zentralen Instanz für einen Verbund nicht out-of-the-box unterstützt wird. Archivematica ermöglicht sowohl Hosting- als auch On-Premise-Lösungen. Hosting ist vor allem über die Services Arkivum[57] und ArchivesDirect[58] verfügbar. Im nationalen Kontext wird das System in größerem Maßstab durch den Kooperativer Bibliotheksverbund Berlin-Brandenburg (KOBV)[59] als Angebot für die digitale Langzeitarchivierung genutzt.[60] Zu den internationalen Anwendern von Archivematica gehören zum Beispiel die University of British Columbia[61] oder das Museum of Modern Art (MoMA)[62] in New York.[63]

Ebenso wie Rosetta bietet auch Preservica[64] ein kommerzielles Langzeitarchivierungssystem nach dem OAIS-Modell. Zentrale ebenso wie dezentrale Lösungen sind mit Preservica möglich. Das System ist mandantenfähig, d. h. man kann eine Anwendung mit verschiedenen Partitionen und Rechten fahren. Hierfür bietet der Hersteller drei Lösungen an, Software as a Service (SaaS), Hosting und On-Premise (Cloud Edition und Enterprise Edition). Es handelt sich prinzipiell um eine kommerzielle Lösung; diese ist aber erweiterbar durch Open Source Tools. Zudem verfügt sie über einen eigenen Software Development Kit (SDK) und offene Programmierschnittstellen (APIs). Allerdings stehen sowohl die Dokumentation als auch die Nutzerhandbücher des Systems und die Foren zum Austausch der Anwender nur für Kunden zur Verfügung. Wie andere OAIS-Systeme auch, setzt Preservica Standard-File Format Registries und Migrationstools wie DROID, PRONOM und Linked Data Registries ein, um Erhaltungsmaßnahmen und Migrationspfade für mehr als 1 200 Dateiformate zu automatisieren. Deskriptive Metadaten können aus mehreren Standard-Schemata ausgewählt werden (Encoded Archival Descriptor – EAD[65] – 2002, Metadata Object Description Schema – MODS[66] – 3.4, Dublin Core 1.1). Alternativ können auch nutzerdefinierte deskriptive Metadatenschemata verwendet werden, z. B. XML Schema Definitions. Auf allen Ebenen werden sowohl deskriptive als auch langzeitarchivierungsrelevante Metadaten im XIP-Format verwaltet. Diese können bei der Bildung von SIP-Packages in METS und PREMIS-Metadaten konvertiert wer-

---

57 S. http://arkivum.com/.
58 S. http://www.archivesdirect.org/.
59 S. https://www.kobv.de/.
60 S. https://www.kobv.de/services/archivierung/lza/.
61 S. https://www.ubc.ca/.
62 S. https://www.moma.org/.
63 S. https://www.artefactual.com/clients/.
64 S. http://preservica.com/.
65 S. https://www.loc.gov/ead/.
66 S. http://www.loc.gov/standards/mods/.

den. Preservica wird z. B. an der Wellcome Library,[67] an der Yale University[68] und der Danish National Library[69] zur Archivierung diverser Objekttypen eingesetzt.

(Fachspezifische) Forschungsdatenrepositorien

Neben OAIS-konformen Systemen zur Langzeitarchivierung, die für die langfristige Aufbewahrung unterschiedlicher Objekttypen (z. B. Dokumente, AV-Medien, Retrodigitalisate, Forschungsdaten, Verwaltungsdaten) konzipiert sind, gibt es speziell auf Forschungsdaten ausgerichtete Infrastrukturen und Repositorien. Insbesondere sind hier die fachspezifischen Datenrepositorien zu nennen, die zur Publikation von Forschungsdaten entstanden sind.[70] Die Publikation der Forschungsdaten auf einem solchen Fachrepositorium beinhaltet auch die langfristige Speicherung der Daten. Jedoch gilt es an dieser Stelle zu beachten, dass es sich mehrheitlich um reine Bitstream Preservation handelt.

Zur Archivierung und Publikation sogenannter Long-Tail-Forschungsdaten oder Daten, zu denen keine fachspezifischen Angebote vorhanden sind, stehen fachübergreifende Repositorien zur Verfügung. Genannt werden sollen an dieser Stelle Figshare,[71] Zenodo,[72] Dryad[73] und RADAR[74] als aktuell prominente übergreifende Aufbewahrungssysteme. Figshare und Zenodo sind klassische Publikationssysteme. Hier ist die Archivierung der Daten keine eigenständige Funktionalität, sondern geschieht aufgrund der Tatsache, dass publizierte Daten verfügbar gehalten werden müssen.

Das Research Data Repositorium (RADAR) ist das Ergebnis des gleichnamigen DFG-geförderten Projekts eines disziplinübergreifenden Projektteams (FIZ Karlsruhe,[75] Karlsruher Institut für Technologie – KIT[76], Fakultät für Chemie und Pharmazie

---

67 S. http://blog.wellcomelibrary.org/2011/07/preserving-our-digital-assets-1-sdb4/.
68 S. https://yaledailynews.com/blog/2015/12/10/libraries-utilize-preservica/.
69 S. https://preservica.com/resources/press-releases/state-and-university-library-of-denmark-collaborates-with-preservica-to-safeguard-history-of-danish-cultural-heritage.
70 Einen Überblick und Unterstützung bei der Suche nach einem geeigneten Repositorium bietet re3data unter: http://www.re3data.org/, und RIsources der DFG unter: http://risources.dfg.de/. Eine ausführliche Liste der gängigen Repositorien, gegliedert nach Fachbereichen, wird vom Open Access Directory (OAD) oder dem Directory of Open Access Repositories (OpenDOAR) bereitgestellt. OAD: http://oad.simmons.edu/oadwiki/Data_repositories, OpenDOAR: http://v2.sherpa.ac.uk/opendoar/.
71 S. https://figshare.com/.
72 S. https://zenodo.org/.
73 S. https://datadryad.org/stash.
74 S. https://www.radar-projekt.org/display/RD/Home.
75 S. https://www.fiz-karlsruhe.de/.
76 S. https://www.kit.edu/.

der LMU,[77] Leibniz-Institut für Pflanzenbiochemie – IPB[78] und TIB Hannover[79]). Ziel des Projekts war der Aufbau einer Infrastruktur für die Datenarchivierung und -publikation in der öffentlichen (dauerhaften) Domäne. RADAR ist disziplinübergreifend konzipiert und bietet eine zentrale Anlaufstelle zur Archivierung und Publikation vielfältiger Daten und Dateiformate. Je nach gewähltem Service Level (Archivierung mit und ohne Publikation der Daten) kann das System auf unterschiedliche Art genutzt werden. Es gibt ein zweistufiges Geschäftsmodell mit unterschiedlichem zeitlichem Horizont: Archivierung der Daten mit und ohne Datenpublikation. Das reine Archivierungsangebot umfasst dabei die langfristige Speicherung von Datenpaketen für eine vom Kunden festgelegte Haltefrist (5–15 Jahre). Nach Ablauf der Haltefrist kann diese verlängert oder die Daten gelöscht werden. Werden Daten publiziert, gilt eine Haltefrist von mindestens 25 Jahren, wobei eine unbegrenzte Aufbewahrung angestrebt wird. Auf jeden Fall werden die Daten nicht gelöscht. Die Langzeitverfügbarkeit der Daten wird über eine reine Bitstream Preservation sichergestellt. Diese ist abgesichert über MD5-Checksums, die beim Ingest, allen Kopiervorgängen und beim Ausliefern überprüft werden. Während der Aufbewahrungsfrist verändert RADAR die gespeicherten Datenpakete nicht mehr, sondern sichert ausschließlich deren physischen Erhalt.

Fazit

Die langfristige Speicherung von Daten im Forschungsumfeld ist abhängig vom speziellen Projekt und den gestellten Zielsetzungen. Da das Angebot an Speichermedien auch in Zukunft sehr breit, allerdings auch unterschiedlich kostenintensiv sein wird, wird es bei der physikalischen Speicherung von Daten immer eine Abwägung zwischen den Faktoren Speicherkosten, Speicherkapazität und benötigten Zugriffsgeschwindigkeiten geben. Weiterhin können rechtliche Randbedingungen Auswirkungen auf die für ein Projekt verwendbaren Speicher Einfluss haben, was z. B. bei der Verarbeitung von personenbezogenen Daten eine Rolle spielt. Die Datensicherheit bedingt weiterhin Überlegungen zur Erkennung korrumpierter Daten und deren Wiederherstellung durch geeignete Back-up-Strategien.

Diese Aspekte sollten schon vor dem Beginn einer Forschung ausreichend geklärt werden. Genauso wie auch eine möglich Nachnutzung erhobener Daten schon von Anfang an mitgedacht werden sollte.

Um dies in die aktuellen Entwicklungen im Forschungsdatenmanagement zu integrieren, ist die Kooperation verschiedener zentraler Einrichtungen mit den For-

---

77 S. https://www.cup.uni-muenchen.de/.
78 S. https://www.ipb-halle.de/.
79 S. https://www.tib.eu/de/.

schenden wichtig. Beim Aufbau einer Infrastruktur zur Beratung zum Thema Forschungsdatenmanagement sollte daran gedacht werden, dass Fachleute im Bereich Speichersysteme und Datenkuration in die Planung einbezogen werden, ebenso wie Fachleute im Bereich von Metadaten und Standards in der Langzeitarchivierung. Serviceeinrichtungen im Bereich Rechnerinfrastruktur sollten eine Liste der Services inklusive der Kosten veröffentlichen, so dass sich die Forschenden bereits im Vorfeld der Beantragung von Fördermittel dazu ein realistisches Bild machen können.

Literatur

Letztes Abrufdatum der Internet-Dokumente ist der 15.11.2020.

Apel, Jochen, Fabian Gebhart, Leonhard Maylein und Martin Wlotzka. 2018. „Offene Forschungsdaten an der Universität Heidelberg: Von generischen institutionellen Repositorien zu fach- und projektspezifischen Diensten." *O-Bib. Das Offene Bibliotheksjournal* 5 (2): 61–71. doi:10.5282/o-bib/2018H2S61-71.

BMI. 1987. „Grundsätze zur Durchführung der Sicherheitsverfilmung von Archivalien: Bek. d. BMI v. 13.05.1987 – ZV 1 M 325 100–213." *Gemeinsames Ministerialblatt,* hg. v. Bundesministerium des Innern, – 38 (16): 284–292.

Borges, Georg und Jan Geert Meents, Hg.2016. *Cloud Computing: Rechtshandbuch.* München: C. H. Beck.

Clelland, C. T. et al. 1999. „Hiding messages in DNA microdots." *Nature* 399: 533–534.

Corti, Louise, Veerle Van den Eynden, Libby Bishop und Matthew Woollard. 2014. *Managing and Sharing Research Data. A Guide to Good Practice.* London: SAGE.

Cabrera Valdes, Victoria und James L. Bischoff. 1989. „Accelerator 14C dates for early upper paleolithic (basal Aurignacian) at El Castillo Cave (Spain)" *Journal of Archaeological Science* 16 (6): 577–584. doi:10.1016/0305-4403(89)90023-X.

Depuydt, Leo, 1999. „Rosetta Stone". In *Encyclopedia of the Archaeology of Ancient Egypt,* hg. v. Kathryn A. Bard, 686–687. London: Routledge.

Deutsche Forschungsgemeinschaft (DFG). 2013. *Sicherung guter wissenschaftlicher Praxis: Empfehlungen der Kommission ‚Selbstkontrolle in der Wissenschaft'.* Ergänzte Auflage. Weinheim: Wiley VHC. doi:10.1002/9783527679188.oth1.

Deutsche Forschungsgemeinschaft (DFG). 2019. „Leitlinien zur Sicherung guter wissenschaftlicher Praxis: Kodex." https://www.dfg.de/download/pdf/foerderung/rechtliche_rahmenbedingungen/gute_wissenschaftliche_praxis/kodex_gwp.pdf.

Factor, Michael, Kalman Meth, Dalit Naor, Ohad Rodeh und Julian Satran. 2005. *Object storage: The future building block for storage systems.* In *2005 IEEE International Symposium on Mass Storage Systems and Technology,* Sardinia, Italy, 2005: 119–123. doi:10.1109/LGDI.2005.1612479.

Hennessy, John L., David A. Patterson und Andrea Arpaci-Dusseau. 2007. *Computer Architecture: A Quantitative Approach.* 4. Auflage. Amsterdam, Heidelberg [u. a.]: Elsevier.

Klump, Jens. 2011. „Langzeiterhaltung digitaler Forschungsdaten." In *Handbuch Forschungsdatenmanagement,* hg. v. Stephan Büttner, Hans-Christoph Hobohm, Lars Müller. Bad Honnef: Bock u. Herchen: 115–119

Leggett, Elizabeth R. 2014. *Digitization and digital archiving: a practical guide for librarians.* Lanham, Plymouth: Rowman & Littlefield.

Majonica, Rudolf. 2007. *Das Geheimnis der Hieroglyphen: die abenteuerliche Entschlüsselung der ägyptischen Schrift durch Jean François Champollion; mit zahlreichen dokumentarischen Abbildungen und zeitgenössischen Grafiken*, Überarb. und erw. Neuausg. München: Dt. Taschenbuch-Verlag.

Mohamed, H. S. Al Risi, T. L. Jin, J. Kosel, S. N. Piramanayagam und R. Sbiaa. 2020. „Controlled spin-torque driven domain wall motion using staggered magnetic wires." *Appl. Phys. Lett.* 116: 032402. doi:10.1063/1.5135613.

nestor – Kompetenznetzwerk digitale Langzeitarchivierung. *Publikationen* https://www.langzeitarchivierung.de/Webs/nestor/DE/Publikationen/publikationen_node.html.

Neuroth, Heike, Achim Oßwald, Regine Scheffel, Stefan Strathmann und Mathias Jehn, Hg. 2016. *nestor Handbuch: Eine kleine Enzyklopädie der digitalen Langzeitarchivierung, Version 2.3*. 2., aktualisierte Druckauflage. Glückstadt, Göttingen: Werner Hülsbusch Fachverlag für Medientechnik und -wirtschaft.

Neuroth, Heike, Stefan Strathmann, Achim Oßwald, Regine Scheffel, Jens Klump und Jens Ludwig, Hg. 2012. *Langzeitarchivierung von Forschungsdaten. Eine Bestandsaufnahme*, Boizenburg, Göttingen: Werner Hülsbusch.

Oßwald, Achim, Regine Scheffel und Heike Neuroth. 2012. „Langzeitarchivierung von Forschungsdaten. Einführende Überlegungen." In *Langzeitarchivierung von Forschungsdaten. Eine Bestandsaufnahme*, hg. v. Heike Neuroth, Stefan Strathmann, Achim Oßwald, Regine Scheffel, Jens Klump und Jens Ludwig, 13–21. Boizenburg, Göttingen: Werner Hülsbusch.

Ovshinsky, Stanford R. 1968. „Reversible Electrical Switching Phenomena in Disordered Structures" *Phys. Rev. Lett.* 21 (20): 1450–1453.

Parkin, Stuart S. P., Masamitsu Hayashi und Luc Thomas. 2008. „Magnetic Domain-Wall Racetrack Memory" *Science* 320 (5873): 190–194. doi:10.1126/science.1145799.

Rapp, Franziska, Stefan Kombrink, Volodymyr Kushnarenko, Matthias Fratz und Daniel Scharon. 2018. „SARA-Dienst: Software langfristig verfügbar machen." In *O-Bib. Das Offene Bibliotheksjournal* 5 (2): 92–105. doi:10.5282/o-bib/2018H2S92-105.

RfII. 2016. *Leistung aus Vielfalt. Empfehlungen zu Strukturen, Prozessen und Finanzierung des Forschungsdatenmanagements in Deutschland*. Göttingen. http://www.rfii.de/?wpdmdl=1998.

RfII. 2017. *Entwicklung von Forschungsdateninfrastrukturen im internationalen Vergleich. Bericht und Anregungen*. Göttingen. http://www.rfii.de/?wpdmdl=234.

Tanenbaum, Andrew S. und James Goodman. 2001. *Computerarchitektur: Struktur, Konzepte, Grundlagen*. 2. Auflage. München: Prentice Hall, Pearson Studium.

Verheul, Ingeborg und IFLA. 2006. *Networking for Digital Preservation: Current Practice in 15 National Libraries*. (IFLA Publications; 119) München: K. G. Saur.

Péter Király und Jan Brase

4.3 Qualitätsmanagement

Abstract: Dieses Kapitel gibt einen Überblick über das Datenqualitätsmanagement. Es listet einige Ansätze zum Thema und seine grundlegenden Definitionen auf. Die Datenqualität hängt immer vom Kontext und Zweck der Daten ab, daher haben verschiedene Bereiche unterschiedliche Metriken zur Messung der Daten geschaffen. Es werden einige relevante Bereiche, wie Forschungsdaten, verknüpfte Daten, Datenjournalismus, untersucht, um ihre Messprinzipien und besten Praktiken hervorzuheben. Schließlich werden einige praktische Beispiele, darunter Europeana (die europäische Kulturerbe-Plattform) und Forschungsdaten-Repositorien gezeigt.

Einleitung

Um sich mit dem Bereich Qualitätsmanagement bei Forschungsdaten zu beschäftigen, ist es sinnvoll, zuerst zu betrachten, wie Qualitätsmanagement in anderen Sammlungen von digitalen Inhalten schon seit geraumer Zeit betrieben wird. Im Bereich Kulturerbe beispielsweise hat die Entwicklung von Katalogen eine lange Tradition. Im Laufe der Jahrhunderte entwickelten Museen, Archive und Bibliotheken verschiedene Systeme zur Erfassung ihrer Bestände. Wie wird nun in diesen digitalen Systemen die Qualität sichergestellt?

Zwar gibt keine einheitliche Definition für Qualität an sich, aber ein Großteil der Literatur[1] ist sich einig, dass die Qualität mit der „Eignung für einen Zweck" übereinstimmen sollte. D. h. für die Qualität eines Objekts sollte gemessen werden, wie sehr das Objekt einen bestimmten Zweck unterstützt. Die Hauptziele der Metadaten zum Kulturerbe sind die Registrierung der Sammlung und die Unterstützung der Nutzenden bei der Entdeckung. Die Funktionsanalyse des MARC 21-Formats[2] (das international am weitesten verbreitete Metadatenschema für bibliographische Datensätze) geht weiter und richtet Funktionsgruppen ein, wie z. B. Suche, Identität, Auswahl, Verwaltung, Verarbeitung und Klassifizierung der zugrunde liegenden Schemaelemente in diesen Kategorien.[3] Durch die Analyse der Felder der einzelnen Datensätze können wir also genauer sagen, welche Aspekte der Qualität gut oder schlecht sind.

---

[1] Vgl. z. B. die „metadata assessment bibliography" bei Zotero: https://www.zotero.org/groups/488224/metadata_assessment. Letztes Abrufdatum der Internet-Dokumente ist der 15.11.2020.
[2] Vgl. Desley 2003. MARC steht für Machine-Readable Cataloging.
[3] Vgl. IFLA 1998; Desley 2003; Library of Congress 2006.

Diese Katalogdaten dienen nicht nur der Registrierung und der Entdeckung der Materialien, sie sind auch die Quelle für zusätzliche Forschungen z. B. in den Geisteswissenschaften. Der Katalog enthält viele Sachinformationen, die in anderen Quellen nicht (oder nicht organisiert) verfügbar sind, und so hätte man vor dem Zeitalter der Digitalisierung die gedruckten Kataloge der wichtigsten Sammlungen (z. B. British Library,[4] Library of Congress[5] etc.) in den Lesesälen verschiedener Forschungseinrichtungen finden können. In den letzten zwei Jahrzehnten haben mehrere Forschungsprojekte bestehende Bibliotheksmetadaten an verschiedene Arten von Volltextdatensätzen (z. B. optische Zeichenerkennung oder XML-kodierte Versionen) angehängt, um zusätzliche Facetten für den Analyseprozess zu liefern, wie persönliche oder institutionelle Namen (Autoren, Verlage), geografische Informationen (Erscheinungsorte), Zeitspanne usw.

Nur ein paar Beispiele: KOLIMO (Corpus of Literary Modernism)[6] verwendet TEI-Headers (Text Encoding Initiative)[7], welche Kataloginformationen sowie andere Metadaten enthalten, um Literatur und Sprachmerkmale zu extrahieren, die für einen bestimmten Zeitraum oder für einen bestimmten Autor spezifisch sind. OmniArt[8] ist ein Forschungsprojekt, basierend auf Metadaten des Rijksmuseum[9] (Amsterdam), des Metropolitan Museum of Arts[10] (New York) und der Web Gallery of Art.[11] Sie sammelten 432 217 digitale Bilder mit kuratierten Metadaten (die größte Sammlung dieser Art), um eine kategorische Analyse durchzuführen. Benjamin Schmidt verwendet die HathiTrust[12] digital library und ihre Metadatensätze um Klassifikationsalgorithmen des maschinellen Lernens zu testen, bei denen er die Ergebnisse mit den in den Metadatensätzen verfügbaren Themenüberschriften der Library of Congress vergleichen kann.[13] Die Gemeinsamkeiten dieser Projekte bestehen darin, dass sie die Katalogdaten der Einrichtungen des kulturellen Erbes als primäre Quellen für ihre eigene Forschung verwenden. Es ist offensichtlich, dass die Qualität dieser Daten Auswirkungen auf die Schlussfolgerungen der Forschung haben könnte, und andererseits liegt es außerhalb der Verantwortlichkeiten und

---

4 Über die Kataloge der British Library und ihrer Vorgänger: http://vll-minos.bl.uk/reshelp/findhelprestype/catblhold/printedcatalogues/printedcats.html.
5 Über den National Union Catalog (USA) siehe https://en.wikipedia.org/wiki/National_Union_Catalog. Digitale Ausgaben verfügbar über HathiTrust: https://catalog.hathitrust.org/Record/000140237.
6 S. https://kolimo.uni-goettingen.de/index.html.
7 S. https://tei-c.org/.
8 Vgl. Strezoski und Worring 2017. Das Projekt ist verfügbar über http://www.vistory-omniart.com/.
9 S. https://www.rijksmuseum.nl/.
10 S. https://www.metmuseum.org/.
11 S. https://www.wga.hu.
12 S. https://www.hathitrust.org.
13 Vgl. Smith 2017.

Möglichkeiten einzelner Forschender (oder sogar einer Forschungsgruppe), die Aufzeichnungen jeweils zu validieren und bei Bedarf zu korrigieren.

Dieser Anwendungsfall von Daten zum Kulturerbe ist in letzter Zeit so häufig geworden, dass er vor zwei Jahren zu einem neuen Begriff geführt hat: „Sammlungen als Daten", bzw. „collections as data". Wie das Santa Barbara Statement on Collections as Data zusammenfasst:

> Seit Jahrzehnten bauen Institutionen für das Kulturerbe digitale Sammlungen auf. Gleichzeitig haben die Forscher auf rechnergestützte Mittel zurückgegriffen, um Fragen zu stellen und nach Mustern zu suchen. Diese Arbeit steht unter einer Vielzahl von Namen, einschließlich aber nicht beschränkt auf: Text-Mining, Datenvisualisierung, Mapping, Bildanalyse, Audioanalyse und Netzwerkanalyse. Mit bemerkenswerten Ausnahmen [...] haben Institutionen des Kulturerbes seltene digitale Sammlungen aufgebaut oder den Zugang gestaltet, um die maschinelle Nutzung zu unterstützen. Wenn man über Sammlungen als Daten nachdenkt, signalisiert dieses die Absicht, diese Herangehensweise zu ändern.[14]

Während einerseits Sammlungen als Datenbewegung die Bedeutung der Wiederverwendbarkeit von Daten des Kulturerbes hervorheben, und wir erwarten, dass diese große und wichtige Bewegung Organisationen dabei unterstützen wird, mehr über die wissenschaftliche Nutzung oder ihre Metadaten nachzudenken,[15] konzentrieren sich ihre Prinzipien andererseits auf den Zugang und die Beseitigung aktueller Barrieren, und sie übersehen dabei jedoch die Qualitätsaspekte. Der Aspekt der Qualitätsbewertung, den wir hier betrachten, wäre ein ergänzendes Element neben den anderen Prinzipien.

1 Metadatenqualität

> Wir erkennen es [d. h. die Qualität der Metadaten], wenn wir es sehen, aber die Vermittlung des vollen Bündels von Annahmen und Erfahrungen, die es uns ermöglichen, es zu identifizieren, ist eine andere Sache.[16]

---

14 Collections as Data project team 2017. The Santa Barbara Statement on Collections as Data. v2. https://collectionsasdata.github.io/statement/.
15 Ein Bericht aus dem Jahr 2016, der die Nutzung zweier wichtiger britischer Sammlungen des Kulturerbes analysiert, erwähnt, dass „die verfügbaren Zitationsnachweise eine wachsende Literatur zeigen, die mit EEBO [Early English Books Online] oder HCPP [House of Commons Parliamentary Papers]" arbeitet und dass „Verschiebungen zu geisteswissenschaftlichen Datenwissenschaften und datengetriebener Forschung [...] für Wissenschaftler von wachsendem Interesse" sind, vgl. Meyer und Eccles 2016, 51, 52–53.
16 Bruce und Hillmann 2004, 1.

Die National Information Standards Organization (NISO) stellt eine Definition für Metadaten zur Verfügung, als „ structured information that describes, explains, locates, or otherwise represents something else".[17] Das Interessante an dieser Definition ist die Liste der Verben: beschreiben, erklären, finden und repräsentieren. Metadaten sind keine statische Einheit, sie haben mehrere verschiedene Funktionen und sollten im Kontext anderer Einheiten stehen. Das steht im Einklang mit dem berühmten Qualitätssicherungsslogan „fitness for purpose". Es gibt verschiedene Definitionen dieses Slogans, unter anderem kann man ihn aufbrechen in:
- Erfüllung einer Spezifikation oder der angegebenen Ergebnisse;
- gemessen an dem, was als Ziel der Einheit angesehen wird;
- zur Erreichung der institutionellen Mission und der Ziele.

Aus diesen Definitionen können wir zwei wichtige Schlussfolgerungen ziehen:
- Die Qualität eines Objekts ist kein absoluter Wert, sie hängt vom Kontext des Objekts ab, welche Ziele die Benutzenden im aktuellen Kontext mit Hilfe des Objekts erreichen möchten.
- Die Qualität ist ein facettenreicher Wert. Da das Objekt unterschiedliche Funktionen haben kann, sollten wir die Erfüllung von ihnen unabhängig voneinander bewerten.

Die Definition von Metadaten durch die NISO passt gut in diesen Rahmen, da sie die Vielschichtigkeit und den Kontext der Metadaten hervorhebt.

In einer aggregierten Metadatensammlung wie z. B. Europeana[18] besteht der Hauptzweck der Metadaten darin, Zugangspunkte zu den Objekten bereitzustellen, die von diesen Metadaten beschrieben werden (und die in den Institutionen, die das Kulturerbe bereitstellen, gespeichert sind). Wenn die in Europeana gespeicherten Metadaten von geringer Qualität sind oder fehlen, kann der Dienst keine Zugangspunkte bereitstellen und der Benutzer wird das Objekt nicht verwenden.

Wie Bruce und Hillmann erklären, könnte eine Expertin bzw. ein Experte erkennen, ob ein bestimmter Metadatensatz „gut" oder „schlecht" ist. Wenn wir dieses Wissen formalisieren wollen, müssten wir zuerst die Dimensionen der Qualität, Metriken und Messmethoden festlegen.

---

17 National Information Standards Organization 2007. „strukturierte Informationen, die etwas anderes beschreiben, erklären, lokalisieren oder anderweitig darstellen" (deutsche Übersetzung Kiraly/Brase).
18 S. https://europeana.eu/.

2 Metriken in der Literatur

In der Literatur der Metadatenqualitätsbewertung findet man eine Reihe von metrischen Definitionen. Im Folgenden gehen wir auf einige von ihnen ein, die in diesem Zusammenhang als relevant erachtet wurden.

Während es sich auf den Kontext des Kulturerbes bezieht, definiert die oben bereits zitierte Seminararbeit von Bruce und Hillmann Datenqualität.[19] Palavitsinis fasste sie in seiner Doktorarbeit folgendermaßen zusammen:[20]

- *Vollständigkeit – Completeness:* Anzahl der vom Annotator ausgefüllten Metadatenelemente im Vergleich zur Gesamtzahl der Elemente im Anwendungsprofil.
- *Genauigkeit – Accuracy:* In einem genauen Metadatensatz entsprechen die in den Feldern enthaltenen Daten der zu beschreibenden Ressource.
- *Konsistenz – Consistency:* Konsistenz misst den Grad, in dem die bereitgestellten Metadatenwerte dem entsprechen, was durch das Metadaten-Anwendungsprofil definiert ist.
- *Objektivität – Objectiveness:* Grad, in dem die bereitgestellten Metadatenwerte die Ressource unvoreingenommen beschreiben, ohne zu unter- oder übertreiben.
- *Angemessenheit – Appropriateness:* Grad, in dem die angegebenen Metadatenwerte den Einsatz von Suchmechanismen auf dem Repositorium erleichtern.
- *Korrektheit – Correctness:* Der Grad, in dem die in den Metadaten verwendete Sprache syntaktisch und grammatikalisch korrekt ist.

Derselbe Autor listet in einer Analyse der Metadatenqualitätsliteratur, die sich hauptsächlich auf die Metadaten der Learning Object Repositories[21] konzentriert, die folgenden zusätzlichen Dimensionen auf, die von verschiedenen Autorinnen und Autoren vorgeschlagen werden: Zugänglichkeit, Konformität, Währung, Verständlichkeit, Objektivität, Präsentation, Herkunft, Relevanz und Aktualität. Er wiederholt auch die Kategorisierung von Lee et al.[22] die Qualitätsdimensionen betreffend:

- *Intrinsische Metadatenqualität:* stellt Dimensionen dar, die erkennen, dass Metadaten unabhängig vom Kontext, in dem sie verwendet werden, eine angeborene Korrektheit aufweisen können. Bspw. können Metadaten für ein digitales Objekt mehr oder weniger „genau" oder „unvoreingenommen" sein.
- *Kontextuelle Metadatenqualität:* erkennt an, dass die wahrgenommene Qualität je nach der jeweiligen Aufgabe variieren kann und dass die Qualität relevant,

---

[19] Vgl. Bruce und Hillmann 2004, 4–10.
[20] Vgl. Palavitsinis 2014, 87–88.
[21] S. https://en.wikipedia.org/wiki/Learning_object_metadata.
[22] Vgl. Lee et al. 2002, 134.

zeitnah, vollständig und in ihrer Höhe angemessen sein muss, um dem Zweck, für den die Informationen verwendet werden, einen Mehrwert zu verleihen.
- *Repräsentative Metadatenqualität:* bezieht sich auf den Grad, in dem die zu bewertenden Metadaten leicht verständlich sind und in einer klaren, prägnanten und konsistenten Weise dargestellt werden.
- *Zugängliche Metadatenqualität:* verweist auf die Leichtigkeit, mit der die Metadaten zugänglich sind, einschließlich der Verfügbarkeit der Metadaten und der Aktualität ihres Eingangs.

Interessant ist ebenfalls die Arbeit von Zaveri et al. über Linked Data Quality (LD Quality).[23] Sie wurde zum meist zitierten Artikel in Bezug auf die Datenqualität. Zaverli et al. untersuchten, welche Qualitätsdimensionen und -metriken von anderen Autorinnen und Autoren vorgeschlagen wurden, und gruppierten einzelne Metriken in die folgenden Dimensionen:
- *Dimensionen der Verfügbarkeit:* Beinhaltet Bewertungen zur Zugänglichkeit, Lizensierung, Vernetzung, Sicherheit und Performance.
- *Intrinsische Dimensionen:* Beinhalten Bewertungen zur syntaktischen Validität, semantische Genauigkeit, Konsistenz, Prägnanz und Vollständigkeit.
- *Kontextuelle Dimensionen:* Beinhalten Bewertungen zur Relevanz, Vertrauenswürdigkeit, Verständlichkeit und Aktualität.
- *Repräsentative Dimensionen:* Beinhalten Bewertungen zur repräsentativen Prägnanz, Interoperabilität, Interpretierbarkeit und Vielseitigkeit.

Einige dieser Metriken sind nur im Zusammenhang mit LD relevant (so fragt die Bewertung der Zugänglichkeit auch Elemente ab, die LD-technologiespezifisch sind, wie SPARQL-Endpunkt[24] oder RDF-Dump[25]). Auf der anderen Seite gibt es viele Metriken, die auch für nicht verknüpfte Metadaten nützlich sind, wie wir in den nächsten Abschnitten noch sehen werden.

2.1 FAIR Metriken

Eine der wichtigsten aktuellen Entwicklungen im Bereich des Forschungsdatenmanagements (FDM) war die Formulierung der FAIR-Grundsätze.[26] „Die FAIR-Grund-

---

[23] Vgl. Zaveri et al. 2015.
[24] SPARQL ist eine rekursive Abkürzung für „SPARQL Protocol and RDF Query Language". Sie wird verwendet, um Daten im Resource-Description-Framework-Format (RDF-Format) zu durchsuchen oder zu verändern. S. https://www.w3.org/TR/rdf-sparql-query/ und https://www.w3.org/RDF.
[25] RDF-Dump nennt man eine herunterladbare Datei, die RDF statements in einem der RDF Serialisierungsformate enthält.
[26] Vgl. Wilkinson et al. 2016.

sätze enthalten Richtlinien für die Veröffentlichung digitaler Ressourcen wie Datensätze, Code, Workflows und Forschungsobjekte in einer Weise die sie auffindbar, zugänglich, interoperabel und wiederverwendbar macht."[27] Es wurde zum Ausgangspunkt vieler verschiedener Projekte, die entweder diese Prinzipien umsetzen oder zusätzliche Erweiterungen untersuchen. Eines davon ist FAIRMetrics.[28] Es konzentriert sich auf die Messaspekte der FAIR-Prinzipien: Wie können wir Metriken aufstellen, auf deren Grundlage wir die „Fairness" von Forschungsdaten validieren können?

Die Autorinnen und Autoren schlagen vor, dass gute Metriken im Allgemeinen die folgenden Eigenschaften haben sollten. Sie sollten:
- klar,
- realistisch,
- unterscheidend,
- messbar und
- universell sein.

Es gibt 15 FAIR-Prinzipien, und für jedes gibt es eine Metrik. Jede Metrik beantwortet Fragen wie: „Was wird gemessen?", „Warum sollen wir es messen?", „Wie messen wir es?", „Was ist ein gültiges Ergebnis?", „Für welche digitalen Ressourcen ist das relevant?" usw.

Die Autorinnen und Autoren haben die einzelnen Metriken als Nanopublikationen veröffentlicht und arbeiten an einer Implementierung. Neben den Metriken definierten sie „Maturity Indicator Tests", die als REST API verfügbar sind, unterstützt durch eine Ruby-basierte Software namens FAIR Evaluator[29]. Reifegradindikatoren sind ein offener Satz von Kennzahlen. Über das Kernset (das von der FAIRMetrics vorgestellt wurde)[30] hinaus luden die Autorinnen und Autoren die Forschungsgemeinschaften ein, ihre eigenen Indikatoren zu entwickeln, denn sie betonen: „Wir betrachten FAIR als ein Kontinuum von ‚Verhaltensweisen', die von einer Datenquelle dargestellt werden, um zunehmend die maschinelle Auffindbarkeit und (Wieder-)Nutzung zu ermöglichen."[31] Die Elemente von FAIRmetrics sind die Folgenden:
- F1: *Identifier Uniqueness – Eindeutigkeit des Identifier*: Ob es ein Schema zur eindeutigen Identifizierung der digitalen Ressource gibt.

---

27 Vgl. Wilkinson et al. 2018.
28 Vgl. Wilkinson et al. 2018; GO FAIR Metrics Group n.d.
29 S. https://fairsharing.github.io/FAIR-Evaluator-FrontEnd/#!/. Der zugrunde liegende Software-Code ist verfügbar unter: https://github.com/FAIRMetrics/Metrics/tree/master/MetricsEvaluator-Code.
30 S. das Metrik Repository der FAIR Metrics Group: https://github.com/FAIRMetrics/Metrics/.
31 https://github.com/FAIRMetrics/Metrics.

- F1: *Identifier persistence – Persistenz des Identifier*: Ob es eine Richtlinie gibt, die beschreibt, was der Anbieter im Falle einer Vernachlässigung eines Identifizierungsschemas tun wird.
- F2: *Machine-readability of metadata – Maschinenlesbarkeit der Metadaten*: Die Verfügbarkeit von maschinenlesbaren Metadaten, die eine digitale Ressource beschreiben.
- F3: *Resource Identifier in Metadata – Identifier in den Metadaten*: Ob das Metadatendokument den global eindeutigen und persistenten Identifier für die digitale Ressource enthält.
- F4: *Indexed in a searchable resource – Indexierung in suchbaren Ressourcen*: Der Grad, in dem die digitale Ressource über webbasierte Suchmaschinen gefunden werden kann.
- A1.1:[32] *Access Protocol – Zugangsprotokoll*: Die Art und Nutzungsbeschränkungen des Zugriffsprotokolls.
- A1.2: *Access authorization – Zugangsauthorisierung*: Spezifikation eines Protokolls für den Zugriff auf eingeschränkte Inhalte.
- A2: *Metadata Longevity – Langlebigkeit der Metadaten*: Die Existenz von Metadaten auch bei Abwesenheit/Entfernung von Daten.
- I1: *Use a Knowledge Representation Language – Verwendung einer Wissensrepräsentativen Sprache*: Verwendung einer formalen, zugänglichen, gemeinsamen und allgemein anwendbaren Sprache zur Wissensrepräsentation.
- I2: *Use FAIR Vocabularies – Verwendung von FAIRen Vokabularien*: Die Metadatenwerte und qualifizierten Beziehungen sollten selbst FAIR sein, z. B. Begriffe aus offenen, von der Gemeinschaft akzeptierten Vokabularen, die in einem geeigneten Wissensaustauschformat veröffentlicht werden.
- I3: *Use Qualified References – Verwendung von qualifizierten Verweisen*: Beziehungen innerhalb von (Meta-)Daten sowie zwischen lokalen und Fremddaten haben eine explizite und „sinnvolle" semantische Bedeutung.
- R1.1: *Accessible Usage License – Zugängliche Nutzungslizenz*: Das Vorhandensein einer dokumentierten Lizenz, sowohl für die Daten als auch für die zugehörigen Metadaten. Außerdem die Möglichkeit (unabhängig voneinander), die Dokumente zu den Lizenzen abzurufen.
- R1.2: *Detailed Provenance – Detaillierte Herkunftsinformationen*: Den Daten sind Herkunftsinformationen zugeordnet, die mindestens zwei primäre Arten von Herkunftsinformationen abdecken: Wer/was/wann die Daten produziert hat (z. B. für Zitate); Warum/wie die Daten produziert wurden (d. h., um den Kontext und die Relevanz der Daten zu verstehen).

---

32 Es gibt auch A1 und R1 Prinzipien in FAIR. Diese fehlen in FAIRmetrics.

- R1.3: *Meets Community Standards – Genügt den Standards der Gemeinschaft*: Zertifizierung der Ressource, die den Gemeinschaftsstandards entspricht, durch eine anerkannte Stelle.

Die meisten dieser Metriken messen eher das Datenrepository als einzelne Forschungsdatensätze. Es ist zu beachten, dass FAIRmetrics keine klassischen Metadatenqualitätsmetriken (wie Vollständigkeit, Genauigkeit usw.) abdeckt, so dass selbst bei einer robusten Implementierung noch Raum für zukünftige Forschungen zur Forschungs(meta)datenqualität bleibt und andererseits einige dieser Metriken für Daten zum Kulturerbe anwendbar und nachnutzbar sind (z. B. würden persistente Identifier den Aufnahmeprozess von Europeana unterstützen, so dass eine Metrik zur Identifier persistence hier ein nützlicher Indikator wäre).

2.2 Vokabulare zur Validierung von Linked Data

Die Domäne von LD (oder Semantic Web) basiert auf der „Open World"-Annahme,[33] die besagt, dass Objekte (Entitäten) und Aussagen über diese Objekte getrennt sind, verschiedene Akteurinnen und Akteure könnten Aussagen über dasselbe Objekt erstellen. Praktisch bedeutet das, dass es kein abgeschlossenes Konzept einer Metadatenbeschreibung gibt, da das Objekt keine klaren Grenzen hat. Die traditionellen dateibasierten Systeme haben Schemata, die beschreiben, welche Art von Aussagen über eine Entität gemacht werden können. So besteht beispielsweise das Dublin Core Metadata Element Set 1.1[34] aus 15 Metadatenelementen.

Wenn wir z. B. die Farbe eines Buches in diesem Schema neu aufnehmen möchten, können wir das nicht direkt tun. Natürlich können wir diese Informationen in ein semantisch generischeres Feld einfügen, wie z. B. „Format", aber dann verlieren wir die Spezifität, und die Farbe wird zusammen mit anderen Merkmalen wie Größe, Abmessungen usw. gespeichert. Im Kontext von LD ist die Situation anders: Wir können leicht eine neue Eigenschaft einführen und eine Anweisung erstellen, aber wir verlieren die Kontrolle über das Schema. Wir können nicht sagen, ob die neue Eigenschaft gültig ist oder nicht.

Um dieses Problem zu lösen, hat die W3C die Arbeitsgruppe RDF Data Shapes[35] eingerichtet, um „eine Sprache zu entwickeln zur Definition struktureller Einschrän-

---

33 S. https://en.wikipedia.org/wiki/Open-world_assumption.
34 S. https://www.dublincore.org/specifications/dublin-core/dces/1999-07-02/.
35 S. https://www.w3.org/2014/data-shapes/wiki/Main_Page.

kungen für RDF-Grafiken".[36] Eines der Ergebnisse dieses Ansatzes ist die Shapes Constraint Language (SHACL).[37]

SHACL hat ein Vokabular definiert (siehe Tab. 1) auf dem man Validierungsregeln erstellen kann. Es werden keine direkten Metriken festgelegt, aber diese Einschränkungen sind sehr nützliche Bausteine eines Datenqualitätsmesssystems. Die Implementierung von SHACL basiert auf LD, aber die Definitionen sind auch in anderen Kontexten sinnvoll.

Tab. 1: Kernbedingungen in SHACL

Kategorie	Einschränkungen
Kardinalität	minCount, maxCount
Typen von Werten und Klassen	datatype, nodeKind
Formen	node, property, in, hasValue
Wertebereich	minInclusive, maxInclusive, minExclusive, maxExclusive
Stringbasiert	minLength, maxLength, pattern, stem, uniqueLang
Logische Einschränkungen	not, and, or, xone
Abgeschlossene Formen	closed, ignoredProperties
Einschränkungen für Eigenschaftspaare	equals, disjoint, lessThan, lessThanOrEquals
Nicht validierende Einschränkungen	name, value, defaultValue
Qualizierte Formen	qualiedValueShape, qualiedMinCount, qualiedMaxCount

Im Rahmen des Europeana Data Quality Committee[38] planen wir, häufig auftretende Metadatenprobleme (oder „Anti-Patterns") mit SHACL zu definieren.

2.3 Organisation von Themen nach verantwortlichen Akteuren

Christopher Groskopf, der einen Leitfaden zur Erkennung von Datenproblemen für Datenjournalisten geschrieben hat,[39] verfolgt einen anderen Ansatz. Er verfasste einen praktischen Leitfaden, d. h. er organisiert Probleme basierend darauf, wer sie lösen kann. Seine wichtigsten Botschaften sind:

---

36 S. https://www.w3.org/2014/data-shapes/charter.
37 S. https://www.w3.org/TR/shacl. Wir sollten feststellen, dass es für das gleiche Problem einen anderen Ansatz gibt: Shape Expressions (ShEx), verfügbar unter: http://shex.io.
38 S. https://pro.europeana.eu/project/data-quality-committee.
39 Vgl. Groskopf 2015.

– Sei skeptisch bezüglich der Daten.
– Überprüfe mit einer explorativen Datenanalyse.
– Überprüfe früh, überprüfe oft (check it early, check it often).

Seine Kategorisierung ist die folgende:
Probleme, die die Quelle lösen sollte:
– Werte fehlen.
– Nullen ersetzen fehlende Werte.
– Daten fehlen, die da sein sollten.
– Zeilen oder Werte sind doppelt.
– Die Rechtschreibung ist inkonsistent.
– Die Reihenfolge der Namen ist inkonsistent.
– Datenformate sind inkonsistent.
– Einheiten sind nicht angegeben.
– Die Kategorien sind schlecht gewählt.
– Feldnamen sind nicht eindeutig.
– Die Herkunft ist nicht dokumentiert.
– Verdächtige Zahlen sind vorhanden.
– Die Daten sind zu grob.
– Die Summen weichen von der veröffentlichten Gesamtmenge ab.
– Spreadsheet hat 65 536 Zeilen.[40]
– Spreadsheet hat Daten in 1900 oder 1904.[41]
– Text wurde in Zahlen umgewandelt.

Probleme, die man selber lösen sollte:
– Text ist verstümmelt.
– Daten sind in einem PDF.
– Daten sind zu feinkörnig.
– Daten wurden von Menschen eingegeben.
– Aggregationen wurden auf fehlenden Werten berechnet.
– Die Probe ist nicht zufällig.
– Margin-of-error ist zu groß.
– Margin-of-error ist unbekannt.[42]
– Die Probe ist verzerrt.
– Daten wurden manuell verändert.

---

40 Die maximale Anzahl von Zeilen in älteren Versionen von MS Excel Tabellen war 65 536.
41 Das Standarddatum, ab dem MS Excel alle anderen Daten berechnet, ist der 1. Januar 1900, 1. Januar 1904 in der Mac-Version.
42 Die Fehlermarge ist ein Maß für die Genauigkeit eines statistischen Ergebnisses. Ist dieser Wert zu groß (Groskopf schlägt 10 Prozent als Grenze vor), ist das Ergebnis ungenau. Fehlt der Wert oder wird er nicht berechnet, kennen wir die Genauigkeit überhaupt nicht.

- Inflation verzerrt die Daten.
- Natürliche/saisonale Schwankungen verzerren die Daten.
- Zeitrahmen wurde manipuliert.
- Bezugsrahmen wurde manipuliert.

Probleme, bei denen eine externe Expertin bzw. ein externer Experte helfen sollte:
- Autorin bzw. Autor ist nicht vertrauenswürdig.
- Der Sammelprozess ist undurchsichtig.
- Daten bestätigen unrealistische Präzision.
- Es gibt unerklärliche Ausreißer.
- Ein Index maskiert die zugrundeliegende Variation.
- Die Ergebnisse wurden p-gehackt.[43]
- Benford's Gesetz scheitert.[44]
- Zu gut, um wahr zu sein.

Probleme, bei denen eine Entwicklerin bzw. ein Entwickler helfen sollte:
- Die Daten werden zu den falschen Kategorien oder Regionen zusammengefasst.
- Daten befinden sich in gescannten Dokumenten.

Groskopfs Liste ist keine Definition allgemeiner Metriken, sondern ein Katalog von „Anti-Patterns".[45] Sie wurde in Reflexion zum Kontext des Datenjournalismus erstellt, und das bedeutet, dass dieser Ansatz im Vergleich zu den Daten des Kulturerbes ein kleinerer Ansatz ist, sowohl in Bezug auf die Anzahl der Beitragenden als auch auf die Anzahl der Datensätze. Andererseits ist der einzige Zweck dieser Daten die Verwendung in der Datenanalyse, so dass der Datenjournalist als Editor während des Datenreinigungsprozesses mehr Freiheit hat als eine Bibliothekarin bzw. ein Bibliothekar, die bzw. der mehrere Szenarien zur Datenwiederverwendung berücksichtigen sollte. Trotz dieser Unterschiede erhalten Projekte des Kulturerbes auch Anregungen von Groskopfs Liste.

---

43 Der P-Wert misst das Niveau der statistischen Signifikanz. Es gibt bekannte Beispiele für das Hacken des Wertes von p, was zu irreführenden Schlussfolgerungen führt.
44 Das Benford'sche Gesetz besagt, dass Zahlen an der Anfangsposition großer Zahlen nicht gleichmäßig verteilt sind. Es kann als erster Test verwendet werden, um zu überprüfen, ob die Zahlen nicht evtl. gehackt worden sind. S. https://en.wikipedia.org/wiki/Benford's_law.
45 Wir verwenden hier Anti-Muster als das Gegenteil von Best Practice: häufig auftretende falsche Metadatenmuster.

2.4 Fazit zu Metriken

Im vorherigen Abschnitt haben wir einige der Metriken und Ansätze vorgestellt. Dies ist kein umfassender Überblick.[46] Was wir zeigen wollten, ist, dass es in verschiedenen Forschungsbereichen oder Tätigkeitsbereichen ganz unterschiedliche Ansätze zur Messung der Metadatenqualität und zur Erkennung einzelner Fragestellungen gibt. Es gibt allgemeine Metriken wie Vollständigkeit, formatspezifische Metriken, wie z. B. diejenigen für verknüpfte Daten, die von Amrapali gesammelt wurden. Einige Metriken messen Daten, aber es gibt Metriken, die sich auf Dienste konzentrieren, die Benutzenden den Zugriff auf Daten erleichtern (z. B. das Vorhandensein verschiedener API-Endpunkte oder herunterladbare Datenspeicher – wir könnten die meisten FAIRmetriken in diese Kategorie eintragen). In einem der frühen Artikel zur Metadatenqualität betonen Stvilia et al[47] dass das von ihnen erstellte Informationsqualitäts-Framework[48] (IQ-Framework) auf eine Datenquelle angewendet werden sollte, indem relevante IQ-Dimensionen ausgewählt werden. Mit anderen Worten, nicht alle Metriken sind in jeder Situation nützlich, wir sollten für jeden Anwendungsfall die Richtige auswählen.

3 Fazit zu Messbarkeit: Europeana

Einer der Autoren dieses Beitrags arbeitete an der Messung der Metadatenqualität von Europeana. Was er nützlich fand – auf Anregung von Stvilia et al.[49] – ist die Mischung aus verschiedenen Qualitätsdimensionen, Kennzahlen und Ansätzen. Die wichtigsten Arten der Datenqualitätsmessung in der Dissertation[50] waren die Folgenden:
1. *Allgemeine strukturelle und semantische Metriken*. Diese Messungen sind die bekanntesten in der Literatur. Basierend auf dem bekanntesten Artikel dieses Forschungsgebietes[51] sind sie:
   – *Vollständigkeit – completeness*: die Existenz von definierten Felder in den Datensätzen,

---

46 Für diejenigen, die einen allgemeinen Überblick über die Metadaten-Qualitätsmetriken lesen möchten, empfehlen wir die bereits zitierte Doktorarbeit von Palavitsinis 2014.
47 Vgl. Stvilia et al. 2007, 1726.
48 Das Framework enthält Typologien der IQ-Varianz, die betroffenen Aktivitäten, eine umfassende Taxonomie der IQ-Dimensionen sowie allgemeine metrische Funktionen und Methoden der Rahmenoperationalisierung.
49 Vgl. Stvilia et al. 2007.
50 Vgl. Király 2019.
51 Vgl. Bruce und Hillmann 2004; Ochoa und Duval 2009.

- *Übereinstimmung mit den Erwartungen – confromance to expectations*: Schema-Regelprüfung und Informationswert,
- *Zugänglichkeit – accessibility*: wie einfach es ist, den Text des Datensatzes zu verstehen,
- *Logische Konsistenz und Kohärenz – logical consistency and coherence*: Die „Stimmigkeit" der Daten
- *Herkunft – provenance*: die Beziehung zwischen anderen Metriken und dem Ersteller der Daten.

Die *Genauigkeitsdimension* (Vergleich eines vollständigen Datenobjekts und seiner Metadaten) wurde nicht untersucht, da sie den Vergleich von Metadaten und deren Gegenstand – z. B. den Volltext von Büchern – erfordert, die nicht verfügbar waren.

2. *Unterstützung der funktionalen Anforderungen.* Diese Dimension ist eine Variation der Vollständigkeit. Jedes Datenschema wird zur Unterstützung einer Reihe von Funktionen erstellt, wie z. B. Suchen, Identifizieren oder Beschreiben von Objekten. Die Datenelemente unterstützen eine oder mehrere dieser Funktionen und ihre Existenz sowie ihr Inhalt haben Auswirkungen auf diese Funktionen. Ein Beispiel: Ein Timeline Widget erwartet ein bestimmtes Datumsformat; wenn der Feldwert in einem anderen Format ist, ignoriert das Widget es. Diese Familie von Metriken gibt Messungen den Umfang für die Unterstützung der funktionalen Anforderung. Um diese Metriken anzuwenden, sollten wir eine funktionale Anforderungsanalyse des Datenschemas durchführen und die einzelnen Datenelemente (Klassen und Eigenschaften) auf die Funktionen abbilden. Das Ergebnis ist ein Bericht, der sagt, wie die Daten die vorgesehenen Funktionen unterstützen. In Anlehnung an die bei Stvilia festgelegte Terminologie[52] nennen wir diese Aspekte „Sub-dimensions". Das Europeana Data Quality Committee definierte eine Reihe von solchen Sub-dimensions (wie Suchbarkeit, Beschreibbarkeit, Identifizierung, Kontextualisierung, Browsing usw.), die in anderen Metadatenbereichen wiederverwendet werden können. In Bezug auf das MARC 21-Schema hat die Library of Congress zwölf Aufgaben definiert und eine Zuordnung zwischen ihnen und den Datenelementen des Schemas erstellt.[53] Es stellte sich heraus, dass der Ansatz zur Messung der funktionalen Unterstützung eng an die Vollständigkeit gebunden ist, und da die Gesamtzahl der Datenelemente in MARC viel höher ist als die tatsächlich verfügbaren Felder in den Datensätzen, ist nicht nur die Vollständigkeit, sondern auch die funktionale Unterstützung gering.

3. *Existenz bekannter Datenmuster.* Dies sind schema- und domänenspezifische Muster, die in den Datensätzen häufig vorkommen. Es gibt gute Muster, die

---

[52] Vgl. Stvilia 2006, 20.
[53] Vgl. Desley 2002; Library of Congress 2006.

gute Datenerstellungspraktiken erkennen lassen, und Anti-Muster, die vermieden werden sollten (wie Datenwiederholung, bedeutungslose Daten usw.). Für einige Bereiche gibt es bereits Musterkataloge, z. B. arbeitet das Europeana Data Quality Committee an einem Europeana-spezifischen Musterkatalog, während Suominen und Hyvönen drei SKOS-Validierungskriterienkataloge untersucht haben.[54] Király zeigte auch einige der Anti-Muster in MARC 21-Aufzeichnungen.[55] Diese Messungen können unter „conformance to expectations" kategorisiert werden.

4. *Multilingualität.* Das Resource Description Framework (RDF) bietet eine leicht anpassbare Technik, um literalen Werten ein Sprachkennzeichen hinzuzufügen, was die Mehrsprachigkeit zu einem wichtigen Aspekt in der vernetzten offenen Datenwelt macht. In Kulturerbe-Datenbanken kann die Übersetzung der beschreibenden Felder (wie Titel, Beschreibung) eine sehr personalintensive Aufgabe sein. Andererseits ist die Wiederverwendung bestehender mehrsprachiger Thesauri für Schlagworte ein relativ einfacher und kostengünstiger Prozess. Für das Messen der Qualität ist das Schöne daran, dass die mehrsprachige Ebene in Metadatenschemata (auch in solchen, die nicht auf RDF-basieren) im Allgemeinen ähnlich ist, so dass die Implementierung abstrahiert werden kann. Das große Problem ist, wie man mit den Verzerrungen umgeht, die durch die unterschiedliche Bedeutung der Datenelemente in den einzelnen Sprachen entstehen. Ein anderes Problem ist die unterschiedliche Kardinalität bei einigen Begriffen: Europeana hat zum Beispiel „Dokument" als Betreffzeile, die in mehr als siebzig Sprachen zugänglich ist, aber es ist an einen großen Teil der Datensätze angehängt (mehr als 20 Prozent), so dass sein Informationswert oder seine Unterscheidungskraft gering ist – wenn der Benutzer nach Dokumenten sucht, erhält er Millionen von Datensätzen. Diese Messung könnte unter „conformance to expectations" und „accessibility" kategorisiert werden.

Der gemeinsame Punkt dieser Metriken ist, dass sie als generische Funktionen implementiert werden können, bei denen Eingabeparameter spezifische Elemente eines Datenschemas sind. Die Funktionen selbst sollten die Details des Schemas nicht kennen, d. h. sie sollten schemaunabhängig sein. Mit anderen Worten: Das Einzige, was wir auf Schemabasis erstellen sollten, ist eine Methode, die sich um die Abbildung der Schema-Elemente und Messfunktionen kümmert und diese generischen Funktionen mit den entsprechenden Metadatenelementen versorgt.

Der Messprozess besteht aus den folgenden Phasen:
1. Datenaufnahme,
2. Messung von Einzelsätzen,

---

54 Vgl. Suominen und Hyvönen 2012.
55 Vgl. Király 2019b. 164–165.

3. Analyse der Messergebnisse, um eine Gesamtansicht für die gesamte oder eine Teilmenge der Sammlung zu erhalten,
4. Berichterstattung über die Ergebnisse,
5. Diskussion der Ergebnisse innerhalb einer Expertengemeinschaft.

Diese Phasen bilden eine Schleife; nach Phase 5 endet der Prozess entweder oder geht zurück zu Phase 2, 3 oder 4.

Wie gezeigt wurde, hat die Metadatenqualität mehrere Dimensionen. Für jede Datenquelle sollten wir diejenigen Maßnahmen auswählen, die sowohl theoretisch als auch praktisch zu den Datenquellen passen. Diese Maßnahmen haben jeweils ihren „rechnerischen Fußabdruck": Die Berechnung erfordert eine bestimmte Menge an Personal- und IT-Ressourcen (und sie sind nicht immer vorhersehbar), wir sollten sie sowohl in Forschungs- als auch in Nicht-Forschungsprojekten berücksichtigen. Ein weiterer wichtiger Aspekt ist die menschliche Komponente: Die Metriken sollten nicht nur aus statistischer Sicht sinnvoll, sondern auch für die Datenpflegenden von Bedeutung sein. Die Metriken sollen einen Entscheidungsprozess über die Änderung der Daten unterstützen. Während der Recherche war dieses der schwierigste Punkt: die Schnittmenge der Interessen der Metadaten-Expertinnen und -Experten zu finden. Es kam immer wieder vor, dass das Ergebnis aus Sicht der Katalogisierer nicht sinnvoll war, so dass es auf Basis der Rückmeldungen verbessert werden musste. Es war eine angenehme Situation, dass die Forschung zusammen mit einer Expertengruppe, dem Europeana Data Quality Committee, durchgeführt wurde, deren Mitglieder ständig Feedback gaben.

4 Forschungsdaten

Welche Metriken außer den bereits besprochenen FAIR-Metriken sind nun im Umgang mit Forschungsdaten anwendbar? CoreTrustSeal[56] ist eine Zertifizierung für Forschungsdatenrepositorien, die auf den DSA-WDS Core Trustworthy Data Repositories Requirements[57] basiert. Die Zertifizierung ist ein Nachfolger des Data Seal of Approval. Ziel ist es nachzuweisen, dass die zertifizierten Repositorien die besten Praktiken des FDM befolgen. Unternehmen sollten ihre Aktivitäten in 15 Bereichen erläutern, wie Datenzugriff, Lizenzen, Workflow, Datenintegrität usw. Es gibt zwei Bereiche, die aus Sicht der Metadatenqualitätsmessung interessant sind: Bewertung

---

56 S. https://www.coretrustseal.org/.
57 S. https://www.coretrustseal.org/wp-content/uploads/2017/01/20180629-CTS-Extended-Guidance-v1.1.pdf.

und Datenqualität. Die Zertifikate enthalten die Antwort des Unternehmens und die Notizen der Zertifizierungsinstitution und sind öffentlich zugänglich.[58]

Zum jetzigen Zeitpunkt gibt es 54 CoreTrustSeal-zertifizierte Repositorien. Die Zertifizierungen sind sehr interessante Dokumente, und zusammen bilden sie eine Art Querschnitt durch den Stand der Technik in den 15 Bereichen der Datenrepositorien. Es scheint, dass sich ihre Aktivitäten zur Daten- und Metadatenqualität auf folgende Themen konzentrieren:

- Einstellen der Liste der empfohlenen und akzeptierten Dateiformate und Prüfen eingehender Dateien daraufhin.
- Dokumentationsaufwand auf verschiedenen Ebenen (allgemein, domänenspezifisch, national) bei der Erstellung von Handbüchern und Leitfäden, sowohl für die Benutzenden als auch für die Betreuenden des Repository.
- Datenkuration durch Expertinnen und Experten – die meisten dieser Repositorien sind nicht vollautomatisch, wenn die hinterlegten Materialien von Expertinnen und Experten sorgfältig überprüft werden. Sie überprüfen sowohl Archivierungsaspekte (Formate, Metadaten) als auch Domänenaspekte (Inhaltsrelevanz).
- Verwaltung sensibler Daten (sichere Datenverwaltung oder Ausschluss nicht anonymisierter Daten).
- Einstellung von Pflichtfeldern, empfohlenen und optionalen Feldern in Bezug auf die Metadatensätze.
- Online-Formularvalidierung für die Metadaten, die über eine Online-Benutzeroberfläche erstellt wurden.
- Anwendung von XML-Validierern in einigen Repositorien, wenn der Metadatensatz voraussichtlich im XML-Format verfügbar ist.

Unter den traditionellen Metadaten-Qualitätsdimensionen wird nur die Vollständigkeit erwähnt und als Synonym für den Fall verwendet, dass alle Pflichtfelder im Metadatensatz verfügbar sind: „Sicherstellen, dass DDI-Felder in den Metadaten ausgefüllt werden, gewährleistet die Qualitätskontrolle der Vollständigkeit", schreibt das Australian Data Archive[59] zu dem Thema.

Nur ein kleiner Teil der Repositorien erwähnte die Verwendung von kontrolliertem Vokabular und nur ein Repository, nämlich das institutionelle Forschungsdatenrepositorium FDAT der Universität Tübingen erwähnt überhaupt namentlich ein unabhängiges Tool zur Automatisierung der Metadaten-Qualitätsprüfung.[60] Die Worldwide Protein Data Bank[61] erwähnt, dass sie zwei Arten von Darstellungen der

---

58 S. https://www.coretrustseal.org/why-certification/certified-repositories.
59 S. https://assessment.datasealofapproval.org/assessment_245/seal/html.
60 FDAT, Tübingen verwendet den docuteam packer, s. https://wiki.docuteam.ch/doku.php?id=docuteam:packer.
61 S. https://assessment.datasealofapproval.org/assessment_281/seal/html.

Datenqualitätsbewertung erstellt hat: eine für Spezialistinnen und Spezialisten sowie eine für Nicht-Spezialistinnen und Nicht-Spezialisten. Die Letztere enthält eine einfache grafische Darstellung, die eine kleine Anzahl von wesentlichen Qualitätskennzahlen hervorhebt. Verschiedene Repositorien erwähnen, dass sie Metadatensätze von guter Qualität als Beispiele in der Dokumentation wiederverwenden.

Es lohnt sich, die Checkliste des Digital Repository of Ireland[62] zu zitieren, in der die empfohlenen Schritte zur Durchführung regelmäßiger Metadatenqualitätsbewertungen beschrieben werden:

- Benennen Sie eine Person oder ein kleines Team von Informationsexpertinnen bzw. -experten, die die Verantwortung für das Audit übernehmen.
- Entscheiden Sie, inwieweit während des Audits festgestellte Fehler in der Live-Datenbank behoben werden.
- Auf vierteljährlicher oder halbjährlicher Basis laden Sie einen Beispielsatz von Datensätzen in die Softwareanwendung OpenRefine hoch.
- Verwenden Sie die Facettier- und Cluster-Tools in OpenRefine, um Fehler wie Rechtschreibfehler, inkonsistente Verwendung der Groß-/Kleinschreibung oder leere Zellen zu identifizieren und zu erfassen.
- Stellen Sie die Dokumentation so zusammen, dass Qualitätsänderungen über einen längeren Zeitraum festgestellt werden können. Dies ist besonders nützlich, wenn das Unternehmen vor Kurzem begonnen hat, neue Katalogisierungsmethoden anzuwenden.

Die am weitesten verbreiteten allgemeinen Metadatenschemata sind die Elemente des Data Documentation Initiative (DDI)[63] Frameworks[64] und The Dublin Core Metadata Initiative's DCMI Metadata Terms.[65] In Bezug auf Metadatenschemata könnte CLARINs Component Metadata[66] als Standard in linguistischen Datenrepositorien angesehen werden.

Eine wichtige Schlussfolgerung aus dieser vorläufigen Analyse ist, dass es eine Art „Marktlücke" sowohl in der Forschung als auch in der Werkzeugentwicklung im Bereich des FDM gibt. Die in den Zertifikaten genannten Elemente der Datenqualität (Vollständigkeit, Formatkonsistenz, Inhaltsrelevanz, Prüfung von Facetten auf Fehler usw.) unterscheiden sich nicht von denen, die man in anderen Metadaten-Domänen finden kann. Es gibt Elemente, die existieren, aber anscheinend nicht die Popularität erreicht haben, die sie verdienen, z. B. die „frictionless data"-Datenbe-

---

[62] S. McCarthy 2014, 4.
[63] S. http://www.ddialliance.org.
[64] DDI Lifecycle, s. http://www.ddialliance.org/Specification/DDI-Lifecycle/3.2/XMLSchema/FieldLevelDocumentation; das DDI Codebook, s. http://www.ddialliance.org/Specification/DDI-Codebook/2.5/XMLSchema/field_level_documentation.html.
[65] S. http://www.dublincore.org/specifications/dublin-core/dcmi-terms.
[66] S. https://www.clarin.eu/content/component-metadata.

schreibung Metadatenformat[67] oder FAIRmetrics.[68] Ganz zu schweigen von den allgemeinen Elementen der Metadatenqualitätsforschung (Dimensionen, Metriken und Werkzeuge), die in diesen Bereich eingeführt werden könnten, zur Zufriedenheit sowohl der Betreibenden der Datenrepositorien, als auch der Metadatenqualitätsforschenden.

Im Jahr 2016 bildeten sich zwei wichtige Gruppen im Bereich des Kulturerbes, die eine eingehende Untersuchung der Datenqualität in bestimmten Segmenten begannen: das Europeana Data Quality Committee (DQC)[69] und die Digital Library Federation Metadata Assessment Working Group (MAWG).[70] Das DQC untersucht die für die Europeana-Sammlung spezifischen Metadatenfragen und ist an der Schaffung des Messrahmens beteiligt. Das MAWG konzentriert sich nicht auf einen bestimmten Dienst und ein bestimmtes Metadatenschema, sondern sammelt relevante Literatur und Anwendungsfälle und versucht, eine Reihe von Empfehlungen zur Bewertung der Metadatenqualität zu formulieren. 2017 startete Auditing Digitalization Outputs in the Cultural Heritage Sector, Belgium,[71] (ADOCHS) mit dem Ziel, den Qualitätskontrollprozess für die digitalisierten Sammlungen der belgischen Nationalbibliothek und des Nationalarchivs zu verbessern. Die Ergebnisse des ADOCHS-Projekts finden sich in den Publikationen von Anne Chardonnens[72] und Ettore Rizza.[73] Ähnliche Aktivitäten der Digital Public Library of America (DPLA) sind bei Gueguen beschrieben.[74]

5 Datenqualitätsprüfung in der Praxis

Es gibt nur wenige Dienste, die eine Datenqualitätsprüfung und Datenkorrekturmechanismen auf der Grundlage der Ergebnisse implementiert haben. Ein sehr schönes Beispiel dafür findet sich bei der University of North Texas Digital Library (UNT DL). Als inhaltliche Drehscheibe für die DPLA kuratiert sie neben den eigenen Materialien zwei externe Sammlungen: das Portal to Texas History und das Gateway to Oklahoma History. Den Workflow zur Qualitätssicherung der Daten haben sie als Teil ihrer Metadaten-Bearbeitungssoftware realisiert. Kuratierende können verschiedene qualitätsbezogene Probleme herausfiltern, die betroffenen Metadatensätze

---

67 Vgl. Fowler, Barratt und Walsh 2018.
68 Vgl. GO FAIR Metrics Group n.d.
69 S. http://pro.europeana.eu/page/data-quality-committee.
70 S. https://dlfmetadataassessment.github.io.
71 S. http://adochs.be/.
72 S. https://scholar.google.com/citations?hl=en&user=2L_vIJQAAAAJ.
73 S. https://scholar.google.com/citations?hl=en&user=jh_bdOwAAAAJ.
74 Vgl. Gueguen 2019.

auflisten und sie bearbeiten, um die Probleme zu beheben. In einem Screencast für den Metadata Quality Workshop der 2018 ELAG Konferenz[75] zeigten Philipps und Tarver[76] drei unterschiedliche Benutzerinterfaces, um Probleme im Katalog der UNT DL zu entdecken. Das erste listet die Werte auf, die in den einzelnen Feldern gespeichert sind (sie verwenden ein qualifiziertes Dublin Core Schema als Grundlage für ihre Metadatensätze). Als erweiterte Facettenliste kann sie alphabetisch oder nach Häufigkeit sortiert werden. Diese Liste hilft den Kuratierenden, merkwürdige Werte herauszufiltern (z. B. Werte mit unterschiedlicher Interpunktion). Die Zählschnittstelle zeigt an, wie viele Instanzen in einem Datensatz vorhanden sind (z. B. X Datensätze haben eine Instanz, Y hat zwei, während Z keine hat). Philipps erklärte, dass eine Beschreibung entweder ein physischer Typ oder ein Content-Typ sein sollte. Die Schnittstelle zeigt diejenigen Datensätze an, die keinen Typ haben, also Fehler sind. Die letzte (und interessanteste) Schnittstelle zeigt Cluster von Werten an. Dieser Teil der Software verwendet OpenRefine's Clustering-Algorithmen wieder. Beim Clustering wird versucht, verschiedene Werte auf der Basis einer Ähnlichkeit zusammenzuführen. Einer dieser Ähnlichkeitsalgorithmen, der für textuelle Informationen verwendet wird heißt „Fingerprint".

Der Fingerprint-Algorithmus zeigt z. B., dass Schostakowitsch, der russische Komponist, 14 verschiedene Namensformen im Contributor-Feld hat. Die Cluster können nach den extrahierten Schlüsseln, der Anzahl der Variationen, der Anzahl der geclusterten Datensätze u. a. angeordnet werden. Dieser Algorithmus hat zwei spezielle Typen: er kann die Whitespaces oder die Daten, die im Text eines Feldes gefunden werden, ignorieren. Ein anderer Algorithmus könnte für Felder verwendet werden, die hauptsächlich numerische Werte enthalten: „Muster-Maske" ersetzt Zahlen durch Nullen und zeigt so ein Grundmuster, wie z. B. 0000-00-00 oder 0000-0000. Im Falle von Daten erwarten wir keine allzu großen Abweichungen in den sinnvollen Mustern, so dass es relativ einfach ist, nicht interpretierbare Masken, wie z. B. drei Zahlen (die kein gültiges Jahr, Monat oder Tag sein können) herauszufinden.

Ein weiteres Beispiel ist die Qualitätskontrolle von Metadaten in der Nationalbibliothek von Portugal. Ihr System (MANGAS[77] genannt) unterstützt verschiedene Schritte des Qualitätskontrollprozesses wie Validierung, Berichterstattung, Filterung und Korrektur. MANGAS liest die Eingabedaten (das sind UNIMARC-Dateien im XML-Format), erkennt Probleme, kategorisiert sie und erstellt einen Bericht für die Kuratierenden. Wo es möglich ist, gibt es auch Vorschläge für die Korrektur von

---

75 UNT Libraries Metadata Quality Interfaces – ELAG 2018, s. https://www.youtube.com/watch?v=ATM3EwixnW8.
76 Vgl. Phillips und Tarver 2018.
77 Vgl. Manguinhas und Borbinha 2006.

Fehlern oder, wenn es automatisch durchgeführt werden kann, behebt es diese auch auf der Basis eines von den Kuratierenden vorbereiteten „Korrekturskripts".

In diesen Beispielen haben wir gesehen, dass diese Institutionen eine volle Kontrolle über die Daten haben, d.h. sie haben das Recht, sie zu ändern. Sie haben auch ein gut definiertes Metadatenschema, das ihren Bedürfnissen entspricht, und eine etwas begrenzte Anzahl von Datensätzen, welche keine rechenintensiven Operationen wie z.B. Clustering oder Neu-Indizierung erforderlich macht. Das ist nicht immer der Fall.

Es wurde gezeigt, dass Europeana als Datenaggregator nicht die gleiche Kontrolle über die Daten hat, also kann es Datenqualitätsprobleme nicht auf die gleiche Weise beheben wie z.B. UNT DL und aufgrund der Größe der Daten wären einige der Ansätze in einer ähnlichen Benutzeroberfläche zu langsam. Was Europeana stattdessen tun kann, ist eine Datenqualitätsanalyse durchzuführen, die im Europeana Publishing Framework[78] beschrieben wird, und die Ergebnisse den Datenlieferanten in einem statistischen Dashboard zur Verfügung zu stellen. Die Ergebnisse dieser Analyse stehen auch über die API des Dienstes als zusätzliche Metadatenelemente der einzelnen Europeana-Datensätze zur Verfügung.[79]

Das Swedish National Heritage Board experimentiert mit einem interessanten Projekt namens Wikimedia Commons Data Roundtripping.[80] Roundtripping ist der Name des Arbeitsablaufs, in dem eine Kulturerbe-Institution ihre Daten in Wikimedia Commons veröffentlicht, die Nutzerschaft diese offen verfügbaren Daten anreichern (wie z.B. Übersetzungen von Beschreibungstexten in andere Sprachen hinzufügen, Personen, Namen und Aliasnamen, Orte und Themen identifizieren oder mit Normdaten verlinken und diese zum Abrufen von Beiträgen Dritter von anderen Gedächtnisorganisationen verwenden), dann nehmen die Institutionen diese Daten auf und aktualisieren ihre ursprüngliche Datenbank. Die Daten werden so den bestehenden Qualitätsprüfungsmechanismen von Wikipedia und Verbesserungen von Dritten ausgesetzt durch klassische Crowd-Source-Mechanismen.

Aus dieser Übersicht können wir folgenden Schluss ziehen: Der effiziente Datenqualitätsprozess hat mindestens zwei Hauptphasen: Analyse und Korrektur.[81] Die Auswahl der analytischen Ansätze könnte sich an der Komplexität, der Vielfalt und dem Volumen der Daten orientieren. Die Korrektur könnte nur von den Dateneigentümern durchgeführt werden oder zumindest sollten die Änderungen für und

---

78 S. https://pro.europeana.eu/post/publishing-framework.
79 Implementierung des Data Quality Vocabulary des World Wide Web Consortiums Vgl. W3C 2016.
80 S. https://outreach.wikimedia.org/wiki/GLAM/Newsletter/February_2019/Contents/Special_story.
81 Es gibt natürlich auch prophylaktische und vorausschauende Qualitätssicherungsmaßnahmen, z.B. Daten Managementpläne (DMP), um sich vorab und während der Projektlaufzeit schon mit möglichen Datenresultaten, -typen etc. zu beschäftigen und wie diese perspektivisch zugänglich gemacht bzw. dokumentiert werden sollen.

durch sie transparent und kontrollierbar sein. Im Falle von Forschungsdatenrepositorien sind die Eigentümer die Forschenden, die ihre Daten hochladen. Gemäß den CoreTrustSeal-Berichten in mehreren Repositorien fungieren Datenkuratierende als Vermittelnde zwischen Forschenden und Daten und/oder als Vermittelnde zwischen Forschenden und Serviceinfrastruktureinrichtungen. Für Self-Service-Repositorien wäre es sinnvoll, ein Data-Quality-Dashboard zu erstellen, in dem die Forschenden das Ergebnis der Qualitätsanalyse sehen und dann über die Korrekturen entscheiden können.

Literatur

Letztes Abrufdatum der Internet-Dokumente ist der 15.11.2020.

Bruce, Thomas R. und Diane I. Hillmann. 2004. „The Continuum of Metadata Quality: Defining, Expressing, Exploiting." In *Metadata in Practice*, hg. v. D. Hillman und E. Westbrooks, 238–256: ALA Editions. http://ecommons.cornell.edu/handle/1813/7895.

Delsey, Tom. 2002. „Functional Analysis of the MARC 21 Bibliographic and Holdings Formats." https://www.loc.gov/marc/marc-functional-analysis/original_source/analysis.pdf.

Fowler, Dan, Jo Barratt und Paul Walsh. 2018. „Frictionless Data: Making Research Data Quality Visible." *IJDC* 12 (2): 274–285. doi:10.2218/ijdc.v12i2.577.

Gavrilis, Dimitris, Dimitra-Nefeli Makri, Leonidas Papachristopoulos, Stavros Angelis, Konstantinos Kravvaritis, Christos Papatheodorou und Panos Constantopoulos. 2015. „Measuring Quality in Metadata Repositories." In *Proceedings from the 19th International Conference on Theory and Practice of Digital Libraries (TPDL)*, hg. v. S. Kapidakis, C. Mazurek und M. Werla, 56–67. Cham: Springer International Publishing. doi:10.1007/978-3-319-24592-8_5.

GO FAIR Metrics Group. *FAIR Metrics*. Zugriff: 18. April 2019. http://fairmetrics.org/.

Groskopf, Christopher. 2015. „The Quartz guide to bad data." Quartz. https://qz.com/572338/the-quartz-guide-to-bad-data/.

Gueguen, Gretchen. 2019. „Metadata quality at scale: Metadata quality control at the Digital Public Library of America." *Journal of Digital Media Management* 7 (2): 115–126.

Harvey, L. (2004). *Analytic Quality Glossary. Quality Research International.* http://www.qualityresearchinternational.com/glossary. https://www.ingentaconnect.com/content/hsp/jdmm/2019/00000007/00000002/art00003.

IFLA. 1998. *Functional requirements for Bibliographic records: final report/IFLA Study Group on the Functional Requirements for Bibliographic Records. UBCIM publications new series*. München: K. G. Saur.

Király, Péter. 2019. „Measuring Metadata Quality." Georg-August-Universität Göttingen. doi:10.13140/RG.2.2.33177.77920.

Király, Péter. 2019b. „Validating 126 million MARC records.". In *DATeCH2019 Proceedings of the 3rd International Conference on Digital Access to Textual Cultural Heritage Brussels, Belgium – May 08–10, 2019*, hg. v. ACM, 161–168. doi:10.1145/3322905.3322929.

Lee, Yang W., Diane M. Strong, Beverly K. Kahn und Richard Y. Wang. 2002. „AIMQ: A methodology for information quality assessment." *Information & Management* 40 (2): 133–146. doi:10.1016/S0378-7206(02)00043-5.

McCarthy, Kate. 2014. „Metadata Quality Control." Dublin: Royal Irish Academy. doi:10.3318/DRI.2015.1.

Manguinhas, Hugo und José Borbinha. 2006. „Quality control of metadata: a case with UNIMARC." In *International Conference on Theory and Practice of Digital Libraries*, hg. v. Julio Gonzalo, Costantino Thanos, M. Felisa Verdejo, Rafael C. Carrasco, 244–255. Berlin, Heidelberg: Springer. doi:10.1007/11863878_21.

Meyer, Eric T. und Kathryn Eccles. 2016. „The Impacts of Digital Collections: Early English Books Online & House of Commons Parliamentary Papers." London: Jisc. doi:10.2139/ssrn.2740299.

National Information Standards Organization. 2007. „A Framework of Guidance for Building Good Digital Collections. 3rd ed." https://www.niso.org/sites/default/files/2017-08/framework3.pdf.

Network Development und MARC Standards Office. Library of Congress. 2006. „Functional Analysis of the MARC 21 Bibliographic and Holdings Formats." https://www.loc.gov/marc/marc-functional-analysis/functional-analysis.html.

Ochoa, Xavier und Erik Duval. 2009. „Automatic evaluation of metadata quality in digital repositories." *International Journal on Digital Libraries* 10 (2–3): 67–91. doi:10.1007/s00799-009-0054-4.

Palavitsinis, Nikos. 2014. „Metadata Quality Issues in Learning Repositories." Doctoral Thesis at Universidad de Alcalá. https://www.researchgate.net/publication/260424499_Metadata_Quality_Issues_in_Learning_Repositories.

Phillips, Mark E. und Hannah Tarver. 2018. „Experiments in operationalizing metadata quality interfaces: a case study at the university of North Texas libraries." In *Proceedings of the 2018 International Conference on Dublin Core and Metadata Applications*, 15–23. https://www.ingentaconnect.com/content/hsp/jdmm/2019/00000007/00000002/art00003.

Smith, Benjamin. 2017. *A brief visual history of MARC cataloging at the Library of Congress*. http://sappingattention.blogspot.de/2017/05/a-brief-visual-history-of-marc.html.

Strezoski, Gjorgji und Marcel Worring. 2017. „OmniArt: Multi-task Deep Learning for Artistic Data Analysis." arXiv preprint https://arxiv.org/abs/1708.00684.

Stvilia, Besiki 2006. „Measuring information quality". PhD dissertation. https://www.researchgate.net/publication/34172596_Measuring_information_quality.

Stvilia, Besiki, Les Gasser, Michael B. Twidale und Linda C. Smith. 2007. „A framework for information quality assessment." *Journal of the American Society for Information Science and Technology* 58 (12): 1720–1733. doi:10.1002/asi.20652.

Suominen, Osma und Eero Hyvönen. 2012. „Improving the Quality of SKOS Vocabularies with Skosify." In *Knowledge Engineering and Knowledge Management: 18th International Conference, EKAW 2012, Galway City, Ireland, October 8–12, 2012.*, hg. v. Annette ten Teije, 383–397. (Lecture Notes in Computer Science Bd. 7603) Berlin, Heidelberg: Springer. http://dx.doi.org/10.1007/978-3-642-33876-2_34.

W3C. *Data on the Web Best Practices Data Quality Vocabulary*, https://www.w3.org/TR/2016/NOTE-vocab-dqv-20161215/.

Wilkinson, Mark et al. 2016. The FAIR Guiding Principles for scientific data management and stewardship. https://doi.org/10.1038/sdata.2016.18.

Wilkinson, Mark D., Susanna-Assunta Sansone, Erik Schultes, Peter Doorn, Bonino da Silva Santos, Luiz Olavo und Michel Dumontier. 2018. „A design framework and exemplar metrics for FAIRness." *Scientific data* 5. doi:10.1038/sdata.2018.118.

Zaveri, Amrapali, Anisa Rula, Andrea Maurino, Ricardo Pietrobon, Jens Lehmann und Sören Auer. 2015. „Quality Assessment for Linked Data: A Survey." *Semantic Web* 7 (1): 63–93. doi:10.3233/SW-150175.

Dorothea Iglezakis und Sibylle Hermann
4.4 Disziplinspezifische und –konvergente FDM-Projekte

Abstract: Projekte sind der Motor im Forschungsdatenmanagement (FDM), für das noch etablierte Infrastrukturen und Prozesse fehlen. Viele der bisherigen Fortschritte im FDM entstanden im Rahmen von Projekten: Repositorien wie Zenodo, Richtlinien und Handreichungen wie RISE-DE, Tools, beispielsweise zum Erstellen von Datenmanagementplänen wie RDMO, darüber hinaus Rechtsgutachten, Schulungs- und Awarenessmaterialien. Idealerweise bieten die Ergebnisse von FDM-Projekten einen Mehrwert für die jeweilige Fach- oder für die gesamte FDM-Community und finden langfristig eine Heimat in der Servicelandschaft einer oder mehrerer Institutionen und eine Community, die sie weiter pflegt. Damit die Ergebnisse eines Projektes nicht nur singuläre Problemstellungen lösen, ist es unbedingt notwendig, Infrastruktureinrichtungen als Projektpartner zu integrieren. Mindestens genauso wichtig sind jedoch aber die wissenschaftlichen Institute als Projektpartner, die die Anforderungen stellen und dafür sorgen, dass Ergebnisse verwendbar und realistisch im Forschungsprozess integrierbar sind. Die Kooperation mit anderen Einrichtungen ermöglicht weitere Synergieeffekte und erhöht die Anwendbarkeit der Ergebnisse. Finanzierungsmöglichkeiten finden sich sowohl innerhalb von Institutionen und Verbünden als auch in den nationalen und europaweiten Förderlinien von DFG, BMBF und EU. Die Beantragung und Durchführung von Projekten kostet Zeit und Ressourcen, FDM-Projekte bieten allerdings die Möglichkeit, größere Arbeitspakete strukturiert anzugehen, Kooperationen anzubahnen, die Sichtbarkeit der eigenen Arbeit zu erhöhen und das eigene FDM-Team personell zu ergänzen.

Einleitung

Zur Verwaltung von Forschungsdaten existieren keine disziplinübergreifend etablierten Prozesse und Werkzeuge. Eine Vielzahl von Institutionen und Forschende arbeiten an Konzepten und Lösungen, Forschungsdaten in einer Form zu verwalten, dass sie auffindbar, zugänglich, interoperabel und nachnutzbar sind.[1] Viele dieser

---

[1] Vgl. Wilkinson et al. 2016.

∂ Open Access. © 2021 Dorothea Iglezakis und Sibylle Hermann, publiziert von De Gruyter. Dieses Werk ist lizenziert unter der Creative Commons Attribution 4.0 Lizenz.
https://doi.org/10.1515/9783110657807-021

Lösungen entstanden im Rahmen von Projekten. Ein Beispiel sind fachspezifische oder allgemeine Datenrepositorien zur Veröffentlichung von Forschungsdaten. Das allgemeine Repositorium Zenodo[2] wurde am CERN zur Veröffentlichung von Forschungsdaten im Rahmen von mehreren EU-Projekten entwickelt, das fachspezifische Repositorium Pangaea[3] startete als BMBF-Projekt,[4] der generische Repositoriumsdienst RADAR[5] im Rahmen eines DFG-Projektes.[6] Das Repositorien-Verzeichnis re3data[7] entstand ebenfalls innerhalb eines DFG-Projektes.

Auch mit Rahmenbedingungen für ein funktionierendes Forschungsdatenmanagement (FDM) befassen sich Projekte: Ein Gutachten zu den rechtlichen Rahmenbedingungen des Forschungsdatenmanagements[8] entstand innerhalb des BMBF-Projektes DataJus,[9] das BMBF-Projekt FDMentor entwickelte Hilfestellungen zur Entwicklung einer FD-Policy und zur Entwicklung von FDM-Schulungen[10] sowie Materialien zur Selbstevaluation mit RISE-DE.[11] Um Forschende bei der Planung von FDM-Maßnahmen im Rahmen ihres Forschungsvorhabens zu unterstützen, ist innerhalb eines DFG-Projektes der Research Data Management Organiser (RDMO)[12] entstanden.[13]

Weitere Projekte befassen sich mit dem FDM im Forschungsalltag. So gibt es Projekte zur (Weiter-)Entwicklung von Metadatenschemata und der Annotation von Daten mit Metadaten im Forschungsprozess, beispielsweise das Landesprojekt ReplayDH,[14] das BMBF Projekt Dipl-Ing[15] oder das DFG-Projekt MaSi.[16]

---

[2] S. https://www.zenodo.org. Letztes Abrufdatum der Internet-Dokumente ist der 15.11.2020.
[3] S. https://pangaea.de.
[4] Vgl. Diepenbroek et al. 2002.
[5] S. https://www.radar-service.eu/de.
[6] Vgl. Kraft et al. 2012.
[7] S. https://www.re3data.org/about.
[8] Vgl. Lauber-Rönsfeld et al. 2018.
[9] S. https://tu-dresden.de/gsw/phil/irget/jfbimd13/forschung/forschungsprojekt-datajus.
[10] Vgl. Dolznyca et al. 2019.
[11] Vgl. Hartmann et al. 2019.
[12] S. https://rdmorganiser.github.io/.
[13] Vgl. Neuroth und Engelhardt 2018.
[14] Vgl. Gärtner et al. 2018; https://www.ub.uni-stuttgart.de/replay.
[15] Vgl. Selent et al. 2020; https://www.ub.uni-stuttgart.de/dipling.
[16] S. https://masi.zih.tu-dresden.de/web/site/projekt.

1 Projekte im Forschungsdatenmanagement

1.1 Inhalte von FDM-Projekten

FDM ist eine Daueraufgabe. Projekte haben aber definitionsgemäß eine begrenzte Laufzeit. Für das Tagesgeschäft sind sie damit nicht geeignet. Projekte sind dafür da, Neues zu schaffen und vorzubereiten. Projekte geben oft den Anstoß zu Diensten, die anschließend im Dauerbetrieb etabliert werden müssen.

Projekte im FDM-Bereich können grob in drei Kategorien eingeteilt werden: Entwicklung von Software (Repositorien wie z. B. RADAR oder Tools wie den Replay-Client etc.), Entwicklung von Konzepten für Serviceangebote (Handreichungen, FDMentor, RISE etc.), Erarbeitung von allgemeinen Materialien zu Rahmenbedingungen (DataJUS, FDM-Policy-KIT etc.).

Über den Datenlebenszyklus hinweg fallen eine Vielzahl von Aufgaben im Forschungsdatenmanagement an. Für die *Planung* von FDM-Maßnahmen in Forschungsprojekten können innerhalb von Projekten Tools zur Unterstützung (z. B. das DMP-Tool RDMO,[17] entwickelt im Rahmen von zwei DFG-Projekten und DMP-Auswahl- sowie Anpassungshilfen an Vorgaben von Förderern, etwa seitens eHumanities – interdisziplinär[18]) oder Beratungskonzepte (z. B. das FDM-TUDO-Projekt,[19] gefördert vom BMBF) entwickelt werden, die eigentliche Beratungsleistung ist aber eine Daueraufgabe und kann nicht über ein Projekt finanziert werden.

Die Entwicklung von Awareness-Materialien wie im BMBF-Projekt UNEKE[20] und Schulungskonzepten und -inhalten wie das Train-the-Trainer Konzept des BMBF-Projektes FDMentor[21] kann Gegenstand eines Projektes sein, die eigentliche Durchführung von Schulungen oder Lehre gehört aber wieder zu den Daueraufgaben.

Für die *Speicherung und Verwaltung* von Forschungsdaten können die Entwicklung und der Aufbau von Tools gefördert werden wie der Metadatenmanagement-Service MaSI,[22] der durch ein DFG-Projekt aufgebaut wurde. Die Speicherinfrastruktur zur Speicherung der Daten und Metadaten gehört aber zu den Kernaufgaben einer Institution.

---

[17] S. https://rdmorganiser.github.io.
[18] S. https://www.fdm-bayern.org/ehumanities-interdisziplinaer/ziele-und-arbeitspakete/datenmanagementplan/.
[19] S. https://cms.tu-dortmund.de/cms/Referat2/de/home/Forschungsdatenmanagement/fdm_projekt/index.html.
[20] Vgl. Brenger et al. 2017.
[21] Vgl. Dolzycka 2019.
[22] Vgl. Grunzke et al. 2019; https://masi.zih.tu-dresden.de.

Der Aufbau eines Repositoriums oder Dienstes zum *Teilen oder Veröffentlichen* von Forschungsdaten ist über ein Projekt förderbar. Der Betrieb eines solchen Dienstes muss langfristig anders finanziert werden.

*Qualitätssicherungs*konzepte für Forschungsdaten können innerhalb von Projekten entstehen wie dem DFG-Projekt CONQUAIRE.[23] Die tatsächliche Durchführung gehört zu den Daueraufgaben.

Ein Konzept zur *Langzeit-Archivierung* von (Forschungs-)Daten ist förderfähig (siehe zum Beispiel das Landesprojekt bwDataBib[24]). Die Durchführung der Kurationsaufgaben dagegen nicht.

1.2 Beteiligte von FDM-Projekten

Klassischerweise ist das Thema FDM in den Infrastruktureinrichtungen und der Forschungsförderung der Institutionen angesiedelt: Rechenzentren bieten die technische Unterstützung, Bibliotheken die Erschließung, Aufbereitung und Publikation von Wissen und HPC-Cluster Rechenpower für die rechenintensive Generierung und Verarbeitung der Daten.

Infrastruktureinrichtungen möchten möglichst generische Dienste und Services anbieten, die über Disziplinen und Fachrichtungen hinweg nutzbar sind, und entwickeln Lösungen, die sich eher an der Machbarkeit und der Integrierbarkeit in bestehende Strukturen orientieren. Wissenschaftlerinnen und Wissenschaftler dagegen haben sowohl in der Rolle der Datenproduzierenden als auch der Datennutzenden die Praxis-Relevanz und Einsetzbarkeit im Fokus: Sie haben einen spezifischen Forschungsprozess im Blick und wissen genau, wo das Problem liegt und welche Ansätze realistisch zur Lösung beitragen können. Aus der informationswissenschaftlichen Forschung kommen gleichzeitig aktuelle Konzepte und Lösungskomponenten wie Datenstrukturen für semantische Informationen oder Konzepte zur Annotation von Informationen.

Alle drei Blickwinkel sind wichtig für FDM-Projekte: Aktuelle Forschung im Daten- und Informationsmanagement, die langfristige Betreibbarkeit von Diensten und Konzepten und die konkreten Anforderungen im fachlichen Forschungsprozess. Projekte ohne Beteiligung von forschenden Nutzerinnen und Nutzern resultieren in Diensten, die anschließend keiner verwendet. Projekte ohne Beteiligung von Infrastruktureinrichtungen schaffen Lösungen für sehr spezifische Probleme und haben große Schwierigkeiten mit der langfristigen Erhaltung und Pflege der Ergebnisse. Projekte ohne Beteiligung der aktuellen Forschung im Daten- und Informati-

---

23 S. https://www.uni-bielefeld.de/(de)/conquaire.
24 S. https://uni-tuebingen.de/einrichtungen/universitaetsbibliothek/ueber-uns/projekte/abgeschlossene-projekte/bwdatabib/.

onsmanagement bauen auf veralteten Konzepten auf. Alle drei Gruppen sprechen in der Regel aber unterschiedliche Sprachen und haben unterschiedliche Ziele. Allein die Tatsache, dass Menschen mit unterschiedlichen Blickwinkeln gemeinsam über die Lösung eines FDM-Problems sprechen, bringt das FDM voran. Die Beteiligung aller drei Blickwinkel erhöht aber auch die Wahrscheinlichkeit von langfristig nutzbaren Ergebnissen: Eine aktive Nutzercommunity, ein zuverlässiger Betrieb und die Pflege der Ergebnisse und Einbeziehung neuester Ergebnisse.

Die Zusammenarbeit über mehrere Institutionen hinweg ermöglicht vielfältige Erfahrungen und öffnet den Projektpartnern den Horizont über die eigene Infrastruktur- oder Fachsicht hinaus. Der Aufbau einer gemeinsamen Zusammenarbeit kann ein zentraler Bestandteil eines Projektes sein, wie beim FoDaKo-Projekt[25] der Universitäten Siegen, Düsseldorf und Wuppertal,[26] kann sich aber auch bei der gemeinsamen Arbeit an einem FDM-Thema ergeben.

Ausgangspunkt für die Planung und Durchführung eines Projektes ist in der Regel ein konkretes Problem oder ein unbefriedigender Zustand in der eigenen Institution bzw. in einem konkreten Anwendungsfall. Die Herausforderung besteht darin, im Rahmen eines Projektes eine konkrete Lösung für dieses Problem zu finden, die generisch genug ist, dass sie für ein größeres Publikum nutzbar ist.

2 FDM-Projekte in der Praxis

2.1 Beantragung von FDM-Projekten

Die Beantragung von FDM-Projekten kostet Zeit und Ressourcen. Je nach bereits vorhandener Zusammenarbeit muss zunächst eine gemeinsame Sprache und ein gemeinsames Ziel unter den Projektpartnern gefunden werden. Eine geeignete Förderrichtlinie für das Anliegen muss gefunden und eine eventuell vorhandene Deadline eingehalten werden. Die Ressourcen, die für die Antragstellung und Abrechnung investiert werden, gehen gleichzeitig für die Umsetzung von FDM-Aktivitäten verloren. Der Genehmigungsprozess dauert mindestens ein halbes Jahr und nur ein Bruchteil aller eingereichten Anträge wird genehmigt.[27]

Warum diese Zeit und Ressourcen nicht gleich in die Lösung des Problems stecken? Unter manchen Bedingungen ist „einfach machen" sinnvoller als die Beantragung eines Projektes: Wenn der Umfang des Projektes überschaubar ist, die Kompe-

---

25 Weitere Informationen über das FoDaKo-Projekt siehe https://fodako.nrw.
26 Vgl. Hess 2019.
27 S. https://www.dfg.de/en/dfg_profile/facts_figures/statistics/processing_times_success_rates/index.html.

tenzen und Kapazitäten zur Lösung des Problems grundsätzlich vorhanden sind, die Zusammenarbeit bereits etabliert ist und Zeitdruck bei der Umsetzung besteht.

Für die Beantragung eines Projektes, sei es auf institutioneller, Landes-, Bundes- oder europäischer Ebene spricht dennoch einiges: Der Beantragungsprozess sorgt dafür, dass sich eine vage Idee in eine konkrete Planung verwandelt. Durch das Zusammenbringen unterschiedlicher Perspektiven entstehen neue kreative Lösungsansätze. Allein der Kommunikations- und Abstimmungsprozess der verschiedenen Akteure stößt einen Prozess der gemeinsamen Willensbildung an, der die spätere Umsetzung enorm erleichtert. Das Feedback der Gutachterinnen und Gutachter gibt zusätzliche Impulse zur Verbesserung. Zudem bietet ein drittmittelfinanziertes Forschungsprojekt die Möglichkeit zum Aufbau von Renommee innerhalb der wissenschaftlichen Community.

Projekte, die einen Beantragungsprozess durchlaufen haben, sind in der Regel besser geplant, konkreter durchdacht und besser abgestimmt. Und nicht zuletzt erlauben die eingeworbenen Mittel die Umsetzung umfangreicherer Vorhaben.

Da in einem FDM-Projekt meist Partner mit sehr unterschiedlichen Blickwinkeln beteiligt sind (s. Abschnitt 1.2), muss für die Entwicklung einer gemeinsamen Sprache und eines gemeinsam verfolgten Zieles Zeit eingeplant werden. Je größer und heterogener die Gruppe der Projektpartner ist, umso wichtiger und aufwendiger ist die Koordination der Antragsstellung: Klar definierte Rollen und Aufgaben der Projektpartner, realistische Zeitpläne, die Vorgabe eines Antragrahmens und ein kleines Redaktionsteam, das die Einheitlichkeit und Stringenz des Antragstextes überprüft und sicherstellt, sind nötig.

2.2 Finanzierungsmöglichkeiten für FDM-Projekte

Es existieren mehrere potentielle Fördermittelprogramme für die Finanzierung von FDM-Projekten auf verschiedenen Ebenen. Welcher Topf für das eigene Projekt in Frage kommt, hängt von den beteiligten Partnern, den Inhalten dem Umfang und der aktuellen Ausschreibungssituation ab. Informationen zu aktuellen Ausschreibungen finden sich auf den Plattformen der Fördermittelgeber[28] oder in einschlägigen Mailinglisten.[29]

---

[28] S. z. B. https://www.bmbf.de/foerderungen/, https://ec.europa.eu/info/funding-tenders_de, https://www.dfg.de/foerderung/info_wissenschaft/index.jsp.
[29] S. z. B. https://www.listserv.dfn.de/sympa/info/forschungsdaten.

Eigenmittel von Institutionen

Projekte, die inhaltlich die Kernaufgaben einer Institution betreffen oder Lösungen ausschließlich für Mitglieder einer Institution anbieten, können in der Regel nur durch eigene Mittel finanziert werden. Beispiele dafür sind Machbarkeitsstudien zum Aufbau eines institutionellen Forschungsdatenmanagements,[30] der Aufbau eines institutionellen Daten-Repositoriums[31] oder die Schaffung institutioneller Services.[32] An der TU Dresden können sich Forschergruppen um Unterstützung bei der konkreten Umsetzung von FDM-Lösungen bewerben. Für die bis zu drei Monate laufenden Implementierungsprojekte[33] wurden in einem internen Projekt zwei Entwicklerstellen geschaffen.

Projektmittel innerhalb von Verbünden

Auch innerhalb von Verbünden können Mittel zur Lösung von umgrenzten FDM-Problemstellungen vorhanden sein. Für die Nationale Forschungsdateninfrastruktur (NFDI)[34] werden die von den Konsortien beantragten Mittel zum Teil noch nicht konkret verplant, sondern stehen als sogenannte „Seed-Funds" oder „Flex-Funds" für Projektideen der Teilnehmenden zur Verfügung. Der europäische Ableger der Research Data Alliance (RDA) unterstützte einjährige Projekte zur Umsetzung von RDA-Richtlinien.[35]

Landesmittel

Die Bundesländer fördern meist die Vernetzung der FDM-Aktivitäten zwischen den Institutionen des jeweiligen Landes und schreiben teilweise eigene Förderlinien für FDM-Projekte aus. In Hessen wird in Form der Landesinitiative HeFDI[36] die Zusammenarbeit und der Aufbau von Infrastrukturen im Bereich FDM an elf Hochschulen des Landes gefördert.[37] Die Landesinitiative NRW dient der Vernetzung und bietet

---

30 Vgl. Dierkes und Curdt 2018.
31 Vgl. Kaminski und Brandt 2018.
32 Vgl. Apel et al. 2018.
33 S. https://tu-dresden.de/forschung-transfer/services-fuer-forschende/kontaktstelle-forschungsdaten/unser-service/unterstuetzung-bei-ihrem-fdm.
34 S. a. Beitrag von Neuroth und Oevel, Kap. „Aktuelle Entwicklung und Herausforderungen im Forschungsdatenmanagement in Deutschland" in diesem Praxishandbuch.
35 S. https://www.rd-alliance.org/top-european-organisations-funded-adopt-rda-recommendations-and-outputs.
36 S. https://www.uni-marburg.de/hefdi.

Basisdienste im Bereich FDM an.[38] Mit SaxFDM[39] befindet sich eine ähnliche Initiative in Sachsen aktuell im Aufbau, vergleichbar sind auch entsprechende Kompetenznetzwerke für Forschungsdatenmanagement in Brandenburg und Thüringen. Die Projekte bwFDMInfo und bw2FDM[40] in Baden-Württemberg unterstützen die Vernetzung der Universitäten des Landes und koordinieren die Landesprojekte im Bereich FDM. In Baden-Württemberg gab es in den vergangenen Jahren eigene Ausschreibungslinien für FDM-Projekte (Virtuelle Forschungsumgebungen,[41] FDM-Lösungen[42] und zuletzt Science Data Center[43]).

Nationale Forschungsförderer (DFG, BMBF)

Die wichtigsten Fördermittelgeber in Deutschland für FDM-Projekte sind die Deutsche Forschungsgemeinschaft (DFG) und das Bundesministerium für Bildung und Forschung (BMBF).[44]

Die DFG fördert in ihrer *LIS-Linie*[45] leistungsfähige Informationssysteme für die Forschung. Für FDM-Projekte eignen sich vor allem die beiden Förderlinien „Informationsinfrastrukturen für Forschungsdaten"[46] und „e-Research-Technologien".[47] Anträge in dieser Linie können jederzeit und ohne spezielle Fristen eingereicht werden. Der Schwerpunkt liegt bei diesen Programmen auf überregionale Infrastruktur-Lösungen, es gibt keine Standortförderung und keine Förderung von Aktivitäten, die zu den Grundaufgaben der Einrichtungen gehören (Lehre, Forschung, Infrastruktur).

Sonderforschungsbereiche (SFBs) können bei der DFG Teilprojekte für Informationsinfrastrukturen (INF) beantragen.[48] In diesen sogenannten INF-Projekten sind

---

37 Vgl. Brand et al. 2018.
38 S. http://www.fdm-nrw.de.
39 S. https://saxfdm.de.
40 S. https://bwfdm.scc.kit.edu.
41 S. https://www.forschungsdaten.info/praxis-kompakt/fdm-in-den-bundeslaendern/baden-wuerttemberg/vfu-projekte-in-baden-wuerttemberg.
42 S. https://www.forschungsdaten.info/praxis-kompakt/fdm-in-den-bundeslaendern/baden-wuerttemberg/fdm-projekte-in-baden-wuerttemberg.
43 S. https://www.forschungsdaten.info/praxis-kompakt/fdm-in-den-bundeslaendern/baden-wuerttemberg/science-data-center.
44 S. a. Beitrag von Putnings, Kap. 1.3 in diesem Praxishandbuch.
45 S. https://www.dfg.de/foerderung/programme/infrastruktur/lis.
46 S. https://www.dfg.de/foerderung/programme/infrastruktur/lis/lis_foerderangebote/forschungsdaten/index.html.
47 S. https://www.dfg.de/foerderung/programme/infrastruktur/lis/lis_foerderangebote/e-research_technologien/index.html.
48 S. https://www.dfg.de/foerderung/programme/koordinierte_programme/sfb/antragsteller/programmelement_inf/index.html.

nachhaltige FDM-Maßnahmen mit Beteiligung von Infrastruktureinrichtungen innerhalb eines SFB förderbar. Zusätzlich gab es in den vergangenen Jahren mehrere spezifische Ausschreibungen der DFG im Bereich FDM, beispielsweise zur Qualitätssicherung von Forschungssoftware.[49]

Das BMBF schreibt ebenfalls regelmäßig spezifische FDM-Problemstellungen aus. Nach einer Förderlinie zu eher konzeptuellen Ansätzen für das Management von Forschungsdaten[50] folgte eine Ausschreibung zur Entwicklung und Erprobung von Kurationskriterien und Qualitätsstandards von Forschungsdaten[51] sowie eine fachspezifische Initiative zur Digitalisierung der Materialforschung[52].

Europäische Mittel

Für FDM-Projektvorhaben, die Partner aus mehreren europäischen Ländern haben oder Services auf europäischer Ebene anzielen, können Mittel aus dem Horizon-2020 Förderprogramm beantragt werden,[53] aktuell beispielsweise zu ethischen Fragen von OpenScience.[54] Der OpenAIRE-Verbund,[55] der Richtlinien, Services, Schulungen und Vernetzung für den offenen Zugang zu europäischen Forschungsergebnissen bietet, wird seit 2006 über verschiedene EU-Projekte finanziert.[56] Auch das Nachfolgerprogramm von Horizon 2020, Horizon Europe, beinhaltet einen Bestandteil „Research Infrastructures" in der Säule „Excellent Science"[57] und wird Fördermöglichkeiten für Projekte bieten, die die Vision der European Open Science Cloud (EOSC) mit Leben füllen.

2.3 Durchführung von FDM-Projekten

Ist ein FDM-Projekt bewilligt, geht es vor der inhaltlichen Umsetzung der Projektziele um die Schaffung des organisatorischen Rahmens: Projektmitarbeiterinnen oder

---

[49] S. https://www.dfg.de/en/research_funding/programmes/infrastructure/lis/funding_opportunities/call_proposal_software/index.html.
[50] S. https://www.bmbf.de/foerderungen/bekanntmachung-1233.html.
[51] S. https://www.bmbf.de/foerderungen/bekanntmachung-1791.html.
[52] S. https://www.bmbf.de/foerderungen/bekanntmachung-2627.html.
[53] S. a. Beitrag von Putnings, Kap. 1.3 in diesem Praxishandbuch.
[54] S. https://ec.europa.eu/info/funding-tenders/opportunities/portal/screen/opportunities/topic-details/swafs-30-2020.
[55] S. https://www.openaire.eu.
[56] S. https://www.openaire.eu/openaire-history.
[57] S. https://ec.europa.eu/info/horizon-europe-next-research-and-innovation-framework-programme_en.

-mitarbeiter müssen eingestellt, eine Kommunikationsinfrastruktur nach innen und außen geschaffen und ein Abrechnungs- und Berichtsprozess etabliert werden.

Gewinnung von Projektmitarbeiterinnen und Projektmitarbeitern

Je nach Inhalt eines FDM-Projektes ergeben sich verschiedene Anforderungsprofile für das Personal, das man einstellen möchte. Meist sind Fähigkeiten erforderlich, die auf dem Arbeitsmarkt allgemein sehr gefragt sind: Kreativität und Problemlösefähigkeit, technische Kompetenz, Affinität zu Daten etc. Möglicherweise ist zusätzlich noch eine fachspezifische Ausrichtung erforderlich, was es oft zusätzlich erschwert, Personal zu finden. Darüber hinaus konkurrieren bei Ausschreibungsrunden der Forschungsförderer die Projekte noch gleichzeitig um die ohnehin knappen Personalressourcen. Die Projektplanung sollte daher die notwendige Flexibilität haben, mit Personalengpässen umgehen zu können.

Bereits bei der Wahl der Projektpartner sollte bedacht werden, welche Kompetenzen und Ressourcen für die Durchführung des Projektes wichtig sind. Idealerweise bringen die Kooperationspartner nicht nur Know-How, sondern auch Zugänge zu qualifiziertem Personal mit. Da Forschungsdatenprojekte oft mit Softwareentwicklung einhergehen, kooperieren Bibliotheken gerne mit den universitären IT-Centern. Allerdings haben beide Einrichtungen Schwierigkeiten, geeignetes Personal zu finden: Die Möglichkeit der Promotion ist in Infrastruktureinrichtungen meist nicht gegeben und der Arbeitsmarkt bietet – gerade in Ballungszentren – besser bezahlte Angebote. Wissenschaftliche Institute haben meist mehr Möglichkeiten, qualifizierte Mitarbeiterinnen und Mitarbeiter zu gewinnen. Ein möglicher Ausweg ist die Zusammenarbeit mit Informatik-Instituten, die Anwendungsfälle für ihre Forschungsschwerpunkte suchen. Die Herausforderung besteht dabei aber darin, gleichzeitig konkret einsetzbare Tools zu entwickeln, die gleichzeitig wissenschaftlich interessant für Informatikerinnen und Informatiker sind. Eine andere Lösung könnte die Integration von Mitarbeiterinnen und Mitarbeitern aus Instituten in Form von Use Cases sein, die die zu entwickelnde Software in der praktischen Erprobung und Mitentwicklung alltagstauglich machen. Auch in Instituten anderer Fachrichtungen finden sich technik- und datenaffine Mitarbeiterinnen und Mitarbeiter. Damit können Doktorandinnen und Doktoranden mit geeignetem Qualifikationsprofil oder der entsprechenden Bereitschaft zur Einarbeitung eingestellt werden, die aber im Gegenzug ausreichend Raum für die eigene Forschung brauchen.

Projektkoordination

Die Projektleitung kann entweder von bestehendem Personal im Haus übernommen oder über das beantragte Projekt eingestellt werden; je nach Projektträger wird eine

Eigenbeteiligung erwartet. Wenn die Projektleitung aus einer beantragenden Institution kommt, ist es schwieriger, ausreichend Zeitfenster und Energie für das Projekt neben dem Tagesgeschäft zu schaffen. Eigens eingestellte Projektleiterinnen bzw. -leiter können dagegen ihre gesamte Zeit und Energie dem Projekt widmen, allerdings dauert die Einarbeitung länger und das erarbeitete Wissen kann nach Abschluss des Projektes wieder verloren gehen. Da FDM oft noch kein Regeldienst ist, führen die Projektmitarbeitenden oft ein „Satellitendasein". Zum einen kann das bedeuten, dass die in den Projekten entwickelten Dienste und Lösungen schlecht oder gar nicht mit den bisherigen Diensten der Einrichtung kompatibel sind. Zum anderen sind auch die Projektmitarbeitenden nicht mit den Diensten und Abläufen der zentralen Einrichtungen vertraut und können so auch keine Verankerung ihrer Arbeit in den bestehenden Diensten sichern.

Es lohnt sich, zu Beginn des Projektes der Vernetzung und Verankerung der Projektmitarbeitenden in den jeweiligen Institutionen Zeit zu geben. Der Erfolg von Projekten im Bereich FDM hängt oft ab von einer guten Zusammenarbeit mit bestehenden Diensten und Personen, insbesondere innerhalb der Infrastruktureinrichtungen.

In der Zusammenarbeit mit wissenschaftlichen Instituten besteht die Aufgabe der Projektleitung darin, den Spagat zwischen disziplinspezifischen Problemen und generischen Lösungen zu finden. Eine Projektmitarbeiterin bzw. ein Projektmitarbeiter muss nicht den Forschungsschwerpunkt des Institutes erforschen, sondern das zu lösende Problem verstehen. Aus Infrastruktursicht sollte das Projektziel so allgemein sein, dass viele das Resultat nutzen können, aber gleichzeitig so spezifische Probleme lösen, dass viele das Ergebnis auch nutzen oder umsetzen wollen. Sind mehrere verschiedene Disziplinen beteiligt, kann ein Weg zur Identifikation von Gemeinsamkeiten und schließlich einer Lösung erst nach vielen gemeinsamen Diskussionen gefunden werden. Die Aufgabe der Infrastrukturpartner kann dann darin liegen, die spezifischen fachlichen Anforderungen zu abstrahieren, Gemeinsamkeiten der Fachkulturen zu identifizieren und Horizonte zu erweitern. Auch den Fachwissenschaftlerinnen und -wissenschaftlern tut es gut, mit der Infrastruktur als Klammer andere Sichtweisen zu entdecken.

Kommunikation und Kollaboration

Da in einem FDM-Projekt in der Regel sehr unterschiedliche Partner aus unterschiedlichen Bereichen bzw. Institutionen beteiligt sind (s. a. Abschnitt 1.2), ist der Aufbau eines tragfähigen Kommunikationsnetzwerkes von enormer Bedeutung für den Erfolg eines Projektes. Dabei geht es nicht nur um die Kommunikation innerhalb des Projektes, sondern auch um die Vernetzung nach außen, die Zusammenarbeit mit anderen Akteuren und Projekten und nicht zuletzt um den Aufbau einer Nutzer-Community.

Für die interne Kommunikation sollten Services wie Wiki-, Projekt- oder Dokumentenmanagementsysteme zur Verfügung stehen, die eine Möglichkeit zur unkomplizierten Dokumentation aller Absprachen und Zwischenergebnisse bieten. Regelmäßige Projekttreffen (auf Governance-Ebene etwa vierteljährlich, auf der Arbeitsebene in kürzeren Abständen) treiben das Projekt voran und sorgen für Verbindlichkeit und ausreichender Priorisierung der Projektziele im Forschungsalltag und Tagesgeschäft.

Zur Vernetzung innerhalb der FDM-Community bieten sich Netzwerke, Workshops und Konferenzen auf verschiedenen Ebenen an:

Innerhalb von Institutionen existieren teilweise bereits Austauschgremien zum Thema FDM, die sich aus Forschenden und Infrastrukturvertreterinnen bzw. -vertretern zusammensetzen. Solche Gremien können neben der Vorbereitung von Richtlinien und strategischen Entscheidungen auch dazu dienen, Projektpläne und -ergebnisse frühzeitig mit potentiellen Nutzenden und Betreibenden zu diskutieren.

Auch die Vernetzungsangebote der Landesinitiativen verschiedener Bundesländer (s. a. Abschnitt 2.2) bieten die Möglichkeit zur frühzeitigen Kommunikation von Projektergebnissen. Beispiele dafür sind der AK Forschungsdatenmanagement in Baden-Württemberg,[58] der Jour Fixe FDM in Nordrhein-Westfalen,[59] der FDM-Kompetenzpool in Bayern[60] oder Austauschgremien innerhalb der Kompetenznetzwerke in Thüringen,[61] Sachsen,[62] Hessen[63] oder Brandenburg.[64]

Auf Bundesebene veranstaltet die DINI/nestor-AG Forschungsdaten[65] Workshops zu verschiedenen FDM-Themen, die sich für die Präsentation von (Zwischen-) Ergebnissen eignen. Auch das praxisorientierte Journal „Bausteine Forschungsdatenmanagement"[66] und die Plattform forschungsdaten.org wird von dieser Arbeitsgruppe herausgegeben, bzw. betrieben und kann als Sprachrohr für FDM-Projekte dienen. Die Informationsplattform forschungsdaten.info, die ursprünglich aus einem baden-württembergischen Projekt hervorgegangen ist, wird zukünftig mit forschungsdaten.org zusammengeführt und gemeinsam gepflegt werden. Aktuell beinhaltet forschungsdaten.info vor allem redaktionell bearbeitete Informationen zum FDM und eignet sich daher eher für die Darstellung abgeschlossener Projektergeb-

---

[58] S. https://www.forschungsdaten.info/fdm-im-deutschsprachigen-raum/baden-wuerttemberg/arbeitskreis-forschungsdatenmanagement/.
[59] S. https://www.fdm.nrw/index.php/jour-fixe-fdm.
[60] Koordiniert von der KVB, s. https://www.bib-bvb.de/web/kvb.
[61] S. https://forschungsdaten-thueringen.de/home.html.
[62] S. https://saxfdm.de.
[63] S. https://www.uni-marburg.de/de/forschung/kontakt/forschungsdatenmanagement/projekte/hefdi-hessische-forschungsdateninfrastrukturen.
[64] S. https://www.forschungsdaten.org/index.php/FDM-BB.
[65] S. https://dini.de/ag/dininestor-ag-forschungsdaten.
[66] S. https://bausteine-fdm.de.

nisse als für die Diskussion. Auch Arbeitsgruppen innerhalb übergreifender Verbünde, wie die TU9,[67] bieten Anknüpfungspunkte für Projekte.

Implementierungsnetzwerke der GO FAIR-Initiative[68] ermöglichen Austausch und Zusammenarbeit in den Bereichen Kulturwandel (GO CHANGE), Training (GO TRAIN) und Infrastruktur (GO BUILD) auf europäischer Ebene. Ein Beispiel ist GO UNI, ein nationales Netzwerk deutscher Universitäten innerhalb des GO FAIR Implementierungsnetzwerkes „Data Stewardship Competence Center" (DSCC).[69] Die Open Science Task Force des CESAER-Verbundes[70] bündelt Kräfte der technischen Hochschulen auf europäischer Ebene in diesem Bereich.

Interessen- und Arbeitsgruppen zu vielfältigen Themen im Bereich FDM existieren innerhalb der internationalen Research Data Alliance (RDA). Der Verein RDA-DE[71] fungiert als nationale Schnittstelle zur RDA und veranstaltet jährliche Tagungen zum Thema Forschungsdatenmanagement.

Fast noch wichtiger als der Austausch und die Vernetzung innerhalb der FDM-Community ist es aber, die Diskussion mit den Fachwissenschaftlerinnen und -wissenschaftlern zu führen. Beteiligte Fachwissenschaftlerinnen und -wissenschaftler können die Ergebnisse und Vorgehensweisen von FDM-Projekten auf fachwissenschaftlichen Konferenzen vorstellen und diskutieren.

Abrechnung und Berichterstattung

Die unterschiedlichen Projektträger verlangen in der Regel eine Berichterstattung über den Fortgang und die Ergebnisse eines Projektes. Je nach Projektträger kann diese Berichterstattung verschieden aufwendig sei. Während bei einem DFG-Projekt i. d. R. nur ein Abschlussbericht am Ende des Projektes fällig wird, verlangt das BMBF jährliche Zwischenberichte und eine umfangreiche Berichterstattung am Ende des Projektes. Landesprojekte, die auf die Vernetzung der Akteure im FDM abzielen, sehen darüber hinaus meist noch weitere Vernetzungsaktivitäten vor, die mit regelmäßiger Kommunikation über den Projektstand verbunden sind. Die notwendigen zeitlichen Ressourcen für die Abstimmung und Erstellung solcher Berichte müssen von vorhinein in den Projektplan mit aufgenommen und eingeplant werden.

Auch die Anforderung und Abrechnung der Projektmittel ist mit zeitlichem Aufwand verbunden. Während die inhaltliche Berichterstattung nur durch die fachli-

---

[67] S. https://www.tu9-universities.de.
[68] S. https://www.go-fair.org; s. a. Beitrag von Linne et al., Kap. 3.2 in diesem Praxishandbuch.
[69] S. https://www.go-fair.org/implementation-networks/overview/dscc/.
[70] S. https://www.cesaer.org/task-forces/task-force?id=34.
[71] S. https://www.rda-deutschland.de/.

chen Projektmitarbeitenden geschehen kann, sind für die finanzielle Abrechnung in der Regel Ressourcen für die Unterstützung innerhalb der Institutionen vorhanden. Nicht immer sind Rechnungsstellen oder Finanzabteilungen aber auf die Abwicklung von Projekten eingestellt. Sollen projektexterne Ressourcen dafür genutzt werden, empfiehlt es sich, so früh wie möglich ins Gespräch mit diesen Stellen zu gehen, die Verantwortlichkeiten festzulegen und die Anforderungen einzuplanen.

2.4 Verstetigung der Ergebnisse

Bei jedem Projekt besteht die Gefahr, dass die erarbeiteten Ergebnisse nach Beendigung des Projektes und damit der Finanzierung nicht weiter gepflegt werden, veralten und damit nicht mehr weiter nutzbar sind. Können Projektmitarbeitende nicht gehalten werden, geht wertvolles Wissen und Erfahrung verloren.

Übernahme durch Institution

Idealerweise findet sich am Projektende eine Institution oder Organisation, die die weitere Pflege und (Fort-)Entwicklung der Ergebnisse und erstellten Infrastrukturen übernimmt. Beispielsweise übernahm der DataCite e. V. im Jahr 2015 die weitere Pflege des Repositoriumsverzeichnisses re3data.

Anschlussprojekt

Hat das Projekt neue Fragestellungen und Anknüpfungspunkte aufgeworfen, bietet sich ein Anschlussprojekt an. Um Projektmitarbeitende übergangslos halten zu können, muss mindestens ein Jahr vor Projektende mit dem Entwurf eines Folgeantrages begonnen werden. Services wie Zenodo oder Pangaea wurden in einer Folge von Projekten immer weiterentwickelt und damit über viele Jahre mit Projektmitteln finanziert.

FDM für FDM-Projekte

Auch für die Ergebnisse von FDM-Projekten gilt: Die Projektergebnisse sollten auffindbar, erreichbar, interoperabel und nachnutzbar, also FAIR[72] sein, damit sie langfristig verständlich und von einer möglichst großen Gemeinschaft nutzbar sind.

---

72 S. https://www.force11.org/group/fairgroup/fairprinciples.

Der Quellcode von Software, die Rohdaten von Befragungen, Konzepte, Handreichungen und Erfahrungen müssen veröffentlicht werden, damit andere darauf aufsetzen können.

Gemeinsame Pflege durch eine Community

Wurden die Möglichkeiten zur Vernetzung und Veröffentlichung der Ergebnisse (s. Abschnitt 2.3) genutzt, gibt es idealerweise bereits eine Community an Nutzerinnen und Nutzer, die an einer Pflege und Weiterentwicklung interessiert sind. (Beispiel: Informationsplattform forschungsdaten.info). Verteilen sich die Aufgaben der Weiterentwicklung auf mehrere Schultern, können sie wahrscheinlicher ins Tagesgeschäft einer Institution übernommen werden. Doch je größer eine Community wird, umso aufwendiger ist auch deren Koordination.

Kostenmodell

Der Betrieb eines Services kann langfristig auch über ein kostenpflichtiges Modell finanziert werden. Dafür muss ein Kostenmodell und Geschäftsmodell entwickelt sowie ein Abrechnungssystem geschaffen werden. Ein Beispiel dafür ist der Repositoriumsdienst RADAR,[73] der über eine Grundgebühr die Finanzierung einer Stelle und durch speicherplatzabhängige Kosten die laufenden Speicherkosten für Forschungsdaten deckt. Ein anderes Beispiel für FDM-Dienstleistungen ist das Angebot der GESIS, das kostenlose Basisdienste durch kostenpflichtige Premiumdienste ergänzt.[74] Für eine Preiskalkulation müssen u. a. Personal (Arbeitszeitschätzungen), Bewirtschaftungskosten, Sachkosten und Investitionen mit in Bezug genommen werden und ein Abrechnungsmodell innerhalb der rechtlichen Rahmenbedingungen entwickelt werden.[75] Insbesondere die rechtlichen (Betriebs- und Geschäftsform) und haftungstechnischen Fragen können Einrichtungen wie z. B. Bibliotheken vor ein großes Problem stellen.

---

73 S. https://www.radar-service.eu/de/preise.
74 S. https://www.gesis.org/fileadmin/upload/dienstleistung/Archivierung/GESIS_DAS_Servicekatalog2019_en.pdf.
75 Vgl. Lemaire 2019, 7–16.

Fazit

Die aktuelle Entwicklung im FDM ist geprägt von Projekten, da FDM selbst ein Forschungs- und Entwicklungsgegenstand ist, für den noch keine fertigen Lösungen existieren. Einige Projekte haben bereits eine Verstetigung ihrer Ergebnisse erreicht. Viele andere Projektideen arbeiten parallel an der Lösung ähnlicher Anforderungen. Erst nach einiger Zeit wird sich zeigen, welche Ideen sich etablieren können. Dazu ist nicht nur der Austausch unter den Infrastrukturanbietern auf nationaler und internationaler Ebene wichtig, umso wichtiger ist die Kommunikation in die wissenschaftliche Community.

Projekte im Bereich FDM schaffen die Voraussetzungen für existierende und zukünftige Dienste und Angebote, Forschungsdaten zu beschreiben, zu verwalten und zu verbreiten. Das Besondere an diesen Projekten ist das Zusammenbringen verschiedener Stakeholder mit unterschiedlichen Blickwinkeln, z. B. Forschende mit der spezifischen Definition der Anforderungen und Infrastruktureinrichtungen mit ihrer Erfahrung im Betrieb von Diensten. Nur gemeinsam kann es gelingen, nachhaltig tragfähige Lösungen zu entwickeln, die eine real existierende Problemstellung einer breiten Nutzercommunity lösen und von Forschenden gewinnbringend verwendet werden.

Literatur

Letztes Abrufdatum der Internet-Dokumente ist der 15.11.2020.

Apel, Jochen, Fabian Gebhart, Leonhard Maylein und Martin Wlotzka. 2018. „Offene Forschungsdaten an der Universität Heidelberg: von generischen institutionellen Repositorien zu fach- und projektspezifischen Diensten." *o-bib. Das Offene Bibliotheksjournal* 5 (2): 61–71. doi:10.5282/o-bib/2018H2S61-71.

Brand, Ortrun, Wolfgang Stille und Joachim Schachtner. 2018. „HeFDI – Die landesweite Initiative zum Aufbau von Forschungsdateninfrastrukturen in Hessen." *o-bib. Das offene Bibliotheksjournal* 5 (2): 14–27. doi:10.5282/o-bib/2018H2S14-27.

Brenger, Bela, Beate Baurmann, Ania López, Stephanie Rehwald und Konstantin Wilms. 2017. „‚Wo sind deine Forschungsdaten in 10-Jahren?!' Awareness für Forschungsdatenspeicherung." *Zenodo*. doi:10.5281/zenodo.1000538.

Diepenbroek, Michael, Hannes Grobe, Manfred Reinke, Uwe Schindler, Reiner Schlitzer, Rainer Sieger und Gerold Wefer. 2002. „PANGAEA – an information system for environmental sciences." *Computers & Geosciences* 28 (10): 1201–1210. doi:10.1016/s0098-3004(02)00039-0.

Dierkes, Jens und Constanze Curdt. 2018. „Von der Idee zum Konzept – Forschungsdatenmanagement an der Universität zu Köln." *o-bib. Das offene Bibliotheksjournal* 5 (2): 28–46. doi:10.5282/o-bib/2018H2S28-46.

Dolzycka, Dominika, Katarzyna Biernacka, Kerstin Helbig und Petra Buchholz. 2019. „Train-the-Trainer Konzept zum Thema Forschungsdatenmanagement." *Zenodo*. doi:10.5281/zenodo.2581292.

Gärtner, Markus, Uli Hahn und Sibylle Hermann. 2018. „Preserving Workflow Reproducibility: The RePlay-DH Client as a Tool for Process Documentation." Paper presented at the Eleventh International Conference on Language Resources and Evaluation (LREC 2018), Miyazaki, Japan. http://www.lrec-conf.org/proceedings/lrec2018/pdf/707.pdf.

Grunzke, Richard, Volker Hartmann, Thomas Jejkal, Helen Kollai, Ajinkya Prabhune, Hendrik Herold, Aline Deicke, Christiane Dressler, Julia Dolhoff, Julia Stanek, Alexander Hoffmann, Ralph Müller-Pfefferkorn, Torsten Schrade, Gotthard Meinel, Sonja Herres-Pawlis und Wolfgang E. Nagel. 2019. „The MASi repository service – Comprehensive, metadata-driven and multi-community research data management." *Future Generation Computer Systems* 94: 879–894. doi:10.1016/j.future.2017.12.023.

Hartmann, Niklas K., Boris Jacob und Nadin Weiß. 2019. „RISE-DE – Referenzmodell für Strategieprozesse im institutionellen Forschungsdatenmanagement." *Zenodo*. doi:10.5281/ZENODO.2549344.

Helbig, Kerstin, Katarzyna Biernacka, Petra Buchholz, Dominika Dolzycka, Niklas Hartmann, Thomas Hartmann, Bea Hiemenz, Boris Jacob, Monika Kuberek, Nadin Weiß und Malte Dreyer. 2019. „Lösungen und Leitfäden für das institutionelle Forschungsdatenmanagement." *o-bib. Das offene Bibliotheksjournal* 6 (3): 21–39. doi:10.5282/o-bib/2019H3S21-39.

Hess, Volker, Thomas von Rekowski, Sabine Roller und Nicole Walger. 2019. „Synergieeffekte durch Kooperation: Hintergründe, Aufgaben und Potentiale des Projekts FoDaKo." *Bibliothek Forschung und Praxis* 43 (1): 98–104. doi:10.1515/bfp-2019-2009.

Kaminski, Steve und Olaf Brandt. 2018. „Das institutionelle Forschungsdatenrepositorium FDAT der Universität Tübingen." *o-bib. Das offene Bibliotheksjournal* 5 (3): 61–75. doi:10.5282/o-bib/2018H3S61-75.

Kraft, Angelina, Matthias Razum, Jan Potthoff, Andrea Porzel, Thomas Engel, Frank Lange, Karina van den Broek und Filipe Furtado. 2016. „The RADAR Project – A Service for Research Data Archival and Publication." *ISPRS Int. J. Geo-Information* 5 (3): 28. doi:10.3390/ijgi5030028.

Lauber-Rönsberg, Anne, Philipp Krahn und Paul Baumann. 2018. „Gutachten zu den rechtlichen Rahmenbedingungen des Forschungsdatenmanagements." https://tu-dresden.de/gsw/jura/igetem/jfbimd13/ressourcen/dateien/publikationen/DataJus_Zusammenfassung_Gutachten_12-07-18.pdf.

Lemaire, Marina. 2019. „Das Betriebs- und Geschäftsmodell der Virtuellen Forschungsumgebung FuD." Vortrag auf dem DINI/nestor-AG Forschungsdaten Workshop „Wer soll das bezahlen? Kosten- und Betriebsmodelle für nachhaltige Forschungsinfrastrukturen und FDM-Services." Trier. https://www.forschungsdaten.org/images/e/e5/01-Lemaire-FuD-Geschaeftsmodell.pdf.

Neuroth, Heike und Claudia Engelhardt. 2018. „Aktives Forschungsdatenmanagement-das DFG-Projekt Research Data Management Organiser (RDMO)." https://opus4.kobv.de/opus4-bib-info/frontdoor/index/index/docId/3688.

Pampel, H., P. Vierkant, F. Scholze, R. Bertelmann, M. Kindling, J. Klump, H.-J. Goebelbecker, J. Gundlach, P. Schirmbacher und U. Dierolf. 2013. „Making Research Data Repositories Visible: The re3data.org Registry." *PLOS ONE* 8: 1–10. doi:10.1371/journal.pone.0078080.

Selent, Björn, Hamzeh Kraus, Niels Hansen, Björn Schembera, Anett Seeland und Dorothea Iglezakis. 2020. „Management of Research Data in Computational Fluid Dynamics and Thermodynamics." Paper presented at the meeting of the E-Science-Tage 2019: Data to Knowledge, Heidelberg. doi:10.11588/heibooks.598.

Wilkinson, Mark D., Michel Dumontier, IJsbrand Jan Aalbersberg, Gabrielle Appleton, Myles Axton, Arie Baak, Niklas Blomberg, Jan-Willem Boiten, Luiz Bonino da Silva Santos, Philip E. Bourne, Jildau Bouwman, Anthony J. Brookes, Tim Clark, Mercè Crosas, Ingrid Dillo, Olivier Dumon, Scott Edmunds, Chris T. Evelo, Richard Finkers, Alejandra Gonzalez-Beltran, Alasdair J. G. Gray, Paul Groth, Carole Goble, Jeffrey S. Grethe, Jaap Heringa, Peter A. C. 't Hoen, Rob Hooft, Tobias

Kuhn, Ruben Kok, Joost Kok, Scott J. Lusher, Maryann E. Martone, Albert Mons, Abel L. Packer, Bengt Persson, Philippe Rocca-Serra, Marco Roos, Rene van Schaik, Susanna-Assunta Sansone, Erik Schultes, Thierry Sengstag, Ted Slater, George Strawn, Morris A. Swertz, Mark Thompson, Johan van der Lei, Erik van Mulligen, Jan Velterop, Andra Waagmeester, Peter Wittenburg, Katherine Wolstencroft, Jun Zhao und Barend Mons. 2016. „The FAIR Guiding Principles for scientific data management and stewardship." *Scientific Data* 3: 160018. doi:10.1038/sdata.2016.18.

Janna Neumann
5 Datentransfer und –nachnutzung

Abstract: Der Datentransfer und die Datennachnutzung im Kontext des Forschungsdatenmanagements stehen im Zusammenhang mit der Zugänglichkeit von Daten im Rahmen des Publikationsprozesses. Dabei beziehen sich die Anforderungen beim Zugang zu Forschungsdaten in der Praxis auf die jeweilig unterschiedliche Perspektive der Forschenden als Datenproduzierende oder Datennutzende. Eine Nachnutzung von Forschungsdaten steht dabei oftmals in Relation mit deren Publikation.

1 Begriffsdefinition

Die Begriffe Datentransfer und Datennachnutzung im Kontext des wissenschaftlichen Forschungsdatenmanagements beziehen sich zum einen auf die Transformation der Rohdaten in interpretierbare und zum anderen in nachnutzbare Daten. Während sich die Interpretierbarkeit von Daten in diesem Kapitel hauptsächlich auf die Visualisierung bezieht, orientiert sich das Thema Nachnutzbarkeit von Forschungsdaten an einem breiteren Rahmen, wie nachhaltige Aufbewahrung und Verfügbarkeit, qualitätsgesicherte und rechtssichere Zugänglichkeit, Auffindbarkeit sowie zitierfähige Publikation.[1] Diese Aspekte finden sich in vielen Beiträgen über das gesamte Praxishandbuch wieder.

Beim Versuch, den Begriff Datennachnutzung zu definieren, wird jedoch schnell klar, dass eine eindeutige Abtrennung von Nutzung und Nachnutzung nicht gegeben ist. Einer Nachnutzung geht eine Nutzung immer voraus, jedoch stellen sich Pasquetto et al. die Frage, ob die nochmalige Nutzung eigener, bereits publizierter Daten, eine Nachnutzung im Sinne der allgemein anerkannten Datenpraxis ist.[2]

Die Relation von Nutzung und Nachnutzung haben van de Sandt et al. in einer graphischen Darstellung abgebildet. Hierbei können Nutzung und Nachnutzung als zwei voneinander getrennte Mengen agieren (Abb. 1, Grafik a.). Nachnutzung kann aber auch eine Teilmenge der Nutzung sein (Abb. 1, Grafik b.), oder aber die Begriffe unterscheiden sich nicht voneinander (Abb. 1 Grafik c.).

---

[1] Vgl. Rat für Informationsinfrastruktur 2016.
[2] Vgl. Pasquetto et al. 2017, 3.

∂ Open Access. © 2021 Janna Neumann, publiziert von De Gruyter. Dieses Werk ist lizenziert unter der Creative Commons Attribution 4.0 Lizenz.
https://doi.org/10.1515/9783110657807-022

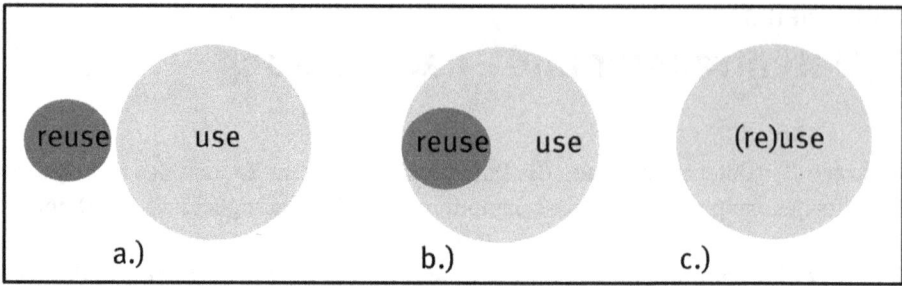

Abb. 1: Relation zwischen Nutzung und Nachnutzung (nach van de Sandt et al. 2019, 6).

Van de Sandt et al. haben in ihrem Artikel ebenfalls den Versuch unternommen, den Begriff Nachnutzung zu definieren. Dies zielte darauf ab, mit einer gemeinsam abgestimmten Definition Missverständnisse in der Wissenschaftskommunikation zu klären.[3] Die Etymologie des Begriffs wird mit Hilfe des Oxford Dictionary erläutert, der Nachnutzung als „to use again or more than once"[4] definiert, wobei der Begriff „Nutzung" nicht weiter erläutert wird. Durch die Verknüpfung mit verwandten Begriffen, wird versucht die doch sehr allgemein gehaltene Definition besser zu erläutern:

> The action of using becomes more clear through the definition of related terms (replication, reproduction, reanalysis, restudy). The Oxford Dictionary only indicates that the object has to be used several times, which is true for all of the terms above. According to this definition, replication, reanalysis, reproduction, reinterpretation and subsequent research can be forms of reuse.[5]

Hier zeigt sich bereits, dass die Nachnutzung beim Übergang aus dem definitorischen in die reale Welt sich weitaus komplexer darstellt. Es wird immer verschiedene Szenarien der Nachnutzung geben, abhängig von der Art der Daten, den Nachnutzenden, dem Zweck und der Zeit der Nachnutzung. Auch zeigt sich dabei, dass Nutzung und Nachnutzung keine voneinander unabhängige Menge sind, sondern sich immer in Interaktion mit einer Ressource befinden.[6] Dementsprechend fällt hier die Definition wie folgt aus: „Thus, we define (re)use as the use of any research resource regardless of when it is used, the purpose, the characteristics of the data and its user."[7]

---

3 Van de Sandt et al. 2019, 1.
4 Oxford Dictionary, 1995, 1178.
5 Van de Sandt et al. 2019, 3.
6 Van de Sandt et al. 2019, 13.
7 Van de Sandt et al. 2019, 14.

2 Aspekte des Datentransfers und der -nachnutzung

Die wissenschaftliche Nachnutzung qualitätsgesicherter Forschungsdaten steht für einige Forschende zu Beginn des Forschungsprozesses, für andere befindet sich der Schritt hin zur Zugänglichkeit von Forschungsdaten für deren Nachnutzung am Ende dieses Prozesses. Somit verändern sich mit dem Wechsel der Perspektiven auch die Anforderungen in der Praxis. Während für die einen die Suche, das Finden von und der rechtssichere Zugriff auf diese Forschungsdaten zur Nachnutzung für die eigene Forschung wesentlich ist, haben die anderen Interesse daran, eigene Forschungsdaten zur Nachnutzung zugänglich zu machen und durch Zitation mit ihrer Forschung in der eigenen Community sichtbarer zu werden. So können z. B. durch aussagekräftige Metadaten die Zugänglichkeit und durch geeignete (offene) Nutzungslizenzen die rechtssichere Nachnutzbarkeit gewährleistet werden. Für die Zugänglichkeit zu Daten müssen aber auch geeignete Publikationsorte, wie beispielsweise fachübergreifende oder -spezifische Forschungsdatenrepositorien zur Verfügung stehen und standardisierte Zitationspraktiken etabliert werden. In diesem Kapitel werden verschiedene Aspekte des Datentransfers und der -nachnutzung ausgehend von beiden Perspektiven thematisiert und an Praxisbeispielen veranschaulicht.

Der Beitrag von Friedrich und Recker, 5.1 „Auffindbarkeit und Nutzbarkeit von Daten", behandelt dabei, in welchem Rahmen Forschungsdaten auffindbar sind (aus der Perspektive der Datennutzenden) und sie (aus der Perspektive der Datenproduzierenden) beispielsweise zum Zweck der Replikation nutzbar sind; und er gibt Empfehlungen, wie beides optimierbar ist. Auch der Beitrag von Pampel und Elger, 5.6 „Publikation und Zitierung von digitalen Forschungsdaten", betrachtet die unterschiedlichen Blickwinkel der Forschenden. Es werden verschiedene wissenschaftliche Publikationsverfahren für Daten beschrieben, die sich bereits in einigen Fachdisziplinen etabliert haben und die als Blaupause für andere Fachgebieten dienen können. Daneben wird die Anwendung verschiedener Zitationspraktiken, die für Forschungsdaten als Grundlage wissenschaftlicher Forschungsergebnisse im Rahmen der guten wissenschaftlichen Praxis ebenso beachtet werden sollten, erläutert. Im Beitrag von Thiemann et al., 5.5 „Beispiele für Data Sharing am Deutschen Klimarechenzentrum (DKRZ)", wird die Nachnutzung von disziplinären Forschungsdaten aus der Klimaforschung im Kontext von interdisziplinärer Forschung erläutert. Dabei werden die Anforderungen an die Datenproduzierenden sowie die Dienste zur Transformation in für fachfremde Forschende interpretierbare Forschungsdaten dargelegt. Es wird an einem ganz praktischen Beispiel der Datentransfer und die -nachnutzung aus der Perspektive einer Infrastruktureinrichtung diskutiert und die Einbindung der Sichtweisen der Datenproduzierenden sowie der -nutzenden thematisiert.

Der Beitrag von Henrich et al., 5.2 „Data Retrieval", befasst sich mit der Suche nach und in Forschungsdaten. Auch hierbei werden beide Perspektiven der Datennutzenden wie den Datenbereitstellenden dargelegt und die Diskrepanz zwischen der Forderung nach zum einen fachspezifischer und zum anderen fachübergreifender Recherchemöglichkeit diskutiert.

Im Beitrag von Nazemi et al., 5.4 „Datenvisualisierung", werden verschiedene Möglichkeiten zur visuellen Projektion und Transformation von Daten dargelegt. Forschungsdaten werden hierbei überwiegend für die Nachnutzung bzw. für die Interpretierbarkeit mit einem bestimmten visuellen Modell dargestellt. Die Visualisierung ermöglicht es, dass Daten für die menschliche Wahrnehmung in eine zu analysierende Darstellung überführt werden, um damit z. B. eine bestimmte Fragestellung zu beantworten.

Der Beitrag von Engelhardt und Kusch, 5.3 „Kollaboratives Arbeiten mit Daten", beschäftigt sich mit den Herangehensweisen und Spannungsfeldern bei der projektinternen oder auch -übergreifenden Zusammenarbeit mit Forschungsdaten. Die Verwendung von Werkzeugen stellt dabei die technische Basis für die gemeinsame Bearbeitung und Nutzung von Forschungsdaten. Kollaborationen bergen jedoch je nach Komplexität und Heterogenität des Konsortiums sowie der Daten Herausforderungen, die auch anhand von zwei Fachdisziplinen in einem Praxistransfer dargestellt und diskutiert werden.

Fazit

Die Themenfelder Datentransfer und -nachnutzung zeichnen sich vor allem dadurch aus, dass sie je nach Blickwinkel mit verschiedenen Herausforderungen konfrontiert sind. Die Nachnutzung von Daten ist Grundlage für effiziente Forschung mit neuen Fragestellungen. Grundlage für die Möglichkeit der Nachnutzung ist die Publikation von Forschungsdaten in einer möglichst offenen Struktur. Somit bedingen die Datenpublikation und ihre jeweilige Gestaltung die Möglichkeiten der Nachnutzung. Je offener die Daten, desto einfacher wird die Nachnutzung möglich. Anderseits gilt es aber auch, den Schutz von Daten bzw. den Schutz von urheberrechtlichen Werken, sofern dieser auf Forschungsdaten zutrifft, zu gewährleisten. Mit geeigneten Lizenzierungsmodellen, die mögliche Nachnutzungen regeln, kann dem entgegengetreten werden.

Wichtig scheint, dass sich Forschende immer über beide Sichtweisen bewusst werden müssen, da sie meist nicht ausschließlich eine der Perspektiven einnehmen, sondern sich in einem Wechselspiel zwischen Datenproduzierendem und Datennachnutzendem befinden. Im derzeitigen Wandel in den Wissenschaften müssen jedoch auch noch geeignete Strukturen und standardisierte Regeln für beide Seiten sowohl geschaffen als auch etabliert werden.

Literatur

Letztes Abrufdatum der Internet-Dokumente ist der 15.11.2020.

Pasquetto, Irene, Bernadette Randles und Christine Borgman. 2017. „On the Reuse of Scientific Data." *Data Science Journal* 16: 1–9. doi:10.5334/dsj-2017-008.

Rat für Informationsinfrastruktur. 2016. „Leistung aus Vielfalt. Empfehlungen zu Strukturen, Prozessen und Finanzierung des Forschungsdatenmanagements in Deutschland." Göttingen. http://www.rfii.de/?p=1998.

van de Sandt, Stephanie, Sünje Dallmeier-Tiessen, Artemis Lavasa und Vivien Petras. 2019. „The Definition of Reuse." *Data Science Journal* 18 (1): 1–19. doi:10.5334/dsj-2019-022.

The concise Oxford Dictionary of current English. 1995. Hg. v. Henry W. Fowler und Ella Thompson. 9. Auflage. Oxford: Claredon.

Tanja Friedrich und Jonas Recker
5.1 Auffindbarkeit und Nutzbarkeit von Daten

Abstract: In diesem Beitrag wird thematisiert, wie und wo Daten für die Forschung auffindbar sind und welche Faktoren darüber entscheiden, ob und wie Forschende Daten im Rahmen ihrer eigenen Arbeit oder zu Replikationszwecken nutzen können. Hierbei stehen verschiedene Agierende mit ihren jeweiligen Perspektiven im Fokus der Betrachtung – neben den Datennutzenden auch die Datenproduzierenden und die Informationsinfrastrukturen, die Forschungsdaten speichern und zugänglich machen. Aufbauend auf einer Analyse des Status quo gibt das Kapitel praktische Empfehlungen, wie die Auffindbarkeit und Nutzbarkeit von Forschungsdaten verbessert werden können.

Einleitung

Die Auffindbarkeit und (Nach-)Nutzbarkeit von Forschungsdaten zu verbessern ist erklärtes Ziel diverser Initiativen zum Aufbau und zur Förderung von Forschungsinfrastrukturen.[1] Findability und reusability gehören außerdem zu den 2014 entwickelten FAIR Guiding Principles for scientific data management and stewardship.[2] Diese Prinzipien sind aktuell Gegenstand verschiedener Initiativen zur Verbesserung von Forschungsdateninfrastrukturen für die Wissenschaft.[3]

Angesichts weiter wachsender Datenmengen und steigender Diversifizierung von Datenarten wird das Auffinden geeigneter Daten zur Nachnutzung zunehmend zur Herausforderung.[4] Das Problem, keine geeigneten Forschungsdaten zu finden, ist einer der wichtigsten Hinderungsgründe für die Nachnutzung von Daten.[5] Die Nutzung aufgefundener Daten in der eigenen Forschung oder zum Zweck der Replikation von publizierten Forschungsergebnissen ist ebenfalls mit Herausforderungen verbunden. Diese ergeben sich aus technischen, rechtlichen und ethischen Rahmenbedingungen sowie aus der intellektuellen Zugänglichkeit und Verstehbarkeit der Daten.

Im ersten Teil dieses Kapitels wird der Status quo der Auffindbarkeit von Forschungsdaten aus den Perspektiven der Datenproduzierenden, der Nutzenden und

---
1 Vgl. Kommission Zukunft der Informationsinfrastruktur 2011; Wissenschaftsrat 2012; European Commission 2016; Deutsche Initiative für Netzwerkinformation 2018.
2 Vgl. Wilkinson et al. 2016.
3 S. Beitrag von Linne et al., Kap. 3.2 in diesem Praxishandbuch.
4 Vgl. Gregory et al. 2018, 1.
5 Vgl. Shen 2015, 172.

ə Open Access. © 2021 Tanja Friedrich und Jonas Recker, publiziert von De Gruyter. Dieses Werk ist lizenziert unter der Creative Commons Attribution 4.0 Lizenz.
https://doi.org/10.1515/9783110657807-023

der Infrastruktur beschrieben.⁶ Dabei werden aktuelle Probleme dargestellt und es werden Empfehlungen zur Verbesserung der Auffindbarkeit gemacht. Der zweite Abschnitt behandelt die Nutzbarkeit von Forschungsdaten unter Berücksichtigung der genannten Dimensionen (Technik, Recht, Ethik, Zugänglichkeit, Verstehbarkeit), die die Nutzbarkeit bedingen. Auch hier werden Empfehlungen für eine Verbesserung und Weiterentwicklung auf Grundlage des Status quo gemacht.

1 Auffindbarkeit von Daten

Die Ursachen für Probleme beim Auffinden von Daten sind vielfältig. Eine Herausforderung ist z. B. die breit verteilte Datenhaltung. Daten entstehen in den unterschiedlichsten Kontexten: in Unternehmen und sozialen Medien, in Behörden und in der Wissenschaft.⁷ Selbst bei isolierter Betrachtung des wissenschaftlichen Bereichs wird die breite Dispersion von Forschungsdaten deutlich: Sie sind verteilt auf zahlreiche disziplinäre oder interdisziplinäre, institutionelle und institutionsübergreifende Datenrepositorien.⁸

Der weitaus größte Teil theoretisch nachnutzbarer Daten ist schon allein deshalb nicht auffindbar, weil die Datenproduzierenden diese nicht verfügbar machen. Die Motivation, die in einem Forschungsprojekt erhobenen Daten mit der Forschungscommunity zu teilen, ist nach wie vor zu gering.⁹ Vorgaben seitens Forschungsförderungseinrichtungen und Anreizsysteme sollen Forschende zum Data Sharing motivieren, bisher jedoch mit unzureichendem Erfolg.[10]

Data Sharing spielt auch für Unternehmen eine große Rolle. Allerdings haben diese naturgemäß kein Interesse daran, ihre Daten für die breite Öffentlichkeit zugänglich zu machen, sondern beschränken ihre Aktivitäten auf das Teilen ihrer Daten mit Kunden und Geschäftspartnern.[11] Offene Verwaltungsdaten (Open Government Data) wiederum stehen gemäß Gesetzgebung[12] zunehmend der Öffentlichkeit zur Verfügung. Die Auffindbarkeit dieser Daten ist allerdings bislang durch vielfach unzureichende Beschreibung mit Metadaten erschwert.[13]

---

6 S. a. Beitrag von Henrich, Gradl und Jegan, Kap. 5.2 in diesem Praxishandbuch für eine technischere Perspektive zum Data Retrieval.
7 S. a. Beiträge zu den entsprechenden Datenmärkten in Kap. 3 in diesem Praxishandbuch.
8 Vgl. Rat für Informationsinfrastrukturen 2019, 44 f.
9 Vgl. Fecher und Puschmann 2015, 146.
10 Vgl. Tenopir et al. 2015, 4.
11 Vgl. Fedkenhauer et al. 2017, 11.
12 Vgl. E-Government-Gesetz vom 25. Juli 2013 (BGBl. I S. 2749), das zuletzt durch Artikel 15 des Gesetzes vom 20. November 2019 (BGBl. I S. 1626) geändert worden ist.
13 Vgl. Chapman et al. 2019, 258.

Generell lässt sich festhalten, dass es unabhängig von Sektor oder Disziplin der Datenentstehung häufig an einer einheitlichen Dokumentation und einer nachnutzungsorientierten Inhaltsbeschreibung mangelt.[14] Ursächlich sind hier nicht nur die unterschiedlichen Kontexte in denen die Daten entstehen, sondern auch das Fehlen genauer Kenntnisse der Bedürfnisse und Praktiken bei der Datensuche und daraus ableitbarer Dokumentationsstandards.

Systemperspektive: Wo Daten aufzufinden sind

Daten entstehen im Kontext und als Bezugspunkte zur Wirklichkeit.[15] Viele Daten werden durch geplante Beobachtung erhoben, andere entstehen als Beiprodukt menschlichen (Online-)Verhaltens oder automatisierter Prozesse. Ob und wie Daten auffindbar sind, hängt zunächst mit ihrer Verfügbarkeit zusammen. Bei weitem nicht alle Daten sind überhaupt zur Nachnutzung bestimmt, weshalb viele Daten überhaupt nicht auffindbar gemacht werden oder sind. In der Wissenschaft produzierte Daten werden immer häufiger verfügbar gemacht, nicht zuletzt weil dies zunehmend Voraussetzung für Forschungsförderung ist (siehe z. B. die Leitlinien zur Sicherung guter wissenschaftlicher Praxis der Deutschen Forschungsgemeinschaft[16]). Doch Richtlinien allein führen nicht zwangsweise dazu, dass Forschungsdaten auch tatsächlich veröffentlicht werden.[17] In manchen Fällen stehen der Datenveröffentlichung sogar rechtliche, ethische oder zuweilen auch praktische Gründe entgegen.[18]

Eine verteilte, informelle Datenhaltung steht der professionellen Datenarchivierung zum Zweck der Nachnutzung gegenüber.[19] Entstehen in der Forschung Daten, werden sie in der Regel zwar lokal oder in kleinen Netzwerken gespeichert oder sogar mit anderen geteilt. Eine langfristige Archivierung in einem der breiteren Forschungsgemeinschaft zugänglichen Repositorium findet jedoch nur zum Teil statt. Selbst wenn lokal gehaltene Daten auf persönlichen oder institutionellen Webservern zur Verfügung gestellt werden, entziehen sie sich der Auffindbarkeit (ganz abgesehen von der Problematik der langfristigen Sicherung der Daten). Repositorien reichern archivierte Daten mit Metadaten an, die die Daten mit für die Nachnutzung relevanten Informationen mehr oder weniger ausführlich beschreiben. Dadurch werden Daten im Katalog des jeweiligen Repositoriums, aber auch in Metasuchpor-

---

14 Vgl. Fecher und Puschmann 2015, 149.
15 Vgl. Borgman 2015, 17 f.
16 Vgl. Deutsche Forschungsgemeinschaft 2019 und hierzu den Beitrag von Putnings, Kap. 1.3 in diesem Praxishandbuch.
17 Vgl. Borgman 2015, 206.
18 S. Abschnitt 2.2 in diesem Beitrag.
19 Vgl. Kitchin 2014, 29 f.

talen (z. B. DataCite[20]) und in Datensuchmaschinen (z. B. Google dataset search[21]) auffindbar.

Die organisatorischen und technischen Voraussetzungen für die Auffindbarkeit von Daten leisten verschiedene Infrastrukturangebote. Für die akademische Forschung sind besonders Repositorien für das Auffinden von Daten relevant, denn diese sind gleichzeitig Such- und Speicherort archivierter Daten. Der Forschung stehen zahlreiche institutionengebundene (zum Beispiel für Mitglieder einer Universität) oder institutionsübergreifende Repositorien (zum Beispiel für Forschende einer bestimmten Disziplin) zur Verfügung. Forschungsdatenrepositorien (FDR) können über entsprechende Suchdienste, zum Beispiel das Registry of Research Data Repositories (re3data)[22] aufgefunden werden. Fachspezifische Repositorien werden häufig von außeruniversitären Forschungseinrichtungen bereitgestellt, z. B. das geo- und umweltwissenschaftliche Repositorium Pangaea,[23] das vom Alfred-Wegener-Institut für Polar- und Meeresforschung (AWI) und dem Zentrum für Marine Umweltwissenschaften (MARUM) betrieben wird. An Universitäten entstehen immer häufiger fächerübergreifende Repositorien, die nach Daten der Universitätsangehörigen durchsucht werden können. Insbesondere im Bereich der fächerübergreifenden Repositorien gibt es auch Initiativen von Non-Profit-Organisationen (z. B. Dryad,[24] Open Science Framework[25]) oder von kommerziellen Anbietern (z. B. Figshare[26]), deren Bestände wesentlich größer sind als beispielsweise die der einzelnen universitären Anbieter.

Die bestehende, breit verteilte Archivierung von Forschungsdaten bedeutet, dass die Suche nach Forschungsdaten häufig sehr aufwendig ist. Es sind daher einige Dienste entstanden, die Forschungsdatenbestände aggregiert nachweisen, z. B. das Angebot GFBio,[27] das vom Konsortium German Federation for Biological Data betrieben wird und die übergreifende Suche in den Beständen von neun Datenzentren aus dem Bereich der Biologie ermöglicht. Das fächerübergreifende Dataverse-Projekt der Harvard University[28] hat eine Software entwickelt, mit der Einrichtungen weltweit Repositorien einrichten können, deren Bestände im Harvard Dataverse gemeinsam durchsucht werden können. Eine fächerübergreifend föderierte Suche bietet das internationale Konsortium DataCite an, in dem alle Datensätze auffindbar

---

[20] S. https://datacite.org. Letztes Abrufdatum der Internet-Dokumente ist der 15.11.2020.
[21] S. https://toolbox.google.com/datasetsearch.
[22] S. https://re3data.org.
[23] S. https://www.pangaea.de.
[24] S. https://datadryad.org.
[25] S. https://osf.io.
[26] S. https://figshare.com.
[27] S. https://www.gfbio.org.
[28] S. https://dataverse.org.

sind, die durch eine DataCite-Mitgliedsinstitution einen registrierten Digital Object Identifier (DOI) erhalten haben.

Auch wissenschaftliche Zeitschriftenverlage haben ein Interesse am Auf- und Ausbau von Forschungsdateninfrastrukturen. Sie fordern in der Regel, dass die einer Veröffentlichung zugrundeliegenden Daten mindestens zum Zweck des Peer-Reviews, idealerweise aber auch zugänglich für die Wissenschaft zur Verfügung gestellt werden. Einige Verlage bieten sogar eigene Repositorien an (z. B. das *Journal of Cell Biology*[29]), während andere mit existierenden Repositorien kooperieren, in denen die zu den Publikationen gehörenden Daten veröffentlicht werden (z. B. kooperiert die *Zeitschrift für Soziologie* mit dem Replikationsserver SowiDataNet|datorium[30]). Die meisten Verlage geben generelle Auswahlkriterien für ein Repositorium oder direkt eine ganze Liste von Repositorien an, bei denen Daten archiviert werden können. Ein in der Verlagswelt noch relativ neues Phänomen sind dezidierte Datenzeitschriften (Data Journals), in denen nicht die Beschreibung von Forschungsergebnissen, sondern von Forschungsdaten im Vordergrund steht (z. B. das *Research Data Journal for the Humanities and Social Sciences*[31]). Diese Zeitschriften ermöglichen die Veröffentlichung von Daten durch ein Peer-Review-Verfahren. Welche Relevanz Datenzeitschriften für das Auffinden von Forschungsdaten haben, bleibt noch abzuwarten. Einige Datenzeitschriften wurden bereits wieder eingestellt. Verlage bieten aber inzwischen auch generische Möglichkeiten der Datensuche an, zum Beispiel in Form des von Elsevier betriebenen Mendeley Data.[32] Auch hier werden Metadaten aus verschiedenen Repositorien (z. B. Dryad, Pangaea) aggregiert und durchsuchbar gemacht. Der Datenbankanbieter Web of Science bietet mit dem Clarivate Data Citation Index[33] eine ähnliche, allerdings kostenpflichtige Datensuche an, die die einzelnen Datensatznachweise um in anderen Datenbanken des Web of Science enthaltene Literaturnachweise ergänzt, die diese Datensätze zitieren. Seit 2018 bietet auch Google unter dem Namen Dataset Search einen Dienst an, der darauf ausgerichtet ist, möglichst alle im World Wide Web verfügbaren Forschungsdaten als solche zu identifizieren, zu indexieren und so durchsuchbar zu machen.

Alle aktuellen Bemühungen, die in Richtung einer umfassenden Durchsuchbarkeit aller Forschungsdatenbestände gehen, müssen grundlegende Herausforderungen adressieren. Diese reichen von ganz grundlegenden Problemen wie der Frage, welche Objekte überhaupt als Forschungsdaten zu identifizieren sind, bis hin zum Problem mangelnder Standardisierung der Metadaten, die von den datenhaltenden Stellen generiert werden.

---

[29] S. https://rupress.org/jcb.
[30] S. https://www.gesis.org/replikationsserver/home.
[31] S. https://brill.com/view/journals/rdj/rdj-overview.xml.
[32] S. https://data.mendeley.com/research-data/.
[33] S. https://clarivate.com/webofsciencegroup/solutions/webofscience-data-citation-index.

Neben den an Universitäten und außeruniversitären Einrichtungen entstehenden Forschungsdaten spielen offene Verwaltungsdaten (Open Government Data) eine wichtige Rolle für Forschende aus allen Sektoren, aber auch für Privatpersonen.[34] Organisationen wie die Open Knowledge Foundation (OKF)[35] fordern öffentliche Verwaltungen daher auf, ihre Daten, soweit rechtlich möglich, einer breiten Öffentlichkeit zur Nutzung zugänglich zu machen. Die OKF hat unter anderem die Entwicklung der Software CKAN[36] vorangetrieben, die weltweit von Institutionen der öffentlichen Verwaltung genutzt wird, um Verwaltungsdaten zugänglich zu machen, in Deutschland zum Beispiel vom Datenportal Govdata.[37] Aktuell stehen offene Verwaltungsdaten noch nicht in ausreichendem Umfang zur Verfügung und sind vielfach nicht in einer Art und Weise beschrieben, dass sie über Portale wie CKAN oder in anderen Kontexten leicht auffindbar sind.[38]

Unabhängig von den genannten Initiativen existieren für und in Unternehmen ganz andere Infrastrukturen für das Datenmanagement. Die dort zum Einsatz kommenden Data Warehouses[39] müssen abweichende Voraussetzungen erfüllen als FDR in der Wissenschaft. Für Unternehmen ist zwar auch wichtig, dass die Infrastruktur effizientes Data Sharing ermöglicht, sei es intern, mit Kunden oder anderen Unternehmen,[40] Data Warehouses müssen aber gleichzeitig sicherstellen, dass zu keiner Zeit ein unautorisierter Zugriff auf die Daten möglich ist. Sie müssen sowohl höchst interoperabel und effizient arbeiten, als auch Kunden- und Unternehmensdaten nach außen sichern und schützen.

Nutzendenperspektive: Wie nach Daten gesucht wird

Nachnutzbare Forschungsdaten stehen trotz der bestehenden Lücken und trotz vorhandener Qualitätsunterschiede in großer Fülle zur Verfügung. Auffindbar sind diese Daten, wie beschrieben, über eine Vielzahl digitaler Dienste, von Repositorien über digitale Zeitschriften bis hin zu Datensuchmaschinen. Dennoch werden potentiell passende Daten häufig nicht gefunden.[41]

Jegliche Vorhaben, Infrastrukturdienste im Sinne der Auffindbarkeit der Daten zu optimieren, sollten berücksichtigen, wie und wo Nutzende tatsächlich nach Daten suchen. Wie die Forschung zu dieser Frage zeigt, erfahren sie von geeigneten

---

34 S. Beitrag von Schieferdecker, Kap. 2.3 in diesem Praxishandbuch.
35 S. https://okfn.de/.
36 S. https://ckan.org.
37 S. https://www.govdata.de.
38 Vgl. Chapman et al. 2019, 258.
39 Vgl. Bauer et al. 2013, 5.
40 Vgl. Fedkenhauer et al. 2017, 17.
41 Vgl. Rat für Informationsinfrastrukturen 2019, 44.

Daten üblicherweise von anderen Forschenden. Zum Beispiel besuchen sie Konferenzen oder andere Veranstaltungen, wo sie auf Datenquellen stoßen, die ihnen vorher unbekannt waren. Bei diesen und anderen Gelegenheiten führen sie Gespräche über Daten („data talk"[42]), um auf dem Laufenden zu bleiben. Grundlegendes Wissen über relevante Studien und Datenquellen eignen sich Forschende bereits in der akademischen Ausbildung an. Für die empirische Sozial- und Wirtschaftsforschung werden beispielsweise kontinuierlich Mikrodaten aus seit Jahrzehnten laufenden Umfrageprogrammen wie der Allgemeinen Bevölkerungsumfrage der Sozialwissenschaften[43] oder des Sozio-ökonomischen Panels[44] bereitgestellt, mit denen Studierende dieser Fachgebiete ihre Ausbildung durchlaufen. Daten wie diese werden gezielt für eine breite Nachnutzung erhoben, aufbereitet und zur Verfügung gestellt. Forschende, die mit diesen Daten arbeiten, müssen nicht erst danach suchen, sondern wissen um die Bestände und kennen die Zugangsmöglichkeiten. Mit wachsender Erfahrung und Einbindung in Forschungscommunities lernen sie die Datenlandschaft immer besser kennen, was bei der Suche nach Daten ebenfalls hilfreich ist. Idealerweise sollten sich Forschende ein solides Wissen über Datenbestände in ihrem Fachgebiet aneignen, um schon bei der Entwicklung von Forschungsfragen einschätzen zu können, ob die zur Beantwortung dieser Fragen notwendigen Daten überhaupt vorhanden und zugänglich sind.[45]

Neue Studien heben die besondere Bedeutung sozialer Kontakte bei der Suche nach Daten hervor.[46] Der Einfluss dieser Kontakte ist dabei nicht auf das Auffinden von Daten beschränkt, sondern zeigt sich besonders im Hinblick auf die Problemlösungspraxis bei der Nachnutzung der Daten.[47] Persönliche Kommunikation ist gängige Praxis in Suchprozessen, Lernprozessen und Problemlösungsprozessen für Forschende unterschiedlicher Disziplinen.[48]

Insbesondere fortgeschrittene Forschende durchsuchen außerdem gezielt und regelmäßig die Literatur ihres Fachgebiets, in der Regel bestimmte Zeitschriften, nach Hinweisen auf zur Nachnutzung geeignete Datensätze.[49] Die aktuelle Forschung legt nahe, dass Fachliteratur die wichtigste Quelle bei der Datensuche ist, unabhängig von der Disziplin.[50] Für diese Suche nach Daten über Literatur ist es hilfreich, wenn die Daten in den Texten unter Verwendung von persistenten Identi-

---

42 Yoon 2017, 465.
43 S. https://www.gesis.org/allbus/allbus.
44 S. https://www.diw.de/soep.
45 Vgl. Zimmerman 2007, 6.
46 Vgl. Yoon 2017, 469; Gregory et al. 2019b, 429.
47 S. Abschnitt 2.2 in diesem Beitrag.
48 Vgl. Yoon 2017, 463.
49 Vgl. Zimmerman 2007, 13; Gregory et al. 2018, 1.
50 Vgl. Gregory et al. 2019b, 421.

fiern (z. B. DOI) zitiert werden und dadurch leicht aufgefunden werden können.[51] Generell profitieren Forschende bei der Suche nach Daten von einer allgemeinen Vertrautheit mit Forschungstrends und entsprechender Literatur.[52]

Die Websuche spielt daneben eine immer größere Rolle für Personen, die auf der Suche nach Daten sind.[53] Vielen sind dagegen relevante Repositorien unbekannt.[54] Erfahrene Forschende nutzen zwar die vorhandenen Repositorien für die Suche nach Forschungsdaten, vor allem diejenigen, die in ihrer Disziplin als besonders wichtig gelten.[55] Angesichts der verteilten Datenlandschaft wünschen sie sich aber eine zentrale Suchmöglichkeit nach Daten.[56]

Die Bedeutung von Datenkatalogen und Repositorien für die Suche nach Forschungsdaten liegt weniger im Angebot eines Sucheinstiegs. Sie besteht vielmehr darin, dass dort die Forschungsdaten näher beschrieben werden, idealerweise im Kontext der Forschungsprojekte, in denen sie entstanden sind und mit Hinweisen zu relevanter Literatur oder weiteren Daten. Die Qualität der Datendokumentation spielt für die Datensuche eine entscheidende Rolle. Die Dokumentation muss interessierten Nutzenden ermöglichen, die im Datensatz enthaltenen Informationen zu verstehen.[57] Wichtig für die Relevanzbeurteilung ist außerdem, dass Kontextinformationen mitgegeben werden.[58] Für Forschende aus den Sozialwissenschaften konnte gezeigt werden, dass das Lesen der Dokumentation und die Relevanzbeurteilung wesentliche Schritte bei der Datensuche sind, auf die viel Zeit verwendet wird.[59]

Die Interaktion mit Datenbanken und Suchmaschinen bei der Datensuche ist noch unzureichend erforscht. Bei der Entwicklung dieser Dienste wird von einer Schlagwort- oder Stichwortsuche ausgegangen, die auch durch Einbindung entsprechender Terminologie unterstützt werden kann. Für spezifische Dienste gibt es darüber hinaus nicht-textuelle Sucheingabemöglichkeiten, zum Beispiel das Zeichnen chemischer Strukturformeln über eine Eingabemaske.[60] Häufig werden auch Filtermöglichkeiten zur Eingrenzung der Suchergebnisse angeboten.[61] Die eingesetzten Terminologien und Technologien beruhen größtenteils auf Kenntnissen zum Informationsverhalten bei der Literatursuche. Das Wissen darüber, wie inhaltliche Be-

---

51 S. Beitrag von Pampel und Elger, Kap. 5.6 in diesem Praxishandbuch.
52 Vgl. Zimmerman 2007, 6.
53 Vgl. Gregory et al. 2018, 1.
54 Vgl. Fecher und Puschmann 2015, 149.
55 Vgl. Gregory et al. 2019a, 10.
56 Vgl. Gregory et al. 2019b, 428.
57 S. Beitrag von Dierkes, Kap. 4.1 in diesem Praxishandbuch.
58 S. Abschnitt 2.1 in diesem Beitrag.
59 Vgl. Kern und Mathiak 2015, 203.
60 S. z. B. die chemische Struktursuche von Fisher Scientific, https://www.fishersci.de/de/search/chemical/substructure.html.
61 Vgl. Chapman et al. 2019, 252.

schreibungen von Forschungsdaten aussehen müssen, damit Nutzende sie finden können, ist noch unzureichend.[62]

Kathleen Gregory et al. (2018) geben hilfreiche Hinweise nicht nur für die Suche nach Datenquellen, sondern auch in den Datenbanken und Datenrepositorien selbst. Unter anderem weisen sie darauf hin, dass Repositorien hilfreiche erweiterte Suchfunktionen bieten, mit denen sich Suchende näher auseinandersetzen sollten („Make the repository work for you"[63]). Um erfolgreich zu suchen, sei ein strategisches Vorgehen hilfreich, zum Beispiel indem eine bewusste Entscheidung für ein disziplinspezifisches oder generisches Repositorium getroffen werde.[64] Funktionalitäten, wie thematisches Browsing und Filtermöglichkeiten zu nutzen, wird ebenfalls als erfolgversprechend empfohlen.[65] Darüber hinaus gelte es bei der Suche nach Daten nicht nur die inhaltliche Passung zu beurteilen, sondern auch Kriterien wie räumliche und zeitliche Relevanz und Daten- sowie Metadatenqualität.[66]

Infrastrukturperspektive: Dokumentation und Standardisierung

Das Kernproblem der Auffindbarkeit von nachnutzbaren Daten besteht in der Inkongruenz zwischen verfügbaren Daten einerseits und den benötigten und auffindbaren Daten andererseits.[67] Die Digitalisierung hat die vielzitierte Datenflut („data deluge"[68]) ausgelöst, die unendlich viele Nutzungsmöglichkeiten verspricht. In Gestalt von Big Data entstehen aus digitalen Prozessen und digitalem Verhalten permanent neue Daten, auf deren Erhebung Forschende keinen Einfluss nehmen können. Auch die durch die Open-Government-Bewegung immer umfangreicher zur Verfügung stehenden offenen Verwaltungsdaten tragen zum aktuellen Datenreichtum bei.

Die alleinige Masse an vorhandenen Daten bedeutet allerdings nicht, dass genügend Daten zu allen Fragestellungen zur Verfügung stehen. Gerade in Bezug auf Big Data und offene Verwaltungsdaten, die in der Regel ohne forschungstheoretische Einordnung entstehen, bewegen sich Datensuchende in einem Bereich „dunkler Materie",[69] wenn die Daten nicht mit geeigneten Mitteln auffindbar gemacht werden. Die Notwendigkeit spezifischen Datenmanagements besteht aber auch für die Auffindbarkeit der im Rahmen geplanter Forschungsprojekte erhobener Daten

---

62 Vgl. Chapman et al. 2019, 261.
63 Vgl. Gregory et al. 2018, 3.
64 Vgl. Gregory et al. 2018, 3.
65 Vgl. Gregory et al. 2018, 3 f.
66 Vgl. Gregory et al. 2018, 4.
67 Vgl. Chapman et al. 2019, 252.
68 Gray 2007, xxx.
69 Borgman 2015, 241.

(„small data"[70]). Diese weisen theoretische und ontologische Bezüge auf, die bereits in der Erhebung der Daten grundlegend angelegt sind. Dadurch sind diese Daten in ihren Analysemöglichkeiten aufgrund ihres Erhebungskontexts beschränkt. Wenn diese Daten auffindbar gemacht werden sollen, stellt sich die grundlegende Herausforderung, dass sie aus ihren Entstehungskontexten isoliert werden (das sog. Mobilitätsproblem[71]). Der Kontext der Datenentstehung ist für die Interpretierbarkeit und Nachnutzbarkeit aber von elementarer Bedeutung.[72]

Gut auffindbar sind Datensätze, wenn sie entsprechend dokumentiert sind, persistente Identifier nutzen, in verschiedenen Formaten vorliegen, in offen zugänglichen Repositorien zur Verfügung stehen und nicht nur dort recherchiert werden können.[73] Beim Vorhaben, Daten auffindbar zu machen, müssen daher andere Vorgehensweisen, Methoden und Instrumente zur Anwendung kommen, als etwa in Bezug auf Zeitschriftenartikel.[74] Dabei kommt der standardisierten Dokumentation durch Datenzentren, -archive und -repositorien besondere Bedeutung zu.[75] Metadatenstandards zur Dokumentation von Forschungsdaten müssen die besonderen Eigenschaften des Informationsträgers berücksichtigen, die sich idealerweise aus den Informationsbedürfnissen der Nutzenden ableiten lassen. Während eine schlagwort- oder volltextbasierte Indexierung bei Textdokumenten zufriedenstellende Ergebnisse liefert, müssen für die Datensuche Relevanzkriterien jenseits thematischer Passung berücksichtigt werden: Aktualität, Zugangsmöglichkeiten, Versionierung, Datenqualität, Erhebungsmethoden, Provenienz und Untersuchungsbereich gehören zu den disziplinunabhängig relevanten Kriterien bei der Datenauswahl.[76]

Über Disziplingrenzen hinweg unterscheiden sich Standards zur Datendokumentation teilweise stark. Zu unterschiedlich sind die Datenarten und Datenformate, die in den jeweiligen Disziplinen verwendet werden. Es ist daher bei der Dokumentation und Archivierung von Daten gleichermaßen notwendig, die disziplinspezifischen Standards im eigenen Bereich zu beachten und auf übergeordneter Ebene Metastandards zu bedienen oder wo nötig zu entwickeln. Die disziplinspezifischen Standards sind vor allem für die Dokumentation und Bereitstellung der Daten in Fachrepositorien notwendig. Beispielsweise sollten sozialwissenschaftliche Umfragedaten unter Anwendung gängiger Standards der Data Documentation Initiative (DDI)[77] repräsentiert werden. Textdaten in Infrastrukturumgebungen für die Geisteswissenschaften benötigen z. B. eine Repräsentation gemäß Text Encoding Initiative

---

70 Kitchin 2014, 27.
71 Vgl. Borgman 2015, 219.
72 S. Abschnitt 2.2 in diesem Beitrag.
73 Vgl. Mannheimer et al. 2016, 6.
74 Vgl. Chapman et al. 2019, 259.
75 Vgl. Chapman et al. 2019, 260.
76 Vgl. Chapman et al. 2019, 260.
77 S. https://ddialliance.org.

(TEI).[78] Auch für die Annotation zum Zweck der Inhaltsbeschreibung sollten Terminologien aus den jeweiligen Fachgebieten verwendet werden, für Experimentaldaten aus der Biologie z. B. Gene Ontology (GO)[79] oder für diverse Daten aus den Geowissenschaften z. B. der GeoRef Thesaurus.[80] Im Hinblick auf Auffindbarkeit in anderen disziplinären Kontexten ist die Verwendung von Vokabularen aus der Linked Open Data Cloud (LOD cloud)[81] sinnvoll, denn hier bestehen Verknüpfungen zwischen Terminologien unterschiedlicher Fachgebiete.

Da die Websuche nach Daten an Bedeutung gewinnt, genügt es nicht, die Daten nur für die Auffindbarkeit in Repositorien aufzubereiten. Damit sie von Suchmaschinen wie Google als Forschungsdaten indexiert werden können, ist der Einsatz von disziplinübergreifenden Standards wie schema.org-Vokabularen,[82] W3C Semantic-Web-Standards[83] und Sitemaps[84] notwendig.[85] Für offene Verwaltungsdaten ist insbesondere der W3C-Standard DCAT[86] von Bedeutung (z. B. auch Grundlage des Metadatenmodells OGD[87] von GovData).

Da aktuelle Erkenntnisse darauf hinweisen, dass neben Dokumentationsqualität auch forschungsdatenbezogene Literatur und Forschungsdatencommunities für Nutzende eine wichtige Rolle beim Auffinden von Forschungsdaten spielen, sollte die Auffindbarkeit auch in diesen Kontexten unterstützt werden. Zum einen sollten Initiativen zur Verknüpfung von Literatur mit Datensätzen (z. B. Scholix[88]) weiter vorangetrieben werden. Auch Dienste wie der Clarivate Data Citation Index kommen diesem spezifischen Suchverhalten der Datennutzenden entgegen. Zum anderen sollte der Austausch über Daten innerhalb der Forschungsdatencommunities wo möglich unterstützt werden, z. B. durch datenorientierte Workshops bei relevanten Konferenzen und perspektivisch über die fachlichen NFDI-Konsortien.[89]

---

78 S. https://tei-c.org.
79 S. http://geneontology.org.
80 S. https://www.americangeosciences.org/information/georef/thesaurus.
81 S. https://lod-cloud.net.
82 S. https://schema.org.
83 S. https://www.w3.org/standards/semanticweb.
84 S. https://www.sitemaps.org.
85 Vgl. Wu et al. 2019, 9 f.
86 S. https://www.w3.org/ns/dcat.
87 S. https://www.govdata.de/standardisierung.
88 S. http://www.scholix.org.
89 S. https://www.dfg.de/nfdi.

2 Nutzbarkeit

Häufig wird in der Literatur die „primäre" Nutzung von Forschungsdaten durch die erhebenden Wissenschaftlerinnen und Wissenschaftler von einer als „sekundär" bezeichneten Nachnutzung unterschieden. Bei genauerer Betrachtung erweist sich eine eindeutige definitorische Abgrenzung der beiden Nutzungsarten als durchaus komplex, wenn nicht sogar unmöglich.[90] So stellen van de Sandt et al. fest, dass weder der Charakter der Daten, noch die Nutzenden, der Nutzungszweck oder der Zeitpunkt ein zuverlässiger Indikator für die Unterscheidung von Nutzung und Nachnutzung sind.[91]

Trotz dieser Einschränkungen wird im Folgenden der Fokus primär auf der Nachnutzung von Forschungsdaten liegen, verstanden als eine Nutzung von Daten, die für einen bestimmten Zweck erhoben wurden, konkret zur Beantwortung von Forschungsfragen jenseits des ursprünglichen (Forschungs-)Zwecks.[92] Dies schließt die Nutzung von Daten ein, die nicht primär zum Zweck der Forschung erhoben wurden, wie beispielsweise digitale Verhaltensdaten oder Daten der amtlichen Statistik. Von der Nachnutzung im Sinne der gegebenen Definition ist die Nutzung von Forschungsdaten zum Zweck der (direkten) Replikation zu unterscheiden, die dem „Nachweis der Replizierbarkeit eines bestimmten Forschungsergebnisses unter unabhängigen Bedingungen" dient.[93] Auch diese Art der Nutzung von Forschungsdaten wird im Folgenden betrachtet werden, wo relevant.

Ob Forschungsdaten außerhalb des originären Projektkontexts genutzt werden können, hängt von einer Reihe von Faktoren ab, die der technischen, der ethisch-rechtlichen sowie der Dimension der intellektuellen Zugänglichkeit zugeordnet werden können. Diese werden im Folgenden näher beleuchtet, bevor Vertrauen der Forschenden in die genutzten Daten als ein weiterer wichtiger, nutzungsentscheidender Faktor betrachtet wird.

2.1 Dimensionen der Nutzbarkeit

In der *technischen Dimension* hängt die Nutzbarkeit von Forschungsdaten wesentlich von der Verfügbarkeit geeigneter Hard- und Softwareumgebungen ab. Einerseits kann die Form der Speicherung und Bereitstellung der Daten ihre Nutzbarkeit beeinflussen. Müssen Daten beispielsweise zunächst von einem Bandspeicher abge-

---

90 Vgl. Pasquetto, Randles und Borgman 2017, 3–4; van de Sandt et al. 2019, 6–13.
91 Vgl. Sandt et al. 2019, 13.
92 Vgl. Thanos 2017, 1; Zimmerman 2008, 633–34.
93 Erdfelder und Ulrich 2018, 3. Vergleiche in diesem Zusammenhang auch die Unterscheidung von „computational reproducibility", „replicability" und „generalizability" in National Academies of Sciences, Engineering, and Medicine 2019, 1.

rufen werden, oder werden mit mangelnder Bandbreite übermittelt, kann dies insbesondere bei großen Datenmengen die Verfügbarkeit und damit die Nutzbarkeit erheblich einschränken. Andererseits spielen auf der Ebene der Forschungsdateien die Formate, in denen diese vorliegen, eine wesentliche Rolle bei der Ermöglichung der Nachnutzung.

Die Verbreitung eines Dateiformats und der zugehörigen verarbeitenden Software in der Gruppe der (potenziellen) Nutzenden bestimmt wesentlich, ob die Dateien genutzt werden können. Während im primären Projektkontext in der Regel die (fach-)spezifischen Projektbedarfe darüber bestimmen, welche Dateiformate genutzt werden, sollten so früh wie möglich Überlegungen zu geeigneten Formaten für eine spätere Nutzung der Daten angestellt werden – idealerweise schon durch die Primärforschenden im Rahmen der Datenmanagementplanung.[94] Im Zentrum dieser Überlegungen müssen die zukünftigen Nutzungen stehen, die ermöglicht werden sollen. So macht es bei der Wahl eines geeigneten Formats zum Beispiel einen Unterschied, ob der Inhalt einer Datei nur zum Lesen auf einem Bildschirm bestimmt ist, oder ob es möglich sein muss, die in der Datei gespeicherten Informationen zu editieren oder sie anderweitig maschinell weiterzuverarbeiten.[95]

Je größer der Personenkreis ist, für den die Forschungsdaten nutzbar sein sollen, desto wichtiger ist es, auf weit verbreitete und gut zugängliche Dateiformate zu setzen – gerade, wenn eine Nutzung über Disziplingrenzen hinweg möglich sein soll.

Um die Nutzbarkeit langfristig zu erhalten, sollte zudem auf möglichst offene Dateiformate zurückgegriffen werden. Offene Formate sind solche, deren Spezifikationen im Gegensatz zu geschlossenen, proprietären Formaten komplett offen liegen. Hiermit wird es möglich, Software zum Ausführen der Dateien zu entwickeln, ohne dass Einschränkungen durch Eigentumsrechte kommerzieller Hersteller bestehen, die die Nutzbarkeit von Forschungsdaten einschränken oder gar unmöglich machen können, sollte die kommerzielle Software vom Markt genommen werden.[96]

Nicht immer lassen sich die genannten Aspekte – Offenheit und Verbreitung – vereinbaren. Häufig handelt es sich bei weit verbreiteten Formaten um proprietäre. In der Umfrageforschung sind etwa die proprietären Statistikprogramme SPSS[97] und Stata[98] – und damit auch mit ihnen assoziierte Dateiformate – weit verbreitet und stellen somit einen de facto-Standard dar. Dennoch ist die fehlende Offenheit ein wesentliches Risiko für den Erhalt der langfristigen Nutzbarkeit und es sollten frühzeitig – idealerweise schon vor der Erhebung der Daten – Überlegungen dazu ange-

---

94 S. Beitrag von Dierkes, Kap. 4.1 in diesem Praxishandbuch.
95 Vgl. hierzu beispielhaft DARIAH-DE 2017.
96 Vgl. Dietrich et al. n.d.
97 S. https://www.ibm.com/de-de/analytics/spss-statistics-software.
98 S. https://www.stata.com.

stellt werden, wie dieses Risiko minimiert werden kann. Dies kann beispielsweise durch eine Transformation in ein offenes Archivierungsformat erfolgen, welches bei Bedarf, z. B. mithilfe von entsprechenden Syntaxen oder Code, wieder in ein verbreitetes Nutzungsformat überführt werden kann.[99]

Eine besondere Herausforderung stellt der technische Wandel auch für die Replikation von Forschungsergebnissen dar, die auf einer maschinellen Verarbeitung, insbesondere einer softwaregestützten Analyse, beruhen. So kann es sein, dass verschiedene Versionen ein und derselben Software unterschiedlich „rechnen" und somit unterschiedliche Ergebnisse auf der gleichen Datengrundlage erzielen – etwa, weil Werte anders gerundet werden. Ershova und Schneider (2018) sowie Kim, Poline und Dumas (2018) weisen in diesem Zusammenhang auf die Bedeutung sorgfältiger Dokumentation der in den Analysen verwendeten technischen Systeme hin.

Neben technischen Hürden können auch ethische[100] und rechtliche[101] Anforderungen die Nachnutzung von Forschungsdaten erschweren oder unmöglich machen. Einschränkungen der Nutzbarkeit ergeben sich beispielsweise aufgrund von Eigentumsrechten (Urheberrecht, Patentrecht, etc.) oder sind notwendig, um den Schutz sensitiver Informationen zu gewährleisten. Entsprechend treffen Forschende Nutzungsentscheidungen unter Berücksichtigung der generellen Zugänglichkeit und Lizenzierung der Daten.[102]

Aus urheberrechtlicher Perspektive sind schutzfähige Forschungsdaten[103] in der Regel nur dann nachnutzbar, wenn die Personen, die die Verwertungsrechte innehaben, einer Nutzung durch Dritte zugestimmt haben. Eine solche Zustimmung kann an bestimmte Bedingungen geknüpft sein, die beispielsweise in einem Lizenztext oder einem Nutzungsvertrag festgeschrieben werden. Je restriktiver diese Nutzungsbedingungen im Hinblick auf den Nutzungszweck oder die Veränderung und Weitergabe der Forschungsdaten sind, desto stärker kann die Nutzbarkeit der Daten eingeschränkt sein.

Ein weit verbreitetes Lizenzmodell, das auch für Forschungsdaten häufig Anwendung findet, ist das der Creative Commons-Lizenzen.[104] Ein Vorteil dieser Lizenzen ist, dass sie aufgrund der Verbreitung bei Forschenden einen recht hohen Bekanntheitsgrad haben. Zu beachten ist jedoch, dass Creative-Commons-Lizenzen nicht für alle Datentypen geeignet sind (z. B. Daten mit Personenbezug, siehe unten[105]).

---

99 Ob dies – insbesondere verlustfrei – möglich ist, hängt selbstverständlich von den spezifischen Formaten ab.
100 S. Beitrag von Rösch, Kap. 1.5 in diesem Praxishandbuch.
101 S. Beitrag von Lauber-Rönsberg, Kap. 1.4 in diesem Praxishandbuch.
102 Vgl. Wu et al. 2019, 5.
103 Zur Frage der Schutzfähigkeit von Forschungsdaten s. Beitrag von Lauber-Rönsberg, Kap. 1.4 in diesem Praxishandbuch.
104 S. https://creativecommons.org.

5.1 Auffindbarkeit und Nutzbarkeit von Daten

Bei der Nutzung von Creative Commons (CC) und anderen Lizenzen ist zu beachten, dass durch die Vergabe einer zu restriktiven Lizenz die Nachnutzung erheblich eingeschränkt werden kann. Dies kommt unter anderem dann zum Tragen, wenn Quellen, die unter unterschiedlichen Lizenzen stehen, integriert werden sollen. Hier kann das sogenannte License Stacking dazu führen, dass eine Veröffentlichung des integrierten Produkts überhaupt nicht oder nur unter der restriktivsten Lizenz möglich ist.[106] Ein Datensatz, der unter einer CC Namensnennung-Share-Alike-Lizenz (CC-BY-SA) steht, kann zwar zum Zweck nicht-kommerzieller Forschung mit Daten, die unter der CC-Lizenz-Namensnennung-Nicht kommerziell (CC-BY-NC) integriert werden; der resultierende Datensatz kann aber nicht für die Nutzung durch Dritte lizenziert werden, da die beiden Ausgangs-Lizenzen sich ausschließen. Denn während CC-BY-SA eine kommerzielle Nutzung ausdrücklich erlaubt und untersagt, die Daten oder darauf aufbauende Produkte unter einer restriktiveren Lizenz zu veröffentlichen, erlaubt die CC-BY-NC-Lizenz keinerlei kommerzielle Nutzung der Daten oder auf ihnen aufbauender Produkte.[107]

Eine Einschränkung der Nachnutzbarkeit von Forschungsdaten aus rechtlichen oder ethischen Gründen kann notwendig sein, wenn diese Daten das Recht auf informationelle Selbstbestimmung der teilnehmenden Personen berühren und im Einklang mit dem Datenschutzrecht verarbeitet werden müssen. Auch das Vorkommen bedrohter Tier- oder Pflanzenarten kann eine sensitive Information darstellen, die durch geeignete Maßnahmen geschützt werden muss.[108] Solche Maßnahmen können in einer Veränderung der Forschungsdaten dahingehend bestehen, dass die sensitive Information gelöscht, vergröbert oder anderweitig verfremdet wird (z. B. durch die Verwendung von Pseudonymen). Diese Veränderungen schränken die Nutzbarkeit der Forschungsdaten allerdings ein, da sie das Analysepotenzial teils erheblich mindern können. Alternativ kann zum Schutz von sensitiven Informationen der Zugang zu den Daten restriktiver gestaltet werden, indem spezielle Nutzungsverträge geschlossen werden und/oder die Daten nur in ganz bestimmten und besonders geschützten Umgebungen remote oder vor Ort zugänglich gemacht werden, etwa in einer so genannten Data Enclave oder in einem Secure Data Center, wie es etwa bei GESIS – Leibniz-Institut für Sozialwissenschaften angeboten wird.[109] In solchen Einrichtungen wird der Zugang zu den Daten zugunsten des Erhalts ihrer analytischen Nutzbarkeit bewusst erschwert.

Die dritte Dimension, in welcher sich der Grad der Nutzbarkeit von Forschungsdaten entscheidet, ist die der *intellektuellen Zugänglichkeit* oder *Verstehbarkeit*. Ob

---

105 Vgl. auch Creative Commons 2019a.
106 Vgl. Mozilla Science Labs n.d.
107 Vgl. Creative Commons 2019b.
108 Vgl. z. B. Chapman und Grafton 2008, 3.
109 S. https://www.gesis.org/angebot/daten-analysieren/secure-data-center-sdc.

Forschungsdaten zur Beantwortung neuer Forschungsfragen nutzbar sind, hängt wesentlich von der Möglichkeit ab, den Inhalt der Daten erfassen zu können.

Forschungsdaten sind nicht „selbsterklärend" und ihre wissenschaftliche Nutzung ist in aller Regel ohne umfassende zusätzliche Informationen darüber, durch wen, warum (Erhebungszweck, Forschungsfrage) und wie (Forschungsdesign, Erhebungsmethode) die Daten erhoben und aufbereitet wurden, nicht möglich. Als einfaches Beispiel können Temperaturwerte dienen, die nur dann verständlich sind, wenn unter anderem bekannt ist wann, wo, mit welchen Instrumenten und unter welchen Bedingungen sie gemessen wurden.[110] Welche Informationen für ein Verständnis notwendig sind, ist einerseits in hohem Maße fach- bzw. datenspezifisch (vgl. Tab. 1 für Beispiele) und hängt andererseits vom jeweiligen Nutzungszweck ab: „a data set is intelligible only when its metadata relates to its intended use."[111] So kann das Fehlen von bestimmten Kontextinformationen einige Nachnutzungen unmöglich machen, während andere Nutzungen hiervon völlig unberührt bleiben.

Angesichts der teils rasanten Herausbildung neuer Forschungsmethoden und -praktiken und der zunehmenden Bedeutung von trans- und interdisziplinärer Forschung ist die Frage, welche Kontextinformationen für zukünftige Nutzungen von Forschungsdaten wohl notwendig sind, nicht mit Sicherheit – möglicherweise noch nicht einmal annähernd – zu beantworten.

So gibt es in der Literatur Hinweise darauf, dass ein umfassendes Verständnis von Forschungsdaten für die Nachnutzung nur möglich ist, wenn die Nutzenden selbst Erfahrungen in der Erhebung und Aufbereitung entsprechender Daten haben. „While standards can be helpful, the results show that knowledge of the local context is critical to ecologists' reuse of data."[112] Auch Pasquetto, Borgman und Wofford weisen darauf hin, dass insbesondere bei der Verwendung von Forschungsdaten zur Beantwortung neuer Forschungsfragen (als „integrative data reuse" bezeichnet) ein Grad von Verständnis der Daten notwendig ist, der kaum über die reine Bereitstellung von Kontextinformationen[113] zu erreichen ist.[114] Dies führt einerseits dazu, dass Forschende im Rahmen einer Nachnutzung mit den Primärforschenden kooperieren. Zum anderen konnte gezeigt werden, dass Nutzende Kontakt zu den Datenproduzierenden (Primärforschenden) und anderen Personen in ihrer Forschungscommunity suchen, wenn sie auf Probleme mit Datensätzen stoßen.[115]

---

110 Vgl. hierzu Abschnitt 4.3 in Pasquetto, Borgman und Wofford 2019.
111 Thanos 2017, 10.
112 Zimmerman 2008, 631.
113 Hierbei kann es sich beispielsweise um Dokumentation der Datenerhebung und -aufbereitung in Form von Feldtagebüchern, Erhebungsinstrumenten, Methodenreports, Analysecode, oder Beschreibung der Hard-/Software-Umgebung zur Datenerhebung und/oder -verarbeitung handeln.
114 Vgl. Pasquetto, Borgman und Wofford 2019, Abschnitt 4.3.
115 Vgl. Yoon 2017, 466–67; Gregory et al. 2019b, 428–29.

Diese Befunde machen deutlich, dass eine Nachnutzung von Forschungsdaten in neuen Forschungs- und Projektkontexten nur dann überhaupt möglich wird, wenn der originäre Forschungsprozess und die resultierenden Daten möglichst umfassend beschrieben werden. Wie Zimmermann ausführt, kann die Abhängigkeit von implizitem Wissen durch die Verfügbarkeit und Nutzung von fachspezifischen Standards verringert werden.[116] Dies können beispielsweise Standards sein, die bei der Erhebung von Forschungsdaten oder bei der Dokumentation des Erhebungsprozesses Anwendung finden.

Tab. 1: Beispiele für benötigte Kontextinformationen nach Domäne

Domäne	Beispiele für benötigte Kontextinformationen
Archäologie	„Site metadata: Site location and background, Excavator, Excavation type and techniques, Cultural sequence, periodization, and affinities, Dating, Recovery metadata, Sampling, Context types."[117]
Ökologie	„[D]escription of the methods used to obtain an observation or to conduct an experiment, the location of an observation or experiment, and attributes associated with an observed species, such as taxonomic information, physical characteristics, or natural history information."[118]
Qualitative Sozialforschung	„Methods: Instrument (Abstract), Tool (Abstract), Settings, Data Collection Tool, Analysis Tool, Processing Tool, Data Collection Method, Analysis Method, Processing Method, Data Collection Instrument, Analysis Instrument, Processing Instrument, Data Collection Mode."[119]

2.2 Vertrauen

Die Forschung zeigt, dass das Vertrauen der Nutzenden in die Forschungsdaten und die datenhaltende Institution wesentlich mit darüber bestimmt, ob Daten nachgenutzt werden. Hierbei wurden verschiedene Faktoren identifiziert, die darüber bestimmen, ob Nutzende einer Information (z. B. einem Datensatz) vertrauen (vgl. Tab. 2).

---

116 Vgl. Zimmermann 2008, 634–35.
117 Atici et al. 2013, 678.
118 Zimmerman 2008, 633.
119 Hoyle und DDI Qualitative Data Working Group 2012, 5–6.

Tab. 2: Faktoren, die das Vertrauen Forschender in genutzte Daten beeinflussen

Studie	Faktoren (eigene Übersetzung)
Kelton, Fleischmann und Wallace (2008, 367)	Genauigkeit Objektivität Validität Stabilität
Donaldson und Conway (2015, 2440)	Authentizität Verlässlichkeit
Faniel und Yakel (2017, 111)	Identität der Datenproduzierenden Dokumentation, z. B. „completeness or thoroughness of record, evidence of standardized or professional practice"[120] Begutachtete Publikationen über die Daten Hinweise auf frühere Nutzungen Reputation des Repositoriums

Die in Tab. 2 aufgeführten Studien machen deutlich, dass die Entscheidung, ob Forschende Daten ausreichend vertrauen, um diese zu nutzen, wesentlich von (wahrgenommenen) Eigenschaften erstens der Daten und ihrer Dokumentation selbst, zweitens der Datenproduzierenden und drittens der datenhaltenden Institution abhängt.

Bezüglich der Eigenschaften von Daten und deren Dokumentation, wie etwa Genauigkeit, Validität, Verlässlichkeit oder Vollständigkeit, kommt den Primärforschenden, die die Daten erheben und aufbereiten, eine wesentliche Verantwortung zu. Denn viele dieser Eigenschaften leiten sich unmittelbar aus dem Erhebungsprozess und dem nachfolgenden Umgang mit den Daten ab. Werden entsprechende (Kontext-)Informationen nicht bereits während des Forschungsprozesses zum Zweck der Dokumentation festgehalten, können sie nachträglich häufig nicht mehr rekonstruiert werden. Schon hier sollte möglichst eine Orientierung an domänenspezifischen Standards und Best Practices erfolgen, etwa um eine Vollständigkeit der Dokumentation zu gewährleisten.

Eine weitere Anreicherung der Daten mit für die Bewertung ihrer Vertrauenswürdigkeit relevanten Informationen kann Aufgabe der Infrastruktur sein, die die Daten langfristig sichert und zugänglich macht. So können beispielsweise die fortlaufende Verknüpfung mit auf Grundlage der Daten entstandenen Publikationen oder die Bereitstellung von Informationen wie ORCID[121] der Primärforschenden dabei helfen, für die Beurteilung der Vertrauenswürdigkeit der Daten durch die Nutzenden relevante Informationen zugänglich zu machen. Auch eine weitere Aufbereitung der von den Forschenden dokumentierten Kontextinformationen gemäß

---

[120] Faniel und Yakel 2017, 112.
[121] S. https://orcid.org.

Domänenstandards (z. B. DDI, MeSH,[122] ADeX[123]) kann Aufgabe der Informationsinfrastruktur sein, die die Daten langfristig sichert und zur Nutzung anbietet.

Wie in Tab. 2 dargestellt, hat nach Faniel und Yakel auch die Reputation des Repositoriums eine Relevanz, wenn Forschende sich für oder gegen die Nutzung von Forschungsdaten entscheiden: „In our DIPIR research we [...] found that data reusers assess trust through repository functions – particularly data processing, metadata application, and data selection – and to a lesser extent repository actions, such as transparency."[124] Vor diesem Hintergrund erscheint es umso wichtiger, dass Informationsinfrastrukturen tief in den jeweiligen Fachcommunities verankert sind und ihre Zielgruppe und ihre Bedürfnisse kennen.[125] Nur so können sie gewährleisten, dass sie relevanter Entwicklungen und Veränderungen gewahr werden und ihre Services und Angebote entsprechend anpassen können.

Fazit

Was die Auffindbarkeit von Daten angeht, besteht eine gewisse Divergenz zwischen Angeboten zur Datensuche und dem tatsächlichen Suchverhalten. Die vorhandenen Repositorien und Portale bieten den Zugang zu den Daten und werden auch genutzt; tatsächlich spielen aber die Datensuche über Literatur, das Kennenlernen von neuen Daten durch Kontakte in der Forschungscommunity und zunehmend auch die Websuche eine größere Rolle für Datennutzende. Diese Praktiken sollten bei der Weiterentwicklung der Forschungsdateninfrastruktur mitgedacht werden. Die Dokumentation spielt eine zentrale Rolle für die Auffindbarkeit von Daten. Die Nutzung der Dokumentation, insbesondere die Verwendung von (fachspezifischen) Terminologien im Suchprozess muss im Sinne einer nutzungsorientierten Weiterentwicklung der Forschungsdatensuchdienste noch weiter erforscht werden.

Wie gut und zu welchen Zwecken Forschungsdaten nutzbar sind, hängt von einer Reihe von Faktoren in unterschiedlichen Dimensionen ab (Technik, Recht und Ethik, intellektuelle Zugänglichkeit). Sowohl die Primärforschenden bzw. Datenproduzierende als auch die Informationsinfrastrukturen, die die Daten archivieren und zugänglich machen, können dazu beitragen, die Nutzbarkeit von Forschungsdaten zu erhöhen. So sollten Forschende schon im Forschungsprozess als Teil des Datenmanagements möglichst genau dokumentieren, wie und warum sie die Forschungsdaten erheben, aufbereiten und analysieren. Hilfestellung bieten Einrichtungen der

---

122 Medical Subject Headings, s. https://www.nlm.nih.gov/mesh/meshhome.html.
123 Archäologischer DateneXport-Standard, s. https://landesarchaeologen.de/kommissionen/archaeologie-und-informationssysteme/projekte-8.
124 Faniel und Yakel 2017, 110.
125 Vgl. Faniel und Yakel 2017, 118.

Informationsinfrastruktur. Letzteren kommt zudem eine besondere Verantwortung bei der Anreicherung und Standardisierung vorhandener Kontextinformationen zu. Beides kann wesentlich dazu beitragen, die Interpretierbarkeit der Forschungsdaten zu ermöglichen und das Vertrauen der Nutzenden in die Daten zu unterstützen.

Literatur

Letztes Abrufdatum der Internet-Dokumente ist der 15.11.2020.

Atici, Levent, Sarah W. Kansa, Justin Lev-Tov und Eric C. Kansa. 2013. „Other People's Data: A Demonstration of the Imperative of Publishing Primary Data." *J Archaeol Method Theory* 20 (4): 663–681. doi:10.1007/s10816-012-9132-9.

Bauer, Andreas, Holger Günzel und Jens Albrecht. 2013. *Data-Warehouse-Systeme. Architektur, Entwicklung, Anwendung.* Heidelberg: dpunkt-Verlag.

Borgman, Christine L. 2015. *Big data, little data, no data: Scholarship in the networked world.* Cambridge: MIT Press.

Chapman, Adriane, Elena Simperl, Laura Koesten, George Konstantinidis, Luis-Daniel Ibáñez, Emilia Kacprzak und Paul Groth. 2019. „Dataset search: a survey." *The VLDB Journal.* doi:10.1007/s00778-019-00564-x.

Chapman, Arthur D. und Oliver Grafton. 2008. *Guide to best practices for generalising sensitive species occurence data: version 1.0.* Copenhagen: Global Biodiversity Information Facility. https://www.gbif.org/document/80512.

Creative Commons. 2019a. „CC Wiki: Data." https://wiki.creativecommons.org/wiki/data.

Creative Commons. 2019b. „Frequently Asked Questions: Can I combine material under different Creative Commons licenses in my work?" https://creativecommons.org/faq/#can-i-combine-material-under-different-creative-commons-licenses-in-my-work.

DARIAH-DE. 2017. „Empfehlungen für Forschungsdaten, Tools und Metadaten in der DARIAH-DE Infrastruktur." https://wiki.de.dariah.eu/pages/viewpage.action?pageId=38080370.

Deutsche Forschungsgemeinschaft. 2019. Leitlinien zur Sicherung guter wissenschaftlicher Praxis. https://www.dfg.de/download/pdf/foerderung/rechtliche_rahmenbedingungen/gute_wissenschaftliche_praxis/kodex_gwp.pdf.

Deutsche Initiative für Netzwerkinformation, Hg. 2018. *Thesen zur Informations- und Kommunikationsinfrastruktur der Zukunft.* doi:10.18452/19126.

Dietrich, Daniel, Jonathan Gray, Tim McNamara, Antti Poikola, Rufus Pollock, Julian Tait und Ton Zijlstra. n. d. „Open Data Handbook: File Formats." http://opendatahandbook.org/guide/en/appendices/file-formats/.

Donaldson, Devan R. und Paul Conway. 2015. „User conceptions of trustworthiness for digital archival documents." *J Assn Inf Sci Tec* 66 (12): 2427–2444. doi:10.1002/asi.23330.

Erdfelder, Edgar und Rolf Ulrich. 2018. „Zur Methodologie von Replikationsstudien." *Psychologische Rundschau* 69 (1): 3–21. doi:10.1026/0033-3042/a000387.

Ershova, Anastasia und Gerald Schneider. 2018. „Software updates: the ‚unknown unknown' of the replication crisis." LSE Impact Blog. http://blogs.lse.ac.uk/impactofsocialsciences/2018/06/07/software-updates-the-unknown-unknown-of-the-replication-crisis/.

European Commission. 2016. H2020 Programme. Guidelines on FAIR Data Management in Horizon 2020. Version 3.0. http://ec.europa.eu/research/participants/data/ref/h2020/grants_manual/hi/oa_pilot/h2020-hi-oa-data-mgt_en.pdf.

Faniel, Ixchel M. und Elizabeth Yakel. 2017. „Practices Do Not Make Perfect: Disciplinary Data Sharing and Reuse Practices and Their Implications for Repository Data Curation." In *Curating Research Data Volume 1: Practical Strategies for Your Digital Repository*, hg. v. Lisa R. Johnston, 103–126. Chicago: Association of College and Research Libraries Press.

Fechner, Benedikt und Cornelius Puschmann. 2015. „Über die Grenzen der Offenheit in der Wissenschaft: Anspruch und Wirklichkeit bei der Bereitstellung und Nachnutzung von Forschungsdaten." *Information, Wissenschaft und Praxis* 66 (2–3): 146–150. doi:10.1515/iwp-2015-0026.

Fedkenhauer, Thomas, Yvonne Fritzsche-Sterr, Lars Nagel, Angelika Pauer und Aleksei Resetko. 2017. *Datenaustausch als wesentlicher Bestandteil der Digitalisierung*. Hg. von PricewaterhouseCoopers GmbH, Düsseldorf. https://www.pwc.de/de/digitale-transformation/studie-datenaustausch-digitalisierung.pdf.

Gray, Jim. 2007. „Jim Gray on eScience: A Transformed Scientific Method. Based on the transcript of a talk given by Jim Gray to the NRC-CSTB in Mountain View, CA, on January 11, 2007." In *The Fourth Paradigm. Data-Intensive Scientific Discovery*, hg. v. Tony Hey, Stewart Tansley und Kristin Tolle, xvii–xxxi. Redmond: Microsoft Research.

Gregory, Kathleen, Helena Cousijn, Paul Groth, Andrea Scharnhorst und Sally Wyatt. 2019a. „Understanding Data Search as a Socio-technical Practice." *Journal of Information Science*. doi:10.1177/0165551519837182.

Gregory, Kathleen, Paul Groth, Helena Cousijn, Andrea Scharnhorst und Sally Wyatt. 2019b. „Searching Data: A Review of Observational Data Retrieval Practices in Selected Disciplines." *Journal of the Association for Information Science and Technology* 70: 419–432. doi:10.1002/asi.24165.

Gregory, Kathleen, Siri Jodha Khalsa, William K. Michener, Fotis E. Psomopoulos, Anita de Waard und Mingfang Wu. 2018. „Eleven quick tips for finding research data." *PLoS Computational Biology* 14 (4): e1006038. doi:10.1371/journal.pcbi.1006038.

Hoyle, Larry und DDI Qualitative Data Working Group. 2012. „A Qualitative Data Model for DDI." https://ddialliance.org/sites/default/files/AQualitativeDataModelForDDI.pdf.

Kelton, Kari, Kenneth R. Fleischmann und William A. Wallace. 2008. „Trust in digital information." *J. Am. Soc. Inf. Sci.* 59 (3): 363–374. doi:10.1002/asi.20722.

Kern, Dagmar und Brigitte Mathiak. 2015. „Are there Any Differences in Data Set Retrieval Compared to Well-known Literature Retrieval?" In *Research and Advanced Technology for Digital Libraries, Lecture Notes in Computer Science*, hg. v. Sarantos Kapidakis, Cezary Mazurek, und Marcin Werla, 197–208. Cham: Springer.

Kim, Yang-Min, Jean-Baptiste Poline und Guillaume Dumas. 2018. „Experimenting with Reproducibility: A Case Study of Robustness in Bioinformatics." *GigaScience* 7 (7): 1–8. doi:10.1093/gigascience/giy077.

Kitchin, Rob. 2014. *The Data Revolution: Big Data, Open Data, Data Infrastructures and Their Consequences*. Thousand Oaks: Sage.

Kommission Zukunft der Informationsinfrastruktur. 2011. Gesamtkonzept für die Informationsinfrastruktur in Deutschland: Empfehlungen der Kommission Zukunft der Informationsinfrastruktur im Auftrag der Gemeinsamen Wissenschaftskonferenz des Bundes und der Länder. https://www.hof.uni-halle.de/web/dateien/KII_Gesamtkonzept_2011.pdf.

Mannheimer, Sara, Leila Sterman und Susan Borda. 2016. „Discovery and Reuse of Open Datasets: An Exploratory Study." *Journal of eScience Librarianship* 5 (1): e1091. doi:10.7191/jeslib.2016.1091.

Mozilla Science Labs. n. d. „Open Data Training Primers: Primer 5.3: License Stacking." https://mozillascience.github.io/open-data-primers/5.3-license-stacking.html.

National Academies of Sciences, Engineering, and Medicine. 2019. *Reproducibility and Replicability in Science*. Washington, DC: The National Academies Press. doi:10.17226/25303.

Pasquetto, Irene V., Bernadette M. Randles und Christine L. Borgman. 2017. „On the Reuse of Scientific Data." *Data Science Journal* 16 (1): 21. doi:10.5334/dsj-2017-008.

Pasquetto, Irene V., Christine L. Borgman und Morgan F. Wofford. 2019. „Uses and Reuses of Scientific Data: The Data Creators' Advantage." *Harvard Data Science Review* 1 (2): 1–35. doi:10.1162/99608f92.fc14bf2d.

Rat für Informationsinfrastrukturen. 2019. Herausforderung Datenqualität – Empfehlungen zur Zukunftsfähigkeit von Forschung im digitalen Wandel. Göttingen. urn:nbn:de:101:1-2019112011541657732737.

Shen, Yi. 2015. „Research Data Sharing and Reuse Practices of Academic Faculty Researchers: A Study of the Virginia Tech Data Landscape." *International Journal of Digital Curation* 10: 157–175. doi:10.2218/ijdc.v10i2.359.

Tenopir, Carol, Elizabeth D. Dalton, Suzie Allard, Mike Frame, Ivanka Pjesivac, Ben Birch, Danielle Pollock und Kristina Dorsett. 2015. „Changes in Data Sharing and Data Reuse Practices and Perceptions Among Scientists Worldwide." *PLoS one* 10 (8): e0134826. doi:10.1371/journal.pone.0134826.

Thanos, Costantino. 2017. „Research Data Reusability: Conceptual Foundations, Barriers and Enabling Technologies." *Publications* 5 (1): 2. doi:10.3390/publications5010002.

van de Sandt, Stephanie, Sünje Dallmeier-Tiessen, Artemis Lavasa und Vivien Petras. 2019. „The Definition of Reuse." *Data Science Journal* 18 (2): 2. doi:10.5334/dsj-2019-022.

Wilkinson, Mark D., Michel Dumontier, IJsbrand Jan Aalbersberg, Gabrielle Appleton, Myles Axton, Arie Baak, Niklas Blomberg, u. a. 2016. „The FAIR Guiding Principles for Scientific Data Management and Stewardship." *Scientific Data* 3 (1): 1–9. doi:10.1038/sdata.2016.18.

Wissenschaftsrat. 2012. Empfehlungen zur Weiterentwicklung der wissenschaftlichen Informationsinfrastrukturen in Deutschland bis 2020. https://www.wissenschaftsrat.de/download/archiv/2359-12.pdf.

Wu, Mingfang, Fotis Psomopoulos, Siri Jodha Khalsa und Anita de Waard. 2019. „Data Discovery Paradigms: User Requirements and Recommendations for Data Repositories." *Data Science Journal* 18 (1): 1–13. doi:10.5334/dsj-2019-003.

Yoon, Ayoung. 2017. „Role of Communication in Data Reuse." *Proceedings of the Association for Information Science and Technology* 54 (1): 463–471. doi:10.1002/pra2.2017.14505401050.

Zimmerman, Ann S. 2008. „New Knowledge from Old Data." *Science, Technology, & Human Values* 33 (5): 631–652. doi:10.1177/0162243907306704.

Zimmerman, Ann. 2007. „Not by metadata alone: the use of diverse forms of knowledge to locate data for reuse." *International Journal on Digital Libraries* 7 (1–2): 5–16. doi:10.1007/s00799-007-0015-8.

Andreas Henrich, Robin Jegan und Tobias Gradl
5.2 Data Retrieval

Abstract: Die Ermöglichung einer effektiven und effizienten Suche nach und in Forschungsdaten ist eine der wesentlichen Zielsetzungen des Forschungsdatenmanagements. Um Suchfunktionalitäten passend nutzen und bereitstellen zu können, sind verschiedene Aspekte des Data Retrieval relevant. Diese reichen vom Verständnis des einer Suche zugrundeliegenden Informationsbedarfs über Modelle zum inhaltsbasierten Ranking von Datensätzen bis hin zu Frameworks und Beispielsystemen für die Suche. Der vorliegende Beitrag gibt hierzu einen Überblick und eine Einführung.

1 Motivation

Für das Forschungsdatenmanagement (FDM) sind die bereits in vorangegangenen Beiträgen[1] dargelegten FAIR-Prinzipien von großer Bedeutung.[2] Ein wichtiger Teilaspekt unter dem Schlagwort „Findable" ist dabei „(Meta)data are registered or indexed in a searchable resource". Es geht hier also um die Bereitstellung von Suchfunktionalitäten, die es einer potenziellen Nutzerin bzw. einem potenziellen Nutzer ermöglicht, einen Forschungsdatensatz zu finden, von dem sie oder er zuvor in der Regel noch keine explizite Kenntnis hatte. Die Suche ist hier abzugrenzen vom direkten Zugriff auf einen Datensatz, der über eindeutige Identifikatoren wie einen Digital Object Identifier (DOI) erfolgen kann.

Von der Begrifflichkeit her ist festzuhalten, dass sich Data Retrieval grundsätzlich auf die Suche in (semi-)strukturierten Daten, und in diesem Kontext auf die Suche nach Forschungsdaten bezieht. Ein erster und primärer Zugang ist die Suche über entsprechend gepflegte Metadaten zu den einzelnen Forschungsdaten. Neben sehr allgemeinen Metadatenschemata existieren fachspezifische Schemata, die spezifische Charakteristika von Forschungsobjekten für das jeweilige Fach einbeziehen. In Abhängigkeit von dem konkret verwendeten Schema umfassen Metadaten typischerweise technische Daten wie das Format, inhaltsbeschreibende Daten wie den Titel oder eine Kurzbeschreibung, Informationen zu Zugriffsrechten, Identifikatoren, das Jahr und den Ort der Publikation und vieles mehr. Auch Schlagwörter und ggf. Referenzen auf Publikationen sind üblich.

---

1 S. z. B. Beitrag von Linne et al., Kap. 3.2 in diesem Praxishandbuch.
2 Vgl. Wilkinson 2016.

∂ Open Access. © 2021 Andreas Henrich, Robin Jegan und Tobias Gradl, publiziert von De Gruyter. Dieses Werk ist lizenziert unter der Creative Commons Attribution 4.0 Lizenz.
https://doi.org/10.1515/9783110657807-024

Eine Suche auf Basis der Metadaten kann sehr unterschiedlich erfolgen. Eine Stichwortsuche im Titel und der Beschreibung bildet einen üblichen Weg. Dies kann durch Filterbedingungen z. B. zum Jahr der Publikation oder zu anderen Feldern ergänzt werden. Während die inhaltsbasierte Suche in beschreibenden Texten neben klassischen Verfahren des booleschen Retrieval auch Techniken aus dem Kontext von (Web-)Suchmaschinen nutzen kann, können einfache Attribute, wie das Jahr der Publikation, als Filterbedingungen zur Eingrenzung der Ergebnisse dienen.

Neben einer Suche über die Metadaten ist bei Forschungsdaten, die z. B. umfangreiche Text- oder Bildteile umfassen, auch eine Suche auf den Inhalten selbst denkbar. Dazu können Verfahren der Textsuche, wie sie im vierten Kapitel dieses Beitrags beschrieben werden, eingesetzt werden, um so die Möglichkeiten des Data Retrieval zu ergänzen. Für andere Medientypen wie etwa Bilder, Videos oder Audiodateien ist man auf entsprechende spezialisierte Verfahren angewiesen.[3] In diesem Beitrag wird primär auf die Suche über Metadaten eingegangen.

Der Beitrag gliedert sich wie folgt: Zunächst werden wir zum besseren Verständnis der Suche unterschiedliche Arten von Suchsituationen darlegen und die Suche als oft iterativen Prozess beschreiben. Im Anschluss wird eine tiefere Betrachtung zum Charakter der Metadaten in Relation zu den Forschungsdaten selbst gegeben. Da zur Implementierung von Suchlösungen Techniken aus dem Information Retrieval angewendet werden, folgt eine Betrachtung exemplarischer Modelle des Information Retrieval, wobei wir auch die Besonderheiten bei der Verarbeitung anderer Medientypen skizzieren. Darauf aufbauend betrachten wir die Umsetzung von Suchsystemen, mögliche Architekturen für Suchlösungen und Beispiele für zugrundeliegende Softwaresysteme sowie exemplarische Systemumsetzungen. Eine Zusammenfassung rundet den Beitrag ab.

2 Arten von Suchsituationen und der Suchprozess

Sowohl die Suche nach als auch die Nutzung von Informationen sind Teile eines Prozesses, der insbesondere in der digitalen Welt von fundamentaler Bedeutung ist. Jedoch unterscheiden sich Situationen und Kontexte der Suche auf mehreren Ebenen.

Eine Unterscheidung kann im Typ der Anfrage oder in der Art des Informationsbedarfs gesehen werden.[4] So kann ein *konkreter Informationsbedarf* vorliegen, in dem nach Fakten bzw. mit klar abgesteckten thematischen Grenzen gesucht wird,

---

3 Vgl. die Ausführungen in Abschnitt 4.5 in diesem Beitrag sowie z. B. Raieli 2016, 9–42 oder Ponceleón 2012, 587–639.
4 Vgl. Frants 1997, 34–40.

beispielsweise nach der Einwohnerzahl einer bestimmten Stadt. Diese Anfrage kann gewöhnlich mit einer einzelnen Fakteninformation beantwortet werden und ebenso kann mit präzisen Anfragen danach gesucht werden. Weiterhin ist dieser konkrete Informationsbedarf nach der Übermittlung der erforderlichen Fakten befriedigt.

Ein zweiter Typ kann als *problemorientierter Informationsbedarf* charakterisiert werden. Hier kann die Suchanfrage nicht durch eine einzelne Fakteninformation vollständig beantwortet werden. Stattdessen ist meist die Analyse mehrerer durch die Suche zurückgegebener Datensätze notwendig, um die Anfrage beantworten zu können. Außerdem werden die thematischen Grenzen hier nicht klar gesetzt, weswegen auch die Suchanfrage durch mehrere und unterschiedliche Suchterme ausgedrückt werden kann. Die Rückgabe der Suchergebnisse und deren Betrachtung durch die Nutzerin bzw. den Nutzer kann zu einer Modifizierung der Suchanfrage führen, falls der Informationsbedarf noch nicht gedeckt wurde.

Eine weitere Differenzierung hinsichtlich der Suche wurde von Marchionini durch die Aufteilung in *Lookup*, *Learn* und *Investigate* getroffen.[5] Die Suche im Sinne eines Lookup ist am stärksten mit dem oben beschriebenen konkreten Informationsbedarf zu vergleichen. Hier steht die Suche nach Fakten im Vordergrund, die mithilfe eines einzelnen konkreten Suchergebnisses für die Anfrage abgeschlossen werden kann. Interessanter ist die Abgrenzung zu Learn und Investigate, die Eigenschaften des problemorientierten Informationsbedarfs aufweisen, und deren Unterschiede. Die Suche im Sinne von Learn umfasst mehrere Suchanfragen, welche verglichen mit Lookup ausführlichere Antworten liefen und außerdem meist eine Interpretation oder weitere Analyse erfordern. Das Ziel dieser Suche ist ein tieferes Verständnis zu der gewünschten Anfrage, welche durch das Verarbeiten und Vergleichen der Suchergebnisse herausgearbeitet werden kann. Investigate umfasst ebenso wie Learn die Analyse von mehreren Suchanfragen, auf die jedoch eine noch ausführlichere Interpretation und Evaluation folgt. Diese tiefe Analyse erfordert allerdings bereits existierendes Fachwissen, um Vergleiche und Bewertungen für die Suchergebnisse durchführen zu können.

Sowohl Learn als auch Investigate können in eine gemeinsame Kategorie der Exploratory Search eingegliedert werden.[6] Durch die umfangreiche Beteiligung der Nutzerin bzw. des Nutzers, durch zahlreiche Anfragen sowie durch die nötige manuelle Evaluierung der Ergebnisse liegt der Fokus in beiden Sucharten auf einer länger andauernden Untersuchung der Suchergebnisse. Natürlich kann intuitiv argumentiert werden, dass Suchen im Zusammenhang mit Forschungsdaten primär der Kategorie der Exploratory Search zuzuordnen sind, weil es um die Suche nach potenziell relevanten Forschungsdaten für eine bestimmte Forschungsfrage geht. Es ist aber in Analogie zu fast allen Suchlösungen davon auszugehen, dass in vielen Fällen die

---

5 Vgl. Marchionini 2006, 42–43.
6 Vgl. Marchionini 2006, 43–44.

Suchenden bereits recht genau wissen, wonach sie suchen. Die Suchform Lookup sollte daher bei der Konzeption einer Suchlösung für Forschungsdaten mit bedacht werden, weil die Nutzerin bzw. der Nutzer hier in der Regel davon ausgeht, dass lediglich eine Suchanfrage gestellt werden muss, die unmittelbar zur Rückgabe der relevanten Information führt. Während bei einer explorativen Suche eine iterative Verfeinerung der Anfrage akzeptiert wird, ist dies beim Lookup keineswegs der Fall.

Insbesondere der explorative Suchprozess besteht aus einer Reihe von Aktivitäten, die iterativ ausgeführt werden und aufeinander aufbauen.[7] Zu Beginn der Suche muss ein Bedarf nach einer bestimmten Information erkannt werden (recognize), woraufhin der zweite Schritt erfolgt, nämlich, dass akzeptiert wird, dem Bedarf nach Information nachzugehen (accept). Anschließend wird das Problem formuliert (formulate). Es wird identifiziert, welche Information den Bedarf decken kann und welche Quellen herangezogen werden können. Mithilfe der Suchanfrage soll daraufhin ausgedrückt werden, wie die Suchlösung den Informationsbedarf decken soll (express). Durch die Suchlösung gelieferte Ergebnisse werden im Anschluss geprüft (examine), möglicherweise auch mehrmals. Da in diesem Prozess nicht immer sofort die passenden Treffer gefunden werden können, folgt oft eine Umformulierung der Anfrage (reformulate). Das positive Ende des Suchprozesses ist erreicht, sobald die Nutzerin bzw. der Nutzer die Suche beendet und die erhaltenen Informationen verwendet (use).

Der Aufwand, der von Seiten der Nutzerin bzw. des Nutzers einerseits und der Suchlösung andererseits aufgewendet werden muss, ist je nach Aktivität im Suchprozess unterschiedlich verteilt. So liegt ein großer Teil des Aufwandes zur Formulierung des Problems und zur Prüfung der Ergebnisse bei der Nutzerin bzw. dem Nutzer. Im Gegensatz dazu kann die Suchlösung insbesondere bei den Aktivitäten Hilfe bieten, welche sich mit dem Formulieren der Suchanfrage und deren Verfeinerung beschäftigen. Für das Formulieren der Suchanfrage sind Hilfestellungen wie die Autovervollständigung, eine Rechtschreibprüfung oder vorgeschlagene Suchbegriffe zu nennen und für die Umformulierung etwa die Ergänzung vorheriger Suchanfragen, um die Rangliste der Ergebnisse zu verbessern.

Anfragen können aber nicht nur in textueller Form gestellt werden, sondern auch durch andere, an einen bestimmten Anwendungszweck angepasste Suchparameter. Ein Beispiel ist die Suche über chemische Strukturen, etwa in der Crystallography Open Database (COD)[8], in der mittels zweidimensionaler Skizzen Kristallstrukturen aus wissenschaftlichen Veröffentlichungen durchsucht werden können. Dazu kann man in einem kleinen, speziellen Editor Strukturen oder Fragmente von Strukturen als Anfrage skizzieren. Die Möglichkeiten der COD sind damit ein Beispiel für die Anfrageformen Query by Sketch oder Query by Example.

---

[7] Vgl. Marchionini 2007, 207–228.
[8] S. http://www.crystallography.net/cod/jsme_search.html. Letztes Abrufdatum der Internet-Dokumente ist der 15.11.2020.

In der Darstellung der Ergebnisse kann eine Suchlösung durch passende Ergebnisbeschreibungen eine erste Hilfestellung zur unmittelbaren Relevanzbeurteilung geben. Eine Suchlösung muss dabei der Heterogenität der Informationsbedürfnisse ebenso Rechnung tragen wie dem oft iterativen Suchprozess, in dem die Nutzerin bzw. der Nutzer entsprechende Unterstützung und Orientierung erwartet. Weiterhin muss bei Daten, die auf unterschiedlichen Ebenen organisiert sind – etwa Forschungsdaten die nicht nur als einzelner Datensatz vorliegen, sondern auch als Teil von Sammlungen – der variable Aggregationsgrad beachtet und in den Suchergebnissen entsprechend präsentiert werden.

3 Metadaten vs. Forschungsdaten

Data Retrieval für Forschungsdaten setzt einen entsprechenden Bestand an Forschungsdatensätzen voraus. Die Suche in diesem Bestand soll als Ergebnis eine Menge oder ein Ranking relevanter Datensätze für die gegebene Anfrage erzeugen. Jedoch kann hier zwischen verschiedenen Typen von Daten unterschieden werden, die für die Suche ausgewertet werden können, nämlich den Metadaten und den Forschungsdaten selbst.

Metadaten sind Daten über Daten, also zusätzlich zu den eigentlichen Forschungsdaten gespeicherte Informationen, die etwa den Titel, eine Beschreibung, den Verfasser oder das Erstelldatum des Dokuments umfassen.[9] Dabei können verschiedene Arten von Metadaten unterschieden werden:[10] *Deskriptive Metadaten* beschreiben inhaltliche Felder, wie etwa die Themen, welche in einem Dokument vorkommen, oder formale Aspekte, wie die Anzahl der Wörter. *Strukturelle Metadaten* umfassen die Aufteilung eines Dokuments bzw. Forschungsdatenbestandes, das heißt in welchen Einheiten das Dokument aufgebaut ist, etwa Kapitel und Unterkapitel oder Teilmengen. *Administrative Metadaten* beschreiben organisationsbezogene Gegebenheiten wie die Lizenzen, welche die Forschungsdaten betreffen, oder auch die zugehörige Institution, die bei der Entstehung der Forschungsdaten mitgewirkt hat. Zuletzt präsentieren *technische Metadaten* beispielsweise Details zum Dateiformat und der Dateigröße.

Die Definition und Beschreibung von Metadaten erfolgt insbesondere in kleineren Projekten und Sammlungen initial häufig nicht anhand von Standards. Stattdessen werden oft eigene Schemata entwickelt, welche die Anforderungen der vorliegenden Domäne möglichst exakt widerspiegeln sollen. Aspekte der FAIR-Prinzipien – wie die langfristige Nachnutzbarkeit von Metadaten aus vielen Systemen –

---

9 Vgl. Ferber 2003, 267–284.
10 Vgl. Schöch 2017, 228–229.

werden allerdings erst durch die Verwendung von Standards ermöglicht, da diese eine übergreifende Interpretierbarkeit der Datenfelder gestatten. Die Dublin Core Metadata Initiative hat mit den fünfzehn Hauptelementen von Dublin Core einen frühen Metadatenstandard geschaffen,[11] welcher bis heute im Gebrauch ist. Eine Weiterentwicklung von Dublin Core – ebenso wie des im Bibliothekswesen gebräuchlichen MARC-Standards[12] – wurde mit dem Metadata Object Description Schema (MODS) geschaffen,[13] um zum einen Kompatibilität zu MARC zu gewährleisten und zum anderen den beschränkten Dublin Core Standard zu erweitern.

Für das kulturelle Erbe im Allgemeinen ist das CIDOC Conceptual Reference Model (CRM) relevant,[14] welches eine semantische Datenmodellierung ermöglicht, die dadurch die Erstellung von Ontologien gestattet. Die Auswahl verfügbarer Standards ist dabei annähernd so divers, wie das disziplinäre Spektrum der Wissenschaften selbst. Für einen Überblick über fachspezifische Standards und weiterführende Betrachtungen kann an dieser Stelle lediglich auf einschlägige Literatur verwiesen werden – für den Bereich des kulturellen Erbes beispielsweise auf Neuroth und Flanders.[15]

Der Begriff der digitalen Daten umfasst in diesem Kontext neben den Metadaten auch die inhaltliche Ebene, also digitalisierte bzw. digital erstellte (born-digital) Artefakte. Forschungsdaten sind als Begriff für die Gesamtheit an Daten aufzufassen, welche einen Datensatz ausmachen, das heißt Inhalte ebenso wie andere Formate von Daten und zugehörige Metadaten.[16] Ein Beispiel für ein in dieser Hinsicht übergreifendes Format wird von der Text Encoding Initiative (TEI)[17] betreut und weiterentwickelt. Das gleichnamige Dokumentenformat ist ein Standard für Textdaten, -kodierung und -transfer und hat sich in den Geisteswissenschaften (u. a. Editionswissenschaft, Linguistik) etabliert. Neben den encodierten, annotierten Inhalten bietet das TEI Format tiefe Möglichkeiten zur Beschreibung von Metadaten.

Standardisierte Formate nicht nur von Metadaten, sondern auch von Forschungsdaten allgemein und den Schnittstellen, über die diese abgerufen werden können, erlauben den Austausch durch Institutionen und Wissenschaftlerinnen bzw. Wissenschaftler. An dieser Stelle bleibt festzuhalten, dass Suchlösungen für Forschungsdaten verschiedene Standards zu Metadaten unterstützen und nach Möglichkeit auch Werkzeuge zur Integration bereitstellen sollten.

---

[11] S. https://www.dublincore.org/specifications/dublin-core/dces.
[12] S. https://www.loc.gov/marc.
[13] S. http://www.loc.gov/standards/mods.
[14] S. http://www.cidoc-crm.org Letztes Abrufdatum der Internet-Dokumente ist der 15.11.2020.
[15] Vgl. Neuroth 2017, 213–22; Flanders 2015, 229–237.
[16] Forschungsdaten umfassen dabei zum Teil auch Referenzen auf sogenannte „Sekundärdaten", die aus der Verarbeitung der Primärdaten etwa durch Interpretation oder Datenaggregation entstehen können. Vgl. Rixen 2018.
[17] S. https://tei-c.org.

4 Modelle des Information Retrieval

Die Aufgabe eines Suchsystems für Forschungsdaten ist es, primär zu einem Informationsbedarf relevante Datensätze im Ergebnis für eine Suche zu präsentieren. Klassisch wurde dabei häufig eine Ergebnismenge berechnet. Dies ist allerdings in den letzten Jahrzehnten durch Rankings von relevanten Datensätzen bzw. Dokumenten abgelöst worden, weil der Nutzerin bzw. dem Nutzer so ein differenzierteres Bild präsentiert werden kann. In diesem Kapitel soll es nun um die Modelle gehen, die der Bestimmung einer Ergebnismenge bzw. eines Rankings zugrunde liegen. Im Forschungsgebiet des Information Retrieval (IR) ging und geht es unter anderem darum, (mathematische) Modelle für die Ermittlung relevanter Dokumente zu einer Anfrage zu definieren.[18] Einige exemplarische Modelle werden wir im Weiteren beschreiben, um dann in späteren Abschnitten auf die technische Umsetzung solcher Modelle einzugehen. Die Modelle des IR gehen überwiegend von Situationen aus, in denen mit einer entsprechenden Anfrage in einer Kollektion von Dokumenten – bzw. Datensätzen – gesucht wird, die in der Regel durch einen Text repräsentiert werden.[19] In unserem Fall könnte es sich bei diesem Text z. B. um den Titel eines Forschungsdatensatzes oder einen kurzen Beschreibungstext aus den Metadaten zu diesem Datensatz handeln.

Um die Modelle besser verstehen zu können, ist es wichtig, sich nochmals klarzumachen, dass die Aufgabe eines Suchsystems in der Bereitstellung relevanter Forschungsdaten bzw. Informationen liegt. Die Qualität des Ergebnisses hat hier zwei Perspektiven: Zum einen sollte das Ergebnis möglichst viele relevante Forschungsdaten zum Informationsbedarf enthalten. Auf der anderen Seite ist es aber auch wichtig, dass das Ergebnis möglichst wenige irrelevante Datensätze enthält. Zur Einschätzung des ersten Aspekts verwendet man den Recall als Kennzahl. Dieser errechnet sich aus der Anzahl relevanter Datensätze im Ergebnis der Suchmaschine im Verhältnis zur Anzahl der insgesamt in der Kollektion enthaltenen relevanten Datensätze. Der Recall misst damit die Vollständigkeit des Ergebnisses. Dem steht als zweite Kennzahl die Precision gegenüber. Sie misst, wie gut es dem System gelingt, nicht relevante Datensätze aus dem Ergebnis fernzuhalten. Die Precision errechnet sich aus der Anzahl relevanter Datensätze im Ergebnis im Verhältnis zur Gesamtzahl der Datensätze im Ergebnis (relevante und irrelevante).

Ziel eines Suchsystems muss es nun sein, einen geeigneten Kompromiss zwischen diesen Zielgrößen zu erzielen. Um zu messen, wie gut dieser Kompromiss ge-

---

18 Vgl. Croft 2010, 1–12.
19 Bei Bilddaten – als Beispiel für multimediale Daten – kann man einerseits versuchen durch eine (ggf. automatische) Analyse des Bildinhalts eine Verschlagwortung oder Klassifikation durchzuführen und so den Inhalt des Bildes ebenfalls durch Text zu repräsentieren. Andererseits kann man aber auch Vergleiche auf den Bilddaten selbst durchführen. Vgl. die Ausführungen in Abschnitt 4.5 in diesem Beitrag sowie z. B. Bullin 2020, 1–22.

lingt, wird bisweilen das sogenannte F-Maß eingesetzt, das dem harmonischen Mittel aus Recall (R) und Precision (P) entspricht: $\frac{2RP}{(R+P)}$. Durch die Verwendung des harmonischen Mittelwertes statt des arithmetischen Mittelwertes wird erreicht, dass das F-Maß niedrig ist, sobald eine der beiden Eingangsgrößen niedrig ist.

Die skizzierten Maße können zum einen genutzt werden, um die Leistungsfähigkeit entsprechender IR-Modelle einzuschätzen. Zum anderen helfen sie auch bei der Charakterisierung von Anfragen. So gibt es Anfragen, für die ein hoher Recall wichtig ist – z. B. bei der Recherche nach Forschungsarbeiten in einem Promotionsvorhaben. Bei anderen Anfragen spielt der Recall eine geringere Rolle, weil man zur Beantwortung der Anfrage nur ein oder zwei relevante Datensätze benötigt – wenn man z. B. nach dem Geburtsdatum einer Person sucht.

4.1 Boolesches Retrieval

Ein erstes einfaches Retrievalmodell findet sich im klassischen booleschen Retrieval. Hier können zunächst Texte gesucht werden, die einzelne Anfragebegriffe enthalten. Durch die Zusammensetzung von einzelnen Begriffen oder Anfrageteilen mithilfe boolescher Operatoren können Anfragen weiter ausspezifiziert werden. So sucht eine Anfrage „Novelle AND Mittelalter" z. B. nach Datensätzen, die beide Begriffe enthalten. Neben den üblichen booleschen Operatoren können zum Teil auch komplexere Operatoren wie NEAR[n] angewendet werden, wobei in diesem Fall die beiden Begriffe links und rechts des Operators in einem Wortfenster von maximal n Wörtern gemeinsam vorkommen müssen. Vorteile des booleschen Retrieval sind, dass die Ergebnisse vorhersehbar und relativ einfach zu erklären sind. Viele verschiedene Eigenschaften (wie z. B. auch das Publikationsdatum) können in einen Anfrageausdruck einbezogen werden. Nachteilig ist allerdings, dass die Effektivität davon abhängt, ob es der Nutzerin bzw. dem Nutzer gelingt, einen passenden booleschen Ausdruck zu formulieren. Hinzu kommt, dass das Modell eine nicht weiter strukturierte Ergebnismenge liefert, was insbesondere bei großen Ergebnismengen unmittelbar den Bedarf zur Verfeinerung der Anfrage nach sich zieht.

4.2 Vektorraummodell

Ein weiteres weit verbreitetes Retrievalmodell ist das Vektorraummodell. Die Anfragen werden hier, verglichen mit dem booleschen Retrieval, nicht mithilfe von Operatoren erstellt, sondern können als Schlüsselwortanfragen gestellt werden. Sowohl die Forschungsdaten als auch die Anfragen werden als Vektoren dargestellt, wobei die Werte in den einzelnen Dimensionen der Vektoren die Bedeutung einzelner Wörter (Terme) für die jeweiligen Forschungsdaten bzw. die Anfrage repräsentieren. Die Anzahl der Dimensionen der Vektoren entspricht damit der Größe des Vokabulars, das alle Begriffe enthält, die in den betrachteten Dokumenten vorkommen. In dem so gebildeten Vektorraum kann mit einem entsprechenden Ähnlichkeitsmaß nach den zu einem Anfragevektor ähnlichsten Dokumentvektoren gesucht werden. Das Maß der Kosinus-Ähnlichkeit etwa drückt über den Kosinus des Winkels zwischen den Vektoren die Ähnlichkeit zwischen Anfrage und Dokument aus und ermöglicht dadurch ein Ranking der Forschungsdaten basierend auf der Anfrage.

Für die Verbesserung der Ergebnisse können in diesen Modellen unterschiedliche Ähnlichkeitsmaße und Verfahren zur Bestimmung der Termgewichtungen eingesetzt werden.[20] Während bei den Ähnlichkeitsmaßen häufig die oben erwähnte Kosinus-Ähnlichkeit genutzt wird sind für die Termgewichtungen verschiedene Formeln nach dem sogenannten *tf-idf*-Muster im Einsatz. *tf* steht dabei für die Frequenz eines Terms in einem Dokument. Dem liegt die Annahme zugrunde, dass ein Term umso besser geeignet ist ein bestimmtes Dokument zu beschreiben, je häufiger er in diesem Dokument vorkommt. Allerdings ist auch zu berücksichtigen, dass das häufige Vorkommen eines Terms in einem Dokument nur dann bedeutsam für dieses Dokument selbst ist, wenn der Term nicht auch in anderen Dokumenten relativ häufig vorkommt. Dieser Tatsache wird durch die *idf*-Komponente Rechnung getragen, die als inverse Dokumentfrequenz (*idf*) umso höher ist, je seltener der Begriff im gesamten Korpus vorkommt. Durch *tf-idf*-Formeln werden also Terme hoch gewichtet, die im betreffenden Dokument häufig, im gesamten Korpus dagegen eher selten sind. Die für Indexierung und Suchanwendungen bekannte Bibliothek Lucene ermöglicht sowohl das oben erwähnte boolesche Retrieval als auch das Vektorraummodell für das Bewerten von Dokumenten.[21] Beginnend mit der Version 6.0 von Lucene wurde 2016 aber das bisher als Standardscoring verwendete *tf-idf*-Modell durch ein anderes Modell ersetzt, nämlich BM25, welches im folgenden Kapitel näher beleuchtet wird.[22]

4.3 Probabilistisch motivierte Modelle

Während das Vektorraummodell weitgehend pragmatisch motiviert ist, gab es im IR immer auch die Bestrebung, probabilistisch fundierte Modelle für das Ranking von Dokumenten zu entwickeln. Ein wichtiger Meilenstein in diesem Zusammenhang war das BIR-Modell.[23] BIR steht für Binary Independence Retrieval und macht verschiedene Annahmen deutlich. Eine erste wesentliche Annahme ist, dass das Vor-

---

[20] Vgl. Manning 2008, 289–292.
[21] S. https://lucene.apache.org/core/8_4_1/core/org/apache/lucene/search/similarities/TFIDFSimilarity.html.
[22] S. https://lucene.apache.org/core/6_0_0/changes/Changes.html.
[23] Vgl. Robertson 1976, 129–146.

kommen eines Wortes in einem Dokument eine binäre, nicht weiter gewichtete Eigenschaft darstellt. Das bedeutet, es geht nur darum, ob ein Wort in einem Dokument vorkommt, und nicht z. B. darum, wie oft es in diesem Dokument vorkommt. Ein zweiter wichtiger Punkt ist die Unabhängigkeitsannahme (Independence). Diese Annahme liegt dabei auch dem Vektorraummodell zugrunde, in dem die einzelnen Dimensionen des Vektorraumes repräsentieren, wie gut ein bestimmtes Wort geeignet ist, um ein Dokument – bzw. einen Datensatz – zu beschreiben. Im Hinblick auf ein probabilistisches Modell erlaubt die Unabhängigkeitsannahme die Wahrscheinlichkeiten für das Vorkommen einzelner Terme/Wörter in Dokumenten unabhängig voneinander zu betrachten und zu verrechnen. Die Unabhängigkeitsannahme ist dabei natürlich stark vereinfachend, denn einzelne Begriffe wie z. B. „Dichter" und „Poet" werden keineswegs statistisch unabhängig in Dokumenten vorkommen. Die Unabhängigkeitsannahme ist aber wichtig, um effiziente mathematische und auch algorithmische Verfahren für das Ranking einsetzen zu können.

Während das reine BIR-Modell in der praktischen Anwendung keine nennenswerte Rolle spielt, hat es doch viele weitergehende Verfahren beeinflusst und Eingang in das sehr oft genutzte Modell Okapi BM25 gefunden.[24] Im Folgenden werden wir dieses Modell in Anlehnung an Croft etwas genauer betrachten, da es den Charakter von IR-Modellen exemplarisch verdeutlicht:[25]

$$Score(D,Q) = \sum_{(i \in Q)} log \frac{(N - n_i + 0,5)}{(n_i + 0,5)} \cdot \frac{(k_1 + 1) \cdot f_i(D)}{k_1 \left((1-b) + b \cdot \frac{dl(D)}{avdl}\right) + f_i(D)} \cdot \frac{(k_2 + 1) \cdot f_i(Q)}{k_2 + f_i(Q)}$$

Die Formel berechnet mit *Score(D,Q)* ein Maß für die Passung des Dokumentes *D* zur Anfrage *Q*. Die Anfrage *Q* besteht dabei aus einer Reihe von Anfragebegriffen $i \in Q$. In der Summe der obigen Formel werden Werte für die einzelnen Anfragebegriffe addiert. Dabei wird aus technischen Gründen der Logarithmus verwendet. Durch die Eigenschaften des Logarithmus ist gewährleistet, dass sich die Rangordnung der Dokumente auf Basis der Score-Werte durch die Anwendung des Logarithmus nicht ändert. Das folgende Produkt besteht aus drei Faktoren. Der erste Faktor bestimmt auf Basis der Kennzahlen *N* (= Anzahl der Dokumente in der Kollektion) und n_i (= Anzahl der Dokumente, in denen der Begriff *i* vorkommt) eine aus dem BIR-Modell stammende Variante der *idf*-Komponente. Hier wird ausgedrückt, wie selten der Begriff in der Kollektion ist. Je seltener der Begriff, umso höher ist seine „Erklärungskraft" für Dokumente, in denen er vorkommt.

---

[24] Vgl. Sparck 2000, 795–802.
[25] Vgl. Croft 2010, 243–252.

Für die folgenden beiden Faktoren werden Parameter k_1, k_2 und b berücksichtigt, die für bestimmte Anwendungen optimiert werden können. Als Standardwerte[26] werden z. B. $k_1 = 1,2$, $k_2 \in [0; 1000]$ und $b = 0,75$ genutzt.

Im mittleren Faktor wird die Vorkommenshäufigkeit $f_i(D)$ des Begriffs i im Dokument D berücksichtigt (*tf*-Komponente). Im Nenner wird dabei mit der Relation zwischen der Länge *dl(D)* des Dokumentes D und der durchschnittlichen Länge eines Dokumentes in der Kollektion *avdl* und den gegebenen Parametern gerechnet, um zielgerichtet die Vor- und Nachteile kürzerer und längerer Dokumente durch eine angepasste Dokumentlängennormierung zu berücksichtigen. Dies ist wichtig, weil in kurzen Dokumenten einzelne Begriffe fast zwangsweise relativ häufig sind. Würde man also mit relativen Häufigkeiten arbeiten, würden kurze Dokumente im Ranking stark bevorteilt, während bei absoluten Häufigkeiten lange Dokumente im Ranking bevorzugt würden. Die angepasste Dokumentlängennormierung schafft hier einen Ausgleich.

Der letzte Faktor spielt bei Stichwortanfragen keine Rolle, da dort die Vorkommenshäufigkeit der Stichworte in der Anfrage $f_i(Q)$ in der Regel jeweils 1 sein wird. Verwendet man die Formel jedoch um Anfragetypen wie „Suche ähnliche Dokumente" zu unterstützen, sollte die Vorkommenshäufigkeit im Anfragedokument berücksichtigt werden. Auch hier kann die Auswirkung wieder über einen Parameter (k_2) gesteuert werden.

Die betrachtete Formel verdeutlicht den typischen Aufbau von Ranking-Funktionen, die dazu dienen, die Dokumente anhand der errechneten Werte im Ergebnis zu einer Anfrage zu sortieren.

4.4 Sprachmodelle

Neben dem Vektorraummodell oder BM25 existieren weitere für Suchsituationen, Dokumentvergleiche und andere Aufgabenfelder vielversprechende Ansätze. Einer dieser Ansätze basiert auf statistischen Sprachmodellen. Einzelne Dokumente werden hier mithilfe der Vorkommenswahrscheinlichkeiten der in ihnen enthaltenen Wörter charakterisiert (relative Vorkömmenshäufigkeiten). Mathematisch gesehen liegt dabei eine Multinomialverteilung über Wörtern vor (Urnenmodell mit Zurücklegen). Diese Sprachmodelle können entweder genutzt werden, um z. B. zu ermitteln, wie wahrscheinlich die Generierung einer bestimmten Anfrage auf Basis des Sprachmodells eines Dokumentes wäre. Das Dokument mit der höchsten Wahrscheinlichkeit, eine bestimmte Anfrage zu generieren, wird dann als relevantestes Dokument für diese Anfrage eingestuft. Auf der anderen Seite erlauben diese Modelle aber auch, Dokumente miteinander zu vergleichen und ähnliche Dokumente auf

---

[26] Vgl. Robertson 1999, 3.

Basis der Sprachmodelle zu bestimmen. Für den erfolgreichen Einsatz von Sprachmodellen spielen dabei Glättungstechniken eine wichtige Rolle, bei denen die aus den Wortvorkommen im Dokument gewonnenen Wahrscheinlichkeiten mit entsprechenden Hintergrundwahrscheinlichkeiten geglättet werden.[27] Dadurch wird insbesondere das Problem behoben, dass Begriffe, die nicht in einem Dokument vorkommen, eine Erzeugungswahrscheinlichkeit von 0 als Anfragebegriffe erhalten würden. Sprachmodelle werden beispielsweise in der Websuche verwendet, um die Relevanz der Elemente auf der Suchergebnisseite zu verbessern.[28]

4.5 Multimedia Information Retrieval

Multimediale Daten erfordern auf den Datentyp angepasste Verarbeitungsschritte, um Retrieval ähnlich zu den vorgestellten Modellen für Text zu ermöglichen. Nicht nur Bilder, sondern auch weitere Medien wie Video und Audio sind im Bereich der Forschungsdaten von großer Bedeutung und müssen entsprechend behandelt werden. Exemplarisch soll hier auf einige Besonderheiten bei der Analyse von Bildern eingegangen werden.

Metadaten spielen bei der Bildsuche – wie auch im Text Retrieval – eine große Rolle, da je nach Umfang und Qualität der Metadaten die Anfragen ohne Rückgriff auf die eigentlichen Bildinhalte beantwortet werden können. Auch hier sind Standards wie Dublin Core oder CIDOC CRM weit verbreitet. Falls die Anfragen jedoch mittels Metadaten nicht ausreichend beantwortet werden können, muss eine inhaltsbasierte Analyse hinzugezogen werden. Das sogenannte „Content Based Image Retrieval" bezieht hierzu Farb- oder Helligkeitswerte der Pixel in die Analyse ein, wobei wie im Text Retrieval zahlreiche Modelle und Techniken verfügbar sind.[29]

Die klassische Bildanalyse analysiert Eigenschaften des gesamten Bildes, insbesondere Farben, Texturen und Formen, und kann somit bei spezifischen Suchanfragen, etwa zur Suche nach Ähnlichkeiten zwischen Markenzeichen und Firmenlogos erfolgreich eingesetzt werden.[30] Sollen jedoch nur Teile eines Bildes betrachtet werden, etwa um andere Bilder zu finden, in denen das Anfragebild als Teilbild auftaucht, werden die Schwächen der klassischen Bildanalyse deutlich. In Anwendungen, in denen nicht mithilfe von Stichwörtern, sondern mit einem Anfragebild gesucht werden soll – auch als „Query by Example" bezeichnet – wird daher oft eine Segmentierung vorgenommen. So können lokale, charakteristische Stellen im Bild identifiziert werden. Mittels dieser Bildregionen sollen in der Suche auch Bilder ge-

---

27 Vgl. Zhai 2004, 183–185.
28 Vgl. Ogilvie 2003, 143–150.
29 Vgl. Ponceleon 2011, 592–597.
30 Vgl. Bullin 2020, 8–10.

funden werden, die nur in einem kleinen Teilbereich übereinstimmen bzw. diesem ähneln.[31] Der Gedanke der Segmentierung wird dabei von Verfahren fortgeführt, die markante Punkte im Bild identifizieren und deren lokale Umgebung durch ihre Eigenschaften (z. B. die Orientierung von Kanten oder Farbverläufen) repräsentieren.[32] Für große Datenbestände wurden hierzu effiziente Methoden eingeführt. „Bag of Visual Words" etwa stellt einen Vektorraum auf, in Analogie zum im Text Retrieval lange eingesetzten „Bag of Words"-Modell, um darin charakteristische „Visual Words" abzubilden, die das Bild beschreiben. Diese Visual Words können z. B. durch Clustern der markanten Bildpunkte aus einer Beispielkollektion auf Basis ihrer Beschreibungsvektoren gewonnen werden.

In neuerer Zeit haben in der Bildsuche auf neuronalen Netzen basierende Ansätze große Fortschritte erzielt. Dies gilt insbesondere für die Klassifikation von Bildinhalten und damit für die (semi-)automatische Annotation von Bilddaten. Hierzu werden in der Regel sogenannte Deep Convolutional Neural Networks genutzt.[33]

4.6 Weitere Einflussfaktoren zum Ranking

Während die bisher betrachteten Modelle ihren Fokus auf der inhaltlichen Passung von Dokumenten haben, sind für die Relevanz von Dokumenten im Hinblick auf eine konkrete Anfrage häufig auch noch andere Kriterien ausschlaggebend. Man denke hier z. B. an das Veröffentlichungsjahr, an die veröffentlichende Institution oder gegebenenfalls auch an die Popularität einzelner Dokumente bzw. Datensätze. Im Bereich der Websuchmaschinen hat hier z. B. der PageRank-Algorithmus[34] große Bedeutung gewonnen. Das Ranking von Dokumenten wird daher bei vielen Suchmaschinen nicht allein auf Basis der inhaltlichen Passung zu einer Anfrage ermittelt. Stattdessen werden verschiedene Kriterien miteinander in Bezug gesetzt. Einzelne Kriterien können als Filter genutzt oder mit einer bestimmten Gewichtung in das Ranking eingerechnet werden. Ein Beispiel für einen Filter wäre, dass man den Suchraum auf Datensätze beschränkt, die in einem bestimmten technischen Format vorliegen. Eine andere Variante wäre, dass man sich im Ranking zu einem gewissen Prozentsatz auf die inhaltliche Passung und zu einem anderen Prozentsatz auf ein entsprechend zu definierendes Popularitätskriterium beziehen könnte. Verfahren, die Suchsysteme mit mehreren Kriterien betrachten, sind unter Begriffen wie multikriterielles Matching oder Polyrepräsentation bekannt geworden. Die Gewichtung

---

[31] Vgl. Bullin 2020, 10–12.
[32] Vgl. Tuytelaars 2007, 177–280.
[33] Vgl. Goodfellow 2016, 326–366.
[34] Vgl. Brin 1998, 109–111.

und Verrechnung der einzelnen Kriterien ist dabei ein wichtiges Forschungsgebiet, das im Forschungsfeld „Learning to Rank" Gegenstand intensiver Forschung war und ist. Eine andere Umsetzung der Suche auf Basis verschiedener Kriterien ist die facettierte Suche mit verschiedenen Kriterien zum Filtern und Sortieren, wie wir sie z. B. aus Online-Shops oder Gebrauchtwagenbörsen kennen[35].

Bei all diesen Überlegungen zu Retrievalmodellen darf nicht übersehen werden, dass wichtige Entscheidungen bereits in der Vorbereitung der Dokumente bzw. Datensätze und in einer gegebenenfalls durchzuführenden Aufbereitung der Anfrage liegen. Bei der Vorbereitung der Dokumente sind wichtige Schritte im Bereich des Tokenizing zu sehen (was wird als Wort betrachtet?), aber auch im Bereich der Stoppworteliminierung oder der Stamm- bzw. Grundformreduktion (Lemmatisierung). Bei der Stoppworteliminierung werden gezielt Begriffe aus der Betrachtung ausgeschlossen, die grammatikalische oder syntaktische Funktionen im Text übernehmen und daher als Begriff keine Rückschlüsse auf den Inhalt des Dokumentes erlauben. Stoppwortlisten für das Englische beinhalten in der Regel einige hundert Wörter. Heute wählen Suchmaschinen oft den Ansatz, Stoppworte mit zu indexieren und dann im Rahmen der Anfragebearbeitung entsprechend gering zu gewichten – was z. B. durch BM25 praktisch automatisch erfolgt. Für die Stamm- und Grundformreduktion werden in der Literatur viele Algorithmen vorgeschlagen.[36] Eine solche Reduktion vereinfacht die Suche und vereinheitlicht die Begriffswelt. Sie führt aber auch dazu, dass bestimmte Wortformen nicht mehr ohne Weiteres gezielt recherchiert werden können. Daher stellt sich insbesondere bei einer Suche nach Forschungsdaten die Frage, wie hier konkret vorgegangen werden sollte. Ein weiterer Ansatzpunkt für Optimierungen ist die Anfrage selbst. Hier kommen häufig sogenannte Erweiterungstechniken zum Einsatz, bei denen Anfragen auf Basis eines kontrollierten Vokabulars oder auf Basis statistischer Modelle mit bedeutungsähnlichen Begriffen erweitert werden. Dadurch kann in der Regel der Recall verbessert werden, die Precision leidet aber häufig unter derartigen Ansätzen.

Erst das zielgerichtete Zusammenspiel von Retrievalmodellen, entsprechenden Vorverarbeitungsschritten für die Dokumente sowie geeigneten Erweiterungstechniken für die Anfragen schafft in der Regel die Basis für eine leistungsfähige, dem konkreten Anwendungsfeld angemessene Suchlösung.

---

35 Vgl. Tunkelang 2009, 39–43.
36 S. z. B. https://snowballstem.org.

5 Umsetzung von Suchsystemen

Die Umsetzung der im vierten Kapitel beschriebenen Modelle benötigt speziell auf die Suche ausgerichtete Implementierungstechniken, welche die Suche in großen Datenmengen effizient ermöglichen. Eine in vielen Implementierungen eingesetzte Datenstruktur ist die *invertierte Liste*.

Die Invertierung beruht auf der Überlegung, dass normalerweise die Dokumente oder Datensätze, die als Forschungsdaten bereitstehen, zusammen mit den in ihnen enthaltenen Wörtern abgespeichert werden. Ein Dokument ist dabei praktisch eine Liste von Worten. Eine invertierte Liste hingegen legt für jedes Wort eine Liste der Dokumente an, in denen dieses Wort enthalten ist. Der Hintergrund dieser Datenstruktur ist, dass gewöhnliche Suchanfragen einige wenige Worte umfassen. Bei den im vorherigen Kapitel betrachteten Modellen müssen bei der Bearbeitung einer Anfrage nun „nur" die invertierten Listen zu den wenigen Anfragebegriffen durchlaufen werden. Dies erlaubt eine effiziente Bearbeitung, da eine gezielte Konzentration auf die potenziell relevanten Dokumente möglich ist. Für eine Anfrage „Goethe Weimar Brief" müssen so nur die drei Listen zu den Anfragebegriffen durchlaufen werden, wobei z. B. die Werte für die BM25-Formel zu den einzelnen Dokumenten, die in den Listen enthalten sind, berechnet werden. Eine Strategie zur weiteren Optimierung ist dann, die Listen nach Dokument-IDs zu sortieren und so die Berechnungen in einem parallelen Durchlauf vornehmen zu können. Es existieren aber noch zahlreiche weitere Verfahren zur Optimierung invertierter Listen, die z. B. bei Witten oder Büttcher beschrieben werden.[37]

Zwei problematische Aspekte für invertierte Listen sind sehr große Datenmengen und hohe Änderungsraten. Im Bereich der Websuche müssen die invertierten Listen z. B. verteilt verwaltet werden, um die Datenmenge bewältigen zu können. Grundsätzlich wäre es dabei möglich, eine invertierte Listenstruktur zu verteilen, indem alle beteiligten Rechner jeweils für eine bestimmte Teilmenge von Wörtern zuständig wären und die entsprechenden Listen verwalten würden. Problematisch wäre dabei allerdings, dass Rechner, die für populäre Anfragebegriffe zuständig wären, schnell überlastet werden könnten. Üblicher ist daher eine Aufteilung der Gesamtmenge der Dokumente auf verschiedene Rechencluster. Auf diesen Rechenclustern werden dann jeweils eigene invertierte Listen (z. B. für bestimmte Regionen) verwaltet. Anfragen werden dann ggf. parallel auf mehreren Clustern bearbeitet und die erzielten Ergebnisse kombiniert.

Gerade im Bereich der Websuche stellen Aktualisierungen einzelner Dokumente ein weiteres Problem dar, da hier ggf. viele invertierte Listen zu modifizieren wären. Man arbeitet daher oft mit größeren stabilen invertierten Listen und Differenzlisten für aktuelle Änderungen und Löschungen. Damit werden Anfragen und Änderun-

---

[37] Vgl. Witten 1999, 114–127; Büttcher 2010, 174–227.

gen zu komplexen Abläufen, welche in der Regel mehrere Datenstrukturen und Rechner betreffen und von Verteilerknoten orchestriert werden.[38]

6 Architekturen von Suchlösungen

Während bei Websuchmaschinen allein die Menge der zu indexierenden Dokumente eine verteilte Lösung erzwingt, ergeben sich bei Forschungsdaten verteilte Architekturen oft auf Basis der technisch, rechtlich und auch historisch bedingten dezentralen Verwaltung der Daten. Für die Umsetzung der Suche in und nach Forschungsdaten stehen dabei unterschiedliche Ansätze und Architekturen zur Verfügung.

Ausgangspunkt der Überlegung ist, dass eine Nutzerin bzw. ein Nutzer einen Informationsbedarf hat. Die Forschungsdatenbestände, auf die sich die entsprechende Suche beziehen sollte, sind über mehrere Systeme zur Verwaltung von Forschungsdaten verteilt. Die Systeme verfügen in der Regel über eigene Such- und Exportschnittstellen, wobei die Leistungsfähigkeit dieser Schnittstellen von System zu System stark variieren kann.

Ein erster Ansatz wäre nun die „direkte Suche", bei der die Nutzerin bzw. der Nutzer die relevanten Systeme selbst recherchiert und dann deren jeweilige Suchschnittstelle zur individuellen Abfrage nutzt. Hier muss die Nutzerin bzw. der Nutzer die Recherche nach potenziell relevanten Beständen selbst durchführen, sich selbst mit den verschiedenen Suchschnittstellen auseinandersetzen und selbst die Kombination der Ergebnisse vornehmen.

Der Aufwand, der für die Nutzerin bzw. den Nutzer bei der direkten Suche durch die manuelle Arbeit mit den diversen Suchanwendungen anfällt, kann durch andere Suchkonzepte verringert werden. *Metasuchmaschinen* binden z. B. mithilfe von Suchschnittstellen anderer Suchlösungen deren Datenbestände in eine Suchanfrage mit ein.[39] Dadurch ist mit einer einzelnen Suchanfrage, die von der Metasuchlösung mithilfe von transformierten Anfragen an die anderen Suchlösungen weitergeleitet wird, die Durchsuchung vieler Datenbestände möglich. Somit können Suchergebnisse aus vielen Datenbeständen zurückgegeben und nachgewiesen werden. Probleme treten hier jedoch ggf. bei der Umsetzung der Metasuchlösung auf, da sich die Transformation der Suchanfragen für die anderen Suchlösungen zeit- und kostenaufwendig gestalten kann und außerdem ein übergreifendes Ranking der Suchergebnisse kaum möglich ist – zu einzelnen Suchergebnissen ist zwar der Rang, zumeist jedoch nicht die detaillierte Bewertung oder deren Berechnung ver-

---

38 Vgl. Cambazoglu 2015, 10–20.
39 Vgl. Lewandowski 2005, 25–26.

fügbar. Auf der anderen Seite ist bei einer Metasuchlösung die bei Forschungsdaten oft bedeutsame Problematik von Zugriffsrechten in der Regel gut handhabbar, da die Daten, in denen gesucht wird, weiterhin in den originalen Datenbeständen vorliegen und die zentrale Suchlösung nur die Suchanfrage und die Zugriffsrechte der Nutzerin bzw. des Nutzers weiterleitet. Praktische Anwendung findet das Konzept der Metasuchlösung z. B. in der Suchmaschine Metager[40] oder der Federated Content Search von CLARIN.[41]

Eine weitere Alternative ist das Konzept des *Gathering*. Hierbei leitet die primäre Suchlösung nicht die Anfragen weiter, sondern nutzt die Exportschnittstellen der anderen Systeme, um einen gesammelten Index aufzubauen, auf dem die Anfragen ausgeführt werden können. Die Daten werden somit zentral gesammelt, weshalb eine einheitliche Suchansicht und ein übergreifendes Ranking angeboten werden kann. Andererseits tritt hier das Problem der Zugriffsrechte verstärkt auf, da die Rechte der Nutzerin bzw. des Nutzers für die jeweiligen Datenbestände einzeln geprüft werden müssen. Weiterhin fällt für die Suchlösung hier in der Regel ein deutlich höherer Speicherplatzbedarf an, der für die Verwaltung des Index aller Datenbestände notwendig wird. Außerdem ist die Synchronisierung der Daten problematisch, da Neuerungen oder Änderungen in den Datenbeständen unter Umständen nicht an die zentrale Suchlösung weitergegeben werden und somit die Anfrage auf veralteten Daten ausgeführt wird. Neben der Suchlösung der „Generischen Suche" von DARIAH-DE[42] findet sich das Gathering-Konzept unter anderem in dem „B2Find"-Discovery-Service von EUDAT.[43]

Die Entwicklung hin zu verteilten Systemen, die auf Basis von Architekturen wie Metasuchmaschinen oder Gathering umgesetzt werden, erfordert eine gemeinsame Sprache und ein einheitliches Protokoll, um den Austausch der Daten über die Schnittstellen zu ermöglichen. Frühe Systeme, die über derartige Schnittstellen Daten und Suchanfragen austauschen, waren oft im Bereich von Bibliotheken angesiedelt. Einheitliche Metadatenformate (vgl. Abschnitt 3) bildeten die Basis für die Entwicklung hin zu einer gemeinsamen Suchschnittstelle – im Bibliothekswesen beispielsweise durch den MARC-Standard vertreten, welcher bereits in den 1960er Jahren in den USA entwickelt wurde.

Ein frühes Protokoll war der Z39.50-Standard, ebenso in den USA von der Library of Congress initiiert. Z39.50 definiert ein Client-Server-System, worin der Server an mehrere Datenbanken gekoppelt ist und über das Protokoll Anfragen vom Client an den Server gesendet werden können. Da Z39.50 vor dem Durchbruch von Web-Technologien entwickelt wurde, werden Anfragen und Antworten zwischen Client

---

40 S. https://metager.de/.
41 S. https://www.clarin.eu/content/federated-content-search-clarin-fcs.
42 S. https://search.de.dariah.eu/search/.
43 S. https://eudat.eu/services/b2find.

und Server über ein eigenes Protokoll gesendet, welches nicht kompatibel mit gegenwärtig gebräuchlichen Web-Standards ist. Diese Einschränkung wurde in einer Weiterentwicklung des Z39.50-Standards behandelt, genannt Z39.50 International Next Generation, in welcher weit verbreitete Standards wie HTTP, URI und XML eingesetzt werden.

Innerhalb dieser neuen Version wird insbesondere die explizite Trennung in ein Protokoll Search/Retrieve via URL (SRU) und eine Anfragesprache Contextual Query Language (CQL) vorgenommen. Anfragen werden mithilfe dieser beiden Technologien via HTTP versendet, in einer standardisierten Syntax in CQL ausgedrückt und mittels XML übermittelt. Die Öffnung hin zu gängigen Technologien erlaubt den Einsatz von SRU und CQL nicht nur im Bibliothekswesen, sondern auch in anderen Einsatzgebieten wie etwa Museen oder – noch generischer – in der Internetsuche allgemein. Anfragen in SRU und CQL basieren im Übrigen auf weiteren, inhaltlichen Standards wie z. B. Dublin Core.

Konkret bieten z. B. sowohl der Bayerische Bibliotheksverbund als auch die Deutsche Nationalbibliothek eine SRU Schnittstelle für ihre Datenbestände an. Selbst der ältere Standard Z39.50 kann in modernen Systemen benutzt werden, beispielsweise sieht die Literaturverwaltungssoftware Citavi[44] diese Schnittstelle weiterhin vor, um direkt in den Bibliothekskatalogen unterschiedlicher Institutionen zu suchen.

7 Beispiele für Suchlösungen

Nachdem sowohl die grundlegenden Protokolle und Schnittstellen als auch die algorithmischen Hintergründe der Umsetzung von Suchsystemen präsentiert wurden, sollen nun sowohl Frameworks und Programmbibliotheken vorgestellt werden, die in der Praxis eingesetzt werden, als auch konkrete Suchsysteme, welche aktuell im Einsatz sind.

7.1 Frameworks und Bibliotheken

Für die praktische Umsetzung der Suche in Daten stehen Softwarelösungen auf unterschiedlichen Ebenen zur Verfügung. Die Bibliothek Lucene[45] ermöglicht die Suche in Daten mit Fokus auf Text. Sie ist in Java geschrieben und als Projekt der Apache Software Foundation entwickelt worden und bildet gleichermaßen die Basis für

---

44 S. https://www.citavi.com/de.
45 S. https://lucene.apache.org/core.

andere Bibliotheken und Frameworks. In Lucene sind verschiedene IR-Modelle wie BM25 umgesetzt, so dass sie einfach zur Berechnung der Suchergebnisse verwendet werden können.

Eng verknüpft mit Lucene ist Solr,[46] ebenfalls als Apache-Projekt entwickelt. Diese Plattform ist auf den Einsatz im Unternehmensbereich ausgerichtet, mit größeren Netzwerken und auf verteilten Systemen. Solr verwendet Lucene als Basis und erlaubt dessen Anwendung mittels Administrationsoberflächen, Analysetools und weiteren Funktionen. Das Projekt Blacklight[47] bietet eine Schnittstelle, um die Suchfunktionalitäten von Solr für eine Vielzahl von Anwendungsfällen mittels Ruby on Rails als Webapplikation bereitzustellen, beispielsweise für raumbezogene Daten oder im Kontext von Bibliotheken und Museen.

ElasticSearch[48] nutzt ebenso wie Solr die Funktionalitäten von Lucene im Hintergrund, hebt sich jedoch durch einen web-basierten Workflow mittels REST APIs von Solr ab. Die Abfragen sind in ElasticSearch in JSON verfasst und können durch verschiedene Programmiersprachen gestellt werden, da eine Vielzahl an Clients verfügbar ist.

Funktional deutlich weitreichender als die angesprochenen Bibliotheken wurde das Suchsystem vufind[49] entworfen, um im Bereich von Bibliotheken den traditionell genutzten Online Public Access Catalogue (OPAC) zu ersetzen. Mittels vufind kann in einem System nicht nur der Bestand einer Bibliothek zur Suche verfügbar gemacht werden, sondern es können die Bestände vieler Institutionen und Bibliotheken eingebunden sowie mittels diverser Schnittstellen zugänglich gemacht werden, etwa OAI oder das bereits erwähnte Solr.

Diese Technologien unterscheiden sich im Umfang der angebotenen Funktionalitäten und dadurch auch durch ihre Komplexität. Große Suchlösungen wie vufind benötigen eine Vielzahl an zugehöriger Software und sind dadurch nicht nur in ihrer Installation zeitaufwendig, sondern verursachen durch die Wartung und gegebenenfalls Anpassung an die jeweiligen Anforderungen weitere Kosten. Schlankere Suchlösungen, die durch Bibliotheken wie Lucene ohne große Frameworks implementiert sind und etwa nur die Anbindung über SRU und CQL an die Daten anbieten, können für die Datenbestände von kleineren Institutionen eine lohnenswerte Alternative sein, falls die Anwendungszwecke hier auch verhältnismäßig schmal gehalten werden.

---

46 S. https://lucene.apache.org/solr/.
47 S. https://projectblacklight.org/.
48 S. https://www.elastic.co/de/products/elasticsearch.
49 S. https://vufind.org/vufind.

7.2 Exemplarische Systeme

In der Praxis eingesetzte Systeme gibt es sowohl auf nationaler als auch auf internationaler Ebene. Dementsprechend sollen hier exemplarisch mehrere Projekte vorgestellt werden, um die Ziele der jeweiligen Suchsysteme aufzuzeigen.

Die Generische Suche der digitalen Forschungsinfrastruktur DARIAH-DE[50] ist ein Suchsystem, welches auf nationaler Ebene die Suche in Sammlungen verschiedener Institutionen ermöglicht. Da DARIAH-DE als Föderationsinfrastruktur heterogene Daten aus unterschiedlichen Quellen in einem Suchsystem zugänglich macht, kann das System als Gathering-Architektur charakterisiert werden. Von besonderer Bedeutung sind für die Generische Suche Forschungsdaten aus dem geisteswissenschaftlichen Bereich, die als Sammlungen in das Suchsystem integriert werden. Die Heterogenität dieser Sammlungen ist eines der Merkmale geisteswissenschaftlicher Forschungsdaten, das im Rahmen der Digital Humanities derzeit häufig adressiert wird. In der Generischen Suche wird dieses Problem mit Komponenten wie der Collection Registry, für die Eintragung und Beschreibung von Sammlungen, und dem Data Modeling Environment, zur Modellierung und Abbildung von Daten und deren Metadatenschemata, behandelt.[51]

Der Einsatz von SRU und CQL in einer Metasuchlösung wird beispielsweise in der Federated Content Search (FCS) von CLARIN, einer Forschungsinfrastruktur für die text-bezogenen Geistes- und Sozialwissenschaften, umgesetzt. In dieser Applikation wird mittels des SRU Protokolls in der Anfragesprache CQL eine Anfrage vom Client zu einem Endpoint weitergeleitet, wo die CQL-Anfrage so übersetzt wird, dass die lokale Suchlösung diese Anfrage weiterverarbeiten kann.

Auf internationaler Ebene wird der B2Find-Service durch die EUDAT Initiative bereitgestellt. B2Find ermöglicht die explorative Suche und das Entdecken von Daten über die Suche in Metadaten aus Forschungssammlungen. Die Forschungsdaten werden über einen Katalog aus in EUDAT verzeichneten Services und Metadaten für die Suche vorbereitet. B2Find stellt somit nicht nur die Suche in den Volltexten der Forschungsdaten zur Verfügung, sondern auch die Suche mittels der Metadaten nach facettierten, raumbezogenen und zeitlichen Eigenschaften und erlaubt damit die Filterung nach diesen Kategorien.

Die European Open Science Cloud (EOSC)[52], und insbesondere deren EOSC-hub, umfasst neben einer Schnittstelle zu B2Find eine Vielzahl von Services und anderen Ressourcen für die Forschung mit dem Ziel des Zugriffs, der Verarbeitung und der Analyse von Daten. Ein Fokus der EOSC ist die Betonung von Open Science – wel-

---

50 Vgl. Gradl 2017, 25–26.
51 Vgl. Gradl 2016, 123–126.
52 S. https://www.eosc-portal.eu.

che durch die wesentliche Rolle von Konzepten wie Open Data, Open Source oder Open Access geprägt ist.

Im Bereich spezifischer Suchlösungen kann erneut exemplarisch auf das Projekt Blacklight, und insbesondere dessen Ausprägung GeoBlacklight[53] verwiesen werden, welches Suchanwendungen zu raumbezogenen Daten ermöglicht, etwas das Big Ten Academic Alliance Geoportal.[54] Mithilfe dieses Geoportals können Institutionen aus den Vereinigten Staaten Zugang zu Tausenden von Karten-Datensätzen bereitstellen, inklusive Webservices und Zugangsmechanismen zu den Daten.

8 Zusammenfassung

Im vorliegenden Beitrag wurde ein Überblick über diverse Konzepte und Ansätze zum Data Retrieval für Forschungsdaten gegeben. Erfolgreiche Ansätze müssen die Nutzerin bzw. den Nutzer mit ihrem bzw. seinem Informationsbedarf im Blick haben. Die bestehenden Modelle zur inhaltsbasierten Suche und insbesondere Ansätze zur Kombination verschiedener Kriterien bilden dabei eine gute formale Basis. Für die Nutzung und Umsetzung konkreter Suchlösungen existieren Programmbibliotheken, Frameworks und Systeme, die nachgenutzt werden können. Eine Herausforderung ist der Zwiespalt zwischen der fachlich bedingten Heterogenität von Forschungsdaten und den zugehörigen Metadaten sowie dem Wunsch nach einer übergreifenden Recherchierbarkeit, die es erlaubt, interdisziplinäre Zusammenhänge und Perspektiven zu adressieren.

Literatur

Letztes Abrufdatum der Internet-Dokumente ist der 15.11.2020.

Brin, Sergey und Lawrence Page. 1998. „The anatomy of a large-scale hypertextual Web search engine." *Computer Networks and ISDN Systems* 30 (1–7): 107–117. doi:10.1016/S0169-7552(98)00110-X.

Bullin, Martin und Andreas Henrich. 2020. „Die inhaltsbasierte Bildsuche und Bilderschließung: Ansätze und Problemfelder." In *Bilddaten in den digitalen Geisteswissenschaften* (in Erscheinen), hg. v. Canan Hastik und Philipp Hegel. Wiesbaden: Harrassowitz.

Büttcher, Stefan, Charles L. A. Clarke und Gordon V. Cormack. 2010. *Information retrieval: Implementing and evaluating search engines*. Cambridge, Mass., London: MIT Press.

---

53 S. https://geoblacklight.org/.
54 S. https://geo.btaa.org/.

Cambazoglu, B. B. und Ricardo Baeza-Yates. 2015. „Scalability Challenges in Web Search Engines." *Synthesis Lectures on Information Concepts, Retrieval, and Services* 7 (6): 1–138. doi:10.2200/S00662ED1V01Y201508ICR045.

Croft, W. B., Donald Metzler und Trevor Strohman. 2010. *Search engines: Information retrieval in practice*. Boston, Mass.: Pearson.

Ferber, Reginald. 2003. *Information Retrieval: Suchmodelle und Data-Mining-Verfahren für Textsammlungen und das Web*. 1. Aufl. Heidelberg: dpunkt-Verl.

Flanders, Julia und Fotis Jannidis. 2015. „Data Modeling." In *A New Companion to Digital Humanities*. Bd. 33, hg. v. Susan Schreibman, Ray Siemens und John Unsworth, 229–237. Chichester: John Wiley & Sons, Ltd.

Frants, V., Jacob Shapiro und Vladimir G. Voiskunskii. 1997. *Automated information retrieval: Theory and methods*. Library and information science. San Diego, Calif., London: Academic Press.

Goodfellow, Ian, Yoshua Bengio und Aaron Courville. 2016. *Deep learning. Adaptive computation and machine learning*. Cambridge, Massachusetts: The MIT Press.

Gradl, Tobias, Anna Aschauer, Swantje Dogunke, Lisa Klaffki, Stefan Schmunk und Timo Steyer. 2017. „Daten sammeln, modellieren und durchsuchen mit DARIAH – DE." In *Konferenzabstracts DHd 2017 Digitale Nachhaltigkeit*, 22–27. Bern.

Gradl, Tobias und Andreas Henrich. 2016. „Extending Data Models by Declaratively Specifying Contextual Knowledge." In *Proceedings of the 2016 ACM Symposium on Document Engineering – DocEng '16*, hg. v. Robert Sablatnig und Tamir Hassan, 123–126. New York: ACM Press.

Lewandowski, Dirk. 2005. *Web Information Retrieval: Technologien zur Informationssuche im Internet*. Frankfurt am Main: Deutsche Gesellschaft für Informationswissenschaft und Informationspraxis.

Manning, Christopher D., Prabhakar Raghavan und Hinrich Schütze. 2008. *An introduction to information retrieval*. Cambridge: Cambridge University Press.

Marchionini, Gary. 2006. „Exploratory search." *Commun. ACM* 49 (4): 41. doi:10.1145/1121949.1121979.

Marchionini, Gary und Ryen White. 2007. „Find What You Need, Understand What You Find." *International Journal of Human-Computer Interaction* 23 (3): 205–237. doi:10.1080/10447310701702352.

Neuroth, Heike. 2017. „Bibliothek, Archiv, Museum." In *Digital Humanities* 64/3, hg. v. Fotis Jannidis, Hubertus Kohle und Malte Rehbein, 213–222. Stuttgart: J. B. Metzler.

Ogilvie, Paul und Jamie Callan. 2003. „Combining document representations for known-item search." In *Proceedings of the 26th annual international ACM SIGIR conference on Research and development in informaion retrieval – SIGIR '03*, hg. v. Charles Clarke, Gordon Cormack, Jamie Callan, David Hawking und Alan Smeaton, 143. New York: ACM Press.

Ponceleon, Dulce B. und Malcolm Slaney. 2011. „Multimedia Information Retrieval." In *Modern Information Retrieval – The Concepts and Technology behind Search*, hg. v. R. Baeza-Yates und Berthier Ribeiro-Neto. 2nd ed., 587–639. Harlow: Addison Wesley.

Raieli, Roberto. 2016. „Introducing Multimedia Information Retrieval to libraries." *JLIS.it* 7 (3): 9–42. doi:10.4403/jlis.it-11530.

Rixen, Stephan. 2018. „Zukunftsthema: Zum Umgang mit Forschungsdaten." In Forschung & Lehre. 2/18, hg. v. Deutscher Hochschulverband.

Robertson, S. E. und K. S. Jones. 1976. „Relevance weighting of search terms." *J. Am. Soc. Inf. Sci.* 27 (3): 129–146. doi:10.1002/asi.4630270302.

Robertson, S. E., S. Walker und M. M. Beaulieu. 1999. „Okapi at TREC-7: automatic ad hoc, filtering, VCL and interactive track." In *The Seventh Text REtrieval Conference (TREC-7)*, 253–264. Gaithersburg: National Institute of Standards and Technology.

Schöch, Christof. 2017. „Aufbau von Datensammlungen." In *Digital Humanities* 28/2, hg. v. Fotis Jannidis, Hubertus Kohle und Malte Rehbein, 223–233. Stuttgart: J. B. Metzler.

Sparck Jones, K., S. Walker und S. E. Robertson. 2000. „A probabilistic model of information retrieval: development and comparative experiments." *Information Processing & Management* 36 (6): 809–840. doi:10.1016/S0306-4573(00)00016-9.

Tunkelang, Daniel. 2009. „Faceted Search." *Synthesis Lectures on Information Concepts, Retrieval, and Services* 1 (1): 1–80. doi:10.2200/S00190ED1V01Y200904ICR005.

Tuytelaars, Tinne und Krystian Mikolajczyk. 2007. „Local Invariant Feature Detectors: A Survey." *FNT in Computer Graphics and Vision* 3 (3): 177–280. doi:10.1561/0600000017.

Wilkinson, Mark D., Michel Dumontier, I. J. J. Aalbersberg, Gabrielle Appleton, Myles Axton, Arie Baak, Niklas Blomberg et al. 2016. „The FAIR Guiding Principles for Scientific Data Management and Stewardship." *Scientific data* 3: 160018. doi:10.1038/sdata.2016.18.

Witten, I. H., Alistair Moffat und Timothy C. Bell. 1999. *Managing gigabytes: Compressing and indexing documents and images*. 2nd ed. (Morgan Kaufmann series in multimedia information and systems.) San Francisco, Calif. Morgan Kaufmann Publishers.

Zhai, Chengxiang und John Lafferty. 2004. „A study of smoothing methods for language models applied to information retrieval." *ACM Trans. Inf. Syst.* 22 (2): 179–214. doi:10.1145/984321.984322.

Claudia Engelhardt und Harald Kusch
5.3 Kollaboratives Arbeiten mit Daten

Abstract: Viele Forschungsdaten werden durch kollaborative Initiativen erhoben, integriert, analysiert und der wissenschaftlichen Community zur Verfügung gestellt. Dieser Beitrag beschäftigt sich mit unterschiedlichen Formaten, Herangehensweisen und Spannungsfeldern beim kollaborativen Arbeiten mit Daten und deren Implikationen für das Forschungsdatenmanagement. Es werden zunächst Chancen und Risiken beleuchtet und anschließend verschiedene Ausprägungen, Werkzeugkategorien, organisatorische und regulative Maßnahmen sowie weitere Querschnittsaspekte betrachtet. Das Kapitel Praxistransfer gibt schließlich einen Überblick über unterschiedliche Komplexitätsebenen bei der praktisch-technischen Umsetzung von Dateninfrastrukturen für die kollaborative Forschung und stellt zwei Anwendungsbeispiele aus den Geowissenschaften und der Kardiologischen Grundlagenforschung vor.

Einleitung

Wissenschaft ist seit jeher ein gemeinschaftliches Unterfangen, bei dem Forschende auf den Ergebnissen und Erkenntnissen ihrer Vorgängerinnen und Vorgänger sowie Peers aufbauen. Zunehmend wird Wissenschaft in großen Forschungsteams und -verbünden betrieben, was zum einen mit der Komplexität der Forschungsgegenstände und -fragen zusammenhängt, zum anderen auch oft organisatorische oder finanzielle Gründe hat.[1] Als Vorreiter dieser Entwicklung können die Natur- sowie die Sozialwissenschaften betrachtet werden[2].

Kollaboratives Arbeiten lässt sich, in einem engeren Sinne, als eine besondere Form der Zusammenarbeit definieren, bei der die Beteiligten gemeinsam und gleichzeitig eine Aufgabe, ein Projekt oder eben Daten bearbeiten. Dies unterscheidet kollaboratives Arbeiten von der „bloßen" Teamarbeit, bei der zwar ein gemeinsames Ziel verfolgt wird, die zur Erreichung notwendigen Aufgaben aber nicht notwendigerweise zusammen, sondern von Einzelnen und parallel bearbeitet werden.[3] Im Alltag werden kollaborative Forschung und das kollaborative Arbeiten an Daten nach dieser engen Definition oft nur einen Teil der Arbeit in einem Forschungspro-

---
1 Vgl. Schefer 2012, 85.
2 Vgl. Thagard 2002, 242–245.
3 Vgl. Warkentin 2019.

∂ Open Access. © 2021 Claudia Engelhardt und Harald Kusch, publiziert von De Gruyter. Dieses Werk ist lizenziert unter der Creative Commons Attribution 4.0 Lizenz.
https://doi.org/10.1515/9783110657807-025

jekt ausmachen. So zeichnet sich kollaborative Forschung nach dem Verständnis des Schweizerischen Nationalfonds (SNF) dadurch aus:

> dass die angestrebten Forschungsziele nur erreicht werden können, indem mehrere Gesuchstellende komplementäre Kompetenzen und Kenntnisse in einem neuen, gemeinsamen Forschungsansatz zusammen bringen [sic]. Das gemeinsame Forschungsziel sollte nur durch intensive Zusammenarbeit erreicht werden können.[4]

In ähnlicher Weise wird kollaborative Forschung etwa vom Forschungszentrum Informatik (FZI Karlsruhe) beschrieben:

> In kollaborativen Forschungsprojekten arbeitet ein Verbund von Partnerinnen und Partnern an einer definierten Forschungsaufgabe. [...] In der kollaborativen Forschung verläuft der Wissenstransfer nicht ausschließlich von Forschungspartnerinnen und -partner [sic] zu den Auftraggebenden, sondern alle Projektpartnerinnen und -partner unterstützen sich gegenseitig mit ihren Kompetenzen, um ein gemeinsames Forschungsziel zu erreichen.[5]

In großen, kollaborativen Verbundprojekten (Konsortialforschung), wie beispielsweise den Sonderforschungsbereichen (SFB) der Deutschen Forschungsgemeinschaft (DFG), wird zur Erreichung des gemeinsamen Projektziels eher eine Mischform von kollaborativer Arbeit im Sinne der eingangs angeführten engen Definition sowie von Teamarbeit die Regel sein, in der einzelne Teilprojekte zunächst einmal ihr Thema und ihre Daten bearbeiten, die dann zusammengeführt werden. Dies gilt, in kleinerem Maßstab, auch auf der Ebene der Teilprojekte oder für kleinere Projekte. In all diesen diversen Konstellationen ergeben sich spezifische Anforderungen für das Datenmanagement.

1 Chancen, Risiken und Hindernisse beim kollaborativen Arbeiten mit Daten

Kollaboratives Arbeiten kann den Austausch und die Kommunikation innerhalb des Teams fördern. Durch den Ausgleich von Schwächen und die bessere Nutzung von Stärken der Beteiligten sowie die Vermeidung doppelter Arbeiten ermöglicht es eine effektivere Zusammenarbeit.[6] Wenn Forschende allein Daten erheben, bearbeiten und analysieren, haben sie einerseits die volle Kontrolle über die angewendeten Methoden und deren Dokumentation sowie die Einhaltung der Datensicherheit. Andererseits bleiben eventuell Erkenntnisse in den Daten verborgen, die ohne die hetero-

---

4 SNF o.J.
5 FZI o.J.
6 Vgl. Warkentin 2019.

genen Blickwinkel eines interdisziplinären Expertenteams nicht zum Vorschein kommen können. Der Einsatz moderner Kommunikationstechnologien und digitaler Werkzeuge erlaubt dabei eine flexible, ortsunabhängige und gleichzeitige Kollaboration auch über institutionelle und räumliche Grenzen hinweg.

Jedoch stehen den Vorteilen des kollaborativen Arbeitens auch eine Reihe potenzieller Hindernisse und Gefahren gegenüber, die überwunden werden müssen, um die Qualität und Nachhaltigkeit der Forschungsergebnisse und -daten zu sichern. Die Bandbreite an Herausforderungen, die sich dabei stellen, wird beispielsweise durch die Ergebnisse einer 2018 durchgeführten, nicht-repräsentativen qualitativen Befragung von Infrastruktur-Teilprojekten von SFBs[7] illustriert (siehe auch Tab. 1).[8] SFBs sind große, von der DFG geförderte, interdisziplinäre und kollaborative Forschungsprojekte, im Rahmen derer auch spezielle Infrastruktur-Teilprojekte beantragt werden können, die sich dem Aufbau und Betrieb von Dateninfrastrukturen sowie weiteren Bereichen des Forschungsdatenmanagements (FDM) widmen.

Tab. 1: Herausforderungen in Infrastruktur-Teilprojekten von DFG-Sonderforschungsbereichen (n=20).

Herausforderung	Häufigkeit
Akzeptanz	15
Heterogenität	10
Ressourcenmangel	8
Technische Herausforderungen	7
Informationswissenschaftliche Herausforderungen	7
Rechtliche Aspekte	5
Schwierigkeiten bei der Personalakquise	3
Schwierige Kooperation	2
Sonstiges	4

Am häufigsten (von 15 der 20 teilnehmenden Projekte) wurden Probleme im Zusammenhang mit der Akzeptanz genannt, die vor allem mit einem auf Seiten der Forschenden oftmals nur schwach ausgeprägtem Bewusstsein für die Notwendigkeit und den Mehrwert des Datenmanagements zusammenhängen. Als weitere Aspekte wurden in diesem Zusammenhang zudem der zusätzliche Aufwand, unterschiedliche disziplinäre Wissenschaftskulturen sowie etablierte Forschungsprozesse, die durch die Berücksichtigung des Datenmanagements neu strukturiert werden müssten, angeführt. Die zweithäufigste Herausforderung, von der Hälfte der teilnehmen-

---

7 Vgl. Engelhardt 2020, 22–23.
8 Die Befunde bestätigen in ihrer Kernaussage die Ergebnisse einer ähnlichen, 2013 durchgeführten Untersuchung (vgl. Engelhardt 2020, 24–27; Engelhardt 2013).

den Projekte erwähnt, stellt die Heterogenität dar, die sich insbesondere in unterschiedlichen beteiligten Disziplinen, Forschungsmethoden, -prozessen und -daten, aber auch einem inhomogenem Kenntnis- und Kompetenzniveau in Bezug auf den Umgang mit Daten äußert. Die Entwicklung einer Infrastruktur, eines organisatorischen Rahmens und passender Unterstützungsangebote, die dieser Vielfalt gerecht werden, gestaltet sich schwierig. Damit hängen oftmals auch die technischen sowie informationswissenschaftlichen (z. B. die Entwicklung von Metadatenschemata) Herausforderung zusammen, die jeweils sieben Mal genannt wurden. Eine weitere Schwierigkeit, vor die sich acht der an der Befragung teilnehmenden Projekte gestellt sehen, sind mangelnde Ressourcen, vornehmlich in Bezug auf für FDM-Aufgaben zur Verfügung stehende Personalmittel. Weiterhin wurden rechtliche Aspekte (fünf Nennungen), Schwierigkeiten bei der Akquise von qualifiziertem Personal (drei Nennungen) sowie einige weitere, seltener vorkommende Einzelaspekte erwähnt.

Abb. 1 symbolisiert eine Zusammenstellung von fünf potentiellen Spannungsfeldern, die bei der Konzeption von kollaborativen Arbeitsumgebungen und -prozessen berücksichtigt werden sollten: Heterogenität des Konsortiums, Transparenz, Vertrauen, Datenqualität und Datensicherheit.

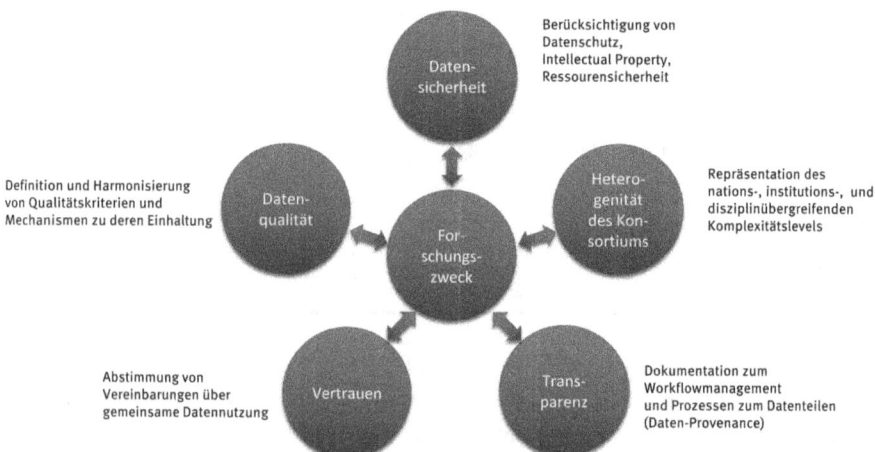

Abb. 1: Potentielle Spannungsfelder in der kollaborativen Forschung. Die Abbildung zeigt eine Zusammenstellung von fünf potentiellen Problemfeldern, die je nach Forschungszweck beim FDM zu berücksichtigen sind, damit kollaborative Arbeit mit Daten effizient und nachhaltig erfolgen kann (modifiziert nach Anhalt-Depies et al. 2019).

Je nach Forschungsszenario und Zweck des Umgangs mit Forschungsdaten variiert die Bedeutung der einzelnen Bereiche. Komplexitätsdimensionen der Heterogenität des Konsortiums existieren schon innerhalb der Fachbereiche, insbesondere aber disziplin- und auch grenzübergreifend. Wie oben bereits angesprochen, sind etwa viele DFG-geförderte SFBs fachübergreifend zusammengestellt, um wissenschaftliche Fragestellungen synergistisch aus verschiedenen Blickwinkeln zu bearbeiten. Daraus ergeben sich vielfältige Unterschiede in der Kultur und den Werkzeugen zur kollaborativen Datenbearbeitung, die in diesen SFBs zumindest anteilig harmonisiert werden müssen. Wenn verschiedene Partner an verteilten Standorten synergistisch forschen wollen, ist ein hohes Maß an Vertrauen in die gemeinsam generierten und zu bearbeitenden Daten erforderlich. Um dieses Vertrauen aufbauen zu können, ist es über die Gewährleistung der Datensicherheit notwendig, Datenerhebungs- und Verarbeitungsverfahren möglichst transparent und reproduzierbar zu gestalten. De Oliveira, de Oliveira und Mattoso beschreiben dazu Kernaspekte, die zur Reproduzierbarkeit von computerwissenschaftlichen Experimenten zu berücksichtigen sind, und formulieren eine entsprechende Terminologie.[9] Die meisten dieser Aspekte können auch auf andere Wissenschaftsbereiche übertragen werden. Im Kern steht dabei die umfassende Dokumentation aller Daten und datenbezogenen Arbeitsabläufe („Daten-Provenance"). Umfangreiche Provenance-Informationen bilden eine der Grundvoraussetzungen für eine hohe Datenqualität. Schapke et al. adressieren zusätzlich die Aspekte der Kommunikation und Parallelität. Sie führen aus, wie das Kommunikationsmedium und die Art der Kommunikation die Form und Qualität der Zusammenarbeit beeinflussen.[10] Besondere Herausforderungen stellen Aufgaben, die parallel bzw. zeitgleich von vielen verschiedenen Forschenden bearbeitet werden müssen.

Ein wiederkehrendes Problem bei der nachhaltigen Etablierung von in Projektkontexten entwickelten organisatorischen oder technischen Maßnahmen zum transparenten kollaborativen Forschen ist die Kurzfristigkeit der zugrundeliegenden Förderprogramme. Hier ist es empfehlenswert, frühzeitig gemeinsam mit den lokalen Infrastrukturanbietern mittel- bis langfristige Konzepte zu erarbeiten, die den Wissens- und Technologietransfer von Projekt zu Projekt verbessern können.[11]

Um Hindernisse und Gefahren bei der kollaborativen Bearbeitung zu vermeiden oder zu minimieren, können eine Reihe organisatorischer und technischer Maßnahmen angewandt werden, auf die nachfolgend eingegangen wird.

---

9 Vgl. De Oliveira, de Oliveira und Mattoso 2017.
10 Vgl. Schapke et al. 2018.
11 Vgl. Fleischer 2020; Stegemann 2020.

2 Formate und digitale Werkzeugkategorien für das kollaborative Arbeiten mit Daten

Kollaborative Forschung kann auf verschiedenen Ebenen organisiert und dadurch unterschiedlich komplex sein. Jedes Organisationsformat hat andere Anforderungen an Prozesse und Werkzeuge, die das gemeinsame Datenerheben und -bearbeiten ermöglichen. Im einfachsten Fall werden schon innerhalb einer Arbeitsgruppe Werkzeuge eingesetzt, die die zeitgleiche digitale Datenerfassung erleichtern und harmonisieren können. Übliche Anwendungskategorien sind hier z. B. „Electronic Data Capture" (EDC)-Systeme, Datenbanken, elektronische Laborbücher (ELN) oder Plattformen zum gemeinsamen Schreiben wissenschaftlicher Texte.

In der Konsortialforschung nehmen mit steigender Komplexität auch die Anforderungen an solche Systeme stark zu. Eine Kategorisierung der wesentlichen Organisationsaspekte und eingesetzten Werkzeuge wird in den folgenden Abschnitten näher betrachtet.

Spezielle Kollaborationsformate können sich auch aus der grundsätzlichen Art und Lokalisierung der Datenerhebung ergeben. Bei der Feldforschung (z. B. in der Ökologie oder den Geowissenschaften) ist es u. U. notwendig, Werkzeuge einzusetzen, die teilweise ohne Internet („offline") oder basierend auf besonders einfacher und robuster Hardware funktionieren müssen. Im Labor werden oft Dokumentationsprozesse und Werkzeuge benötigt, die wenig Zeit und Platz beanspruchen, damit sie effizient eingesetzt werden können. Auch kollaborative Datenbearbeitung aus dem Homeoffice oder von sonstigen zugangsbeschränkten Arbeitsplätzen erfordert u. U. spezielle IT-Werkzeuge, um Zugang zu allen wesentlichen Arbeitsumgebungen zu erhalten.

Die folgenden Abschnitte beleuchten wesentliche Querschnittsaspekte, die im kollaborativen Setting von besonderer Bedeutung sind. Praktische Lösungsansätze für das optimierte kollaborative Erheben und Bearbeiten von Forschungsdaten finden sich in der Fachliteratur unter Schlagworten wie „Virtuelle Forschungsumgebungen" oder „Data Management Framework". Dabei stehen Themen wie die Beschreibung neuer Werkzeuge und Prozesse, der Datensicherheit und zunehmend auch der Datenqualität im Vordergrund.

2.1 Institutions- und disziplinübergreifende Projekte

Konsortialforschung

Häufig organisieren sich Forschungsinitiativen in standort- und/oder fachübergreifenden Konsortien wie z. B. DFG-geförderten SFBs oder Forschungsgruppen. Um in diesen Konsortien effizient kollaborativ arbeiten zu können, werden abhängig vom

Szenario adäquate technische und organisatorische Arbeitsabläufe genutzt und entwickelt, die i. d. R. auf Vorerfahrungen der beteiligten Konsortialpartner beruhen. Dies stellt die standortübergreifenden Ansätze vor die Herausforderung, dass unterschiedliche, an den jeweiligen Standorten etablierte Vorgehensweisen harmonisiert werden müssen. Üblich ist hierbei, einen Standort (z. B. den Sprechersitz) als Zentrum zu definieren, an dem verschiedene technische Lösungen zusammenlaufen.

Eine dynamische Vielzahl von digitalen, meist web-, teils cloudbasierten Werkzeugen steht für das kollaborative Arbeiten zur Verfügung. Teilweise ermöglichen die Werkzeuge die gleichzeitige Bearbeitung durch viele Anwenderinnen und Anwender.

In vielen Anwendungsszenarien wird es kaum möglich sein, für jedes neue FDM-Werkzeug separate Server-Hardware zu beschaffen und zu betreiben. Hierfür bieten professionelle Rechenzentren die Möglichkeit, Cloud-Infrastruktur zu nutzen. Weiterführende Übersichten über Definitionen zu Begriffen und verschiedene Bereiche des Cloud Computing sind in der Fachliteratur beschrieben.[12]

Wichtige Anwendungskategorien bei kollaborativen FDM-Services sind u. a. Werkzeuge für gemeinsame Datenerhebung,[13] Datenaufbereitung (z. B. OpenRefine[14]), Data Preparation,[15] Datenspeicherung und -verteilung (z. B. ownCloud[16], SharePoint,[17] für eine Übersicht verschiedener Möglichkeiten des File Sharing siehe UK Data Service o. J. b), Softwareentwicklung (GitHub,[18] GitLab[19]), Workflowmanagement (z. B. KNIME,[20] Taverna[21]), Materialverwaltung (z. B. QUARTZY,[22] eLABInventory[23]), Literaturverwaltung (z. B. Zotero,[24] Mendeley[25]), Dokumenterstellung

---

12 Vgl. z. B. Antonopoulos und Gillam 2017; Repschläger, Pannicke und Zarnekow 2010.
13 Vgl. z. B. elektronische Laborbücher s. Adam und Lindstädt 2019; forschungsdaten.org o. J.; BExIS 2 o. J.
14 S. https://openrefine.org/. Letztes Abrufdatum der Internet-Dokumente ist der 15.11.2020.
15 Vgl. z. B. talend.com o. J.
16 S. https://owncloud.org/.
17 S. https://www.microsoft.com/de-de/microsoft-365/sharepoint/collaboration.
18 S. https://github.com.
19 S. https://about.gitlab.com/.
20 S. https://www.knime.com/knime-analytics-platform.
21 S. https://taverna.incubator.apache.org/.
22 S. https://www.quartzy.com/.
23 S. https://www.elabinventory.com/.
24 S. https://www.zotero.org/.
25 S. https://www.mendeley.com/.

(z. B. ShareLaTex,[26] HedgeDog [ehem. CodiMD][27]), virtuelle Meetings (z. B. Jitsi,[28] BigBlueButton[29]) und Datenanalyse (z. B. Jupyter Notebooks,[30] Galaxy[31]).

Einhergehend mit der standortübergreifenden Datenverarbeitung entsteht der Bedarf nach Regelwerken („Data Policies", Datennutzungsvereinbarungen, für Beispiele siehe etwa eResearch Alliance o. J.), die Rechte und Pflichten der beteiligten Konsortialpartner dokumentieren. Damit diese Regeln alle Anwendungsfälle erfassen und von allen Partnern konsentiert werden können, sollten sie gemeinsam erarbeitet und dynamisch angepasst werden. Eine Auswahl verschiedener individueller Setups und Herangehensweisen wurde u. a. in zwei Workshops zu Infrastruktur-Teilprojekten vorgestellt.[32]

Citizen Science

Die Beteiligung von Laien-Forschenden bei der Bearbeitung wissenschaftlicher Fragestellungen gewinnt immer mehr an Bedeutung.[33] Hierdurch ergeben sich aber auch eine Reihe von speziellen Herausforderungen z. B. beim Design von Werkzeugen für die Datenerhebung, bei der Publikation von wissenschaftlichen Ergebnissen, die Daten aus Citizen-Science-Ansätzen verwenden oder auch bei der Einordnung von Datensicherheitsaspekten, wie sie z. B. näher von Anhalt-Depies et al. untersucht und beschrieben wurden.[34]

2.2 Virtuelle Forschungsumgebungen

Virtuelle kollaborative Forschungsumgebungen (VFU) existieren in einer Vielzahl von Ausprägungen unter verschiedenen Begrifflichkeiten. Dabei handelt es sich häufig um spezifische Werkzeug-Setups für bestimmte Anwendungsfälle zur Unterstützung der Kommunikation und Kollaboration von geographisch verteilten Forschenden.[35]

---

26 S. https://www.sharelatex.com/.
27 S. https://demo.hedgedoc.org/.
28 S. https://jitsi.org/.
29 S. https://bigbluebutton.org/.
30 S. https://www.jupyter.org.
31 S. https://usegalaxy.org/.
32 Vgl. Engelhardt 2013; Roertgen et al. 2019; bausteine-fdm.de 2020.
33 Für Definitionen vgl. Eitzel et al. 2017; Rowbotham et al. 2019.
34 Vgl. Anhalt-Depies et al. 2019.
35 Vgl. Ahmed, Poole und Trudeau 2018, 688; Kommission Zukunft der Informationsinfrastruktur 2011, B74–B81; Candela, Castelli und Pagano 2013.

VFUs lassen sich nach funktionalen sowie nach technologischen Gesichtspunkten kategorisieren. Betrachtet man das organisatorische Setup und die wissenschaftlichen Funktionen, lassen sich vier Typen von VFUs mit einem Forschungsfokus identifizieren:[36]
- *Distributive Research Center (DRS):* eine Umgebung, in der Expertise sowie personelle und andere Ressourcen rund um ein Forschungsthema zusammengeführt werden und die die Bearbeitung entsprechender Projekte unterstützt;
- *Shared Instruments (SI):* ermöglicht Remote-Zugang zu Großinstrumenten wie bspw. Teleskopen;
- *Community Data Systems (CDS):* eine Umgebung, die von einer dispersen Community als Repositorium für die Sammlung von Daten und Informationen genutzt und gepflegt wird;
- *Open Community Contribution Systems (OCCS):* führt die Einzelbeiträge einer großen Zahl räumlich verstreuter Individuen bei der Bearbeitung eines konkreten gemeinsamen Unterfangens, etwa der Bestimmung von Proteinfaltungen, zusammen.

Basierend auf einer Untersuchung der eingesetzten Informationstechnologien von 164 VFUs bildeten Ahmed, Poole und Trudeau die folgenden fünf Kategorien:[37]
- *Webpage:* Der Schwerpunkt liegt hier auf Technologien, die die Publikation und Kommunikation unterstützen. VFUs dieser Art dienen primär als Online-Präsenz oder Portal zu weiteren Ressourcen (z. B. Daten, Tools oder Publikationen). Als Beispiel nennen die Autorinnen und Autoren das LIPID MAPS Lipidomics Gateway.[38]
- *Analytic Community:* Dieser Typ von VFU vereinigt Rechenkapazität, Publikations- und Kommunikationstechnologien. Er umfasst i. d. R. ein Datenrepositorium und stellt Funktionen und Kapazitäten zur Datenanalyse und -annotation zur Verfügung. Genutzt wird er von einer Gemeinschaft von Wissenschaftlerinnen und Wissenschaftlern, die diese Ressourcen für ihre Forschung nutzen und zugleich ein starkes Interesse am Austausch von Ergebnissen und Publikationen sowie der Interaktion mit anderen Nutzerinnen und Nutzern haben. Als Beispiel führen Ahmed, Poole und Trudeau Archaeotools[39] an.
- *Moderate Scientific Support/Intense Scientific Support VRE:* Diese beiden sich in ihrer technischen Konfiguration stark gleichenden Typen unterscheiden sich primär in der Anzahl der integrierten Informations- und Kommunikationstechnologien. Der Schwerpunkt liegt bei ihnen auf Instrumenten, Daten und Re-

---
36 Vgl. Ahmed, Poole und Trudeau 2018, 689–691.
37 Vgl. Ahmed, Poole und Trudeau 2018, 693–698.
38 S. http://www.lipidmaps.org/.
39 S. https://archaeologydataservice.ac.uk/research/archaeotools.xhtml.

chenressourcen. Zusätzlich werden in geringem Grad Funktionalitäten für Publikation und Kommunikation bereitgestellt. Ein gutes Beispiel für eine Moderate-Scientific-Support-VFU ist laut Ahmed, Poole und Trudeau NEESGrid,[40] für eine Intense-Scientific-Support-VFU SEEK.[41]
- *Archetypical collaboratory:* Diese Kategorie von VFUs integriert sowohl in hohem Maße Instrumente sowie Funktionen zur Datenspeicherung, -archivierung, -analyse, -annotation usw. als auch zahlreiche Publikations- und Kommunikationswerkzeuge und stellt damit eine multidimensionale Umgebung für kollaborative Forschung bereit, während sie zugleich das Community Building um den Forschungsgegenstand herum befördert. Als Beispiel einer VFU dieses Typs geben Ahmed, Poole und Trudeau die Cochrane Collaboration an.[42]

2.3 Organisatorischer und regulativer Rahmen

Ein organisatorischer und regulativer Rahmen, ein sogenanntes „Data Management Framework", auf der Ebene einer Institution oder eines großen Verbundprojektes kann dabei helfen, ein einheitliches und effektives Datenmanagement in der gesamten Institution bzw. dem Projekt zu gewährleisten. Er ermöglicht es, einen Überblick über (Teil-)Projekte und in ihnen erhobene Daten zu er- und behalten, die organisatorischen und regulatorischen Rahmenbedingungen für den Umgang mit Forschungsdaten sowie die damit zusammenhängenden Aufgaben und Zuständigkeiten zu definieren und die entsprechenden Informationen und Ressourcen zentral für alle bereitzustellen.[43]

Um einen umfassenden Rahmen zu erarbeiten, der alle notwendigen Aspekte abbildet, sollten laut ANDS fünf Bereiche berücksichtigt werden:[44]
- Institutionelle Policies und (standardisierte) Verfahren,
- Angebote zur Beratung und Unterstützung,
- IT-Infrastruktur,
- Metadatenmanagement sowie
- Forschungsdatenmanagement.

Idealerweise werden für jedes dieser Felder Rollen und Zuständigkeiten sowie Policies und Standards definiert und die notwendigen Ressourcen (finanziell, personell, sonstige Ausstattung) allokiert. Zudem muss dafür Sorge getragen werden, dass die

---

40 S. http://www.neesgrid.org/.
41 S. https://seek4science.org/.
42 S. https://www.cochrane.org/welcome.
43 Vgl. UK Data Service o. J. c.
44 Vgl. ANDS 2018, 2.

Beteiligten die notwendige Qualifikation für ihre Aufgaben besitzen oder sich aneignen (können).[45]

Relevante Dokumente und Informationen können an einer zentralen Stelle für alle zugänglich vorgehalten werden. Zu diesen können, je nach Bedarf, folgende zählen:[46]
- zentrales Datenverzeichnis,
- institutionelle Erklärung oder Policy zum Datenteilen,
- Beispiel-Datenmanagementpläne,
- Informationen zu institutionellen Richtlinien und Regularien in Bezug auf Forschungsdaten,
- Erklärung zu Urheber- und Verwertungsrechten für Forschungsdaten und -ergebnisse,
- Erklärung zur institutionellen Datenmanagement-Infrastruktur und zu Backup-Verfahren,
- IT-Sicherheitsrichtlinie für Datenspeicherung, File Sharing und Datenübertragung,
- Empfehlungen für Standard-Datenformate,
- Policy zum Zurückhalten oder zur Löschung von Daten
- Standards für die Qualitätskontrolle von Datenerhebung und -eingabe,
- Empfehlungen für Digitalisierung und Transkription,
- Empfehlungen für Dateibenennung und Versionskontrolle,
- Projektverzeichnis einschließlich Rollen und Zuständigkeiten,
- Vorlagen für (informierte) Einwilligungserklärungen und Informationen zum Datenteilen im Zusammenhang mit sensiblen Daten,
- Vertraulichkeitsvereinbarungen für den Umgang mit sensiblen Daten,
- Informationen zu ethischen Aspekten und Beispielformulare für eine Begutachtung,
- Richtlinien für Anonymisierung und Pseudonymisierung.

2.4 Datenschutz und Datensicherheit

Die rechtliche Perspektive beim FDM wird zunehmend wissenschaftlich betrachtet.[47] Kollaboratives Arbeiten mit Forschungsdaten erfordert in besonderer Weise die Berücksichtigung von Aspekten der Datensicherheit bzw. des Datenschutzes. Diese Begriffe werden in unterschiedlichen fachlichen, technischen oder rechtli-

---

45 Vgl. ANDS 2018, 2.
46 Vgl. UK Data Service o. J. a.
47 Vgl. z. B. Hartmann 2019; DATAJUS o.J.

chen Kontexten heterogen definiert und verwendet.⁴⁸ Durch die zunehmende Anzahl von fach- und standortübergreifenden Initiativen steigt auch die Komplexität von Risikoabschätzungen, um Datenschutz und Datensicherheit praxisnah ausreichend gewährleisten zu können.⁴⁹ Bei länderübergreifenden Kooperationen kommt durch unterschiedliche Gesetzgebungen gegebenenfalls noch eine weitere Komplexitätsebene hinzu.⁵⁰

Zur Abgrenzung der Aspekte, die für den konkreten kollaborativen Anwendungsfall relevant sind, sollten die entstehenden Daten und zugehörigen Arbeitsabläufe inhaltlich, technisch und rechtlich kategorisiert und evaluiert werden. Des Weiteren ist die möglichst konkrete Beschreibung des Zwecks der Umsetzung von Maßnahmen zur Erhöhung der Datensicherheit wesentlich, um Aspekte priorisieren zu können.

Sensible Forschungsdaten

In vielen Forschungskontexten wird mit sensiblen Daten gearbeitet. Die Sensibilität kann dabei durch eine Vielzahl verschiedener Hintergründe wie z. B. Personenbezug, Natur- und Artenschutz, Firmengeheimnisse oder Forschung an Gefahrstoffen entstehen. Besonders häufig fallen personenbezogene Daten an. Der Personenbezug rangiert dabei zwischen einerseits i. d. R. unkritischen wenigen persönlichen Angaben zu beteiligten Forschenden an gemeinsamen Projekten und andererseits höchst sensitiven Informationen zum ökonomischen oder medizinischen Status von Probandinnen bzw. Probanden in Umfragen oder Studien.⁵¹ Eine Vielzahl an Publikationen und technischen Ansätzen befasst sich hierbei mit besonders kritischen Szenarien z. B. in der sozialwissenschaftlichen oder klinischen Forschung.⁵² Aber auch in einfacheren Setups erscheint die Betrachtung von datenschutzbezogenen Fragen sinnvoll⁵³, damit ein abgestimmtes Vorgehen in den Fachcommunities erreicht werden kann.

Intellectual Property/Lizenzen

Insbesondere in standortübergreifenden Forschungskollaborationen sollten abgestimmte Regeln zum geistigen Eigentum (Intellectual Property, IP) und den daraus

---

48 Vgl. z. B. Schmidt und Weichert 2012; GDD o. J.; Solove 2006.
49 Vgl. Stiles and Petrila 2011; Nurmi et al. 2019.
50 Vgl. Nurmi et al. 2019, 9; Kalberg 2012; Röttgen 2020; Lauber-Rönsberg 2018.
51 Vgl. Europäische Kommission o. J.; DSGVO 2016, Art. 4.
52 Vgl. Pommerening et al. 2014; Bauer, Eickmeier und Eckard 2018; Eaton und McNett 2020.
53 Vgl. z. B. Schallaböck und Grafenstein 2017.

resultierenden Konsequenzen zum Daten-Besitztum und -Nutzungsrecht erarbeitet werden. Mehrere aktuelle Forschungsprojekte liefern hierbei erste v. a. rechtliche Grundlagen, die berücksichtigt werden können.[54] Gerade im Hinblick auf Publikationen, denen gemeinsam erarbeitete Forschungsdaten zugrunde liegen, sind auch die Regelungen zur Guten wissenschaftlichen Praxis relevant.[55] Weiterführende Informationen zu Lizenzmodellen, die die Nachnutzung von Daten regulieren, wurden in verschiedenen Projektkontexten zusammengestellt.[56]

Technische und organisatorische Aspekte

In vielen kollaborativen Arbeitsszenarien sind zunächst die einzelnen beteiligten Standorte für die technische Sicherheit der primär erhobenen Daten verantwortlich. Zusätzlich sollten Konzepte erarbeitet werden, um die auf dieser Basis kollaborativ entstehenden Forschungsdaten vor IT-Sicherheitsproblemen (z. B. Datenverlust oder -beschädigung, Hackerangriffe) bestmöglich zu schützen. Zunehmend wird institutionell per Daten-Policies reguliert, dass erhobene Daten am Erhebungsstandort verbleiben bzw. im Falle der Feldforschung am Standort des erhebenden Projektes zusammengeführt werden. Diese Vorgabe schließt insbesondere die Nutzung einiger Drittanbieter-Services aus, die im privaten Bereich weite Verbreitung finden (z. B. Dropbox, Google Drive, Microsoft OneDrive). Wenn verfügbar, sollten zertifizierte Rechenzentren (z. B. ISO 9001, ISO 27001) mit ihren alternativen Serviceangeboten auch für die kollaborative Datenhaltung priorisiert werden, um Sicherheitsrisiken zu minimieren.

Den oben genannten Herausforderungen bezüglich personenbezogener oder IP-rechtlich geschützter Daten kann durch technisch-organisatorische Lösungsansätze z. T. begegnet werden. Hierzu zählen Mechanismen zu Pseudonymisierung und Anonymisierung, die es z. B. durch Datenaggregation ermöglichen, mit persönlichen Angaben Forschungsfragen aus verschiedenen Fachbereichen zu bearbeiten.[57] Ein weiterer Ansatzpunkt besteht in der differenzierten Zugangskontrolle zu personenbezogenen Daten. Diese kann physikalisch erfolgen, indem zugangsbeschränkte und kontrollierte Räume zur Dateneinsicht zur Verfügung gestellt werden.[58] Alternativ können digitale Zugriffsmodelle eingesetzt werden, die im einfacheren Szenario mit Use- & Access-Rollen oder in sensitiveren Bereichen mit der Zwischenschaltung von fachlich versierten Gremien zur Überwachung der Dateneinsicht und -her-

---

54 Vgl. z. B. Kreutzer und Lahmann 2019; Ostendorff und Linke 2019; forschungsdaten.info o. J.; open-access.net o. J.; DATAJUS o. J.
55 Vgl. DFG 2019.
56 Vgl. z. B. forschungslizenzen.de o. J., radar-service.eu o. J.
57 Vgl. Chevrier et al. 2019; Gkoulalas-Divanis und Loukides 2015.
58 Vgl. z. B. EUROSTAT 2017; gesis.org o. J.

ausgabe realisiert werden.[59] Das Vorgehen kann dabei u. U. die Integration von Datentreuhanddiensten erforderlich machen.[60] Solche Datentreuhandstellen werden z. B. eingesetzt, um im Falle personenbezogener Daten Aufgaben der Pseudonymisierung oder der Anonymisierung wahrzunehmen und die Daten nur pseudonymisiert, anonymisiert oder aggregiert zur Verfügung zu stellen.

2.5 Datenqualität

Der Rat für Informationsinfrastrukturen (RfII) hat eine Vielzahl von Herausforderungen in Bezug auf die Datenqualität identifiziert.[61] An dieser Stelle sollen diejenigen hervorgehoben werden, die im kollaborativen Kontext besondere Relevanz besitzen. Ein Großteil davon steht im Zusammenhang mit der Definition und Anwendung einheitlicher Regeln und Standards für verschiedene im Verlauf des Forschungsprozesses anfallende Aktivitäten. Hier ist vor allem eine unvollständige und uneinheitliche Dokumentation der Daten sowie des Forschungsprozesses und -kontextes zu nennen, die der Nachvollziehbarkeit und Reproduzierbarkeit wissenschaftlicher Ergebnisse entgegensteht. Dies stellt oft schon in der Erhebungsphase ein Problem dar, das – sofern nicht gelöst – im weiteren Verlauf, etwa bei der Archivierung und Publikation oder auch der Zusammenführung von Daten aus unterschiedlichen Quellen, relevant bleibt. Abhilfe können hier einheitliche Richtlinien und Konventionen, z. B. in Bezug auf Metadaten, Dateibenennung und Versionierung, schaffen, die sich – so vorhanden – an in der Fachcommunity etablierten Standards orientieren. Unterstützend kann auch Dokumentationssoftware, z. B. die oben bereits angesprochenen Elektronischen Laborbücher, eingesetzt werden. Für die Qualitätskontrolle und Datenbereinigung sollten außerdem geeignete, einheitliche Kriterien definiert werden, die von allen Beteiligten angewendet werden.

Eine weitere Herausforderung, auf die der RfII hinweist, sind Hard- und Softwareunterschiede, z. T. auch physikalische Umwelteinflüsse, die zu Diskrepanzen in Verarbeitungsprozessen und Ergebnissen und mithin zu Problemen bei der Reproduzierbarkeit führen können. Beim Einsatz von Software können zudem Bedienfehler wie auch eine ungeeignete oder ungenügend dokumentierte Parametrisierung eine Minderung der Datenqualität bedingen. Für viele dieser Probleme gibt es derzeit noch keine ideale Lösung, durch verbesserte Dokumentation können sie jedoch immerhin transparent gemacht werden. Auch der Einsatz quelloffener, frei verfügbarer Software kann in diesem Zusammenhang hilfreich sein.

---

59 Vgl. z. B. Shah, Coathup, Teare et al. 2019; Torcivia-Rodriguez, Hayley-Dingerdissen und Mazumder 2019; Dyke 2020; EGA o. J.; DZHK 2014.
60 Vgl. RfII 2020.
61 Vgl. RfII 2019, 29–57.

Weitere, vom RfII angesprochene relevante Aspekte beziehen sich auf die Klärung der Verfügungsrechte über Daten sowie die Definition und eindeutige Zuweisung von Rollen und Aufgaben, die z. B. bereits in der Planungsphase im Rahmen der Erstellung eines Datenmanagementplans erfolgen kann.

2.6 Softwareentwicklung

Schon lange sind in der Softwareentwicklung digitale Werkzeuge üblich, um effizient und zeitgleich im Team Produkte weiterentwickeln zu können. Einige Open-Source-Projekte werden dabei von einer weltweiten Community von Entwicklerinnen bzw. Entwicklern diskutiert und vorangetrieben.[62] Hierzu zählen auch viele Werkzeuge, die für das Projektmanagement oder das Arbeiten mit (Forschungs-)Daten genutzt werden können.[63]

Zunehmend an Bedeutung gewinnen in der Softwareentwicklung die Aspekte der Reproduzierbarkeit[64] und Nachhaltigkeit („software sustainability"[65]) und der Agilität.[66] Beide Schwerpunkte adressieren die steigenden Anforderungen, in heterogenen und dynamischen Teamzusammensetzungen auf Bedarfe durch die sich schnell wandelnden wissenschaftlichen Herangehensweisen reagieren zu können und die daraus resultierenden Softwarelösungen langlebig und reproduzierbar zu dokumentieren.

Als Entwicklungsumgebung, Versionierungssystem oder Code-Repositorium genutzte Applikationen basieren oft auf Lösungen wie Github, Gitlab oder Subversion.[67] In solchen Softwareprojektmanagement-Umgebungen kann Programmiercode verwaltet und versioniert, aber auch ausführlich dokumentiert und veröffentlicht werden.[68]

Die „Task Group Forschungssoftware" des Arbeitskreises Open Science in der Helmholtz Gemeinschaft hat kürzlich eine Muster-Richtlinie für nachhaltige Forschungssoftware herausgegeben, die wichtige Aspekte zum FAIRen Umgang mit Softwareentwicklungen zusammengestellt und als Vorlage für andere Institutionen genutzt werden kann.[69]

---

62 Vgl. von Krogh und von Hippel 2003; Kogut und Metiu 2001.
63 Vgl. Patel 2016; Willmes, Kürner und Bareth 2014.
64 Vgl. David et al. 2017; Hothorn, Held und Friede 2009; Hothorn und Leisch 2011; Freire, Fuhr und Rauber 2016.
65 Vgl. Crouch et al. 2013; Venters et al. 2018; Anzt et al. 2020.
66 Vgl. Abrahamsson et al. 2017; Lechler und Yang 2017; it-agile.de o.J.
67 S. https://subversion.apache.org/.
68 Vgl. z. B. Simons 2020; Bender 2018.
69 Vgl. Bach et al. 2020.

Weitere Informationen über Netzwerke von Forschungssoftware-Communities können z. B. auf den Webseiten des „EURISE Network"[70] und der „Research Software Alliance"[71] gefunden werden.

3 Praxistransfer

Bereits durch die „Kommission Zukunft der Informationsinfrastruktur" wurde erarbeitet, dass Flexibilität ein essentielles Charakteristikum von kollaborativen Forschungsinfrastrukturen für deren Nutzbarkeit zum effizienten Erkenntnisgewinn ist.[72] In der Folge betonte auch der auf Basis der Kommissionsarbeit begründete Rat für Informationsinfrastrukturen die Bedeutung der Vielfalt bei der Implementierung von Strukturen und Prozessen im FDM.[73] Für den Praxistransfer der beschriebenen Aspekte zum kollaborativen Arbeiten mit Daten ergibt sich daraus die Herausforderung, dass konkrete Umsetzungsschritte spezifisch für jedes Forschungsszenario erarbeitet und adaptiert werden müssen.

Eine wesentliche Rolle spielt dabei eine möglichst effiziente Kommunikation zwischen den Beteiligten innerhalb eines Konsortiums einerseits und zwischen Infrastruktur-Entwickelnden bzw. -anbietern und den forschenden Nutzerinnen und Nutzern andererseits. Hilfreich ist darüber hinaus die Kommunikation und Netzwerkbildung zwischen Forschungsverbünden am eigenen und mit anderen Wissenschaftsstandorten.

Für die praktisch-technische Umsetzung einer kollaborativen Forschungsinfrastruktur können vier Komplexitätsebenen betrachtet und genutzt werden, die einen steigenden Grad an Aufwand und benötigter Expertise, aber auch an verbesserter Adaption an spezifische Herausforderungen bedeuten.

Integration von Services, Werkzeugen und anderen Vorlagen, die ad hoc eingesetzt werden können

Insbesondere Webressourcen können häufig mit geringem Aufwand in Forschungsprozesse integriert werden. Beispielsweise können Forschungsdesign, Projektstrukturen, Workflows und Rollenverteilungen in Webportalen wie dem Open Science

---

70 S. https://technical-reference.readthedocs.io/en/latest/.
71 S. https://www.researchsoft.org/resources/.
72 Vgl. KII 2011.
73 Vgl. RfII 2016.

Framework[74] oder FAIRDOMHub[75] gepflegt und veröffentlicht werden. Forschungsdaten können auch in weiteren öffentlichen Repositorien – lokal oder übergreifend – hinterlegt und somit ideal in kollaborativen Umgebungen ausgetauscht sowie eindeutig zitiert werden (z. B. Zenodo, GRO.data[76]). Einige z. T. kommerzielle Anbieter ermöglichen auch den direkten Einsatz („software as a service") von elektronischen Laborbüchern für die primäre Dokumentation der Forschungsarbeit (z. B. LabArchives,[77] RSpace[78]). Zur vereinfachten Kommunikation können Videokonferenzsysteme oder Chat-Dienste (z. B. Rocket.Chat[79]) externer Anbieter genutzt werden. Üblicherweise werden solche Dienste auch von den lokalen IT-Serviceanbietern bereitgestellt. Probleme in der Anwendung können sich in dieser Komplexitätsebene z. B. aus den geringen Adaptionsmöglichkeiten und der Datenhaltung auf externen Servern ergeben.

Individuelle Nachnutzung bzw. Installation oder Einbindung von virtualisierten Services, Werkzeugen und anderen Vorlagen

Viele FDM-Werkzeuge werden inzwischen als virtualisierte Systeme zur Nachnutzung angeboten. Ein weit verbreitetes Format ist dabei die Bereitstellung als Docker-Container. Die Virtualisierung vereinfacht die initiale Implementierung, da vertiefte Kenntnisse über Abhängigkeiten von Komponenten der Systeme zunächst nicht erforderlich sind und die Werkzeuge für spezifische Adaptionen leichter angepasst werden können. Der Einsatz solcher Umgebungen in kollaborativen Szenarien erfordert ein größeres Maß an IT- und werkzeugspezifischer Expertise, um eine effiziente und sichere Implementierung gewährleisten zu können. I. d. R. wird dafür die Zusammenarbeit mit einem professionellen Rechenzentrum unerlässlich sein. Beispiele für die Verfügbarkeit von virtualisierten Services sind Open-Source-Projekte wie Jupyter Notebooks zur reproduzierbaren Dokumentation von Datenanalyse-Algorithmen, Dataverse als Forschungsdaten-Repositorium,[80] FEniCS[81] für die wissenschaftliche Modellierung oder das Webportal menoci[82] für die Repräsentation biomedizinischer Forschungsdaten.

---

74 S. https://osf.io/.
75 S. https://fairdomhub.org/.
76 S. https://data.goettingen-research-online.de/.
77 S. https://www.labarchives.com/.
78 S. https://www.researchspace.com/.
79 S. https://rocket.chat/.
80 S. https://dataverse.org/home.
81 S. https://fenicsproject.org/.
82 S. https://menoci.io/.

Individuelle Nachnutzung bzw. Installation oder Einbindung von Services, Werkzeugen und anderen Vorlagen mit Hilfe von Installationsanleitungen der Entwickelnden

Höherer Aufwand ist notwendig, um FDM-Werkzeuge zu implementieren, die bisher nicht in virtualisierter Form zur Verfügung gestellt werden. Insbesondere bei komplexen Systemen, die eine Vielzahl an Abhängigkeiten zwischen benötigten Ressourcen beinhalten, sind vertiefte IT-Kenntnisse und Erfahrungen mit den jeweiligen Systemen erforderlich, um einen störungsfreien Einsatz zu ermöglichen. Beispiele in dieser Kategorie sind das Daten-Portal ckan,[83] das System SADE für Digitale Editionen[84] oder die Datenerfassungsumgebung BExIS.[85]

Neuentwicklung eigener Services, Werkzeuge oder Prozesse, die sich an Erfahrungen von anderen Standorten/Projektszenarien orientieren

Wenn bereits bestehende FDM-Systeme in ihrer Funktionalität nicht genügen, um spezifischen Anforderungen an das kollaborative Forschungsszenario zu begegnen, ist es gegebenenfalls sinnvoll, Eigenentwicklungen zu designen. Üblicherweise orientieren sich diese Neuentwicklungen an Erfahrungen aus ähnlichen Projekthintergründen und bauen auf diesem Vorwissen auf. Für diese Herangehensweise ist ein hoher Aufwand an Ressourcen erforderlich, um das Ziel spezifischer Funktionalität tatsächlich erreichen zu können. Beispiele sind das Drupal-basierte Fachrepositorium publisso[86] des Informationszentrums Lebenswissenschaften,[87] die geowissenschaftlichen Projektdatenbanken von SFB/TR 32,[88] SFB 1211[89] und SFB/TRR 228[90] oder EXMARaLDA[91] als ein System für das computergestützte Arbeiten mit (vor allem) mündlichen Korpora.

Best-Practice-Beispiele aus DFG-geförderten Sonderforschungsbereichen wurden u. a. in einem Workshop vorgestellt und dokumentiert.[92] Zwei weitere Anwendungsbeispiele, exemplarisch aus den Geowissenschaften und der Medizin, geben

---

83 S. https://ckan.org/.
84 S. https://www.bbaw.de/bbaw-digital/telota/forschungsprojekte-und-software/abgeschlossene-projekte/sade.
85 S. https://fusion.cs.uni-jena.de/bpp/bexis2-software/.
86 S. https://repository.publisso.de/.
87 Vgl. Arning, Lindstädt und Schmitz 2016.
88 S. https://www.tr32db.uni-koeln.de/site/index.php.
89 S. https://sfb1211.uni-koeln.de/.
90 S. https://www.trr228db.uni-koeln.de/site/index.php.
91 S. https://exmaralda.org/de/.
92 Vgl. Roertgen 2020; bausteine-fdm.de 2020; Schwandt 2020.

Einblicke in konkrete Implementierungsschritte für große kollaborative Forschungsverbünde.

Implementierungsschritte für große kollaborative Forschungsverbünde: Anwendungsbeispiel Geowissenschaften

Von 2007 an wurden im SFB/Transregio 32 („Muster und Strukturen in Boden-Pflanzen-Atmosphären-Systemen: Erfassung, Modellierung und Datenassimilation") Forschungsfragen mit geowissenschaftlichem Fokus kollaborativ bearbeitet. Die entwickelten Infrastrukturen werden in den nachfolgenden Verbünden SFB 1211 („Evolution der Erde und des Lebens unter extremer Trockenheit") und SFB/Transregio 228 („Zukunft im ländlichen Afrika: Zukunft-Machen und sozial-ökologische Transformation") nachgenutzt und erweitert.[93] Alle Verbünde führen in einer eigenentwickelten Projektdatenbank erhobene Forschungsdaten zusammen, reichern sie dabei mit standardisierten Metadaten[94] an und ermöglichen die Zitierfähigkeit von Datensätzen über Digital Object Identifier (DOI). Suchfunktionalität steht in Form von Suchmasken und Listen aber auch räumlich (kartenbasiert) zur Verfügung. Die FDM-Systeme wurden in Zusammenarbeit mit dem Regionalen Rechenzentrum (RRZK) der Universität zu Köln aufgebaut und werden dort physisch gehostet, damit auch die langfristige nachhaltige Verfügbarkeit und damit die Wiederverwendbarkeit aller Projektdaten über die Projektförderung hinaus sichergestellt bleibt.[95]

Implementierungsschritte für große kollaborative Forschungsverbünde: Anwendungsbeispiel Kardiologische Grundlagenforschung

Im klinischen Sonderforschungsbereich 1002 („Modulatorische Einheiten bei Herzinsuffizienz") wird seit 2012 eine integrierte und langfristig verfügbare Forschungsdatenplattform[96] in enger Zusammenarbeit mit den beteiligten Forschenden und auf Basis des Datenmanagementportals menoci[97] entwickelt. Mit dem Ziel der vereinfachten Nachnutzung („FAIRification") der im SFB 1002 generierten Forschungsdaten werden diese zentral und digital erfasst, strukturiert und standardisiert. Technische Schwerpunkte bilden dabei die Integration von Community-Standards, die Bereitstellung zitierfähiger Datensätze durch die Verwendung von Persistenten

---

93 Vgl. Curdt et al. 2019.
94 Vgl. Curdt 2014; Curdt 2016.
95 Vgl. Curdt und Hoffmeister 2015.
96 S. https://sfb1002.med.uni-goettingen.de/production/.
97 Vgl. Suhr et al. 2020.

Identifikatoren (PID) und ihre verbesserte Integration. Zusätzlich nutzen einige Arbeitsgruppen des Konsortiums für die primäre Labordaten-Dokumentation ein elektronisches Laborbuch und haben hierdurch unterschiedlich weitreichend die papierbasierte Dokumentation abgelöst. Klinische Daten, die im Rahmen dieses Konsortiums erhoben werden, werden in einer distinkten digitalen Infrastruktur verwaltet. Dies erfolgt in Anlehnung an Entwicklungen für das Datenmanagement im Deutschen Zentrum für Herz-Kreislauf-Forschung e.V.[98] Eine schriftliche Vereinbarung („Data Policy") über die gemeinsame Datennutzung wurde inzwischen in der zweiten Version erarbeitet und von allen Projektleitenden unterzeichnet. Teile der entwickelten Infrastrukturen und Prozesse werden bereits in weiteren Konsortien nachgenutzt sowie spezifisch erweitert (z. B. SFB 1190 und SFB 1286).

Literatur

Letztes Abrufdatum der Internet-Dokumente ist der 15.11.2020.

Abrahamsson, Pekka, Outi Salo, Jussi Ronkainen und Juhani Warsta. 2017. „Agile Software Development Methods: Review and Analysis." *arXiv* (September): 1709.08439 [cs]. http://arxiv.org/abs/1709.08439.

Adam, Beatrix und Birte Lindstädt. 2019. *ELN-Wegweiser – Elektronische Laborbücher im Kontext von Forschungsdatenmanagement und guter wissenschaftlicher Praxis – ein Wegweiser für die Lebenswissenschaften*. Köln: ZB MED – Informationszentrum Lebenswissenschaften. doi:10.4126/FRL01-006415715.

Ahmed, Iftekhar, Marshall Poole und Ashley Trudeau. 2018. „A Typology of Virtual Research Environments." In: *Hawaii International Conference on System Sciences 2018, Big Island, Hawaii, 2–6 January 2018*, 688–697. Red Hook, NY: Curran Associates, Inc. doi:10.24251/HICSS.2018.087.

ANDS. 2018. „Creating a Data Management Framework." ANDS. 23. März 2018. https://www.ands.org.au/guides/creating-a-data-management-framework.

Anhalt-Depies, Christine, Jennifer L. Stenglein, Benjamin Zuckerberg, Philip A. Townsend und Adena R. Rissman. 2019. „Tradeoffs and Tools for Data Quality, Privacy, Transparency, and Trust in Citizen Science." *Biological Conservation* 238 (Oktober): 108195. doi:10.1016/j.biocon.2019.108195.

Antonopoulos, Nick, und Lee Gillam, Hg. 2017. *Cloud Computing: Principles, Systems and Applications. Computer Communications and Networks*. Cham: Springer International Publishing. doi:10.1007/978-3-319-54645-2.

Anzt, Hartwig, Felix Bach, Stephan Druskat, Frank Löffler, Axel Loewe, Bernhard Y. Renard, Gunnar Seemann et al. 2020. „An Environment for Sustainable Research Software in Germany and beyond: Current State, Open Challenges, and Call for Action". *F1000Research* 9 (April): 295. doi:10.12688/f1000research.23224.1.

---

98 Vgl. DZHK o.J.

Arning, Ursula, Birte Lindstädt und Jasmin Schmitz. 2016. „PUBLISSO: Das Open-Access-Publikationsportal für die Lebenswissenschaften." *GMS Medizin – Bibliothek – Information* 16 (3): Doc15. doi:10.3205/mbi000370.

Bach, Felix, Oliver Bertuch, Christian Buss, Wolfgang zu Castell, Sabine Celo, Michael Denker, Stefan Dinkelacker et al. 2019. *Muster-Richtlinie Nachhaltige Forschungssoftware an den Helmholtz-Zentren*. Potsdam: Helmholtz Open Science Office. doi:10.2312/os.helmholtz.007.

Bauer, Christoph, Frank Eickmeier und Michael Eckard. 2018. *E-Health: Datenschutz und Datensicherheit*. Wiesbaden: Springer Fachmedien. doi:10.1007/978-3-658-15091-4.

Bender, Theresa, Christian R Bauer, Marcel Parciak, Robert Lodahl und Ulrich Sax. 2018. „FAIR Conform ETL Processing in Translational Research." In: *63. Jahrestagung der Deutschen Gesellschaft für Medizinische Informatik, Biometrie und Epidemiologie e. V. (GMDS)*, DocAbstr. 254. Düsseldorf: German Medical Science GMS Publishing House. doi:10.3205/18gmds095.

Candela, Leonardo, Donatella Castelli und Pasquale Pagano. 2013. „Virtual Research Environments: An Overview and a Research Agenda." *Data Science Journal* 12: GRDI75–81. doi:10.2481/dsj.GRDI-013.

Chevrier, Raphaël, Vasiliki Foufi, Christophe Gaudet-Blavignac, Arnaud Robert und Christian Lovis. 2019. „Use and Understanding of Anonymization and De-Identification in the Biomedical Literature: Scoping Review." *Journal of Medical Internet Research* 21 (5): e13484. doi:10.2196/13484.

Crouch, Stephen, Neil Chue Hong, Simon Hettrick, Mike Jackson, Aleksandra Pawlik, Shoaib Sufi, Les Carr, David De Roure, Carole Goble und Mark Parsons. 2013. „The Software Sustainability Institute: Changing Research Software Attitudes and Practices." *Computing in Science Engineering* 15 (6): 74–80. doi:10.1109/MCSE.2013.133.

Curdt, Constanze. 2014. *TR32DB Metadata Schema for the Description of Research Data in the TR32DB*. O.O: o. V. doi:10.5880/TR32DB.10.

Curdt, Constanze. 2016. „Metadata Management in an Interdisciplinary, Project-Specific Data Repository: A Case Study from Earth Sciences." In: *Metadata and Semantics Research*, hg. v. Emmanouel Garoufallou, Imma Subirats Coll, Armando Stellato und Jane Greenberg, 357–368. (Communications in Computer and Information Science.) Cham: Springer International. doi:10.1007/978-3-319-49157-8_31.

Curdt, Constanze und Dirk Hoffmeister. 2015. „Research data management services for a multidisciplinary, collaborative research project: Design and implementation of the TR32DB project database." *Program: electronic library and information systems* 49 (4): 494–512. doi:10.1108/PROG-02-2015-0016.

Curdt, Constanze, Dirk Hoffmeister, Tanja Kramm, Ulrich Lang und Georg Bareth. 2019. „Etablierung von Forschungsdatenmanagement-Services in geowissenschaftlichen Sonderforschungsbereichen am Beispiel des SFB/Transregio 32, SFB 1211 und SFB/ Transregio 228." *Bausteine Forschungsdatenmanagement* 2 (September): 61–67. doi:10.17192/bfdm.2019.2.8103.

DATAJUS. o. J. „Forschungsprojekt DataJus." Document. TU Dresden. https://tu-dresden.de/gsw/jura/igetem/jfbimd13/forschung/forschungsprojekt-datajus.

David, Cédric H., Yolanda Gil, Christopher J. Duffy, Scott D. Peckham und S. Karan Venayagamoorthy. 2017. „An introduction to the special issue on Geoscience Papers of the Future." *Earth and Space Science* (Dezember): 441–444. doi:10.1002/2016EA000201.

DFG. 2019. *Leitlinien zur Sicherung guter wissenschaftlicher Praxis – Kodex*. https://www.dfg.de/download/pdf/foerderung/rechtliche_rahmenbedingungen/gute_wissenschaftliche_praxis/kodex_gwp.pdf.

DSGVO. o. J. „Datenschutz-Grundverordnung (DSGVO) Art. 4." https://dejure.org/gesetze/DSGVO/4.html.

Dyke, Stephanie O. M. 2020. „Chapter 2 – Genomic Data Access Policy Models." In: *Responsible Genomic Data Sharing*, hg. v. Xiaoqian Jiang und Haixu Tang, 19–32. London: Academic Press. doi:10.1016/B978-0-12-816197-5.00002-4.

DZHK. 2014. „Verfahrensbeschreibung und Datenschutzkonzept des Zentralen Datenmanagements des DZHK." https://dzhk.de/fileadmin/user_upload/Datenschutzkonzept_des_DZHK.pdf.

Eaton, India und Molly McNett. 2020. „Chapter Six – Protecting the Data: Security and Privacy." In: *Data for Nurses*, hg. v. Molly McNett, 87–99. London: Academic Press. doi:10.1016/B978-0-12-816543-0.00006-6.

EGA. o. J. „home | European Genome-phenome Archive." https://www.ebi.ac.uk/ega/home.

Eitzel, M. V., Jessica L. Cappadonna, Chris Santos-Lang, Ruth Ellen Duerr, Arika Virapongse, Sarah Elizabeth West, Christopher Conrad Maximillian Kyba et al. 2017. „Citizen Science Terminology Matters: Exploring Key Terms." *Citizen Science: Theory and Practice* 2 (1): 1. doi:10.5334/cstp.96.

Engelhardt, Claudia. 2013. „Forschungsdatenmanagement in DFG-SFBs." *LIBREAS Library Ideas* 23. doi:10.18452/9045.

Engelhardt, Claudia. 2020. „Forschungsdatenmanagement in DFG-Sonderforschungsbereichen": *Bausteine Forschungsdatenmanagement* 1 (April): 16–27. doi:10.17192/bfdm.2020.1.8157.

Europäische Kommission. o. J. „Sensible Daten." EU-Kommission – European Commission. https://ec.europa.eu/info/law/law-topic/data-protection/reform/rules-business-and-organisations/legal-grounds-processing-data/sensitive-data/what-personal-data-considered-sensitive_de.

EUROSTAT. 2017. „Micro-Moments Dataset linked micro-aggregated data on ICT usage, innovation and economic performance in enterprises." https://ec.europa.eu/eurostat/documents/203647/6867168/Safe+centre+rules+for+MMD.pdf/.

Fleischer, Dirk. 2020. „,Was vom Tage übrigblieb' – ,SFB-Legacy' von INF-Teilprojekten." *Bausteine Forschungsdatenmanagement* 1 (April): 39–44. doi:10.17192/bfdm.2020.1.8090.

forschungsdaten.info. o. J. „Rechte und Pflichten | Themen | Forschungsdaten und Forschungsdatenmanagement." https://www.forschungsdaten.info/themen/rechte-und-pflichten/.

forschungsdaten.org. o. J. „Elektronische Laborbücher." https://www.forschungsdaten.org/index.php/Elektronische_Laborbücher.

forschungslizenzen.de. o. J. „Forschungslizenzen." Forschungslizenzen. http://forschungslizenzen.de/.

Freire, Juliana, Norbert Fuhr und Andreas Rauber. 2016. *Reproducibility of Data-Oriented Experiments in e-Science (Dagstuhl Seminar 16041)*. Dagstuhl: Schloss Dagstuhl – Leibniz-Zentrum für Informatik. doi:10.4230/DAGREP.6.1.108.

FZI. o. J. „Zusammenarbeiten: FZI Forschungszentrum Informatik." https://www.fzi.de/wir-fuer-sie/zusammenarbeiten/.

GDD. o. J. „GDD e. V." https://www.gdd.de/.

gesis.org. o. J. „GESIS – Leibniz-Institut für Sozialwissenschaften." https://www.gesis.org/angebot/daten-analysieren/secure-data-center-sdc.

Gkoulalas-Divanis, Aris und Grigorios Loukides. 2015. *Medical Data Privacy Handbook*. Cham: Springer International. doi:10.1007/978-3-319-23633-9.

Hartmann, Thomas. 2019. „Rechtsfragen: Institutioneller Rahmen und Handlungsoptionen für universitäres FDM." *Zenodo*. doi:10.5281/zenodo.2654306.

Hothorn, Torsten, Leonhard Held und Tim Friede. 2009. „Biometrical Journal and Reproducible Research." *Biometrical Journal* 51 (4): 553–555. doi:10.1002/bimj.200900154.

Hothorn, Torsten und Friedrich Leisch. 2011. „Case Studies in Reproducibility." *Briefings in Bioinformatics* 12 (3): 288–300. doi:10.1093/bib/bbq084.

it-agile.de. o. J. „Agiles Arbeiten in verteilten Teams." https://www.it-agile.de/wissen/agile-teams/agiles-arbeiten-in-verteilten-teams/.

Kalberg, Nadine. 2014. *Datenschutz an Hochschulen: eine Analyse der Rechtsgrundlagen und ihrer Umsetzung in integriertem Informationsmanagement und Forschung*. Schriften zum Informations-, Telekommunikations- und Medienrecht 46. Münster: LIT.

Kogut, Bruce und Anca Metiu. 2001. „Open-Source Software Development and Distributed Innovation." *Oxford Review of Economic Policy* 17 (2): 248–264. doi:10.1093/oxrep/17.2.248.

Kommission Zukunft der Informationsinfrastruktur. 2011. *Gesamtkonzept für die Informationsinfrastruktur in Deutschland. Empfehlungen der Kommission Zukunft der Informationsinfrastruktur im Auftrag der Gemeinsamen Wissenschaftskonferenz des Bundes und der Länder*. Berlin: Gemeinsame Wissenschaftskonferenz. https://www.hof.uni-halle.de/web/dateien/KII_Gesamtkonzept_2011.pdf.

Kreutzer, Till und Henning Lahmann. 2019. *Rechtsfragen bei Open Science: Ein Leitfaden*. Hamburg: Hamburg University Press. doi:10.15460/HUP.195.

Krogh, Georg von und Eric von Hippel. 2003. „Special Issue on Open Source Software Development." *Research Policy, Open Source Software Development* 32 (7): 1149–1157. doi:10.1016/S0048-7333(03)00054-4.

Lauber-Rönsberg, Anne. 2018. „Data Protection Laws, Research Ethics and Social Sciences." In: *Research Ethics in the Digital Age: Ethics for the Social Sciences and Humanities in Times of Mediatization and Digitization*, hg. v. Farina Madita Dobrick, Jana Fischer und Lutz M. Hagen, 29–44. Wiesbaden: Springer Fachmedien. doi:10.1007/978-3-658-12909-5_4.

Lechler, Thomas G. und Siwen Yang. 2017. „Exploring the Role of Project Management in the Development of the Academic Agile Software Discourse: A Bibliometric Analysis." *Project Management Journal* 48 (1): 3–18. doi:10.1177/875697281704800101.

Nurmi, Sanna-Maria, Mari Kangasniemi, Arja Halkoaho und Anna-Maija Pietilä. 2019. „Privacy of Clinical Research Subjects: An Integrative Literature Review." *Journal of Empirical Research on Human Research Ethics* 14 (1): 33–48. doi:10.1177/1556264618805643.

Oliveira, Ary H. M. de, Daniel de Oliveira und Marta Mattoso. 2017. „Clouds and Reproducibility: A Way to Go to Scientific Experiments?" In *Cloud Computing*, hg. von Nick Antonopoulos und Lee Gillam, 127–151. (Computer Communications and Networks.) Cham: Springer International. doi:10.1007/978-3-319-54645-2_5.

open-access.net. o. J. „Informationsplattform Open Access: Lizenzen." https://open-access.net/informationen-zu-open-access/rechtsfragen/rechtsfragen-in-deutschland/lizenzen.

Ostendorff, Philipp und David Linke. 2019. „Best-Practices im Umgang mit rechtlichen Fragestellungen zum Forschungsdatenmanagement (FDM)." *Bibliotheksdienst* 53 (10–11): 717–723. doi:10.1515/bd-2019-0098.

Patel, Dimple. 2016. „Research data management: a conceptual framework." *Library Review* 65 (4/5): 226–241. doi:10.1108/LR-01-2016-0001.

Pommerening, Klaus, Johannes Drepper, Krister Helbing und Thomas Ganslandt. 2014. *Leitfaden zum Datenschutz in medizinischen Forschungsprojekten: Generische Lösungen der TMF 2.0*. Berlin: Medizinisch Wissenschaftliche Verlagsgesellschaft. doi:10.32745/9783954662951.

radar-service.eu. o. J. „Lizenzen für Forschungsdaten | RADAR – Ein Repository für die Wissenschaft." https://www.radar-service.eu/de/lizenzen-fuer-forschungsdaten.

Repschläger, Jonas, Danny Pannicke und Rüdiger Zarnekow. 2010. „Cloud Computing: Definitionen, Geschäftsmodelle und Entwicklungspotenziale." *HMD Praxis der Wirtschaftsinformatik* 47 (5): 6–15. doi:10.1007/BF03340507.

RfII. 2016. *Leistung aus Vielfalt. Empfehlungen zu Strukturen, Prozessen und Finanzierung des Forschungsdatenmanagements in Deutschland*. Göttingen: Rat für Informationsinfrastrukturen. http://nbn-resolving.de/urn:nbn:de:101:1-201606229098.

RfII. 2019. *Herausforderung Datenqualität. Empfehlungen zur Zukunftsfähigkeit von Forschung im digitalen Wandel*. Zweite Auflage. Göttingen: Rat für Informationsinfrastrukturen. http://www.rfii.de/?p=4043.

RfII. 2020. *RfII-Stellungnahme „Datentreuhandstellen gestalten – zu Erfahrungen der Wissenschaft" April 2020*. Göttingen: Rat für Informationsinfrastrukturen. http://www.rfii.de/download/rfii-stellungnahme-zu-datentreuhandstellen/.

Roertgen, Steffen, Harald Kusch, Claudia Engelhardt, Sven Bingert, Valeria Savin, Inga Kraus, Ortrun Brand et al. 2019. „Posters presented at ‚Workshop zu Forschungsdatenmanagement und -infrastruktur in DFG-Sonderforschungsbereichen', 26./27. November 2018 in Göttingen." *Göttingen Research Online*. https://data.gro.uni-goettingen.de/citation?persistentId=doi:10.25625/22Y1WC.

Röttgen, Charlotte. 2020. „Rechtspositionen an Daten: Die Rechtslage im europäischen Rechtsraum." In: *Datenrecht in der Digitalisierung*, hg. v. Louisa Specht-Riemenschneider, Nikola Werry und Susanne Werry, 371–407. Berlin: Erich Schmidt Verlag.

Rowbotham, Samantha, Merryn McKinnon, Joan Leach, Rod Lamberts und Penelope Hawe. 2019. „Does citizen science have the capacity to transform population health science?" *Critical Public Health* 29 (1): 118–128. doi:10.1080/09581596.2017.1395393.

Schallaböck, Jan und Max von Grafenstein. 2017. *ORCID aus datenschutzrechtlicher Sicht – ‚Gutachten im Auftrag des von der Deutschen Forschungsgemeinschaft (DFG) geförderten Projektes ORCID DE zur Förderung der Open Researcher and Contributor ID in Deutschland'*. https://gfz-public.gfz-potsdam.de/rest/items/item_2263903_5/component/file_2265895/content.

Schapke, Sven-Eric, Jakob Beetz, Markus König, Christian Koch und André Borrmann. 2018. „Collaborative Data Management." In: *Building Information Modeling*, hg. v. André Borrmann, Markus König, Christian Koch, und Jakob Beetz, 251–277. Cham: Springer International Publishing. doi:10.1007/978-3-319-92862-3_14.

Schefer, Maya. 2012. „Der Wissensbegriff am Limit? – Kollaborative Wissensgenerierung im Grossforschungsprojekt ATLAS am CERN." In: *MetaATLAS. Studien zur Generierung, Validierung und Kommunikation von Wissen in einer modernen Forschungskollaboration*, hg. v. Gerd Graßhoff und Adrian Wüthrich, 83–108. Bern: Bern Studies in the History and Philosophy of Science.

Schmidt, Jan-Hinrik und Thilo Weichert, Hg. 2012. *Datenschutz: Grundlagen, Entwicklungen und Kontroversen*. Schriftenreihe, Bd. 1190. Bonn: Bpb, Bundeszentrale für politische Bildung. https://www.bpb.de/system/files/dokument_pdf/1190-Datenschutz-X3.pdf.

Shah, Nisha, Victoria Coathup, Harriet Teare, Ian Forgie, Giuseppe Nicola Giordano, Tue Haldor Hansen, Lenka Groeneveld et al. 2019. „Sharing Data for Future Research – Engaging Participants' Views about Data Governance beyond the Original Project: A DIRECT Study." *Genetics in Medicine* 21 (5): 1131–1138. doi:10.1038/s41436-018-0299-7.

Simons, Franz. 2020. *A Robust High-Resolution Hydrodynamic Numerical Model for Surface Water Flow and Transport Processes within a Flexible Software Framework*. doi:10.14279/depositonce-9589.

SNF. o. J. „Was versteht der SNF unter kollaborativer Forschung?" o. J. http://www.snf.ch/de/fokus-Forschung/faq/Seiten/faq-foerderinstrument-sinergia-reform-kollaborative-forschung.aspx.

Solove, Daniel J. 2006. „A Taxonomy of Privacy." *University of Pennsylvania Law Review* 154 (3): 477–564. doi:10.2307/40041279.

Stegemann, Jessica. 2020. „Was bleibt nach dem Projekt? – Nachhaltigkeitsstrategien für das Forschungsdatenmanagement (FDM) entwickeln." *Bausteine Forschungsdatenmanagement* 1 (April): 69–76. doi:10.17192/bfdm.2020.1.8167.

Stiles, Paul G. und John Petrila. 2011. „Research and confidentiality: Legal issues and risk management strategies." *Psychology, Public Policy, and Law* 17 (3): 333–356. doi:10.1037/a0022507.

Suhr, Markus, Christoph Lehmann, Christian Robert Bauer, Theresa Bender, Cornelius Knopp, Luca Freckmann, Björn Öst Hansen et al. 2020. „menoci: Lightweight Extensible Web Portal enabling FAIR Data Management for Biomedical Research Projects." *arXiv* (Februar): 2002.06161 [cs]. http://arxiv.org/abs/2002.06161.
talend.com. o. J. „Data Preparation – kostenloses Datenaufbereitungstool von Talend." Talend Real-Time Open Source Data Integration Software. https://de.talend.com/products/data-preparation/data-preparation-free-desktop/.
Torcivia-Rodriguez, John, Hayley Dingerdissen, Ting-Chia Chang und Raja Mazumder. 2019. „A Primer for Access to Repositories of Cancer-Related Genomic Big Data." In *Cancer Bioinformatics*, hg. v. Alexander Krasnitz, 1–37. (Methods in Molecular Biology.) New York, NY: Springer. doi:10.1007/978-1-4939-8868-6_1.
UK Data Service. o. J. a „Data resources library." https://www.ukdataservice.ac.uk/manage-data/collaboration/resources-library.aspx.
UK Data Service. o. J. b „File sharing." https://www.ukdataservice.ac.uk/manage-data/collaboration/file-sharing.aspx.
UK Data Service. o. J. c „Standard procedures, protocols and policies." https://www.ukdataservice.ac.uk/manage-data/collaboration/coordinate.aspx.
Venters, Colin C., Rafael Capilla, Stefanie Betz, Birgit Penzenstadler, Tom Crick, Steve Crouch, Elisa Yumi Nakagawa, Christoph Becker und Carlos Carrillo. 2018. „Software Sustainability: Research and Practice from a Software Architecture Viewpoint." *Journal of Systems and Software* 138 (April): 174–88. doi:10.1016/j.jss.2017.12.026.
Warkentin, Nils. 2019. „Kollaboratives Arbeiten: Tipps für Teams." karrierebibel.de. 21. Juni 2019. https://karrierebibel.de/kollaboratives-arbeiten/.
Willmes, Christian, Daniel Kürner und Georg Bareth. 2014. „Building Research Data Management Infrastructure Using Open Source Software." *Transactions in GIS* 18 (4): 496–509. doi:10.1111/tgis.12060.

Kawa Nazemi, Lukas Kaupp, Dirk Burkhardt und Nicola Below
5.4 Datenvisualisierung

Abstract: Die visuelle Projektion von heterogenen (z. B. Forschungs-)Daten auf einer 2-dimensionalen Fläche, wie etwa einem Bildschirm, wird als Datenvisualisierung bezeichnet. Datenvisualisierung ist ein Oberbegriff für verschiedene Arten der visuellen Projektion. In diesem Kapitel wird zunächst der Begriff definiert und abgegrenzt. Der Fokus des Kapitels liegt auf Informationsvisualisierung und Visual Analytics. In diesem Kontext wird der Prozess der visuellen Transformation vorgestellt. Es soll als Grundlage für eine wissenschaftlich valide Generierung von Visualisierungen dienen, die auch visuelle Aufgaben umfassen. Anwendungsszenarien stellen den Mehrwert der hier vorgestellten Konzepte in der Praxis vor. Der wissenschaftliche Beitrag liegt in einer formalen Definition des visuellen Mappings.

Einleitung

Datenvisualisierung umfasst jegliche Art der visuellen Repräsentation von digitalen Daten in computerbasierten Systemen. Auch wenn sogenannte Infografiken nicht immer eine computerbasierte Projektion aufweisen, können diese ebenfalls der Datenvisualisierung zugeordnet werden. Somit ist Datenvisualisierung ein Oberbegriff für die visuelle Projektion von Daten auf einer 2-dimensionalen Ebene, auch wenn die Darstellung einen 3-dimensionalen Raum simuliert. Für die Klassifikation von Datenvisualisierung sind zum einen die zugrundeliegenden Daten und die Art der Projektion von Bedeutung. Eine Projektion eines Realweltobjekts, wie etwa des menschlichen Herzens mittels Computertomographie, ist eine virtuelle Darstellung, die oft als „Scientific Visualization" bezeichnet wird.[1] Das Ziel hierbei ist durch computerbasierte grafische Simulationen neue oder unbekannte Erkenntnisse über einen bestimmten meist wissenschaftlichen Sachverhalt zu erlangen.[2] Werden dagegen abstrakte Daten visualisiert, etwa Text, Bilder, Ontologien etc., spricht man im Allgemeinen von „Informationsvisualisierung".[3] Der bedeutende Unterschied liegt nicht nur in den Daten, die keine reine Realweltobjekte mehr sind, sondern auch in der Art der visuellen Projektion. Sie visualisiert abstrakte Daten unter besonderer Berücksichtigung der menschlichen Kognition und Wahrnehmung und ermöglicht per Definition menschliche Interaktionen mit der visuellen Repräsentation, um die

---

[1] Vgl. West 1999, 15.
[2] Vgl. Earnshaw und Wiseman 1992, 1–7.
[3] Vgl. Card, Mackinlay und Shneiderman 1999, 7.

∂ Open Access. © 2021 Kawa Nazemi, Lukas Kaupp, Dirk Burkhardt und Nicola Below, publiziert von De Gruyter. Dieses Werk ist lizenziert unter der Creative Commons Attribution 4.0 Lizenz.
https://doi.org/10.1515/9783110657807-026

Kognition zu stärken, neue Erkenntnisse aus den Daten zu erhalten und diverse analytische Aufgaben durchzuführen. Die Visualisierung abstrakter Daten kann weiter klassifiziert werden, etwa unter Berücksichtigung des Grades der menschlichen bzw. der maschinellen Verarbeitung der visuellen Transformation bzw. der grafischen Projektion. Eine solche Klassifikation wurde von Kohlhammer et al. aufgestellt.[4] Diese unterscheiden zwischen Information Design (Infografik), Informationsvisualisierung, Semantik Visualisierung, Visual Analytics und den meist nichtvisuellen „Knowledge Discovery in Databases".

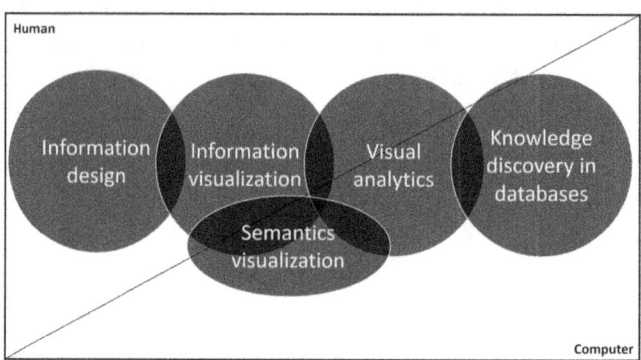

Abb. 1: Visualisierungsklassifikation nach Kohlhammer et al.[5]

Dieses Kapitel geht auf Informationsvisualisierung und somit auch auf Visual Analytics ein, die allein aufgrund der enormen Menge an Daten eine essentielle Rolle spielen. Forschungsdaten werden meist genau mit diesen Methoden der Datenvisualisierung verarbeitet und dargestellt. Zunächst wird eine kurze Abgrenzung und Definition der Informationsvisualisierung vorgestellt mit dem Ziel Informationsvisualisierung und Visual Analytics besser differenzieren zu können. Anschließend werden die Kernaspekte, wie etwa Daten und Datenklassifikation, visuelle Repräsentation und visuelle Aufgaben eingeführt. Diese sollen dazu befähigen, ein grundlegendes Verständnis zur Erzeugung von Informationsvisualisierungen zu erlangen. Im weiteren Verlauf werden Anwendungsbeispiele für verschiedene Szenarien gegeben, um den heterogenen Einsatz der Visualisierungen nachvollziehen zu können.

---

4 Vgl. Kohlhammer et al. 2012, 85–87.
5 Vgl. Kohlhammer et al. 2012, 85.

1 Informationsvisualisierung

Informationsvisualisierung ist die wohl am meisten verbreitete Form der Datenvisualisierung. Eine klare Abgrenzung wurde bereits 1999 von Card et al. eingeführt, die Informationsvisualisierung als computer-basierte, interaktive visuelle Repräsentation von abstrakten Daten zur Stärkung der Kognition definierten[6]. Ein wesentlicher Unterschied zur Datenvisualisierung besteht hier in der Einführung des Terms *abstrakt*, der eine offensichtliche räumliche Projektion der Daten auf einer 2-dimensionalen Fläche ausschließt. Ohne eine solche räumliche Zuordnung, besteht die Herausforderung darin, die Daten in eine ausdrucksstarke visuelle Repräsentation zu überführen. Die Stärkung der Kognition, definierten sie als Erwerb und Nutzung des menschlichen Wissens. Diese soll zu Erkenntnissen (insights) führen, etwa durch Erkundung, Analyse, Entscheidungsfindung oder Erläuterung.[7] Um diesen Prozess zu beschreiben, führten sie das Referenzmodell der Informationsvisualisierung ein (siehe Abb. 2).

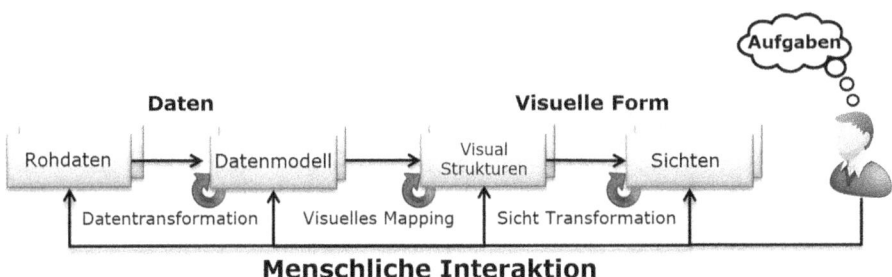

Abb. 2: Referenzmodell der Informationsvisualisierung nach Card et al.[8]

Das Referenzmodell sieht eine Transformation von Rohdaten bis hin zu interaktiven Visualisierungen vor, die hier als Sichten (Views) dargestellt sind. Das Modell sieht drei Transformationsschritte vor. Die Datentransformation überführt die Daten in eine für Visualisierung adäquate Form. Hier finden meist lernende und statistische Verfahren Einsatz. So können etwa aus unstrukturiertem Text mittels Latent Dirichlet Allocation[9] Topics extrahiert werden.[10] Die Datenqualität ist hierbei entscheidend. Auch die Extraktion von Variablen, die eine aspektorientierte Visualisierung erlauben, etwa temporale oder geographische Visualisierungen etc., spielen eine

---

6 Vgl. Card, Mackinlay und Shneiderman 1999, 7.
7 Vgl. Nazemi 2016, 4; Card und Mackinlay 1997, 6.
8 Vgl. Card, Mackinlay und Shneiderman 1999, 17.
9 Vgl. Blei, Ng und Jordan 2003, 996–1002.
10 Vgl. Nazemi et al. 2015b, 6.

wesentliche Rolle. Die Datenstruktur ist in der Stufe des visuellen Mappings ausschlaggebend für die Erzeugung der visuellen Struktur. Sie stellt die zugrundeliegenden Daten idealerweise unter Berücksichtigung der Variablen und einer für den Menschen gut wahrnehmbaren visuellen Repräsentation dar.[11] Die letzte Transformationsstufe ermöglicht die Interaktion der Benutzer mit der graphischen Repräsentation und auch mit jedem Zwischenschritt des Modells. Dabei sind die Aufgaben der Benutzer von besonderer Bedeutung. So sollen je nach Bedarf auch etwa die Daten verändert (reduziert/erweitert) oder alternative visuelle Strukturen ausgewählt werden können.

Visual Analytics verbindet Informationsvisualisierung mit automatischen Analysetechniken, um ein effektives Verständnis, Schlussfolgerung und Entscheidungsfindung zu ermöglichen.[12] Demnach erlaubt es im direkten Vergleich zu Informationsvisualisierung auch die Interaktion mit den Transformationsschritten und wird definiert als die Wissenschaft der analytischen Schlussfolgerung durch interaktive Visualisierungen.[13] Keim et al. haben dazu ein Referenzmodell[14] erstellt, das über die Jahre verschiedene Revisionen und Erweiterungen je nach Anwendungsfall erhielt.[15] Eine klare Unterscheidung zur Informationsvisualisierung kann demnach durch (1) die Ziele, die sich auf analytische Aufgaben fokussieren, (2) eine direkte Kopplung der Methoden der automatischen Analyse und Datenmodellierung und (3) die Visualisierung sehr großer Datenmengen entstehen.

Zusammenfassend ist festzustellen, dass drei wesentliche Aspekte das Design und die Entwicklung von Informationsvisualisierungen besonders beeinflussen: (1) Daten sind von besonderer Bedeutung, denn diese sind die Grundlage zur Wahl der visuellen Struktur und der visuellen Variablen, etwa Farbe oder Größe, (2) die Visualisierung selbst, die im Idealfall eine einfache Interpretation der Daten ermöglicht, und (3) die zu lösenden Aufgaben, die die Wahl der Visualisierung stark beeinflussen.

2 Daten und Datenklassifikation

Der Ausgangspunkt jeglicher Visualisierungen sind die zugrundeliegenden Daten.[16] Dabei kann zwischen Datentyp, Daten-Dimensionalität und Art der Daten unterschieden werden (siehe Abb. 3).

---

11 Vgl. Nazemi 2016, 111–114.
12 Vgl. Keim 2010, 7.
13 Vgl. Thomas und Cook 2005, 4.
14 Vgl. Keim 2010, 10.
15 Vgl. Stoffel et al. 2014, 1604; Nazemi 2018, 187; El-Assady et al. 2020, 1002.
16 Vgl. Keim 2010, 3; Keim 2001, 1–5; Card und Mackinlay 1997, 1; Card, Mackinlay und Shneiderman 1999, 3.

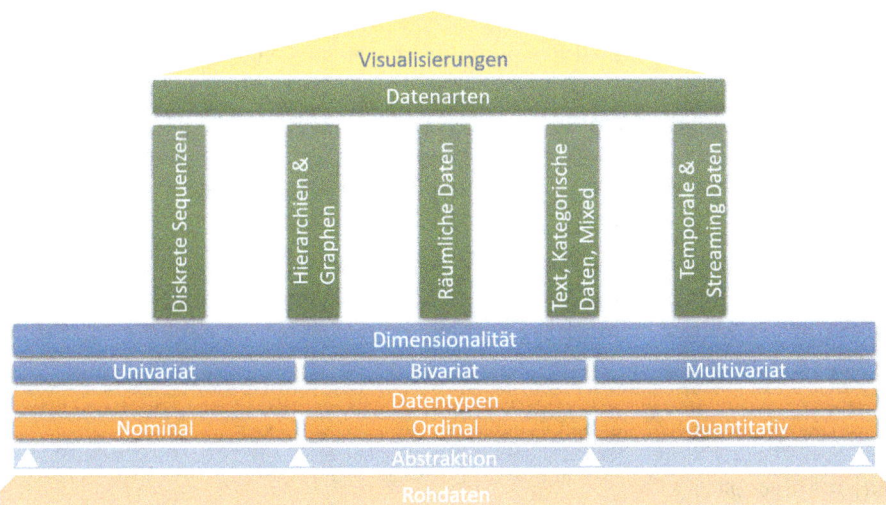

Abb. 3: Schematische Darstellung der Zusammenhänge zwischen verschiedenen Datentypen, der Dimensionalität und Datenarten in Beziehung zu Rohdaten

Datentypen beziehen sich darauf, ob in den Daten eine natürliche Ordnung der extrahierten oder bereits vorhandenen Variablen vorliegt, ob sie mit lexikalischen, semantischen etc. Transformationen generiert werden können oder ob eine solche Ordnung nicht vorhanden und möglich ist. In der Informationsvisualisierung werden folgende Datentypen unterschieden:[17]
- Nominal: Daten ohne Ordnung (Operatoren: = und ≠)
- Ordinal: Daten besitzen eine natürliche Ordnung (Operatoren: < und >)
- Quantitativ: Numerische Werte mit natürlicher Ordnung und der Möglichkeit der arithmetischen Rechenoperationen (Operatoren: +, -, *, /)

Datentypen, die keine natürliche Ordnung besitzen, sind *nominal*.[18] Sie dienen zur Unterscheidung von Entitäten z. B. in Form von Kategorien oder Namen. Dabei soll beachtet werden, dass Hilfsvariablen und statistische Verfahren dazu dienen können eine Ordnung zu schaffen, etwa eine lexikalische Ordnung für Namen oder die physikalische Ordnung der Farben. Datentypen, die eine natürliche Ordnung besitzen, sind *ordinal*,[19] etwa eine kategorisierte Tagestemperatur in heiß, warm und kalt. Dabei können ordinale Datentypen, binär (0 und 1), diskret oder kontinuierlich

---

17 Vgl. Card und Mackinlay 1997, 1; Card, Mackinlay und Shneiderman 1999, 12.
18 Vgl. Stevens 1946, 678.
19 Vgl. Ward, Grinstein und Keim 2010, 46.

sein[20] und können mit den Operatoren < und > in genau einem Vorgänger und einem Nachfolger unterteilt werden. Numerische Werte, die eine arithmetische Operation zulassen werden generell als *quantitativ* bezeichnet und weisen ebenfalls eine durch die Zahlen gegebene natürlich Ordnung auf. Diese Arten von Daten können anhand ihrer Wertigkeit geordnet werden (z. B. natürliche Zahlen). Die Einteilung (nominal, ordinal, quanitativ) ist nicht unumstritten,[21] kann jedoch durch vielfache Nutzung und starke Verbreitung in der Informationsvisualisierung als wissenschaftlich akzeptiert angesehen werden.

Jeder Datensatz wiederum kann mittels der Dimensionalität kategorisiert werden. So können Datensätze in 1-dimensional, 2-dimensional oder multi-dimensional unterschieden werden.[22] Dabei beziehen sich die Dimensionen auf die Anzahl der Variablen in den Daten.

Tab. 1: Kategorisierung der Daten mittels unterschiedlicher Dimensionen[23]

Daten Dimensionalität	
1-dimensional (univariat)	Lineare Datentypen
2-dimensional (bivariat)	Planare Datentypen
Multi-dimensional (multivariat)	Daten mit mehr als drei Dimensionen, auch multivariate Daten genannt

2.1 Eindimensionale Daten

Eindimensionale Daten können in diskreten Sequenzen, Text, kategorischen Werten oder in temporalen und Streaming Daten enthalten sein und verfügen über eine Variable. Siehe Abb. 4 für eine eindimensionale Ereigniskette mit natürlicher Ordnung (gegeben durch die Jahreszahl). Nominale Listen ohne Ordnung sind ebenfalls Teil der Daten. Diskrete Strukturen, z. B. Abfolgen – kodierte Gene innerhalb des Genoms – können ebenfalls eindimensional vorliegen. Die Visualisierung geschieht über die relative Position des Gens. Reiner Text ohne Vorverarbeitung ist ebenfalls als nominal eindimensional einzustufen.

---

20 Vgl. Ward, Grinstein und Keim 2010, 46.
21 Vgl. Velleman und Wilkinson 1993, 5–7.
22 Vgl. Shneiderman 1996, 337–338; Ward und Keim 2010, 382; Keim, Panse und Sips 2005, 3–4.
23 Vgl. Keim, Panse und Sips 2005, 3–4.

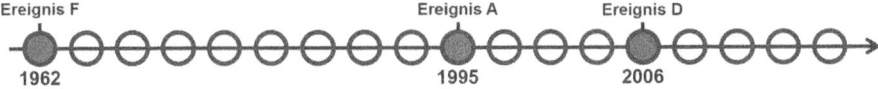

Abb. 4: Eindimensionale Ereigniskette

2.2 Zweidimensionale Daten

Zweidimensionale Daten haben genau zwei Variablen, die miteinander verknüpft sind. Dabei wird häufig eine abhängige Variable zu einer unabhängigen Variablen in Korrelation gesetzt. Die Werte können z. B. mittels zwei Spalten innerhalb einer Tabelle repräsentiert werden. Die Variablen selbst können wiederum ordinal, nominal oder quantitativ sein. Typische Beispiele sind temporale Daten, Streaming Daten oder räumliche planare Daten (siehe Abb. 3). Zweidimensionale Daten lassen sich vereinfacht in X-Y-Plots darstellen. Die Visualisierung 2-dimensionaler Daten gestaltet sich recht einfach, etwa mit Balkendiagrammen oder Line-Charts (siehe Abb. 5).

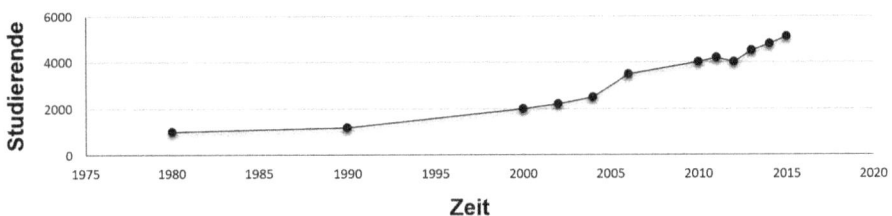

Abb. 5: Zeitreihen als Beispiel zweidimensionaler Datensätze

2.3 Multidimensionale Daten

Multidimensionale Datensätze oder auch multivariate Datensätze enthalten drei und mehr Variablen. Beispiele finden sich als temporale Daten, Streaming Daten, Hierarchien und Graphen oder als räumliche Daten. Beispielsweise existieren innerhalb einer Fertigungsstraße hunderte von Sensoren, die synchronisiert Daten erfassen, etwa Temperaturwerte oder Bewegungen. Das Abfrageergebnis kann hunderte Spalten umfassen. Die Variablen der Spalten können wieder ordinal, nominal oder quantitative sein. Auch wenn nur drei Dimensionen vorliegen, sollten 3-dimensionale Projektionen vermieden werden, diese führen oft zu Interpretationsschwierigkeiten. Statt der Einführung eines X-Y-Z-Plots kann der Einsatz visueller Variablen in X-Y-Plots die Wahrnehmung stark vereinfachen und die Interpretation der Daten erleichtern (siehe Abb. 6). Eine Erhöhung der Anzahl der visuellen Variablen geht mit einer Komplexitätssteigerung innerhalb der Visualisierung einher. Multivariate Daten mit mehr als drei Dimensionen lassen sich oft sehr gut mit Matrizenvisualisierungen darstellen. Dabei stehen zur besseren Übersicht jeweils zwei Variablen in Korrelation (siehe Abb. 6). Es existieren verschiedene Ansätze der Interaktion mit multidimensionalen Visualisierungen,[24] die die Lösung analytischer Aufgaben ermöglichen.

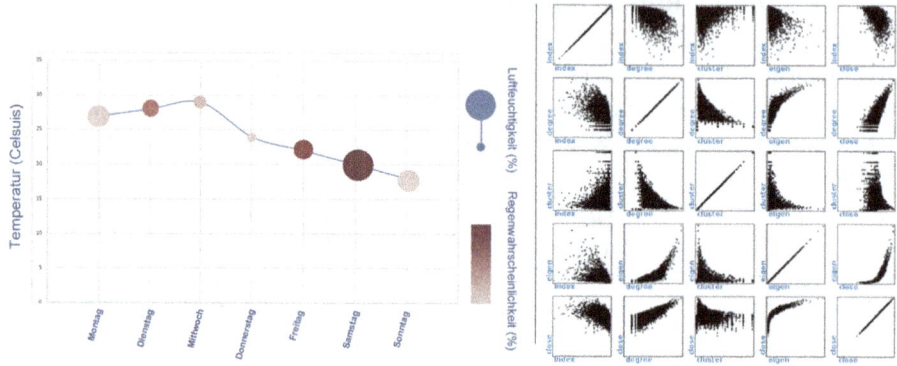

Abb. 6: Visualisierung multivariater Daten, links: Visualisierung von vier Dimensionen durch Nutzung von visuellen Variablen. Rechts: Visualisierung von fünf Dimension mit einem Scatterplot-Matrix nach Viau et al.[25]

Die Klassifikation der Daten in Dimensionen wird oft gleichgestellt mit der Datenartklassifikation.[26] So wird oft im Kontext der Datendimensionen auch in Graphen, Hierarchien, Text oder Netzwerke unterschieden.[27] Diese Differenzierung ist für das visuelle Mapping von Bedeutung. Liegt etwa eine klare Hierarchie in den Daten vor, ist evtl. eine andere Visualisierung besser geeignet.

3 Visuelles Mapping

Visuelles Mapping beschreibt die Projektion der zugrundeliegenden Daten auf möglichst effektive visuelle Repräsentationen. Es bezieht sich auf die Fragestellung „wie" Daten visualisiert werden sollten. Dabei spielen zwei Faktoren der Daten eine

---

[24] Vgl. Inselberg und Dimsdale 1990, 361–378; Gahegan 1998, 43–56; May und Kohlhammer 2008, 911–918; May, Davey und Kohlhammer 2010, 985–994; Viau et al. 2010, 1100–1108.
[25] Vgl. Viau et al. 2010, 1100.
[26] Vgl. Keim, Panse und Sips 2005, 2–3.
[27] Vgl. Keim, Panse und Sips 2005, 2–3; Nazemi 2016, 142–143.

Schlüsselrolle: (1) die Art der Daten und somit die Dimensionen bzw. etwaige Strukturen in den Daten und (2) die Datentypen, die vereinfacht in nominal, ordinal und quantitativ differenziert werden können. Das visuelle Mapping ist somit ein zweistufiger Prozess, das auf die Arbeiten von Bertin zurückgeht[28] und erweitert wurde.[29] Dabei wird zunächst die Positionierung der graphischen Objekte auf einer 2-dimensionalen Ebene je nach Datendimension oder der vorliegenden Struktur vorgenommen (Imposition). Diese Positionierung wird häufig als „Placement" oder „Layouting" bezeichnet.[30] Das Layouting stellt somit das „Skelett" einer Visualisierung dar. Dabei können bei multivariaten Daten oder komplexen Strukturen Layout- oder Placement-Algorithmen durchaus kombiniert werden. Als Beispiel soll hier die in Abb. 6 dargestellte Scatterplot-Matrix dienen. Diese ist eine Kombination aus einer Matrix-Visualisierung und dem Scatterplot. Diese Layouts können sowohl nebeneinander liegen (juxtaposing Layouts), wie in diesem Fall, aber auch übereinander (superimposing Layouts).[31]

Datentypen sind besonders für die Wahl der retinalen bzw. visuellen Variablen von großer Bedeutung. Frühe Arbeiten hierzu gehen ebenfalls auf Bertin zurück,[32] die für die unterschiedlichen Datentypen die entsprechenden Variablen bezüglich ihrer Eignung ordnen. Dabei ist stets die Position, die durch das Layout definiert wird für jeden Datentypen am besten geeignet (siehe Abb. 7).

	Quantitativ		Ordinal		Nominal	
besser geeignet	Position		Position		Position	
	Länge		Farbdichte		Farbe	
	Winkel		Sättigung		Farbdichte	
	Neigung		Farbe		Sättigung	
	Fläche		Länge		Form	
	Farbdichte		Winkel		Länge	
	Sättigung		Neigung		Winkel	
	Farbe		Fläche		Neigung	
weniger geeignet	Form		Form		Fläche	

Abb. 7: Retinale Variablen sortiert nach ihrer Eignung für verschiedene Datentypen (adaptiert nach Mackinlay[33])

---

28 Vgl. Bertin 1983, 6.
29 Vgl. Mackinlay 1986, 125; Nazemi 2016, 113–114.
30 Vgl. Nazemi 2016, 220–223.
31 Vgl. Nazemi 2016, 55, 222.
32 Vgl. Bertin 1983, 42–44.
33 Vgl. Mackinlay 1986, 125.

Da die Position für alle Datentypen am besten geeignet ist und Bertin[34] eine Differenzierung zwischen Positionierung (Imposition) und den retinalen Variablen (Implantation) propagiert hat, wird die Position hier nicht weiter als Bestandteil der retinalen Variablen betrachtet. Hilfreicher ist eine Differenzierung zwischen Layout und Präsentation. Das Layout stellt somit die Positionierung der graphischen Objekte auf dem Bildschirm, deren Relation zum Bildschirm und zueinander dar, wobei Präsentation die retinalen Variablen ohne Position enthält.

Visualisierung in Form des visuellen Mappings kann somit als Kreuzprodukt aus Layout und Präsentation beschrieben werden. Es ermöglicht sowohl das Übereinanderlegen (superimposing) von visuellen Layouts als auch eine Darstellung nebeneinander (juxtaposing). Das Layout wird anhand der Dimensionalität und der Datenstruktur ermittelt. So können beispielsweise bivariate Daten mit Hilfe von Scatter-, Line-, Area-, Bar-Charts etc. visualisiert werden. Multivariate Daten können z. B. mit Line Plots, Stacked Bars, Sliced River, Stacked River, Theme River etc. dargestellt werden, vgl. Abb. 8 für eine Auswahl an möglichen Layouts und Präsentationen.

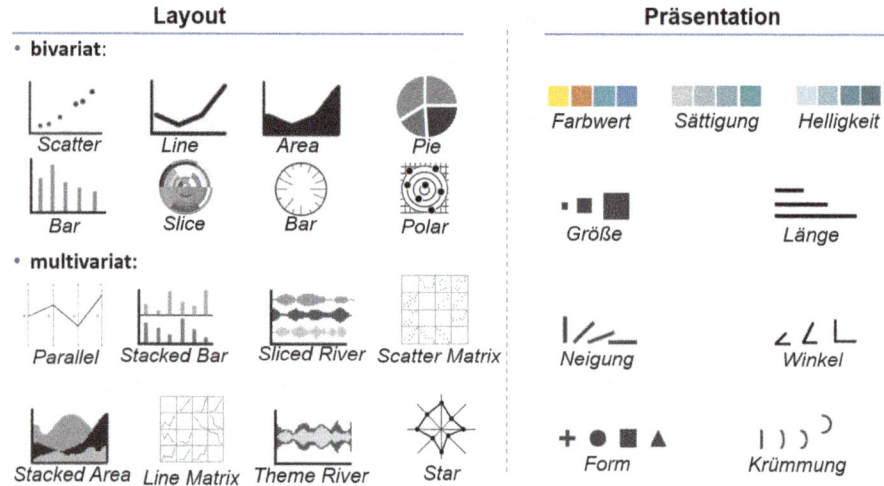

Abb. 8: Unterteilung des visuellen Layouts als Tupel aus Layout und Präsentation zur gezielten und effektiven Gestaltung von Visualisierungen

---

34 Vgl. Bertin 1983, 50–52, 79, 189.

Die Präsentation setzt sich zusammen aus den retinalen Variablen wie etwa *Farbwert*, *Sättigung*, *Helligkeit*, *Größe*, *Länge*, *Neigung*, *Winkel*, *Form* und der *Krümmung*. Eine Visualisierung (*V*) kann als Kreuzprodukt aus Layout (*L*) und Präsentation (*P*) wie folgt definiert werden:

$$V = L \times P$$

Somit wird z. B. bei vierdimensionalen Daten, eine vierdimensionale Projektion in den zweidimensionalen Raum möglich. In Abb. 6 (links) liegt die Zeit auf der X-Achse und der Temperaturwert auf der Y-Achse, zusätzlich wird die Luftfeuchtigkeit per Größe und die Regenwahrscheinlichkeit per Sättigung dargestellt. Mackinlay präzisierte die einzelnen Präsentationsmöglichkeiten und ordnete diese nach Genauigkeit bzw. Aussagekraft (siehe Abb. 7).[35]

Dies wird nützlich, um möglichst aussagekräftige Visualisierungen für verschiedene Datentypen zu erstellen. Eine Visualisierung mit der bestmöglichen Aussagekraft für verschiedene Daten der Datentypen *D* ist somit definiert als:

$$V = L \times P = \{(l_i, f(d_i)) | i \in N \land l \in L \land d \in D\}$$

Dabei liefert die Funktion $f: D \to P$ eine bestmögliche Präsentation *P* für einen bestimmten Datentyp *D*. Gegeben sei als Beispiel ein X-Y-Plot mit einem Datensatz bestehend aus quantitativen, ordinalen und nominalen Daten ([0...99, klein...groß, ProduktA...ProduktC]). Die quantitativen und nominalen Daten werden der X, sowie der Y-Achse zugeordnet, somit werden die Datenwerten mittels der Position abgebildet, so bleibt für die ordinalen Daten nur noch die Darstellung über die Dichte und für die nominalen Daten die Darstellung über verschiedene Farbwerte, um die Aussagekraft der Visualisierung dieses Beispiels zu maximieren.

4 Visuelle Aufgaben

Eine Interaktion durch die Benutzenden mit einer Visualisierung dient der Beantwortung einer bestimmten Frage oder Hypothese. Einer Interaktion liegt dabei eine Fragestellung zugrunde, die als zu lösende Aufgabe verstanden werden kann. Diese Fragestellung wird auch als visuelle Aufgaben bezeichnet und bezieht sich auf die Frage, „warum" soll etwas auf diese Art visualisiert werden. Erstmalig formalisierte Bertin diese Fragestellung.[36] Bertin konstatierte, eine Frage ist aufgeteilt in den Fragentypen (Question Type) und das Abstraktionslevel (Level Of Reading). Die In-

---

35 Vgl. Mackinlay 1986, 125.
36 Vgl. Bertin 1983, 141, 178.

formation, die gefunden werden muss, bestimmt der Fragentyp.[37] Zusätzlich existieren drei Abstraktionslevel zu jedem Typ:
- Elementar (Elementary)
- Intermediär (Intermediate)
- Übergreifend (Overall)

Elementare Fragen beziehen sich auf einen Zeitpunkt oder einen Datenwert. Bei intermediären Fragen umfasst das Ergebnis eine Gruppe von Daten, jedoch bezieht sich die Frage nicht auf den kompletten Datensatz. Wohingegen übergreifenden Fragen den kompletten Datensatz betreffen. Dazu zwei Beispiele visueller Aufgaben:[38]
- Wie hoch ist der Preis einer Aktie X an einem bestimmten Datum?
- Zu welchem Datum wurde ein bestimmter Preis für eine Aktie X erreicht?

Frage 1 ist eine elementare Frage, da die Frage auf ein Datum bzw. einen Datenwert abzielt. Als übergreifend kann Frage 2 bezeichnet werden, da die Frage den kompletten Datensatz umfasst. Andrienko und Andrienko unterscheiden hier nochmals in grundlegende Aufgaben (Elementary Tasks) und zusammenfassende Aufgaben (Synoptic Tasks[39]). Aigner et al. fasst die Erkenntnisse von Andrienko et al. in einer Übersicht zusammen (vgl. Abb. 9).[40] Grundlegende Aufgaben beziehen sich hier auf einen Punkt oder Datenwert. Nachschlagen (Lookup) bezeichnet hier das Suchen nach einem bestimmten Datenwert. In der Beziehungssuche (Relation Seeking) werden Aufgaben zusammengefasst, die eine Relation zwischen den Entitäten offenlegen sollen, während vergleichende Aufgaben (Comparison) die Charakteristiken einzelner Datenpunkte oder Gruppen gegenüberstellt. Sowohl das Nachschlagen von Werten wie auch das Vergleichen kann sowohl direkt oder invers passieren. Dazu gibt Aigner et al. folgendes Beispiel für das Nachschlagen:[41]
- Direkt: What was the price of Google stocks on January 14?
- Invers: On which day(s) was the lowest stock price for Amazon in 2010?

---

37 Vgl. Andrienko und Andrienko 2006, 50.
38 Vgl. Bertin 1983, 141, 178; Andrienko und Andrienko 2006, 50.
39 Vgl. Andrienko und Andrienko 2006, 136.
40 Vgl. Aigner et al. 2011, 72–75.
41 Vgl. Aigner et al. 2011, 72–75.

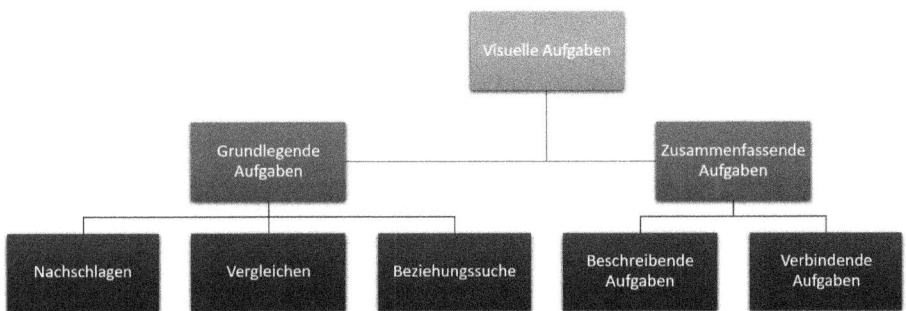

Abb. 9: Visualization Task Categorization, adaptiert von Aigner et al.[42]

Zusammenfassende Aufgaben (Synoptic Tasks) bestehen aus beschreibende Aufgaben (Descriptive Tasks) und verbindende Aufgaben (Connective Tasks). Beschreibende Aufgaben geben Charakteristika oder Referenzen von Gruppen wieder, wohingegen verbindende Aufgaben zwei oder mehr Datensätze in Beziehung zueinander setzen. Aigner et al. machen hier folgende Beispiele:[43]

- Beschreibend: What was the trend of Oracle stocks during January?
- Verbindend: Is the behavior of Nokia stocks influencing the behavior of Motorola stocks?

Munzner geht noch einen Schritt weiter und formalisiert die visuelle Aufgabe.[44] Eine visuelle Aufgabe besteht aus einer Aktion und einem Ziel.[45] Munzner führt dazu die gruppierenden Aktionen: Analysieren (Analyze), Suchen (Search) und Anfragen (Query) ein. Dazu werden zusätzlich die gruppierenden Ziele: alle Daten (All Data), Attribute (Attributes), Netzwerkdaten (Network Data) und räumliche Daten (Spatial Data) definiert. Die Analyse unterscheidet in vereinnehmende Aktionen, wie das Entdecken und Präsentieren, sowie in produzierende Aktionen, wie das Annotieren oder die Aufnahme von Daten. In der Suche wird differenziert nach Nachschlagen, Durchsuchen, Lokalisieren und Explorieren. Als Anfrage ist definiert: Identifizieren, Vergleichen und Zusammenfassen.[46] Als mögliche Ziele auf der Gesamtheit der Daten wird das Erkennen von Trends, Ausreißern oder Features genannt. Innerhalb von Attributen können Verteilungen, Extremwerte, Abhängigkeiten, Korrelationen oder Ähnlichkeiten gefunden werden. In Netzwerkdaten können Topologien oder Pfade analysiert werden und in räumlichen Daten kann die Darstellung von Umrissen sinnvoll sein. Das durch Munzner erzeugte Framework[47] bietet

---

42 Vgl. Aigner et al. 2011, 74.
43 Vgl. Aigner et al. 2011, 75.
44 Vgl. Munzner 2014, 43–61.
45 Vgl. Munzner 2014, 43.
46 Vgl. Munzner 2014, 54.
47 Vgl. Munzner 2014, 43.

die Möglichkeit der Erweiterung. So können weitere visuelle Aufgaben durch Hinzufügen von Aktionen und Zielen erzeugt werden und eine visuelle Aufgabe (*T*) kann demnach als Tupel von Aktion (*A*) und Ziel (*Z*) definiert werden.

$$T = (A, Z)$$

Anhand der vereinfachten Darstellung in Abb. 10 können Aufgaben identifiziert werden, die der Benutzer mit einer Visualisierung lösen möchte.

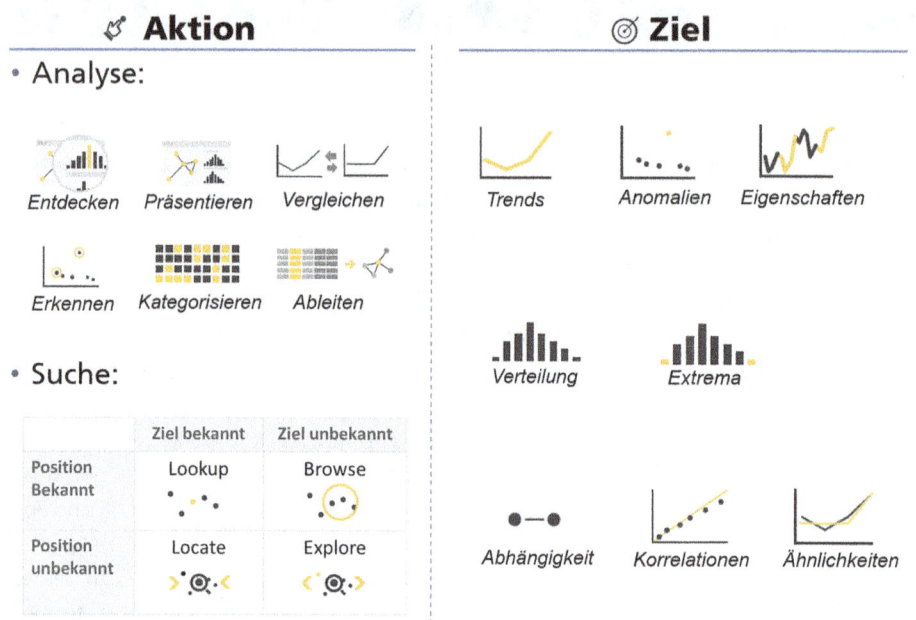

Abb. 10: Definition einer visuellen Aufgabe (vereinfacht), mit Erlaubnis adaptiert von Munzner[48]

5 Anwendungsszenarien

Informationsvisualisierung und Visual Analytics spielen in fast allen Bereichen eine essentielle Rolle. Dabei werden nicht nur sehr unterschiedliche Daten herangezogen, sondern auch sehr heterogene Aufgaben gelöst. Dieser Abschnitt verdeutlicht einige der möglichen Anwendungsszenarien zur Verdeutlichung des Mehrwerts solcher interaktiven Visualisierungen anhand einiger ausgewählter Anwendungsdomänen. Ein Großteil der Visualisierungen ist mit JavaScript umgesetzt, wobei hier Scalable Vector Graphics (SVG) eingesetzt wurden.

---

48 Vgl. Munzner 2014, 43.

5.1 Visualisierung wissenschaftlicher Literaturdaten

Durch die massive Open-Access-Bewegung stellen heute bibliothekarische Daten eine wichtige Ressource für verschiedene Anwendungsbereiche dar. Insbesondere mit Methoden des maschinellen Lernens in Kombination mit interaktiven Visualisierungen, also Visual Analytics, lässt sich nicht nur nach bestimmten Publikationen, Personen oder Themen suchen, diese Daten erlauben zudem komplexe analytische Aufgaben. Als Beispiel soll die Erkennung von Trends und Technologien dienen. Basierend auf das bereits vorgestellte Referenzmodell der Informationsvisualisierung[49] wurde zunächst ein Transformationsmodell erstellt, das beginnend mit der Extraktion von Literaturdaten aus dem Web (Web-Mining) bis hin zu interaktiven Visualisierungen den gesamten Transformationsprozess abdeckt.[50] Die Analysemöglichkeiten wurden mit lernenden Modellen erweitert und ein neuer Algorithmus zur Trenderkennung entwickelt.[51] Dabei wurde auch der Prozess erweitert und an den speziellen Fall der Literaturdaten angepasst (vgl. Abb. 11).

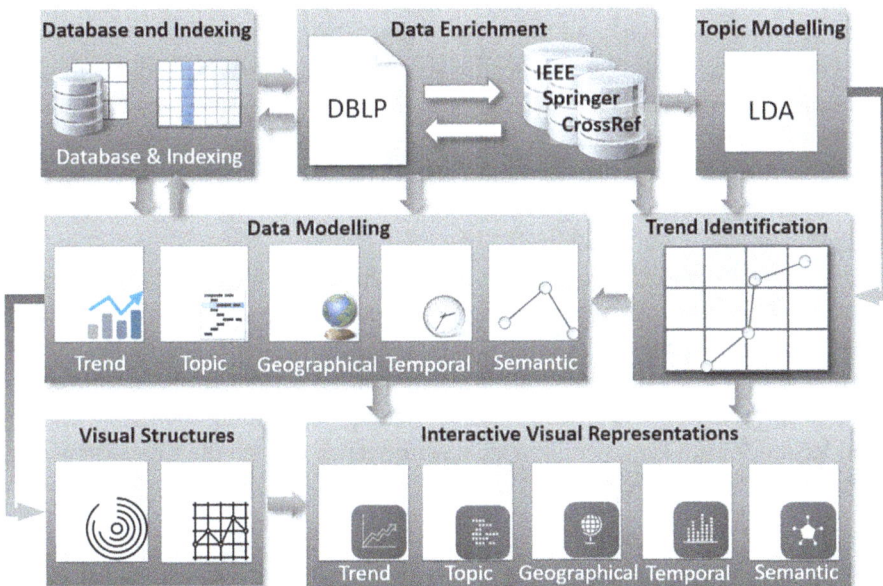

Abb. 11: Transformationsmodell für wissenschaftliche Literatur nach Nazemi und Burkhardt[52]

---

49 Vgl. Card, Mackinlay und Shneiderman 1999, 17.
50 Vgl. Nazemi et al. 2015b, 3.
51 Vgl. Nazemi und Burkhardt 2019b, 194–200.
52 Vgl. Nazemi und Burkhardt 2019b, 194.

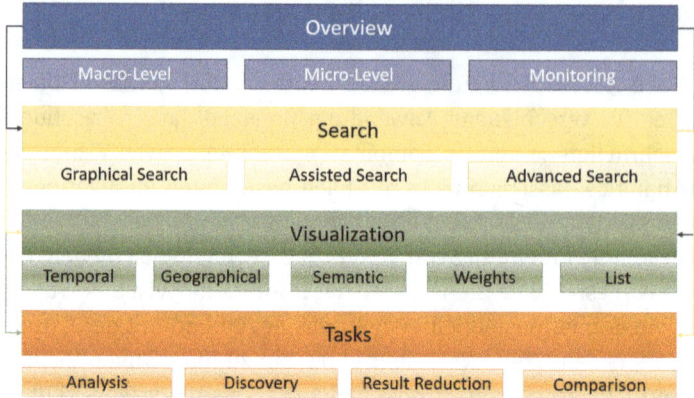

Abb. 12: Analyse-, Interaktions- und Visualisierungsmöglichkeiten zur visuellen Trendanalyse wissenschaftlicher Literatur[53]

In Abb. 11 erkennt man, dass die Datenmodellierung aspektorientiert durchgeführt wurde. Dazu wurden insgesamt fünf Datenmodelle erstellt. Basierend darauf wurde ein Modell der Suche und Exploration eingeführt, das die unterschiedlichen Such-, Visualisierungs- und Interaktionsmöglichkeiten abbildet.[54] Basierend auf den Erkenntnissen aus dem Technologie- und Innovationsmanagement wurden hier Überblicke über den gesamten Datenbestand, über die Resultate einer Suche und weitere Explorationsmöglichkeiten eingeführt, die auch das Lösen analytischer Aufgaben erlauben (siehe Abb. 12).

Die visuelle Projektion erlaubt das Lösen sehr unterschiedlicher Aufgaben, die über das Recherchieren hinausgehen. Dazu wurden nicht nur sehr unterschiedliche Visualisierungen realisiert, die unterschiedliche Aspekte der Daten aufzeigen, wie etwa temporale oder semantische Visualisierungen. Es wurden diverse Interaktionskonzepte eingeführt, die den Benutzenden erlauben sogenannte „emerging Trends" zu entdecken. Abb. 13 zeigt einige Visualisierungen und auch die Interaktionstechniken.

---

53 Vgl. Nazemi und Burkhardt 2019a, 286.
54 Vgl. Nazemi und Burkhardt 2019a, 285–288.

5.4 Datenvisualisierung

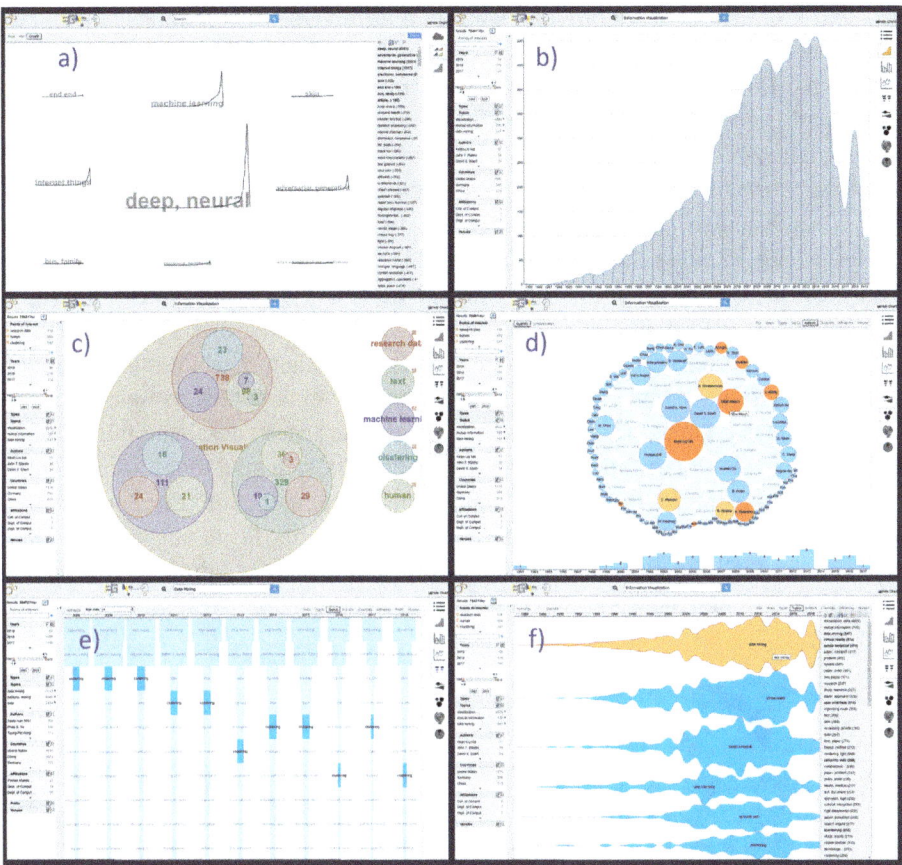

Abb. 13: a) Macro-Level Übersicht der „emerging Trends" in der gesamten Datenbank; b) temporale Übersicht (Micro-Level) nach einer Suche; c) graphical search: graphische Suche nach eigenen Termen; d) temporale Übersicht der Subthemen zu einer Technologie; e) stacked-graph zur temporalen Übersicht extrahierter Themen; f) semantische Visualisierung etwa zur Koautoren-Relation etc.[55]

5.2 Visualisierung von Government Data

Im Rahmen von Open Data Initiativen haben Behörden weltweit begonnen, Teile ihre Daten öffentlich bereitzustellen. Speziell im EU-Open-Data-Portal,[56] in dem auch sehr umfassende Daten von *EuroStat*[57] und *EUR-Lex*[58] einbezogen sind, lassen

---

[55] Vgl. Nazemi und Burkhardt 2019a, 287–293; Nazemi und Burkhardt 2019b, 196–198.
[56] S. https://data.europa.eu/euodp/. Letztes Abrufdatum der Internet-Dokumente ist der 15.11.2020.
[57] S. https://ec.europa.eu/eurostat/.

sich sehr große Mengen an öffentlichen Daten für diverse Anwendungsmöglichkeiten abfragen und in Systeme einbinden. Zudem ist davon auszugehen, dass die veröffentlichte Datenmenge aufgrund diverser Transparenzregelungen in allen Bereichen staatlichen Handelns weiter zunehmen.[59] Dabei gibt es eine Reihe von Anwendungsmöglichkeiten, darunter solche, die die Transparenz und Partizipation und somit die Qualität staatlicher Entscheidungen in beträchtlichem Maße unterstützen.[60] Grundsätzlich lassen sich diese in die drei aufeinander aufbauenden Stufen gliedern: (1) *e-Enabling*, (2) *e-Engaging* und (3) *e-Empowering*,[61] wobei die unterste Stufe sich im Wesentlichen auf die reine Bereitstellung von Daten beschränkt, um eine grundsätzliche Teilhabe von Bürgern und Organisationen zu ermöglichen. Wenn basierend auf den bereitgestellten Daten eine Meinungsbildung stattfinden soll, etwa im Rahmen von öffentlichen Debatten über eine politische Agenda, so erfordert dies das e-Engaging. Dieses kann gestärkt werden, in dem man Bürgerinnen und Bürger sowie Organisationen zusätzlich motiviert, sich an der politischen Agenda und den Debatten zu beteiligen – diese Form bezeichnet man als e-Empowering. Insbesondere e-Engaging und e-Empowering liefert in der Regel zusätzliche Daten in Form von Stellungnahmen und Meinungen, die ihrerseits Veröffentlichung finden und im Rahmen der Visual Analytics genutzt werden können.

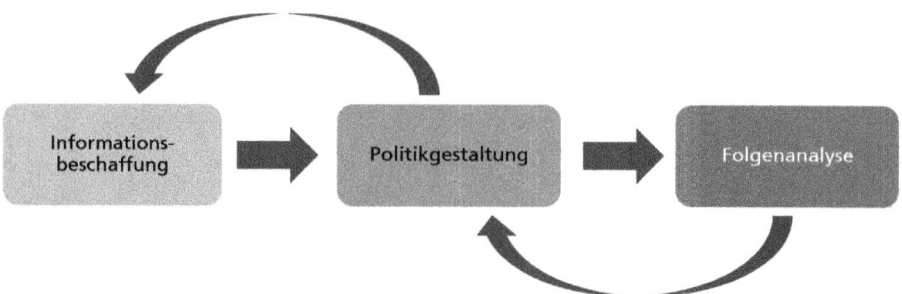

Abb. 14: Ein vereinfachter Prozess zur Modellierung von politischen Maßnahmen. Alle drei Stufen beinhalten heterogene Datenquellen, um die Analyse verschiedener Standpunkte, Meinungen und Möglichkeiten zu ermöglichen.[62]

---

58 S. https://eur-lex.europa.eu.
59 Ein anschauliches Beispiel bietet etwa der Bereich der europäischen Chemikalienregulierung. Das dort seit dem Jahr 2016 eingeführte „lernende System" sieht einen öffentlichen Zugang zu Stoffdaten, Stellungnahmen und Begründungen an diversen Stellen des Entscheidungsprozesses vor. Siehe mit weiteren Nachweisen Below 2018.
60 Siehe Für die Hintergründe, Gestaltungskriterien und Möglichkeiten der Transparenz und Partizipation am Beispiel der Chemikalienregulierung Below 2018.
61 Vgl. Macintosh 2004, 2–3; Burkhardt et al. 2014, 4–8.
62 Vgl. Kohlhammer et al. 2012, 85.

Wie bereits erwähnt, ist eine Grundvoraussetzung der Bürgerbeteiligung die Möglichkeit des Zugriffs auf politische Daten. Speziell in Bezug auf Visualisierungssysteme für politische Daten, lassen sich dabei drei elementare Stufen zum Einsatz von visuellen Systemen definieren:[63] (1) Die Informationsbeschaffung, etwa im Zuge der Recherche zu bestehenden Problemen oder zu allgemeinen gesellschaftlichen Herausforderungen, (2) die Politikgestaltung, eine Phase, die konkrete politische Maßnahmen definiert, und (3) die Folgenanalyse, die die Auswirkung von definierten politischen Maßnahmen ermittelt und prüft, ob eine Maßnahme das beabsichtigte Problem adressiert.[64] Abhängig von den aktuellen Analysephasen können unterschiedliche visuell-analytische Methoden sinnvoll sein.

Bei der Visualisierung von Government Daten lassen sich darüber hinaus formelle Daten von erhobenen bzw. maschinell extrahierten Daten unterscheiden. Formelle Daten sind dabei konkrete Beschreibungen etwa von Gesetzen, Maßnahmen oder gesellschaftspolitischen Zielen. Viele dieser formellen Daten werden beispielsweise in Amtsblättern oder Bundesanzeigern veröffentlicht und sind Ergebnisse politischer Entscheidungen. Für solche Daten ist eine Visualisierung oftmals schwierig (wie z. B. Abb. 15), da sie vergleichsweise sehr spezifisch und fachbezogen sind. Daher gibt es nur wenige spezialisierte Visualisierungsmöglichkeiten.[65] Für erhobene Daten gibt es in der Regel deutlich mehr Visualisierungen, da sie auf gängigen Formen basieren. Den Großteil stellen statistische Daten dar. Zahlen zur Bevölkerungsentwicklung, Migration, Bruttoinlandsprodukt oder diverse Wirtschaftsindikatoren lassen sich temporal visualisieren. Aber auch Abhängigkeiten zwischen verschiedenen Daten zu Entitäten wie zu Behörden oder konkreten Ansprechpartnern lassen sich teilweise abfragen und visualisieren.

---

63 Vgl. Kohlhammer et al. 2012, 84–85.
64 Ein Beispiel für Folgenanalysen ist die in Deutschland über § 44 Absatz 1 der Gemeinsamen Geschäftsordnung der Bundesministerien (GGO) rechtlich vorgeschriebene Gesetzesfolgenabschätzung (GFA). Sie befasst sich im klassischen Sinne mit der Aufgabe, wahrscheinliche Folgen und Nebeneffekte von Regelungsvorhaben (prospektive GFA), entstehenden (begleitende GFA) oder bestehenden Gesetzen (retrospektive GFA) zu ermitteln und diese zu beurteilen. Siehe zur Praxis der Gesetzesfolgenabschätzung Böhret und Konzendorf, 2001, S. 1 oder das Impact Assessment der Europäischen Union unter https://ec.europa.eu/info/law/law-making-process/planning-and-proposing-law/impact-assessments_en. Ein konkretes Anwendungsbeispiel findet sich in Below 2018.
65 Vgl. Burkhardt und Nazemi 2018, 157–160.

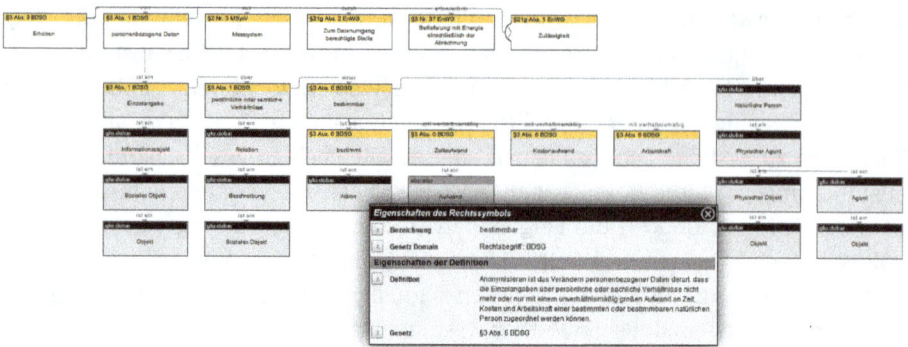

Abb. 15: Visualisierung von formalen Government Daten, wie z. B. Gesetze, sind oftmals sehr speziell und erfordern individuelle Ansätze[66]

5.3 Visualisierung von verknüpftem Wissen

Ein spezielles Feld nimmt die Verknüpfung von Wissen ein.[67] Da durch die Verknüpfung über verschiedene Datenbasen hinweg, die Daten stetig anwachsen, ist deren Verwendung sehr weitreichend. Sie eignen sich für eine Vielzahl an Auswertungen und haben ebenfalls eine Vielzahl an potentiellen Einsatzszenarien. Am bekanntesten ist dabei das Semantic Web, wie es etwa durch DBpedia[68] umgesetzt ist. Dabei handelt es sich bei DBpedia im Wesentlichen um eine semantisch-angereicherte Variante der Wikipedia,[69] jedoch wird sie von diversen weiteren Datenbanken ergänzt. Zur Identifikation von Ressourcen über die Datenbanken hinweg werden sogenannte URI (Abkürzung für: Uniform Resource Identifier) verwendet. Über diese URI können Drittquellen Ressourcen um weitere Information ergänzen oder sie in Relation zu anderen Ressourcen stellen. Damit entsteht ein großes Informationsnetz mit heterogenen Daten. Aus diesem Wissensnetz lassen sich verschiedene Visualisierungen entwickeln, von analytischen Systemen bis hin zu explorativen Systemen (in Abb. 16 dargestellt).

---

66 Vgl. Burkhardt und Nazemi 2018, 159–160.
67 Vgl. Nazemi et al. 2015a, 76–77.
68 S. https://www.dbpedia.org.
69 S. https://www.wikipedia.org.

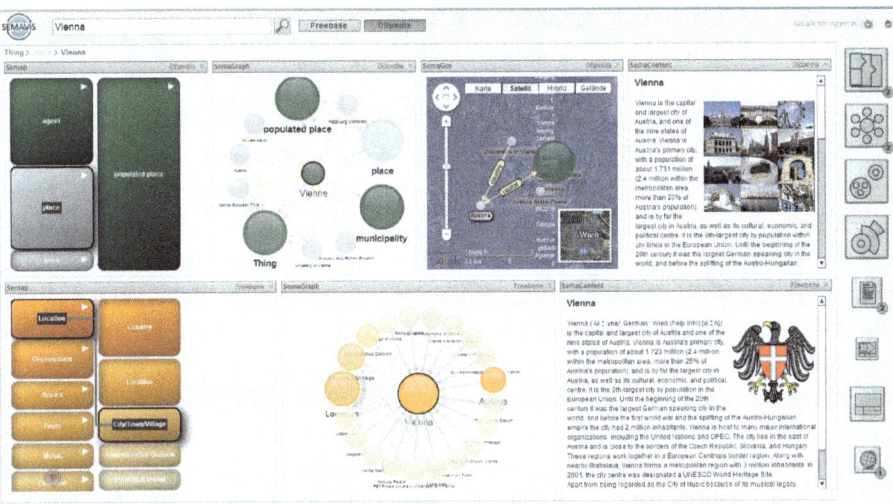

Abb. 16: Screenshot von einer Semantic-Web Visualisierungslösung, die sich aus verschiedenen Linked-Open Daten Quellen die Ergebnisse visualisiert[70]

5.4 Visualisierung von Produktions- und Manufakturdaten

Informationsvisualisierung und Visual Analytics in Smart Manufacturing bekommt immer mehr Aufmerksamkeit durch die Wissenschaft. Eine hohe Anzahl an Sensoren und die Verknüpfung untereinander führt zu immer größeren Datenmengen. Im Fehlerfall präzise und schnell reagieren zu können, kann helfen die Ausfallzeit zu vermindern und Kosten einzusparen.[71] Ein Fehlerfall geht meist im Vorfeld mit Anomalien innerhalb des Datenstroms einher. Diese Anomalien zu erkennen, bevor der Fehlerfall eintritt, bildet dabei den Schlüssel zum Erfolg.

Neuere Visual Analytics Ansätze (vgl. Abb. 17), wie bei Xu et al. vorgestellt,[72] ermöglichen eine Echtzeitüberwachung von gesamten Fertigungsstrecken mit Hilfe einer durchdachten Oberfläche. Mit KI-Methoden können schon heute große Datenmengen analysiert werden.[73] Dabei kann ein Visual Analytics-System aktiv dabei unterstützen die richtigen Parameter für eine KI-Anwendung zu setzen und die Ergebnisse zu evaluieren.[74] Diese zwei Publikationen stehen stellvertretend für zwei Forschungsrichtungen innerhalb des Smart Manufacturing Forschungsfeldes. Zum

---

70 Vgl. Nazemi 2016, 284.
71 Vgl. Kaupp et al. 2017, 83–97; Beez et al. 2018, 163–180.
72 Vgl. Xu et al. 2017, 291–300.
73 Vgl. Kaupp et al. 2019, 55–65.
74 Vgl. Xu et al. 2018, 109–119.

einen, von der Maschine ausgehend, den kompletten Fertigungsprozess zu visualisieren,[75] zum anderen die verwendeten Methoden transparenter zu gestalten.[76]

Beide setzen damit auf Anomaly Detection oder auch Novelty Detection. Wobei im Kontext des Smart Manufacturing große Mengen multivariater Daten meist unsupervised anomaly detection Algorithmen genutzt werden. Dabei können auch Verfahren des maschinellen Lernens eingesetzt werden. Ein Datensatz innerhalb des maschinellen Lernens besteht dabei immer aus Eingangswerten (Ausgangssituation) und der passenden Beschreibung (Label). Bei großen Datenmengen (in der Regel mehrere Terabytes) jeden Datensatz händisch zu annotieren, ist dabei sehr zeit- und arbeitsintensiv, also schlussendlich kostenintensiv und fehleranfällig. Weshalb hier auf unüberwachte (unsupervised) Techniken zurückgegriffen wird. Hier fehlt das Label und die Anomalie wird mittels mathematischer Operationen auf Basis der Ausgangssituation bestimmt. Ke Xu et al. erzeugen automatische Verbünde (Ensembles) von vordefinierten Anomalie-Detektions-Algorithmen auf Basis der verschiedenen Datentypen und visualisieren deren Effektivität. So können für bestimmte Daten die besten Ensembles ausgewählt werden, um innerhalb der großen Menge multivariater Daten effektiv Anomalien zu entdecken. Mit dieser Methodik wird der Weg von den Daten zur Anomalie transparent gestaltet.

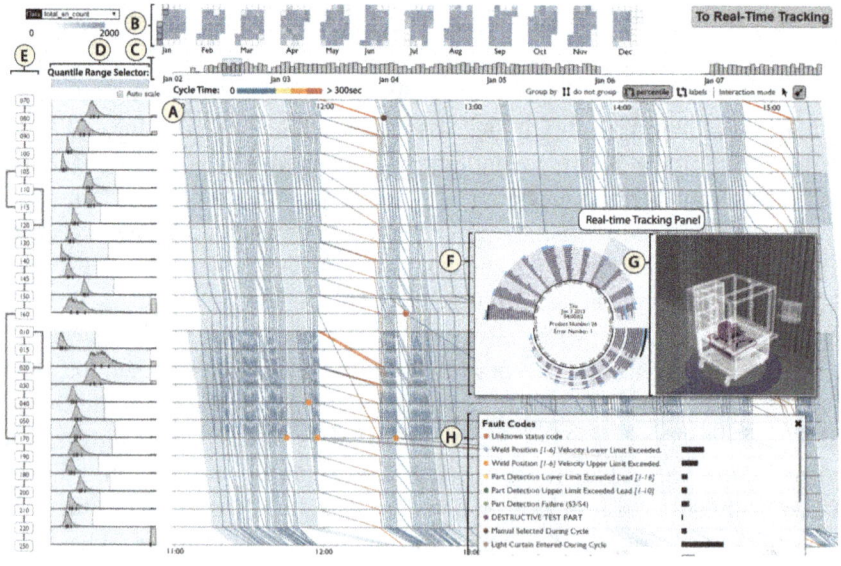

Abb. 17: ViDX Visual Diagnostics of Assembly Line Performance in Smart Factories[77]

---

75 Vgl. Xu et al. 2017, 291–300.
76 Vgl. Xu et al. 2018, 109–119.
77 Vgl. Xu et al. 2017, 291.

Xu et al. zeigen mit ViDX (Visual Diagnostics of Anssembly Line Performance for Smart Factories) ein Dashboard, das den Fertigungsprozess visualisiert. Unterteilt ist die Oberfläche in fünf Abschnitte; die Station-Map, Histogramme, einen erweiterten Marey-Graphen, darüberliegend eine Timeline mit Kalender (vgl. Abb. 17). Mittels Station Map werden (links außen in Abb. 17) der Ablauf und die Verbindungen der einzelnen Stationen visualisiert. Das Histogramm zeigt die Auslastung der Station. Der erweiterte Marey-Graph gibt durch die parallele Betrachtung aller Stationen gleichzeitig einen Überblick über Ausfälle (Lücken) oder Verzögerungen (zusammenlaufender Graph mit verzögerter Weiterverarbeitung). Anhand der Timeline kann der Ausschuss der Fertigungsstraße verglichen und Anomalien können so schneller gefunden werden. Der Kalender aggregiert dabei die Timeline auf Monatsbasis. Ke Xu et al.[76] überwachen in der Historie, also über die Zeit, die physische Anordnung und den Ausstoß einer ganze Fabrik. Heutige Fabriken emittieren meist noch komplexere Datensätze, welche noch speziellere Visualisierungen in Zukunft nötig machen. Die Datenvisualisierung bildet damit eine wesentliche Grundlage innerhalb des Smart Manufacturing und sorgt dafür sehr komplexe Sachverhalte sinnbringend darzustellen.

Fazit

Die steigende Menge an Daten stellt eine große Herausforderung zur Bearbeitung, Analyse und Gewinnung neuer Erkenntnisse dar. Methoden der Datenvisualisierung, insbesondere jene der Informationsvisualisierung und Visual Analytics bieten hier Möglichkeiten, aus enorm großen Datenmengen Erkenntnisse zu gewinnen, Wissen zu generieren und Muster in den Daten zu erkennen. Dieser Trend hat dazu geführt, dass Visual Analytics und Informationsvisualisierung längst zu etablierten Methoden der Datenanalyse gehören. Dies beschränkt sich nicht nur auf Forschung, sondern erweitert den Nutzerkreis auf Akteure der Wirtschaft. So gibt es diverse Werkzeuge von fast allen Softwareanbietern im Bereich der Business Intelligence, die teilweise für wissenschaftliche Zwecke frei genutzt werden können. Beispielhaft sollen hier die bekanntesten Systeme genannt werden. Microsoft bietet mit Power-BI[78] eine Lösung an, die vergleichsweise einfach strukturierte Daten mit verschiedenen visuellen Layouts darstellen kann. Dabei können visuelle Variablen auch personalisiert werden. Die Nutzung der Desktop-Variante ist kostenlos.[79] Tableau[80] ist ebenfalls eine Lösung zur Visualisierung strukturierter Daten. Diese hat ähnliche Funktionen wie PowerBI und ist zu Lehr- und Forschungszwecken als Desktop-Vari-

---

78 S. https://powerbi.microsoft.com/de-de/.
79 S. https://powerbi.microsoft.com/de-de/desktop/?WT.mc_id=Blog_Desktop_Update.
80 S. https://www.tableau.com/de-de.

ante kostenlos. Microsoft Azure[81] steht an den meisten Hochschulen kostenlos zur Verfügung. Der Trend des kombinierten Einsatzes von maschinellen Lernverfahren bzw. Methoden der künstlichen Intelligenz und Visualisierungen ist in der Forschung zum Zeitpunkt des Erscheinens dieses Buches von enormer Bedeutung und wird in Zukunft zu vielen weiteren Entwicklungen im Bereich Visual Analytics führen, die auch zur Laufzeit die Auswahl der Methode und Parametrisierungen erlauben wird. Um die oben genannten Werkzeuge adäquat nutzen zu können, wurden in diesem Kapitel kanonische und wissenschaftlich etablierte Aspekte der Visualisierung dargestellt.

Literaturverzeichnis

Letztes Abrufdatum der Internet-Dokumente ist der 15.11.2020.

Aggarwal, Charu C., Hg. 2017. *Outlier Analysis.* 2nd ed. 2017. Cham: Springer International Publishing.
Aigner, Wolfgang, Silvia Miksch, Heidrun Schumann und Christian Tominski. 2011. *Visualization of Time-Oriented Data.* London: Springer.
Andrienko, Natalia und Gennady Andrienko. 2006. *Exploratory Analysis of Spatial and Temporal Data.* Berlin, Heidelberg: Springer-Verlag.
Beez, Ulrich, Lukas Kaupp, Tilman Deuschel, Bernhard G. Humm, Fabienne Schumann, Jürgen Bock und Jens Hülsmann. 2018. „Context-Aware Documentation in the Smart Factory." In *Semantic applications: Methodology, technology, corporate use.* Bd. 23, hg. v. Thomas Hoppe, Bernhard Humm und Anatol Reibold, 163–80. Berlin: Springer.
Bertin, Jacques. 1983. *Semiology of Graphics: Diagrams, Networks, Maps.* Übersetzt von J. B. Berg. Madison, Wis. Univ. of Wisconsin Press.
Below, Nicola. 2018. *Partizipation und Transparenz der europäischen Chemikalienregulierung - Juristische Analyse der Inklusionsleistung der europäischen Chemikalienregulierungsbehörden*, FORUM Wirtschaftsrecht 24, Kassel: kassel university press.
Blei, David M., Andrew Y. Ng und Michael I. Jordan. 2003. „Latent Dirichlet Allocation." *The Journal of Machine Learning Research* 3: 993–1022.
Böhret, Carl; Konzendorf, Götz. 2001. *Handbuch Gesetzesfolgenabschätzung (GFA), Gesetze, Verordnungen, Verwaltungsvorschriften*, Baden-Baden: Nomos Verlag.
Burkhardt, Dirk und Kawa Nazemi. 2018. „Visualizing Law – A Norm-Graph Visualization Approach based on Semantic Legal Data." In *The 4th International Conference of the Virtual and Augmented Reality in Education*: I3M.
Burkhardt, Dirk, Kawa Nazemi, Jan R. Zilke, Jörn Kohlhammer und Arjan Kuijper. 2014. „Fundamental Aspects for E-Government." In *Handbook of research on advanced ICT integration for governance and policy modeling*, hg. v. Dirk Burkhardt, Giorgio Prister, Kawa Nazemi, Peter Sonntagbauer und Susanne Sonntagbauer, 1–18. (Advances in Electronic Government, Digital Divide, and Regional Development.) Hershey, Pa.: IGI Global.

---

81 S. https://azure.microsoft.com/de-de/.

Card, S. K. und J. Mackinlay. 1997. „The Structure of the Information Visualization Design Space." In *Proceedings of VIZ '97: Visualization Conference, Information Visualization Symposium and Parallel Rendering Symposium*, 92–99. Los Alamitos: IEEE Computer Society Press.

Card, Stuart K., Jock D. Mackinlay und Ben Shneiderman, Hg. 1999. *Readings in Information Visualization: Using Vision to Think*. [Nachdr.]. (The Morgan Kaufmann series in interactive technologies.) San Francisco, Ca.: Morgan Kaufmann.

Earnshaw, Rae A. und Norman Wiseman. 1992. „What Scientific Visualization Can Do!". In *An Introductory Guide to Scientific Visualization*, hg. v. Rae A. Earnshaw und Norman Wiseman, 5–19. Berlin, Heidelberg: Springer.

El-Assady, Mennatallah, Rebecca Kehlbeck, Christopher Collins, Daniel Keim und Oliver Deussen. 2020. „Semantic Concept Spaces: Guided Topic Model Refinement Using Word-Embedding Projections." *IEEE transactions on visualization and computer graphics* 26 (1): 1001–11. doi:10.1109/TVCG.2019.2934654.

Gahegan, Mark. 1998. „Scatterplots and scenes: visualisation techniques for exploratory spatial analysis." *Computers, Environment and Urban Systems* 22 (1): 43–56. doi:10.1016/S0198-9715(98)00018-0.

Inselberg, A. und B. Dimsdale. 1990. „Parallel coordinates: a tool for visualizing multi-dimensional geometry." In *Proceedings of the 1st Conference on Visualization '90*, 361–78. VIS '90. Los Alamitos, CA. http://dl.acm.org/citation.cfm?id=949531.949588.

Kaupp, Lukas, Ulrich Beez, Jens Hülsmann und Bernhard G. Humm. 2019. „Outlier Detection in Temporal Spatial Log Data Using Autoencoder for Industry 4.0." In *Engineering Applications of Neural Networks*. Bd. 1000, hg. v. John Macintyre, Lazaros Iliadis, Ilias Maglogiannis und Chrisina Jayne, 55–65. Cham: Springer International Publishing.

Kaupp, Lukas, Ulrich Beez, Bernhard G. Humm und Jens Hülsmann. 2017. „From Raw Data to Smart Documentation: Introducing a Semantic Fusion Process for Cyber-Physical Systems." In *CERC2017 Collaborative European Research Conference: Proceedings*, 83–97. Karlsruhe.

Keim, Daniel, Hg. 2010. *Mastering the Information Age: Solving Problems with Visual Analytics*. Goslar: Eurographics Association.

Keim, Daniel, Christian Panse und Mike Sips. 2005. „Information Visualization: Scope, Techniques and Opportunities for Geovisualization." In *Exploring Geovisualization*. Dykes, J. et al. (Hrsg.). – Oxford, Elsevier, 2005. – S. 1–17.

Kohlhammer, Jörn, Kawa Nazemi, Tobias Ruppert und Dirk Burkhardt. 2012. „Toward Visualization in Policy Modeling" *IEEE computer graphics and applications* 32 (5): 84–89. doi:10.1109/MCG.2012.107.

Macintosh, A. 2004. „Characterizing E-Participation in Policy-Making." In *Proceedings of the 37th Annual Hawaii International Conference on System Sciences: Abstracts and CD-ROM of full papers: 5–8 January, 2004, Big Island, Hawaii*, hg. v. Ralph H. Sprague. Los Alamitos, Ca.: IEEE Computer Society Press.

Mackinlay, Jock. 1986. „Automating the design of graphical presentations of relational information." *ACM Trans. Graph.* 5 (2): 110–41. doi:10.1145/22949.22950.

May, T. und J. Kohlhammer. 2008. „Towards closing the analysis gap: Visual generation of decision supporting schemes from raw data." *Computer Graphics Forum* 27 (3): 911–18. doi:10.1111/j.1467-8659.2008.01224.x.

May, Thorsten, James Davey und J. Kohlhammer. 2010. „Combining Statistical Independence Testing, Visual Attribute Selection and Automated Analysis to Find Relevant Attributes for Classification." In *IEEE Symposium on Visual Analytics Science and Technology (VAST), 2010: 25–26 Oct. 2010, Salt Lake City, Utah, USA; proceedings /sponsored by IEEE Computer Society Visualization and Graphics Technical Committee*. Ed. by Alan MacEachren, 239–40. Piscataway, NJ: IEEE Press.

Munzner, Tamara. 2014. *Visualization Analysis and Design*. AK Peters Visualization Series. Hoboken: Taylor and Francis.

Nazemi, Kawa. 2016. *Adaptive Semantics Visualization*. Studies in computational intelligence Volume 646. ORT: Springer.

Nazemi, Kawa. 2018. „Intelligent Visual Analytics – a Human-Adaptive Approach for Complex and Analytical Tasks." In *Advances in Intelligent Systems*, hg. v. Ahram Karwowski und Tareq Ahram, 180–190. Cham: Springer International Publishing.

Nazemi, Kawa und Dirk Burkhardt. 2019a. „A Visual Analytics Approach for Analyzing Technological Trends in Technology and Innovation Management." In *Advances in Visual Computing*. Bd. 11845, hg. v. George Bebis, Richard Boyle, Bahram Parvin, Darko Koracin, Daniela Ushizima, Sek Chai, Shinjiro Sueda et al., 283–294. (Lecture Notes in Computer Science.) Cham: Springer International Publishing.

Nazemi, Kawa und Dirk Burkhardt. 2019b. „Visual Analytics for Analyzing Technological Trends from Text." In *Information Visualisation: Biomedical visualization and geometric modelling & imaging*, hg. v. E. Banissi, 191–200. Los Alamitos, CA: IEEE Computer Society, Conference Publishing Services.

Nazemi, Kawa, Dirk Burkhardt, Egils Ginters und Jorn Kohlhammer. 2015a. „Semantics Visualization – Definition, Approaches and Challenges." *Procedia Computer Science* 75: 75–83. doi:10.1016/j.procs.2015.12.216.

Nazemi, Kawa, Reimond Retz, Dirk Burkhardt, Arjan Kuijper, J. Kohlhammer und Dieter W. Fellner. 2015b. *Visual trend analysis with digital libraries:* Proceedings of the 15th International Conference on Knowledge Technologies and Data-driven Business – i-KNOW '15, New York, USA, ACM Press, 2015.

Shneiderman, B. 1996. „The eyes have it: a task by data type taxonomy for information visualizations." In *Proceedings 1996 IEEE Symposium on Visual Languages*, 336–43.

Stevens, S. S. 1946. „On the Theory of Scales of Measurement." *Science* 103 (2684): 677–680. doi:10.1126/science.103.2684.677.

Stoffel, Sacha, Andreas Stoffel, Florian Kwon, Bum Chul, Geoffrey Ellis und Daniel Keim. 2014. „Knowledge Generation Model for Visual Analytics." *IEEE transactions on visualization and computer graphics* 20 (12): 1604–1613. doi:10.1109/TVCG.2014.2346481.

Thomas, James J. und Kristin A. Cook. 2005. *Illuminating the Path: The Research and Development Agenda for Visual Analytics*. United States US Department of Homeland Security: National Visualization and Analytics Center, IEEE Press.

Velleman, Paul F. und Leland Wilkinson. 1993. „Nominal, Ordinal, Interval, and Ratio Typologies are Misleading." *The American Statistician* 47 (1): 65–72. doi:10.1080/00031305.1993.10475938.

Viau, Christophe, Michael McGuffin, Yves Chiricota und Igor Jurisica. 2010. „The FlowVizMenu and Parallel Scatterplot Matrix: Hybrid Multidimensional Visualizations for Network Exploration." *IEEE transactions on visualization and computer graphics* 16 (6): 1100–1108. doi:10.1109/TVCG.2010.205.

Ward, Matthew O., Georges Grinstein und Daniel Keim. 2010. *Interactive Data Visualization: Foundations, Techniques, and Applications*. Hoboken: 360 Degree Business.

West, Thomas G. 1999. „Images and reversals: James Clerk Maxwell, working in wet clay" *SIGGRAPH Comput. Graph.* 33 (1): 15. doi:10.1145/563666.563671.

Xu, Ke, Meng Xia, Xing Mu, Yun Wang und Nan Cao. 2018. „EnsembleLens: Ensemble-Based Visual Exploration of Anomaly Detection Algorithms with Multidimensional Data." *IEEE transactions on visualization and computer graphics*. doi:10.1109/TVCG.2018.2864825.

Xu, Panpan, Honghui Mei, Liu Ren und Wei Chen. 2017. „ViDX: Visual Diagnostics of Assembly Line Performance in Smart Factories." *IEEE transactions on visualization and computer graphics* 23 (1): 291–300. doi:10.1109/TVCG.2016.2598664.

Hannes Thiemann, Stephan Kindermann, Michael Lautenschlager
5.5 Beispiele für Data Sharing am Deutschen Klimarechenzentrum (DKRZ)

Abstract: Über den Erzeugerkreis hinaus werden Klimamodelldaten für unterschiedliche Zielgruppen bereitgestellt. Die Zielgruppen besitzen spezifische Anforderungen an Struktur, Qualität und Dokumentation der Daten. Diese Anforderungen werden in den verschiedenen Data Sharing Angeboten des DKRZ berücksichtigt, wobei die FAIR-Prinzipien bei deren Gestaltung eine Richtschnur bilden. Spezielle Herausforderungen für die Bearbeitung von Klimamodelldaten ergeben sich nicht nur aus den sehr großen Datenmengen, sondern auch der Vielzahl der Datenentitäten und der interdisziplinären Nachnutzung. Insbesondere die immensen Datenvolumina, die oft in Datenanalyseaktivitäten benötigt werden, bergen spezifische Anforderungen bezüglich der Integration von Prozessierungsdiensten und Data-Sharing-Diensten. Das Vorgehensmodell und die Angebotspalette des DKRZ lässt sich auf andere Diensteanbieter bzw. Forschungsdisziplinen, abhängig von deren spezifischen Anforderungen und zur Verfügung stehenden Ressourcen übertragen.

Einleitung

Das Deutsche Klimarechenzentrum (DKRZ)[1] stellt als zentrale Service-Einrichtung der Klimaforschung in Deutschland Rechenleistung, Speicherkapazitäten und Dienste zur Verfügung, um Klimamodelle zu rechnen und Klimamodelldaten zu speichern und auszuwerten. Darüber hinaus unterstützt das DKRZ seine Nutzerinnen und Nutzer organisatorisch und infrastrukturell bei der globalen Verteilung ihrer am DKRZ oder extern produzierten Forschungsdaten. Dadurch wird ein erheblicher Mehrwert der Daten generiert, da diese erst dann für die gesamte Klima- und Erdsystemforschungsgemeinschaft effektiv nachnutzbar sind.

Die globale Verteilung relevanter Datensätze ist ein Grundbedarf der Erdsystemforschung. Insbesondere in den Klima- und Erdsystemwissenschaften werden großvolumige Datensätze bis in den PetaByte (PB)-Bereich von hohem globalem Interesse an vereinzelten Institutionen erzeugt und teilweise zur Nachnutzung aufbereitet. Hierbei handelt es sich z. B. um Beiträge zu international koordinierten Modellvergleichsstudien wie etwa Coupled Model Intercomparison Projects (CMIP)[2] oder um

---
[1] S. http://www.dkrz.de. Letztes Abrufdatum der Internet-Dokumente ist der 15.11.2020.
[2] S. https://www.wcrp-climate.org/wgcm-cmip; Eyring et al. 2016.

Open Access. © 2021 Hannes Thiemann, Stephan Kindermann, Michael Lautenschlager, publiziert von De Gruyter. Dieses Werk ist lizenziert unter der Creative Commons Attribution 4.0 Lizenz.
https://doi.org/10.1515/9783110657807-027

Daten, welche aus einer institutionellen Projekt-Initiative heraus entstanden sind, zum Beispiel aus dem Max-Planck-Institut Grand-Ensemble.[3]

Ein großer Mehrwert dieser Datensätze wird erst durch deren Nachnutzung geschaffen. Diese wird durch effektives Teilen der Daten mit der Forschungsgemeinschaft und der vorausgehenden Verfügbarmachung ermöglicht. Die damit verbundene lokale Verwaltung und globale Datenverteilung erfordert institutionalisierte Kompetenzen im Bereich Datenmanagement, -aufbereitung, -dokumentation und Infrastruktur.

Am DKRZ werden für das Data Sharing verschiedene, anwendungsangepasste Dienste angeboten. Je nachdem, ob DKRZ-Nutzende ihre Daten im Rahmen eines Projektes, von internationalen Modellvergleichsstudien oder im Zuge einer wissenschaftlichen Publikation global (ver-)teilen möchten, bieten die am DKRZ bereitgestellten Dienste passende Lösungen:

- DKRZ-Cloud (Swiftbrowser)[4] – der Cloud-Service zum einfachen und direkten Teilen großer Datenmengen.
- DKRZ CMIP Data Pool[5] – auf einem zentralen, effizient zugreifbaren Speicherbereich verwaltete Datenkollektionen, die von übergreifender Bedeutung für die Datenverteilung und Datenanalyse sind.
- Earth System Grid Federation (ESGF)[6] – die globale Dateninfrastruktur zur föderierten Verteilung von Modellvergleichsstudien-Daten (CMIPs) oder projektbezogener Daten von internationalem Interesse, z. B. das MPI-M Grand Ensemble.
- Digitales Langzeitarchiv World Data Center Climate (LTA WDCC)[7] – das zertifizierte Langzeitarchiv mit DataCite DOI Vergabe,[8] Erfüllung der FAIR-Data Leitlinien[9] und Indizierung in globalen Suchdiensten, z. B. Google Data Search,[10] European Open Science Cloud (EOSC)/B2FIND,[11] World Data System (WDS).[12]

Die Datennutzenden des DKRZ können verschiedenen Gruppen zugeordnet werden, die über unterschiedliches Fachwissen zu Struktur, Bearbeitung und Aussagekraft von Klimamodelldaten verfügen. Grob lassen sich vier Klassen unterscheiden:

---

[3] S. https://www.mpimet.mpg.de/en/grand-ensemble; Maher et al. 2019.
[4] S. https://www.dkrz.de/up/de-systems/de-swift.
[5] S. https://www.dkrz.de/up/de-services/de-data-management/de-cmip-data-pool.
[6] S. https://www.dkrz.de/up/de-services/de-data-management/de-esgf-services-1.
[7] S. https://www.dkrz.de/dienste/langzeitarchivierung-1/langzeitarchivierung.
[8] S. https://www.dkrz.de/up/services/data-distribution/data-publication.
[9] S. https://www.dkrz.de/up/de-services/de-data-management/de-LTA/de-fairness.
[10] S. https://toolbox.google.com/datasetsearch.
[11] S. http://b2find.eudat.eu.
[12] S. https://www.icsu-wds.org/services/data-portal.

1. Wissenschaftliche Arbeitsgruppe (Erforschung von Prozessen im Klimasystem, Quantifizierung von Klimaänderungen)
   – Produzierende und Nutzende von Klimamodellergebnissen sind Teil der Arbeitsgruppe. Detaillierte Kenntnisse zu Forschungsgegenstand sowie Struktur und Inhalt der einzelnen Datenentitäten sind vorhanden.
2. Nationale und internationale Wissenschaftsdisziplin (Erforschung des Klimasystems)
   – Die Datennutzenden verfügen über detaillierte Kenntnisse des Forschungsgegenstands, während die Kenntnisse zu Struktur und Inhalt der Klimamodelldaten breiter gefächert sind. Informationen zur Bearbeitung der Datenentitäten werden meist benötigt.
3. Verwandte Wissenschaftsdisziplinen (Erforschung der Auswirkungen von Klimaänderungen oder der Vermeidung von Klimaänderungen)
   – Nutzende aus diesen Disziplinen verfügen meist über keine Detailkenntnisse der Klimamodellierung. Ausführliche Informationen zu Interpretation, Inhalt und Bearbeitungsmöglichkeiten von Klimamodelldaten sind erforderlich.
4. Politische und gesellschaftliche Entscheidungsträger der Klimapolitik (Ableitung und Umsetzung von Handlungsoptionen zur Begrenzung von und Anpassung an Klimaänderungen)
   – Nutzende aus diesem Bereich arbeiten in den seltensten Fällen direkt mit den Klimamodelldaten. Sie stützen sich auf die wissenschaftlichen Aussagen der Klimaforschung zur Ableitung von Handlungsoptionen.

Diese Anwendungsgebiete sind unterschiedlich weit entfernt vom Forschungsgegenstand Klimasystem, in dem die Daten erhoben bzw. erzeugt und zuerst genutzt werden. Den abnehmenden Kenntnissen zu Daten, Kontext und Bearbeitungsmethoden muss im Datenmanagement und den verschiedenen Ebenen des Data Sharing Rechnung getragen werden.

Zugriffe auf Daten und Metadaten sind unabhängig vom Dienst generell kostenfrei, erfordern jedoch, wenn in den folgenden Kapiteln nicht anders erwähnt, eine (kostenfreie) Registrierung.

1 Die DKRZ-Cloud

Das DKRZ stellt seinen Nutzerinnen und Nutzern und den von ihnen vertretenen Forschungsprojekten eine Cloud-Umgebung in der Größenordnung von mehreren PB auf Basis von Openstack Object Storage (Swift)[13] zur Verfügung. Swift ist sehr

---

[13] S. https://wiki.openstack.org/wiki/Swift.

gut geeignet für die Speicherung und Verteilung unstrukturierter Daten. Die Openstack-Software stellt sicher, dass Datenobjekte in mehreren Kopien gespeichert werden und bietet so einen rudimentären Schutz gegen Datenverlust. Der Zugriff auf die Daten ist von unterschiedlichsten Geräten, vom Smartphone, über Notebook bis, und das ist im Umfeld des DKRZ entscheidend, hin zum Supercomputer möglich. Für Nutzende noch ungewohnt ist, dass es sich bei Swift um ein sogenanntes Object System handelt, welches eine andere Datenhierarchie bietet als altbewährte POSIX-Dateisysteme,[14] in denen Metadaten traditionell in Directory- und Filenamen kodiert werden.

Wie einleitend bemerkt, ist Swift insbesondere für die Verteilung unstrukturierter Daten geeignet. Als Beispiel für ein Projekt auf DKRZ-Swift sei hier das Radiative Convective Equilibrium Model Intercomparison Project (RCEMIP)[15] erwähnt. RCEMIP ist eine Initiative, die vom World Climate Research Program (WCRP) angestoßen wurde. Vergleichbar zu anderen Model Intercomparison Projects (MIPs) nutzt die Forschung den Vergleich und die Analyse von Daten mehrerer verschiedener Modelle. Für RCEMIP von Vorteil ist die unkomplizierte Handhabung von Nutzeraccounts sowohl für den Datenupload als auch –download. Zugriffsrechte können nach initialer Einrichtung ohne weitere Rücksprache mit dem DKRZ von dem Projekt verwaltet werden. Auch in das eigentliche Datenhandling ist das DKRZ nicht involviert. RCEMIP verwendet die DKRZ-Cloud nach Einweisung selbstständig und greift auf Hilfe des DKRZ nur bei Schwierigkeiten zurück. Die Einweisung umfasst insbesondere die begrenzten Möglichkeiten zur Einrichtung von Datenhierarchien, welche herkömmlich von MIP-Projekten zur Datenorganisation verwendet werden. Gezwungenermaßen ergänzt RCEMIP das Datenmanagement mit einer ausführlichen Dokumentation zur Datenorganisation, die sowohl Providern als auch Nutzenden das Auffinden von Daten ermöglicht.

Die Cloud selbst ermöglicht im Sinne der FAIR-Prinzipien lediglich das „A", die Accessibility. Alle anderen Aspekte müssen von Projekten gegenwärtig noch mit ergänzenden Dienstleistungen selbst geschaffen werden. Weitere Informationen hierzu unten in den Abschnitten 5 Datenanalyse bzw. Fazit.

2 Der DKRZ CMIP Datenpool

Das DKRZ beteiligt sich mit seinen Datenservices im Rahmen der Klimamodellierung an der internationalen Bereitstellung nationaler Ergebnisse und der Zusammenführung internationaler Beiträge. Im Hinblick auf eine nachfolgende effiziente

---

14 S. https://de.wikipedia.org/wiki/Portable_Operating_System_Interface.
15 S. http://myweb.fsu.edu/awing/rcemip.html.

Datenanalyse sind Homogenisierung und Qualitätskontrolle wichtig, um ein möglichst einheitliche Datenbasis bereitzustellen. Data Sharing ist im DKRZ-CMIP-Datenpool in zwei Richtungen von Bedeutung, zum Füllen und im Zugriff. Die ESGF Data-Sharing-Infrastruktur wird genutzt, um den Datenpool am DKRZ aufzubauen. Große Datenmengen werden von den anderen Datenknoten der ESGF Föderation heruntergeladen und am DKRZ zusammengeführt. Zum anderen wird Data Sharing genutzt für die DKRZ-interne, nationale und internationale Verteilung der Daten.

Das aktuell prominente Beispiel internationaler Klimamodellierung ist CMIP6,[16] das Climate Model Intercomparison Project Generation 6. CMIP6 liefert nicht nur Informationen zur Erforschung des Klimasystems selbst, sondern bildet auch die Datengrundlage für Veröffentlichungen, die in dem nächsten Statusbericht des internationalen Klimarats (Intergovernmental Panel on Climate Change Sixth Assessment Report, IPCC-AR6[17]) eingehen. Aufbauend auf den Erfahrungen aus den CMIP5-Aktivitäten entwickelte sich in der deutschen Klimaforschungsgemeinschaft die Anforderung, die CMIP-Aktivitäten im CMIP6-Zyklus stärker zu koordinieren und daher u. a. ein gegenüber dem CMIP5-Prototyp weiter verbessertes CMIP-Datenarchiv zu etablieren. Unter Leitung des DKRZ und unter Beteiligung weiterer Einrichtungen unterstützte das BMBF die Koordinierung der CMIP6-Aktivitäten in Deutschland.

Im internationalen Rahmen fügen sich die deutschen Anstrengungen für die CMIP6-Dateninfrastruktur in die vom WGCM[18] Infrastructure Panel (WIP) koordinierten Aktivitäten ein, deren Ziel es ist, im globalen Rahmen eine robuste und nachhaltige Dateninfrastruktur zur Unterstützung der wissenschaftlichen Ziele des WGCM zu etablieren. Wesentliches Element dieser Dateninfrastruktur ist die Earth System Grid Federation (s. Abschnitt 3). Das DKRZ betreibt einen zentralen Datenknoten in der internationalen Datenföderation ESGF.

---

16 S. https://www.wcrp-climate.org/wgcm-cmip/wgcm-cmip6.
17 S. https://www.ipcc.ch/assessment-report/ar6/.
18 Working Group on Climate Models.

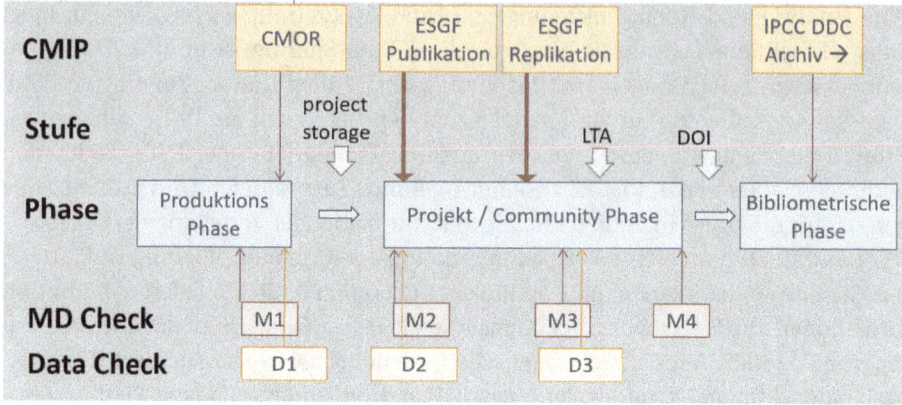

Abb. 1: Der CMIP Data Life Cycle kann grob aufgeteilt werden in Produktionsphase, Datenanalyse in der ESGF (Project Phase) und die Bibliometrische Phase mit Langzeitarchivierung im WDCC am DKRZ und DataCite Datenpublikation. M1–M4 und D1–D3 bezeichnen die Prüfungen von Metadaten (MD) und Daten (D) in den Stufen des Life Cycle.

Das ESGF Datenarchiv speichert im November 2019 ca. fünf PB an CMIP6 Daten aus Berechnungen. Sie beinhalten die sogenannten Diagnostic, Evaluation and Characterization of Klima (DECK) Experimente, historische Simulationen und 23 CMIP6 „Endorsed MIPs",[19] die spezielle wissenschaftliche Fragestellungen betrachten. Derzeit liefern 65 Erdsystemmodelle CMIP6-Daten ins ESGF, die Deutsche Forschungsgemeinschaft (DFG) beteiligt sich mit vier Modellen. Für das vollständige CMIP6 Datenarchiv wird ein Volumen von über zehn PB plus erwartet.

Die großen Datenmengen für CMIP6 erfordern eine detaillierte Planung des Datenmanagements, um Datentransfer und doppelte Speicherung zu minimieren. Die Anforderungen der deutschen Klimaforschungsgemeinschaft an die Dateninfrastruktur im Rahmen von CMIP6 beinhalten Komponenten, von denen einige im Data Sharing am DKRZ adressiert werden.

1. Bereitstellung der Ergebnisse der deutschen Klimamodelle für die internationale Wissenschaftscommunity.
2. Schneller, direkter und komfortabler Zugriff auf die Ergebnisse der deutschen Klimamodelle für die deutsche Wissenschaftscommunity.
3. Schneller, direkter und frühzeitiger Zugriff auf relevante Ergebnisse der internationalen CMIP6-Klimamodellierungs-Community, wie sie für die deutschen Beiträge zum IPCC-AR6 Bericht benötigt werden.

---

[19] S. https://www.wcrp-climate.org/wgcm-cmip/wgcm-cmip6.

4. Bereitstellung von Daten, die von der deutschen CMIP6 Community benötigt werden um die neu generierten CMIP6-Datenbestände auszuwerten und zu evaluieren (dies schließt CMIP5-Daten und Beobachtungsdaten mit ein).
5. Langfristige und sichere Verfügbarkeit der in 1.-4. bezeichneten Daten.

Die unter 1.-4. bezeichneten Daten werden im DKRZ-CMIP-Datenpool zusammengeführt. Neben den Klimamodelldaten aus CMIP6 enthält der DKRZ-CMIP-Datenpool weiteren Daten aus vergangenen Modellierungsprojekten wie CMIP5 (Vorgänger von CMIP6) und CODEX (regionale Klimamodellierung aufbauend auf CMIP5). Für alle Daten in diesem Pool gilt, dass diese zusammenhängend, einheitlich und zuverlässig zur Verfügung gestellt werden.

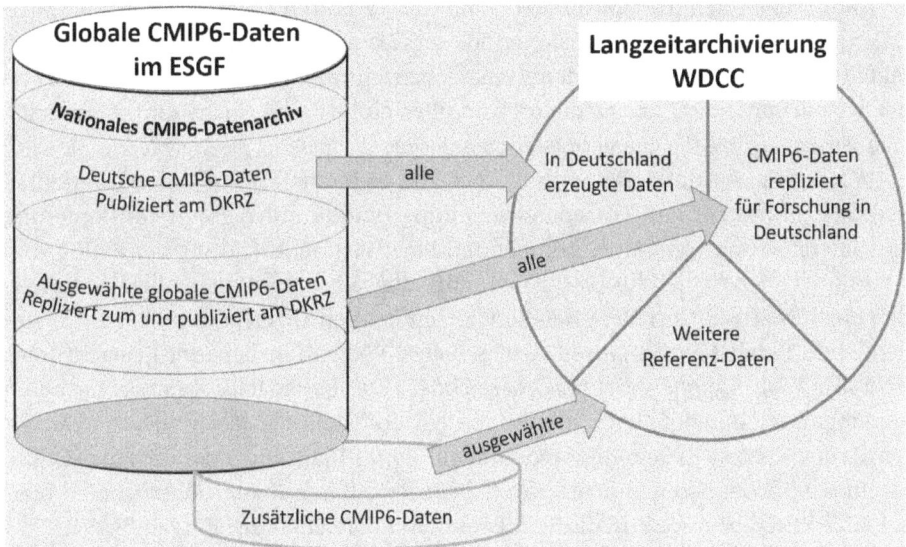

Abb. 2: Aufbau des CMIP6-Datenpools als Teil des DKRZ-CMIP-Datenpools

Die Gesamtheit der Komponenten, der CMIP-Datenpool, der ESGF Datenknoten, das Langzeitarchiv im World Data Center for Climate (s. Abschnitt 4) und die erforderlichen zusätzlichen Dienste wie etwa die Qualitätsprüfung und die DOI-Datenpublikation, bilden das nationale CMIP Datenarchiv, welches der nationalen Klimaforschung frühzeitig ein hochwertiges und umfangreiches Datenarchiv nicht nur mit den nationalen, sondern auch mit den wichtigsten internationalen Daten zentral zur Verfügung stellt. Die Langzeitarchivierung im zertifizierten WDCC garantiert die Nachhaltigkeit der Datenbasis.

Neben effektivem Datenzugriff und -transport ist für den Zugriff auch die Dokumentation der Daten für eine nutzerangepasste Datensuche erforderlich. Zunehmend stärker wird im Rahmen des Datenzugriffs auch Rechenkapazität am Archivstandort nachgefragt für eine Vorauswertung und Reduzierung der zu transferierenden Datenmenge (s. Abschnitt 5).

3 Die Earth System Grid Federation (ESGF)

Eine spezielle Herausforderung des Data Sharing stellen die international koordinierten Klimamodell-Vergleichsexperimente (Coupled Model Intercomparison Projects – CMIP) dar. Ergebnisse dieser Experimente werden einerseits von der Klimaforschungsgemeinschaft, andererseits auch intensiv in anderen Disziplinen wie der Klimafolgenforschung genutzt und fließen in die IPCC Sachstandsberichte ein (aktuell AR6). Neben dem Datenvolumen (z. B. > 20 PB CMIP6 Daten und > 4 PB CMIP5 Daten) ist hier besonders herausfordernd, dass Datenkollektionen von weltweit verteilten Datenproduzierenden (den Klimarechenzentren und Klimadatenzentren) einer weltweiten Forschungsgemeinschaft über einheitliche Such- und Zugriffsmechanismen zugänglich gemacht werden müssen.

Mit der Entwicklung der Earth System Grid Federation (ESGF), einem verteilten Peer-to-Peer-System zur Klimadatenverteilung, wurde auf diese Herausforderung zur Unterstützung von CMIP5 geantwortet. Eine Weiterentwicklung der ESGF Infrastruktur ist auch aktuell für CMIP6 im Produktionseinsatz.[20] Datenkollektionen werden hier in weltweit verteilten Datenknoten einheitlich abgelegt und über einen einheitlichen Bereitstellungsprozess der globalen Föderation bekannt gemacht (dies wird als „ESGF Datenpublikation" bezeichnet). Der Bereitstellungsprozess schließt eine minimale Datenqualitätsprüfung mit ein und stellt die Metadaten in dedizierten „Index-Knoten" bereit, die wiederum mit Portal-Diensten verknüpft sind (Login, facettierte Suche, shopping card, etc.). Dedizierte Daten-Knoten übernehmen hierbei Zusatzaufgaben wie z. B. die Replikation und Bereitstellung von Replikaten).

Das DKRZ ist Gründungsmitglied von ESGF und einer der weltweit größten ESGF Datenknoten. Aktuell sind am DKRZ ESGF Portal über 4 000 Nutzerinnen und Nutzer registriert und ca. 350 Nutzende nutzen das Portal pro Monat, um Daten zu suchen und Datendownloads anzustoßen. Aktuell (Stand 01.2020) werden ca. 70 000 getrennte Datendownloads pro Monat (korrespondierend zu ca. 100 TByte Datenvolumen) angestoßen, mit stark steigender Tendenz, da die aktuellen CMIP6-Daten erst teilweise im DKRZ-ESGF-Portal bereitgestellt wurden.

Neben der Aufgabe der Replikation von Daten und Replikat-Bereitstellung übernimmt das DKRZ die Zusatzaufgabe der Langzeitarchivierung von CMIP Datenkollektionen im WDCC des DKRZ. Hierzu wurde das DKRZ Langzeitarchiv als Datenknoten in die ESGF Föderation eingebunden und ist aktuell der einzige Knoten weltweit

---

20 Vgl. Balaji 2018.

der ein Bandarchiv (mit assoziierter Metadatenbank) direkt in ESGF integriert. In einem weitgehend automatisierten Prozess werden die ESGF Metadaten mit zusätzlichen Archivierungsmetadaten verknüpft und in der WDCC Datenbank hinterlegt. Basierend auf diesen Metadaten wird dann ein „Filesystem in Userspace" (FUSE) auf dem Langzeitarchiv simuliert, das es erlaubt die Datenbestände als ESGF-Datenknoten in der ESGF-Datenföderation suchbar und zugreifbar zu machen.

Eine vom DKRZ entwickelte Erweiterung der ESGF-Infrastruktur unterstützt zudem die Vergabe von persistenten Identifikatoren (PID, hier: Handle PID) als Teil des ESGF-Datenpublikationsprozesses. Die PID-Vergabe erfolgt auf File-Ebene und auf Kollektionsebene (Zeitserie einer Variable), zudem wird die Datenversionierung und Datenreplikation in den PID-Metadaten mitverfolgt. PID bilden die Grundlage höherer Dienste, die das Data Sharing, z. B. die Zuordnung von Errata-Information für Daten oder die Möglichkeit der Bildung von nutzerdefinierten Datenkollektionen, wesentlich unterstützen. Auf technischer Ebene werden die PID-Registrierungsinformationen auf Basis einer verteilten ausfallsicheren Message-Queue an die zentrale Registrierungsstelle am DKRZ weitergeleitet.

Auf höherer Datenkollektionsebene (z. B. alle Daten eines konkreten Modell-Laufes) vergibt das DKRZ zudem Datacite DOI. Als Langzeitarchiv ist das DKRZ insbesondere an der Nachhaltigkeit der entwickelten PID Dienste interessiert. Auf operativer Ebene ist das DKRZ deshalb Teil des europäischen PID Consortiums (ePIC)[21] und auch Mitglied des European Data (EUDAT)[22] Konsortiums. Zudem engagiert sich das DKRZ in PID bezogenen Arbeitsgruppen der Resarch Data Alliance (RDA) und ist an der European Open Science Cloud (EOSC) beteiligt.

Grundvoraussetzung für die Datenbereitstellung im Rahmen der ESGF-Datenföderation ist die Einhaltung von Datenkonventionen (netcdf-CF[23]), sowie spezifischen Modell-Vergleichsprojekt Festlegungen (siehe z. B. die CMIP6-Modelldatenvorgaben[24]). Diese konstituieren zum einen kontrollierte Vokabulare, auf denen z. B. Metadata-Werte in den netcdf-CF files basieren, aber auch Auswahllisten in den facettierten Such-Schnittstellen in den Portalen. Zum anderen legen diese Namenskonventionen File-Namen fest, sowie Strukturvorgaben zur Abspeicherung auf Filesystemen.

---

21 S. https://www.pidconsortium.net/.
22 S. https://eudat.eu/.
23 Climate and Forecast (CF) Conventions and Metadata, s. http://cfconventions.org.
24 CMIP6 model output requirements, s. https://pcmdi.llnl.gov/CMIP6/Guide/modelers.html.

Bezug zum Datenpool

Der oben im Abschnitt 2 beschriebene DKRZ-CMIP-Datenpool ist wesentliche Grundlage der ESGF-Datenbereitstellung. Die in ihm enthaltenen CMIP5-, CMIP6- und CORDEX-Daten (CORDEX steht für COordinated Downscaling Experiment) bilden die Speicherbasis der DKRZ-ESGF-Datenknoten. Der Datenaufnahmeprozess erfolgt im Wesentlichen über zwei Wege: die Datenreplikation von anderen ESGF-Datenknoten weltweit, sowie die direkte Datenübernahme von Klimamodellierungszentren (deutschen und ausländischen). In jedem Falle erfolgt eine Datenqualitätsprüfung vor der „ESGF Datenpublikation". Im Falle von Originaldaten mithilfe automatisierter, detaillierter Prüfung der Einhaltung der geforderten Standards und Konventionen (z. B. CF-Konventionen und CMIP6-Festlegungen) und im Falle der Replikate mithilfe einfacher Vollständigkeits-Prüfroutinen.

Da das Gesamtvolumen der CMIP6-Datenkollektionen (~20 PB) deutlich grösser ist als der zur Verfügung stehende DKRZ-Datenpool-Plattenplatz (~fünf PB) ist die Aufnahme (und ESGF-Publikation) von Replikaten zudem von den Bedürfnissen und Prioritäten der Nutzenden gesteuert. Wissenschaftlerinnen und Wissenschaftler, die für ihre Analysen spezifischen Bedarf von CMIP-Datenreplikaten im Onlinezugriff am DKRZ haben, können diese bei den DKRZ-Datenmanagern anmelden. Diese sorgen dann dafür, dass diese Anforderungen Priorität bei der Organisation der Datenreplikation bekommen.

Die Datenreplikation erfolgt prioritär über hoch performante Globus-Connect-Endpunkte,[25] die von zentralen ESGF-Datenknoten bereitgestellt werden. Eine weltweite Arbeitsgruppe, die mit den nationalen und internationalen Forschungsnetzbetreibern in engem Kontakt steht, sorgt für eine Überwachung und Optimierung der Übertragungswege. Im Allgemeinen wird folgende Strategie verfolgt, um die CMIP-Datenkollektionen möglichst schnell der internationalen Forschungsgemeinschaft bereitzustellen: Datenkollektionen von Datenknoten mit schlechter Netzanbindung werden möglichst schnell zu zentralen Datenknoten (z. B. auf den jeweiligen Kontinenten) repliziert, die dann als sogenannte „Tier1"-Datenknoten die Weiterverteilung über optimierte Übertragungswege übernehmen können. Die Datenreplikation gewährleistet damit zwei zentrale Aspekte des Data Sharings: schnelle Zugreifbarkeit und hohe Verfügbarkeit der Datenkollektionen. Ein weiterer zentraler Aspekt des Data Sharings, die Verfügbarmachung von hochvolumigen Datenkollektionen zum Zweck der effizienten Datenanalyse; wird in Abschnitt 5 beleuchtet.

---

[25] Globus research data management cloud, s. http://docs.globus.org.

4 Das World Data Center for Climate (WDCC)

Das World Data Center for Climate (WDCC)[26] ist ein vom DKRZ betriebenes Langzeitarchiv für großvolumige Simulationsdaten aus der Klimaforschung. Seit 2003 ist es reguläres Mitglied des World Data System of the International Science Council (WDS)[27], früher ICSU. Als solches unterstützt es die Vision des International Science (ISC)[28] durch die langfristige Bewahrung und des Angebots eines freien Zugangs zu qualitätsgesicherten wissenschaftlichen Daten aus dem Bereich der Klimaforschung für die Nutzung in der Klimaforschung und darüber hinaus.

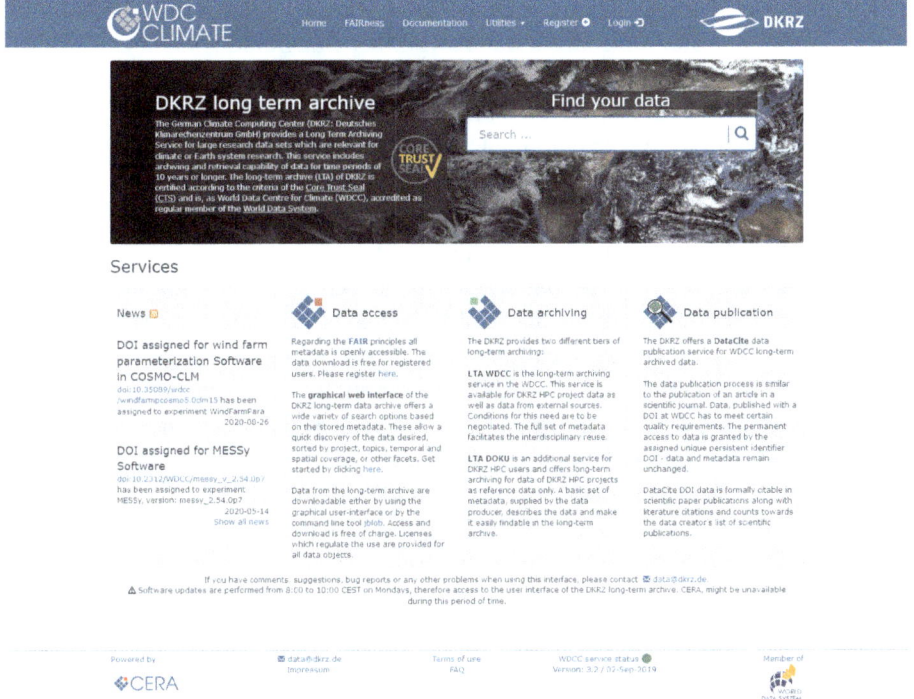

Abb. 3: Eingangsseite zum World Data Center for Climate (WDCC)

Verbunden mit der Mitgliedschaft im WDS ist eine Zertifizierung durch das Core-TrustSeal (CTS)[29]. Technisch baut das WDCC auf unterschiedlichen Basisdiensten des DKRZ, wie z. B. dem High Performance Storage System (HPSS), das auch eine

---

26 S. https://cera-www.dkrz.de/WDCC/ui/cerasearch.
27 S. https://www.icsu-wds.org.
28 S. https://council.science.
29 S. https://www.coretrustseal.org.

geographisch verteilte Datenhaltung ermöglicht, oder einer Oracle-Datenbank als Persistenzschicht auf. Eingebettet ist es in etablierte Prozessketten zur Datenübernahme, Qualitätssicherung und Kuration.

Mit seiner Positionierung als Langzeitarchiv erfüllt das WDCC neben der Unterstützung der guten wissenschaftlichen Praxis mehrere Anforderungen der Wissenschaft im Bereich des Data Sharings: zum einen die Nachnutzung der Daten über einen Projektzeitraum hinaus und zum anderen die Nachnutzung der Daten im interdisziplinären Kontext. Hiermit unterscheidet sich das Profil des WDCC signifikant von den anderen Data-Sharing-Angeboten des DKRZ. Durch die Verlagerung der Nutzung in sowohl zeitlicher als auch „disziplinärer" Hinsicht aus dem Projekt- bzw. Community-Kontext hinaus, steigen die Anforderungen an die Aufbereitung und Prüfung der Daten und Metadaten sowohl bei Datenproduzierenden als auch beim DKRZ als Betreiber. Können bei Nachnutzung im Projekt noch gewisse Kenntnisse über die Daten und ihre Erzeugung vorausgesetzt werden, so nehmen diese mit steigender „Entfernung" vom Projekt ab. Diese Distanz muss bei der Verfügbarmachung der Daten mitberücksichtigt werden. Durch die Zuweisung von DataCite DOIs schafft das DKRZ für geprüfte Daten die Voraussetzungen zur fachgerechten Zitation und Förderung des wissenschaftlichen Records.

Auch die Auffindbarkeit der Daten selbst muss sich anderen Anforderungen stellen. Kann im Projektrahmen noch die Bekanntheit eines Repositoriums vorausgesetzt werden, so ist dies bei der Langzeitnutzung nicht mehr gegeben. Diese Anforderung nimmt das WDCC auf, indem es die Metadaten der qualitätsgeprüften und zitierbaren Datensätze gemäß ISO 19115 und anderer akzeptierter Standards über Schnittstellen wie OAI-PMH[30] anbietet und damit z. B. im Rahmen der EOSC über B2FIND,[31] WIS,[32] GEOSS,[33] WDS[34] oder Google Dataset Search[35] auffindbar macht.

Als Langzeitarchiv mit Datenmengen im PB-Bereich steht das WDCC vor unterschiedlichen Herausforderungen: Die Daten werden mit unterschiedlicher Intensität genutzt und Festplattenspeicher sind nicht nur in der Anschaffung, sondern auch im Betrieb kostenintensiv. Daher werden die Daten auf Magnetbändern gespeichert und nur auf Anfrage der Nutzenden hin in einen Cache geladen, in dem lediglich die meistgenutzten Daten vorgehalten werden. Bedingt durch die Speicherung auf Magnetband sind direkte Downloads bzw. Zugriffe auf die Daten nicht möglich und deren unmittelbare Auswertung wird, wie im folgenden Abschnitt beschrieben, erschwert. Jedoch hat das WDCC in den Download ergänzende Dienste integriert, die darauf abzielen, die an die Benutzenden zu transferierende Datenmenge zu reduzie-

---

30 S. https://www.openarchives.org/pmh.
31 S. http://b2find.eudat.eu.
32 WIS-WMO, s. https://www.wmo.int/pages/prog/www/WIS/overview.html.
33 S. https://www.geoportal.org.
34 ICSU-WDS Data Portal, s. https://www.icsu-wds.org/services/data-portal.
35 S. https://toolbox.google.com/datasetsearch.

ren. Hier sind im Wesentlichen die Dienste zum Ausschneiden von Daten in Raum und Zeit zu erwähnen.

Die allermeisten vom WDCC angebotenen Daten stehen unter der Lizenz CC-BY,[36] es können jedoch nach Anforderung der Datenproduzierenden auch andere Lizenzen oder auch Embargoregeln implementiert werden. Das WDCC unterstützt den Open-Science-Gedanken und wirkt bei den Datenproduzierenden auf die Umsetzung hin.

Als zertifiziertes Langzeitarchiv beherbergt das WDCC Domain- oder Projektarchive, wie z. B. IPCC-DDC[37] der CoastDat,[38] und bietet diesen somit eine langfristige Heimat. Es ermöglicht diesen ein Data-Sharing auf lange Sicht und trägt damit zu deren verlässlichen Einbindung in die Forschungslandschaft bei.

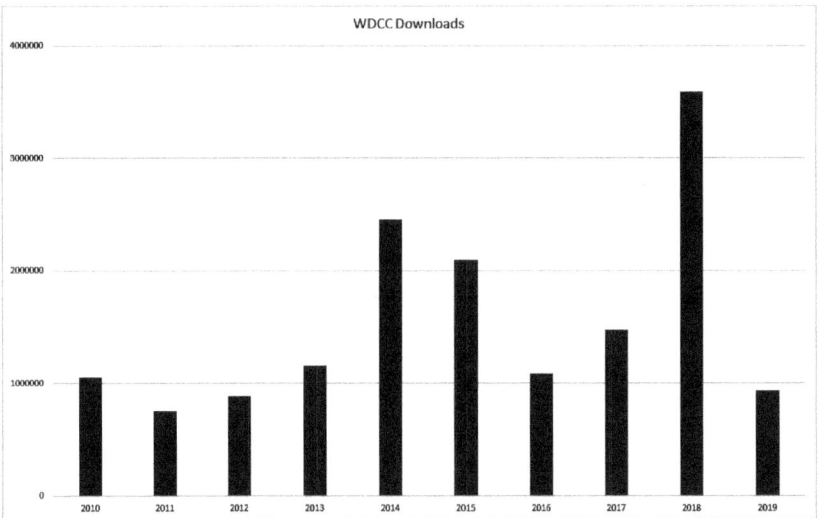

Abb. 4: Zahl der Datendownloads aus dem WDCC

5 Datenanalyse

In der Vergangenheit wurden die am DKRZ über Data-Sharing-Dienste (Swift, Datenpool, ESGF, WDCC) bereitgestellten Daten oft an den Heimatinstituten der Forschenden analysiert. Diese bisherige Datenanalysepraxis des „Herunterladens und Zu-

---

36 Für Creative-Commons-Lizenzen (CC-Lizenzen) s. https://creativecommons.org.
37 IPCC Data Distribution Center, s. https://www.ipcc-data.org.
38 S. https://www.coastdat.de.

hause Verarbeitens" ist jedoch angesichts der auflaufenden Datenvolumina nicht mehr gangbar.

Die Bereitstellung und Verwaltung eines zentralisierten Datenpools erfüllt somit auch die wichtige Aufgabe eine effiziente Datenauswertung am DKRZ zu unterstützen. Wichtige Klimadaten-Kollektionen, die für Analysen benötigt werden, werden in Abstimmung mit dem DKRZ-Datenmanagement lokal im Datenpool zusammengeführt und sind dort effizient durch die eng angebundenen Rechenressourcen nutzbar. Die Bereitstellung von Diensten, die Forschende dabei unterstützen, ihre Analysen dort auszuführen, wo die Datenkollektionen gesammelt und verwaltet werden, ist aktuell eine zentrale Herausforderung der sich das DKRZ stellen muss. Im Folgenden wird eine kurze Übersicht der verschiedenen Dienste gegeben, die zurzeit am DKRZ hierfür bereitgestellt werden:

- *Interaktive Datenanalyse:* Wissenschaftlerinnen und Wissenschaftler können direkt (z. B. über secure shell sessions) über dedizierte Analyseknoten oder indirekt über Jupyter Notebooks[39] auf dem Datenpool arbeiten. Die Notebook-Umgebung wird in einer jupyterhub-Installation[40] bereitgestellt und erlaubt es HPC-Ressourcen für Analyseaktivitäten zu reservieren und exklusiv zu nutzen.
- *Dienstehosting*: Wissenschaftlerinnen und Wissenschaftler bzw. Projekte haben oft die Anforderung bestimmte Mehrwert-Dienste bereitzustellen, die auf der Datenpool-Datenbasis aufbauen (z. B. Onlinebereitstellung von offline regelmäßig generierten Analyseresultaten). Hierzu betreibt das DKRZ eine Openstack-Installation, die es ermöglicht, schnell dedizierte virtuelle Maschinen bereitzustellen, die dann projektspezifisch konfiguriert werden können.[41]
- *Webservices:* Oft genutzte Basis-Prozessierungsdienste (wie z. B. Datenvolumen reduzierende Ausschneideoperationen oder Basis-Statistik-Operationen) sind sinnvolle Kandidaten, über wohldefinierte Interfaces als Webservices bereitgestellt zu werden. Diese können direkt von Forschenden angesprochen werden oder (was ein häufigerer Use Case ist) über dedizierte Portale und Plattformen, die spezifische Nutzendengruppen unterstützen (siehe z. B. das europäische Klima-Folgeforschungsportal[42] oder die Anbindung von Klimamodelldaten an den Copernicus Data Store). Zur Unterstützung dieser Anforderung initiierte das DKRZ das „Birdhouse"-Open-Source-Projekt[43] zur Bereitstellung von OGC-WPS-Standard-konformen Prozessierungsdiensten.

---

[39] Jupyter Interactive Computing Services, s. http://jupyter.org.
[40] JupyterHub Computational Environment, s. http://jupter.org/hub.
[41] S. z. B. https://cmip-esmvaltool.dkrz.de, wo aktuelle CMIP6-Modell-Diagnostik-Resultate basierend auf ESMValTool veröffentlicht werden; s a. Eyring 2019.
[42] IS-ENES Climate4Impact Portal, s. https://climate4impact.eu.
[43] S. https://birdhouse.readthedocs.io/en/latest; s. a. Ehbrecht et al. 2018.

Wegen der engen internationalen Verflechtung von Klimadaten-Analyseaktivitäten (z. B. durch die IPCC-Arbeitsgruppen für die IPCC-Sachstandsberichte) ist auch in Bezug auf die Prozessierungsdienste eine enge Absprache und Anpassung der Diensteangebote an den verschiedenen Klimadatenzentren erforderlich. Auf europäischer Ebene erfolgt dies aktuell im Rahmen des IS-ENES3-H2020-Projektes, das Datenprozessierungsdienste an zentralen Klimadatenzentren in Europa (DKRZ/Deutschland, Institut Pierre Simon Laplace – IPSL/Frankreich, Centre for Environmental Data Analysis – CEDA/England und Centro Euro-Mediterraneo sui Cambiamenti Climatici – CMCC/Italien) etabliert und abgestimmt bereitstellt. Zudem werden aktuell Prozessierungsdienste etabliert, die an den COPERNICUS Climate Data Store (CDS) angebunden werden sollen. Auf internationaler Ebene wurde eine ESGF-Arbeitsgruppe etabliert, um Basis-Prozessierungsdienste an ESGF-Datenknoten zu definieren.

6 Die FAIR-Prinzipien

Die FAIR-Prinzipen[44] definieren Grundsätze für das nachhaltige Forschungsdatenmanagement, auf die Forschende zunehmend nicht nur von ihren jeweiligen Forschungsinstitutionen, sondern auch von Geldgebern verpflichtet werden. Als Infrastrukturprovider für die Erdsystemforschung unterstützt bzw. ergänzt das DKRZ mit seinen Dienstleistungen die Anstrengungen der Forschenden in dieser Hinsicht in unterschiedlichem Maße:
- Die DKRZ-Cloud unterstützt lediglich die Accessibility der Forschungsdaten.
- Durch die vielfältigen und international abgestimmten Vorarbeiten zur Datenauswahl und -standardisierung erfüllen die Daten im CMIP-Datenpool insbesondere die Bereiche „I" und „R", während die Bereiche „F" und „A" weniger stark ausgeprägt sind. Dies wird jedoch kompensiert durch die auf dem Pool aufbauenden weiteren Dienstleistungen.
- Die im internationalen Rahmen etablierte technologische Lösung des ESGF (insbesondere die durch das DKRZ initiierte PID-Vergabe für CMIP6-Daten als Teil des ESGF-Datenpublikationsprozesses), ergänzt durch die enge Interaktion mit den Wissenschaftlerinnen und Wissenschaftlern, schafft gute Voraussetzungen für die Erfüllung aller Bereiche von FAIR.
- Auch die Langzeitarchivierung im WDCC erfüllt in hohem Maße die FAIR-Richtlinien (im Besonderen erreicht durch die intensive Datenkuration und Zuweisung von DataCite DOIs für angemessene Datengranularitäten). Wie auch beim ESGF demonstrieren die Zugriffszahlen die starke Nachnutzung der Daten. Das

---
44 Vgl. Wilkinson et al. 2016.

WDCC geht jedoch deutlich über FAIR hinaus, indem es die nachhaltige Nachnutzung der Daten ermöglicht.

Bedingt durch die hohen und weiter steigenden Datenvolumina ist die Ausgestaltung der DKRZ-Analysedienste nach den FAIR-Prinzipien von großer Bedeutung. Sowohl die Netzwerk-, die Speicherplatz- als auch die CPU-Anforderungen für die Datenanalyse können von vielen Nutzenden nicht mehr an ihren Heimatinstitutionen erfüllt werden. Daher steigen die Anfragen für die sogenannte Server-Side-Analyse.

Während die Tragweite der FAIR-Prinzipien für den Datenlebenszyklus mittlerweile gut verstanden ist und auch umgesetzt wird, ist dieses für den Bereich der Analysedienste jedoch noch nicht der Fall und muss in den kommenden Jahren weiterverfolgt werden.

Fazit

Für die unterschiedlichen Gruppen von Datennutzenden am DKRZ werden verschiedene, angepasste Data-Sharing-Dienste zur Verfügung gestellt,[45] deren Schaffung, Weiterentwicklung und Betrieb auf einer kontinuierlich durchgeführten Analyse der Nutzer- und Datenerzeugeranforderungen beruht und Entwicklungen außerhalb des DKRZ und der Klimaforschung berücksichtigt. Für die Arbeitsgruppen am DKRZ stehen die Festplatten auf dem Großrechner Mistral, die DKRZ Cloud und der CMIP-Datenpool mit ESGF zur Verfügung. Die Fachwissenschaftlerinnen und -wissenschaftler aus der Klimaforschung greifen eher auf Klimamodelldaten aus der DKRZ Cloud, dem CMIP-Datenpool mit ESGF und dem Langzeitdatenarchiv WDCC zu. Wissenschaftlerinnen und Wissenschaftler aus verwandten Fachdisziplinen entfernen sich weiter von der Hochleistungsrechnerumgebung des DKRZ und greifen eher auf Daten aus dem CMIP-Datenpool mit ESGF und dem WDCC zu. Noch weiter entfernt von der Rechnerumgebung des DKRZ und der Klimamodellierung sind Wissenschaftlerinnen und Wissenschaftler aus anderen Fachdisziplinen, Politikerinnen bzw. Politiker und Entscheidungsträgerinnen bzw. -träger. Diese Nutzendengruppe ist auf Informationsmaterial des DKRZ angewiesen[46] und nutzt für den Datenzugriff vornehmlich das WDCC am DKRZ.

Das DKRZ verfolgt in seinen Data-Sharing-Diensten das Ziel, die FAIR-Datenmanagementprinzipien (Findable, Accessible, Interoperable, Reusable)[47] und Open Access für den Datenzugriff umzusetzen. In der DKRZ Cloud und im CMIP-Datenpool sind Abstriche im Bereich „Reusable" zu verzeichnen, da die Informationen zu Da-

---

45 S. https://www.dkrz.de/dienste/datenverteilung.
46 S. https://www.dkrz.de/kommunikation/pub.
47 Vgl. Wilkinson et al. 2016.

teninterpretation und -bearbeitung nicht vollständig sind. Hier werden Kenntnisse zu Klimaforschung und Klimamodellierung vorausgesetzt. Die FAIR-Prinzipien sind weitgehend im WDCC umgesetzt. Die beschreibenden Metadaten zielen in ihrem Umfang auf Vollständigkeit für Datennachnutzung unabhängig vom Datenproduzierendem.

Herausforderungen bestehen insbesondere in den Bereichen Datenorganisation, Datenanalyse, Standards und Datendokumentation. In der Klimamodellierung wachsen sowohl die Datenmenge als auch die Anzahl der Datenentitäten. Klassische Filesysteme stoßen an ihre Grenzen und sind nicht flexibel genug, um unterschiedliche Datentopologien darzustellen. Lösungsansätze bieten hier die PID mit ihrem globalen Auflösungsmechanismus[48] und eine darauf aufbauende DOA (Digital Object Architecture).[49]

Große Datenmengen in der Klimamodellierung, spezifische Datenformate und die Datennutzung in vielen Wissenschaftsdisziplinen sowie gesellschaftlichen Bereichen stellen Herausforderungen an transparente Datenbearbeitung und die Auswertung in einer globalen Datenföderation (Datenanalyse). Angefragt ist nicht der Zugriff auf Originaldatenentitäten, sondern auf die „on the fly"-Auswertung von klimatologischen Fragestellungen (z. B. Tropentage oder Starkniederschläge in einer Region).

Eine weitere Herausforderung in der Analyse großer Datenmengen, wie sie in der Klimamodellierung auftreten, ist die automatisierte Datenbearbeitung eingebunden in die Data-Sharing-Infrastruktur. Definition und Einhaltung von Standards für Daten und Metadaten sind für eine reibungsfreie, automatisierte Datenbearbeitung notwendig. Wesentliche Entwicklungen liegen hier nicht in der technischen Implementierung, sondern in der Vereinheitlichung der Standards und ihrer Anwendung in den Dateninfrastrukturen, für die das DKRZ mit vielen Partnern, z. B. in nationalen Infrastrukturen wie der Nationalen Forschungsdateninfrastruktur (NFDI)[50] oder der European Open Science Cloud (EOSC),[51] zusammenarbeitet.

Auch die Datendokumentation gehört nach wie vor zu den Herausforderungen im Management wissenschaftlicher Daten. Der direkte Kontakt zum Datenproduzierenden verliert sich immer mehr, je weiter sich die Nutzergruppe vom Forschungsgegenstand Klimamodellierung entfernt: Klimaforschung – Klimafolgenforschung – Politik und Öffentlichkeit. Umso wichtiger ist eine vollständige, einfach zugängliche Dokumentation der Klimamodelldaten, die eine Beurteilung der Daten auf Basis des eigenen Kenntnisstands erlaubt. Forschungsgegenstand ist insbesondere ein objektiver und akzeptierter Qualitätsstandard für Klimadaten. Ansätze finden sich in den

---

48 Handle Proxy Server, s. http://hdl.handle.net.
49 Vgl. Weigel et al. 2013; Weigel et al. 2014.
50 S. https://www.bmbf.de/de/nationale-forschungsdateninfrastruktur-8299.html.
51 S. https://www.eosc-portal.eu.

Entwicklungen und Anwendungen der Data Maturity Matrix.[52] Auch die Bereitstellung von Provenance-Informationen gehört zu den Herausforderungen im Bereich der Datendokumentation. Transparenz der Bearbeitungsschritte und Entwicklungshistorie von wissenschaftlichen Daten hilft bei der Beurteilung und stärkt das Vertrauen.

Literatur

Letztes Abrufdatum der Internet-Dokumente ist der 15.11.2020.

Eyring, Veronika et al. 2019. „ESMValTool v2.0 – Extended set of large-scale diagnostics for quasi-operational and comprehensive evaluation of Earth system models in CMIP." *Geosci. Model Dev. Discuss.* (in review). doi:10.5194/gmd-2019-291.

Eyring, V., S. Bony, G. A. Meehl, C. A. Senior, B. Stevens, R. J. Stouffer und K. E. Taylor. 2016. „Overview of the Coupled Model Intercomparison Project Phase 6 (CMIP6) experimental design and organization." *Geosci. Model Dev.* 9: 1937–1958. doi:10.5194/gmd-9-1937-2016.

Balaji, V., K. E. Taylor, M. Juckes, B. N. Lawrence, P. J. Durack, M. Lautenschlager, C. Blanton, L. Cinquini, S. Denvil, M. Elkington, F. Guglielmo, E. Guilyardi, D. Hassell, S. Kharin, S. Kindermann, S. Nikonov, A. Radhakrishnan, M. Stockhause, T. Weigel, und D. Williams. 2018. „Requirements for a global data infrastructure in support of CMIP6." *Geosci. Model Dev.* 11: 3659–3680. doi:10.5194/gmd-11-3659-2018.

Ehbrecht, Carsten, Tom Landry, Nils Hempelmann, David Huard und Stephan Kindermann. 2018. „Projects based on the web processing service framework birdhouse." *ISPRS – International Archives of the Photogrammetry, Remote Sensing and Spatial Information Sciences* XLII-4/W8: 43–47. doi:10.5194/isprs-archives-XLII-4-W8-43-2018.

Maher, Nicola, Sebastian Milinski, Laura Suarez-Gutierrez, Michael Botzet, Mikhail Dobrynin, Luis Kornblueh, Jürgen Kröger, Yohei Takano, Rohit Ghosh, Christopher Hedemann, Chao Li, Hongmei Li, Elisa Manzini, Dirk Notz, Dian Putrasahan, Lena Boysen, Martin Claussen, Tatiana Ilyina, Dirk Olonscheck, Thomas Raddatz, Bjorn Stevens und Jochem Marotzke. 2019. „The Max Planck Institute Grand Ensemble: Enabling the Exploration of Climate System Variability." *JAMES – Journal of Advances in Modeling Earth Systems* 11 (7): 2050–2069. doi:10.1029/2019MS001639.

Weigel, T., M. Lautenschlager, F. Toussaint und S. Kindermann. 2013. „A Framework for Extended Persistent Identification of Scientific Assets." *Data Science Journal* 12: 10–22. doi:10.2481/dsj.12-036.

Weigel, T., S. Kindermann und M. Lautenschlager. 2014. „Actionable Persistent Identifier Collections." *Data Science Journal* 12: 191–206. doi:10.2481/dsj.12-058.

Wilkinson, M., M. Dumontier, I. Aalbersberg et al. „The FAIR Guiding Principles for scientific data management and stewardship." *Sci Data* 3: 160018. doi:10.1038/sdata.2016.18.

---

52 S. https://doi.org/10.2312/WDCC/TR_QMM_Checklist.

Heinz Pampel und Kirsten Elger

5.6 Publikation und Zitierung von digitalen Forschungsdaten

Abstract: Der vorliegende Beitrag beschreibt gängige Anforderungen und Praktiken bei der Publikation von digitalen Forschungsdaten. Er gibt einen Überblick über relevante Initiativen, Informationsinfrastrukturen und Standards. Über die Perspektive der Publikation hinaus befasst sich der Beitrag mit der derzeitigen Praxis der Zitation von Forschungsdaten und er gibt einen Ausblick auf zukünftige Herausforderungen rund um die dauerhafte Zugänglichkeit und Nachnutzung von Forschungsdaten im Kontext von Open Science.

1 Anforderungen an die Publikation von Forschungsdaten

Die fortschreitende Digitalisierung bietet Forschenden neue Möglichkeiten im Umgang mit digitalen Forschungsdaten. Bereits 2003 hat ein breites Bündnis von wissenschaftlichen Einrichtungen dieses Potenzial in der „Berliner Erklärung über den offenen Zugang zu wissenschaftlichem Wissen" betont.[1] Im Kern dieser Erklärung steht das Anliegen, alle Ressourcen der wissenschaftlichen Arbeit offen zugänglich und nachnutzbar zu machen. Über den Open Access zu wissenschaftlichen Textpublikationen hinaus, soll auch der offene Zugang zu Forschungsdaten, Metadaten, Software und anderen Quellen der wissenschaftlichen Arbeit sichergestellt werden.[2]

Diese Forderung ist mittlerweile zu einem zentralen Bestandteil der Wissenschaftspolitik geworden, der in Europa unter dem Motto „as open as possible, as closed as necessary"[3] verfolgt wird. Auch im Kontext von G8 wird das Thema erörtert. So haben die G8-Staaten im Jahr 2013 die folgende Forderung formuliert: „Open scientific research data should be easily discoverable, accessible, assessable, intelligible, useable, and wherever possible interoperable to specific quality standards."[4] Dieser Standpunkt macht deutlich, dass es eines definierten Rahmens der Publikation von Forschungsdaten bedarf, der auf technischer, rechtlicher, organisatorischer und auch finanzieller Ebene sicherstellt, dass die Forschungsdaten dauer-

---

[1] Vgl. Max Planck Society 2003.
[2] Vgl. Klump et al. 2006.
[3] Council of the European Union 2016, 8.
[4] G8 Science Ministers 2013.

haft zugänglich sind und in qualitativ angemessener, nachnutzbarer Form angeboten werden.

Zentrale Instanzen für die Bereitstellung von Forschungsdaten sind digitale Forschungsdatenrepositorien (FDR), die sicherstellen, dass die Daten anhand von definierten Standards gespeichert, dokumentiert, für Menschen und Maschinen in nachnutzbarer Form zugänglich gemacht werden und über Suchdienste auffindbar sind. Diese Publikationsverfahren und damit verbundene Standards haben sich in den letzten Jahren in vielen Fachgebieten als gute Praxis des wissenschaftlichen Arbeitens manifestiert, wie im Folgenden an zwei Fachdisziplinen skizziert werden soll.

In der biomedizinischen Forschung wurde im Human Genome Project[5] bereits im Jahr 1996 Folgendes beschlossen: annotierte Gensequenzen „should be submitted immediately to public databases".[6] Diese Praxis wurde durch weitere Erklärungen, wie den Fort Lauderdale Principles[7] und dem Toronto Statement,[8] weiterentwickelt. So ist es heute in diesem Forschungszweig ein allgemeiner Standard, dass Gensequenzen in fachlichen Repositorien wie z. B. GenBank[9] gespeichert werden. Diese Praxis wird durch die wissenschaftlichen Fachzeitschriften unterstützt, die die Publikation der Gensequenzen in GenBank und anderen fachlichen Forschungsdatenrepositorien zur Bedingung für die Veröffentlichung von wissenschaftlichen Artikeln machen.[10] Mittlerweile gibt es über 1 600, teils sehr spezialisierte, digitale FDR im Bereich der biomedizinischen Forschung über die wissenschaftliche Daten veröffentlicht werden.[11]

Auch in den Erd- und Umweltwissenschaften etablieren sich solche Praktiken. Im Rahmen der Coalition for Publishing Data in the Earth and Space Sciences (COPDESS)[12] arbeitet seit 2014 ein breites Bündnis aus wissenschaftlichen Fachgesellschaften, FDR, Bibliotheken, Verlagen und Forschungsförderern an der Entwicklung und Förderung von abgestimmten Standards, um die Qualität der geowissenschaftlichen Forschungsdaten sicherzustellen und Forschungsdaten als zitierbare Ergebnisse wissenschaftlicher Arbeit anzuerkennen.[13] So verpflichten sich bspw. die Verlage, die das COPDESS Statement of Commitment unterzeichnet haben, bei der Einreichung eines Artikels in ihren Journalen aktiv nach der Veröffentlichung von

---

5 S. https://www.genome.gov/human-genome-project. Letztes Abrufdatum der Internet-Dokumente ist der 15.11.2020.
6 Smith und Carrano 1996.
7 Vgl. Wellcome Trust 2003.
8 Vgl. Birney et al. 2009.
9 S. https://www.ncbi.nlm.nih.gov/genbank.
10 Vgl. z. B. Cell 2019; PLOS 2019; Nature 2019.
11 Vgl. Rigden und Fernández 2019, D1.
12 S. https://copdess.org.
13 Vgl. Hanson et al. 2015.

Forschungsdaten, die der wissenschaftlichen Publikationen zugrunde liegen, zu fragen und deren Zitierung in den Artikeln sicherzustellen. Auch wird die Bedeutung von domänenspezifischen FDR hervorgehoben: „Earth and space science data should, to the greatest extent possible, be stored in appropriate domain repositories that are widely recognized and used by the community".[14] Im November 2019 weist das COPDESS Statement of Commitment 44 Unterschriften von Verlagen, Datenzentren und -repositorien, Fachgesellschaften und anderen Initiativen in der Fachcommunity nach. Im Jahr 2018 wurden von der gleichen Gruppe die Ergebnisse des auf das COPDESS Statement of Commitments aufbauenden Enabling FAIR Data Projektes vorgestellt.[15] Im Rahmen dieses Projektes wurden Standards und Empfehlungen zur Publikation von Forschungsdaten gemäß den FAIR-Prinzipien[16] entwickelt.

Durch die Verankerung von Anforderungen zur Publikation der Forschungsdaten in den Data Policies von Förderorganisationen, wissenschaftlichen Einrichtungen und Zeitschriften nimmt das Themenfeld im Bereich des wissenschaftlichen Publikationswesen eine zunehmend wichtigere Position ein,[17] die durch die wissenschaftspolitische Verankerung der FAIR-Prinzipien[18] in der europäischen Forschungsförderung weiter an Bedeutung gewinnt.[19] Diese Prinzipien wirken auf die Praxis, wie digitale Forschungsdaten veröffentlicht werden. Im Kern tangieren vier FAIR-Prinzipien die Veröffentlichungspraxis der Forschungsdaten, ihre Metadaten und der Repositorien, auf denen die Daten gespeichert werden: So müssen Forschende, unterstützt durch Einrichtungen der Informationsinfrastruktur, sicherstellen, dass Forschungsdaten auffindbar (Findable), zugänglich (Accessibe), interoperabel (Interoperable) und wiederverwendbar (Reusable) sind.

2 Datenpublikation auf Repositorien

Datenpublikationen sind eigenständige, zitierbare und dauerhafte Veröffentlichungen von digitalen Forschungsdaten in einem FDR. FDR sind digitale Informationsinfrastrukturen für Forschungsdaten. Sie stellen die dauerhafte Zugänglichkeit von Forschungsdaten sicher, indem sie die Forschungsdaten speichern, mit persistenten Identifikatoren, z. B. dem Digital Object Identifier (DOI), eindeutig adressieren, deren Auffindbarkeit sicherstellen und sie so einer definierten Gruppe an Nutzerinnen und Nutzern zur Verfügung stellen. Die FDR und ihre Services sind durch Form und

---

14 CODPESS 2015.
15 Vgl. Stall et al. 2018.
16 Vgl. Wilkinson et al. 2016.
17 Vgl. Pampel und Bertelmann 2011; Bloom et al. 2014.
18 Vgl. Wilkinson et al. 2016.
19 Vgl. European Commission 2016.

Formate der Forschungsdaten geprägt, die sie speichern und zugänglich machen. Ein FDR ist als technisches und organisatorisches System zur Sicherung und dauerhaften Zugänglichkeit der Forschungsdaten zu verstehen.

Eine Datenpublikation fördert die Transparenz der Forschung, in dem Fachkolleginnen und -kollegen sowie weitere interessierte Personen die erzeugten Ergebnisse nachprüfen können. Sie ermöglicht die Nachnutzung der Daten in neuen Kontexten und stellt darüber hinaus die Anerkennung der Forschenden, die die Daten erhoben haben, sicher.[20]

Mit Blick auf ihre Nutzerinnen und Nutzer können vier Typen von FDR unterschieden werden: institutionelle, disziplinspezifische, multidisziplinäre und projektspezifische.[21] Im Folgenden werden einige Beispiele gegeben (zur Recherchemöglichkeit für FDR sei auf das Ende dieses Abschnittes verwiesen).

Ein *institutionelles FDR* steht den Angehörigen einer wissenschaftlichen Einrichtung zur Speicherung ihrer Daten zur Verfügung. Beispiele sind Edinburgh DataShare,[22] das an der University of Edinburgh betrieben wird, und Open Data LMU[23] an der Ludwig-Maximilians-Universität München.

Ein *disziplinspezifisches FDR* ist beispielsweise GFZ Data Services, welches am Deutschen GeoForschungsZentrum GFZ betrieben wird.[24] Während die Daten auf Edinburgh DataShare und Open Data LMU die Vielfalt der Disziplinen der jeweiligen Universität widerspiegeln, ist GFZ Data Services auf geowissenschaftliche Daten und fachspezifische Software spezialisiert. Als Teil des Fachinformationsdienstes Geowissenschaften (FID GEO)[25] steht es der breiten geowissenschaftlichen Fachcommunity als Infrastruktur zur Verfügung.[26] Als fachlicher Service unterstützt das Repositorium neben dem DataCite Metadaten Standard[27] diverse in den Geowissenschaften genutzten Fachstandards für Metadadaten, wie bspw. die ISO 19115 Geographic Information – Metadata der Internationalen Organisation für Normung (ISO)[28] oder das Directory Interchange Format (DIF)[29] der US-Raumfahrtbehörde NASA. Diese Fachstandards bieten die Möglichkeit, die Beschreibung der Daten durch fachspezifische Begriffe aus kontrollierten Vokabularien und Ontologien zu

---

20 Vgl. Kaden 2016.
21 Vgl. Pampel et al. 2013.
22 S. https://datashare.is.ed.ac.uk.
23 S. https://data.ub.uni-muenchen.de.
24 S. http://dataservices.gfz-potsdam.de.
25 S. http://www.fidgeo.de/.
26 Vgl. Achterberg et al. 2018.
27 S. https://schema.datacite.org.
28 S. https://www.iso.org/standard/53798.html, https://www.iso.org/standard/67039.html.
29 S. https://earthdata.nasa.gov/esdis/eso/standards-and-references/directory-interchange-format-dif-standard.

ergänzen und somit einen wichtigen Beitrag zur Verbesserung der Auffindbarkeit und Inhaltserschließung bzw. -dokumentation von Forschungsdaten zu leisten.

Weitere fachliche FDR sind z. B. die Infrastrukturen GenBank[30] und PANGAEA.[31] GenBank wird seit 1982[32] von der National Library of Medicine (NLM) in den USA betrieben und wird von Forschenden aus aller Welt zur Speicherung von DNA-Sequenzen genutzt. Das Repositorium weist gemeinfreie Gendaten von fast 420 000 Spezies nach. Die einzelnen Datensätze werden durch eine von Genbank vergebene Accession Number adressiert.[33]

PANGAEA ist Mitglied des World Data Systems des International Science Councils (ISC) und definiert sich als „Data Publisher for Earth & Environmental Science". Das Repositorium wurde von 1995 bis 1997 aufgebaut und wird an der Universität Bremen sowie am Alfred-Wegener-Institut Helmholtz-Zentrum für Polar- und Meeresforschung betrieben.[34] PANGAEA steht Forschenden aus vielen verschiedenen Bereichen der Erd- und Umweltwissenschaften zur Verfügung, hat jedoch ein besonders ausgeprägtes Sammlungsprofil im Bereich der marinen Geowissenschaften und der Paläoklimaforschung. Alle Datensätze werden mit einem DOI adressiert. Die Forschungsdaten sind meist unter der Creative-Commons-Lizenz „Namensnennung" publiziert.[35]

Im Bereich der *multidisziplinären FDR* sind die Dienste Zenodo und Figshare populär. Zenodo[36] wird am CERN betrieben und wurde im Rahmen des EU-Projektes OpenAIRE[37] entwickelt.[38] Figshare[39] wird von der Firma Digital Science betrieben und versteht sich als „The All In One Repository".[40] Das generische Profil beider Dienste hat den Nachteil, dass disziplinäre Standards nicht unterstützt werden. So sind Forschungsdaten in beiden Repositorien nur ein Publikationstyp unter vielen und damit die Auffindbarkeit der Daten über digitale Kataloge herausfordernd.

Ein weiterer Typ sind *projektspezifische FDR*. Ein Beispiel ist Digital Pantheon[41], auf dem digitale Modelle und zugehörige Daten des antiken Pantheon in Rom gespeichert und offen zugänglich gemacht werden. Auch dieses Repositorium adressiert jedes seiner Datensätze mit einem DOI. Die Daten werden unter der Creative-

---

30 S. https://www.ncbi.nlm.nih.gov/genbank.
31 S. https://pangaea.de.
32 Vgl. Cravedi 2008.
33 Vgl. Sayers et al. 2019, D94.
34 Vgl. Diepenbroek et al. 1999, 717.
35 Vgl. PANGAEA 2019.
36 S. https://zenodo.org.
37 S. https://www.openaire.eu.
38 Vgl. Zenodo n.d.
39 S. https://figshare.com.
40 Vgl. Hyndman 2018.
41 S. http://repository.edition-topoi.org/collection/BDPP.

Commons-Lizenz „Namensnennung – Nicht-kommerziell – Weitergabe unter gleichen Bedingungen" lizenziert.[42]

Über diese Repositorientypen hinaus gibt es auch Portale, die Daten aus verschiedenen eigenständigen Quellen zusammenführen.[43]

Zur Identifikation von FDR[44] empfiehlt sich der internationale Dienst re3data – Registry of Research Data Repositories.[45] Durch sein umfassendes Metadatenschema,[46] welches sowohl technische als auch inhaltliche Informationen umfasst, hilft dieser Service einer breiten Nutzergruppe (von Wissenschaftlerinnen und Wissenschaftlern über Citizen Scientists bis zu Forschungsförderern) bei der Identifikation von geeigneten Repositorien. Im November 2019 weist das Verzeichnis über 2 400 Repositorien nach.[47] Eine Analyse von Kindling et al., basierend auf re3data, zeigt, dass die Landschaft der FDR sehr heterogen und wenig standardisiert ist.[48]

Mit steigender Anzahl an Repositorien erwachsen auch Anforderungen an deren Vergleichbarkeit im Hinblick auf Vertrauenswürdigkeit und Standardisierung.[49] Hierfür haben sich in der Vergangenheit verschiedene Zertifikate entwickelt (u. a. Data Seal of Approval, ICS World Data System, DIN-Norm 31644 „Kriterien für vertrauenswürdige digitale Langzeitarchive" oder auch ISO 16363 „Audit and certification of trustworthy digital repositories"), die von einigen Repositorien erlangt wurden. Die im Rahmen der Research Data Alliance (RDA)[50] entwickelte CoreTrustSeal-Zertifizierung[51] ist die gemeinsam von Data Seal of Approval und ICS World Data System entwickelte Zertifizierung, die sich als erster Schritt eines globalen Zertifizierungsnetzwerks betrachtet, welches auch die „extended level certification" der DIN-Norm 31644 und die „formal level certification" von ISO 16363 mit einschließt.[52]

3 Praktiken der Publikation von Forschungsdaten

Die Publikation von Forschungsdaten auf Repositorien kann durch verschiedene Veröffentlichungsstrategien praktiziert werden. Angelehnt an Dallmeier-Tiessen

---

42 Vgl. Topoi n.d.
43 S. a. Abschnitt 3.
44 Vgl. Pampel et al. 2013.
45 S. https://www.re3data.org.
46 Vgl. Rücknagel et al. 2015.
47 S. Beitrag von Scholze, Goebelbecker und Ulrich, Kap. 2.2 in diesem Praxishandbuch.
48 Vgl. Kindling et al. 2017.
49 Vgl. Klump et al. 2011.
50 S. https://www.rd-alliance.org.
51 S. https://www.coretrustseal.org.
52 Vgl. CoreTrustSeal n.d.

(2011) und Pampel et al. (2012) können folgende Publikationsstrategien unterschieden werden.[53]

Veröffentlichung der Forschungsdaten als eigenständiges Informationsobjekt in einem Datenrepositorium: Diese Strategie zielt darauf ab, die Daten ohne begleitenden Artikel in einer Fachzeitschrift zu veröffentlichen. Die Autorinnen und Autoren des Datensatzes gehen davon aus, dass die durch das Repositorium erfassten Metadaten und ggfs. bereitgestellte README-Dateien ausreichen, um den Datensatz nachnutzen zu können.

Veröffentlichung der Forschungsdaten in einem Datenrepositorium und Dokumentation im Rahmen eines begutachteten Artikels in einem Data Journal: Diese Strategie ermöglicht, dass der Datensatz umfassend beschrieben wird und im Rahmen eines Peer-Review-Verfahrens nicht nur der Artikel, sondern auch die Originalität und Qualität der Daten sowie deren Zugänglichkeit und Nachnutzbarkeit gesichert werden. Ein Beispiel für einen solches Data Journal ist Earth System Science Data (ESSD) im Verlag Copernicus Publications.[54] Als erstes Data Journal weltweit, veröffentlicht diese Open-Access-Zeitschrift seit 2012 Data Description Articles, welche die (technische) Beschreibung von Datensätzen enthalten, bei gleichzeitiger Veröffentlichung der Daten über FDR. Durch die explizite Open Access Policy von ESSD, die nicht nur die Artikel, sondern auch Daten und Software miteinschließt, leistet ESSD einen wichtigen Beitrag für die Nachnutzung qualitätsgeprüfter Forschungsdaten. Ein weiteres Beispiel[55] ist das Journal Scientific Data von Springer Nature, das sich als „peer-reviewed, open-access journal for descriptions of scientifically valuable datasets, and research that advances the sharing and reuse of scientific data" bezeichnet.[56]

Veröffentlichung der Forschungsdaten in einem Datenrepositorium und Dokumentation im Rahmen eines Data Reports: Diese Praxis wird z. B. am Deutschen GeoForschungsZentrum GFZ umgesetzt. Die Daten selbst werden über das Repositorium GFZ Data Services veröffentlicht und darüber hinaus in einem intern begutachteten Datenreport ausführlich beschrieben.[57] Durch die Nutzung der „related identifier" aus dem Metadaten-Schema der DOI-Registrierungsagentur DataCite[58] wird die Verknüpfung der beiden Ressourcen sichergestellt. Somit wird vom Report auf den Datensatz verwiesen und umgekehrt. Der Report hat deskriptiven Charakter und liefert Informationen zu allen Parametern, die für die Nachnutzung der Daten von Bedeutung sind. Die Daten selbst werden nicht von externen Wissenschaftlerinnen und

---
53 Vgl. Dallmeier-Tiessen 2011, 5–10; Pampel et al. 2012, 63.
54 S. https://www.earth-system-science-data.net.
55 Eine Liste von Data Journals findet sich unter: https://www.forschungsdaten.org/index.php/Data_Journals.
56 Springer Nature 2019.
57 Report: Voigt et al. 2016; Daten: Wziontek et al. 2017.
58 S. https://datacite.org.

Wissenschaftlern begutachtet. Jedoch prüfen die Kuratorinnen und Kuratoren von GFZ Data Services Inhalte und Vollständigkeit der Metadaten und die technische Präsentation der Daten. Der Report wird GFZ-intern begutachtet. Damit ist die Nachvollziehbarkeit der beiden Informationsressourcen gewährleistet.

Veröffentlichung der Forschungsdaten in einem Repositorium als Ergänzung zu einem begutachteten wissenschaftlichen Artikel (Data Supplement oder Enhanced Publication): Eine steigende Zahl von Journalen fordert, dass in sogenannten Data Availability Statements Aussagen zu den Daten, die Grundlage des entsprechenden Artikels sind, gemacht werden (insbesondere zur Zugänglichkeit und den entsprechenden Zugangskonditionen). Um dieser Anforderung nachzukommen wurden seit dem Beginn des 21. Jahrhundert vermehrt Daten als Supplement veröffentlicht. Dies bedeutete lange Zeit, dass Datentabellen oder zusätzliche Illustrationen den wissenschaftlichen Artikeln als Anhang beigelegt wurden, welche selten kuratiert und nur schwer auffindbar waren. Um diese Datenquellen nutzbar zu machen, empfehlen viele Journals heute die Nutzung von FDR anstelle klassischer Datensupplemente.[59]

Einige Journals verlangen inzwischen, dass die Reviewer schon bei der Einreichung eines Aufsatzes Zugang zu den Daten haben, um die Nachvollziehbarkeit der Ergebnisse zu prüfen. Immer mehr Repositorien unterstützen diese Praxis, indem sie bereits vor der Veröffentlichung der Daten Review-Links oder geschützte Zugänge zu den noch unveröffentlichten Datensätzen bereitstellen, die den Gutachterinnen und Gutachtern den Zugang zu den Daten ermöglichen und erlauben, dass Änderungswünsche an oder Ergänzungen zu den Daten im Rahmen der wissenschaftlichen Begutachtung vor der Registrierung der DOI möglich sind. In den meisten Fällen erfolgt die Publikation der Daten gleichzeitig mit der Publikation des Artikels.

4 Auffindbarkeit von Forschungsdatenpublikationen

Um die Auffindbarkeit der Daten zu ermöglichen, werden verschiedene Verfahren verfolgt. Zum einen gibt es wissenschaftliche Suchmaschinen, die neben anderen Publikationstypen auch Forschungsdaten aggregieren und somit auffindbar machen. Beispiele hierfür sind: BASE – Bielefeld Academic Search Engine[60] und OpenAIRE Explore.[61] Beide Suchdienste aggregieren über das Open Archives Initiative Protocol for Metadata Harvesting (OAI-PMH) Metadaten und erlauben so den Zugriff auf Forschungsdaten, die auf verteilten Repositorien gespeichert sind. Ein ähnli-

---

59 Vgl. Stall et al. 2018.
60 S. https://www.base-search.net.
61 S. https://explore.openaire.eu.

cher, aber auf Forschungsdaten fokussierter Suchdienst ist das im Rahmen von EUDAT[62] entwickelte B2FIND.[63]

Zum anderen gibt es spezielle Suchmaschinen für Daten wie z. B. DataCite Metadata Search[64] und Google Dataset Search.[65] Diese beiden Dienste erlauben den Zugang zu Forschungsdaten aus allen Disziplinen und werden im Folgenden näher beschrieben.

DataCite Metadata Search: Dieser Suchdienst erlaubt das Retrieval von Daten- und Softwarepublikationen sowie grauer Literatur, die über die DOI-Registrierungsagentur identifiziert sind, über die entsprechenden Metadaten. Der Dienst kann über eine grafische Benutzeroberfläche und verschiedene maschinenlesbare Schnittstellen adressiert werden. Zu jedem Datensatz finden sich Metadaten und Informationen zu dem Repositorium, das die Daten bereitstellt. DataCite ermöglicht auch die Verknüpfung der Datenpublikationen mit ORCID,[66] dem zentralen Dienst zur Autorinnen- und Autorenidentifikation.[67]

Google Dataset Search: Dieser Suchdienst ging im Jahr 2018 online. Nach eigenen Angaben „nutzt Google schema.org und andere Metadatenstandards, die den Seiten, die Datensätze beschreiben, hinzugefügt werden können".[68] Der Dienst liefert zu jedem Datensatz Informationen zur eindeutigen Kennzeichnung des Datensatzes, ein Veröffentlichungsdatum, Informationen zum Repositorium, die Namen der Autorinnen und Autoren, die verwendete Lizenz sowie, wenn vorhanden, auch Informationen zur Förderorganisation und einen Abstract, der die Daten beschreibt.[69] Darüber hinaus gibt es fachliche Suchdienste, z. B. die Suchmaschine ALBERT.[70] Diese wird von der Bibliothek des Wissenschaftsparks Albert Einstein in Potsdam betrieben. Sie indexiert relevante Informationsressourcen für die geowissenschaftlichen Community in Deutschland und ist ein gutes Beispiel für die gemeinsame Indizierung von Text- und Datenpublikationen.[71]

Ein weiteres Beispiel ist der Data Catalogue des Consortium of European Social Science Data Archives (CESSDA),[72] über den sich Forschungsdaten sozialwissenschaftlicher Repositorien in Europa durchsuchen lassen.[73] Auch fördern vermehrt Verlage über ihre Zeitschriftenportale die Auffindbarkeit der Daten (z. B. Elsevier).

---

62 S. https://eudat.eu.
63 S. http://b2find.eudat.eu.
64 S. https://search.datacite.org.
65 S. https://toolbox.google.com/datasetsearch.
66 S. https://orcid.org.
67 Vgl. Fenner 2019.
68 Google n.d.
69 Vgl. Burgess und Noy 2018.
70 S. http://bib.telegrafenberg.de.
71 Vgl. Bertelmann et al. 2012.
72 S. https://datacatalogue.cessda.eu.
73 Vgl. Shepherdson und Thiel 2018.

Der Verlag ermöglicht über die Plattform ScienceDirect auch den Zugang zu Daten, die Grundlage eines von Elsevier verlegten Artikels und auf FDR gespeichert sind. Des Weiteren gibt es kostenpflichtige Suchdienste für Forschungsdaten wie z. B. den Data Citation Index von Clarivate, der auch in die Plattform Web of Science integriert ist.

5 Zitation von Forschungsdaten

Forschungsdaten, auf die in einer Publikation Bezug genommen wird, sind entsprechend des Kodexes der guten wissenschaftlichen Praxis zu zitieren:

> „Die Herkunft von im Forschungsprozess verwendeten Daten, Organismen, Materialien und Software wird kenntlich gemacht und die Nachnutzung belegt; die Originalquellen werden zitiert. Art und Umfang von im Forschungsprozess entstehenden Forschungsdaten werden beschrieben."[74]

Dies bedeutet in der Praxis, dass alle Personen, die in die Erhebung und Aufbereitung der Daten involviert sind, als „Creator" eines Datensatzes zu nennen sind.

Die CRediT (Contributor Roles Taxonomy) bietet hierzu Hilfestellungen, indem sie 14 Rollen von Tätigkeiten im wissenschaftlichen Publikationsprozess beschreibt.[75] Bei der Zitierung der Daten sollte der „Joint Declaration of Data Citation Principles"[76] aus dem Jahr 2014 gefolgt werden. Diese beschreiben acht zentrale Aspekte bei der Zitation von Forschungsdaten, inklusive der klaren Empfehlung, dass Forschungsdaten genau wie alle anderen Quellen als Zitate in den Referenzen der wissenschaftlichen Artikel enthalten sein sollen. Das Anliegen der Erklärung ist, dass Forschungsdaten als zitierbares Produkt des wissenschaftlichen Erkenntnisprozesses zu verstehen und den involvierten Personen „credit and attribution" zu garantieren ist.[77]

Bei der praktischen Umsetzung der Zitation von Forschungsdaten empfiehlt sich unbedingt die Nutzung persistenter Identifier, wie z. B. dem DOI. Insbesondere um diesen Identifier und die Registrierungsagentur DataCite sind in den letzten Jahren eine Vielzahl von hilfreichen Services rund um die Zitation und Publikation von

---

[74] Deutsche Forschungsgemeinschaft 2019, 14.
[75] S. https://www.casrai.org/credit.html.
[76] S. https://www.force11.org/datacitationprinciples.
[77] Vgl. Data Citation Synthesis Group 2014.

Forschungsdaten entstanden,[78] so z. B. der Dienst DataCite Event Data, über den u. a. die Zitierung von Forschungsdaten erfasst wird.[79]

Kern der Arbeit von DataCite ist die Entwicklung eines umfangreichen Metadaten-Schemas zur Beschreibung von Forschungsdaten. DataCite empfiehlt in der Version 4.3 des DataCite-Schemas die folgende Zitation für Forschungsdaten:

Creator (PublicationYear): Title. Version. Publisher. (resourceTypeGeneral). Identifier

Darüber hinaus gibt das Schema Hinweise wie mit der Versionierung von Datensätzen und wie mit dynamischen Daten umzugehen ist.[80] Aktuell werden im Rahmen der Research Data Alliance (RDA) und deren Arbeitsgruppen „Data Citation"[81] und „Data Versioning"[82] wichtige Arbeiten zum Thema verfolgt.

Disziplinäre FDR bieten im Rahmen ihrer kuratorischen Tätigkeiten vielfältige Beratungsleistungen rund um den Veröffentlichungsprozess an. Diese Kompetenzen sind wichtig, wenn es beispielsweise darum geht zu entscheiden, in welcher Granularität die Daten zu veröffentlichen sind. Allgemeine Hinweise sind hier aufgrund der verschiedenen Praktiken in den Fachdisziplinen nur bedingt anwendbar.

Die Anforderungen der gängigen Zitationsstile zur Zitierung von Forschungsdaten variieren. Das Publication Manual der American Psychological Association (APA) sieht z. B. in Version 6 den Publikationstyp „Data set" vor und darüber hinaus den Publikationstyp „Data file and code book" für weitere Ressourcen rund um einen Datensatz.[83] The Chicago Manual of Style Online erkennt in seiner Version 17 Forschungsdaten nicht als eigenständigen Publikationstyp an.[84] Auch der Umgang mit Forschungsdaten in Literaturverwaltungsprogrammen variiert. Während EndNote X7 über den Publikationstyp „Data set" verfügt, ist dieser in Zotero 5.0 nicht vorhanden. Wünschenswert wäre in diesem Feld eine sehr viel stärkere Ausrichtung der Zitationsstile und deren Anwendung in den Literaturverwaltungsprogrammen an dem DataCite-Metadaten-Schema, welches die Anforderungen verschiedener Fächer vereinigt.

Bereits jetzt deuten mehrere Studien darauf hin, dass Zeitschriftenartikel bei denen die zugrundeliegenden Daten offen zugänglich gemacht werden und auf diese

---

[78] Zur Historie der Anwendung des DOI für Forschungsdaten vgl. Paskin 2006 sowie Klump et al. 2016.
[79] S. https://datacite.org/eventdata.html.
[80] Vgl. DataCite Metadata Working Group 2019.
[81] Vgl. Rauber et al. 2015.
[82] Vgl. Klump et al. 2020.
[83] Vgl. McAdoo 2013.
[84] Vgl. The Chicago Manual of Style 2017.

in den Artikeln hingewiesen wird, häufiger zitiert werden als Studien, die ihre Daten nicht veröffentlichen.[85]

6 Zukunft der Publikation von Forschungsdaten

Mit der stetigen Durchdringung der Digitalisierung der Wissenschaft steigt die Notwendigkeit der Maschinenlesbarkeit von digitalen Forschungsdaten mehr und mehr an. Die Schaffung von Interoperabilität, damit Menschen und Maschinen mit digitalen Forschungsdaten arbeiten können, ist ein zentrales Handlungsfeld für die kommenden Jahre. Dazu gehört auch, dass Forschungsdaten, textuelle Publikationen, Software und andere Informationsobjekte stärker vernetzt werden. Die Nutzung des DataCite-Schemas für Metadaten und der DOI zur persistenten Identifizierung der Daten ermöglicht die Anwendung von Frameworks wie „Scholix",[86] mit denen die Verlinkung der Daten und textuellen Publikationen[87] sichergestellt wird. Damit wird auch entsprechend dem Open-Science-Paradigma ermöglicht, dass Forschungsergebnisse umfassend zugänglich und nachnutzbar gemacht werden. Interoperabilität stellt im Zusammenspiel mit der Publikation der Daten auf nachhaltigen Infrastrukturen sicher, dass Anwendungen des Semantic Webs für die Wissenschaft genutzt werden können.

Die FAIR-Prinzipien formulieren hier zentrale Anforderungen rund um die Publikation von Forschungsdaten, deren Realisierung in den kommenden Jahren eine zentrale Aufgabe für die Wissenschaft, ihre Informationsinfrastrukturen und weitere Dienstleister sein wird. Dabei ist die Wissenschaft gefordert, die Publikation der Daten nach ihren Vorstellungen und Bedingungen zum Wohle der Wissenschaft und der Gesellschaft zu gestalten und die Kommerzialisierung durch Verlage und andere externe Akteure zu verhindern.

Fazit

Die Publikation von Forschungsdaten gewinnt mehr und mehr Aufmerksamkeit. Je nach Disziplin bilden sich verschiedene Publikationspraktiken heraus, in deren Zentren FDR stehen, die die dauerhafte Zugänglichkeit und Nachnutzung der Daten sichern. Die Verankerung der FAIR-Prinzipien in den Leit- und Richtlinien rund um

---

85 Vgl. Colavizza et al. 2019; Drachen et al. 2016; Dorch et al. 2015; Drachen et al. 2016; Belter 2014; Piwowar und Vision 2013; Piwowar et al. 2007.
86 S. http://www.scholix.org.
87 Vgl. Burton et al. 2017.

das Forschungsdatenmanagement macht deutlich, dass die bisherigen Verfahren der Veröffentlichung von digitalen Forschungsdaten noch am Anfang stehen. Die Realisierung der Vision „FAIRer" Daten stellt Wissenschaft und ihre Informationsinfrastrukturen vor vielfältige Herausforderungen, die es zu diskutieren und zu gestalten gilt.

Da viele digitale Arbeitsmethoden nur angewendet werden können, wenn auch die Daten selber möglichst automatisch und durch Maschinen gefunden, erfasst und analysiert werden können, stellt die Maschinenlesbarkeit der Forschungsdaten eine der zentralen Aufgaben für die Wissenschaft und ihre Serviceeinrichtungen, wie Bibliotheken, Daten- und Rechenzentren dar. Dabei gilt es, die Publikation von Forschungsdaten als technische und organisatorische Aufgabe zu begreifen, bei deren Umsetzung Einrichtungen der Informationsinfrastruktur im Rahmen einer nachhaltigen Finanzierung der Wissenschaft dienen.

Literatur

Letztes Abrufdatum der Internet-Dokumente ist der 15.11.2020.

Achterberg, Inke, Roland Bertelmann, Kirsten Elger, Andreas Hübner, Norbert Pfurr und Mechthild Schüler. 2018. Der Fachinformationsdienst Geowissenschaften der festen Erde (FID GEO). *Bibliotheksdienst* 52 (5/25. April): 391–405. doi:10.1515/bd-2018-0045.

Belter, Christopher W. 2014. „Measuring the Value of Research Data: A Citation Analysis of Oceanographic Data Sets." Hg. von Howard I. Browman. *PLoS ONE* 9 (3/26. März): e92590. doi:10.1371/journal.pone.0092590.

Bertelmann, Roland, Sascha Szott und Tobias Höhnow. 2012. „Discovery jenseits von ‚all you can eat' und ‚one size fits all'." *Bibliothek Forschung und Praxis* 36 (3/Januar): 369–376. doi:10.1515/bfp-2012-0050.

Bloom, Theodora, Emma Ganley und Margaret Winker. 2014. „Data Access for the Open Access Literature: PLOS's Data Policy." *PLoS Biology* 12 (2/25. Februar): e1001797. doi:10.1371/journal.pbio.1001797.

Toronto International Data Release Workshop Authors. 2009. „Prepublication data sharing." *Nature* 461 (7261/September): 168–170. doi:10.1038/461168a.

Burgess, Matthew und Natasha Noy. 2018. „Building Google Dataset Search and Fostering an Open Data Ecosystem." Google AI Blog. http://ai.googleblog.com/2018/09/building-google-dataset-search-and.html.

Burton, Adrian, Amir Aryani, Hylke Koers, Paolo Manghi, Sandro La Bruzzo, Markus Stocker, Michael Diepenbroek, Uwe Schindler und Martin Fenner. 2017. „The Scholix Framework for Interoperability in Data-Literature Information Exchange." *D-Lib Magazine* 23 (1/2). doi:10.1045/january2017-burton.

Cell. 2019. Mandatory Data Deposition. https://www.cell.com/cell/authors.

Colavizza, Giovanni, Iain Hrynaszkiewicz, Isla Staden, Kirstie Whitaker und Barbara McGillivray. 2020. „The citation advantage of linking publications to research data." *arXiv* (5. März):1907.02565 [cs]. http://arxiv.org/abs/1907.02565.

COPDESS. 2015. Statement of Commitment from Earth and Space Science Publishers and Data Facilities. http://www.copdess.org/statement-of-commitment/.

Council of the European Union. 2016. The transition towards an Open Science system – Council conclusions (adopted on 27/05/2016). 9526/16. https://data.consilium.europa.eu/doc/document/ST-9526-2016-INIT/en/pdf.

Cravedi, Kathy. 2008. „GenBank Celebrates 25 Years of Service with Two-Day Conference; Leading Scientists Will Discuss the DNA Database at April 7–8 Meeting." National Institutes of Health (NIH). 15. September. https://www.nih.gov/news-events/news-releases/genbank-celebrates-25-years-service-two-day-conference-leading-scientists-will-discuss-dna-database-april-7-8-meeting.

Dallmeier-Tiessen, Sünje. 2011. „Strategien bei der Veröffentlichung von Forschungsdaten. Working Paper." RatSWD Working Paper. http://hdl.handle.net/10419/75349.

DataCite Metadata Working Group. 2019. „DataCite Metadata Schema Documentation for the Publication and Citation of Research Data." Version 4.3. doi:10.14454/7xq3-zf69.

Data Citation Synthesis Group. 2014. Joint Declaration of Data Citation Principles. https://www.force11.org/group/joint-declaration-data-citation-principles-final.

CoreTrustSeal. n. d. About. https://www.coretrustseal.org/about/.

Deutsche Forschungsgemeinschaft. 2019. Leitlinien zur Sicherung guter wissenschaftlicher Praxis. Kodex. https://www.dfg.de/download/pdf/foerderung/rechtliche_rahmenbedingungen/gute_wissenschaftliche_praxis/kodex_gwp.pdf.

Diepenbroek, Michael, Hannes Grobe, Manfred Reinke, Reiner Schlitzer und Rainer Sieger. 1999. „Data management of proxy parameters with PANGAEA." In *Use of proxies in paleoceanography: examples from the South Atlantic*, hg. v. G. Fischer und G. Wefer, 715–727. Berlin, Heidelberg: Springer. https://epic.awi.de/id/eprint/637/.

Dorch, S. B. F., T. M. Drachen und O. Ellegaard. 2015. „The data sharing advantage in astrophysics." *arXiv* (8. November): 1511.02512 [astro-ph]. http://arxiv.org/abs/1511.02512.

Drachen, T. M., O. Ellegaard, A. V. Larsen und S. B. Fabricius Dorch. 2016. „Sharing data increases citations." *Liber Quarterly* 26 (2): 67–82. doi:10.18352/lq.10149.

ESSD. n. d. Aims and scope. Abgerufen am 26.11.2019 von: https://www.earth-system-science-data.net/about/aims_and_scope.html.

European Commission. 2016. Guidelines on FAIR Data Management in Horizon 2020. Abgerufen am 26.11.2019 von: https://ec.europa.eu/research/participants/data/ref/h2020/grants_manual/hi/oa_pilot/h2020-hi-oa-data-mgt_en.pdf.

Fenner, Martin. 2019. DataCite's New Search. https://doi.org/10.5438/vyd9-ty64.

G8 Science Ministers. 2013. G8 Science Ministers Statement. https://www.gov.uk/government/news/g8-science-ministers-statement.

Google. n. d. Datensatz. https://developers.google.com/search/docs/data-types/dataset.

Hanson, Brooks, Kerstin Lehnert Kerstin Lehnert und Joel Cutcher-Gershenfeld. 2015. „Committing to Publishing Data in the Earth and Space Sciences." *Eos* 96 (15. Januar). doi:10.1029/2015EO022207.

Hyndman, Alan. 2018. „2018 year in review!" https://figshare.com/blog/2018_year_in_review_/464.

Kaden, Ben. 2016. „Drei Gründe für Forschungsdatenpublikationen." https://www2.hu-berlin.de/edissplus/2016/09/29/gruende-fuer-forschungsdatenpublikationen/.

Kindling, Maxi, Heinz Pampel, Stephanie van de Sandt, Jessika Rücknagel, Paul Vierkant, Gabriele Kloska, Michael Witt, Peter Schirmbacher, Roland Bertelmann und Frank Scholze. 2017. „The Landscape of Research Data Repositories in 2015: A re3data Analysis." *D-Lib Magazine* 23 (3/4). doi:10.1045/march2017-kindling.

Klump, Jens, Lesley Wyborn, Robert Downs, Ari Asmi, Mingfang Wu, Gerry Ryder und Julia Martin. 2020. „Principles and best practices in data versioning for all data sets big and small." Version 1.1. *Research Data Alliance*. doi:10.15497/RDA00042.

Klump, Jens. 2011. „Criteria for the Trustworthiness of Data Centres." *D-Lib Magazine* 17 (1/2). doi:10.1045/january2011-klump.
Klump, Jens, Roland Bertelmann, Jan Brase, Michael Diepenbroek, Hannes Grobe, Heinke Höck, Michael Lautenschlager, Uwe Schindler, Irina Sens und Joachim Wächter. 2006. „Data publication in the open access initiative." *Data Science Journal* 5: 79–83. doi:10.2481/dsj.5.79.
Klump, Jens, Robert Huber und Michael Diepenbroek. 2016. „DOI for geoscience data – how early practices shape present perceptions." *Earth Science Informatics* 9 (1): 123–136. doi:10.1007/s12145-015-0231-5.
Max Planck Society. 2003. Berlin Declaration on Open Access to Knowledge in the Sciences and Humanities. http://oa.mpg.de.
McAdoo, Timothy. 2013. „How to Cite a Data Set in APA Style." https://blog.apastyle.org/apastyle/2013/12/how-to-cite-a-data-set-in-apa-style.html.
Nature. 2019. Reporting standards and availability of data, materials, code and protocols. https://www.nature.com/nature-research/editorial-policies/reporting-standards
PANGAEA. 2019. License. https://wiki.pangaea.de/wiki/License
Pampel, Heinz und Roland Bertelmann. 2011. „,Data Policies' im Spannungsfeld zwischen Empfehlung und Verpflichtung." In: *Handbuch Forschungsdatenmanagement*, hg. v. Stephan Büttner, Hans-Christoph Hobohm, und Lars Müller, 49–61. Bad Honnef: Bock + Herchen. http://nbn-resolving.de/urn:nbn:de:kobv:525-opus-2287.
Pampel, Heinz, Hans-Jürgen Goebelbecker und Paul Vierkant. 2012. „re3data.org: Aufbau eines Verzeichnisses von Forschungsdaten-Repositorien. Ein Werkstattbericht." In: *Vernetztes Wissen – Daten, Menschen, Systeme. WissKom 2012*, hg. von Bernhard Mittermaier, 61–73. Jülich: Verlag des Forschungszentrums Jülich. http://hdl.handle.net/2128/4699.
Pampel, Heinz, Paul Vierkant, Frank Scholze, Roland Bertelmann, Maxi Kindling, Jens Klump, Hans-Jürgen Goebelbecker, Jens Gundlach, Peter Schirmbacher und Uwe Dierolf. 2013. „Making Research Data Repositories Visible: The re3data.org Registry." Hg. von Hussein Suleman. *PLoS ONE* 8 (11/4. November): e78080. doi:10.1371/journal.pone.0078080.
Paskin, Norman. 2005. „Digital Object Identifiers for scientific data." *Data Science Journal* 4: 12–20. doi:10.2481/dsj.4.12.
Piwowar, Heather A. und Todd J. Vision. 2013. „Data reuse and the open data citation advantage." *PeerJ* 1 (1. Oktober): e175. doi:10.7717/peerj.175.
Piwowar, Heather A., Roger S. Day und Douglas B. Fridsma. 2007. „Sharing Detailed Research Data Is Associated with Increased Citation Rate." Hg. von John Ioannidis. *PLoS ONE* 2 (3/21. März): e308. doi:10.1371/journal.pone.0000308.
PLOS. 2019. Data Availability. https://journals.plos.org/plosbiology/s/data-availability
Rauber, Andreas, Asmi, Ari, van Uytvanck, Dieter, and Proell, Stefan. 2015. „Data Citation of Evolving Data: Recommendations of the Working Group on Data Citation (WGDC)." *Zenodo*. doi:10.15497/RDA00016.
Rücknagel, J., P. Vierkant, R. Ulrich, G. Kloska, E. Schnepf, D. Fichtmüller, E. Reuter, u. a. 2015. Metadata Schema for the Description of Research Data Repositories. Version 3.0. doi:10.2312/re3.008.
Sayers, Eric W, Mark Cavanaugh, Karen Clark, James Ostell, Kim D Pruitt und Ilene Karsch-Mizrachi. 2019. „GenBank." *Nucleic Acids Research* 47 (D1/8. Januar): D94–D99. doi:10.1093/nar/gky989.
Shepherdson, John, und Thiel, Carsten. 2018. „The New CESSDA Data Catalogue." *Zenodo*. December 5. doi:10.5281/zenodo.2530106.
Smith, David und Anthony Carrano. 1996. International Large-Scale Sequencing Meeting. Human Genome News 6, Nr. 7. http://www.ornl.gov/sci/techresources/Human_Genome/publicat/hgn/v7n6/19intern.shtml.

Springer Nature. 2019. About. https://www.nature.com/sdata/about

Stall, Shelley, Lynn Yarmey, Reid Boehm, Helena Cousijn, Patricia Cruse, Joel Cutcher-Gershenfeld, Robin Dasler, u. a. 2018. „Advancing FAIR Data in Earth, Space, and Environmental Science." *Eos* 99 (5. November). doi:10.1029/2018EO109301.

The University of Chicago Press Editorial Sta. 2017. The Chicago Manual of Style, 17th Edition. University of Chicago Press. doi:10.7208/cmos17.

Topoi. n. d. Digital Pantheon. http://repository.edition-topoi.org/collection/BDPP.

Voigt, C., C. Förste, H. Wziontek, D. Crossley, B. Meurers, V. Pálinkáš et al. 2016. „Report on the Data Base of the International Geodynamics and Earth Tide Service (IGETS)." *Scientific Technical Report STR – Data* 16/08. doi:10.2312/GFZ.B103-16087.

Wellcome Trust. 2003. Sharing data from largescale biological research projects. A system of tripartite responsibility. http://www.genome.gov/Pages/Research/WellcomeReport0303.pdf.

Wilkinson, Mark D., Michel Dumontier, IJsbrand Jan Aalbersberg, Gabrielle Appleton, Myles Axton, Arie Baak, Niklas Blomberg et al. 2016. „The FAIR Guiding Principles for scientific data management and stewardship." *Scientific Data* 3 (1/Dezember): 160018. doi:10.1038/sdata.2016.18.

Wziontek, Hartmut, Peter Wolf, Ilona Nowak, Bernd Richter, Axel Rülke und Herbert Wilmes. 2017. „Superconducting Gravimeter Data from Bad Homburg – Level 1." BKG Federal Agency for Cartography and Geodesy. doi:10.5880/IGETS.BH.L1.001.

Zenodo. n. d. About Zenodo. https://about.zenodo.org.

Heike Neuroth und Gudrun Oevel

Aktuelle Entwicklung und Herausforderungen im Forschungsdatenmanagement in Deutschland

Abstract: Der Artikel beleuchtet relevante aktuelle Entwicklungen in Deutschland auf der Ebene der Nationalen Forschungsdateninfrastruktur und der Bundesländer. Dabei wird auf die damit verbundenen Herausforderungen eingegangen und das Spannungsfeld zwischen lokalen Anforderungen und fachwissenschaftlichen Communities mit internationaler Anbindung betrachtet.

Einleitung

Es ist herausfordernd, bei diesem sehr dynamischen und komplexen Themenfeld überhaupt einen Ausblick zu wagen. Trotzdem soll basierend auf aktuellen Entwicklungen, die die nächsten Jahre – wenn nicht sogar Jahrzehnte – prägen werden, der Versuch unternommen werden, einen Blick in die nahe Zukunft zu werfen und aus heutiger Sicht (Stand August 2020) die mittel- bis langfristigen Herausforderungen zum Abschluss dieses Handbuchs zu skizzieren.

1 Nationale Forschungsdateninfrastruktur (NFDI)

Mit dem Beschluss der Gemeinsamen Wissenschaftskonferenz (GWK) im November 2018 hat sich die Bundesrepublik Deutschland das Ziel gesetzt, eine Nationale Forschungsdateninfrastruktur[1] (NFDI) zu etablieren. Die Diskussion um den Umgang mit Forschungsdaten in einer digital geprägten Wissenschaftswelt hat damit aber weder begonnen noch ihr Ende gefunden; es handelt sich dennoch um einen für das föderale Wissenschaftssystem wichtigen Meilenstein, der den politischen Willen zum gemeinsamen Handeln manifestiert. Die Entwicklung, die sich herausbildenden Strukturen und der aktuelle Stand sollen im Folgenden dargestellt werden.

---

1 S. https://www.gwk-bonn.de/themen/weitere-arbeitsgebiete/informationsinfrastrukturen-nfdi/. Letztes Abrufdatum der Internet-Dokumente ist der 15.11.2020.

∂ Open Access. © 2021 Heike Neuroth und Gudrun Oevel, publiziert von De Gruyter. Dieses Werk ist lizenziert unter der Creative Commons Attribution 4.0 Lizenz.
https://doi.org/10.1515/9783110657807-029

1.1 Entwicklung bis zur NFDI

Die Diskussion um den Umgang mit digitalen Forschungsdaten von der Erhebung bis zur Archivierung und Nachnutzung beinhaltet stets zwei Ebenen. Zum einen können mit Hilfe veröffentlichter Forschungsdaten daraus abgeleitete wissenschaftliche Ergebnisse grundsätzlich auch von anderen verifiziert werden. Zum anderen sind Datenerhebungen, ganz profan gesehen, meist teuer, ethisch problematisch oder nur einmalig möglich, so dass eine Nachnutzung das Verhältnis von Mitteleinsatz zu gesellschaftlichem Nutzen grundsätzlich verbessern kann. Selbstverständlich ist es dafür notwendig, dass der Umgang mit Forschungsdaten dafür – ebenfalls – grundsätzlich und weltweit geregelt werden muss.

Vor dem Hintergrund der damit verbundenen organisatorischen, fachlichen und technischen Herausforderungen gab und gibt es viele weltweite, nationale, regionale und lokale Initiativen und Projekte. Leider kann das Engagement unzähliger Personen hier nur unzureichend gewürdigt werden, aber einige Entwicklungen sollen exemplarisch benannt werden, um zu zeigen vor welchem Hintergrund und in welchem Zusammenhang die NFDI entstand und zukünftig operieren wird. Beispielsweise hat sich 2013 die Research Data Alliance[2] (RDA) als bottom-up arbeitender, globaler und disziplinübergreifend operierender Zusammenschluss von Institutionen und Mitgliedern gegründet, der sich weltweit in Arbeitsgruppen organisiert und Empfehlungen erarbeitet. Ebenfalls 2013 hat die Deutsche Forschungsgemeinschaft (DFG) das Förderprogramm „Informationsinfrastrukturen für Forschungsdaten[3]" aufgelegt, 2018 positiv evaluiert und weiterhin als Förderprogramm im Repertoire. Ebenfalls 2013 wurde das Wiki forschungsdaten.org gegründet, welches zusammen mit forschungsdaten.info national bisher Informationen und Initiativen gebündelt hat. 2016 veröffentlichte die Europäische Kommission das Konzept der European Open Science Cloud (EOSC)[4]. Ein Vorschlag für die Umsetzung der EOSC stellt die wiederum bottom-up strukturierte GO FAIR[5] Initiative dar, die die sogenannten FAIR Prinzipien als Grundsätze für die Wiederverwendbarkeit von Forschungsdaten in den Mittelpunkt stellt. FAIR steht dabei für Findable, Accessible, Interoperable und Reusable. Diese Prinzipien gewährleisten den disziplinen- und länderübergreifenden Zugang zu Daten und ihre Nutzbarmachung.

In einer nationalen Scharnierfunktion zwischen Wissenschaft und Politik hat die GWK – sozusagen top-down in Deutschland – im Jahr 2014 den Rat für Informationsinfrastrukturen (RfII)[6] eingesetzt. In seiner ersten Amtsperiode hat dieser sich

---
[2] S. https://rd-alliance.org/.
[3] S. https://www.dfg.de/foerderung/programme/infrastruktur/lis/lis_foerderangebote/forschungsdaten/.
[4] S. https://ec.europa.eu/newsroom/dae/document.cfm?doc_id=15266.
[5] S. https://www.go-fair.org/.
[6] S. http://www.rfii.de/de/start/.

intensiv mit dem Thema Forschungsdaten beschäftigt und in seinem ersten Positionspapier[7] „Leistung aus Vielfalt" (2016) das Thema aufgearbeitet. Neben einer Analyse liefert das Positionspapier insbesondere auch insgesamt 13 Empfehlungen zu Prozessen, Strukturen und Finanzierung des Forschungsdatenmanagements in Deutschland für alle beteiligten Akteure. Der Rat schlug zur Überwindung der bisherigen fragmentierten und nicht nachhaltig gesicherten Strukturen und Initiativen in Deutschland die NFDI als (dauerhaft) geförderte verteilte nationale Infrastruktur vor, die sich um Abstimmung und Koordination sowie die Verstetigung der projektförmig finanzierten, aber dauerhaft notwendigen Dienste im Bereich des Forschungsdatenmanagements kümmern soll.

Der Aufbau dieser NFDI soll nach Empfehlung des RfII wissenschaftsgetrieben sein und in der Zielvorstellung so den unterschiedlichen Herausforderungen der heterogenen Fachwissenschaften bezogen auf das Forschungsdatenmanagement effizient und doch passgenau beggnen. Damit liegt die NFDI als verteilte, aber vernetzte Infrastruktur von Datenerzeugenden und Datennutzenden quer zu den bereits bestehenden Säulen im Wissenschaftssystem und soll bundesweit eine vergleichbar gute Versorgung aller datenintensiven Fächer in Bezug auf Forschungsdaten realisieren. Weil Wissenschaft nur global denkbar ist, muss die NFDI gerade trotz des nationalen Auftrags international anschlussfähig sein und als deutschlandweiter starker Knoten der EOSC agieren. „Leistung durch Vielfalt" und weitere Folgeempfehlungen des RfII wurden nicht nur in Deutschland mit großem Nachhall aufgenommen und haben als Folge dazu geführt, dass am 26.11.2018 von der GWK das neuartige Förderprogramm „NFDI" per Bund-Länder-Vereinbarung (BLV) geschlossen wurde[8]. Als Rahmenbedingungen wurde das Finanzvolumen von jährlich bis zu 90 Mio. Euro zwischen 2019 und 2028 sowie insgesamt bis zu 30 zu fördernde fachwissenschaftliche Konsortien über drei Ausschreibungsrunden festgelegt. Die Finanzierung wird gemeinsam vom Bund und den Ländern getragen. Der Abschluss dieser Vereinbarung muss als Meilenstein in der Entwicklung im deutschen Wissenschaftssystem und als klares Commitment für eine nationale Aufgabe gesehen werden.

1.2 Ziele und Struktur der NFDI

In der BLV zum Aufbau der NFDI wurden auch die Ziele und die Struktur der NFDI[9] bereits festgelegt. Die GWK folgt inhaltlich damit den Empfehlungen des RfII. Die Durchführung des Ausschreibungs- und Begutachtungsverfahrens entsprechend

---
[7] S. https://d-nb.info/1104292440/34.
[8] S. https://www.gwk-bonn.de/fileadmin/Redaktion/Dokumente/Papers/NFDI.pdf.
[9] S. https://www.nfdi.de/.

der Vereinbarung wird in die Hand der DFG gelegt, die Begutachtung folgt den Prinzipien eines wissenschaftsgeleiteten Verfahrens, in dem die Qualität der Anträge vor dem Hintergrund der Ausschreibungskriterien von Forschenden und Infrastrukturbetreibern bewertet wird. Anschließend entscheidet die GWK auf Grundlage der Förderempfehlung der DFG und einem positiven Votum aus dem Begutachtungsverfahren über die Aufnahme von Konsortien in die NFDI. Eine wichtige Rolle im Begutachtungsverfahren spielt das NFDI-Expertengremium[10], welches in der Logik einer vergleichenden übergeordneten Prüfgruppe die Bewertung aller Anträge auf der Grundlage der fachwissenschaftlichen, informationstechnischen und strukturbezogenen Begutachtung vornimmt sowie die Formulierung der Förderempfehlungen an die GWK formuliert.

Konsortien sind das wissenschaftsbezogene Strukturelement der NFDI. Sie werden in der BLV (und vorher schon vom RfII) definiert:

„Konsortien sind auf langfristige Zusammenarbeit angelegte Zusammenschlüsse von Nutzern und Anbietern von Forschungsdaten wie staatliche und staatlich anerkannte Hochschulen, außeruniversitäre Forschungseinrichtungen, Ressortforschungseinrichtungen, Akademien und andere öffentlich geförderte Informationsinfrastruktureinrichtungen. Sie sind in der Regel nach Fachgruppen bzw. Methoden organisiert, ohne Vorgaben für ihre institutionelle Zusammensetzung. [...] Die Konsortien stellen die Sprech- und Handlungsfähigkeit in der Partnerschaft zwischen wissenschaftlicher Fachgemeinschaft und beteiligten Infrastrukturbetreibern her; sie entwickeln und fördern eine Kultur des Daten-Teilens und der Informationskompetenz gemäß den FAIR-Prinzipien; sie tragen Sorge dafür, dass technische Dienste für die Datenbereitstellung, -archivierung und -erschließung aufgebaut, gepflegt und die dafür notwendigen Datenspeicherungs-und Hardware-Kapazitäten zur Wahrnehmung der nationalen Aufgaben angepasst werden".[11]

Konsortien orientieren sich nach den Empfehlungen des RfII und des NFDI-Expertengremiums der DFG an thematisch-fachlichen Domänen, deren Granularität bewusst nicht festgelegt ist. Sie haben dafür die relevanten Akteure zusammengebunden und sorgen so für Sprechfähigkeit und Normbildung innerhalb der Domäne. Sie sind auf Dauer angelegt, sollen aber dynamisch auf fachliche Anforderungen reagieren können und werden regelmäßig evaluiert. Ihre nachhaltigen Dienste sind ebenfalls nicht einheitlich festgelegt, da sie sich an den Bedarfen ihrer Community ausrichten sollen. Zusätzlich zu der Aufgabe, die Domäne oder Community passgenau abzuholen und für die Zukunft standardisierend zu wirken, haben die Konsortien auch Aufgaben in der NFDI. Alle Konsortien wirken synergetisch zusammen, um generische, über ein Konsortium hinausgehende, sogenannte Querschnittsthemen zu bearbeiten. Bewusst wurden in den bisherigen zwei Ausschreibungsrunden

---

10 S. https://www.dfg.de/dfg_profil/gremien/gremium/index.jsp?id=426076674.
11 S. BLV-Vereinbarung Paragraph 9 https://www.gwk-bonn.de/fileadmin/Redaktion/Dokumente/Papers/NFDI.pdf.

(Stand August 2020) keine Konsortien zu Querschnittsthemen zur Antragstellung aufgefordert.

Die BLV legt als zusätzliche Strukturelemente der NFDI die Konsortialversammlung, den Wissenschaftlichen Senat sowie das Direktorat (angesiedelt am KIT[12]) fest, die gemeinsam die NFDI für Deutschland gestalten. Der seit Anfang 2020 eingesetzte Direktor der NFDI hat mit dem Gründungsdirektorat einen Entwurf für die Rechtsform[13] der NFDI vorgelegt, der von der GWK am 26.06.2020 verabschiedet wurde. Es handelt sich um eine Vereinsstruktur, in der geförderte Konsortien per se Mitglied sind, aber auch andere juristische Personen Mitglied werden können. Zusätzlich zu den Strukturelementen aus der BLV sollen ein Kuratorium und Sektionen etabliert werden. Sektionen dienen der inhaltlichen disziplinübergreifenden Zusammenarbeit der sogenannten „Konsortien nach Satzung" und sollen alle Organe des Vereins insbesondere bei der Vorbereitung der Entscheidungsvorschläge zu konsortienübergreifenden Standards, Metadatenstandards und Formaten unterstützen. Konsortien nach Satzung orientieren sich an den geförderten Konsortien nach der BLV, können aber weitere Vereinsmitglieder integrieren und bieten so einen Ansatz, Querschnittsthemen zu bearbeiten.

Um die notwendige Vernetzung von möglichen Konsortien und die Herausbildung einer NFDI frühzeitig zu unterstützen, hat die DFG bisher in den Jahren 2019[14] und 2020[15] jeweils zu einer NFDI-Konferenz als Vernetzungsformat eingeladen. Dieses Format wurde sehr intensiv und positiv aufgenommen. Das Ziel einer NFDI als verteilte, aber auch vernetzte Struktur, wird auch in dem für die DFG offeneren Begutachtungsverfahren verfolgt. So wird z. B. das Votum der Begutachtungsgruppe den antragstellenden Konsortien so frühzeitig mitgeteilt, dass sie vor der endgültigen Entscheidung im NFDI-Expertengremium noch Stellung zu etwaigen offenen Fragen nehmen können. Trotzdem bleibt es eine Herausforderung, in einem grundsätzlich wettbewerblich orientierten Verfahren bei begrenzten Ressourcen eine gut abgestimmte nationale Gesamtstruktur zu entwickeln. Bei der Breite der NFDI-Konsortien stellt auch die Begutachtung eine Herausforderung dar, bei der bewusst und notwendigerweise auch internationale Expertinnen und Experten eine große Rolle spielen. Diese wiederum sind mit dem föderalen deutschen Wissenschaftssystem mit länderfinanzierten Hochschulen und außeruniversitären Forschungseinrichtungen weniger vertraut.

---

12 S. https://www.kit.edu/index.php.
13 S. https://cdn.website-editor.net/25abfc2078d74313bbe63818c335df0e/files/uploaded/Satzung%2520NFDI%2520eV_final.pdf.
14 S. https://www.dfg.de/foerderung/programme/nfdi/konferenz_2019/index.html.
15 S. https://www.dfg.de/foerderung/programme/nfdi/konferenz_2020/index.html.

1.3 Stand der NFDI

Zum aktuellen Zeitpunkt (August 2020) ist die erste Förderrunde der NFDI abgeschlossen und die zweite Förderrunde angelaufen. Im Zuge der ersten Förderrunde waren bis zum 15.10.2019 insgesamt 22 Anträge aus insgesamt 142 Einrichtungen eingegangen.[16] In diesem Überblick der DFG wird festgehalten:

> „Die meisten eingegangenen Anträge sind primär den Lebenswissenschaften, die wenigstens den Ingenieurwissenschaften zuzuordnen. Acht der 22 Anträge sind den Lebenswissenschaften zugeordnet (36 Prozent). Sechs Anträge stammen primär aus den Naturwissenschaften (27 Prozent) und fünf Anträge beschreiben primär geistes- und sozialwissenschaftliche Vorhaben (23 Prozent). Lediglich drei Anträge sind primär in den Ingenieurwissenschaften angesiedelt (14 Prozent). Eine nahezu identische fachliche Verteilung findet sich im jährlichen Antragsvolumen nach Wissenschaftsbereich."

Insgesamt werden in der ersten Runde der NFDI nun neun Konsortien[17] gefördert. Diese verteilen sich wie folgt auf die Wissenschaftsbereiche[18]: Vier Konsortien aus den Lebenswissenschaften (45 Prozent), zwei Konsortien aus den Geistes- und Sozialwissenschaftlichen (22 Prozent aller geförderten Konsortien), zwei Konsortien aus den Naturwissenschaften (22 Prozent) und ein Konsortium aus den Ingenieurwissenschaften (11 Prozent).

In dieser ersten Runde hat insbesondere die NFDI-Konferenz im Sommer 2019 strukturbildend gewirkt, waren dort noch insgesamt 57 Konsortien vertreten, so waren es im Juli 2020 bei der zweiten Konferenz[19] nur noch 39. Davon haben sich einige Konsortien den sogenannten Querschnittsthemen verschrieben, deren Diskussion auf jeder NFDI-Konferenz einen breiten Raum einnahmen, weil es zum jetzigen Zeitpunkt keine Fördermöglichkeiten für Querschnittskonsortien im Rahmen der BLV gibt, diese Themen aber eine wichtige Rolle beim Aufbau spielen.

Zusammengefasst wird der Stand zum jetzigen Zeitpunkt differenziert bewertet: Auf jeden Fall ist es sehr gut und wichtig, dass es in Deutschland das Förderinstrument NFDI gibt. Auch von anderen Ländern wird Deutschland hier als handlungsfähig und richtungsweisend wahrgenommen. Der eingeschlagene Prozess bietet mit dem wissenschaftsgeleiteten Verfahren die Chance, den eingeforderten und notwendigen Kulturwandel bezüglich des Forschungsdatenmanagements tatsächlich und messbar voranzutreiben. Die verteilte und vernetzte Struktur bietet auch die

---

16 S. https://www.dfg.de/download/pdf/foerderung/programme/nfdi/191212_nfdi_statistik_antragseingang.pdf.
17 S. https://www.dfg.de/foerderung/programme/nfdi/.
18 S. https://www.dfg.de/download/pdf/foerderung/programme/nfdi/20200626_nfdi_foerderentscheidungen.pdf.
19 S. https://www.dfg.de/download/pdf/foerderung/programme/nfdi/nfdi_konferenz_2020/vortrag_eickhoff.pdf.

Chance, bisherige erfolgreiche Verbünde weiter zu entwickeln. Es bleibt die Herausforderung, die Vielfalt tatsächlich als Leistung und nicht als Hemmschuh zu systematisieren. Ob daraus wirkliche EINE nationale Forschungsdateninfrastruktur entsteht, ist heute zu hoffen. Die nächsten Monate werden sicherlich mit darüber entscheiden, ob und wie die u. g. Herausforderungen systematisch und erfolgreich adressiert werden können.

2 Forschungsdatenmanagement in den Bundesländern

Die 16 Bundesländer übernehmen nicht nur eine gestaltende, sondern auch die finanzielle Verantwortung für den Aufbau der NFDI in Deutschland. Dies liegt zum einen darin begründet, dass zahlreiche Bundesländer bereits seit einigen Jahren in die Digitalisierung von Forschung (und Lehre) mit spezifischen Förderprogrammen investieren, zum anderen ist Bildung (im weitesten Sinne) immer noch Länderangelegenheit und damit einhergehende finanzielle Investitionen sichern naturgemäß Wettbewerbsvorteile der eigenen Hochschulen im Bundesland. So mag es auch nicht verwundern, dass drei Bundesländer, die mit ihrer Bewerbung für die Ansiedlung des NFDI-Direktorats in ihrem Bundesland in die Endauswahl gekommen sind, bereits langjährige, millionenschwere Förderprogramme im Vorfeld aufgelegt haben. Konsequenterweise sind dies auch die Bundesländer, die bereits frühzeitig mit eigenen Bundeslandinitiativen zu Forschungsdatenmanagement an den Start gegangen sind.

2.1 Beispiele für vorbereitende Projekte und Initiativen

Im Folgenden können nicht alle FDM-relevanten Initiativen und Projekte in den 16 Bundesländern beschrieben werden. Die Auswahl konzentriert sich daher auf besonders einschlägige Bundesländer, die frühzeitig und konsequent über Jahre hinweg in verschiedene Bereiche der Digitalisierung (z. B. Open Access, Forschungsdaten, Lizenzierung, Forschungsdatenrepositorien etc.) mittels dedizierter Förderprogramme investiert haben.

Das Ministerium für Wissenschaft, Forschung und Kunst in *Baden-Württemberg* veröffentlichte bereits im Mai 2014 die Broschüre „Science – Wissenschaft unter neuen Rahmenbedingungen: Fachkonzept zur Weiterentwicklung der wissenschaftlichen Infrastruktur in Baden-Württemberg[20]", die von einer durch das Wissen-

---
20 S. https://mwk.baden-wuerttemberg.de/de/service/publikation/did/e-science/.

schaftsministerium eingesetzten Expertenkommission erarbeitet wurde und entlang von sechs Arbeitsgruppen mit den thematischen Schwerpunkten Lizenzierung, Digitalisierung, Open Access, Forschungsdatenmanagement, Virtuelle Forschungsumgebungen strategische Konzepte für jedes Handlungsfeld entwickelt hat. Auf dieser Basis förderte das Ministerium in Baden-Württemberg in den letzten Jahren weitere sog. E-Science-Projekte, die in ihrer Vielfalt und thematischen Schwerpunktsetzung bemerkenswert sind. Dabei verfolgt Baden-Württemberg einen dezentralen und partizipatorischen Ansatz, so dass zahlreiche – wenn nicht alle – Hochschulen in irgendeiner Form an verantwortlicher Stelle aktiv sind und in ein Netzwerk auf Bundeslandebene einbezogen sind.

In *Hessen* ist insbesondere das Forschungsförderungsprogramm „Landes-Offensive zur Entwicklung Wissenschaftlich-ökonomischer Exzellenz"[21] (LOEWE) zu nennen, welches seit 2008 als wissenschaftspolitischer Impulsgeber für die hessische Forschungslandschaft initiiert wurde. Von 2008 bis 2019 standen rund 869 Mio. Euro Landesmittel für die drei Förderlinien (Zentren, Schwerpunkte, KMU-Hochschule-Verbundprojekte) zur Verfügung. Die bisher 15 LOEWE-Zentren und 60 LOEWE-Schwerpunkte wurden von einer eigens eingerichteten LOEWE-Geschäftsstelle im Hessischen Ministerium für Wissenschaft und Kunst administrativ begleitet, wohingegen die 310 Verbundprojekte mit den klein- und mittelständischen Unternehmen (KMU) von der Hessen Agentur GmbH betreut werden. Das Bundesland Hessen verfolgt mit diesem Ansatz in den bisherigen zwölf Förderstaffeln die dezidierte Einbeziehung der KMU. Auch für das Jahr 2020 und folgende Jahre stehen nicht unerhebliche Fördermittel bereit. Allerdings werden im LOEWE-Förderprogramm auch nur in geringem Umfang Vorhaben mit einer Ausrichtung auf E-Science, Open Access etc. gefördert. Nichtsdestotrotz dürfte dieses Programm wesentlich dazu beitragen, dass sich in den letzten Jahren in Hessen kooperative Strukturen herausgebildet haben, die eine partizipatorische Bearbeitung von gemeinsamen Themenschwerpunkten erlauben, wie auch HeFDI (vgl. Kap. 2.2.) zeigt.

In *Nordrhein-Westfalen* haben sich zu Beginn des Jahres 2017 (bisher) 42 Hochschulen in einer Kooperationsvereinbarung[22] zur „Digitalen Hochschule NRW (DH. NRW)"[23] mit dem Ziel zusammengeschlossen, Digitalisierungsprozesse und dafür nötige Maßnahmen im NRW-Hochschulwesen weiterzuentwickeln. Diese Kooperationsvereinbarung berücksichtigt dabei von Beginn an die drei unterschiedlichen Hochschularten in NRW und wurde Ende 2018 mittels einer extra formulierten sog. Verfahrensordnung[24] organisatorisch und strukturell gestärkt. Darin wird die koope-

---

21 S. https://wissenschaft.hessen.de/wissenschaft/landesprogramm-loewe.
22 S. https://www.dh.nrw/fileadmin/user_upload/dh-nrw/pdf_word_Dokumente/DH.NRW_Kooperationsvereinbarung.pdf.
23 S. https://www.dh.nrw/.
24 S. https://www.dh.nrw/fileadmin/user_upload/dh-nrw/pdf_word_Dokumente/DH.NRW_Verfahrensordnung.pdf.

rative Zusammenarbeit der Gremien fixiert. NRW hat im Vergleich zu anderen Bundesländern die Zusammenarbeit der Hochschulen im eigenen Bundesland am stärksten formalisiert und auf eine belastbare Governance-Struktur gestellt. Flankiert werden die Maßnahmen rund um die Digitale Hochschule NRW durch eine Reihe von Förderprojekten, von denen hier nur exemplarisch einige mit Start 2020 genannt werden sollen: „Digitale Werkzeuge für die Hochschullehre", „E-Drittmittelakte NRW" oder „Moodle NRW". Projekte mit Bezug zu FDM sind zum Beispiel FDM-Scouts.nrw explizit für die Fachhochschulen in NRW oder auch Data Literacy Education.nrw. NRW steht als bevölkerungsreichstes Bundesland vor der Herausforderung, eine wesentlich größere Anzahl an Hochschulen mit auf den digitalen Weg zu nehmen und investiert daher entlang zahlreicher Förderprogramme verschiedene Verbundvorhaben mit jeweils einer Hochschule als Konsortialleitung. Eine eigens eingerichtete „Landesinitiative FDM"[25] fungiert als „zentrale Koordinierungsstelle, um die Hochschul- und Landesaktivitäten im Kontext von FDM zu bündeln und strategisch weiterzuentwickeln".

So unterschiedlich die Ausgangslagen in den drei hier exemplarisch beschriebenen Bundesländern bezüglich Anzahl der Hochschulen, Digitalisierungsstrategie auf Bundeslandebene, Engagement im Bereich Forschungsdaten(management) etc. auch sind, so investieren diese Bundesländer nicht unerhebliche Fördermittel, um ihre Hochschulen bei dem dringend benötigten digitalen Kulturwandel und speziell auch im Umgang mit Forschungsdaten zu unterstützen.

2.2 Bundesländer mit Projekten und Initiativen im Bereich Forschungsdatenmanagement

Zahlreiche Bundesländer haben mit eigenen, durch ihr jeweiliges Ministerium geförderte, Initiativen zu Forschungsdatenmanagement den ersten Schritt hin zu koordinierenden und vernetzenden Maßnahmen zum Umgang mit Forschungsdaten getätigt. Im Folgenden werden zunächst die Bundesländer vorgestellt, die durch eine dezidierte Förderung eine FDM-Initiative in ihrem Bundesland aufbauen, bevor nachfolgend auch weitere Projekte und Entwicklungen aus den anderen Bundesländern (soweit bekannt) vorgestellt werden.

Die folgenden sechs Bundesländer befinden sich zurzeit (Stand August 2020) in einer Förderphase für den Aufbau bzw. die Weiterentwicklung der eigenen Initiative zu FDM:

---

25 S. https://www.fdm.nrw/.

Baden-Württemberg

Baden-württembergisches Begleit- und Weiterentwicklungsprojekt für Forschungsdatenmanagement (bw2FDM), https://bwfdm.scc.kit.edu/, gefördert vom Ministerium für Wissenschaft, Forschung und Kunst Baden-Württemberg
- Förderzeitraum: nach zwei Vorgänger-Förderphasen seit Mai 2019 bis voraussichtlich April 2023
- Fördervolumen: keine öffentlichen Angaben

Schwerpunkte (exemplarisch):
- Redaktion und Weiterentwicklung von forschungsdaten.info
- Bereitstellen von Workflows, Analysewerkzeugen und Dienste-Portfolios für einzelne Disziplinen
- Informationsvermittlung (Schulungen, Webinare), Beratungen
- Koordinierung und Organisation des Arbeitskreises FDM in BW
- Vernetzung mit den anderen Landesinitiativen
- Koordination der Querschnittsthemen der vier baden-württembergischen Science Data Center
- Planung und Durchführung der Konferenz „E-Science-Tage"

Brandenburg

Forschungsdatenmanagement in Brandenburg: Technologien, Kompetenzen, Rahmenbedingungen (FDM-BB), http://forschungsdaten-brandenburg.de, gefördert vom Ministerium für Wissenschaft, Forschung und Kultur (MWFK)
- Förderzeitraum: seit November 2019 bis voraussichtlich Dezember 2020, Nachfolgeantrag in Bearbeitung
- Fördervolumen: ca. 110.000 Euro

Schwerpunkte (exemplarisch)[26]
- Aufbau Netzwerk FDM: Acht Hochschulen in Brandenburg, aber auch außeruniversitäre Forschungseinrichtungen, sind in einer Arbeitsgruppe koordiniert und tauschen sich monatlich aus
- Start von Diskussionen im Bereich Institutionalisierung FDM in den Hochschulen unter Einbeziehung der brandenburgischen Landesrektorenkonferenz bzw. Vize-Präsidentinnen und -Präsidenten für Forschung/Entwicklung/Transfer
- Schulungen (bspw. mittels Webinare), Beratung, Unterstützung Forschende etc.
- Identifikation kooperativ zu nutzender Dienste (bspw. FDM-Werkzeug wie RDMO und Treffen von bundeslandweiten Absprachen)

---

26 Vgl. Wuttke et al. 2020, Schneemann et al. 2020 und Radke et al. 2020.

- Bedarfs- und Umfeldanalyse für die Formulierung von Handlungs- und Implementierungsempfehlungen an das MWFK mit dem Ziel, eine FDM-Policy für Brandenburg zu entwickeln
- Vernetzung und Austausch mit anderen Bundeslandinitiativen, der NFDI sowie international (z. B. GoFAIR, RDA, EOSC etc.)

Hamburg

Hamburg Open Science (HOS), https://fdm.hos.tuhh.de/, gefördert von der Freie und Hansestadt Hamburg
- Förderzeitraum: seit Januar 2018 bis voraussichtlich Ende 2020
- Fördervolumen; 3,4 Mio. Euro für Forschungsdaten (für Open Science insgesamt ca. 15 Mio. Euro)

Schwerpunkte (exemplarisch):
- Beratungen, Schulungen
- Aufbau von Repositorien für Forschungsdaten
- Umsetzung der Vorgaben der Forschungsförderer
- Aufbau und Einführung von FDM an den Hamburger Hochschulen

Hessen

Hessische Forschungsdateninfrastrukturen (HeFDI), https://www.uni-marburg.de/de/hefdi, gefördert vom Hessisches Ministerium für Wissenschaft und Kunst (HMWK)
- Förderzeitraum: seit Mai 2016 bis voraussichtlich Dezember 2020, Nachfolgeantrag in Bearbeitung
- Fördervolumen: 3,4 Mio. Euro

Schwerpunkte (exemplarisch):
- Dienste und Werkzeuge (z B. Sync & Share-Dienst via Hessenbox, RDMO-Instanzen für HeFDI-Hochschulen)
- Beratungen, Schulungen (z. B. Forschungsdatenkurse für Studierende, Umgang mit sensiblen Forschungsdaten)
- Mitwirken in Steuerungsgruppe des Projekts Langzeitverfügbarkeit an hessischen Hochschulen (LaVaH)
- Beteiligung DINI/nestor-AG Forschungsdaten, Unterstützung Aufbau NFDI-Konsortien, Unterstützung des Serviceverzeichnis Forschungsdaten, Beteiligung Research Data Alliance (RDA)
- Aufbau FDM-unterstützender Strukturen an allen Standorten mit der Förderung der Zusammenarbeit und des fachlichen Austauschs inklusive des Schaffens von Synergie und Wissenstransfer

Nordrhein-Westfalen

Landesinitiative für Forschungsdatenmanagement (fdm.nrw), https://www.fdm.nrw/, gefördert vom Ministerium für Kultur und Wissenschaft
- Förderzeitraum: seit September 2019 bis voraussichtlich Dezember 2021
- Fördervolumen; ca. 1,2 Mio. Euro

Schwerpunkte (exemplarisch):
- Schulungen, Weiterbildung (z. B. Newcomer-Track, Advanced-Track, FDM-Zertifikatskurs)
- Bereitstellung von Tools & Materialien
- Beratungen (z. B. FDM-Prozess-Begleitung mit Fokus Fachhochschulen)
- Informationsvermittlung und Begleitung von Akteurinnen und Akteuren beim Aufbau der NFDI
- Vernetzung innerhalb des Bundeslands, mit anderen Bundeslandinitiativen und international

Thüringen

Kompetenznetzwerk Forschungsdatenmanagement der Thüringer Hochschulen (TKFDM), https://forschungsdaten-thueringen.de, gefördert vom Thüringer Ministerium für Wirtschaft, Wissenschaft und Digitale Gesellschaft (TMWWDG)
- Förderzeitraum: von Oktober 2018 bis voraussichtlich Oktober 2021
- Fördervolumen: 600.000 Euro

Schwerpunkte (exemplarisch):
- Materialsammlungen, Best Practice Reihe, Checklisten, Handreichungen
- Thüringer FDM-Tage (Datenpreis-Verleihung)
- Workshops, Schulungen, Coffee Lectures, Webinare
- Beratungen
- Vernetzung innerhalb des Bundeslands, bundeslandübergreifend (z B. DINI/Nestor) und international (z. B. GO FAIR, RDA)
- Fortschreiben der Digitalisierungsstrategie 2021–2023

Sachsen

Auch wenn es in Sachsen noch keine explizit geförderte Bundeslandinitiative zu FDM gibt, so scheint Sachsen nach bisherigem Kenntnisstand das nächste, vielversprechende Bundesland mit einer potentiell zukünftigen ministeriellen Förderung zu sein und wird daher hier auch kurz vorgestellt.

Forschungsdatenmanagement in Sachsen (SaxFDM), https://saxfdm.de/, Förderantrag in Vorbereitung
- Projektlaufzeit ohne Förderung bisher, aber seit 2019 als Bottom-Up-Initiative von Forschungseinrichtungen, Forschenden und unter Beteiligung des Sächsischen Ministeriums für Wissenschaft und Kultur (SMWK)

Schwerpunkte (exemplarisch)
- Etablierung eines Expertennetzwerks für den Aufbau und Betrieb landesweiter Dienste zu verschiedenen Aspekten des FDM
- Schulungen, Weiterbildungen
- Vernetzung innerhalb des Bundeslands und bundesweit (fachliche FDM-Gruppen, RDA-DE, DINI/nestor)
- Langfristiges Ziel: Schaffen einer trag- und zukunftsfähigen Organisationsstruktur einschließlich kooperativem Einsatz von personellen und finanziellen Ressourcen (zentraler Ansprechstelle)
- Strategische Planung der Unterstützung von gemeinsamen Diensten und technischen Infrastrukturen
- Etablierung, Umsetzung und Koordination einer landesweiten Forschungsdatenstrategie

Weitere Ansätze

Auch in anderen Bundesländern gibt es vielversprechende Ansätze im Bereich FDM, die zum Teil hervorragend als Basis für eine bundeslandweite Initiative dienen können. Zu nennen sind insbesondere Aktivitäten in den nachfolgenden Bundesländern:

In *Bayern* fördert das Bayerisches Staatsministerium für Wissenschaft und Kunst (MWK Bayern) seit Januar 2018 bis Dezember 2020 das fachwissenschaftliche Projekt „eHumanities – interdisziplinär", welches ebenfalls FDM-spezifische Materialien sammelt, Lernmaterialien und -module erstellt und sich innerhalb Bayerns sowie bundesweit (z. B. DHd-Verbund) vernetzt. Im Ergebnis sollen auch Empfehlungen zu FDM in den digitalen Geisteswissenschaften formuliert werden. Als zweites vom MWK Bayern gefördertes Projekt zählt „Digitale Langzeitverfügbarkeit für Wissenschaft und Kultur in Bayern", welches vom Juni 2019 bis Mai 2021 mit rund 410.000 Euro finanziert ist. Es verfolgt vorrangig die Ziele, LZA-Workflows (dezentral und zentral) zu erstellen, diese technisch umzusetzen, Mustervereinbarung zur digitalen Langzeitarchivierung zu erarbeiten sowie ein nachhaltiges Geschäfts- und Kostenmodells zu entwickeln.

In *Berlin* existiert an zahlreichen Universitäten seit zum Teil vielen Jahren fundierte Expertise rund um FDM. Im Bereich Open Access werden alle Aktivitäten und Angebote im Open Access Büro Berlin gebündelt, wohingegen dies im Bereich FDM zum jetzigen Zeitpunkt noch nicht sichtbar ist. Ob eine zukünftige Koordinierung unter dem Dach der „Berlin University Alliance" angesiedelt wird, durch eine thematische Öffnung des Open Access Büros Berlin passiert oder alternative Szenarien entwickelt werden, scheint noch unklar zu sein.

In *Bremen* hat sich insbesondere die Universität Bremen mit dem im Jahr 2019 vom RatSWD akkreditiertem Forschungsdatenzentrum (FDZ) Qualiservice um FDM verdient gemacht.

In *Mecklenburg-Vorpommern* hat sich an der Universität Rostock die dortige Universitätsbibliothek des Themas FDM angenommen und bietet umfangreiche Unterstützungen inklusive einer ausführlichen FAQ-Liste etc. an.

In *Niedersachen* sind bereits seit einigen Jahren zahlreiche Hochschulen sehr aktiv im Bereich Forschungsdatenmanagement. Exemplarisch seien hier die TIB Hannover (Leibniz-Informationszentrum Technik und Naturwissenschaften und Universitätsbibliothek) mit ihrem Engagement in DOI[27] genannt oder die Georg-August-Universität Göttingen mit der eResearch Alliance[28]. Zu Beginn des Jahres 2020 hat die wissenschaftliche Kommission in Niedersachsen (WKN[29]) eine Arbeitsgruppe zum Thema FDM eingerichtet, die beratend Empfehlungen für Niedersachsen erarbeiten soll.

In *Rheinland-Pfalz* existieren gleich an mehreren Hochschulen bzw. in einem Verbund (z. B. Katholische Hochschule Mainz, Johannes Gutenberg-Universität Mainz, Servicezentrum eScience, Technische Universität Kaiserslautern) vielversprechende Ansätze zu FDM, die allerdings bisher auf Bundesland-Ebene noch nicht koordiniert bzw. vernetzt zu sein scheinen.

In *Schleswig-Holstein* bringt sich die Christian-Albrechts-Universität zu Kiel nicht nur bereits seit Jahren aktiv in FDM-Themen ein und stellt umfangreiche Materialien auf ihren Seiten zur Verfügung, sondern hat auch als eine der ersten Universitäten in Deutschland bereits im Jahr 2015 eine „Leitlinie zum Umgang mit Forschungsdaten[30]" veröffentlicht.

Die Bibliothek der Universität des *Saarlandes* ist ebenfalls seit Jahren aktiv im FDM-Kontext unterwegs. So hat die Universität des Saarlandes bereits 2001 folgenden Grundsatz zu Forschungsdaten beschlossen: „Primärdaten, die als Grundlage für Veröffentlichungen dienen, sind in derjenigen Einrichtung (Labor, Fachrich-

---

27 S. https://www.tib.eu/de/publizieren-archivieren/doi-service.
28 S. https://www.eresearch.uni-goettingen.de/de/.
29 Die Wissenschaftliche Kommission in Niedersachsen (WKN) ist ein unabhängiges Expertengremium, das 1997 auf Kabinettsbeschluss dauerhaft eingerichtet wurde und das die niedersächsische Landesregierung in Fragen der Wissenschafts- und Forschungspolitik berät, vgl. www.wk.niedersachsen.de.
30 S. http://www.uni-kiel.de/download/pm/2015/2015-408-leitlinie-forschungsdaten.pdf.

tung, Klinik), in der sie entstanden sind, für zehn Jahre aufzubewahren, soweit dies zum Zweck der Nachprüfbarkeit notwendig ist.[31]"

In *Sachsen-Anhalt* ist die Martin-Luther-Universität Halle-Wittenberg sowohl fachspezifisch mit dem „Historischen Datenzentrum Sachsen-Anhalt[32]" als auch Universitätsweit im Rahmen eines Expertennetzwerks zu Forschungsdaten aktiv, bei dem Vertreter verschiedener Fachbereiche fachspezifische Bedarfe zentral abstimmen.

2.3 Bundesländer mit Projekten und Initiativen im Bereich Forschungsdatenmanagement

Die Mehrheit der 16 Bundesländer hat sich auf den langen Weg gemacht, Forschungsdatenmanagement auch auf Ebene der einzelnen Hochschulen zu institutionalisieren. Dabei werden verschiedene Ansätze in der Umsetzung, thematischen Schwerpunktsetzung und unterschiedliche Grade in der Formalisierung erkennbar. Nordrhein-Westfalen scheint hier insgesamt mit der Kooperationsvereinbarung und den zahlreichen flankierenden Maßnahmen sehr weit zu sein. Zu beobachten ist auch ein West-Ost-Gefälle: Während in den sieben östlichen Bundesländern bisher nur zwei relativ junge Bundesland-Initiativen gestartet sind, sind diese im Vergleich zu den westlichen FDM-Initiativen finanziell auch deutlich schlechter ausgestattet. Und auch wenn sich bw2FDM in Baden-Württemberg mit forschungsdaten.info um eine Anlaufstelle mit einem Redaktionsteam, in dem alle Bundesländer vertreten sind, organisatorisch und inhaltlich verantwortlich zeigt, ist der Grad der Vernetzung der Bundesland-Initiativen untereinander noch nicht wirklich weit vorangeschritten. Absprachen über gemeinsam zu entwickelnde Schulungsmaterialien, kooperativ erstellte Informationssammlungen etc. sind nicht zu beobachten.

Naturgemäß liegen die Schwerpunkte vieler Initiativen und v. a. einzelner Projekte in den Bundesländern ohne eigene finanzierte FDM-Initiative auf den Bedarfen der eigenen Hochschulen in dem jeweiligen Bundesland. Auch haben einige Bundesländer nur Universitäten und nicht auch Fachhochschulen bzw. Hochschulen der Angewandten Wissenschaften etc. im Fokus. Viele Bundeslandinitiativen konzentrieren sich thematisch in erster Linie auf Qualifizierungsmaßnahmen „vor Ort", d. h. zum Beispiel um Schulungen sowohl der Forschenden als auch Forschungsunterstützenden in zentralen Informationsinfrastruktureinrichtungen wie Bibliothek oder Rechenzentrum. Nicht viele Bundesland-Initiativen scheinen bisher mit HPC-Anwendern vernetzt zu sein oder die Kooperation zum Beispiel mit der Gauss-Alli-

---

31 S. https://www.uni-saarland.de/fileadmin/upload/verwaltung/fundstellen/Forschungsangelegenheiten/DB01-342.pdf.
32 S. https://www.geschichte.uni-halle.de/struktur/hist-data/.

anz[33] zu suchen, obwohl gerade diese Forschergruppen naturgemäß Unmengen an Daten produzieren bzw. verarbeiten.

Festzuhalten bleibt, dass den Bundesland-Initiativen und auch den Einrichtungen in den Bundesländern ohne eigene FDM-Initiative eine Schlüsselrolle zukommt, um die Bewusstseinsbildung und Akzeptanz sowie die dringend benötigte Qualifizierung aller Beteiligter rund um Forschungsdaten in die Fläche bis hin zu der kleinen Hochschule in eher abgelegenen Regionen voranzutreiben. Nur so können die NFDI und die EOSC auf ein breites Fundament gestellt werden. Und nur mit Hilfe der Bundesländer können auch Forschende für das Thema FDM sensibilisiert werden, die sich fachwissenschaftlich perspektivisch keiner der 30 NFDI-Fachkonsortien anschließen können.

3 Zukünftige Herausforderungen

Wie immer bei dem Start großer Initiativen und Förderprogramme – allein die NFDI wird im nächsten Jahrzehnt fast eine Milliarde Euro kosten – scheinen die Herausforderungen und Risiken zu überwiegen. Nichtsdestotrotz sind mit Entwicklungen dieser Art auch sehr große Chancen verbunden und können im Fall von Deutschland tatsächlich einen kulturellen Wandel im Umgang mit digitalen Daten bewirken. Im Folgenden werden mehrere Herausforderungen und mögliche Lösungsansätze sowie offene Fragen beleuchtet.

Es wird weiterhin für alle Akteurinnen und Akteure notwendig sein, sich immer wieder klar zu machen, dass ein systematisches Forschungsdatenmanagement kein Selbstzweck ist, sondern für den Forschungsstandort Deutschland, aber auch für jeden einzelnen Forschenden zur guten wissenschaftlichen Praxis gehört. Die strukturierte und standardisierte Beschreibung von Daten(sammlungen) muss selbstverständlicher Teil des wissenschaftlichen Arbeitens werden und optimalerweise wird die Veröffentlichung von Daten ein wesentliches Qualitätskriterium zukünftiger Berufungsverfahren bei Professorinnen und Professoren. Alle Forschenden und Studierenden müssen quasi beim Betreten der akademischen Welt auf selbstverständliche Art und Weise im Umgang mit digitalen Daten geschult werden, es muss also Teil ihrer akademischen DNA werden.

Dies stellt u. a. die Hochschulen vor enorme Herausforderungen: Quasi jeder Studiengang muss mindestens ergänzt werden um Module, die FDM zu Thema haben. Gänzlich neue Curricula müssen schnellstmöglich mit definierten Abschlüssen (z. B. data steward etc.) entwickelt werden, die international anschlussfähig sind. Es darf nicht vergessen werden, dass es von der Entwicklung bis hin zu ersten Absol-

---

33 S. https://gauss-allianz.de/.

ventinnen und Absolventen mit den neuen Kompetenzen und Fähigkeiten mindestens sechs Jahre vergehen. Es müssen aber nicht nur neue Studiengänge entwickelt und etabliert, sondern auch neue Berufsfelder definiert werden. Im Moment scheint völlig unklar zu sein, welcher Kompetenzkanon den Begriffen wie z. B. data scientist, data analyst, data engineer, data manager, data curator, data librarian, data steward etc. zugrunde liegt, wie sie sich unterscheiden, wie die Karrierepfade aussehen und wie deutsche Berufsbezeichnungen entwickelt werden können etc.

Akademische Ausbildung ist die eine Seite der Medaille, Schulung und Weiterqualifizierung stellt die andere Seite dar. Wie können die unzähligen Mitarbeitenden, die bereits in Lohn und Brot stehen, systematisch geschult werden? Und was sind überhaupt die FDM-relevanten Kerninhalte pro Berufszweig? Was ist erwartbar und realistisch? Wer bezahlt dies? Wie können seriöse und bestenfalls zertifizierte Maßnahmen identifiziert werden? Werden sogenannte Zertifikatskurse, angeboten von Hochschulen, eine zusätzliche Einnahmequelle für Hochschulen darstellen?

Eine weitere Ebene der Herausforderungen betrifft das Verhältnis NFDI zu den Initiativen und Entwicklungen in den Bundesländern. Naturgemäß hat die NFDI die Fach-Konsortien im Blick und fördert die Communities, die besonders strukturbildend in ihrem Fach auftreten. Aber wieviel Prozent der (Nachwuchs-)Wissenschaftlerinnen und Wissenschaftler erreicht der durch die NFDI ausgelöste kulturelle Wandel? Werden die geförderten NFDI-Fachkonsortien im schlimmsten Fall nur als Leuchtturmprojekte wahrgenommen, die außerhalb der jeweiligen Fachdisziplin Niemanden sonderlich interessieren werden? Oder ist es wirklich realistisch anzunehmen, dass z. B. vielleicht zwei bis vier geförderte geisteswissenschaftliche Fachkonsortien tatsächlich hunderttausende geisteswissenschaftlich Studierende zu dem gewünschten, ja fast geforderten Paradigmenwechsel einladen?

Hier kommen die Bundesländer ins Spiel, die quasi vor Ort für ihre Hochschulen in ihrem Bundesland aktiv werden und z. T. große Fördersummen investieren, damit einzelne Forschende, aber auch Studierende und Forschungsunterstützende im Bereich FDM beraten, unterstützt und geschult werden. Es macht weder Sinn noch scheint es überhaupt ansatzweise realistisch zu sein, dass Fachkonsortien Strahlkraft auf einzelne Hochschulen in der Fläche haben werden und in der Lage sind, alle Fakultäten und Fachbereiche einer Hochschule zu inspirieren. Damit kommt den Bundesländern eine besondere Verantwortung zu und sie müssen ihre Hochschulen überzeugen, FDM als Teil der ureigenen Aufgabe zu verstehen und diese bei den nächsten Hochschulabschlüssen (weitestgehend) aus dem Grundetat zu finanzieren. Eine undankbare Aufgabe, und während sich „Ruhm und Ehre" auf die leuchtenden NFDI-Fachkonsortien verteilen, müssen sich die Hochschulen und Forschungseinrichtungen im Zweifel in der Fläche allein abmühen. Dadurch entsteht auf ganz natürliche Weise das Spannungsfeld zwischen Exzellenz in der fachwissenschaftlichen Spitze und dem mühsamen Locken und Werben in der Breite bzw. Fläche. Es wird spannend sein zu sehen, ob und wie sich alle Bundesländer in koordinierter und systematischer Weise in den NFDI-Prozess[34] einbringen. In diesem Zusammenhang scheint es auch sehr wichtig zu sein, alle 16 Bundesländer gleichermaßen „ins Boot zu holen" und auch insbesondere die östlichen Bundesländer verstärkt zu motivieren, sich des Themas FDM anzunehmen. Sowohl politisch als auch finanziell ist hier zwischen West und Ost bereits eine Schieflage zu beobachten. Auch die Zusammenarbeit zwischen außeruniversitären Forschungseinrichtungen und den länderfinanzierten Hochschulen innerhalb der NFDI wird sich weiter ausdifferenzieren müssen.

Eine weitere Herausforderung besteht in dem Verhältnis fachwissenschaftlicher FDM-Expertise auf der einen Seite und die Verantwortung für die sogenannten Querschnittsaufgaben auf der anderen Seite. Natürlich haben sich die jetzt geförderten NFDI-Fachkonsortien dazu verpflichtet, Querschnittsaufgaben wahrzunehmen und sich mit anderen Konsortien entsprechend in z. B. Arbeitsgruppen und Sektionen zu vernetzen. Es bleibt abzuwarten, ob hier ein Schub, um nicht zu sagen, Ruck durch alle Fachdisziplinen erreicht wird und sich die Fachkonsortien verantwortlich fühlen, diesen eher generisch anzulegenden Prozess unter Berücksichtigung aller Beteiligten, also auch derjenigen ohne NFDI-Förderprojekt, an verantwortlicher Stelle zu koordinieren. Erfahrungsgemäß sind diese Prozesse sehr langwierig, beschwerlich und (leider) wenig karrierefördernd. Es wird spannend sein zu beobachten, wer sich in welcher Form für welchen Querschnitts-Themenbereich einsetzen wird, wie dies im NFDI-Ökosystem angesehen wird und welche Auswirkungen sich außerhalb der NFDI ergeben. Immerhin liegt mit der „Leipzig-Berlin-Erklärung zu NFDI-Querschnittsthemen der Infrastrukturentwicklung"[35] ein zwischen den Querschnittsinitiativen und (potenziellen) Fachkonsortien abgestimmter Fahrplan vor.

Zusammenfassend kann festgehalten werden, dass das NFDI-Ökosystem sowohl horizontal als auch vertikal kein festes Gefüge darstellen kann, sondern im partizipatorischen Aushandlungsprozess, v. a. auch unter Berücksichtigung der nicht an erster Stelle Beteiligten, inkludierend, offen, neugierig und sich agil verändernd auftreten sollte. Und selbstverständlich muss dieser NFDI-Organismus europäisch und international fest verankert sein und in beide Richtungen (nach Deutschland hinein und aus Deutschland hinaus) transparent informieren, unterstützen, Überzeugungsarbeit leisten etc.

Zum Schluss soll zudem noch auf eine Herausforderung der besonderen Art hingewiesen werden. Natürlich spricht die NFDI mit den im Kielwasser strömenden Hype-Worten wie HPC, KI, Algorithmen, „Blech"[36] etc. besonders den Sprach- und Gedankenschatz der männlich Involvierten an und beflügelt offenbar insbesondere Männer, die zu einem erstaunlich großen Prozentsatz den NFDI-Konsortien vorste-

---

34 An dieser Stelle ist nicht der GWK-Beschluss zur Förderung von NFDI-Fachkonsortien gemeint.
35 Vgl. Bierwirth et al. 2020.
36 Originalzitat auf der 2. NFDI/DFK Konferenz im Juli 2020.

hen. Selbst in den geisteswissenschaftlichen NFDI-Konsortien (gefördert in der 1. Runde bzw. einzureichen in der 2. Runde) ist der Frauenanteil derer, die im Rahmen der 2. NFDI/DFG-Konferenz präsentiert haben, verschwindend gering.

Auch ist die kulturelle Vielfalt in der bisherigen NFDI-Welt nicht besonders ausgeprägt, dies betrifft sowohl den kulturellen Hintergrund, unterschiedliche Hochschultypen oder auch die Altersstruktur der sogenannten Meinungsführerschaft.

Literatur

Letztes Abrufdatum der Internet-Dokumente ist der 15.11.2020.

Bierwirth, Maik, Frank Oliver Glöckner, Christian Grimm, Sonja Schimmler, Franziska Boehm, Christian Busse, Andreas Degkwitz, Oliver Koepler und Heike Neuroth. 2020. „Leipzig-Berlin-Erklärung zu NFDI-Querschnittsthemen der Infrastrukturentwicklung." *Zenodo*. doi:10.5281/zenodo.3895208.

Radtke, Ina, Niklas Hartmann, Heike Neuroth, Laura Rothfritz, Ulrike Wuttke, Janine Straka, Miriam Zeunert und Carsten Schneemann. 2020. „Anforderungserhebung bei den brandenburgischen Hochschulen." *Zenodo*. doi:10.25932/publishup-48091.

Schneemann, Carsten, Miriam Zeunert, Laura Rothfritz, Heike Neuroth, Niklas Hartmann und Ina Radtke. 2020. „Rahmendaten zu FDM-Bundeslandinitiativen." *Zenodo*. doi:10.5281/zenodo.4068170.

Wuttke, Ulrike, Heike Neuroth, Laura Rothfritz, Janine Straka, Miriam Zeunert, Carsten Schneemann, Niklas Hartmann, Ina Radtke. 2020. „Umfeldanalyse zum Aufbau einer neuen Datenkultur in Brandenburg (FDM-BB)." *Zenodo*. doi:10.25932/publishup-48090.

Quellenverzeichnis

Die ca. 800 im Praxishandbuch zitierten und bei den jeweiligen Beiträgen unter „Literatur" angegebenen Quellen stehen in Form einer umfassenden Wissenssammlung auf Zotero zur Verfügung: https://www.zotero.org/groups/2497964/praxishandbuch_forschungsdatenmanagement. Von diesem Einstiegslink aus kann in die einzelnen Kapitel- und Beitragsebenen des Praxishandbuchs mit deren spezifischen Literaturangaben gewechselt werden.

Gleiches gilt für etwaige Forschungsdaten zu dem Praxishandbuch, die auf dem Datenrepositorium RADAR „Open Data" unter der doi:10.22000/325 publiziert wurden. Bitte beachten Sie von diesem Einstiegslink aus die „Has Part"-Verknüpfungen zu den Kapiteln und Beiträgen. In RADAR sind neben den Forschungsdaten auch die PDFs der Buchbeiträge für mindestens 25 Jahre langzeitarchiviert.

Abkürzungsverzeichnis

A

AARC	Authentication and Authorisation for Research and Collaboration
ADeX	Archäologischer Datenexport-Standard
ADOCHS	Auditing Digitalization Outputs in the Cultural Heritage Sector
AGA	Annotated Model Grant Agreement
AI	Artificial Intelligence (s. a. KI)
AIP	Archival Information Package
AK	Arbeitskreis
AMOS	Advanced Multi User Operating System
APA	American Psychological Association
API	Application Programming Interface
AR	Ausführungsreglement
AWI	Alfred-Wegener-Institut für Polar- und Meeresforschung

B

BA	Bachelor (s. a. BSc)
BASE	Bielefeld Academic Search Engine
BayDSG	Bayerisches Datenschutzgesetz
BayHSchG	Bayerisches Hochschulgesetz
BbgHG	Brandenburgisches Hochschulgesetz
BDSG	Bundesdatenschutzgesetz
BERT	Bidirectional Encoder Representations from Transformers
BfDI	Bundesbeauftragter für den Datenschutz und die Informationsfreiheit
BGB	Bürgerliches Gesetzbuch
BGH	Bundesgerichtshof
BIO	Biological Sciences Directorate
BIR	Binary Independence Retrieval
BlnDSG	Berliner Datenschutzgesetz
BLV	Bund-Länder-Vereinbarung
BM	Best Matching
BMBF	Bundesministerium für Bildung und Forschung
BMWi	Bundesministerium für Wirtschaft und Energie
BPA	Blueprint Architecture
BremDSGVOAG	Bremisches Ausführungsgesetz zur EU-Datenschutz-Grundverordnung
BSc	Bachelor of Science (s. a. BA)
BT	Bundestag
BT-Drucks	Bundestagsdrucksache

C

CC	Creative Commons
CCSDS	Consultative Committee for Space Data Systems
CDS	Climate Data Store
CESAER	Conference of European Schools for Advanced Engineering Education and Research
CESSDA	Consortium of European Social Science Data Archives

CIDOC	Comité international pour la documentation
CISE	Computer & Information Sciences & Engineering
CKAN	Comprehensive Knowledge Archive Network
CLARIN	Common Language Resources and Technology Infrastructure
CMIP	Coupled Model Intercomparison Project bzw. Climate Model Intercomparison Project
CMOR	Climate Model Output Rewriter
COD	Crystallography Open Database
CODATA	Committee on Data for Science and Technology
CONQUAIRE	Continuous quality control for research data to ensure reproducibility
CO-OPERAS	Open Access in the European Research Area through Scholarly Communication
COPDESS	Coalition for Publishing Data in the Earth and Space Sciences
COPE	Committee on Publication Ethics
CORDIS	Community Research and Development Information Service
COS	Center for Open Science
CPU	Central Processing Unit
CQL	Contextual Query Language
CRediT	Contributor Roles Taxonomy
CRM	Conceptual Reference Model
CSIC	Consejo Superior de Investigaciones Científicas
CTS	CoreTrustSeal

D

DARIAH	Digital Research Infrastructure for the Arts and Humanities
DART	Data Management Plans as a Research Tool
DBLP	Digital Bibliography & Library Project
DCAT	Data Catalog Vocabulary
DCC	Digital Curation Centre
DCMI	Dublin Core Metadata Initiative
DDC	Data Distribution Center
DDI	Data Documentation Initiative
DDM	Digitales Datenmanagement
DFG	Deutsche Forschungsgemeinschaft
DFN	Deutsches Forschungsnetz e.V.
DH	Digital Humanities
DIF	Datenintensive Forschung
DIF	Directory Interchange Format, NASA-Metadatenstandard
DIL	Data Information Literacy
DIM	Daten- und Informationsmanagement
DINI	Deutsche Initiative für Netzwerkinformation e.V.
DIP	Dissemination Information Packages
DIPIR	Dissemination Information Packages for Information Reuse
DLF	Digital Library Federation
DM	Datenmanagement (s. a. RDM und FDM)
DMP	Datenmanagementplan
DOA	Digital Object Architecture
DOBES	Dokumentation bedrohter Sprachen
DOI	Digital Object Identifier

DPMT	Data Project Management Tool
DQC	Data Quality Committee
DROID	Digital Record Object Identification
DSA	Data Seal of Approval
DSGVO	Datenschutzgrundverordnung
DSK	Datenschutzkonferenz
DSP	Data Sharing Plan
DW	Domänenwände

E

EC	European Commission
EcoSoc-IN	Economic and Social Sciences going FAIR Implementation Network
ECTS	European Credit Transfer System
EEBO	Early English Books Online
EGI	European Grid Initiative
EHR	Education & Human Resources Directorate
EJP	European Joint Programme
ELAG	European Library Automation Group
ENG	Engineering Directorate
ENVRI	Environmental Research Infrastructure
EnWG	Energiewirtschaftsgesetz
EOSC	European Open Science Cloud
ePIC	Persistent Identifiers for eResearch
ERA-Net	European Research Area Networks
ERC	European Research Council
ERIC	European Research Infrastructure Consortium
ESFRI	European Strategy Forum on Research Infrastructures
ESGF	Earth System Grid Federation
ESMValTool	Earth System Model Evaluation Tool
ESO	European Southern Observatory
ESRF	European Synchrotron Radiation Facility
ESSD	Earth System Science Data
ETL	Extract, Transform, Load
EU	Europäische Union
EUDAT	European Data
EUDAT CDI	European Data Collaborative Data Infrastructure
EuGH	Europäischer Gerichtshof
EWIG	Entwicklung von Workflowkomponenten für die Langzeitarchivierung von Forschungsdaten in den Geowissenschaften
ExPaNDS	European Open Science Cloud Photon and Neutron Data Service

F

FAIR	Findable, Accessible, Interoperable, Reusable
FAIR StRePo	FAIR Standards, Repositories, and Policies
FAIR4S	(Framework for) FAIR Data Stewardship Skills in Science and Scholarship
FCS	Federated Content Search
FD	Forschungsdaten
FDM	Forschungsdatenmanagement (s. a. RDM)
FDR	Forschungsdatenrepositorium

FDZ	Forschungsdatenzentrum
FFP	Fabrikation, Falsifikation und Plagiat
FID	Fachinformationsdienst
FoDaKo	Forschungsdatenmanagement in Kooperation
FOKUS	Forschungsdatenkurse für Studierende und Graduierte
FUSE	Filesystem in Userspace
FWF	Fonds zur Förderung der wissenschaftlichen Forschung

G

GAIA	Global Integrated Earth Data
GARR	Gruppo per l'Armonizzazione delle Reti della Ricerca
GBPS	Gigabit per second
GDPR	General Data Protection Regulation
GEDE	Group of European Data Experts
GEO	Geosciences Directorate
GEOSS	Global Earth Observation System of Systems
GeRDI	Generic Research Data Infrastructure
GeschGehG	Gesetz zum Schutz von Geschäftsgeheimnissen
GFBio	German Federation for Biological Data
GFISCO	Go Fair International Support and Coordination Office
GG	Grundgesetz
GIPS	Giga (Billion) Instructions Per Second
GO	Gene Ontology
GRADE	Goethe Research Academy for Early Career Researchers
GSI	Gesellschaft für Schwerionenforschung (= Helmholtzzentrum für Schwerionenforschung)
GWK	Gemeinsame Wissenschaftskonferenz
GwP	Gute wissenschaftliche Praxis

H

HCPP	House of Commons Parliamentary Papers
HDF	Helmholtz Data Federation
HDSIG	Hessisches Datenschutz- und Informationsfreiheitsgesetz
HeFDI	Hessische Forschungsdateninfrastrukturen
HG-NRW	Hochschulgesetz Nordrhein-Westfalen
HIFIS	Helmholtz Federated IT Services
HmbDSG	Hamburgisches Datenschutzgesetz
HmbHG	Hamburgisches Hochschulgesetz
HochSchG-RP	Hochschulgesetz Rheinland-Pfalz
HPC	High-Performance Computing
HPSS	High Performance Storage System
HRK	Hochschulrektorenkonferenz
HSG-Bremen	Bremisches Hochschulgesetz
HSG-LSA	Hochschulgesetz des Landes Sachsen-Anhalt
HSG-SH	Hochschulgesetz Schleswig-Holstein
Hz	Hertz

I

IDCC	International Digital Curation Conference
IEEE	Institute of Electrical and Electronics Engineers
IFDS	Internet of FAIR Data and Services
IGSN	International Geo Sample Number
IKT	Informations- und Kommunikationstechnologie
IN	Implementation Network (GO FAIR)
INDIGO	Integrating Distributed data Infrastructures for Global Exploitation
INSPIRE	Infrastructure for spatial information in Europe
IP	Intellectual property
IPCC	Intergovernmental Panel on Climate Change
IPR	Intellectual property rights
IQ	Informationsqualität
IR	Information Retrieval
ISC	International Science Council
ISO	International Organization for Standardization
IT	Informationstechnologie
IVOA	International Virtual Observatory Alliance

J

JHOVE	JSTOR/Harvard Object Validation Environment
JoRD	Journal Research Data Policies

K

KBPS	Kilobit per second
KI	Künstliche Intelligenz (s. a. AI)
KMU	Klein- und mittelständische Unternehmen
KOBV	Kooperativer Bibliotheksverbund Berlin-Brandenburg
KOLIMO	Korpus der literarischen Moderne
KoWi	Kooperationsstelle EU der Wissenschaftsorganisationen
KPI	Key Performance Indicator
KUG	Kunsturhebergesetz
KZ	Konzentrationslager

L

LAG	Landesarbeitsgericht
LD	Linked Data
LDA	Latent Dirichlet Allocation
LDSG-BW	Landesdatenschutzgesetz Baden-Württemberg
LEARN	Leaders Activating Research Networks
LHG-BW	Landeshochschulgesetz Baden-Württemberg
LIS	(Wissenschaftliche) Literaturversorgungs- und Informationssysteme (DFG)
LMER	Langzeitarchivierungsmetadaten für elektronische Ressourcen
LOD	Linked Open Data
LOEWE	Landes-Offensive zur Entwicklung Wissenschaftlich-ökonomischer Exzellenz (Hessen)
LSDMA	Large Scale Data Management and Analysis
LTA	Long Term Archiving (s. a. LZA)
LZA	Langzeitarchivierung (s. a. LTA)

M

MA	Master (s. a. MSc)
MANGAS	Manipulation and Management of Descriptive Metadata
MANTRA	Research Data Management Training
MARC	Machine-Readable Cataloging
MARUM	Zentrum für Marine Umweltwissenschaften
MASi	Metadata Management for Applied Sciences
MAWG	Metadata Assessment Working Group
MD5	Message-Digest Algorithm 5
MeSH	Medical Subject Headings
MIP	Model Intercomparison Project
MIPS	Mega (Million) Instructions Per Second
ML	Machine Learning
MODS	Metadata Object Description Schema
MoM	Memory of Mankind
MOOC	Massive Open Online Course
MPS	Mathematical and Physical Sciences Directorate
MSc	Master of Science (s. a. MA)
MSysV	Messsystemverordnung

N

NFDI	Nationale Forschungsdateninfrastruktur
NI4OS Europe	National Initiatives for Open Science in Europe
NISO	National Information Standards Organization
NLP	Natural-Language-Processing
NOMAD	Novel Materials Discovery

O

OA	Open Access
OAI	Open Archives Initiative
OAI-PMH	Open Archives Initiative Protocol for Metadata Harvesting
OAIS	Open Archival Information System
OCRE	Open Clouds for Research Environments
OECD	Organisation for Economic Co-operation and Development
OGD	Open Government Data
OKF	Open Knowledge Foundation
OLG	Oberlandesgericht
OMP	Outputs Management Plan
OPAC	Online Public Access Catalogue
ORCID	Open Researcher and Contributor Identifier
ORD	Open Research Data
OSF	Open Science Framework
OSM	Open Science Monitor

P

PaN	Photon and Neutron
PaNOSC	Photon and Neutron Open Science Cloud
PAPPG	Proposal & Award Policies & Procedures Guides
PBPS	Petabit per second

PCM-Chips	Phase-Change-Memory-Chips
PID	Persistenter Identifikator
PLOS	Public Library of Science
PRACE	Partnership for Advanced Computing in Europe
PREMIS	Preservation Metadata: Implementation Strategies
PSI	Public Sector Information

R

RADAR	Research Data Repositorium
RAID	Redundant Arrays of Independent Disks
RatSWD	Rat für Sozial- und Wirtschaftsdaten
RCEMIP	Radiative Convective Equilibrium Model Intercomparison Project
RD	Research Data
RDA	Research Data Alliance
RDF	Resource Description Framework
RDM	Research Data Management (s. a. FDM)
RDMO	Research Data Management Organiser
Re3data	Registry of Research Data Repositories
RECODE	Policy Recommendations for Open Access to Research Data in Europe
RePlay-DH	Realisierung einer Plattform und begleitender Dienste zum Forschungsdatenmanagement für die Fachcommunity Digital Humanities
REST	Representational State Transfer
RfII	Rat für Informationsinfrastrukturen
RI	Research Infrastructure
RISE	Research Infrastructure Self-Evaluation Framework
ROARMAP	Registry of Open Access Repository Mandates and Policies

S

S3	Simple Storage Service
SaaS	Software as a Service
SaxFDM	Forschungsdatenmanagement in Sachsen
SBE	Social, Behavioral and Economic Sciences Directorate
SBIR	Small Business Innovation Research
SchulG	Schulgesetz
SDC	Science Data Centers
SDK	Software Development Kit
SFB	Sonderforschungsbereich
SFB INF	Sonderforschungsbereich Informationsmanagement und Informationsinfrastruktur
SHACL	Shapes Constraint Language
SHARE	Survey of Health, Ageing and Retirement in Europe
SHERPA	Securing a Hybrid Environment for Research Preservation and Access
SIP	Submission Information Package
SKOS	Simple Knowledge Organisation System
SMART	spezifisch, messbar, attraktiv, realistisch und terminiert
SME	Small and Medium-sized Enterprises
SMS	Service Management System
SPARC	Scholarly Publishing and Academic Resources Coalition
SPARQL	SPARQL Protocol And RDF Query Language

SPMT	Service Portfolio/Catalogue Management Tool
SQaaS	Software Quality as a Service
SRU	Search/Retrieve via URL

T

TEI	Text Encoding Initiative
ThürHG	Thüringer Hochschulgesetz
TIPS	Tera (Trillion) Instructions Per Second

U

UNEKE	Vom USB-Stick zur NFDI – Entwicklung eines kriteriengeleiteten Entscheidungsmodells für den Aufbau von Forschungsdateninfrastrukturen
UrhG	Urheberrechtsgesetz

V

VA	Visual Analytics
VerbundFDB	Verbund Forschungsdaten Bildung

W

W3C	World Wide Web Consortium
WBGU	Wissenschaftlicher Beirat der Bundesregierung Globale Umweltveränderungen
WCRP	World Climate Research Program
WDCC	World Data Center for Climate
WDS	(International Science Council) World Data System
WEF	World Economic Forum
WG	Working Group
WGCM	Working Group on Climate Models
WIP	WGCM Infrastructure Panel
WIS	World Meteorological Organization Information system
WKN	Wissenschaftliche Kommission in Niedersachsen

X

XFEL	X-Ray Free-Electron Laser

Z

ZDIN	Zentrum für digitale Innovationen Niedersachsen

Über die Autorinnen und Autoren

Albers, Miriam, *Dr.*
Miriam Albers ist promovierte Bibliothekswissenschaftlerin. Nach ihrer langjährigen Tätigkeit für die zentrale Informationsversorgung der Fraunhofer-Gesellschaft war sie bis Februar 2020 an der TH Köln als Dozentin v. a. im Bereich Bibliotheksmanagement, empirische Forschung und Statistik tätig. Seit März 2020 ist sie für ZB Med als Referentin für strategisches Bibliotheksmanagement tätig und leitet Projekte zum Change-Management wie zur datengesteuerten Nutzeranalyse.
Technische Hochschule Köln Gustav-Heinemann-Ufer 54, 50968 Köln / ZB MED Gleueler Str. 60, 50931 Köln; albers@zbmed.de

Beck, Kathrin, ORCID ID https://orcid.org/0000-0002-6879-8632
Kathrin Beck ist seit 2015 wissenschaftliche Mitarbeiterin an der Max Planck Computing and Data Facility (MPCDF). Derzeit entwickelt und koordiniert sie das Benutzermanagementsystem verschiedener Max-Planck-Einrichtungen und -Dienste. Daneben arbeitet sie in mehreren nationalen und internationalen FDM-Projekten mit, wie z. B. in der Research Data Alliance (RDA) und mehreren Projekten zur European Open Science Cloud (EOSCpilot, EOSC-hub, EUDAT). Nach einem Studium der Computerlinguistik an der Universität Tübingen war sie dort als wissenschaftliche Mitarbeiterin tätig. Sie administrierte mehrere Forschungsprojekte, wie z. B. D-SPIN und CLARIN-D (Common Language Resources and Technology Infrastructure), und betreute außerdem die Weiterentwicklung des linguistischen Textdatenkorpus „TüBa-D/Z".
Max Planck Computing and Data Facility (MPCDF), Gießenbachstr. 2, 85748 Garching; kathrin.beck@mpcdf.mpg.de

Below, Nicola, *Dr.*, ORCID ID https://orcid.org/0000-0003-3388-7958
Nicola Below ist Senior Researcher in der Forschungsgruppe Human-Computer Interaction & Visual Analytics sowie Koordinator des Forschungszentrums Digitale Kommunikation und Medieninnovation an der Hochschule Darmstadt.
Hochschule Darmstadt, Forschungsgruppe Human-Computer Interaction & Visual Analytics, Haardtring 100, 64295 Darmstadt; nicola.below@h-da.de

Brase, Jan, *Dr.*, ORCID ID https://orcid.org/0000-0002-8250-6253
Jan Brase ist Mathematiker und hat in Informatik promoviert. Ab 2005 war er für die DOI-Registrierung von Forschungsdaten an der Technischen Informationsbibliothek (TIB) aktiv. Von 2009 bis 2015 war er Leiter von DataCite, einem globalen Konsortium von Bibliotheken für die Zitierung von Forschungsdaten, und wurde dann Leiter der Forschung und Entwicklung an der Staats- und Universitätsbibliothek Göttingen (SUB). An der SUB ist er außerdem wissenschaftlicher Leiter der eResearch-Alliance,

der zentralen Koordinationsstelle für alle Forschungsdatendienste auf dem Campus Göttingen. Er ist Präsident des International Council for Scientific and Technical Information (ICSTI). Im Jahr 2011 erhielt er den German Library Hi-Tech Award.
Georg-August-Universität Göttingen, Niedersächsische Staats- und Universitätsbibliothek, Platz der Göttinger Sieben 1, 37073 Göttingen; brase@sub.uni-goettingen.de

Bug, Mathias, *Dr.*
Mathias Bug leitet seit 2017 die Geschäftsstelle des Rates für Sozial- und Wirtschaftsdaten (RatSWD). Er studierte Diplom Sozialwissenschaften in Göttingen, Prag und Christchurch (Neuseeland). Seine Schwerpunkte waren die Migrations- und Bildungsforschung. Es schlossen sich Forschungstätigkeiten an der Bundeswehruniversität München und am Deutschen Institut für Wirtschaftsforschung (DIW Berlin) jeweils im Bereich der Inneren Sicherheit an. Darüber promovierte er in Politikwissenschaft in Marburg. Er arbeitete im Bundesministerium der Justiz und für Verbraucherschutz (BMJV) in der Geschäftsstelle des Sachverständigenrates für Verbraucherfragen (SVRV) bevor er zum RatSWD wechselte. Die verschiedenen Stationen waren jeweils geprägt von eigenen empirischen Erhebungen wie auch der Datennachnutzung im Rahmen von Mixed Methods Ansätzen.
Wissenschaftszentrum Berlin für Sozialforschung, Reichpietschufer 50, 10785 Berlin; mbug@ratswd.de

Burkhardt, Dirk, ORCID ID https://orcid.org/0000-0002-6507-7899
Dirk Burkhardt ist Senior Researcher in der Forschungsgruppe Human-Computer Interaction & Visual Analytics sowie Mitarbeiter am Forschungszentrum Angewandte Informatik an der Hochschule Darmstadt. Er studierte Informatik an der Hochschule Zittau/Görlitz und war danach neun Jahre in verschiedenen nationalen und internationalen Forschungsprojekten am Fraunhofer-Institut für Graphische Datenverarbeitung (IGD) tätig, bis er 2017 an die Hochschule Darmstadt wechselte. Er forscht zu Themen im Bereich User-Centered Design, Information Visualization und Visual Business Analytics mit Fokus auf Visual Trend Analytics.
Hochschule Darmstadt, Forschungsgruppe Human-Computer Interaction & Visual Analytics, Haardtring 100, 64295 Darmstadt; dirk.burkhardt@h-da.de

Dierkes, Jens, *Dr.***, ORCID ID** https://orcid.org/0000-0002-0121-9261
Jens Dierkes ist stellvertretender Dezernent für Forschungs- und Publikationsunterstützung an der Universitäts- und Stadtbibliothek Köln. Dort ist er im Bereich Community, Aus- und Weiterbildung an der nfdi4health-Initiative beteiligt. Bis August 2020 koordinierte er das Cologne Competence Center for Research Data Management (C3RDM). Zuvor war er von 2014 bis 2017 Projektleiter der Göttinger eResearch Alliance an der Niedersächsischen Staats- und Universitätsbibliothek und der Gesellschaft für wissenschaftliche Datenverarbeitung Göttingen. Dabei lag der Fokus auf der Entwicklung und Etablierung institutioneller Unterstützungsangebote insbe-

sondere im Forschungsdatenmanagement. Dazu gehörte auch die Vermittlung von grundlegenden Datenkompetenzen. Er hat in experimenteller Physik promoviert. In der Zeit von 2007–2014 war er als Postdoc am Max-Planck-Institut für extraterrestrische Physik bei München, dem 1. Physikalischen Institut der Universität zu Köln und als Geschäftsleiter der Bonn-Cologne Graduate School of Physics and Astronomy tätig. Während seiner Forschung hat er sich u. a. im Rahmen des Virtuellen Astronomischen Observatoriums mit der Interoperabilität und Datenintegration von unterschiedlichen Datenquellen für die astronomische Community beschäftigt. Er ist Mitglied des Leitungskreises der DINI/nestor AG Forschungsdaten.
Universitäts- und Stadtbibliothek Köln, Universität zu Köln, Universitätsstr. 33, 50931 Köln; dierkes@ub.uni-koeln.de

Dörrenbächer, Nora, *Dr.*, ORCID ID https://orcid.org/0000-0002-6246-1051
Nora Dörrenbächer ist wissenschaftliche Referentin am Wissenschaftszentrum Berlin für Sozialforschung und ist in der Geschäftsstelle des Rates für Sozial- und Wirtschaftsdaten (RatSWD) tätig. Sie studierte Europawissenschaften, Politik und Verwaltungswissenschaften in Maastricht, Izmir, Aberdeen und Leiden. Neben der Mitarbeit in mehreren Forschungsprojekten mit Europafokus hat sie 2018 ihre Promotion in Nijmegen zur Umsetzung europäischer Migrationspolitik abgeschlossen.
Wissenschaftszentrum Berlin für Sozialforschung, Reichpietschufer 50, 10785 Berlin; ndoerrenbaecher@ratswd.de

Drefs, Ines, *Dr.*, ORCID ID https://orcid.org/0000-0003-4944-3059
Ines Drefs ist seit Oktober 2019 als Postdoktorandin am Erich-Brost-Institut für internationalen Journalismus tätig. Zuvor war die internationale Referentin im GO FAIR Unterstützungs- und Koordinationsbüro.
Erich-Brost-Institut für internationalen Journalismus, Otto-Hahn-Str. 2, 44227 Dortmund; ines.drefs@tu-dortmund.de

Elger, Kirsten, ORCID ID https://orcid.org/0000-0001-5140-8602
Seit 2014 betreut Kirsten Elger das fachspezifische Datenrepositorium GFZ Data Services am Deutschen GeoForschungszentrum. GFZ Data Services ist ein international anerkanntes Repositorium für zitierbare und mit DOI referenzierte geowissenschaftliche Daten, Software und für die Vergabe von International Geo Sample Numbers (IGSN – PID für physische Proben). Neben individuellen Datensätzen von internationalen Wissenschaftlern und Wissenschaftlerinnen der sogenannten „long-tail communities", werden zunehmend auch Datenpublikationsservices für nationale und internationale Netzwerke und Services, vor allem in Geodäsie und Geophysik, aufgebaut und betrieben. Auf nationaler Ebene ist GFZ Data Services ein Partner-Repositorium für den Fachinformationsdienst Geowissenschaften (FID GEO). International repräsentiert Kirsten Elger das GFZ bei großen Verbundprojekten, aber auch bei der Coalition of Publishing Data in the Earth and Space Sciences (COPDESS) und

dem „Enabling FAIR Data"-Projekt. Sie ist Leiterin der DOI Working Group des Global Geodetic Observing Sytem (GGOS), einer Unterorganisation der International Association for Geodesy, und Chefeditorin bei Copernicus' Datenjournal „Earth System Science Data".
Helmholtz Zentrum Potsdam Deutsches GeoForschungszentrum GFZ, Telegrafenberg, 14473 Potsdam; kelger@gfz-potsdam.de

Engelhardt, Claudia, ORCID ID https://orcid.org/0000-0002-3391-7638
Claudia Engelhardt studierte Soziologie an der TU Dresden sowie Bibliotheks- und Informationswissenschaften an der TH Köln. Seit 2011 ist sie als wissenschaftliche Mitarbeiterin an der Niedersächsischen Staats- und Universitätsbibliothek beschäftigt, wo sie sich mit verschiedenen Themen im Bereich Forschungsdatenmanagement und FAIR Data beschäftigt.
Georg-August-Universität Göttingen, Niedersächsische Staats- und Universitätsbibliothek, Platz der Göttinger Sieben 1, 37073 Göttingen; claudia.engelhardt@sub.uni-goettingen.de

Fournier, Johannes, *Dr.*
Johannes Fournier hat Germanistik, Geschichte und Philosophie studiert. Nach der Promotion in der Älteren deutschen Philologie (1997) war er zunächst als wissenschaftlicher Mitarbeiter am Kompetenzzentrum für elektronische Erschließungs- und Publikationsverfahren der Universität Trier beschäftigt und wechselte im Jahr 2003 zur Deutschen Forschungsgemeinschaft (DFG). Er ist stellvertretender Leiter der Gruppe „Wissenschaftliche Literaturversorgungs- und Informationssysteme" der DFG, zuständig für die Förderung von Infrastrukturen für das wissenschaftliche Publizieren und hat sich über viele Jahre hinweg in nationalen und europäischen Netzwerken und Arbeitsgruppen zum Aufbau effizienter Informationsinfrastrukturen (Allianz-Initiative „Digitale Information", Knowledge Exchange, Science Europe) engagiert.
Deutsche Forschungsgemeinschaft, Kennedyallee 40, 53175 Bonn; johannes.fournier@dfg.de

Friedrich, Tanja, ORCID ID https://orcid.org/0000-0003-1557-3728
Tanja Friedrich ist wissenschaftliche Mitarbeiterin beim GESIS Leibniz-Institut für Sozialwissenschaften und leitet dort das Team Archive Instruments and Metadata Standards. Sie beschäftigt sich unter anderem mit Fragen der inhaltlichen Erschließung von sozialwissenschaftlichen Forschungsdaten und mit der Entwicklung von Terminologien für die Forschungsdatenerschließung. Unter anderem verantwortet sie die deutsche Version des European Language Social Science Thesaurus und der CESSDA Topic Classfication. In ihrer Forschung beschäftigt sie sich sowohl mit der inhaltlichen Erschließung von Forschungsdaten, als auch mit dem Informationssuchverhalten von Datennutzenden.

GESIS Leibniz-Institut für Sozialwissenschaften, Unter Sachsenhausen 6–8, 50667 Köln; Tanja.Friedrich@gesis.org

Fühles-Ubach, Simone, *Prof. Dr.***, ORCID ID** https://orcid.org/0000-0001-5985-739X
Simone Fühles-Ubach hat Bibliotheks- und Dokumentationswesen an der FHBD in Köln und Informations- und Verwaltungswissenschaften an der Universität Konstanz studiert. Fast zehn Jahre war sie an verschiedenen Stellen in der Verwaltung des Deutschen Bundestages tätig. Parallel dazu hat sie hat an der Humboldt-Universität zum Thema „Unschärfe in Datenbanken und Retrievalsystemen" promoviert. Von 2010–2018 war sie Dekanin der Fakultät für Informations- und Kommunikationswissenschaften. Seit 2018 ist sie Mitglied im Hochschulrat und stellvertretende Direktorin des Instituts für Informationswissenschaften der TH Köln.
Technische Hochschule Köln, Institut für Informationswissenschaft, Gustav-Heinemann-Ufer 54, 50968 Köln; simone.fuehles-ubach@th-koeln.de

Goebelbecker, Hans-Jürgen, ORCID ID https://orcid.org/0000-0003-4512-0367
Hans-Jürgen Goebelbecker studierte an der Universität Karlsruhe Mineralogie. Nach wissenschaftlicher Tätigkeit in der Kerntechnik am Kernforschungszentrum Karlsruhe wechselte er in die Wissenschaftsadministration zunächst als Koordinator für internationale Projekte des Bundesforschungsministeriums, dann als Referent des Vorstandsvorsitzenden des Forschungszentrums Karlsruhe. Seit 2001 ist er im Informationsmanagement tätig und heute stellvertretender Direktor der Bibliothek und Leiter des organisationsübergreifenden Serviceteams RDM@KIT (www.rdm.kit.edu) am Karlsruher Institut für Technologie.
Karlsruher Institut für Technologie, Hermann-von-Helmholtz-Platz 1, 76344 Eggenstein-Leopoldshafen; goebelbecker@kit.edu

Gradl, Tobias, ORCID ID https://orcid.org/0000-0002-1392-2464
Tobias Gradl ist Mitarbeiter in den Projekten DARIAH-DE und CLARIAH-DE und verantwortet darin die Konzeption und Entwicklung zentraler Softwaredienste – unter anderem der Komponenten der Datenföderationsarchitektur (DFA). Seit 2011 ist er wissenschaftlicher Mitarbeiter am Lehrstuhl für Medieninformatik der Universität Bamberg und setzt seine Schwerpunkte in Forschung und Lehre in den Bereichen Datenmodellierung, Datenintegration und Digital Humanities. In seiner Promotion beschäftigt er sich mit domänenspezifischen Sprachen und deren Anwendbarkeit zur Definition, Modellierung und Transformation geisteswissenschaftlicher Daten.
Otto-Friedrich-Universität Bamberg, An der Weberei 5, 96047 Bamberg; tobias.gradl @uni-bamberg.de

Helbig, Kerstin, ORCID ID https://orcid.org/0000-0002-2775-6751
Kerstin Helbig ist studierte Sozialwissenschaftlerin und seit März 2015 Koordinatorin für Forschungsdatenmanagement an der Humboldt-Universität zu Berlin. Sie berät und schult Universitätsangehörige zum Umgang mit Forschungsdaten und der Erstellung von Datenmanagementplänen. Zuvor war sie beim GESIS – Leibniz-Institut für Sozialwissenschaften am Aufbau von da|ra, einer Registrierungsagentur für sozialwissenschaftliche Forschungsdaten, beteiligt. Seit September 2016 ist Kerstin Helbig Mitglied des Leitungskreises der DINI/nestor-AG Forschungsdaten und seit März 2018 Vorstandsmitglied von Research Data Alliance Deutschland (RDA DE e. V.). Sie unterstützt dabei den nationalen und internationalen Austausch über Forschungsdatenmanagement.
Humboldt-Universität zu Berlin, Computer- und Medienservice, Unter den Linden 6, 10099 Berlin; kerstin.helbig@cms.hu-berlin.de

Henrich, Andreas, *Prof. Dr.,* **ORCID ID** https://orcid.org/0000-0002-5074-3254
Andreas Henrich ist Professor für Medieninformatik an der Otto-Friedrich-Universität Bamberg. Er ist in Projekten zu Infrastrukturen für Forschungsdaten sowie zur Suche in verteilten und heterogenen Kontexten tätig. Die Schwerpunkte seiner Forschung liegen im verteilten Information Retrieval, in Suchmaschinen für Internet- und Intranetanwendungen, der inhaltsbasierten Bildsuche sowie im E-Learning.
Otto-Friedrich-Universität Bamberg, An der Weberei 5, 96047 Bamberg; andreas.henrich@uni-bamberg.de

Hermann, Sibylle, ORCID ID https://orcid.org/0000-0001-9239-8789
Sibylle Hermann arbeitete nach ihrem Maschinenbaustudium zunächst als Berechnungsingenieurin in der Industrie. Schließlich absolvierte sie ein Bibliotheksreferendariat und ist seit 2015 Fachreferentin für Maschinenbau und Referentin für Forschungsdatenmanagement an der Universitätsbibliothek Stuttgart. Im Rahmen von Drittmittelprojekten entwickelt sie, in enger Kooperation mit Wissenschaftlerinnen und Wissenschaftlern, fachübergreifende Dienste und eine Infrastruktur für die Universität Stuttgart. Der Schwerpunkt ihrer Arbeit liegt momentan auf der Entwicklung von Angeboten für die nachhaltige Entwicklung von Forschungssoftware. Seit September 2016 ist sie Mitglied des Leitungskreises der DINI/nestor-AG Forschungsdaten, seit Oktober 2017 Mitglied der Task Force Open Science bei CESAER.
Universitätsbibliothek Stuttgart, Forschungsdatenkompetenzzentrum FoKUS, Holzgartenstr. 16, 70174 Stuttgart; sibylle.hermann@ub.uni-stuttgart.de

Iglezakis, Dorothea, *Dr.,* **ORCID ID** https://orcid.org/0000-0002-8524-0569
Dorothea Iglezakis ist Sprecherin von FoKUS, dem Forschungsdaten-Kompetenzzentrum der Universität Stuttgart. Nach einem Studium der Psychologie und Promotion in Informatik an der KU Eichstätt war sie selbständig im Bereich Information Retrieval und Web Development tätig und ist seit 2017 an der Universitätsbibliothek Stutt-

gart. Ihr Fokus liegt aktuell im Bereich Forschungsdatenmanagement für die Ingenieurwissenschaften, besonders im Bereich Metadaten.
Universitätsbibliothek Stuttgart, Forschungsdatenkompetenzzentrum FoKUS, Holzgartenstr. 16, 70174 Stuttgart; dorothea.iglezakis@ub.uni-stuttgart.de

Jegan, Robin, ORCID ID https://orcid.org/0000-0002-0388-7220
Robin Jegan ist seit Anfang 2019 wissenschaftlicher Mitarbeiter am Lehrstuhl für Medieninformatik an der Otto-Friedrich-Universität Bamberg. Er ist außerdem beteiligt am Projekt CLARIAH-DE und beschäftigt sich mit dem Anwendungsbereich Forschungsdatenmanagement. Sein Schwerpunkt in Promotion und Forschung ist im Feld Natural Language Processing angesiedelt.
Otto-Friedrich-Universität Bamberg, An der Weberei 5, 96047 Bamberg; robin.jegan@uni-bamberg.de

Kaupp, Lukas, ORCID ID https://orcid.org/0000-0001-9411-6781
Lukas Kaupp ist Koordinator des Forschungszentrums Angewandte Informatik und wissenschaftlicher Mitarbeiter in der Forschungsgruppe Human-Computer Interaction & Visual Analytics an der Hochschule Darmstadt. Schon vor seinem erfolgreichen abgeschlossenen Studium der Informatik in 2016 arbeitete er in verschiedenen Projekten der Industrie. Danach wurde er wissenschaftlicher Mitarbeiter an der Hochschule Darmstadt und forscht hier in nationalen und internationalen Forschungsprojekten. Zudem arbeitet er als Doktorand an den Themen Industrie 4.0, Intelligente Fertigungsmaschinen, Künstliche Intelligenz, Mustererkennung in Sensornetzwerken und den Fabriken von Morgen.
Hochschule Darmstadt, Forschungsgruppe Human-Computer Interaction & Visual Analytics, Haardtring 100, 64295 Darmstadt; lukas.kaupp@h-da.de

Kindermann, Stephan, *Dr.*, **ORCID ID** https://orcid.org/0000-0001-9335-1093
Stephan Kindermann ist Gruppenleiter in der Abteilung Datenmanagement am DKRZ. Nach der Promotion in Informatik an der Universität Erlangen im Bereich verteilter Systeme konzentrierte er sich am DKRZ auf die Integration von Klimadaten-Dienste in nationale, europäische und internationale Infrastrukturen. Er ist aktuell in verschiedene internationale Kollaborationen und Projekte eingebunden wie IS-ENES, ESGF, EOSC und Copernicus.
Deutsches Klimarechenzentrum GmbH, Bundesstr. 45a, 20146 Hamburg; kindermann@dkrz.de

Kindling, Maxi, ORCID ID https://orcid.org/0000-0002-0167-0466
Maxi Kindling ist seit April 2019 Referentin im Open-Access-Büro Berlin, das an der Universitätsbibliothek der Freien Universität angesiedelt ist. Seit Januar 2020 arbeitet sie außerdem am Institut für Bibliotheks- und Informationswissenschaft der Humboldt-Universität zu Berlin im Projekt re3data COREF (Community Driven Open

Reference for Research Data Repositories). Sie war bis März 2019 wissenschaftliche Mitarbeiterin und Dozentin am Institut für Bibliotheks- und Informationswissenschaft. Neben Lehre und Forschung in den Bereichen Forschungsdaten, Open Access und Open Science hat sie mehrere Drittmittelprojekte zu diesen Themen betreut. Bis September 2016 war sie u. a. stellvertretende Sprecherin der DINI/nestor-AG Forschungsdaten.
Institut für Bibliotheks- und Informationswissenschaft, Humboldt-Universität zu Berlin, Unter den Linden 6, 10099 Berlin; maxi.kindling@hu-berlin.de

Király, Péter, *Ph. D.***, ORCID ID** https://orcid.org/0000-0002-8749-4597
Péter Király ist Softwareentwickler und Forscher auf dem Gebiet des kulturellen Erbes und der digitalen Geisteswissenschaften. Er ist Mitglied der Göttinger eResearch Alliance, einem Gemeinschaftsprojekt des Rechenzentrums und der Bibliothek des Göttingen Campus, um Forschern in verschiedenen Aspekten der digitalen wissenschaftlichen Kommunikation zu helfen. Seine Hauptverantwortung ist GRO.data, ein auf Dataverse basierendes Tool zur Veröffentlichung von Forschungsdaten. Er ist aktiver Mitarbeiter verschiedener Open-Source-Projekte. Sein Forschungsgebiet ist die Messung der Qualität von Metadaten.
Gesellschaft für wissenschaftliche Datenverarbeitung mbH Göttingen (GWDG), Am Faßberg 11, 37077 Göttingen; peter.kiraly@gwdg.de

Kusch, Harald, *Dr.***, ORCID ID** https://orcid.org/0000-0002-9895-2469
Harald Kusch ist seit 2014 als wissenschaftlicher Mitarbeiter für Forschungsdatenmanagement-Themen am Institut für Medizinische Informatik der Universitätsmedizin Göttingen (UMG) tätig. Zuvor war der promovierte Biologe als Forscher auf dem Gebiet mikrobiologischer Omics-Studien tätig und beschäftigte sich in diesem Zusammenhang bereits mit der langfristigen Nachhaltigkeit von Forschungsdaten. Seit 2015 ist er Mitglied des Steuerungsgremiums der Göttinger eResearch Alliance. Um UMG-Forscherinnen und -Forscher, insbesondere Doktorandinnen und Doktoranden, in Konzepten des modernen Datenmanagements und eResearch auszubilden, organisiert er regelmäßige Informationsveranstaltungen, Tutorien und Workshops.
Universitätsmedizin Göttingen, Georg-August-Universität Göttingen, Institut für Medizinische Informatik, Von-Siebold-Str. 3, 37075 Göttingen; harald.kusch@med.uni-goettingen.de

Lauber-Rönsberg, Anne, *Prof. Dr.***, ORCID ID** https://orcid.org/0000-0003-1340-4330
Anne Lauber-Rönsberg ist seit 2015 Juniorprofessorin am Institut für Geistiges Eigentum, Technikrecht und Medienrecht der TU Dresden. In dem durch das BMBF geförderten Projekt „DataJus: Rechtliche Rahmenbedingungen des Forschungsdatenmanagements" (2018/2019) hat sie insbesondere die rechtlichen Rahmenbedin-

gungen für eine Bereitstellung von Daten zur Nachnutzung im Rahmen der Forschung untersucht.
Institut für Internationales Recht, Geistiges Eigentum und Technikrecht (IRGET), Technische Universität Dresden, Bergstr. 53, 01062 Dresden; anne.lauber@tu-dresden.de

Lautenschlager, Michael, *Dr.*
Michael Lautenschlager leitete bis 2019 die Abteilung Datenmanagement am DKRZ. Nach der Promotion in Physik an der Universität Hamburg und einigen Jahren Paläoklimaforschung am Max-Planck-Institut für Meteorologie in Hamburg wechselte er zum DKRZ und baute hier den Bereich Klimadatenmanagement auf, den er bis 2019 leitete. Aktuell ist er in Leitung und Management der internationalen Klimadateninfrastrukturen ESGF und IS-ENES aktiv.
Deutsches Klimarechenzentrum GmbH, Bundesstr. 45a, 20146 Hamburg; lautenschlager@dkrz.de

Linne, Monika, ORCID ID https://orcid.org/0000-0003-3579-6005
Monika Linne ist Soziologin (M. A.) und arbeitet als wissenschaftliche Mitarbeiterin für das NFDI-Konsortium „KonsortSWD" beim GESIS Leibniz-Institut für Sozialwissenschaften und für das Kompetenzzentrum Forschungsdatenmanagement (C³RDM) an der Universität zu Köln. Darüber hinaus koordiniert und baut sie das Implementierungsnetzwerk „GO UNI" der GO FAIR-Initiative auf, welches Universitäten und andere wissenschaftliche Einrichtungen in Deutschland bei der Etablierung der FAIR- Prinzipien unterstützen soll. Zuvor war sie wissenschaftliche Referentin im internationalen Unterstützungs- und Koordinierungsbüro der GO FAIR Initiative, welche zum Ziel hat, die Auffindbarkeit, Zugänglichkeit, Interoperabilität und Wiederverwendbarkeit von Forschungsdaten über Länder- und Disziplingrenzen hinweg zu vereinfachen. Als wissenschaftliche Mitarbeiterin bei GESIS leitete sie Projekte zum Aufbau von Forschungsdatenrepositorien.
Cologne Competence Center for Research Data Management (C³RDM), Universität zu Köln, USB, Universitätsstr. 33, 50931 Köln; linne@ub.uni-koeln.de

Löser, Alexander, *Prof. Dr.,* **ORCID ID** https://orcid.org/0000-0002-4440-3261
Alexander Löser unterstützt Plattformunternehmen, wie IBM, Zalando, eBay, MunichRe, beim Aufbau datenwissenschaftlicher Organisationen und beim Design von Datenprodukten. Als Professor der Beuth-Hochschule Berlin leitet er das Data Science Research Center, initiierte den englischsprachigen Masterstudiengang Data Science und etablierte dort DATEXIS.com, eine der führenden Gruppen für neuronales Text-Mining in Deutschland. Zuvor war er im HP Research Lab Bristol, im IBM Almaden Research Center, in der SAP SE Research Division und an der TU Berlin tätig. Seit 2018 berät er als Experte das BMBF im KI-Programm „Plattform Lernende Systeme", ist Vorstandsmitglied des Einstein Centers for Digital Future (ECDF) Berlin und betreut mehrere KI-Startups.

Forschungszentrum Data Science Beuth-Hochschule für Technik. Luxemburger Straße 10, 13353 Berlin; aloeser@beuth-hochschule.de

Nazemi, Kawa, *Prof. Dr.*, **ORCID ID** https://orcid.org/0000-0002-2907-2740
Kawa Nazemi ist Professor für Human-Computer Interaction und Visual Analytics an der Hochschule Darmstadt. Dort lehrt und forscht er in den Bereichen Mensch-Computer-Interaktion, Informationsvisualisierung, maschinelles Lernen, Data Analytics und Visual Analytics. Er ist „Adjunct Senior Lecturer" am Cork Institute of Technology und an der Technischen Universität Darmstadt und ist Mitglied des hessischen Promotionszentrums Angewandte Informatik. Er leitet die Forschungsgruppe „Human-Computer Interaction & Visual Analytics" an der Hochschule Darmstadt. Zwischen 2007 und 2016 forschte er am Fraunhofer IGD in der Abteilung Informationsvisualisierung und Visual Analytics. Dort leitete er ab 2011 die Gruppe Semantik Visualisierung, die benutzerzentrierte Visualisierungslösungen entwickelte und war stellv. Abteilungsleiter. Er entwickelte mit seiner Gruppe am Fraunhofer IGD die SemaVis Technologie, die einen ganzheitlichen Transformationsprozess von Rohdaten bis hin zu interaktiven und intelligenten Visualisierungen umsetzt. Er promovierte am Fachbereich Informatik der TU Darmstadt zu adaptiven und intelligenten Visualisierungen, war verantwortlich für eine Vielzahl nationaler und europäischer Projekte sowie diverser Forschungsaufträge der Industrie und ist Co-Autor von über 90 peer-reviewed Publikationen sowie Mitglied diverser Programmkomitees. Seine Forschungsarbeiten wurden u. a. von der Academia Europaea mit dem Burgen Scholarship Award und der European Association for Artificial Intelligence gewürdigt.
Hochschule Darmstadt, Forschungsgruppe Human-Computer Interaction & Visual Analytics, Haardtring 100, 64295 Darmstadt; kawa.nazemi@h-da.de

Neumann, Janna, *Dr.*, **ORCID ID** https://orcid.org/0000-0002-0161-1888
Janna Neumann hat an der Universität Hamburg im Fach Chemie, Schwerpunkt Organische Chemie promoviert und im Rahmen eines Bibliotheksreferendariats ihren MA-Abschluss in Bibliothekswissenschaft an der Humboldt-Universität zu Berlin gemacht. Bis 2014 hat sie den DOI-Service an der TIB geleitet. Seit 2014 ist sie Fachreferentin für Chemie und Referentin für Forschungsdatenmanagement an der Technischen Informationsbibliothek (TIB). Sie hat das Konzept zum Umgang mit Forschungsdaten an der Leibniz Universität Hannover mit entwickelt und arbeitet jetzt u. a. beim Aufbau von Beratungs- und Schulungsangeboten zum Forschungsdatenmanagement mit.
Technische Informationsbibliothek, Welfengarten 1B, 30167 Hannover; janna.neumann@tib.eu

Neuroth, Heike, *Prof. Dr.,* **ORCID ID** https://orcid.org/0000-0002-3637-3154
Heike Neuroth hat einen Doktortitel der Geowissenschaften und arbeitete von 1997 bis 2015 an der Niedersächsischen Staats- und Universitätsbibliothek Göttingen (SUB), wo sie die letzten 15 Jahre die Abteilung Forschung und Entwicklung (FE) geleitet hat. Seit April 2015 ist sie W3-Professorin für Bibliothekswissenschaft an der Fachhochschule Potsdam und vertritt dort die Lehrgebiete Metadaten, Digital Humanities und Forschungsdaten(-management). Sie ist in zahlreichen internationalen (z. B. GoFAIR, RDA global) wie auch nationalen (z. B. Allianz Initiative „Digitale Information" der deutschen Wissenschaftsorganisationen) Initiativen und Gremien vertreten. Seit April 2020 hat sie an der FH Potsdam eine Forschungsprofessur inne.
Fachhochschule Potsdam, Fachbereich Informationswissenschaften, Kiepenheuerallee 5, 14469 Potsdam; heike.neuroth@fh-potsdam.de

Oevel, Gudrun, *Prof. Dr.,* **ORCID ID** https://orcid.org/0000-0002-6396-9535
Gudrun Oevel hat Mathematik und Physik studiert und 1990 in der Mathematischen Physik promoviert. Nach der Promotion war sie zunächst in der Software-Entwicklung im Bereich der Visualisierung und Graphical User Interfaces tätig. Sie leitet seit 2004 als apl. Professorin das Zentrum für Informations- und Medientechnologien an der Universität Paderborn und verantwortet seit 2012 in der Funktion der CIO die Entwicklung und Umsetzung der Digitalisierungsstrategie. Als Mitglied und Vorsitzende (bis 2019) des Ausschusses für Wissenschaftliche Bibliotheken und Informationssysteme (AWBI) der DFG und Teilprojektleiterin in verschiedenen Digital Humanities Projekten interessiert sie sich für die technisch-organisatorische Umsetzung und nachhaltige Verankerung von E-Science und E-Learning in Hinblick auf Personal- und Organisationsentwicklung an Infrastruktureinrichtungen. Sie ist Mitglied des NFDI-Expertengremiums der DFG, das den Implementierungsprozess der NFDI begleitet.
Universität Paderborn, Zentrum für Informations- und Medientechnologien (IMT), Warburger Str. 100, 33098 Paderborn; gudrun.oevel@upb.de

Oßwald, Achim, *Prof. Dr.,* **ORCID ID** https://orcid.org/0000-0002-4803-2867
Achim Oßwald studierte Geschichte und Germanistik in Stuttgart und Freiburg i. Br. sowie Informationswissenschaft in Konstanz. 1994–2019 war er Professor für das Lehrgebiet „Anwendung der Datenverarbeitung im Informationswesen" am jetzigen Institut für Informationswissenschaft der heutigen TH Köln und dort u. a. Studiengangsleiter des berufsbegleitenden Masterstudiengangs Bibliotheks- und Informationswissenschaft. Seine Forschungsschwerpunkte waren u. a. Automatisierung bibliothekarischer Geschäftsprozesse, Digitales Publizieren und Open Access, Langzeitarchivierung digitaler Objekte sowie Qualifizierungskonzepte für den Bibliotheks- und Informationsbereich. Vertreter der im Bereich Langzeitarchivierung qualifizierenden Hochschulen bei nestor, dem Kompetenznetzwerk Langzeitarchivierung.

TH Köln – Institut für Informationswissenschaft, Gustav-Heinemann-Ufer 54; 50968 Köln; achim.osswald@th-koeln.de

Pampel, Heinz, ORCID ID https://orcid.org/0000-0003-3334-2771
Heinz Pampel ist Referent im Helmholtz Open Science Office der Helmholtz-Gemeinschaft.
Helmholtz-Gemeinschaft, Helmholtz Open Science Office, c/o Deutsches GeoForschungsZentrum – GFZ, Telegrafenberg, 14473 Potsdam; heinz.pampel@os.helmholtz.de

Petras, Vivien, *Prof. Dr.*, **ORCID ID** https://orcid.org/0000-0002-8113-1509
Vivien Petras studierte Bibliotheks- und Informationswissenschaft, BWL und Kunstgeschichte an der Humboldt-Universität zu Berlin. Promotion (2006) an der University of California, Berkeley, USA, in Information Management and Systems. Stellv. Abteilungsleiterin der Abteilung Forschung und Entwicklung des Informationszentrums Sozialwissenschaften, Bonn (jetzt GESIS). Seit 2009 Professorin für Information Retrieval, Institut für Bibliotheks- und Informationswissenschaft der Humboldt-Universität zu Berlin. Verantwortliche Leiterin (gemeinsam mit Heike Neuroth) für den gemeinsamen weiterbildenden Masterstudiengang Digitales Datenmanagement der Fachhochschule Potsdam und der Humboldt-Universität zu Berlin.
Institut für Bibliotheks- und Informationswissenschaft, Humboldt-Universität zu Berlin, Unter den Linden 6, 10099 Berlin; vivien.petras@ibi.hu-berlin.de

Piesche, Claudia, ORCID ID https://orcid.org/0000-0001-7758-919X
Claudia Piesche arbeitet im IT-Dezernat der Universitäts- und Stadtbibliothek Köln. Sie studierte an der Universität Bayreuth Mathematik und Informatik und war dort auch bis Oktober 2019 im IT-Servicezentrum beschäftigt. Zu ihren Aufgaben gehörten hier insbesondere die Konzipierung und Umsetzung von FDM-Services an der Hochschule, sowie die Beratung der Forschenden zum Datenmanagement. Weiterhin war sie Mitglied in der bayerischen AG Langzeitverfügbarkeit.
Universitäts- und Stadtbibliothek Köln, Universität zu Köln, Universitätsstr. 33, 50931 Köln; piesche@ub.uni-koeln.de

Putnings, Markus, ORCID ID https://orcid.org/0000-0002-6014-9048
Markus Putnings, Wirtschaftsinformatikstudium an der Universität Regensburg, ist seit 2012 an der Universitätsbibliothek Erlangen-Nürnberg beschäftigt. Er hat Leitungsaufgaben in führender bzw. stellvertretender Funktion für die Abteilung I: Medienbearbeitung, Open Access, Fachinformationsdienst, das Referat Open Access, das Referat Forschungsdatenmanagement sowie für die Technisch-naturwissenschaftliche Zweigbibliothek inne und betreut die Fachreferate Informatik sowie Mathematik. Seit 2017 verlegt er zudem wissenschaftliche Fachliteratur als Leiter des

Open Access Universitätsverlags FAU University Press. Er ist am vom Bayerischen Ministerium für Wissenschaft und Kunst geförderten Forschungsdatenmanagement-Modellprojekt eHumanities interdisziplinär beteiligt und koordiniert als Mitglied der bayerischen Kommission Virtuelle Bibliothek (KVB) den sogenannten FDM-Kompetenzpool mit FDM-Expertinnen und -Experten aus ganz Bayern.
Friedrich-Alexander-Universität Erlangen-Nürnberg (FAU), Universitätsbibliothek Erlangen-Nürnberg, Universitätsstr. 4, 91054 Erlangen; markus.putnings@fau.de

Recker, Jonas, *Dr.*, ORCID ID https://orcid.org/0000-0001-9562-3339
Jonas Recker ist seit 2012 im Datenarchiv für Sozialwissenschaften bei GESIS – Leibniz-Institut für Sozialwissenschaften tätig. Dort ist er mit den Themen Forschungsdatenmanagement in den Sozialwissenschaften und Langzeitarchivierung von Forschungsdaten befasst. Er betreut verschiedene Angebote aus dem Bereich der Forschungsdatenrepositorien und beschäftigt sich als Mitglied der nestor AG Zertifizierung und Vorsitzender des CoreTrustSeal Boards mit Fragen der Zertifizierung von vertrauenswürdigen digitalen Archiven.
GESIS Leibniz-Institut für Sozialwissenschaften, Unter Sachsenhausen 6–8, 50667 Köln; Jonas.Recker@gesis.org

Rösch, Hermann, *Prof. Dr.*, ORCID ID https://orcid.org/0000-0002-6689-5367
Hermann Rösch war von 1997 bis 2019 Professor für Bibliotheks- und Informationswissenschaft am Institut für Informationswissenschaft der TH Köln. Von 2007 bis 2015 war er Mitglied des Komitees „Freedom of Access to Information and Freedom of Expression" der International Federation of Library History Associations and Institutions.
TH Köln – Institut für Informationswissenschaft, Gustav-Heinemann-Ufer 54; 50968 Köln; Hermann.Roesch@th-koeln.de

Rothfritz, Laura, ORCID ID https://orcid.org/0000-0001-7525-0635
Laura Rothfritz ist seit 2020 wissenschaftliche Mitarbeiterin am Lehrstuhl Information Management am Institut für Bibliotheks- und Informationswissenschaft der Humboldt-Universität zu Berlin. 2019 schloss sie ihr Masterstudium im Fach Informationswissenschaften an der Fachhochschule Potsdam ab und war dort als wissenschaftliche Mitarbeiterin an unterschiedlichen Projekten zum Thema Forschungsdatenmanagement beteiligt. Unter anderem hat sie am Aufbau des weiterbildenden Masterstudiengangs Digitales Datenmanagement mitgewirkt.
Institut für Bibliotheks- und Informationswissenschaft, Humboldt-Universität zu Berlin, Unter den Linden 6, 10099 Berlin; laura.rothfritz@hu-berlin.de

Schieferdecker, Ina, *Prof. Dr.-Ing.*, ORCID ID https://orcid.org/0000-0001-6298-2327

Ina Schieferdecker leitet die Abteilung Forschung für technologische Souveränität und Innovationen am Bundesministerium für Bildung und Forschung (BMBF). Zuvor war sie Institutsleiterin des Fraunhofer-Instituts für Offene Kommunikationssysteme (FOKUS), Professorin an der Technischen Universität Berlin zum Quality Engineering von Offenen Verteilten Systemen und Direktorin des Weizenbaum-Instituts für die Vernetzte Gesellschaft, dem Deutschen Internet-Institut.
ina.schieferdecker@web.de

Scholze, Frank, ORCID ID https://orcid.org/0000-0003-3404-1452

Frank Scholze ist seit 2020 Generaldirektor der Deutschen Nationalbibliothek. Er studierte Bibliothekswesen an der Hochschule der Medien Stuttgart, sowie Kunstgeschichte und Anglistik an der Universität Stuttgart. Danach war er in verschiedenen Projekten im Bereich digitaler Bibliotheken, sowie als Fachreferent und Leiter der Benutzungsabteilung an der Universitätsbibliothek Stuttgart tätig. Nach zweijähriger Tätigkeit im Ministerium für Wissenschaft, Forschung und Kunst Baden-Württemberg übernahm er im Januar 2010 die Leitung der KIT-Bibliothek. 2016 wurde er in den Bundesvorstand des Deutschen Bibliotheksverbandes (dbv) gewählt und 2019 wiedergewählt.
Deutsche Nationalbibliothek, Adickesallee 1, 60322 Frankfurt am Main; f.scholze@dnb.de

Siegers, Pascal, *Dr.*, ORCID ID https://orcid.org/0000-0001-7899-6045

Pascal Siegers ist Leiter des Teams National Surveys in der Abteilung Datenarchiv für Sozialwissenschaften. Außerdem leitet er das Forschungsdatenzentrum ALLBUS bei GESIS und ist seit Oktober 2017 Vorsitzender des Ausschuss Forschungsdateninfrastruktur beim Rat für Sozial- und Wirtschaftsdaten.
GESIS Leibniz-Institut für Sozialwissenschaften, Unter Sachsenhausen 6–8, 50667 Köln; pascal.siegers@gesis.org

Streit, Achim, *Prof. Dr.*, ORCID ID https://orcid.org/0000-0002-5065-469X

Achim Streit ist seit Mitte 2010 Direktor des Steinbuch Centre for Computing (SCC) und Professor für Informatik am KIT. Nach seinem Studium der Ingenieurinformatik an der Universität Dortmund, promovierte er in Informatik mit dem Schwerpunkt Scheduling für parallele und verteilte Hochleistungssysteme an der Universität Paderborn. Anschließend leitete er die Grid Computing Aktivitäten im Jülich Supercomputing Centre (JSC), Forschungszentrum Jülich. Er engagiert sich seit 15 Jahren in europäischen e-Infrastrukturen und Projekten wie z. B. DEISA, EGEE, EGI, EMI, EUDAT, PRACE, OMII-Europe sowie der European Open Science Cloud (EOSC). Derzeit ist er Vorsitzender des EUDAT CDI Board.

Karlsruher Institut für Technologie, Steinbuch Centre for Computing (SCC), Hermann-von-Helmholtz-Platz 1, 76344 Eggenstein-Leopoldshafen; achim.streit@kit.edu

Thiemann, Hannes, ORCID ID http://orcid.org/0000-0002-2329-8511
Hannes Thiemann ist Leiter der Abteilung Datenmanagement am DKRZ. Nach Abschluss des Studiums der Geophysik an der Universität Hamburg spezialisierte er sich am DKRZ recht bald auf das Feld des Datenmanagements und hier zunächst auf die Langzeitarchivierung. Diese Tätigkeit setzte er später für zehn Jahre am Max-Planck-Institut für Meteorologie und danach wieder am DKRZ fort um schließlich in 2019 die Abteilungsleitung zu übernehmen.
Deutsches Klimarechenzentrum GmbH Bundesstr. 45a 20146 Hamburg; thiemann@dkrz.de

Ulrich, Robert, ORCID ID https://orcid.org/0000-0001-9063-2703
Robert Ulrich ist wissenschaftlicher Mitarbeiter und Softwarearchitekt an der Bibliothek des Karlsruher Instituts für Technologie (KIT). Er koordiniert, managt und entwickelt für re3data, das Serviceteam RDM@KIT und weitere nationale und internationale FDM-Projekte.
Karlsruher Institut für Technologie, Kaiserstraße 12, 76131 Karlsruhe; robert.ulrich@kit.edu

Van Wezel, Jos, ORCID ID https://orcid.org/0000-0003-0175-6216
Jos van Wezel ist wissenschaftlicher Mitarbeiter und koordiniert die internationalen Projekte am Steinbuch Centre for Computing (SCC). Er war und ist beteiligt an regionalen, nationalen und internationalen Projekten, zuständig für den Aufbau von e-Infrastrukturen für FAIR Daten Management, anfangs in dem multinationalen Computing Grid WLCG und den damit verbundenen e-Infrastruktur DE-Grid in Deutschland, sowie danach für verschiedene europäische Projekte wie EUDAT, EOSC-secretariat, EOSC-hub und andere.
Karlsruher Institut für Technologie, Steinbuch Centre for Computing (SCC), Hermann-von-Helmholtz-Platz 1, 76344 Eggenstein-Leopoldshafen; jos.vanwezel@kit.edu

Vossen, Gottfried, *Prof. Dr.***, ORCID ID** https://orcid.org/0000-0002-1478-2838
Gottfried Vossen ist Professor für Informatik am Institut für Wirtschaftsinformatik der Universität Münster und Direktor des European Research Centers for Information Systems (ERCIS). Er ist Fellow der Gesellschaft für Informatik e. V., Honorarprofessor an der University of Waikato Management School in Hamilton, Neuseeland, und europäischer Mitherausgeber des bei Elsevier erscheinenden Fachjournals „Information Systems". Seine Forschungsinteressen sind konzeptionelle sowie anwendungsnahe Fragestellungen im Umfeld von Datenbanken und Informationssystemen, Big Data und Digitalisierung, Cloud Computing sowie Prozess-Modellierung und -management; in diesen Bereichen arbeitet er mit verschiedenen Firmen des

Münsterlandes und darüber hinaus zusammen. Seit 2010 ist er Mitglied im Lenkungsgremium von Cert-IT in Bonn, der Zertifizierungsstelle für die deutsche IT- und Bildungsbranche. Er ist Mitgründer der Janus Innovation GmbH mit Sitz in Ahaus, die Unternehmen in daten- und prozessrelevanten Fragen der Digitalisierung berät. Mit dem ERCIS Launch Pad hat Gottfried Vossen einen der ältesten und erfolgreichsten Ideenwettbewerbe im akademischen Raum initiiert.
ERCIS, Universität Münster, Leonardo-Campus 3, 48149 Münster; vossen@wi.uni-muenster.de

Weber, Andreas, *Dr.*, ORCID ID https://orcid.org/0000-0002-3285-7653
Andreas Weber ist stellvertretender Direktor und Leiter des IT-Dezernats der Universitäts- und Stadtbibliothek Köln. Er hat in theoretischer Physik promoviert und war bis Ende 2018 stellvertretender Leiter des IT-Servicezentrums der Universität Bayreuth.
Universitäts- und Stadtbibliothek Köln, Universität zu Köln, Universitätsstr. 33, 50931 Köln; weber@ub.uni-koeln.de

Wittenburg, Peter, ORCID ID https://orcid.org/0000-0003-3538-0106
Peter Wittenburg was Technical Director at MPI for Psycholinguistic and joined MPCDF as Senior Advisor in 2014.
Max Planck Computing and Data Facility (MPCDF), Gießenbachstr. 2, 85748 Garching; Peter.Wittenburg@mpi.nl

Index

Akteure und Rollen im Kontext FDM **306–308**, 311
- Allianz der deutschen Wissenschaftsorganisationen 25, *166*
- Bibliothek, Data Librarian in der *siehe* Data Librarian
- Data Advisor *siehe* Data Advisor
- Data Curator *siehe* Data Curator
- Data Journalist *siehe* Data Journalist
- Data Scientist *siehe* Data Scientist
- Data Service Provider *siehe* Data Service Provider
- Drittmittelberatung 56, 312, 319
- Forschungsförderorganisation *siehe* Forschungsförderorganisation
- Institution *siehe* FDM-Policy, Institution
- Projektakteure und -konsortien *siehe* FDM-Projekte
- Rat für Informationsinfrastrukturen (RfII) 25, 32, 197, 216, 256–257, 263–264, 271, 274, 286, 329, 464–465, **538**
- Rechenzentrum 26, 263, 288, 308, 384, 463, 467
- Verlag *siehe* FDM-Policy, Verlag

Ausbildung im Kontext FDM
- Arbeitsprogramm Future Skills (Stifterverband) 257
- Ausbildungsinhalte *siehe* Qualifizierungsziele im Kontext FDM
- Curricula bibliothekarischer und informationswissenschaftlicher Studiengänge 26, 199, **202–208**, 258, **265–267**, 272
- Curricula nicht-bibliothekarischer Studiengänge **209–210, 267–269**, 411
- Empfehlungen zur Ausbildung digitaler Kompetenzen (RfII) 256, 263
- Förderprogramm „Data Literacy Education" (Heinz Nixdorf Stiftung, Stifterverband) 257
- Qualifizierungsziele *siehe* Qualifizierungsziele im Kontext FDM

Barrieren *siehe* Hemmnisse im Kontext FDM
Beratung *siehe* Fortbildung und Bewusstseinsbildung im Kontext FDM
Beschreibung von Daten *siehe* Metadaten
Bund-Länder-Vereinbarung (BLV) *286*, 539
Citizen Science 19, 274, 458
CoreTrustSeal 23, 171, **372–373**, 378, 513, **526**

Creative Commons Lizenzen *siehe* Rechtsfragen im Kontext FDM, Lizenzierung
Data Advisor 262, 263, 269, 271
Data Citation Index 409, 415, 530
Data Curator 265, 319, 329, 373, 378, 528
Data Journal *siehe* Data Sharing
Data Journalist 257, 366, 368
Data Librarian 258, 265, 270, 308, 384
Data Literacy *siehe* Qualifizierungsziele im Kontext FDM
Data Market Austria 143
Data Provenance (siehe auch Metadaten) 315, 320, 337, **364**, 370, 455
Data Retrieval
- Architektur von Suchsystemen **441–444**, 492
- Beispiele von Suchsystemen und -lösungen 375, 443, **444–447**
- Definition 427
- Retrieval- und Rankingmodelle 433–440
- Suchsituationen **428–431**, 442, 488, 489

Data Scientist 263, 271
Data Service Provider 263
Data Sharing
- als Data Report 527–528
- als Verlagssupplement 523, 528
- bei Unternehmen (siehe auch Datenmarkt, kommerzieller) 141, 149, 406, 410
- Best-Practice-Beispiel anhand des Deutschen Klimarechenzentrums (DKRZ) 503–515
- FAIRsharing (siehe auch FAIR Prinzipien) 75, **229**
- über ein Data Journal 409, 527
- über ein Repositorium (siehe auch Forschungsdatenrepositorium) 222, 352, **521–528**

Data Steward 26, 264
Data Warehouse 156, 410
Daten, digitale
- Arten 169, 347–349, **480–484**, 495
- Definition 176–177
- urbane Daten *siehe* Daten, urbane

Daten, urbane
- als Gemeingut (siehe auch Open Government) 152, **189–191**, 406, 493–496
- Definition 7, **179–180**

- offene *siehe* Open Government
- Urbaner Datenraum 183–188

Datenanalyse 16, 148, 261, 367, 458, 459, 467, 478, 480, 491, 497, **515–517**

Dateninfrastruktur, Auf- und Ausbau (siehe auch GO BUILD) 17, 19, 21, 22, 40, 409, 453

Datenkultur
- (Inter-)Nationale Treiber **25–26**, 198, 286
- Ausbildung *siehe* Ausbildung im Kontext FDM
- Bewusstseinsbildung *siehe* Fortbildung und Bewusstseinsbildung im Kontext FDM
- Bundeslandspezifische Treiber 26–28
- Definition 197
- Gesellschaftliche Treiber **17, 18–20**, 124, 197
- Technologische Treiber **21–24**, 198

Datenlebenszyklus 297, **305–306**, 309

Datenmanagement
- Akteure *siehe* Akteure und Rollen im Kontext FDM
- Analyse *siehe* Datenanalyse
- Data Management Framework (siehe auch Kollaboratives Arbeiten an Daten) 460–461
- Daten(-nach-)nutzung *siehe* Nachnutzung und Nutzbarkeit von Daten
- Datenmanagementportal menoci 469
- Definition 297
- Kollaboratives Arbeiten *siehe* Kollaboratives Arbeiten an Daten
- Planung *siehe* Planung des Datenmanagements
- Qualität *siehe* Qualitätsmanagement im Kontext FDM
- Speicherung *siehe* Speicherung und Archivierung von Daten
- Visualisierung *siehe* Datenvisualisierung
- Zugänglichmachung/Publikation *siehe* Data Sharing

Datenmarkt
- Definition 141, 166-167
- kommerzieller (siehe auch Datenmarktplatz) **147–161**, 406
- Marktplatz *siehe* Datenmarktplatz
- Modell 143
- Staat und Verwaltung (siehe auch Open Government) 175–193
- wissenschaftlicher 165–166

Datenmarktplatz
- Beispiel *siehe* Data Market Austria
- Data Warehouse *siehe* Data Warehouse
- Feedback-Loop 155–157
- für öffentliche Daten 151, **152–153**
- für persönliche Daten 151, **152**
- kommerzieller 151, **152**, 178
- Profilerstellung 157–160
- Schwarzmarkt für gestohlene Daten 151, **152–153**
- Wert von Daten *siehe* Wert von Daten

Datenökosystem **7**, 81, 83
- Definition 7–9
- Determinanten 8, 298

Datenpublikation *siehe* Data Sharing

Datenvisualisierung
- Anwendungsszenarien 487–499
- Definition 477–479
- Projektion auf visuelle Repräsentationen 484–487
- Software 499–500

Datenzitation 98, 133, 318, 514, **530–532**

Digitalisierung, Geschichte und Entwicklung 11–15
- Dataismus 12
- Daten-Paradoxon 14–15
- Digital Dark Age 13
- Fragmentierung, fortschreitende 13, 16, 225, 413
- Industrielle Revolution 175
- Internet der Dinge 11
- Künstliche Intelligenz 12, 497

DMPonline *siehe* Planung des Datenmanagements

DMPTool *siehe* Planung des Datenmanagements

Dokumentation von Daten *siehe* Metadaten

DSGVO (siehe auch Rechtsfragen im Kontext FDM) 98–112, 99

Elektronisches Laborbuch 321, 456, 467, 470

Ethische Fragen im Kontext FDM **115–130**, 283
- Committee on Publication Ethics (COPE) 120, 122
- Einverständniserklärung **122–125**, 124, 130, 224
- Ethikkommission 116, **128–130**, 134, 135, 299
- Ethikrat 116

- Gute wissenschaftliche Praxis *siehe* Gute wissenschaftliche Praxis (GWP)
EUDAT 43
- B2Find 443, **446**, 504, 529
- B2Share 74, 80

European Open Science Cloud (EOSC) 20, **31–50**, 217, 286, 446, 538
- Deutschland, Beteiligung/Implementierung seitens **33–49**, 511
- EOSC Modell 32
- EOSC Portal 33, 37, 48
- EOSCpilot 260
- Governance 40–42
- Implementation Roadmap 32
- Wirtschaftliche Aspekte 46–47

European Research Infrastructure Consortium (ERIC) 18

European Strategy Forum on Research Infrastructures (ESFRI) 18, 20, 25, 36

Europeana 360, 365, **369–372**

FAIR Prinzipien 15, 21, 23, 32, **216–217**, 310, 318, 517–518, 523, 532
- FAIR Maturity 23, 363
- FAIR4S 45, 260, 262–264
- GO FAIR *siehe* GO FAIR Initiative

FDM-Policy
- Bundesministerium für Bildung und Forschung (BMBF) 54, 388, 393
- Deutsche Forschungsgemeinschaft (DFG) 54, **58–62**, 120, 130–133, 338, 388, 393, 538
- Europäische Kommission (Horizon 2020) **70–75**, 389
- European Research Council (ERC) 75–81
- Fachgesellschaft 229
- Fonds zur Förderung der wissenschaftlichen Forschung (FWF) 63–65
- Forschungsdatenrepositorium 135, 136
- Institution 229, 310, 463
- Schweizerischer Nationalfonds zur Förderung der wissenschaftlichen Forschung (SNF) 66–69
- Verlag 57, 229, **291**, **409**, 522

FDM-Projekte
- Durchführung, Koordination und Abwicklung von FDM-Projekten 224, 386, **389–394**
- Finanzierungsmöglichkeit 60, 64, 68, 72, 78, **386–389**
- Förderlinien, aktuelle **388–389**, 538

- Inhalte und Eigenschaften von FDM-Projekten 383–384
- Planungen zur Beantragung 385–386
- Verstetigung 141, 171, **394–395**, 455

Forschungsdatenrepositorium
- Definition 166, 523
- für Long-Tail-Forschungsdaten 320, **352–353**
- Publizieren *siehe* Data Sharing
- Registry of Research Data Repositories (re3data) 167, 382, 408, 526
- Sucheingabe- und Filtermöglichkeit (siehe auch Data Retrieval) 412–413, 428, 442–443
- Typen 524–526

Forschungsförderorganisation
- Definition 53
- Policy *siehe* FDM-Policy
- Rolle im Kontext FDM 16, 19, **54–57**, 284–286, 309

Fortbildung und Bewusstseinsbildung im Kontext FDM
- Awareness-Materialien 226, 383
- Belohnungssystem 191, 198, 217, 221, 224, 225, 248, 279, 285
- Data Talk 411
- GO TRAIN *siehe* GO TRAIN
- in den Materialwissenschaften (NOMAD) 16, 226
- in den Sozial- und Geisteswissenschaften (CO-OPERAS) 228
- in den Wirtschafts- und Sozialwissenschaften (EcoSoc) 226, **230–235**
- Qualifizierungsziele *siehe* Qualifizierungsziele im Kontext FDM
- Schulungsbewerbung 248–249
- Schulungsformate 246–248
- Schulungskonzipierung **239–246**, 249–251, 262–264
- Schulungsprogramme, Verzeichnis bestehender 228, 230, **269–271**
- Train-the-Trainer 245, 247, 271, 273, 383
- zum Datenmanagementplan 312

Gemeinsame Wissenschaftskonferenz (GWK) 38, 537, 539

GO BUILD 40, **220**, 221, 235, 393

GO FAIR Initiative 23, 39, **216–218**, 393
- Implementierungsnetzwerke 219–220

- Implementierungsnetzwerke, EcoSoc 230–235
- Implementierungsnetzwerke, in GO CHANGE **226–235**, 393

GO TRAIN 39, **220**, 221

Gute wissenschaftliche Praxis (GWP) 54, 59, **95–96**, 116, 131–133, 136, 463, 530

Helmholtz Data Federation (HDF) **38**, *288*

Hemmnisse im Kontext FDM 13–15, 49–50, 81–83, 142–143, 198, 215–216, **277–283**, 405, 407, 453, 519–520
- Gegenmaßnahmen, Lösungsversuche 83, 142, 198, **284–292**, 455

International Data Space 17, 19

Kollaboratives Arbeiten an Daten
- Definition 451–452
- Digitale Werkzeuge 43, 311, **456–469**
- Forschungsverbund, Organisation eines 36, 391, 457, **460**, 469–470
- Rechtliche Aspekte (siehe auch Rechtsfragen im Kontext FDM) 462–464
- Virtuelle kollaborative Forschungsumgebung *siehe* Virtuelle Forschungsumgebung

Künstliche Intelligenz 12, 17, 22, 26

Landesinitiativen 26–28, 210, 211, 387, 392, **543–552**

Metadaten 177, 178, **181–182**, 229, **314–322**, 333, 337, 339, **360–362**, 374, 383, 407, 412, 414, **431–432**, 438
- Standards **414–415**, 421, 423, **432**, 438, 511, 514, 524

Nachnutzung und Nutzbarkeit von Daten 532
- Auffindbarkeit 143, 406–415, 522, **528–530**
- Data Retrieval *siehe* Data Retrieval
- Definition 399–400
- Nutzbarkeit 103, 321, **416–423**
- Nutzungslizenzen *siehe* Rechtsfragen im Kontext FDM, Lizenzierung

Nationale Forschungsdateninfrastruktur (NFDI) 20, 25, 38, 171, 256, 286, 387, **537–539**
- Konferenz 541, 542
- Konsortium 38, 171–172, 235, 387, 539, 540, 542, 553
- Querschnittsthemen 554
- Rechtsform 541

Open Archival Information System (OAIS) *siehe* Speicherung und Archivierung von Daten

Open Data Commons *siehe* Rechtsfragen im Kontext FDM, Lizenzierung

Open Data Definition 13, 285

Open Government
- data.europa.eu | EU Open Data Portal 493
- daten.berlin.de | Offene Daten Berlin 188
- Definition 177, **179–180**
- europeandataportal.eu | European Data Portal 188
- GovData | Datenportal für Deutschland 144, 183, 188, 410
- PSI-Richtlinie 188

Open Knowledge Foundation 410

Persistenter Identifikator (PID) 170, 364, 412, 511, 523, 530, 532

Planung des Datenmanagements 299–300, 308, **309–313**, 508
- Datenmanagementplan 281, 304, **310–312**

Publizieren von Daten *siehe* Data Sharing

Qualifizierungsziele im Kontext FDM 244–245, **258–262**, 264
- Definition 357
- Digital Library Federation Metadata Assessment Working Group 375
- Europeana Data Quality Committee 366, 370, 371, 372, **375**
- Kontroll- und Prüfmechanismen in der Praxis 335, 374, **375–378**, 384, 512
- Metadatenqualität (siehe auch Metadaten) **359–362**, 372–376, 455
- Metrik **361–365**, 368, **372**
- RfII-Empfehlungen „Herausforderung Datenqualität" 464–465
- Zertifizierte Forschungsdatenrepositorien *siehe* CoreTrustSeal

RDMO *siehe* Planung des Datenmanagements

Rechtsfragen im Kontext FDM
- Datenschutz (inkl. Anonymisierung, Pseudonymisierung, etc.) **98–111**, 122, **125–126**, 130, 334, 337, 419, **461–464**
- Dienst- und Arbeitsrecht 96–97
- Ethische Maßgaben *siehe* Ethische Fragen im Kontext FDM
- Gutachten zu rechtlichen Rahmenbedingungen (DataJus) 382, 383, *461*
- Gute wissenschaftliche Praxis *siehe* Gute wissenschaftliche Praxis (GWP)
- Lizenzierung **93–95**, 169, 337, 418–419, 462

- Nutzungsbedingungen **97–98**, 169, 337, 418
- Policy-Vorgaben *siehe* FDM-Policy
- Rechtsinhaberschaft **91–93**, 347, 463
- Schutzvoraussetzungen **90–91**, 98, 418

Research Data Alliance (RDA) 15, 20, **23**, 24, 44, 393, 538
- RDA Deutschland e.V. 39, 393

Resource Description Framework (RDF) 17, 24, 371

Schulung *siehe* Fortbildung und Bewusstseinsbildung im Kontext FDM

Softwareentwicklung 39, 390, **457**, **465–466**

Speicherung und Archivierung von Daten **329–334**, 346, **407–410**, 509
- Bitstream Preservation 334, 339, **340**
- Datenkuration 210, **334–337**, 346, 375
- Datennormalisierung und -migration **336–337**, 341, 347–349, 507
- Langzeitarchivierung **338–346**, 349, 384, 510–511, 513
- OAIS-Modell **342–346**, **349–352**

Suchen von Daten *siehe* Data Retrieval

Teilen von Daten *siehe* Data Sharing

Versionierung 464, 465, 511, 531

Virtuelle Forschungsumgebung 388, **458–460**

Visual Analytics *siehe* Datenvisualisierung; *siehe* Datenanalyse

Visualisierung von Daten *siehe* Datenvisualisierung

Wert von Daten **153–155**, 159, 178, **188–189**

Zitieren von Daten *siehe* Datenzitation

www.ingramcontent.com/pod-product-compliance
Lightning Source LLC
Chambersburg PA
CBHW081822230426
43668CB00017B/2346